Sven Vollrath
Zwischen Selbstbestimmung und Intervention

Sven Vollrath

Zwischen Selbstbestimmung und Intervention

Der Umbau der Humboldt-Universität Berlin 1989–1996

Ch. Links Verlag, Berlin

Gedruckt mit freundlicher Unterstützung der
Bundesstiftung zur Aufarbeitung der SED-Diktatur
und der Hans-Böckler-Stiftung.

Die **Deutsche Nationalbibliothek** verzeichnet
diese Publikation in der Deutschen Nationalbibliografie;
detaillierte bibliografische Daten sind im Internet über
http://dnb.d-nb.de abrufbar.

1. Auflage, September 2008

Schönhauser Allee 36, 10435 Berlin, Tel.: (030) 44 02 32-0
Internet: www.linksverlag.de; mail@linksverlag.de
Umschlaggestaltung: KahaneDesign, Berlin,
unter Verwendung eines Fotos vom Studentenstreik
an der Humboldt-Universität im Juni 1991 (Rolf Zöllner)
Satz: typegerecht, Berlin
Druck und Bindung: Hubert & Co., Göttingen

ISBN 978-3-86153-503-4

Inhalt

I.
Einführung

Bald zwanzig Jahre ist es nunmehr her, seit die Bürger Mittel- und Osteuropas begannen, die politische Geographie unseres Kontinents zu verändern. Ob in Polen, der ehemaligen Tschechoslowakei, Ungarn, den baltischen Ländern, der DDR, Rumänien oder Bulgarien – überall setzte ein grundlegender gesellschaftlicher Wandel ein, der das sozialistische Gesellschaftssystem zusammenbrechen ließ. Der Warschauer Pakt und die bipolare Welt lösten sich auf, die Sowjetunion zerfiel und neue Staaten entstanden aus ihr. Auf dem Balkan ging der staatliche Zerfall Jugoslawiens mit kriegerischen Auseinandersetzungen und blutigen ethnischen Konflikten einher. Doch viele der osteuropäischen Staaten entwickelten sich im Prozess ihrer Transformation zu freiheitlichen Demokratien und gehören heute zur Europäischen Union.

Einen besonderen Fall innerhalb dieser europäischen Transformationsgeschichte bildet der deutsche Wiedervereinigungsprozess, denn im Unterschied zu den übrigen mittel- und osteuropäischen Staaten, die aus sich selbst heraus den Weg zu einem demokratischen und marktwirtschaftlich organisierten Rechtsstaat finden mussten, entschieden sich die Ostdeutschen für eine zügige Vereinigung mit dem Westen Deutschlands und damit für die in der Bundsrepublik seit Jahrzehnten geltenden Strukturen und Normen, ihre erfolgreiche Werteordnung, das Grundgesetz. Insoweit war die Transformation Ostdeutschlands eng verwoben mit der Gestaltung der deutschen Einheit und ganz wesentlich gekennzeichnet von einem Prozess der Anpassung an die Institutionen der Ankunftsordnung. Er umfasste alle Bereiche der Gesellschaft und ist von der Wissenschaft intensiv begleitet und beforscht worden.

Zugleich aber war die Wissenschaft selbst Gegenstand der Transformation, galt es 1989, der Freiheit von Lehre und Forschung zum Durchbruch zu verhelfen, wissenschaftsfremde Strukturen zu beseitigen, neue, freiheitlich-demokratische aufzubauen und einen einschneidenden personellen Wechsel zu vollziehen. Die vorliegende Arbeit begreift sich als ein Beitrag zur Transformationsforschung im Feld der Wissenschafts- und Hochschulpolitik, die – anders als in anderen gesellschaftlich relevanten Sektoren – seit verschiedenen Jahren abgeschlossen ist, soweit damit die Angleichungsprozesse an die bundesrepublikanische Wissenschaftslandschaft gemeint sind.

Dabei wird der Umbau des ostdeutschen Hochschulwesens nicht vergleichend, sondern als Fallstudie behandelt. Im Mittelpunkt steht die Umgestaltung der Humboldt-Universität (im Folgenden abgekürzt: HU), die im Transformationsgeschehen eine spezifische Rolle innehatte: Sie nahm im politischen System der DDR als Universität der Hauptstadt eine besondere Stellung ein, sie war die größte Hochschule des Landes, bei ihr zu lehren oder zu studieren galt als etwas Herausgehobenes. Mit dem Namen der Universität, ihrer traditionsreichen Geschichte und ihrem besonderen Ort Unter den Linden verbanden sich nach der Wende in Ost und West viele reformerischen Hoffnungen. Keine

Hochschule sonst war in dieser Weise Objekt öffentlichen Interesses. Auch entwickelte sich, vielleicht mit Ausnahme von Leipzig, an keiner ostdeutschen Hochschule ein solcher Protest gegen die Art der Vereinigung, gegen vermeintliche oder tatsächliche »westdeutsche Vereinnahmung«. Insoweit hatte die HU im Vereinigungsprozess eine besondere Position inne, wird durch ihre spezifische Entwicklung konfliktreich ein grundsätzliches Problem der gesamten ostdeutschen Transformation thematisiert: Sie wollte ihre notwendige Umgestaltung als eigenen Such- und Lernprozess gestalten und weniger als Modellübernahme und Imitation bundesdeutscher Strukturen. Doch war das angesichts der These von der »durchherrschten Gesellschaft«[1], des »symbiotischen Verhältnisses gegenseitiger Beeinflussung und Durchdringung« von Politik und Wissenschaft im Staatssozialismus möglich, dessen »Engführung ... die Substanz der Wissenschaften mehr als den Inhalt der Politik beeinflusst«[2] hatte?

Anders als in vielen mittel- und osteuropäischen Staaten spielten die Hochschulen bei der Transformation des politischen Systems in der DDR keine besondere Rolle; der Erneuerungswille an der HU wie an den anderen ostdeutschen Hochschulen entsteht verzögert und durch äußere Entwicklungsdynamiken: durch die friedliche Revolution und die mit ihr erstrittenen Freiheitsrechte der Bürger, durch den Aufbau demokratischer Organisationen, neue Partizipationsmöglichkeiten und Institutionenwandel. Zwar begannen die Veränderungen in den Hochschulen etwa zur gleichen Zeit. Was die HU aber von den meisten anderen unterschied, war neben einem vergleichsweise engagementbereiten Potenzial an Studenten[3] ein eigenes, auf endogene Entwicklungspotenziale und nicht auf Steuerung durch außeruniversitäre Akteure angewiesenes und alle Fachbereiche erfassendes Erneuerungsmodell. Doch zugleich war die Auseinandersetzung um den Weg der Erneuerung nirgendwo so umstritten wie an der HU, weil innere und hochschulexterne Akteure um die Deutungshoheit des Institutionenwandels rangen und der Grad ihrer Modernisierung nicht der Hochschule überlassen bleiben konnte, sondern als Aufgabe für Politik und Öffentlichkeit insgesamt verstanden wurde. Angesichts dieser Ausgangslage stellen sich deshalb folgende untersuchungsleitenden Fragen:

- Welche verschiedenen Erneuerungskonzepte prallten bei der Umgestaltung der HU aufeinander?
- Was waren ihre normativen Leitvorstellungen, worin bestanden ihre Vorzüge, worin ihre Risiken?

1 S. Kocka, 1998, 435.
2 A. a. O., 439.
3 Vgl. dazu: Mayntz, 1994a, 33 ff.

- Welches Konzept setzte sich am Ende durch, mit welchen Ergebnissen und warum?
- Oder gab es Vermischungen bestimmter Elemente aus beiden Ursprungskonzepten und weshalb? Und allgemeiner gefragt:
- Bewirkte die Erneuerung der HU einen Gewinn oder Rückbau an Modernisierung?
- Wie ist die sich durchsetzende Art ihrer Transformation begrifflich zu fassen?

Der etwas andere Weg der Einrichtung, die Suche nach Reformen jenseits der alten ostdeutschen und der in die Jahre gekommenen westdeutschen Hochschulverhältnisse, machten die HU zu etwas Seltenem, zuweilen widerständig Erscheinendem im deutschen Vereinigungsprozess. Deshalb steht allein ihr Wandel im Mittelpunkt dieser politikwissenschaftlich orientierten, historisierenden Studie. Nach wie vor vorhandene Verwerfungen im Sektor der Wissenschaftspolitik wie die geringere Zahl ostdeutscher Forschungseinrichtungen oder eine unterentwickelte Industrieforschung bleiben dabei ebenso unerwähnt[4] wie die Untersuchung von Langzeitwirkungen, die mit der Umgestaltung von Hochschule und Wissenschaft am Beginn der 90er Jahre in Verbindung stehen könnten.

Für die Politikfeldanalyse wird auf verschiedene akteurtheoretische Zugänge zurückgegriffen, aber auch auf Anschlüsse zu modernisierungstheoretischen Überlegungen, wozu sich im folgenden Teil einige zusammenfassende Erläuterungen finden. Ihnen beigefügt sind grundsätzliche methodologische Anmerkungen und Darlegungen zur Quellenlage. Den theoretischen Leitfaden bildet der Ansatz des akteurtheoretischen Institutionalismus von Scharpf und Mayntz.

Bevor die unterschiedlichen Erneuerungsmodelle untersucht werden, leuchtet der III. Teil zunächst das hochschulpolitische Umfeld aus, in dem diese Modelle entstehen, und geht den Entwicklungen nach, die sie auslösen. Dabei wird in drei Phasen eine Chronologie der Hochschultransformation entworfen und werden die für ihren Verlauf wichtigsten Akteure vorgestellt. Auf diese Weise ergibt sich eine Übersicht über den Umgestaltungsprozess an der HU, beginnend im Herbst 1989 bis zu seinem Abschluss durch die Personalübernahme und die ausklingende Arbeit der Struktur- und Berufungskommissionen im Jahr 1994.

Im IV. Teil wird das hochschuleigene Modell analysiert. Angesichts der großen Aufgaben, vor denen die HU im Jahre 1990 stand, entwickelte sich in

4 S. dazu Gläser/Höppner/Puls, 1995, 198 ff.

einem mehrstufigen Prozess ihr Leitbild der selbstbestimmten Erneuerung: personelle und strukturelle Altlasten aus der Zeit der DDR mussten beseitigt und ein neues, für Lehre, Forschung und Studium leistungsfähiges Gefüge aufgebaut werden. Dafür benötigte die HU neue Personen in Ämtern und Gremien, die glaubhaft umgestalten, neue Lehrinhalte vertreten und die demokratische Selbstverwaltung ausüben konnten.

Diese Herausforderung – die Erneuerung der Hochschule bei gleichzeitiger Suche nach eigenen institutionellen Lösungen – war der entscheidende Eckpunkt hochschulinterner Reformbemühungen. Auf dieser Grundlage kam es in der HU zu einer Reihe von Kommissionsgründungen, zunächst unkoordiniert und wenig miteinander verknüpft, die aus heutiger Sicht jedoch eine überwölbende Erneuerungsidee erkennen lassen. Ihre Aufgaben und Ziele sollen im IV. Teil ausführlich untersucht werden. Kernstück war zweifellos die Bildung von *Personalstrukturkommissionen* (im Folgenden abgekürzt: PSK).

Der V. Teil widmet sich dem externen, auf staatlichen Eingriff setzenden Modernisierungskonzept. Grundlage findet es in Empfehlungen des Wissenschaftsrats, den Abwicklungsentscheidungen der Berliner Landesregierung, vor allem aber im Gesetz zur Ergänzung des Berliner Hochschulgesetzes, das hier als wesentliche Quelle herangezogen wird. Dabei besteht die Vermutung, dass diese extern induzierte Erneuerung als handlungsleitender Transformationspfad die HU zwar schnell an bundesrepublikanische Verhältnisse anpasste und eine qualitativ hochwertige Ausbildung der Studierenden sicherte, zugleich aber durch die Art des Umbaus – anders als beim hochschuleigenen Erneuerungsansatz – vorhandene, leistungsfähige und geeignete Wissenschaftspotenziale von Inhalt und Organisation der Hochschule ausgeschlossen wurden. Den institutionellen Kern dieses Konzepts bilden die *Struktur- und Berufungskommissionen* (im Folgenden abgekürzt: SBK).

Wie die Akteure im Transformationsfeld positioniert werden, welche Aufgaben sie bekommen und welche nicht, lässt wichtige Rückschlüsse auf die Zielrichtung und Beschaffenheit des Erneuerungsmodells zu. Daher sind die Koordinaten zu ermitteln, in denen sich die verschiedenen konfligierenden Akteure bewegen. Denn sie sind ein entscheidender Indikator für funktionale Differenzierung und in deren Folge von Intervention und Ausschließung[5], der weit über die eigentliche Transformation hinaus wirken kann. Bausteine des Modells oder (un)kalkulierte Fehleinschätzungen bei seiner Implementierung

5 Der Begriff der sozialen Schließung bzw. Ausschließung wird im Sinne von Parkin (in: Kreckel, 1983, 121 ff.) verstanden. Daneben spielen natürlich weitere Indikatoren wie Unterschiede in der sozialen Schichtung, der wirtschaftlichen Lage, der Einkommens- oder Eigentumsentwicklung zwischen Ost und West in hohem Maße in die angerissenen Probleme hinein.

wären dann mitverantwortlich für die andauernd geringe Repräsentanz Ostdeutscher im bundesrepublikanischen Hochschulsystem.

Die Chance, die Universität umfassend zu erneuern, ihre Vorzüge und Schwachstellen zu analysieren, wird dargestellt als (radikaler, zeitlich forcierter) Institutionenwandel aus der Perspektive der Ziele von PSK und SBK. Doch lassen sich externes und internes Erneuerungsmodell tatsächlich strikt voneinander abgrenzen? Oder beziehen sich, so wird vermutet, die Modelle möglicherweise viel stärker aufeinander als es zunächst den Anschein hat? Beeinflusst die Ausgestaltung des externen Modells die Struktur und Funktionsweise des hochschuleigenen Pfads? Und umgekehrt: Greift das externe Modell auch auf Instrumente, Inhalte und Ergebnisse des internen Modells zurück? Um welche es dabei geht, warum und mit welchem Erfolg dies geschieht, wird unter dem Gesichtspunkt der Veränderungen am internen Modell im IV. Teil thematisiert und im VI. Teil wieder aufgegriffen, wenn die Resultate der personellen Erneuerung der PSK und SBK vorgestellt und miteinander verglichen werden.

Anders als Thomas Raisers Studie zur Humboldt-Universität[6] bezieht die Untersuchung alle verfügbaren Ergebnisse der PSK-Evaluationen ein, soweit sie der ZPSK und damit auch dem Autor zur Kenntnis gelangten. Insoweit werden im VI. Teil erstmals auf verlässlicher Quellenbasis die Ergebnisse der hochschulinternen Überprüfungen vorgestellt. Dafür stehen Zwischen-, Abschluss- oder Evaluationsberichte aus nahezu allen Fachbereichen zur Verfügung. Durch sie sind Aussagen über die Qualität und die Probleme dieser Evaluationsverfahren möglich. Über einen Namensabgleich mit den Universitätsverzeichnissen der Jahre 1991 bis 1996 kann zudem genau verfolgt werden, wo sich SBK personellen Empfehlungen der PSK anschlossen oder in ihren eigenen Evaluationen zu ähnlichen Ergebnissen gelangten und also ablesbar wird, in welchem Ausmaß PSK-Empfehlungen spätere Berufungen, Kündigungen oder Übernahmen beeinflussten. Zugleich können durch die Auswertung der Kommissionsergebnisse die Modellanalysen des IV. und V. Teils verfeinert und ein Bezugsrahmen geschaffen werden, um die hochschuleigene und externe Erneuerungspolitik auf reichhaltiger Datenbasis zu bewerten.

In die Würdigung der PSK-Verfahren ist einzubeziehen, dass sie rechtlich nicht ausreichend abgesichert waren und durch den überlagerten Prozess des Entstehens der SBK an vielen Stellen nicht durch Kündigungen oder Berufungen eigenständig zum Abschluss gebracht werden konnten. Insoweit sind die Bedingungen, unter denen beide Kommissionstypen arbeiteten, sehr verschie-

6 Thomas Raiser: Schicksalsjahre einer Universität. Die strukturelle und personelle Neuordnung der Humboldt-Universität zu Berlin 1989 bis 1994.

den, ihre Ergebnisse können nicht direkt miteinander verglichen werden. Auch wenn letztlich die Evaluationen am meisten über den Erfolg der Kommissionen aussagen, darf sich eine Bewertung der PSK-Arbeit darauf allein nicht beschränken. Genauso muss berücksichtigt sein, wie glaubwürdig sie der schwierigen Auseinandersetzung mit der eigenen Biographie und der Geschichte von Kollegen dienten, mit denen man teilweise über Jahre zusammenarbeitete und inwieweit sie Lernprozesse in Sachen Demokratie, Mitbestimmung, Regelhaftigkeit und Rechtsstaatlichkeit anstießen. Diesen Fragen widmen sich einige Abschnitte des VI. Teils, in denen die Evaluationsverfahren der PSK gewürdigt werden.

II.
Theoretische und methodische Zugänge

1. Theoretische Grundlagen und Schlussfolgerungen für die eigene Untersuchung

Die Sichtung von Erklärungsmodellen der gesellschaftlichen Umbrüche in Mittel- und Osteuropa lässt den Schluss zu, dass es zu großen theoretischen Innovationen in der sozialwissenschaftlichen Forschung in den zurückliegenden fünfzehn Jahren nicht gekommen ist.[7] Vielmehr wurde auf dem vorhandenen theoretischen Potenzial der Transformationsforschung aufgebaut und dieses verfeinert. Dabei bestimmten modernisierungs- und akteurtheoretische Ansätze die Diskussion.[8] Der sozialwissenschaftliche Transformationsbegriff – in der umfangreichen empirischen Begleitforschung zumeist auf gesellschaftliche Makroprozesse bezogen – charakterisierte in den 90er Jahren im Allgemeinen die vielfältigen Wandlungsprozesse in den ehemals sozialistischen Ländern. Dabei bewegte sich die Forschung von makrosoziologisch fundierten systemtheoretischen Ansätzen bis hin zu mikrosoziologisch motivierten akteurtheoretischen Deutungsmustern.

Neben Akteurtypologien gehören Phasenmodelle zum Standard akteurtheoretischer Erklärungen. Transformationen werden dabei in idealtypische Phasen zergliedert, die sich durch spezifische Interaktionen zwischen Akteuren charakterisieren lassen. Ein Grundmodell dafür entwickelten bereits in den 80er Jahren O'Donnell/Schmitter, die von einer Abfolge Liberalisierung, Demokratisierung und Konsolidierung ausgingen.[9] Mit ihm zeigen sie, unter welchen Bedingungen und in welchen Schritten sich ein Umgestaltungsprozess vollzieht bzw. stabil vollziehen kann. Dieses Modell wird – in abgewandelter

7 S. Kollmorgen, 1994, 381 ff.

8 S. Bulmahn, 1996, 3.

9 S. O'Donnell/Schmitter, 1986, 3. Weiter ausdifferenzierend auch Przeworski, in: Merkel, 1994, 317 ff., sowie mit einer auf Institutionenbildung und Regelhaftigkeit abzielenden Periodisierung: Rüb, 1996, 47 f. Besonders interessant für den eigenen Forschungsansatz seine Definition von Konsolidierung: »Ein institutionelles Gefüge ist dann konsolidiert, wenn sichere Verfahren bestehen, innerhalb derer unsichere politische Ergebnisse produziert werden können, die es einem politischen Gemeinwesen ermöglichen, erfolgreich auf unsichere Umwelten zu reagieren. Die entscheidende Voraussetzung hierfür ist institutionelle Autonomie« (a. a. O., 39). Unter Institutionalisierung wird von ihm die Neuverteilung von (politischer) Macht durch die Zuteilung von Rechten, Ressourcen und Respekt verstanden (ebenda). Dabei verändere sich nicht nur die Struktur der politischen Macht, sondern werden neue Gruppen von Verlierern und Gewinnern geschaffen (S. 65).

Form – in vielen akteurtheoretischen Abhandlungen aufgegriffen,[10] so auch für den mittel- und osteuropäischen Transformationsfall. In der Untersuchung wird das Grundmuster von O'Donnell/Schmitter genutzt, zugleich aber spezifiziert, da hier Elemente der Liberalisierung und Demokratisierung mehr oder weniger phasengleich auftreten.[11] Unter den spezifischen Bedingungen Ostdeutschlands fand der eigentliche Institutionentransfer[12] zweigeteilt sowohl während als auch nach der Demokratisierung statt. Genau diese zweigeteilte Umbauphase steht im Fokus des forscherischen Interesses, das Handeln der unterschiedlichen Akteure im Untersuchungsfeld Hochschule während des Institutionentransfers in den Etappen der Demokratisierung und der Konsolidierung. Sie wird in der folgenden Untersuchung mit dem Begriff der Umorganisation gekennzeichnet, die nach der Demokratisierung einsetzt und die Richtung vorgibt, in der sich die Universität dann konsolidiert.

Für die vorliegende Untersuchung der Transformation der HU sind diejenigen Theorieansätze von Bedeutung, die das Beziehungsgeflecht zwischen

- Institutionentransfer und Akteurgenese (Lepsius[13], Mayntz[14], Scharpf[15], Wiesenthal[16])
- exogener und endogener Transformation (Lehmbruch[17]) bzw. exogenem Systemtransfer und endogenen Transformationsbedingungen (Kollmorgen[18])

10 S. Kollmorgen, 1994, 385f.
11 S. Bos, 1996, 86f.
12 Der Begriff des Institutionentransfers als politikwissenschaftliche Kategorie zur Analyse der Transformation Ostdeutschlands geht zurück auf Lehmbruch, der mit ihm die »Übertragung der politisch regulierten Institutionen der alten Bundesrepublik auf die ehemalige DDR« zusammenfasst (Lehmbruch, 1992, 41). S. auch: Lehmbruch, 1996b, 63ff.
13 Lepsius, 1990, 46ff.
14 Mayntz/Scharpf, 1995, 9ff. S. auch: Mayntz, 1995a, 148ff.
15 Scharpf, 1989, 13.
16 S. Wiesenthal, 1992, 162ff.; ders., 1995, 13ff.; ders., 1996b, 46ff.; ders., 1996c, 24ff.
17 Unter endogener Transformation wird nach Lehmbruch die graduelle Evolution einer Institution der alten politischen Ordnung verstanden, sie setzt also auf die Steuerung der Veränderung aus der Institution selbst heraus (Softliner, Reformer). Die exogene Transformation verfolgt die Strategie des scharfen Bruchs mit dem alten institutionellen Rahmen und wird in der Regel von außerhalb zu steuern versucht. Doch könne sich auch die endogene Transformation der Strategie des Institutionentransfers bedienen, indem interne Eliten fremde Institutionen importieren. Da in der deutschen Transformation wohl auch aus der Sorge, dass eigendynamische Prozesse suboptimale Ergebnisse erbringen könnten, der West-Ost-Institutionentransfer dominierte, wurde vielfach eine exogene Transformationsdynamik ausgelöst (Lehmbruch, 1994, 24 f). Dieses Grundmuster wird auch im zu untersuchenden Fall der Erneuerung der HU vermutet. S. auch: Lehmbruch, 1995b, 26, sowie: ders., 1996b, 66ff.
18 Kollmorgen, 1994, 390.

- politischer Steuerung und eigendynamischer Entwicklung (Lepsius[19], Lehmbruch[20], Scharpf[21]) und darin das Verhältnis von Ordnungs-, Orientierungs-, Steuerungs- und Integrationsleistungen (Göhler[22]) erklären,
- aber auch Geschwindigkeit, Tiefgang, Richtungstreue und Steuerbarkeit (Zapf[23])

in den Blick nehmen helfen.

Ausgehend davon, dass keine sozialwissenschaftliche Theorie aus sich heraus Veränderungen, Reformen oder Interaktionen ganzer gesellschaftlicher Teilbereiche in all ihren Besonderheiten genügend erfassen könne, entwickeln Mayntz und Scharpf den Ansatz des *akteurzentrierten Institutionalismus.*[24] In ihm wird auf Elemente verschiedener Theorien zurückgegriffen und der Bedingungszusammenhang von Steuerung und Selbstorganisation in den Mittelpunkt gerückt. Der akteurzentrierte Institutionalismus misst den strategischen Handlungen und Interaktionen von Akteuren die gleiche Bedeutung zu wie den ermöglichenden oder beschränkenden Effekten von institutionellen Strukturen und institutionalisierten Normen.[25]

Was sind die einzelnen Komponenten dieses forschungsheuristischen Ansatzes? Besonders beachtet werden der *institutionelle Kontext* sowie die sich in ihm strukturierenden *Akteure mit ihren Handlungsorientierungen, Akteurkonstellationen und Interaktionsformen.*[26]

Der *Kontext* liefert Minimalklassifikationen über Regelungsinhalte für die Analyse sektoraler Strukturen und unterscheidet Motive und Regeln, die für bestimmte Situationen (materielle) Verhaltens- und (formale) Verfahrensnormen festlegen. Zugleich spezifiziert er Adressaten, die Verfügung über finan-

19Lepsius, 1990, 53.

20 Lehmbruch, 1994, 21. S. auch: Lehmbruch, 1996a, 119.

21 Unter politischer Steuerung versteht Scharpf eine intentionale Handlungskoordination zur gemeinwohlorientierten Gestaltung der gesellschaftlichen Verhältnisse. Das setzt aber voraus, dass Steuerungsziele, Steuerungsressourcen und Steuerungsrestriktionen Steuerung überhaupt möglich machen. Doch ebenso sei »Willensschwäche« des Handlungssystems und damit Politikversagen denkbar, d.h. endogene Schwierigkeiten der Politik, das Gewünschte, Gewusste und objektiv Erreichbare auch zu tun« (Scharpf, 1989, 63 f.).

22 Göhler 1987.

23 Zapf, 1992, 97.

24 Der Institutionenbegriff von Mayntz und Scharpf erfasst sowohl soziale Gebilde als auch sozial normierte Verhaltensmuster und mit ihm Regelungsaspekte wie die Verteilung und Ausübung von Macht, die Definition von Zuständigkeiten, die Verfügung über Ressourcen oder Autoritäts- und Abhängigkeitsverhältnisse (Mayntz/Scharpf, 1995, 40).

25 A.a.O., 72.

26 A.a.O., 78.

zielle, rechtliche, personelle, technische oder natürliche Ressourcen gewähren oder untersagen und die Relationen zwischen Akteuren bestimmen.[27] Des Weiteren konstituiert der institutionelle Kontext den Handlungsrahmen individueller und korporativer Akteure.[28]

Akteure, so Scharpf, zeichnen sich durch bestimmte Fähigkeiten, bestimmte Wahrnehmungen und bestimmte Präferenzen aus.[29] Ihre wichtigste Handlungsressource seien institutionelle Regeln, durch die Kompetenzen zugewiesen oder Partizipationsrechte, Vetorechte oder das Recht zur autonomen Entscheidung verliehen oder beschränkt würden.[30] Einflussinstrumente innerhalb einer Regelungsstruktur können negativ sanktionierte Verhaltensgebote oder -verbote, Verfahrens- und Organisationsregeln, materielle Anreize, Informations- oder Überzeugungsstrategien sein, wobei sie von den Akteuren des politisch-administrativen Systems genauso eingesetzt werden wie von Einrichtungen der Selbstorganisation (wie z. B. einer Hochschule) gegenüber den Akteuren der Mikroebene oder gegenüber dem Einfluss nehmenden staatlichen Sektor.[31] Welche der Möglichkeiten dominierten, mehr Selbstbestimmung oder Intervention, hänge von der jeweiligen Akteurkonstellation ab.[32]

Wenn man *Akteurkonstellationen* in Regelungsstrukturen bestimmen möchte, komme es vor allem auf das Verhältnis zwischen staatlichen und nichtstaatlichen Akteuren an: Entweder der (individuelle oder kollektive) Akteur reagiert und antizipiert so gut er kann die Aktionen der anderen und verfolgt dennoch dabei seine programmatischen Ziele im Rahmen seiner Möglichkeiten. Oder aber ein oder mehrere dieser Akteure formieren sich eben nicht zu einer ideologisch-programmatischen Mehrheit, sondern verfolgen jeweils ihre separaten Eigeninteressen, die sich zumeist an Unterstützungsangeboten außerhalb des politisch-administrativen Systems orientierten. Die dritte Möglichkeit schließlich sei die Ausbildung von Akteurnetzwerken, in denen sich

27 Vgl. Mayntz/Scharpf, 1995, 47 f.

28 Unter korporativen Akteuren sind, wie bei Mayntz/Scharpf der Definition Colemans folgend, handlungsfähige, formal organisierte Personen-Mehrheiten zu verstehen, die über zentralisierte, also nicht mehr den Mitgliedern individuell zustehende Handlungsressourcen verfügen und über deren Einsatz hierarchisch oder majorativ entschieden werden kann. Voraussetzung ist, sie haben die Fähigkeit zur kollektiven Willensbildung und effektiven Steuerung (Mayntz/Scharpf, 1995, 49 f.).

29 S. Scharpf, 2000, 86.

30 S. Scharpf, 2000, 86 f.

31 S. Mayntz/Scharpf, 1995, 19.

32 A. a. O., 23.

eine gemeinsame Schnittmenge von Situationsdeutungen, gemeinsame Zielvorstellungen bzw. Problemdefinitionen entwickeln.[33]

Will man die Nutzung von Spielräumen bei Akteuren bestimmen, sind ihre *Handlungsorientierungen* bedeutungsvoll. Sie sind institutionell geprägt, durch vorgegebene Aufgaben oder Handlungszwecke, durch die Position innerhalb einer Akteurkonstellation, aber auch durch kontextunabhängige Variablen wie die Sozialisation oder die Geschichte der (individuellen und korporativen) Akteure, ihre Identität. Zu berücksichtigen ist, dass die Bewahrung der eigenen Identität einem Akteur ein anderes Verhalten vorschreiben kann, als es im Sinne seines situativ analysierten Eigeninteresses läge.[34] Empirisch zu bestimmen sei daher der jeweils handlungsleitende soziale Bezug sowie kognitive und motivationale Aspekte der Handlungsorientierung, d.h. die Antriebsfaktoren für sinnhaftes Handeln bzw. die Auswahlgesichtspunkte bei der Wahl von Handlungsoptionen.[35]

Der Ansatz des akteurzentrierten Institutionalismus bildet den forschungsleitenden Bezugsrahmen der Untersuchung: für die Identifizierung der wichtigsten Akteure und Akteurkonstellationen sowie des sie determinierenden institutionellen Kontexts im III. Kapitel, für die Untersuchung der Handlungsorientierungen und besonders prägnanter Handlungssituationen der konkurrierenden Hauptakteure beider Erneuerungskonzepte einschließlich ihrer kognitiven und motivationalen Bezüge, ihrer Interaktionsausrichtung in den Kapiteln IV bis VI.

Wenn in der nachfolgenden Untersuchung von zwei sich unterscheidenden Modellen zur Erneuerung der HU gesprochen wird, so ist das sofort zu relativieren. Es gab während der Demokratisierung und der Umorganisation der Hochschule weder ein hochschuleigenes noch ein externes Modell, das vollständig erdacht war und dann Wirklichkeit wurde. Vielmehr gab es unter-

33 S. a.a.O., 26f. Als charakteristisch für das Agieren eines Netzwerkes sehen Mayntz und Scharpf die Akteure des westdeutschen Forschungssystems in Bezug auf die Herausforderungen der deutschen Vereinigung an. Ein seit den 70er Jahren verfestigter Strukturkonsens verhinderte jegliche Reformen, und alle Beteiligten suchten nur nach Problemlösungen, die die Einpassung der ostdeutschen Potenziale in die bestehenden Strukturen zum Ziel hatte, wobei »die westdeutschen Akteure wechselseitig ihre institutionellen Besitzstände respektier(t)en« (S. 27). In einer anderen Untersuchung zur Transformation der Industrieforschung, der Akademieforschung und des Hochschulsektors verfolgt Mayntz die These, dass die Unterschiedlichkeit der sektoralen Governance-Strukturen Folgen für das Verhältnis von zentraler Steuerung und sektoraler Selbstorganisation auf der Meso- und Mikroebene gehabt habe. Die Umgestaltung der verschiedenen Sektoren sei durch zentrale Steuerung, horizontale Koordinierung und spontane Ordnungsbildung geprägt gewesen (Mayntz, 1995b, 444).

34 S. a.a.O., 56f. Der institutionelle Rahmen, in dem sich ein Akteur bewegt, prägt über Normen und Aufgaben hinaus seine Identität mit. Sie wird aber noch von zusätzlichen Punkten bestimmt, wie der Lebensgeschichte, der Sozialisation oder bei korporativen Akteuren auch von der Organisationskultur.

35 Vgl. a.a.O., 54.

schiedlich intensive Überlegungen und Ideen zur Hochschulerneuerung in der Ministerialbürokratie des Bundes und der Länder, im Wissenschaftsrat, der Hochschulrektorenkonferenz, den Wissenschaftsorganisationen, den Parteien, den Medien und nicht zuletzt in der Hochschule selbst.

Dabei wird von der These ausgegangen, dass die Umgestaltung der HU angesichts eines komplexen und von Ost-West-Disparitäten beeinflussten Akteurfeldes in ihrer Totalität weder ein ausschließlich von außen noch ein ausschließlich von innen gesteuerter und auch zu steuernder Prozess sein konnte, sondern ebenso von ungesteuerten Momenten, eigendynamischen Entwicklungen oder Koordinationen in einer ansonsten verrechtlichten, von Zielbildungen beeinflussten Umgebung abhing. Anders als Raiser, der in Konzepten, Pfaden und Resultaten von einem organischen Zusammenhang der Umgestaltung ausgeht, folge ich damit einer anderen These und vermute, dass die Transformation der HU ein zumindest in Teilen offener, von Eigenheiten und diskontinuierlichen Phasen bestimmter und in hohem Maße kontextabhängiger Prozess war, ein Prozess der langsamen Amalgamierung west- und ostdeutscher institutioneller Strukturmuster sowie soziokultureller »Hinterlassenschaften« des DDR-Systems und des soziokulturellen »Gepäcks«, das von westdeutschen Eliteimporten mitgeführt wurde.[36] Über den grundsätzlichen Verlauf des Transformationsgeschehens entschied jedoch letztlich, so die Mutmaßung, die Konstruktion und Entwicklung der jeweiligen Akteure und ihrer Institutionen.

Als prägend für den Verlauf der Transformation werden nicht zuletzt auch bestimmte außerordentliche Ereignisse oder symbolische Orientierungen vermutet, ebenso wie mehr oder weniger zufällige Akteurkonstellationen, die maßgeblich konstitutionelle Entscheidungen und Pfadabhängigkeiten bestimmten. Das Handeln der Akteure, das Eintreffen außerordentlicher Ereignisse oder besonderer symbolischer Orientierungen formten die institutionellen Arrangements und institutionellen Leitideen und damit die strukturelle und kulturelle Dimension des Umbaus der HU (Lepsius[37]).

Herauszuarbeiten sind die Bedingungszusammenhänge zwischen dem Handeln von externen und (strategiefähigen?) internen Akteuren bzw. den von ihnen getragenen institutionellen Reformen, dabei anzutreffenden Beharrungsmustern, Konfrontationsstrategien sowie möglichen Ressourcenasymmetrien. Im Zentrum steht dabei die Untersuchung der Arbeit der beiden unterschiedlichen Kommissionstypen, die für die hochschulinterne und -externe Erneuerungsstrategie stehen, also die PSK und die SBK, ihrer Unterschiede

36 S. Eisen, 1996, 44.
37 Lepsius, 1990, 46 ff.

und Gemeinsamkeiten in rechtlicher Ausgestaltung, ihren Arbeitskatalogen, Verfahrenstechniken und Bewertungsmaßstäben. Anders als bei Raiser sollen diese Kommissionen nicht anonyme Kollektive bleiben, deren Verschiedenheit von ihm immer nur behauptet, gelegentlich angedeutet, nie aber eingehend vorgestellt und diskutiert wird.[38]

Die Untersuchung dieser Kommissionstypen ist deshalb von besonderer Bedeutung, weil sich in ihnen die eigentliche Richtung der Konsolidierung erst ausprägt. Nur durch sie wird die »explizite Thematisierung der ›Übergänge‹ bzw. ›Umwandlungen‹« in der Transformation der HU möglich, der facettenreiche, auch von Regressionen und Brüchen gekennzeichnete Übergang von der Ausgangs- in die Ankunftsordnung realisiert.

38 S. Raiser, 1998, 49ff. und 75ff.

2. Methodische Fragen und verwendete Quellen

Die hier aufgeworfenen Fragen stellen ein empirisches Desiderat dar. Zwar liegen zahlreiche Aufsätze[39] und Studien zum ostdeutschen Hochschulumbau[40], darunter auch eine fundierte quantitative Analyse[41] und einige Untersuchungen zum Elitenwechsel in der ehemaligen DDR im Rahmen der Kommission zur Erforschung des sozialen und politischen Wandels in Ostdeutschland (KSPW) sowie eine Abhandlung im Rahmen einer vergleichenden universitätsgeschichtlichen Untersuchung[42] vor. Zum Umbau der Humboldt-Universität existiert aber bis heute genuin nur eine Auftragsstudie der HU selbst, die einige Teilaspekte ihrer Transformation, vor allem aber Ergebnisse ihrer personellen Neuordnung präsentiert.[43] Auch haben Analysen der Hochschultransformation, insbesondere aus einer ostdeutschen Binnenperspektive, eher Seltenheitswert.

Bei einer Untersuchung der empirischen Politikforschung mit unmittelbarem zeithistorischen Bezug wie dieser steht man angesichts der Bestimmungen des Archivgesetzes, wonach viele Akten, die nach dem 3. Oktober 1990 entstanden sind, in der Regel 30 Jahre nicht zugänglich sein können, vor enormen Problemen. Um diesen fehlenden Quellenzugang auszugleichen, waren deshalb, insbesondere bei der Auswertung der Ergebnisse des personellen Umbaus, teilweise Hilfskonstruktionen nötig, musste mit Rückschlüssen oder Annahmen auf Grund des eigenen Erlebens der Vorgänge gearbeitet werden, worauf in der Einleitung des VI. Teils näher eingegangen wird.

Hauptsächliche Quellengrundlage ist eine eigenständige Materialsammlung aus der Zeit des Hochschulumbaus, in der der Autor als Sprecher des Studentenrats und Studierendenvertreter im Kuratorium, als Mitglied des Akademischen Senats, der Zentralen Personalstrukturkommission sowie der Entwicklungsplanungskommission selbst Beteiligter des Transformationsgeschehens war und zahlreiche, den HU-Gremien zur Verfügung gestellte Unterlagen

39 S. u. a. Neidhardt, 1994, 33 ff.
40 Eine ausführliche bibliographische Aufbereitung zum ostdeutschen Hochschulumbau findet sich bei Pasternack (1999).
41 Buck-Bechler u. a., 1997.
42 Pasternack, 1999.
43 Raiser, 1998.

erhalten oder Vorlagen und andere Papiere mit erarbeitet hat. Entstanden ist auf dieser Weise ein eigenes Archiv von etwa 60 Aktenbänden, das ein detailreiches, gewiss aber kein vollständiges Bild vom Umbau der Humboldt-Universität wiedergibt. Zweifellos wäre es für einen vollständigen Abriss der Entwicklung der HU wichtig, wenn auch die Unterlagen des Rektorats oder Präsidialamtes nach 1990 für die Forschung zur Verfügung gestanden hätten. Wegen der Archivbestimmungen war dies aber nicht möglich. Noch spürbarer zeigte sich das zwangsläufige Materialdefizit bei der Untersuchung der SBK, denn es können im VI. Teil – soweit es diese Kommissionen betrifft – zu großen Teilen nur die Erhebungen und Berechnungen von Raiser genutzt werden, nicht jedoch Originalquellen der SBK. So unterscheidet sich die Datengrundlage für die Analyse der verschiedenen Kommissionstypen erheblich voneinander. Trotz dieser Restriktionen stand eine reichhaltige Datengrundlage zum Umbau der HU zur Verfügung und konnten die wesentlichen Linien und Besonderheiten dieser Transformation erfasst werden.

Das persönliche Archiv des Verfassers wurde nach Abschluss der Dissertation dem Archiv der Humboldt-Universität als eigenständiger Bestand übereignet und öffentlich zugänglich gemacht. Auf diese Weise können die eigenen Studien überprüft oder weitergehende Forschungen mit diesem Bestand ermöglicht werden. Zusätzlich zu den erwähnten Quellen wurden Dokumentationen, Veröffentlichungen und Publikationen zum ostdeutschen Hochschulumbau oder der Umgestaltung der HU genutzt – sowohl subjektive Erinnerungsberichte, sozialwissenschaftliche Analysen oder historiografische Abhandlungen.

Hochschultransformation als Institutionentransfer kann ganz unterschiedlich erforscht werden. Alle Ansätze gleichen sich darin, dass sie tiefgreifende Veränderungen in der Zusammensetzung des Hochschulpersonals unabdingbar voraussetzen. Gleichzeitig stecken sie verschiedene Zielhorizonte ab. So können je nach Blickwinkel und Interesse mehr die funktionalen oder mehr die personalen Aspekte der Transformation im Mittelpunkt der Betrachtung stehen und ganz unterschiedliche, sich auch widersprechende Bewertungen hervorbringen: Unter funktionalem Aspekt erfasst ist die Aufgabe der HU im bundesdeutschen Wissenschaftssystem ebenso wie die Frage nach der Wertigkeit der Abschlüsse und deren qualitativer Bedeutung auf dem Arbeitsmarkt. Die Chancenverteilung der Absolventen stellt aus dieser Sicht die handlungsleitende Perspektive dar, nach der der erfolgte Institutionentransfer aus heutiger Sicht als vorwiegend erfolgreich gelten muss. Unter personalem Aspekt soll die eigentliche personelle Dimension des Umbaus, das heißt der Personalaustausch von ostdeutschen durch weitgehend westdeutsche Wissenschaftler, verstanden werden. Durch ihn wird mehr die Frage der Teilhabe am institutionalisierten Wissenschaftsbetrieb, seiner qualitativen Voraussetzungen sowie möglicher mittel- und langfristiger Wirkungen auf die (personelle) Entwicklung der ostdeutschen Wissenschaftslandschaft in den Mittelpunkt gestellt.

Die Erneuerungsmodelle der HU werden nachfolgend vorwiegend aus einer *personalen Perspektive* untersucht. Das geschieht nicht nur, weil diese in der zurückliegenden wissenschaftlichen und politischen Diskussion eine eher untergeordnete Rolle spielte, sondern einen wesentlichen Kern des »ostdeutschen Dilemmas« ganz unmittelbar berührt: nämlich die Frage nach der Position »der Ostdeutschen« im vereinten Land sowie deren qualitativen und quantitativen Möglichkeiten der Partizipation in den verschiedensten gesellschaftlichen Sektoren.

Selbst Akteur bei der Umgestaltung der HU gewesen zu sein, war für den Verfasser der vorliegenden Untersuchung Vorteil und Nachteil zugleich. Kann eine in die internen Prozesse involvierte Person eine solche Untersuchung überhaupt abgewogen gestalten? Von Vorteil ist natürlich die Detailkenntnis der Quellen, die Fähigkeit, Kontexte zu kennen und Geschriebenes, intendierte und nicht intendierte Absichten zu verstehen, das Quellenmaterial also auf eine besonders intensive Weise zum Sprechen zu bringen. Doch kann die persönliche Nähe zum Forschungsgegenstand auch Gefahr sein. Fiel es am Beginn der Arbeit noch schwer, die Seiten zu wechseln und das selbst Erlebte wissenschaftlich zu untersuchen, gelang es im Laufe der Zeit durch die Historisierung immer besser, die Quellen kritisch zu befragen. Die Lust am gedanklich mehr und mehr bewusst gesuchten Positionswechsel vom Akteur zum wissenschaftlichen Beobachter sowie die Freude an der Neubefragung der mit den Dokumenten verbundenen prägenden, aber abgeschlossenen eigenen Geschichte hat das methodische Herangehen zusätzlich geschärft. Doch nicht nur die Selbstüberprüfung, auch das Gespräch mit anderen schaffte Distanz zum Material: die kritische Diskussion mit den wissenschaftlichen Betreuern dieser Untersuchung, Professor Herfried Münkler und Professor Rosemarie Will, mit heutigen oder ehemaligen Hochschullehrern und Mitarbeitern der Humboldt-Universität, mit Journalisten, Freunden oder Arbeitskollegen aus nah und fern. Ihnen allen, insbesondere aber Karin Hirdina, Ada Sasse, Bernd Bank, Norbert Brömme und Hans-Dieter Schmidt (†), gebührt mein großer Dank für die jahrelange geduldige Unterstützung und kritische Begleitung beim Entstehen dieser Schrift.

Abschließend soll noch zur Zitierweise angemerkt werden, dass verwendete veröffentlichte Literatur in Kurzform in den Fußnoten wiedergegeben wird (Autor, Jahr, Seitenzahl). Die Literaturangabe selbst findet sich dann in der Bibliographie am Ende der Arbeit. Das Zitieren aus Quellen des eigenen Archivs erfolgt hingegen abschließend in den Fußnoten (Titel, Aktenband, Ablagennummer, Seitenzahl der Quelle). Da die Blätter der einzelnen Bände nicht durchgehend paginiert sind, wird bei umfangreicheren Dokumenten zusätzlich deren Seitenzahl angegeben. Auch sich im eigenen Archiv befindliche öffentlich zugängliche Quellen, wie beispielsweise Presseartikel oder Gerichtsurteile, sind nach diesem Muster erfasst worden. Soweit aus den Beständen des Universitätsarchivs zitiert worden ist, folge ich der selbstgewählten Zitierweise unter Angabe des dortigen Bestandsbandes. Besondere inhaltliche Hervorhebungen sind kursiv gesetzt.

III.
Der politische Prozess der Transformation

1. Einleitung

Die Umgestaltung der Hochschule lässt sich in drei Phasen darstellen: 1. Phase der Liberalisierung und Demokratisierung, 2. Phase der Umordnung bzw. Umorganisation und 3. Phase der Konsolidierung.[44] Wird unter Liberalisierung die »Zurücknahme von Repression und die Erweiterung von Grundrechten«[45], also eine Modifizierung autoritärer Strukturen verstanden, bedeutet Demokratisierung die Ablösung des alten Herrschaftssystems, politischer Wettbewerb, die Einführung demokratischer Institutionen und eine breite Partizipation der Bürger. Die Umorganisation oder Umordnung meint den Übergang, in der die Institutionen der Gesellschaft als dauerhaft beständige, demokratische Einrichtungen gestaltet und überkommene Strukturen endgültig beseitigt werden. Mit dem Begriff der Konsolidierung wird das Zusammenspiel aller demokratischen Kräfte in stabilisierten, entwicklungsfähigen Institutionen zusammengefasst. Diese Phasen werden im folgenden Teil untergliedert in acht chronologisch geordnete Abschnitte, die sowohl außer- als auch inneruniversitäre Entwicklungen wiedergeben.

Jede Phase wird von inner- oder außeruniversitären Akteuren unterschiedlich intensiv geprägt, zeichnet sich durch eine unterschiedliche Reformgeschwindigkeit aus, hat unterschiedlichen Tiefgang und ist unterschiedlich intensiv steuerbar. Wer wann und mit welcher Intention ins Erneuerungsgeschehen eingreift sowie neue individuelle und kollektive Akteure und Akteurkonstellationen entstehen und vorhandene verschwinden, sind wichtige Ordnungsmuster der Transformation. Unter dem Aspekt, dass die Hochschule und die Senatsveraltung für Wissenschaft und Forschung konkurrierende Erneuerungskonzeptionen entwickeln, kann deshalb die Umgestaltung erfasst werden als Prozess des *Übergangs ihrer Führerschaft von inner- zu außeruniversitären Akteuren*:

Bestimmen die 1. Phase ganz wesentlich inneruniversitäre Akteure wie der Studentenrat oder der Runde Tisch, so dominieren Auseinandersetzungen zwischen inner- und außeruniversitären Akteuren über die Richtung der

44 Begriffe nach: O'Donnell/Schmitter, 1986, 3. S. auch Bos, 1996, 86f. Nähere Erläuterungen zum Transformationsbegriff finden sich im II. Kapitel.

45 Ebenda.

Hochschulumordnung die 2. Phase. Exemplarisch dafür steht die wechselseitige Konfliktgeschichte des Rektors und der Hochschulgremien mit der Senatsverwaltung für Wissenschaft und Forschung und den Medien, die deshalb in diesem Abschnitt einen besonderen Schwerpunkt bildet. Die Konfrontationen sind am Ende der 2. Phase zugunsten externer Akteure entschieden und prägen entscheidend den Charakter des Hochschulumbaus. In der 3. Phase schließlich bringen externe Akteure das Erneuerungsprogramm zum Abschluss und führen die Hochschule mit neuen Strukturen und neuem Personal wieder in ihre Autonomie. Jedes Kapitel widmet sich neben dem institutionellen Kontext den Handlungsorientierungen der in dieser Phase dominanten Akteure. Zugleich werden ihre Handlungskorridore bestimmt. Dadurch wird sichtbar, dass die Umgestaltung der Hochschule durch inneruniversitäre Akteure beginnt, durch außeruniversitäre Akteure zunehmend beeinflusst, verändert und von diesen übernommen wird und am Ende neue, nun wieder inneruniversitäre Akteure die Geschicke der Hochschule bestimmen.

Im nachfolgenden Teil soll die Frage beantwortet werden, warum dieser Prozess gerade so ablief: Wer trägt diesen voller Ambivalenzen und Widersprüchlichkeiten steckenden Prozess und wer sind seine Gegenspieler? Entstehen innerhalb der Hochschule überhaupt stabile Reformakteure, die die Fähigkeit und das Durchsetzungsvermögen für eine solche Umgestaltung aufbringen? Sind die unterschiedlichen Perspektiven der inner- und außeruniversitären Akteure auf die Umgestaltung der Hochschule und also die Auseinandersetzung zwischen selbstbestimmter Erneuerung und Intervention zwangsläufig? Welche Leitideen verfolgen, nach welchen Rationalitätskriterien handeln und welches symbolisches Orientierungsangebot geben sie? Die Antworten auf diese Fragen lassen die Institutionalisierung unterschiedlicher Transformationspfade als Auseinandersetzung divergierender Ordnungsmuster erkennen, die in den Teilen IV und V spezifiziert wird.

2. Demokratisierung

Die im Herbst 1989 einsetzende Demokratisierung der HU (und der übrigen Hochschulen der DDR) ist im Vergleich zur gesellschaftlichen Emanzipation ein verzögerter, wenn auch strukturell vergleichbarer Prozess. Zwar wird auch an den Hochschulen debattiert über Glasnost und Perestroika, über die Festnahmen am Rande der Luxemburg/Liebknecht-Demonstration im Januar 1988, das Verbot der sowjetischen Zeitschrift »Sputnik«, die gefälschten Kommunalwahlen im Mai 1989 oder die Niederschlagung der chinesischen Demokratiebewegung. Auch wird in einem Wissenschaftlerkreis der HU halboffiziell über die Reform des Staatssozialismus nachgedacht.[46] Im Sommer 1989 bildet sich die »IG Stuve«, eine Gruppe von Studenten unterschiedlicher Fachrichtungen, die außerhalb der FDJ ihre Interessen vertreten und damit deren Monopolstellung durchbrechen möchte. Aber anders als etwa in Polen, der ehemaligen tschechoslowakischen Republik, Ungarn oder Rumänien spielen studentische Gruppen innerhalb der Demokratie- und Bürgerbewegung der DDR ebenso wie die wissenschaftlichen Eliten[47] eine untergeordnete Rolle.

Etwa 4500 Studenten der HU unterstützen im Mai 1989 aktiv das FDJ-Pfingsttreffen 1989[48], auch wenn in einigen Sektionen Verweigerungshaltungen, Gleichgültigkeit und »Schwächen in der politischen Führung«[49] deutlich werden oder von einem Institut von weitverbreitetem Desinteresse und »totaler Ablehnung«[50] aus politischen Gründen berichtet wird.

46 So ein Papier der Professoren Klein, Brie, Segert und Will zur Zukunft des Sozialismus, das unter den Studierenden der geisteswissenschaftlichen Fächer im Sommer 1989 stark diskutiert wird. S. auch: Will, 1989, 801 ff.

47 Zur Rolle der Intelligenz im Staatssozialismus und den Gründen für ihre kompromittierte Stellung und eingeschränkte Handlungsfähigkeit in der Transformation in Ostdeutschland s. Reich, 1992, 7 ff.

48 Aus »Stand der Vorbereitungen sowie weitere Maßnahmen zur politischen Führung der XXIV. FDJ-Studentenbrigaden 1989« vom 24. April 1989, in: Archiv der HU, Akten der FDJ-Kreisleitung, Band 29, Archiv der HU.

49 A. a. O., 2 f. Genannt werden u. a. die Sektionen Germanistik, Soziologie, Geschichte und Wissenschaftstheorie und Organisation.

50 Gemeint war das Institut für Bibliothekswissenschaften (s. »Stand der Erfüllung der Aufgaben zum Pfingsttreffen der FDJ am Institut für Bibliothekswissenschaften« vom 17. Januar)

Nicht nur das FDJ-Pfingsttreffen, auch die erwähnten übrigen Debatten legen nahe, dass der Machtanspruch der SED-Führung nicht mehr umfassend griff, die funktionale Differenzierung der gesellschaftlichen Teilbereiche nicht völlig aufgehoben war.[51]

Bei der Kreisleitung der FDJ hingegen dominiert noch im September 1989 eine systemtreue, weniger kritische Einschätzung der politischen Lage, wird die Notwendigkeit eines aus sich selbst heraus notwendigen, eigenen Reformwegs kaum formuliert, bleibt man widersprüchlich, auch wenn »Unzulänglichkeiten« allgemein thematisiert werden. Dessen ungeachtet ist man bei aller Kritik in einzelnen Feldern mehr oder weniger selbstzufrieden mit der eigenen Arbeit. Zwar nähmen auch in der HU die »Sorgen zu, die man sich um den dauerhaften Bestand des Sozialismus machen muss«. Doch können dabei »Reformen, von denen heute viel die Rede ist, nicht als Alternative denn als Mittel und Methode zur Verbesserung unseres sozialistischen Systems gesehen

1989, 1, in: Archiv der HU, Akten der FDJ-Kreisleitung, Band 29. »Allgemein wird die Meinung vertreten, solche Treffen der FDJ sollen nur zeigen, wie gut wir sind und dass alle FDJler zur Politik unseres Staates stehen. Dies sei jedoch bei weitem nicht der Fall – Unzulänglichkeiten in der Informationspolitik, das Verbot des »Sputnik«, die Preispolitik u.v.a.m. beeinflussen die Jugendlichen dahingehend, dass sie solche Treffen im Großen und Ganzen ablehnen.« (ebenda). S. auch: Information zum Vorbereitungsstand auf das »Pfingsttreffen der FDJ« in der FDJ-Kreisorganisation, Papier der FDJ-Kreisleitung vom 12. April 1989, in: Archiv der HU, Akten der FDJ-Kreisleitung, Band 29.

51 Kocka, 1998, 437. Kocka erläutert ausführlich die vier staatlichen Entscheidungs-, Koordinations- und Steuerungsebenen im Wissenschaftsbetrieb der DDR und die mit ihr verknüpfte »nicht ganz symmetrische Parallelstruktur« eines hierarchischen Netzes von SED-Parteiorganisationen und -leitungen auf allen Ebenen (a. a. O., 443) und von weiteren gesellschaftlichen Gruppen wie der Gewerkschaft. Festlegungen in Gremien gingen häufig oft »ausführliche Diskussionen von Vorschlagsformulierungen in den Abteilungen, Sektionen und Instituten voraus« (S. 445). Bei der Vielzahl horizontaler und vertikaler Verschränkungen kommt Kocka zu dem Schluss, dass die These von der »durchherrschten, durchpolitisierten Gesellschaft« zu kurz greife. »Zwar gab es starke Impulse, Vorgaben und Erzwingungen ›von oben nach unten‹, doch die Einflüsse gingen in verschiedene Richtungen, auch Elemente der wissenschaftlichen Selbstorganisation und der Willensbildung ›von unten nach oben‹ fehlten nicht. Es bestanden symbiotische Verhältnisse, aus denen allerdings die meisten ›einfachen‹ Wissenschaftler ausgegrenzt blieben. Offene Konflikte waren in den 80er Jahren selten. Entschiedene Kaderpolitik und jahrzehntelange Sozialisation bildeten den Hintergrund für vielfältige Übereinstimmungen und Arrangements« (S. 454 f.). Zum politischen Kontext, zu kognitiven Merkmalen und zum Selbstverständnis von Wissenschaft in der DDR s. auch: Mayntz, 1998, 461 ff. Einen Blick auf das Thema aus der Perspektive eines renommierten DDR-Wissenschaftlers liefert: Bierwisch, 1998, 485 ff.

werden, auch wenn uns vehement von westlicher Seite das Nachvollziehen des polnischen oder ungarischen Reformweges versucht wird einzureden«[52].

So fällt die Hochschule als Ausgangspunkt notwendiger gesellschaftlicher Veränderungen weitgehend aus. Die Transformation vollzieht sich vielmehr durch Entwicklungen außerhalb der Universitäten: durch die anwachsende Weigerung großer Teile der Bevölkerung, die politische und wirtschaftliche Situation in der DDR weiter zu akzeptieren, durch individuellen Widerstand und die Bildung neuer oppositioneller Gruppen, durch öffentliche Proteste, Demonstrationen und eine Ausreisewelle im Jahr 1989, wie sie die DDR seit dem Mauerbau nicht kannte.[53] Immer größere Teile der Bevölkerung kehren dem System den Rücken zu.

Am 7. zum 8. Oktober 1989 kommt es nach einem Gottesdienst in der Berliner Gethsemanekirche schließlich zu gewaltsamen Übergriffen von Polizei und Staatssicherheitsdienst; mehrere hundert Menschen werden festgenommen.[54] Dennoch bringen die Wochen zuvor begonnenen Leipziger Montagsdemonstrationen, insbesondere die vom 9. Oktober 1989, den Erfolg der friedlichen Revolution. Auch in Dresden, Halle, Magdeburg und vielen anderen Städten formulieren Hunderttausende ihren Protest. Das Machtmonopol der SED hatte unwiederbringlichen Schaden genommen und zerbricht schließlich binnen weniger Wochen. »Wir sind das Volk!« – das ist von nun an die symbolische Losung für einen rasanten Wandel der politischen Ordnung und für das Ende des Staatssozialismus, seiner Machtapparate und Unterdrückungsmechanismen, ist Zeichen für Selbstbestimmung, Meinungs- und Versammlungsfreiheit, für die Demokratisierung der Gesellschaft. Neue pluralistische

52 Referat des 1. Sekretärs der FDJ-Kreisleitung im »Aktivlager« der FDJ-Funktionäre der HU am Hölzernen See vom 11. bis 14. September 1989, 2 f., in: Archiv der HU, Akten der FDJ-Kreisleitung, Band 33. Diese allzu konforme Haltung etwas relativierend heißt es weiter: »Dennoch müssen wir Ursachen auch in vorhandenen Unzulänglichkeiten unseres realen Sozialismus suchen. Das scheint notwendig in Anbetracht der Tatsache, dass es viele auch junge Menschen gibt, die unser Land legal oder illegal verlassen haben oder dies noch vorhaben (Folgendes handschriftlich ergänzt – Anmerkung S. V.). Trotz der westlichen Kampagne (steht) also ganz ehrlich unter uns die Frage, wie es immer wieder dazu kommt, dass Menschen uns verlassen, dabei objektiv Geschaffenes und noch zu Schaffendes einfach aufgeben, ja wohl auch – ohne dass sie sich diesem immer bewusst sind – Verlockungen anscheinend aufsitzen, uns damit bewusst verraten. Es muss tiefer hinterfragt werden – beginnend bei uns – wo Fehler gemacht werden beim Umgang miteinander …« (S. 4 f.)

53 Wie immer wieder geschehen, kehren auch Studenten und HU-Wissenschaftler der DDR den Rücken, was die nachträgliche Aberkennung der Lehrbefähigung zur Folge hatte. So z. B. in der Sitzung des Akademischen Senats am 3. Oktober, wo »der Beschluss der Medizinischen Fakultät, Herrn Dr. M. wegen illegalen Verlassens der Republik die Facultas docendi abzuerkennen«, bestätigt wurde (Protokoll der Senatssitzung vom 3. Oktober 1989, 2, in: Dokumente zum Hochschulumbau VIII, Ablage 15).

54 Wie sich später herausstellt, sind unter den Unterstützungskräften auch vom MfS und dem MdI delegierte Studenten der Sektion Kriminalistik der HU. S. dazu Kapitel 2.2.2 dieses Teils.

Institutionen wie die Runden Tische entstehen, politischer Wettbewerb zwischen alten und neu gegründeten Parteien und Bürgerbewegungen wird möglich. Eine breite Partizipation der Bürger setzt ein.

2.1 Chronologie

2.1.1 Vom Herbst 1989 bis zu den ersten freien Wahlen im März 1990: Der Aufbau demokratischer Strukturen an der Humboldt-Universität

Innerhalb und außerhalb der Hochschulen wandelt sich ab Herbst 1989 das hochschulpolitische Institutionengefüge grundlegend. Bisher bestimmende Gruppen und Konstellationen werden abgelöst, neue entstehen:

1. Auf der politischen Ebene bildet sich nach dem Rücktritt des SED-Politbüros und des Ministerrats im Spätherbst 1989 unter dem neuen Ministerpräsidenten Modrow eine Übergangsregierung. Die erodierende Allmachtstellung der SED versetzt erstmals seit Jahrzehnten eine Regierung ansatzweise in die Lage eigenständigen Handelns. Sie führt bis zu freien und demokratischen Wahlen das Land und gibt mit einer neuen Regierungsstruktur die Machtverlagerung von der SED hin zur staatlich-exekutiven Gewalt vor. Unter anderem, indem sie alle in der Volkskammer vertretenen Fraktionen an der Regierung beteiligt, einen großen Teil der Industrieministerien zusammenlegt sowie das Volksbildungsministerium Margot Honeckers und das Ministerium für Hoch- und Fachschulwesen fusioniert zu einem neuen Ministerium für Bildung und Wissenschaft.[55] Alle wichtigen Entscheidungen werden am Zentralen Runden Tisch mit den neuen politischen Gruppen und Bürgerbewegungen entschieden.[56]

2. Überall in den Betrieben, an Schulen, Hochschulen und öffentlichen Einrichtungen verfügte die SED über eigene Grundorganisationen. An großen Institutionen wie der HU sogar über sogenannte »Kreisleitungen« als Steuerungsinstanzen mit zahlreichem hauptamtlichem Personal, die sich in den ersten Wochen nach Honeckers Entmachtung am 18. Oktober 1989 noch durch eine neue »Politik der Offenheit« zu behaupten versuchen. Die zahlenmäßig große SED-Kreisorganisation der HU fordert – wie auch andere vergeblich – für November einen Sonderparteitag einzuberufen, um den Erosionsprozess

55 Ein ausführliches Interview mit dem neuen Minister Emons in: Pasternack, 1993, 101 ff.
56 Material zur Arbeit des Runden Tischs der HU, s. in: Dokumente zum Hochschulumbau VIII, Ablage 2 und in der Zeitung »Humboldt-Universität«, so in Ausgabe 24/25 vom 22. März 1990. Zur Bedeutung des zentralen Runden Tischs s. Kapitel 2.2.2.

ihrer Macht zu stoppen. Intensiv verfolgt sie die Idee einer reformierten SED als bestimmender politischer Kraft einer eigenständigen DDR. Auch Rektor und Akademischer Senat der HU gehen in einem offenen Brief an alle Universitätsangehörige durch die Wahl von Egon Krenz zum neuen Staats- und Parteichef von einer eingeleiteten »Wende zur tiefgreifenden Erneuerung der sozialistischen Gesellschaft in der DDR« aus. Das Land müsse sich »von einer stark verstaatlichten zu einer politischen Gesellschaft« entwickeln, »gesamtgesellschaftliche Entscheidungen auf den Prozess demokratischer Konsensusbildung gestützt« sein und »Rechtsstaatlichkeit-Deformationen ausschließen«. Zugleich erhoffen sie sich von einer Tagung des ZK der SED, »deutliche Umrisse der Gesellschaftsstrategie für die Wende zu einer neuen, höheren Qualität des Sozialismus, für einen neuen Abschnitt des sozialistischen Revolutionszyklus auszuarbeiten und ein vertrauensfestigendes Sofortprogramm zur Diskussion zu stellen.« Die »Volkskammer und alle anderen gesellschaftlichen Organisationen« sollten in »der Kommunikation mit allen, die ihre Sorgen und Vorschläge formulieren, die Ursachen der entstandenen Situation untersuchen und Wege zur Bewältigung der offenen Probleme vorschlagen«[57]. Noch im Dezember 1989 strebt die Leitung der Universität im »Wissenschaftlichen Rat«[58] eine Verständigung »über die weitere Ausgestaltung unserer Universität als eine den demokratischen und sozialistischen Traditionen verpflichtete Lehr- und Forschungsstätte«[59] an, sieht also kaum, wie sehr solche Forderungen längst von der Dynamik des politischen Wandels überrollt worden waren. Die Dekanin der Gesellschaftswissenschaftlichen Fakultät will selbst – anders als die Studenten es fordern – das marxistisch-leninistische Grundlagenstudium nicht abschaffen, sondern lediglich grundlegend verändern[60]. Zudem müsse – was bisher nicht der Fall war – die »Wählbarkeit akademischer Leitungsfunk-

57 Alle Zitate aus: Offener Brief an alle Angehörige der Humboldt-Universität zu Berlin vom 24. Oktober 1989, 1 f., in: Dokumente zum Hochschulumbau VIII, Ablage 15. Der Brief offenbart, wie weit die wichtigsten Funktionsträger noch in den Kategorien des alten politischen Systems verhaftet waren. Die SED wird weiter als »herrschende Partei« angesehen, politische Veränderungen durch ihre obersten Organe, aber nicht durch eine aus freien Wahlen hervorgegangene Volkskammer erwartet.

58 Erläuterung s. Anhang.

59 Information der Universitätsleitung vom 5. Dezember 1989 zur Tagung des Wissenschaftlichen Rats, 1, in: Dokumente zum Hochschulumbau VIII, Ablage 15. In der Zielrichtung ähnlich, ein Vorschlag der Dekanin der Gesellschaftswissenschaftlichen Fakultät vom 17. November 1989, in: Dokumente zum Hochschulumbau VIII, Ablage 15.

60 A. a. O., 3.

tionen, z. B. der Sektionsdirektoren«[61] wieder eingeführt werden, was andeutet, welchen weiten Weg die Hochschule hin zu demokratischen Strukturen noch vor sich hatte.

Der gesellschaftliche Akzeptanzverfall von SED und FDJ als Sachwalterinnen des alten politischen Systems geht jedoch über die Zielvorstellungen hinweg, die in der Universitätshierarchie im Herbst 1989 vorherrschen. Das Entstehen des Runden Tischs an der HU, der gerade die Vorherrschaft von SED/PDS und FDJ aufheben und dem Pluralismus der politischen Meinungen Geltung verschaffen will, verzögert diesen Prozess zunächst sogar etwas, denn die PDS hofft, über ihn als politische Organisation weiter offiziell an der Universität verankert bleiben zu können.[62] Deshalb unterstützt sie dessen Gründung. Auch versucht sie durch eine für Nichtmitglieder ihrer Partei offene, neu eingerichtete Arbeitsgruppe »Universitätspolitik« ihren Einfluss auf die wissenschaftspolitische Debatte innerhalb der Hochschule und am Runden Tisch zu erhalten. Die Diskussion um das Universitätsstatut würde dabei für die PDS »zu einem besonderen Bewährungsfeld«[63], damit sie zeigen könne, »wie kompetent wir für die Diskussion weiterer Grundsatzfragen der Universitätsentwicklung sind«[64].

Dennoch verliert sie durch die allgemeine politische Entwicklung mehr und mehr ihre Möglichkeiten[65], lösen sich SED- und FDJ-Strukturen allmählich auf und verschwinden bis Sommer 1990 aus dem offiziellen Bild der Hochschulen. Ihre politische Tätigkeit verlagern ihre Mitglieder nun auf informelle

61 A. a. O., 4. In dem Papier sind weitere Themen angesprochen, wie die Abschaffung des zentralen Planes der gesellschaftswissenschaftlichen Forschung, die Forderung nach größerer Selbstständigkeit und die Reduzierung des staatlichen Einflusses auf die Hochschule oder der Wunsch nach mehr »Handlungsraum für die Ordinarien« (S. 5).

62 S. einen Text des PDS-Kreisvorstands der HU vom 5. Februar 1990 »Der Runde Tisch und die mit seiner Bildung verbundenen Aufgaben der Kreisorganisation der PDS«, in: Dokumente zum Hochschulumbau VIII, Ablage 2.

63 A. a. O., 2. In allen PDS-Grundorganisationen sollten Genossen für die Mitarbeit gefunden werden, die dort zugleich Rechenschaft über ihre Tätigkeit in der Kommission geben. »Nur auf diese Weise ist zu sichern, dass die Meinungsäußerungen der Kommission und schließlich unsere Stimme am Runden Tisch wirklich Willensausdruck eines großen Teils der Universitätsangehörigen sind. Wir haben nur dann wirklich Einspruchsrecht, wenn wir zuverlässig ausweisen können, die Interessen welchen Teils der Universitätsangehörigen wir vertreten.« (S. 3).

64 A. a. O., 3.

65 Äußerer Ausdruck dafür ist die Wahrnehmung der PDS-Vertretung am Runden Tisch: Kamen in der ersten Zeit noch mit dem 1. oder 2. Sekretär die wichtigsten Vertreter ihrer Kreisorganisation zu den Beratungen, war es später, nachdem sie sich offiziell auflöste, nur noch ein PDS-Mitglied des Instituts für Geschichte (s. Protokolle des Runden Tischs, in: Dokumente zum Hochschulumbau VIII, Ablage 2).

Ebenen[66] – in PDS-Basisgruppen oder neu gegründete Organisationen wie den Sozialistischen Studentenbund (SSB).[67] Häufig sind SED-Mitglieder in den Universitätsgremien weiter aktiv.

3. In dem Maße, wie sich die alten politischen Organisationen auflösen, tragen an der Universität seit November 1989 zunehmend die offiziellen Gremien und Entscheidungsträger, d.h. der Akademische Senat, Fakultäten, Sektionsleitungen, Institutsdirektoren oder der Rektor die Verantwortung. Durch ihr symbiotisches Verhältnis zur SED sind freilich auch sie in hohem Maße politisch diskreditiert. Dennoch kommt ihnen gemeinsam mit seit September 1989 neu und spontan entstehenden politischen oder ständischen Gruppen und den sich aufbauenden Studentenräten[68] die wichtige Aufgabe zu, den Übergang bis zu den ersten freien Hochschulwahlen zu organisieren.

4. Ähnlich wie in der Bundesrepublik tritt ab 1. März 1990 ein neuer hochschulpolitischer Akteur auf die Bühne, die *Hochschulrektorenkonferenz* der DDR (HRK). Zum ersten Präsidenten wird der Rektor der HU, Professor Dieter Hass, gewählt. Die HRK versteht sich als selbstständiges und den Hochschulen verpflichtetes Koordinationsgremium[69], das bei allen grundsätzlichen hochschulpolitischen Fragen des Landes mitwirken will, insbesondere bei der Entwicklung eines demokratischen Hochschulrechts.

5. Daneben beginnen sich bestehende Fachverbände umzustrukturieren oder es gründen sich neue Organisationen wie der *Unabhängige Historiker-*

66 S. dazu den Art. »Zur Lage der SED-PDS«, in: Zeitung »Humboldt-Universität«, Ausgabe 18 vom 25. Januar 1990, 1 f., in: Dokumente zum Hochschulumbau VIII, Ablage 8. Darin wird skizziert, dass sich innerhalb der SED-Kreisorganisation verschiedene Prozesse vollzögen, »um die linken Kräfte in der DDR politikfähig zu machen bzw. zu erhalten. Ein Teil der Genossen tritt für die Auflösung der PDS ein, um dann für politische Betätigung unbelastet zu sein; ein anderer hält den Weg der Erneuerung der Partei für richtig und möglich … Solchen Grundorganisationen, die sich zur Auflösung ihrer Struktur entschließen, empfehlen wir (der Kreisvorstand der SED/PDS – Anmerkung S. V.) ein informelles Zusammengehen aller Kräfte in den Struktureinheiten und darüber hinaus anzustreben«. Sammlungszentrum solle künftig der Kreisvorstand der SED/PDS sein. »Generell darf zwischen Genossen, die jetzt für Auflösung und Austritt sind, und solchen, die in der Partei verbleiben wollen, keine politische Kluft entstehen. Ihre Zusammengehörigkeit sollte in der Bewegung der linken Kräfte münden.«

67 Material und einige Anträge dieser Gruppen in: Dokumente zum Hochschulumbau VIII, Ablage 3. Bezogen auf den SSB berichtet der Vertreter der FDJ-Kreisleitung während einer außerordentlichen Senatssitzung am 24. Oktober 1989, dass man im Gespräch sei mit dem Zentralrat »über die beabsichtigte Gründung eines Sozialistischen Studentenbundes im Rahmen einer erneuerten FDJ, zu dem der 1. Sekretär des FDJ-Zentralrats sich bekannt habe« (Protokoll der außerordentlichen Senatssitzung am 24. Oktober 1989, 1, in: Dokumente zum Hochschulumbau VIII, Ablage 15).

68 Material zur Arbeit des Studentenrats der HU, in: Dokumente zum Hochschulumbau VIII, Ablage 1. Zur Bedeutung des Studentenrats s. Kapitel 2.2.1.

69 Presse-Information, »Veränderungen an den Universitäten und Hochschulen der DDR seit der Regierungserklärung vom 17. November 1989«, Ministerium für Bildung, 1. Zitiert nach: Füller, 1991, 74.

verband. Schnell entwickelt sich in Ostdeutschland ein in Teilen andersartiger Verbändekorporatismus im Vergleich zur alten Bundesrepublik: bei den Studierenden der DDR-weit agierende *Republiksprecherrat* (RSR) – ein Akteur, der sich nach Struktur und Wirkungsweise deutlich unterscheidet von seinen Pendants in der segregierten westdeutschen Vertretungslandschaft, bei den Hochschullehrern der *Hochschullehrerverband*. Im akademischen Mittelbau gründen sich vergleichbare Organisationen dagegen erst später.[70] Ist bei den Studierenden der Zusammenschluss zu *einem* Republiksprecherrat auffällig, entstehen bei den Hochschullehrern schnell weitere Verbände, wie der *Deutsche Hochschul-Verband*, der *Verband der Hochschullehrer der DDR*[71] oder der *Hochschullehrerverbund*. Doch neue Akteure und korporatistische Strukturen bewirken noch längst nicht eine neue Hochschulpolitik und umfassende Reformen. Arbeitsgruppen der HRK und des RSR arbeiten zwar Leitsätze für ein DDR-Hochschulgesetz aus[72], eine durchgreifende demokratische Hochschulgesetzgebung verfolgen sie aber nicht. Auch die Modrow-Regierung überlässt das einer neugewählten demokratischen Regierung bzw. einem frei gewählten Parlament.

2.1.2 Die Zeit der de Maizière-Regierung – Erneuerung der Universitätsorganisation und des Lehrbetriebs

Nach den ersten freien Wahlen zur Volkskammer der DDR am 18. März 1990 ist der Weg zur deutschen Einheit über Art. 23 Grundgesetz vorgezeichnet. In allen Politikbereichen müssen Angleichungsprozesse an die entsprechenden Rechtsverhältnisse der Bundesrepublik organisiert werden. Diesem Ziel ordnen sich die meisten Initiativen des Gesetzgebers unter. Aktivitäten zur personellen und strukturellen Erneuerung der Hochschulen durch die Volkskammer oder das zuständige Ministerium unterbleiben, wodurch es den Hochschulen an Rahmenbedingungen für ein wirksames Erneuerungshandeln mangelt.[73] Vielmehr beschränkt sich die Hochschul- und Wissenschaftspolitik von Volkskammer und Regierung auf den Abbau der alten Ordnung. Sichtbares Zeichen dafür ist der Beschluss des Ministerrats vom 23. Mai 1990, die Lehrstühle für Marxismus-Leninismus überall abzuschaffen, die entsprechenden Hochschullehrer abzuberufen und zum 31. August 1990 aus dem Dienst zu entlassen. Eine

70 Etwa die Landesvertretungen Akademischer Mittelbau im Jahr 1991.
71 S. Zeitung »Humboldt-Universität«, Ausgabe 24/25 vom 22. März 1990, 2 und 6, in: Dokumente zum Hochschulumbau VIII, Ablage 8.
72 Vgl. Sieber/Freytag, 1993, 295.
73 So bleibt der gesetzliche Rahmen für die Beendigung von Beschäftigungsverhältnissen im Öffentlichen Dienst unverändert. S. Oetker, 1996, 72 f.

Entscheidung, die aus dem Ende des marxistisch-leninistischen Grundlagenstudiums im Herbst 1989 folgt und zugleich verhindert, dass die Hochschulen mit diesem Personal unter neuem Namen »Institute für Politikwissenschaften« gründen. In der gesamten DDR betrifft die Abberufung ca. 620 Professoren und 706 Dozenten.[74]

Erst im Juli 1990 wird deutlich, dass der neue Minister für Bildung und Wissenschaft, der HU-Anglist Professor Hans-Joachim Meyer[75], mit einer umfangreichen Verordnung die Hochschulen noch verändern und auf die Strukturen des bundesrepublikanischen Hochschulsystems vorbereiten will. Zugleich soll sie ihnen Rechtssicherheit geben, bis in neu zu gründenden Bundesländern das jeweilige Landeshochschulrecht entstanden ist. Für die personelle Erneuerung der Hochschulen öffnet sie hingegen kaum Handlungsoptionen.[76] Nach wie vor galt das Arbeitsgesetzbuch der DDR, das Freiräume für Kündigungen aus Gründen der politischen Integrität nicht kannte.

Die organisierte Studentenschaft versucht Veränderungen innerhalb und außerhalb der Einrichtungen mitzugestalten. Doch insgesamt mangelt es im politischen Raum an einem Rahmen für eine durchgreifende Umgestaltung der Hochschulen. Kein Gesetz, keine Verordnung tritt unter der de Maizière-Regierung in Kraft, die ihnen personelle Erneuerungsschritte abverlangt hätte. Die weitgehende Untätigkeit der Akteure der zentralstaatlichen Ebene, der Hochschulleitungen und neu entstandener Gruppen, Organisationen und Verbände wird wechselseitig gebilligt und führt nach dem Kompetenzübergang der Hochschulpolitik auf die neuen Länder zu jenem von Intervention und personeller Neuordnung bestimmten Transformationspfad. Die bisherige Modernisierung bringt also nicht nur positive, sondern auch negative Effekte hervor, die sich später als fatal erweisen.

An der HU dominieren *strukturelle Reformversuche*. Dass die notwendigen Reformen zunächst vor allem als strukturelle, weniger als personelle verstanden werden, um die alte und neue Kräfte ringen, belegt die einsetzende Diskussion um eine Hochschulverfassung: In ihr werden die Regeln der akademischen Selbstverwaltung festgelegt, die die Autonomie der Hochschule garantieren sollen. Diese Verfassung wird einem repräsentativen Organ aller Mitglieder-

74 S. Füller, 1991, 79 sowie »Frankfurter Allgemeine Zeitung« vom 21. September 1990.

75 Zu den Zielen und der Vita Meyers s. Pasternack, 1993, 116 ff.

76 S. den Brief des Ministers für Bildung und Wissenschaft vom 25. Juli 1990 an die Hochschulen. Im Rahmen der Verhandlungen zum Einigungsvertrag will er für den Osten eine Übergangsfrist von drei Jahren durchsetzen, bis sich die neuen Länder an die bundesdeutsche Hochschulgesetzgebung angleichen und eigene Landeshochschulgesetze erarbeiten müssen (Füller, 1991, 76).

gruppen, dem sogenannten verfassungsgebenden Konzil vorgelegt.[77] Es setzt sich zusammen aus 500 Mitgliedern, die in Einzelwahlen in ihren jeweiligen Sektionen und Mitgliedergruppen nach einem zuvor zwischen Hochschulleitung, Rundem Tisch und Studentenrat ausgehandelten Schlüssel bestimmt werden. Zunächst arbeitet bis Ende März 1990 eine Kommission des Wissenschaftlichen Rats – in jener Zeit noch das wichtigste Gremium der alten Universität – Grundsätze für ein Übergangsstatut aus, nach denen Ende April eine neue Hochschulleitung[78] und neue Gremien gewählt werden können. Am 1. September 1990, so das Ziel, erhält die Universität schließlich ein Statut und stellt damit ihre volle organisatorische Funktionsfähigkeit wieder her.[79]

Die Ideen, *wie* die Hochschule demokratisiert wird, gehen zwischen der aus Professoren bestehenden Arbeitsgruppe des Wissenschaftlichen Rats und dem vor allem aus wissenschaftlichen Mitarbeitern und Studenten zusammengesetzten Runden Tisch bzw. dem Studentenrat zum Teil beträchtlich auseinander. Dies zeigt sich insbesondere dort, wo von Professorenseite restaurative Tendenzen hin zu einer Ordinarienuniversität erkennbar werden, wie der 1. Entwurf der Grundsätze für ein Universitätsstatut der Kommission des Wissenschaftlichen Rats verdeutlicht. Diese schlägt zunächst vor, dass dem Akademischen Senat insgesamt 11 Professoren, aber nur 3 Studenten, 2 wissenschaftliche und 1 nichtwissenschaftlicher Mitarbeiter sowie (professorale) Ehrensenatoren mit beratender Stimme angehören sollen.[80] Die Vorschläge lösen Kontroversen, vor allem bei Studenten und wissenschaftlichen Mitar-

77 Material zum verfassungsgebenden Konzil, in: Dokumente zum Hochschulumbau VIII, Ablage 9. Eine erste Arbeitsgruppe setzt der Wissenschaftliche Rat der HU im Dezember 1989 ein. S. Informationen der Universitätsleitung zur Tagung des Wissenschaftlichen Rats, in: Dokumente zum Hochschulumbau VIII, Ablage 15.

78 Vorstellung der Kandidaten und Ordnung zur Wahl des Rektors/der Rektorin, in: Zeitung »Humboldt-Universität«, vom 22. März 1990, 3, in: Dokumente zum Hochschulumbau VIII, Ablage 8.

79 S. Zeitung »Humboldt-Universität« vom 18. Januar 1990 sowie Interview mit dem Vorsitzenden des »Ausschuss für Struktur und Statut der neuen Universität« des Wissenschaftlichen Rats der HU, Professor Ebeling, in der Zeitung »Humboldt-Universität«, Ausgabe 18 vom 25. Januar 1990, 3, in: Dokumente zum Hochschulumbau VIII, Ablage 8.

80 Entwurf von Grundsätzen für ein Universitätsstatut vom 27. März 1990, Punkt 7, in: Dokumente zum Hochschulumbau VIII, Ablage 9. S. auch Entwurf einer Satzung der Sektion Geschichte, in: ebenda. Aus § 3 (Struktur und Organe) und § 6 (Kollegium) wird ersichtlich, dass den ordentlichen Professoren eine überragende Rolle bei allen Entscheidungen an der Einrichtung zugedacht wird. Ähnliche Vorschläge waren im Laufe des Jahres 1990 in fast allen Sektionen/Fachbereichen entstanden.

beitern, aus.[81] Das Konzil soll zu 40 % mit Professoren, 30 % Studenten, 20 % wissenschaftlichen und 10 % nichtwissenschaftlichen Mitarbeitern besetzt werden.

Der Runde Tisch erweist sich in der Frage der Gremienzusammensetzung als wichtige Bühne der Entscheidungsfindung[82], denn die neu entstandenen Gruppen sowie der Studentenrat drohen mit einem Boykott des Konzils, würden sich nicht alle Beteiligten auf einen Kompromiss verständigen. Während Runder Tisch und Studentenrat eine Viertelparität bzw. Drittelparität (30:30:30:10) für Hochschullehrer, Studierende, wissenschaftliche und nichtwissenschaftliche Mitarbeiter in allen Gremien fordern, beharren Senat und Wissenschaftlicher Rat zunächst auf ihren Vorschlägen. Sie begründen das mit der Sachkompetenz der Professoren und dem Ruf der Universität, der leiden würde, wenn diese nicht die absolute Mehrheit oder zumindest die stärkste Gruppe stellten.

Runder Tisch und Studentenrat argumentieren, dass neben dem Kompetenzprinzip auch das Betroffenheitsprinzip eine entscheidende Rolle für die Zusammensetzung des Konzils spielen müsse. Rektor und Runder Tisch einigen sich schließlich auf eine Zusammensetzung von 35:30:25:10, wobei Hochschullehrer und wissenschaftliche Mitarbeiter ihre Delegierten gemeinsam wählten. Damit wolle man die Gefahr minimieren, dass in der Gruppe der Hochschullehrer allzu viele politisch belastete Personen in das Konzil gelangen.[83] Für den Akademischen Senat werden deutliche Veränderungen vorgenommen: Dort erhalten die Professoren mit 12 Plätzen die gleiche Mitgliederzahl wie Studierende, wissenschaftliche und nichtwissenschaftliche Mitarbeiter gemeinsam. Bei Stimmengleichheit entscheidet die Stimme des Rektors. Ehrensenatoren werden nicht zugelassen.

In dieser Zusammensetzung wählt das verfassungsgebende Konzil aus seiner Mitte im April 1990 einen neuen Akademischen Senat und mit dem Direktor der Sektion Theologie und Moderator des Runden Tischs, Professor Heinrich Fink, den ersten frei gewählten Rektor.[84] Er setzt sich gegen den

81 S. auch »Neue Alma mater?«, Interview mit dem Vorsitzenden des »Ausschusses für Struktur und Statut der neuen Universität« des Wissenschaftlichen Rats der HU, Professor Ebeling, in der Zeitung »Humboldt-Universität«, Ausgabe 18 vom 25. Januar 1990, 3, in: Dokumente zum Hochschulumbau VIII, Ablage 8. Hier, wie auch im »Entwurf von Grundsätzen für ein Universitätsstatut der HUB« vom 27. März 1990 (in: a. a. O., Ablage 9), werden in der Frage der Zusammensetzung der Gremien erste Kompromisse skizziert, denn »keine Gruppe sollte im Konzil eine absolute Mehrheit haben« (Grundsatz 4).

82 S. dazu u. a. die Protokolle des Runden Tischs vom 8. März, 11. April und 25. April 1990, in: Dokumente zum Hochschulumbau VIII, Ablage 2.

83 Zu den Auseinandersetzungen im Vorfeld des verfassungsgebenden Konzils s. auch: Sieber/Freytag, 1993, 156 ff. und Füller, 1991, 62 f.

84 Die Wahl eines Rektors ist das zweite große Thema jener Monate. Die Vorbereitung des Kon-

Philosophen Irrlitz durch, den größere Teile des Studentenrats unterstützen. Bei seiner Amtseinführung[85] spricht Fink über die Verpflichtungen, die sich aus der problematischen Geschichte der Hochschule in den vergangenen Jahrzehnten für die jetzt anstehenden Reformen ergeben. Programmatische Aussagen zur Neugestaltung aber vermeidet er, doch warnt er die Journalisten nach seiner Wahl auf einer Pressekonferenz, »ihn für ein unbeschriebenes Blatt zu halten. Wer in der DDR Professor werden konnte, sei natürlich ›Erwartungen von Partei und Regierung‹ ausgesetzt gewesen. Auch er, Heinrich Fink, sei als langjähriger Sektionsleiter der Theologie als ›verstrickt‹ anzusehen.«[86] Mit der Wahl neuer Prorektoren im September 1990 wird die Hochschulleitung komplettiert, die Wahl neuer Sektions- und Institutsleitungen schließt die personelle Reform der Organisationsstrukturen der Hochschule ab.

Das am 9. Oktober 1990 beschlossene und von einer Kommission des Konzils unter Leitung der Dekanin der Juristischen Fakultät, Professor Rosemarie Will, ausgearbeitete Statut[87] trägt zwei Entwicklungslinien Rechnung: dem Willen, eigene Strukturen aufzubauen und der Notwendigkeit, dass es nach der Vereinigung Anpassungen an bundesdeutsches Hochschulrecht geben muss. Deshalb entstehen während der Kommissionsarbeit eine Reihe von Kompromissen mit der Senatsverwaltung für Wissenschaft und Forschung, die ab Dezember 1990 die Rechts- und Fachaufsicht über die HU ausübt. In wesentlichen Punkten weicht die Verfassung zunächst vom Berliner Hochschulgesetz ab, was nach dem 1. Mantelgesetz[88], einem Gesetz, das die Übergänge und Angleichungsprozesse der Rechtsverhältnisse in beiden Stadthälften organisiert, bis zum 31. Dezember 1991 möglich wird. Folgende Unterschiede lassen sich hervorheben:

- Haben im Westteil der Stadt die Professoren in allen Gremien die absolute Mehrheit der Stimmen, sieht das Statut der HU nach § 7 Abs. 1 weiter einen

zils hatte eine Wahlkommission übernommen, für die Fakultäten und Studentenrat je zwei Vertreter nominierten (Zeitung »Humboldt-Universität« vom 8. Februar 1990). Zur Wahl des Universitätsrektors s. u. a.: »Ein Theologe soll die Humboldt-Universität aus dem Chaos führen«, Der Tagesspiegel vom 5. April 1990; »Frankfurter Allgemeine Zeitung« vom 6. April 1990 oder Zeitung der HU vom 10. Mai 1990.

85 Zahlreiche Politiker wie Ministerpräsident de Maizière und einige Minister seines Kabinetts, Wissenschaftler und Intellektuelle aus Ost und West erscheinen zu dieser Zeremonie.

86 Küpper, 1993, 49.

87 Statut der Humboldt-Universität zu Berlin, in: Dokumente zum Hochschulumbau VIII, Ablage 9.

88 Die Universität reagiert auf dieses Gesetz »mit außerordentlicher Bestürzung und Unverständnis«. »Dieser Entwurf widerspricht allen politischen Bekundungen der letzten Zeit, den Hochschulen Ostberlins werde die Chance gegeben, innerhalb der im Staatsvertrag vorgesehenen Übergangsfrist von maximal drei Jahren eigene Strukturen zu erproben« (aus einer Vorlage des Rektors für die Sitzung des Akademischen Senats vom 11. September 1990, 1, in: Dokumente zum Hochschulumbau VIII, Ablage 5).

Mitbestimmungsschlüssel von 35:30:25:10 für das Konzil und die Fachbereichsräte vor. Bei Fragen, die unmittelbar Forschung und Lehre oder die Berufung von Professoren betreffen, ist nach § 7 Abs. 2 festgelegt, dass die Stimme jedes Mitglieds der Gruppe der Hochschullehrer doppelt zählt, damit sie dem BerlHG entsprechend über eine absolute Mehrheit verfügt. Auch die technischen Mitarbeiter sind unter bestimmten Voraussetzungen befugt, in den Gremien darüber mit zu entscheiden. Gleichzeitig wird für den Akademischen Senat eine Sperrminorität eingeführt: Nach § 9 Abs. 7 ist »bei Abstimmungen, die in besonderer Weise die Belange einer Gruppe von Mitgliedern der Universität berühren, [ist] keine Entscheidung gegen ein einstimmiges Votum der Vertreter dieser Gruppe möglich«, sofern sich nicht die anderen drei Mitgliedergruppen »einstimmig dafür aussprechen, dass diese Entscheidung die Belange der votierenden Gruppe nicht in besonderer Weise betrifft«[89]. Ein Schlichtungsausschuss soll dann einen neuen Lösungsvorschlag entwickeln. Dieser von den Studierenden verlangte Kompromiss vermittelt zwischen bundesdeutschem Hochschulrecht und der Reformrolle der Studierenden.[90]

- Im Unterschied zu den Westberliner Universitäten können sich Fachbereiche nach § 27 zu Fakultäten zusammenschließen, gemeinsam Promotionen und Habilitationen durchführen und weitere akademische Kompetenzen an die Fakultäten delegieren. Sie werden von den Räten der beteiligten Fachbereiche gewählt.
- Nach § 11 wird die HU von einem Rektor geleitet und nicht wie im Berliner Hochschulgesetz vorgesehen von einem Präsidenten. Seine Amtszeit beträgt vier Jahre.
- Das Konzil wird in § 8 als höchstes Entscheidungsgremium der Universität gestaltet. Es erhält Kompetenzen bei der Aufstellung des Haushaltes, berät die Hochschulentwicklung mit und kann Stellung nehmen, wenn Fachbereiche neu aufgebaut oder aufgelöst werden sollen. Mit 200 Mitgliedern ist dieses Parlament weitaus größer als das im Berliner Hochschulgesetz vorgesehene Konzil mit 61 Mitgliedern.

89 § 9 Abs. 7 des Statuts der Humboldt-Universität, in: Dokumente zum Hochschulumbau VIII, Ablage 9.

90 In der Studentenzeitung »Unaufgefordert« heißt es dazu jedoch skeptisch: »Auch die Regelung zur Sperrminorität kann nicht darüber hinweg täuschen, dass das Ergebnis (gemeint ist das neue Hochschulstatut – Anmerkung S. V.) mit echter Demokratie nicht viel zu tun hat. Absolute Mehrheiten (und um eine faktische handelt es sich) haben wirklichen Interessenausgleich noch immer verhindert. Die Chance, den konservativen Regelungen an westdeutschen Universitäten ein entschieden demokratischeres und zukunftsorientiertes Modell entgegenzustellen, wurde so leichtfertig vertan.« (»Unaufgefordert«, Ausgabe 9 vom 10. April 1990, 1. Ausführlicher Bericht zum Konzil, 5 ff.).

Die genannten Abweichungen machen den Charakter des Diskussionsprozesses an der HU deutlich: Das Statut ist eine Übergangsverfassung, in der sich bereits an das Berliner Hochschulgesetz angepasste Regelungen ebenso wiederfinden wie institutionelle Eigenlösungen. In der Leitungsstruktur, bei den Stimmrechtsregelungen oder den Aufgaben der Gremien lehnt es sich – das Konzil ausgenommen – weitgehend an das BerlHG an. Das verdeutlichen auch die Bestimmungen über die Funktion des Kanzlers in § 15, des Kuratoriums in § 16 oder die Gliederung der Universität nach Fachbereichen in § 19. Zum anderen versucht es aber auch, die selbstorganisierten Strukturen nach der demokratischen Wende statuarisch abzusichern und dauerhaft in die Universitätsstruktur zu integrieren. Dafür stehen Regelungen wie in § 33 zu den Aufgaben der Studentenschaft, der Hochschulpolitische Rat in § 34, der Ausländerbeauftragte in § 36 oder die weitreichenden Kompetenzen des Konzils.[91]

Wichtiger aber als sein Inhalt ist die Tatsache seines Zustandekommens. Obwohl sich der politische Rahmen erheblich gewandelt hat und viele Anpassungsnotwendigkeiten bestehen, stimmt am Ende der Diskussion eine große Mehrheit der Hochschulangehörigen für dieses Statut, das erste in Freiheit selbst erarbeitete Grundsatzdokument seit mehr als 50 Jahren. Doch es gibt auch eine Schattenseite: Die identitätsstiftende Wirkung dieser gemeinsamen Erfahrung verdrängt im ersten Wendejahr allzu sehr, dass Aufarbeitung und personelle Erneuerung ebenso notwendig zur Demokratisierung gehörte wie der Umbau von Strukturen. Stattdessen habe sich »komplizenhaftes Schweigen über die Universität gesenkt. Jeder rechnete darauf, dass die Westler das Aufräumen schon besorgen würden«[92].

2.1.3 *Von der Vereinigung am 3. Oktober bis zur Wahl des Berliner Abgeordnetenhauses am 2. Dezember 1990: Der Zuständigkeitsübergang für die Hochschulen auf das Land Berlin*

Mit der Vereinigung der Bundesrepublik Deutschland und der DDR ändert sich der politische und rechtliche Rahmen der Hochschultransformation. Der Einigungsvertrag (EV) legt in Art. 38 die Evaluation der Wissenschafts- und Forschungseinrichtungen fest.[93] In Art. 13 EV wird der Übergang von öffentli-

91 Alles nach: Statut der Humboldt-Universität zu Berlin, in: Dokumente zum Hochschulumbau VIII, Ablage 9.

92 Küpper, 1993, 33 (auch S. 27: Hier die Einschätzung des Polonisten Professor Olschowsky von der HU, der im Dezember 1990 kritisch anmerkte, dass das zurückliegende »dreiviertel Jahr Zeit gewesen [wäre], sich zu verständigen, wo der Platz der Wissenschaft und der Wissenschaftler im Legitimationssystem der SED war«).

93 Einigungsvertrag, Bundesgesetzblatt, Teil II, Nr. 35 vom 28. September 1990, 902.

chen Einrichtungen der ehemaligen DDR in die Zuständigkeit von Bund und Ländern, darunter in Abs. 3 auch die der Bildung und Wissenschaft, geregelt. Art. 13 Abs. 1 überträgt den Landesregierungen die Aufgabe, die Überführung oder Abwicklung der ihnen zugeordneten Einrichtungen bis zum 31. Dezember 1991 zu entscheiden.[94] Weitergehende Vorgaben zur Neuordnung der Hochschulen enthielt der EV nicht.[95]

Nach der Kompetenzordnung der Bundesrepublik geht am 3. Oktober 1990 die Zuständigkeit für die Hochschulen von der zentralstaatlichen Ebene in die Hoheit der Länder über. Damit sind grundlegende Veränderungen im politischen Feld verbunden: Neben der Hochschule selbst sind nun Landesminister und ihre Behörden verantwortlich für die Erneuerung und ihre Steuerung. Darüber hinaus weitet sich das Akteurfeld durch neue Mitspieler und Beobachter[96] aus: eine Reihe von Fachverbänden und Fakultäten-Tagen, die Kultusministerkonferenz der Länder, der Wissenschaftsrat und später die Hochschulstrukturkommissionen (in Berlin die Landeshochschulstrukturkommission[97]), der DGB, die GEW und ÖTV, der bundesdeutsche Hochschullehrerverband und der Bund Freiheit der Wissenschaft, Fraueninitiativen, die Hochschulen und Universitäten im Westteil der Stadt – sie alle diskutieren oder entscheiden über die Umgestaltung mit, fordern je nach Positionierung eine schnellere und tiefgreifendere oder behutsame Erneuerung, unterstützen oder kritisieren den bisherigen Verlauf der Transformation. Diese Stimmenvielfalt verstärken regionale wie überregionale Medien. Sie werden nun, anders als zuvor, selbst zum Mitspieler der Hochschulerneuerung, die sich dadurch personalisiert und politisiert.[98]

An den Ostberliner Hochschulen wird die Umgestaltung komplizierter und einfacher zugleich: komplizierter, weil seit der Wahl der neuen Stadtverordnetenversammlung und des Magistrats im Mai 1990 zusätzliche politische Übergangsakteure entstanden waren, deren hauptsächliche Aufgabe darin bestand, die Vereinigung beider Stadthälften zu organisieren. In diesem Prozess der »doppelten Vereinigung« von Gesamtstaat und Stadt haben die Hochschulen viele Ansprechpartner. Trotz der intensiven Kooperation der politischen Parallelinstitutionen von Magistrat und Senat (»Magisenat«) bzw. den Parlamenten Ost- und Westberlins kann die Ostberliner Stadtratsverwaltung für Wissen-

94 A. a. O., 893.
95 S. auch Mayntz, 1995b, 449.
96 Vgl. Neidhardt, 1994, 48 ff.
97 Ausführliche Erläuterungen zur Landeshochschulstrukturkommission finden sich im Kapitel 4.2.1 dieses Teils.
98 Das lässt sich an der Art und der Anzahl von Berichterstattungen des Jahres 1990 erkennen. S. dazu: Presseberichte I, Ablage 13, Presseberichte III, Ablage 12, und Presseberichte IV, Ablage 1.

schaft und Bildung in den Monaten ihrer politischen Verantwortlichkeit keine Impulse für die Hochschulerneuerung setzen.

Einfacher ist die Situation nach der Vereinigung aber im Vergleich zu den anderen neuen Bundesländern, denn diese müssen erst funktionierende Ministerialverwaltungen aufbauen. Westberlin hingegen verfügt mit der Senatsverwaltung für Wissenschaft und Forschung über eine erfahrene Ministerialbürokratie, auf die nach der Abgeordnetenhauswahl vom 2. Dezember 1990 die Länderzuständigkeit reibungslos übergehen kann. Für die HU entsteht dort ein eigenes Referat mit ca. 12 Mitarbeitern.

Bereits zuvor tritt diese Senatsverwaltung als neuer Akteur in den Prozess der Hochschultransformation ein. Dass sie alsbald die Umgestaltung selbst in die Hand nehmen will, zeigt sich an dem von ihr beauftragten Gutachten des Züricher Professors Heinrich Ursprung zur künftigen Gestaltung der Berliner Wissenschaftslandschaft vom November 1990.[99] Darin lässt Wissenschaftssenatorin Riedmüller (SPD) Ziele und Handlungsoptionen für die Hochschulen ganz Berlins skizzieren, die in der hochschulpolitischen Öffentlichkeit für großes Aufsehen sorgen: Das Gutachten thematisiert den strukturellen, insbesondere aber den personellen Erneuerungsbedarf in den wissenschaftlichen Institutionen im Ostteil der Stadt und prägt die Ende 1990 vom Berliner Senat gefassten Abwicklungsbeschlüsse einiger Fächer vor. So heißt es dort: Die Hochschullehrer der Rechtswissenschaften, Politikwissenschaften, Wirtschafts- oder Sozialwissenschaften dürften »schlechthin kaum in der Lage sein, für anspruchsvolle wissenschaftliche Aufgaben neuen Zuschnitts eingesetzt zu werden«, nicht zuletzt, weil sie von den westlichen Kollegen »kaum als Wissenschaftler respektiert«[100] würden. Aber auch die Zukunft der Naturwissenschaftler beurteilt Ursprung skeptisch, weil vielen die »Welt der wissenschaftlichen Konkurrenz des Westens mit seinem Publikations- und Kongress-Erfolgsdruck«[101] fremd sei. Zudem hätten die DDR-Hochschulen zum Ende hin fast ausschließlich nur Lehre betrieben, die Forschung hingegen sei an die Akademie der Wissenschaften ausgelagert worden. Das habe die Forschungsfähigkeit des universitären Lehrpersonals als auch die Lehrfähigkeit des Forschungspersonals der Akademieinstitute geschwächt[102]. Deshalb hält es Ursprung für zwingend nötig, sämtliche Wissenschaftseinrichtungen Ost-Berlins und ihr Personal von einer unabhängigen Instanz, losgelöst vom Stellenangebot

99 Heinrich Ursprung, »Über die Möglichkeiten der zukünftigen Gestaltung der wissenschaftlichen Landschaft im Raum Berlin unter Berücksichtigung bestehender Strukturen und ihrer möglichen Neuordnung im universitären und außeruniversitären Bereich«, Band Abwicklung, Ablage ST.

100 A. a. O., 5.

101 Ebenda.

102 A. a. O., 6.

evaluieren zu lassen. Nur auf diese Weise könne die Eignung der Stelleninhaber für konkrete Funktionen und Vertrauen in die Leistungsfähigkeit der Institute sichergestellt werden: »Unausweichliche soziale Spannungen unter den Betroffenen müssten durch größtmögliche Fairness im Verfahren, durch einen großen Anteil an ausländischen Wissenschaftlern in den notwendigen Expertengremien, aber auch durch die nur vorübergehende Besetzung neuer Professuren gewährleistet werden.«[103]

Der zweite Schwerpunkt des Gutachtens bezieht sich auf die organisatorische Neuordnung der Berliner Hochschullandschaft: An die Stelle der Hochschulkuratorien will Ursprung einen Berliner Universitätsrat setzen, dem der Regierende Bürgermeister vorsteht. Dieses mit erfahrenen Personen aus Wissenschaft, Wirtschaft und Kultur zusammengesetzte Entscheidungsgremium soll eine »akademisch-inhaltliche Vision des Berliner Universitätssystems« und einen »Vier-Jahres-Plan« erarbeiten, der die mittelfristige Professurenplanung und die Planung der Investitions- und Betriebsmittel bestimmt sowie die Strukturplanung für alle Hochschulen koordiniert. Autonomieansprüche müssten diese zugunsten des größeren Ganzen zurückstellen.[104] Auch nach den Abgeordnetenhauswahlen am 2. Dezember bleibt das Gutachten auf der politischen Agenda und beeinflusst die Wissenschaftspolitik der nächsten Jahre.

Erstmals werden in großer Öffentlichkeit Defizite beim personellen Wandel der HU auf dem Festakt anlässlich der Neuimmatrikulation der Studierenden im Oktober 1990 angesprochen. Gerade sie sollten sich, so wünschen sich mehrere Redner, diesem Thema in der kommenden Zeit zuwenden: »Die Aufarbeitung der Vergangenheit wird nur so konsequent geführt, wie ihr sie selbst einfordert und wie ihr euch selbst der Auseinandersetzung mit der eigenen Rolle stellt.«[105]

Konrad Weiß, Sprecher von Demokratie Jetzt und Bundestagsabgeordneter, erinnert daran, dass die Neuimmatrikulierten es an dieser Universität auch mit Professoren und Dozenten zu tun haben werden, die noch vor einem Jahr »einem ganz anderen Herrn geschworen hatten. Deshalb meine Bitte, meine Mahnung an Sie, kritisch zu sein. Befragen Sie Ihre Lehrer, setzen Sie sich mit ihnen und ihrer Vergangenheit auseinander, lesen Sie auch das, was sie vor Jahren geschrieben haben. Lassen Sie sich nichts von Leuten einreden, die sie vor einem Jahr für das, was sie nun selbst lehren, exmatrikuliert oder an den

103 Ebenda.
104 A. a. O., 13 ff. Der Universitätsrat entsteht wegen des Widerstands aller Hochschulen allerdings nie.
105 Carola Ritter, Sprecherin und Mitbegründerin des Studentenrats, in: Humboldt-Universität zu Berlin, Broschüre zum Akademischen Festakt vom 17. Oktober 1990, 30.

Staatssicherheitsdienst verraten hätten. Sie haben das Recht, von ihren Lehrern Rechenschaft zu verlangen; nehmen Sie es wahr. Aber bitte seien Sie dabei barmherzig. Es muss Ihnen, uns allen, zuerst darum gehen, die Missgestalt des Systems, das uns alle verformt hat, zu erkennen und daraus Lehren zu ziehen«[106].

Zusammengefasst bleibt festzuhalten: In der ersten Modernisierungsphase 1989/90 beginnt sich die HU zu demokratisieren, durch freie Wahlen ihrer Gremien und der Universitätsleitung, ein verfassungsgebendes Konzil, einen Studentenrat und den Runden Tisch; erste strukturelle und organisatorische Veränderungen werden eingeleitet. Eine strategische Debatte über die personelle Erneuerung oder veränderte Qualitätsanforderungen an das Personal findet aber nicht statt. In der Studentenschaft beginnen sich die Positionen dazu allmählich auszudifferenzieren, wie wenig später in der Auseinandersetzung um die Abwicklung deutlich wird.[107]

Zugleich fehlt eine stabile Formation von Reformakteuren innerhalb der Professorenschaft. In den Sitzungsprotokollen des nur wenig später so wichtigen Akademischen Senats sucht man in der ganzen Zeit vergeblich nach Debatten über den Reformbedarf der HU. Stattdessen wirkt das Gremium seltsam ineffizient, werden dort fast ausschließlich Routineaufgaben verhandelt. Ganz so, als hätte sich gesellschaftlich kaum etwas verändert.

Innerhalb des Studentenrats kommt es im Herbst 1990 zu einem »Generationswechsel«. Fast alle der Gründungssprecher treten bei den Wahlen nicht wieder an, weil sie ihr Ziel, eine unabhängige Selbstverwaltung der Studierenden aufzubauen, erreicht haben und sie wieder zurückkehren möchten ins Studium oder auch desillusioniert sind wegen der ausbleibenden Erfolge der letzten Monate. Die neuen Sprecher müssen nun in einem unübersichtlicheren und komplizierteren hochschulpolitischen Umfeld ihre Arbeit professionalisieren und dabei neue Akzente setzen.

In der Studentenratssitzung am 3. Dezember 1990 berichtet erstmals ein Sprecher von »einem (eventuell … bedeutungsvollen) Gerücht«, der Abwicklung, einem politisch-administrativen Eingriff, unter dem man sich zunächst nichts vorstellen kann. »Der alte Berliner Senat beschäftigt sich mit Vorbereitungen zur ›Abwicklung‹ von Teilbereichen der Uni, das heißt so ungefähr Rausschmiss; Arbeitsverhältnisse sämtlicher Beschäftigten ruhen! An einigen Universitäten der ehemaligen DDR laufen bereits solche Sachen. Inwieweit das

106 A. a. O., 22.
107 S. Kapitel 2.2.1 und 3.1.1 dieses Teils, außerdem auch Küpper, 1993, 109 ff.

in Ostberlin auf Grund des hier geltenden Mantelgesetzes möglich ist, ist umstritten. Künftige Aktionen des Studentenrats im Hinblick darauf werden nicht ausgeschlossen!«[108]

2.2 Akteure

2.2.1 Der Studentenrat

Der Aufbau studentischer Interessenvertretungen läutet im Oktober und November 1989 am augenscheinlichsten den Prozess der Hochschuldemokratisierung ein.[109] An der HU gründet sich im Sommer 1989 jenseits der FDJ eine unabhängige studentische Interessengemeinschaft, die IG Stuve, aus der später der Studentenrat hervorgeht. Nach den Übergriffen der Polizei auf die friedlichen Demonstranten in der Nacht vom 7. zum 8. Oktober 1989 in Berlin regt sich auch unter Studierenden deutlicher Widerstand. Nicht wenige weigern sich an den folgenden Tagen, an den ML-Vorlesungen teilzunehmen oder verlassen sie unter Protest, nachdem dort von Professoren der Einsatz der Sicherheitskräfte gerechtfertigt oder gar begrüßt wird.[110] Unter Studenten der Medizin, Psychologie und Theologie mündet der Widerstand am 11. Oktober in eine erste öffentliche Aktion, einen stummen Protest vor der Mensa Nord. Der FDJ-Kreisleitung gelingt es an diesem Tag noch, die versammelten Studenten zu einer Diskussion um ein »Standpunkt-Papier« der FDJ zu bewegen. Doch einen Tag später, am 12. Oktober 1989, folgen Hunderte einem von Mund zu Mund weitergegebenen Aufruf zur Protestveranstaltung in den Innenhof des Hauptgebäudes, die Studierende der Sektionen Kulturwissenschaft/Ästhetik und Kunstwissenschaften angestoßen hatten. Erstmals werden

108 Protokoll der Studentenratssitzung vom 3. Dezember 1990, in: Protokoll des Studentenrats der Humboldt-Universität, zitiert nach: Füller, 1991, 65.

109 Die Quellen zum Entstehen und zur Arbeit des Studentenrats sind leider nicht systematisch erfasst. Auch lässt sich im Archiv der HU nur spärliches Material finden, weil der Studentenrat sein Schriftgut dort nicht archivieren ließ. Nähere Recherchen über den Verbleib konnten im Rahmen dieser Arbeit nicht angestellt werden. Deshalb muss auf Sekundärquellen von Sieber/Freytag und Füller zurückgegriffen werden, die sich in ihren Veröffentlichungen mit der Geschichte des Studentenrats eingehend beschäftigten. Zudem werden eigene gesammelte Quellen oder die Ausgaben der mit dem Studentenrat entstehenden Studentenzeitung der HU, die »Unaufgefordert«, genutzt, ohne damit den Anspruch auf einen vollständigen Überblick zu erheben (Material zum Studentenrat in: Dokumente zum Hochschulumbau VIII, Ablage 1).

110 So z. B. in der ML-Vorlesung von Professor Lemke am 9. Oktober 1989 vor Studenten der Geschichte, Germanistik und Archivwissenschaften, in der er davon sprach, dass gestern Nacht, »angestachelt von der westlichen Presse und anderen Kräften die Konterrevolution auf der Straße« gewesen sei. Darauf hin verlassen etwa 1/3 der anwesenden Studenten protestierend die Veranstaltung.

an der HU öffentlich und unzensiert tiefgreifende gesellschaftliche Veränderungen in der DDR[111] sowie grundlegende, vor allem das Studium betreffende Universitätsreformen gefordert. In den darauf folgenden Tagen versucht zwar die FDJ die Meinungsführerschaft um den sich anbahnenden Aufbau mit ihr konkurrierender studentischer Gruppen noch zu halten. Am 17. Oktober 1989 ist ihr Schicksal aber besiegelt: Über 6000 Studierende versammeln sich im Hauptgebäude, um Schritte zur Demokratisierung von Universität und Gesellschaft zu diskutieren. FDJ und SED werden nicht mehr als legitime Mitspieler akzeptiert. Auch die Drohgebärde der zahlreich aufgefahrenen Sicherheitskräfte außerhalb des Gebäudes ändert daran nichts. Am Beginn gelingt es den Funktionären noch, eine große Demonstration im Innenhof zu verhindern. Sie »verteilen« die Studierenden »aus Sicherheitsgründen« auf die einzelnen Hörsäle. Am Ende der dortigen Diskussionen setzen sich aber überall die Studenten der IG Stuve durch, und es kommt zu einer großen Abschlusskundgebung im Innenhof des Hauptgebäudes, bei der ihre Forderungen unter viel Beifall beschlossen werden.[112]

Ziel der IG Stuve ist die Demokratisierung der Hochschule als Teil der Gesellschaft sowie der Aufbau einer neuen, von der FDJ unabhängigen studen-

111 S. auch die Resolution der Studentenvollversammlung der Potsdamer Hochschule für Film und Fernsehen »Konrad Wolf« vom 9. Oktober 1989, in der, angelehnt an Aufrufe des Neuen Forums oder von Demokratie Jetzt gegen die »Anwendung von Gewalt gegen Menschen, die öffentlich und friedlich für ihre Meinung eintreten« protestiert und die sofortige Freilassung derer gefordert wird, »die wegen der Wahrnehmung ihrer verfassungsmäßig garantierten Rechte inhaftiert wurden«. Vielmehr brauche man eine Presse-, Meinungs- und Versammlungsfreiheit, die ihren Namen auch verdiene (A. a. O., 270). Ähnlich das Papier der Studenten der Sektionen Kulturwissenschaft/Ästhetik und Kunstwissenschaften der HU vom 12. Oktober 1989, in dem eine offene Informationspolitik, die »Aufhebung des Wahrheitsmonopols der SED«, die Reformierung des Wahlsystems und Reisefreiheit gefordert wird. Dazu kommen Appelle an die Hochschule, den freien Zugang zu »verbotener Literatur« und die freie Studien- und Lehrveranstaltungswahl zu ermöglichen sowie die militärische Ausbildung, den Russisch- und ML-Unterricht abzuschaffen (A. a. O., 272). Die Dekanin der Gesellschaftswissenschaftlichen Fakultät der HU spricht in einer Analyse vom 17. November 1989 zwar von der »Beseitigung jedweder Missachtung der Wissenschaft und jedweder Bevormundung der Wissenschaftler, für einen freien Zugang zu notwendigen Daten, Informationen und Materialien«, will aber für Literatur aus dem NSW, dem »nichtsozialistischen Währungsgebiet«, lediglich »die bessere Nutzung der vorhandenen Möglichkeiten des Zugangs« einräumen (S. 2, in: Dokumente zum Hochschulumbau VIII, Ablage 15).

112 Die umfassenden Unterwanderungsstrategien des studentischen Protests im Vorfeld und am Tage des 17. Oktober 1989 durch SED, FDJ und Sicherheitsorgane, aber auch die Leitung der Universität sind in Dokumenten des Staatssicherheitsdienstes festgehalten (s. Wolle/Mitter, 1990, 223 f. und Sieber/Freytag, 1993, 81 ff. und 273 ff.). Jahre später stellt sich heraus, dass (mindestens?) ein Sprecher des neugegründeten Studentenrats und Mitbegründer der Studentenzeitung »Unaufgefordert« während des Studiums als inoffizieller Mitarbeiter für das MfS tätig war (s. »Über das Umgehen mit unserer Vergangenheit«, »Unaufgefordert« Nr. 50 vom 2. November 1993, 10 f.).

tischen Interessenvertretung, des Studentenrats.[113] Damit organisiert sich am 17. Oktober 1989 eine Art studentische Opposition, die in den folgenden Tagen zur Gründung von Studentenräten in allen Sektionen aufruft.[114] Doch noch sind der alte Akademische Senat und die FDJ-Kreisleitung bemüht, das Heft des Handelns nicht völlig aus der Hand zu geben, und versuchen, sich verschiedene Optionen offenzuhalten: So bietet die FDJ in Reaktion auf den 17. Oktober an, ihre bisherigen Kandidaten für den turnusgemäß neu zu wählenden Wissenschaftlichen Rat der HU zurückzuziehen und lockt die IG Stuve mit der Forderung, die Anzahl Studierender in dem Gremium erhöhen zu lassen, damit man dann eine »gemeinsame Fraktion« bilden könne. Die Wahlen der Studentenvertreter sollen dazu in von der FDJ einzuberufenden studentischen Vollversammlungen stattfinden.[115] Dort hoffte die FDJ-Kreisleitung ihre Kandidaten noch durchsetzen zu können, denn »es dürfe keine Gegenorganisation zur FDJ suggeriert werden«[116]. Rektor und Akademischer Senat verhalten sich in dieser Situation widersprüchlich: In einem offenen Brief drücken sie zwar die »Solidarität mit dem Streben der Studenten« aus, »durch demokratische Mitwirkung an allen Prozessen der Universität ihre Mündigkeit zur Geltung zu bringen«. Andererseits begrüßen sie aber im gleichen Atemzug die Initiative der FDJ-Kreisleitung zur Gründung eines Sozialistischen Studentenbundes.[117]

113 »Sie (die neue studentische Interessenvertretung – Anmerkung S. V.) konstituiert sich außerhalb der FDJ, da deren hauptsächliche Funktion als politische Jugendorganisation in der ideologisch-bewusstseinsbildenden Erziehung ihrer Mitglieder besteht. Folglich gibt es für jene Studenten keine Alternative ihrer Interessenvertretung, welche nicht FDJ-Mitglied sind und sein wollen, da der Alleinvertretungsanspruch der FDJ für alle Jugendlichen im Widerspruch zu ihrer einseitigen politischen und weltanschaulichen Orientierung steht. Weiterhin war und ist die FDJ in ihrer jetzigen Form zu einem großen Teil nur ein Mittel der Lenkung von Jugendlichen im Sinne staatlicher Interessen« (Aufruf »Studentinnen und Studenten!« der IG Stuve vom 21. Oktober 1989, in: Dokumente zum Hochschulumbau VIII, Ablage 1).

114 Zum vorgestellten Aufbau, dem Wahlmodus, seinem Status, den Aufgaben und seiner Arbeitsweise s. ebenda sowie auch Füller, 1991, 58 ff.

115 Information über einen Beschluss des Senats der HUB, in: Dokumente zum Hochschulumbau VIII, Ablage 15. Vorgestellt wird dieser Vorschlag vom Rektor: »Da die FDJ gegenwärtig nicht mehr alle Studenten vertrete, die Universitätsleitung aber daran interessiert sein müsse, die Belange aller Studenten vertreten zu wissen, solle die FDJ-Kreisleitung ihre Kandidaten für den Wissenschaftlichen Rat zurückziehen und in den Sektionen basisdemokratisch auf Studentenvollversammlungen die Studentenvertreter gewählt werden« (Protokoll der außerordentlichen Senatssitzung vom 24. Oktober 1989, in: ebenda).

116 Ebenda.

117 Offener Brief an alle Angehörigen der Humboldt-Universität zu Berlin vom 24. Oktober 1989, 3, in: Dokumente zum Hochschulumbau VIII, Ablage 15. Ähnlich auch die Dekanin der Gesellschaftswissenschaftlichen Fakultät vom 17. November 1989, die davon spricht, dass »sowohl die vorhandenen, grundlegend zu erneuernden, als auch neue Formen der Interessenvertretung der Studenten voll genutzt und geschaffen werden müssen« (S. 2, in: Dokumente zum Hochschulumbau VIII, Ablage 15).

Am 9./10. November entscheiden sich schließlich in einer Urabstimmung 86% der Studierenden für den Studentenrat als ihre künftige Interessenvertretung und damit gegen die FDJ (bei 60% Wahlbeteiligung).[118] Der Rektor erkennt den Studentenrat seit Ende Oktober als Ansprechpartner an, vermeidet aber vor der Urabstimmung öffentlich jede positive Stellungnahme.[119] Am 17. November 1989 treffen sich die neugewählten Mitglieder des Studentenrats zu ihrer ersten Sitzung. Damit ist die Konstituierung der neuen Interessenvertretung abgeschlossen.

Wie baut sich nun der Studentenrat auf? Die Studentenräte entwickeln sich verblüffenderweise und unkoordiniert an vielen DDR-Hochschulen nach einem ähnlichen Modell: Den Überlegungen der Bürgerbewegung angelehnt, sind sie basisdemokratisch organisiert, d.h. zwischen gewählten Vertretern aus allen Seminargruppen und Sektionen und der Basis sollen die anstehenden Aufgaben regelmäßig miteinander abgestimmt werden.[120] Die relative Abgeschlossenheit der DDR-Universitäten sowie ihre strenge Binnenstrukturierung und Studienorganisation begünstigen den Aufbau des Rätemodells. Nach dem Mehrheitswahlprinzip werden über die Seminargruppen und Studienjahre Sprecher und ein Studentenrat auf Sektionsebene, über die Studentenschaft der Sektionen die Mitglieder der Studentenräte auf universitärer Ebene gewählt. Strenge Zulassungsbeschränkungen und damit verbunden die zahlenmäßige Überschaubarkeit studentischer Jahrgangsgrößen heben die weitgehende Anonymität der Kandidatinnen und Kandidaten gegenüber den Wählerinnen und Wählern auf. Pro Sektion werden in der Regel zwei Sektionssprecher gewählt, die zugleich universitäre Studentenratsmitglieder sind. Große Sektionen, wie beispielsweise die Medizin, erhalten pro Studienjahr einen Platz im Studentenrat. Aus der Mitte des Universitäts-Studentenrats wählen seine Mitglieder eine bestimmte Anzahl an Sprechern, die für spezifische Themenfelder wie Hochschulpolitik, Studium und Lehre, Soziales oder Öffentlichkeitsarbeit zuständig sind. Daneben können alle interessierten und engagierten Studierenden in Arbeitsgruppen oder zusätzlichen Projekten mitwirken.[121]

118 So wird der Aufbau von Studentenräten an der Leipziger Universität und der HU nahezu zeitgleich im November abgeschlossen (s. Füller, 1991, 52f. und 56ff.).

119 Sieber/Freytag, 1993, 285.

120 Eine zusammenfassende und kritische Würdigung des Rätemodells (»Modelle auf tönernen Füßen. Studentenräte und Bürgerbewegungen«) findet sich bei Sieber/Freytag, 1993, 140ff.

121 Alles geregelt in der »Satzung der Studentenschaft der Humboldt-Universität zu Berlin«, in: Dokumente zum Hochschulumbau VIII, Ablage 1.

Dass sich die freiwillige Mitarbeit angesichts der neuen Studienmöglichkeiten insbesondere in den Sektionsräten nur allmählich und sporadisch entwickelt, erleben die Studentenräte schon in ihrer unmittelbaren Gründungsphase.[122] Das beeinträchtigt von Anfang an ihre konzeptionelle Arbeit und wirkt sich letztlich auch auf ihre Durchsetzungskraft gegenüber der Politik aus. Eine umfassende Reformidee zur Umgestaltung der Universität entwickeln sie lange Zeit nicht. Viel Kritik, die beispielsweise der Studentenrat der HU an der schleppenden Erneuerung gegenüber den Gremien, der Leitung der Universität und auch sich selbst erhebt, hängt mit diesem Defizit eigener Mobilisierung zur Mitarbeit und Professionalisierung von Arbeitsstrukturen zusammen. Zusätzlich fällt es schwer, die Idee der Basisdemokratie mit Leben zu erfüllen und den Austausch mit möglichst vielen Studenten über Vollversammlungen tatsächlich zu organisieren.[123]

Republikweit setzen sich die Studentenräte als Vertretungskörperschaft jedoch schnell durch. Am 28. Oktober 1989 treffen sich an der Berliner Schauspielschule Initiativen aus 37 Universitäten, Hoch- und Fachschulen; im Februar/März 1990 bildet sich ein Ostberliner Sprecherrat und wenige Wochen später der Republiksprecherrat (RSR).[124] In ihm vernetzen sich die Studentenräte aller ostdeutschen Hochschulen. Drei wichtige Themen bestimmen seine Aktivitäten: die studentische Mitsprache in den Universitäten und gegenüber Volkskammer und Regierung, die finanzielle Absicherung der Studierenden und die Qualität und Anerkennung ihrer Ausbildungsabschlüsse.[125] Damit

122 A. a. O., 143 f. Sieber/Freytag sprechen »vom 4. November-Syndrom bzw. 17. Oktober-Syndrom«, womit sie die gemeinsame Erfahrung der Bürgerbewegungen und der Studentenräte meinen, die unmittelbar nach der friedlichen Revolution zwar ungeheuer viel öffentliche Anerkennung genießen, bei deren konkreter Arbeit sich jedoch viel zu wenige beteiligen. In der neuen, von Studentenratsmitgliedern gegründeten ersten unabhängigen Studentenzeitung, der »Unaufgefordert«, heißt es dazu, dass es dem Studentenrat bisher nicht gelungen sei, die Last der Arbeit auf viele Schultern zu verteilen, er hauptsächlich nur auf Probleme reagiert habe und die Resonanz seiner Arbeit bei den Studierenden kaum vorhanden sei (»nicht länger Rat-los«, »Unaufgefordert« Nr. 7 vom 13. März 1990, 10 f.).

123 Zu den Ursachen seines Bedeutungsverlusts s. auch: »Keine Revolutionäre. Wie die Humboldt-Universität einen Studentenrat bekam«, »Frankfurter Allgemeine Zeitung« (Berliner Seiten) vom 16. November 1999, BS 5.

124 Füller, 1991, 72, s. auch: Pasternack, 1993, 57 ff.

125 So berichtet der Studentenrat der HU aus Verhandlungen mit dem noch amtierenden stellvertretenden Bildungsminister am 2. April 1990 und dessen Ankündigung, dass die Grund- und Forschungsstipendien um 40 Mark angehoben werden, der »Berlin-Zuschlag« aber wegfallen solle und Studenten künftig Wohngeld beantragen könnten. Außerdem solle der Numerus clausus in vielen Fächern aufgehoben und alsbald eine Verordnung erlassen werden, die die Tätigkeit der Studentenräte als legitime Vertretung der Studentenschaften regelte (»Information zur Demo am 2. April 1990«, in: Dokumente zum Hochschulumbau IX, Ablage 5).

dominieren soziale Angelegenheiten, die Sorge um die Zukunft ihres Studiums[126] und Fragen der Selbstorganisation ihr Engagement.

Mit der Wirtschafts-, Währungs- und Sozialunion vom 1. Juli 1990 werden zahlreiche bundesdeutsche Regelungen in der DDR übernommen. Für die Studenten heißt das u.a., sich auf eine grundlegend andere Studienförderung einzustellen. Galt bisher, wenn auch auf niedrigem Niveau, eine elternunabhängige Stipendienregelung, wird diese zunächst durch ein Übergangsmodell bis zur Vereinigung[127] und danach durch die elterneinkommensabhängige Finanzierung über das Bundesausbildungsförderungsgesetz (BAFöG) ersetzt.

Der Einführung dieses veränderten Finanzierungssystems gehen Auseinandersetzungen zwischen dem Republiksprecherrat und dem Ministerium voraus. Dabei dreht sich die Diskussion hauptsächlich um die normative Bedeutung der umgestellten Förderung (Verlust der formellen Unabhängigkeit von den Eltern) sowie um die Höhe der durchschnittlichen und maximalen BAFöG-Beträge bzw. Berechungsgrößen der Elternanteile.[128] Ab 5. Juni 1990 beginnen landesweite Proteste, die schnell eine große öffentliche Resonanz finden. Zwei Tage darauf demonstrieren in Berlin mehr als 10 000 Studierende für ihre Forderungen, und es kommt zu einem mehrtägigen Sitzstreik hunderter Studenten vor der Volkskammer.[129] Im Parlament diskutieren am 15. Juni 1990 die Abgeordneten in einer Aktuellen Stunde über die soziale Lage der Studierenden, bei der auch eine Erklärung des RSR durch Vizepräsident Höppner verlesen wird. Doch trotz des intensiven Engagements bleiben die Aktionen erfolglos.[130]

126 Auch gegen die Hochschulleitung selbst kommt es dabei zu Protesten der Studierenden, wie eine große Demonstration im Foyer des Hauptgebäudes der HU am 8. März 1990 zeigt, weil die Studienbedingungen immer noch ungenügend waren und ihre finanzielle Ausstattung sich angesichts steigender Preise deutlich verschlechtert hatte (»Studenten vor dem sozialen Aus« und andere Artikel, in der Zeitung »Humboldt-Universität« Ausgabe 24/25 vom 22. März 1990, in: Dokumente zum Hochschulumbau VIII, Ablage 8).

127 Beschluss des Ministerrats vom 13. Juni 1990. Danach erhalten alle Studierenden einen elternunabhängigen Grundbetrag von 280,– DM, der elterneinkommensabhängig bis zu einem Höchstbetrag von 450,– DM aufgestockt werden kann (Füller, 1991, 78).

128 Da nach Angaben der DDR-Regierung das Existenzminimum im Juni 1990 bei 495,– DM/Monat liegt, halten die Studierenden ihre Forderungen nach einem Grundstipendium von 450,– DM für nur allzu gerechtfertigt (Füller, 1991, 77).

129 Brief des Republiksprecherrats der Konferenz der Studentenräte der DDR an die Abgeordneten der Volkskammer der DDR vom 12. Juni 1990 sowie an die Präsidentin der Volkskammer vom 7. Juni 1990, in: Dokumente zum Hochschulumbau VIII, Ablage 1. Darin werden die wesentlichen Forderungen der Sozialcharta zusammengefasst.

130 Näheres zu der gesamten Auseinandersetzung s. Sieber/Freytag, 1993, 161 ff. Im dortigen Anhang u.a. die Erklärung des RSR an die Volkskammer vom 15.06.1990 (S. 300 f.) sowie weitere Quellen, in: Dokumente zum Hochschulumbau VIII, Ablage 1. Mit großem Einsatz unterstützt der Rektor der HU die Studierenden in ihrem Anliegen.

Die Studentenräte sind offenbar auf diese Aktivitäten so fixiert und von der rasanten politischen Entwicklung so vereinnahmt, dass auch nach dem 3. Oktober 1990 die Erneuerung der Hochschulen nicht auf ihre politische Agenda kommt.[131] Auf der 3. Studentenrätekonferenz beschäftigt man sich wiederholt mit Problemen der Selbstorganisation und der gesetzlichen Anerkennung der Studentenräte[132], verständlichen Organisationsfragen also, die aber für die Zukunft der ostdeutschen Hochschulen nachrangig sind. Erst am 12. September 1990 endet dieser Schwebezustand, als der Ministerrat die »Verordnung über studentische Interessenvertretung« erlässt. Allerdings nur auf den ersten Blick, denn die Verordnung wird nicht in den Einigungsvertrag als fortgeltendes Recht für die Zeit nach dem 3. Oktober 1990 aufgenommen. So bleiben die Studentenräte nach der Vereinigung eine Körperschaft, die zwar die studentische Interessenvertretung wahrnimmt, aber in einem rechtlich ungesicherten Zustand arbeitet. Das schränkt den Aktionsradius der Studentenräte und das Interesse am Engagement immer weiter ein. Auch eine grundlegende Diskussion im HU-Studentenrat über ein verändertes Profil, die Erweiterung seiner Aufgaben und ein starker personeller Wandel ändert die Situation nicht grundlegend.[133]

Eine letzte Chance zu dessen Fortbestand ergab sich mit dem Gesetzgebungsverfahren zum Ergänzungsgesetz im Juni 1991, doch die Große Koalition und die FDP entschieden sich gegen das HU-Vertretungsmodell und für die in der Bundesrepublik übliche politische Listenwahl, die der Studentenrat ablehnt.[134] Er wolle »sich nicht ein System überstülpen lassen, das unter anderen Bedingungen entstanden und gewachsen ist«[135]. Im Parlament finden die

131 Vgl. Füller, 1991, 79.

132 Die Geschichte der Studentenräte ist von Beginn an auch eine Geschichte der Auseinandersetzung um ihre rechtliche Anerkennung: S. dazu den Brief an den Wissenschaftsminister, der anlässlich des ersten Gesprächs mit Studentenvertretern am 28. Oktober 1989 übergeben wird (a. a. O., 72), oder auch den Brief des Arbeitsausschusses Hochschulrecht der Studentenräte der DDR an den Minister für Bildung vom 4. Februar 1990, mit dem sogar ein 1. Verordnungsentwurf vorgelegt wird (Sieber/Freytag, 1993, 295). Beide Initiativen führen zu keiner rechtlich verbindlichen Lösung, sondern nur zu Absichtserklärungen und der allgemeinen Akzeptanz der Studentenräte als Ansprechpartner für die Hochschulleitungen sowie des Republiksprecherrats als Verhandlungspartner gegenüber dem Bildungsministerium.

133 S. »Aufgaben des Studentenrats 1990/91« (Erster Entwurf) und Material zu einem Treffen des Studentenrats in Egsdorf am 17./18. November 1990, in: Dokumente zum Hochschulumbau VIII, Ablage 1.

134 Inhaltsprotokoll Ausschuss für Wissenschaft und Forschung, 8. Sitzung vom 24. Juni 1991, 8., in: Dokumente zum Hochschulumbau I, Ablage 7.

135 Wortprotokoll, Ausschuss für Wissenschaft und Forschung, 6. Sitzung vom 10. Juni 1991, 84., in: Dokumente zum Hochschulumbau I, Ablage 7. Mehrere Anzuhörende unterstützen ausdrücklich dessen Forderung, u. a. die Vertreter des DGB (A. a. O., 121), der DAG (S. 122) und der GEW (S. 122), sowie verschiedene schriftliche Stellungnahmen (s. Dokumente zum Hochschulumbau I, Ablage 7).

HU-Studenten dafür nur Zuspruch bei der Fraktion Bündnis 90/Die Grünen. Über die ablehnenden Beweggründe der anderen Fraktionen[136] lässt sich nur spekulieren: Der inkompatible Wahlmodus (Mehrheitswahl beim Studentenrat, Verhältniswahl über politische Listen beim Asta) kann nur oberflächlich als wirkliches Hindernis gelten.[137] Vielmehr scheint bei den Parteien das Interesse an den nach westlichen Mustern typischen politischen Hochschulgruppen größer als auf ein alternatives, ihnen unbekanntes Vertretungsmodell.

Viele der seit 1989/90 im Studentenrat aktiven Studierenden verstehen die ablehnende Haltung der Parlamentarier als politische Missachtung ihrer Arbeit, manche auch als bewusste Entscheidung gegen einen offenen Kritiker der Senatspolitik.[138] So büßt er am Ende der Demokratisierungsphase seine überragende Bedeutung in der Hochschule allmählich ein. Gleichzeitig verschärft sich die Atomisierung des engagiertesten Teils der Studierenden.[139] Es versteht sich daher von selbst, dass die Mitglieder des Studentenrats nach ihrer Niederlage kaum die von ihnen abgelehnten Vertretungsstrukturen des Berliner Hochschulgesetzes aufbauen können.[140] Andere, das Westberliner Modell aber

136 Fischbeck (Bündnis 90/Die Grünen) stellt die Beteiligung aller Fachbereiche in einer Studentenvertretung als »leitendes Prinzip« heraus, das »in der gegenwärtigen Situation der Umstrukturierung der Hochschullandschaft vorrangig« sein müsse (Inhaltsprotokoll Ausschuss für Wissenschaft und Forschung, 8. Sitzung vom 24. Juni 1991, 8, in: Dokumente zum Hochschulumbau I, Ablage 7). Er wird darin von den Ausschussmitgliedern der anderen Fraktionen nicht unterstützt. Während Tolksdorf (FDP) auf die Minderheiten schützende Wirkung des Verhältniswahlrechtes für kleine Listen hinweist und darüber hinaus zur Vorsicht mahnt, »wenn sich Repräsentanten ein bestimmtes Wahlrecht wünschten« (S. 7), erinnert Flemming (SPD) an das übergeordnete Ziel des ErgG, nämlich »die hinzutretenden Hochschulen bald an das BerlHG anzupassen« (S. 7). Auch der PDS-Vertreter spricht sich für das Verhältniswahlrecht aus, unterstützt aber die Forderungen des Studentenrats, weil den Hochschulen »nichts unerwünschtes … übergestülpt werden solle« (S. 7). Der CDU-Abgeordnete Mardus verwahrt sich gegen die Argumentation Fischbecks, weil die Betroffenen gehört und damit nicht übergangen worden seien (S. 8).

137 § 12 des Entwurfes für ein Hochschulergänzungsgesetz von Bündnis 90/Die Grünen zeigt einen Ausweg: Abweichend von § 19 BerlHG sollen anstelle des Studentenparlamentes der Studentenrat und anstelle des Asta der Sprecherrat im Ostteil der Stadt als Organe der Studentenschaft gebildet werden können. Den strittigen Wahlmodus wollen sie über Satzungsrecht den Studentenschaften selbst überlassen (Drucksache 12/227 – Antrag der Fraktion Bündnis 90/Die Grünen über Gesetz zur Ergänzung des Berliner Hochschulgesetzes, in: Dokumente zum Hochschulumbau I, Ablage 6).

138 S. Stellungnahme des Studentenratsvertreters auf der Anhörung, in: Wortprotokoll, Ausschuss für Wissenschaft und Forschung, 6. Sitzung vom 10. Juni 1991, 83 ff., in: Dokumente zum Hochschulumbau I, Ablage 7.

139 Dieses Problem – verbunden mit der fehlenden Rückkopplung der studentischen Gremienvertreter zu ihrer »studentischen Basis« bzw. einem nur noch eingeschränkt funktionsfähigen Studentenrat – wird ausführlich thematisiert in einem Papier des studentischen Kuratoriumsmitglieds Katrin Werlich vom 24. Oktober 1991, in: Dokumente zum Hochschulumbau VIII, Ablage 1.

140 Zu den verschiedenen Überlegungen im Studentenrat s. »Stura – was nun? Wie weiter mit der studentischen Interessenvertretung«, in: Dokumente zum Hochschulumbau II, Ablage 33.

voraussetzende hochschulpolitische Gruppierungen sind an der HU kaum vorhanden. Ausdifferenzierungen innerhalb des Studentenrats, individuell motivierte Rückzugsentscheidungen verschiedener Mitglieder sowie die alte Frage der 68er Generation, ob man besser inner- oder außerhalb der vorgegebenen Strukturen seine Interessen vertreten kann[141], forcieren seine Auflösung zusätzlich. Der studentische Einfluss auf die inneruniversitäre Umgestaltung geht damit zwangsläufig zurück. Im Mai 1992 – mehrere Monate, nachdem turnusgemäß hätte eine Wahl stattfinden müssen – löste sich der verbliebene Rest des Studentenrats schließlich förmlich auf und übertrug dem Geschäftsführer und einer Kommission die Verwaltung seiner Finanzen.[142]

Es braucht ein ganzes Jahr, bis sich im Wintersemester 1992/93 an der HU ein nach BerlHG zusammengesetztes Studentenparlament konstituiert und das institutionelle Vakuum überwunden ist.

2.2.2 Der Runde Tisch

Im Oktober 1989 gründet sich auf Initiative der Theologiestudentin Katharina Führer an der HU eine Studentengruppe des Neuen Forums.[143] In ihr finden sich etwa 20 bis 30 Personen zusammen, die akademische Freiheit und Veränderungen in der Hochschule durchsetzen und »Verantwortlichkeiten für frühere Fehler und Missstände an der Universität mit den nötigen Konsequenzen auf[zu]decken«[144] wollen. Um das zu erreichen, initiiert die Gruppe gemeinsam mit anderen die Einrichtung eines Runden Tischs.

Angelehnt an die polnischen Erfahrungen aus den 80er Jahren, fordern die neu entstehenden politischen Organisationen in der DDR im Herbst 1989 den Dialog über eine neue Politik in einem formalisierten Rahmen – den Runden

141 Unter den »Aktiven« bilden sich zwei Gruppen heraus: Die eine versucht über verschiedene Aktionen eine Art »außerparlamentarischer Opposition« gegenüber der offiziellen Universitätspolitik zu organisieren, die andere findet sich unter dem Namen »Stuve« (Abk. für Studentische Vertretung, in Anlehnung an die IG Stuve als Vorläuferin des Studentenrats aus dem Herbst 1989) zusammen und nimmt als studentische Liste im Januar 1992 an den ersten nach BerlHG durchgeführten Gremienwahlen teil. Nach anfänglichen Wahlerfolgen gelingt es aber auch ihr kaum noch, engagierte Studenten zu binden oder gemeinsam mit den Studenten in den SBK ein durchsetzungsfähiger, Erneuerungsakteur unter Interventionsbedingungen zu sein.

142 Auflösungsbeschluss und »Richtlinien für die Arbeit der Kommission zur Verwaltung der Finanzen des Studentenrats« vom 18. Mai 1992, in: Dokumente zum Hochschulumbau VIII, Ablage 1.

143 Die Gründung findet in einer privaten Wohnung in Prenzlauer Berg statt.

144 »Neues Forum an unserer Universität«, Redaktionsgespräch von Vertretern der Gruppe mit der Zeitung »Humboldt-Universität«, Ausgabe 18, 6, in: Dokumente zum Hochschulumbau VIII, Ablage 8.

Tisch. Zunächst wollte sich der seit Ende November tagende zentrale Runde Tisch als Bestandteil der öffentlichen Kontrolle des politischen Systems verstehen. Doch schnell wuchsen seine Aufgaben: Bis zur Durchführung freier, demokratischer und geheimer Wahlen wird an ihm zu allen relevanten Politikfeldern verhandelt, eine Verfassung der DDR ausgearbeitet, über die Auflösung des MfS/AfNS entschieden, werden Maßnahmen zur Sicherstellung der Versorgung und Aufrechterhaltung der Wirtschaft besprochen. Die Regierung benötigt den Runden Tisch, um ihr eigenes Handeln in einem grundlegend veränderten politischen Umfeld zu legitimieren. Abgewandelt von der Arbeitsweise des zentralen Runden Tischs entstehen im Herbst/Winter 1989 überall in den Bezirken, Städten und Gemeinden sowie in großen öffentlichen Einrichtungen wie der HU solche Institutionen. Sie bestimmen im ganzen Land den politischen Umgestaltungsprozess auf allen Ebenen mit.[145] An ihnen sitzen neben den neuen Parteien und Organisationen auch die PDS und alle Blockparteien.

Am 24. Januar 1990 kommt der Runde Tisch der HU zu seiner ersten Sitzung zusammen. Anders als am zentralen Runden Tisch oder in den Bezirken dominieren ihn jedoch Splittergruppen, die der PDS nahestehen oder aus ihr hervorgehen – so die Kommunistische Initiative, der Club Wissenschaft im Magnus-Haus, der RAJV (Revolutionär Autonomer Jugendverband), die FDJ (die sich aber bald wegen ihrer Auflösung zurückzieht) und der SSB (Sozialistischer Studentenbund).[146] Auch versucht die PDS zunächst die Meinungsführerschaft am Runden Tisch zu gewinnen und gibt sich als die gestaltende, offene, andere Parteien und Gruppierungen einbeziehende Kraft.[147] Neue Organisationen oder Parteien wie das Neue Forum, die SPD, die CDU oder die Initiativgruppe »Humboldt-Frauen« sind zunächst in der Minderzahl.[148] Zudem beteiligen sich eine Reihe neu entstehender gruppen- oder themenorientierte, teilweise auch universitätsspezifische Einrichtungen wie die Urania oder die Initiative Mittelbau. Gerade bei ihnen gibt es eine relativ hohe Fluktuationsquote. Wegen der schweren Überschaubarkeit stellt deshalb der Runde Tisch im März 1990 einige Kriterien zur Zulassung neuer Gruppen auf und

145 Zum Runden Tisch s. Weidenfeld/Korte, 1994, 123 f., auch Nitsch, 1991, 10 ff.

146 Diverse Anträge oder Programmpapiere dieser Gruppen s. Dokumente zum Hochschulumbau VIII, Ablage 3. Die Initiative zum 1. Treffen sei nach Darstellung des PDS-Kreisvorstandes der HU von dem aus der FDJ hervorgegangenen Sozialistischen Studentenbund (SSB) ausgegangen (s. »Der Runde Tisch der Universität und die mit seiner Bildung verbundenen Aufgaben der Kreisorganisation der PDS« vom 5. Februar 1990, 2, in: Dokumente zum Hochschulumbau VIII, Ablage 2).

147 Ebenda.

148 Zur Mitgliedschaft am Runden Tisch s. auch Zeitung »Humboldt-Universität« vom 26. April 1990.

lässt danach auch Gewerkschaften und den Hochschullehrerverband zu, der sich als »berufsständische parteiunabhängige Vereinigung« gegründet hatte, um die Interessen seiner Mitglieder »gegenüber staatlichen, wirtschaftlichen und gesellschaftlichen Institutionen« zu vertreten.[149] Seither sitzen insgesamt 19 stimmberechtigte Organisationen am Runden Tisch der HU, der Studentenrat nimmt als Beobachter teil.[150] Jede Organisation entsendet maximal zwei Vertreter; Abstimmungen erfolgen häufig mit Zweidrittelmehrheit der Anwesenden.[151] Moderatoren sind die Theologen Heinrich Fink und Brigitte Kahl bzw. nach Finks Wahl zum Rektor der Theologe Klaus Röber.

Der Runde Tisch tritt ab Februar 1990 wöchentlich zusammen und befasst sich nach anfänglichen Diskussionen um sein Selbstverständnis und seine Arbeitsmöglichkeiten[152] mit allen grundsätzlichen Problemen, die die Zukunft der Universität betreffen.[153] Die amtierende Universitätsleitung akzeptiert das neu entstandene Gremium recht schnell und konsultiert es regelmäßig. Nicht nur der alte Akademische Senat oder der Wissenschaftliche Rat lassen sich seine Entscheidungen von ihm legitimieren, auch der Runde Tisch selbst beansprucht zu allen wesentlichen Entscheidungen sein Mitspracherecht.[154] Das machen unter anderem die Beratungen der Eckpunkte für das Universitätsstatut deutlich[155], wo an ihm die Entscheidung über die Quotierung der

149 Vgl. Zeitung »Humboldt-Universität« vom 22. März 1990.

150 Stimmberechtigt sind: SPD, CDU, PDS, Neues Forum, Demokratie Jetzt, Vereinigte Linke, Initiative für Frieden und Menschenrechte, Verband der Hochschullehrer, Gewerkschaft Wissenschaft, Sozialistischer Studentenbund, Kommunistische Initiative, Kulturbund, Klub Wissenschaft im Magnushaus, Ring Christlich-Demokratischer Studenten, Initiative Mittelbau, Initiative Humboldt-Frauen, Urania, Internationale Studentenkommission, Hochschulsportgemeinschaft. CDU und SPD wirken erst seit April/Mai 1990 am Runden Tisch mit. S. Protokolle der Sitzungen vom 8. März, 11. und 25. April 1990, in: Dokumente zum Hochschulumbau VIII, Ablage 2.

151 S. § 1 und 2 der Geschäftsordnung sowie Protokoll vom 7. Februar 1990, in: ebenda.

152 S. Protokollaufzeichnung vom 31. Januar 1990, in: ebenda.

153 S. regelmäßige Berichte in der Zeitung »Humboldt-Universität« und Protokolle des Runden Tischs, in: Dokumente zum Hochschulumbau VIII, Ablage 2.

154 S. dazu den Beschluss des Runden Tischs vom 7. Februar 1990, in: Protokoll des Runden Tischs vom 7. Februar 1990, in: Dokumente zum Hochschulumbau VIII, Ablage 2.

155 Die Beratungen am Runden Tisch beginnen dazu auf der 3. Sitzung am 21. Februar 1990, nachdem das Thema in der 2. Sitzung abgesetzt worden war, weil die Universitätsleitung keine auskunftsfähige Person entsandte. Dass ihm zunächst keine schriftlichen Unterlagen zur Verfügung gestellt wurden, stieß ebenfalls auf Kritik (s. Protokolle vom 7. und 21. Februar 1990, in: ebenda). Nachdem man die verschiedenen Vorarbeiten und Entwürfe des Wissenschaftlichen Rats zur Kenntnis genommen hatte und unzufrieden war, bestand am Runden Tisch sogar die Überlegung, einen eigenen Statutenentwurf zu erarbeiten (s. Protokoll vom 28. Februar und 21. März 1990 sowie die verschiedenen Fassungen der Grundsätze für ein Universitätsstatut, in: ebenda. Der alternative Vorschlag für Grundsätze zu einem Universitätsstatut und weitere Materialien, in: Dokumente zum Hochschulumbau IX, Ablage 6).

Gremien fällt. Gemeinsam mit dem Rektor beruft er das verfassungsgebende Konzil ein, bereitet die ersten freien Wahlen vor, legt das Mehrheitswahlrecht als Wahlprinzip und den Mitgliederschlüssel für die Mitgliedergruppen fest, entscheidet über das Verfahren bei der Rektorwahl und hört die Kandidaten an, wird Anlaufstelle für Anfragen und alltägliche Probleme der Hochschulangehörigen und berät erste Strukturveränderungen wie die Auflösung der Sektion Marxismus-Leninismus.[156] Auch später bringt er zahlreiche Vorschläge in die Statutenkommission ein und gibt vor der Beratung im verfassungsgebenden Konzil seine Zustimmung zum Universitätsstatut.[157] Des Weiteren stößt er die Einrichtung des Amtes der Gleichstellungsbeauftragten und des Ausländerbeauftragten[158] an, lässt sich über die Aktivitäten der Hochschulleitung bei der Einpassung in die Berliner Wissenschaftslandschaft informieren und berät über die Zukunft und Ausrichtung verschiedener Fakultäten. Er stößt also manche Debatte zur Struktur der Universität an und kontrolliert wesentliche Aufgaben der ordentlichen Universitätsgremien, des Rektors und der Universitätsleitung, bis sie durch freie und geheime Wahlen demokratisch legitimiert sind.[159]

Wie überall in der DDR interessiert sich der Runde Tisch auch dafür, welchen Einfluss und welche Verbindungsstrukturen an der HU zum Ministerium für Staatssicherheit existierten.[160] Vom Neuen Forum beantragt, werden dazu ab dem 21. Februar 1990[161] in mehreren Sitzungen Verantwortliche aus der Universitätsleitung, der ehemalige 1. Sekretär der SED-Kreisleitung[162] sowie der Direktor der Sektion Kriminalistik befragt[163], denn deren Mitarbeiter und Studierende sind gleichzeitig Angehörige des MfS oder MdI.

Die Verflechtungen zwischen dem MfS und der Sektion Kriminalistik werden zu einem wesentlichen Arbeitsfeld für den Runden Tisch: In den 80er Jahren erhielt diese Sektion zunehmend mehr Studenten über das Staatssicherheitsministerium, und das Gewicht ihrer Ausbildung verlagerte sich auf

156 Protokoll des Runden Tischs vom 8. März 1990, 4, sowie Protokoll vom 11. April 1990, in: Dokumente zum Hochschulumbau VIII, Ablage 2.

157 S. Protokoll des Runden Tischs vom 29. Januar 1991, in: ebenda.

158 S. Protokoll des Runden Tischs vom 28. März 1990, in: ebenda.

159 S. Protokoll des Runden Tischs, in: Dokumente zum Hochschulumbau VIII, Ablage 2.

160 Zu den Beziehungen zwischen HU und MfS s. Labrenz-Weiß, 1994, 135 ff., Eckert, 1993, 770 ff. und Braun, 1997, 912 ff., alles in: Dokumente zum Hochschulumbau IX, Ablage 13.

161 Dabei gibt zunächst der 1. Prorektor keine Auskunft über die direkten Aktivitäten des MfS in der Universität oder politische Repressionen gegenüber Universitätsangehörigen. S. handschriftliche Aufzeichnungen und Protokoll vom 21. Februar 1990, in: Dokumente zum Hochschulumbau VIII, Ablage 2.

162 S. handschriftliche Mitschrift der Anhörung vom 8. März 1990, in: ebenda.

163 S. u. a. die Protokolle des Runden Tischs vom 8. März 1990, 3 f. und vom 7. Mai 1990, 2, in: Dokumente zum Hochschulumbau VIII, Ablage 2.

dessen Bedürfnisse. So studierten an ihr im Jahr 1989 325 Studenten, die vom MfS delegiert worden waren, 94 über das MdI, 28 vom Zoll und 23 ausländische Studenten.[164] Sie wurden zu »operativen Einsätzen«, insbesondere bei Staatsbesuchen aus dem westlichen Ausland oder zu Großveranstaltungen wie dem Jugendfestival herangezogen, weil sie als besonders verlässlich galten.[165] Deshalb waren am 7. Oktober 1989 in Berlin auch 150 Kriminalistik-Studenten vorwiegend aus dem 2. und 3. Studienjahr eingesetzt worden bei der Protestdemonstration gegen die Politik der SED-Parteiführung und an »Zuführungen« und Verhören von Festgenommenen beteiligt. Spätere Untersuchungen ergaben, dass es dort zu den schwersten Menschenrechtsverletzungen des gesamten Einsatzes gekommen war.[166] Seit 1985 gehörte der »Kampf gegen oppositionelle Kräfte« von der Einschüchterung von einzelnen Personen oder Personengruppen bis hin zur »Zersetzung« zum festen Lehrprogramm in der Ausbildung der Sektion Kriminalistik.[167]

In Gesprächen und Recherchen machten sich der Runde Tisch wie auch eine studentische Arbeitsgruppe ein Bild von der Arbeit der Sektion Kriminalistik und der flächendeckenden Überwachungspraxis des MfS an der HU: Es verfügte über eigene Arbeitsmöglichkeiten und eigene Räume innerhalb der Universität und hatte Zugang zu allen Personal- und Kaderakten. Ein »Sicherheitsbeauftragter« der HU war der Verbindungsmitarbeiter zum MfS und der dort für die HU zuständigen Bezirksverwaltung XX/8. Er wurde über alle außergewöhnlichen Angelegenheiten in Kenntnis gesetzt und informierte umgekehrt die Universitäts- oder die SED-Kreisleitung, etwa, wenn Professoren nicht mehr von einer Auslandsreise zurückgekehrt waren, wenn es zu Grenzverletzungen von Hochschulangehörigen kam, aber auch bei Kriminaldelikten, Havarien usw.[168] Die Tätigkeit inoffizieller MfS-Mitarbeiter an der HU wurde durch die Abteilung der Bezirksverwaltung Berlin gesteuert.[169]

Die offizielle Zusammenarbeit zwischen der Universitätsleitung bzw. der SED-Kreisleitung der HU mit dem MfS erstreckte sich vom regelmäßigen Meinungsaustausch über sicherheitspolitische Fragen, die Einschätzung der

164 Nach Auskunft des 1. Sekretärs der SED-Kreisleitung der HU in der Sitzung des Runden Tischs vom 8. März 1990 (Mitschrift), in: ebenda.

165 Im Jahr 1987 kam es sogar zu einem Einsatz zur Absicherung eines Raketenstützpunkts, berichtete der 1. SED-Kreissekretär am Runden Tisch, in: ebenda.

166 Protokoll des Runden Tischs vom 8. März 1990, in: Dokumente zum Hochschulumbau VIII, Ablage 2.

167 Mitschrift der Anhörung des 1. SED-Kreissekretärs vom 8. März 1990, in: ebenda.

168 Labrenz-Weiß, 1994, 136, auch Eckert, 1993, 772, in: Dokumente zum Hochschulumbau IX, Ablage 13.

169 S. dazu den Bericht des Runden Tischs an das Konzil, in: Zeitung »Humboldt-Universität« vom 26. April 1990.

gesamtpolitischen Lage und zu Diskussionen in der Universität und ihren Sektionen, Fragen der Wissenschaftspolitik, insbesondere die Verbesserung der technischen Ausstattung und der materiellen Arbeitsbedingungen bis zum Informationsaustausch über ausreisewillige Mitarbeiter und Studenten, über einzelne Hochschulangehörige, die im Verdacht standen, sich in »illegalen politischen Gruppen« zu engagieren oder anderweitig ins Fadenkreuz von Ermittlungen des MfS bei der Durchsetzung des politischen Strafrechts gerieten.[170] Brisante politische Diskussionen in der HU, wie beispielsweise um den Prager Frühling, wurden vom MfS ausspioniert und beeinflusst.[171] Auch an der Informationsbeschaffung aus dem westlichen Ausland durch Reisekader oder spezielle Auslandseinsätze von Wissenschaftlern hatte das MfS besonderes Interesse und baute diese systematisch aus, vor allem im naturwissenschaftlichen Bereich.[172]

Jedoch ist der Runde Tisch zu dieser vergleichsweise frühen Zeit der Entmachtung und Auflösung des Staatssicherheitsdienstes nicht in der Lage, über allgemeine Informationen hinaus weiterführende Einsichten in die Verflechtungen zwischen Universität und MfS zu bekommen, informelle Mitarbeiter zu enttarnen oder sie zu einer öffentlichen Diskussion über ihre Arbeit zu bewegen. Dafür fehlt noch der Zugang zu den Archiven des MfS, dessen Öffnung erst später durch die Volkskammer und den Deutschen Bundestag ermöglicht wird. Erst im Zuge der Personalüberprüfungen lässt sich das Ausmaß der Verbindungen überschauen.[173] Im Ergebnis der umfangreichen Anhörungen fordert der Runde Tisch die Einrichtung der Stelle eines Datenschutzbeauftragten (die später im § 37 des Statuts auch aufgenommen wird) und mehr Rechte für die Rehabilitierungs- und die Ehrenkommission.[174]

Wenn auch recht spät, hat der Runde Tisch bzw. sein Nachfolgegremium, der Hochschulpolitische Rat – zumindest ansatzweise – die personelle Dimension der Erneuerung der HU thematisiert: In Empfehlungen an das Konzil, den Senat und den Rektor schätzten seine Mitglieder vorsichtig ein, dass an der HU »die Existenz ›alter Seilschaften‹ nicht auszuschließen (sei), die – in der Regel jetzt ohne Parteizugehörigkeit – ihre bestehenden Machtambitionen durch persönliche Interessenübereinstimmungen, Mitwisserschaft und nach wie vor bestehende Abhängigkeiten versuchen durchzusetzen. Die demokratischen Kräfte an der Alma mater müssen jetzt dafür sorgen, dass die alten, aus

170 S. Mitschrift zur Anhörung des 1. SED-Kreissekretärs am Runden Tisch vom 8. März 1990, in: Dokumente zum Hochschulumbau VIII, Ablage 2.
171 S. Eckert, 1993, 777.
172 S. Labrenz-Weiß, 1994, 135.
173 S. IV. Teil, Kapitel 3.1.
174 S. IV. Teil, Kapitel 3.2.

der Zeit der stalinistischen Wissenschaftsnötigung resultierenden Strukturen und Kräfte endgültig überwunden werden. Es muss an unserer Universität ein hochschulpolitisches und geistiges Klima geschaffen werden, in dem eine Reproduktion oder Regeneration derartiger Strukturen und Kräfte keine Chance mehr haben. Dieser Demokratisierungsprozess muss irreversibel sein, er muss deshalb von innen, aus der Humboldt-Universität selbst heraus getragen und gestaltet werden und sich auf eine breite kritische, demokratische Universitätsöffentlichkeit stützen«[175]. Demokratische Veränderungen müssten deshalb »auch mit personellen Konsequenzen – in allen Struktureinheiten und ihren Gliederungen«[176] verbunden werden.

Als Konsequenz schlägt der Runde Tisch vor, dass alle Hochschullehrer in einem umfangreichen Fragebogen[177] Auskünfte geben müssten, inwieweit sie »in die vormaligen Macht- und Repressivstrukturen eingebunden«[178] waren. Dieser sollte von einer unabhängigen Kommission ausgewertet werden und Voraussetzung für den Verbleib an der Hochschule sein. Der Rektor oder die Hochschulgremien folgen diesem weitgehenden Vorschlag nicht. Jedoch wird die Idee nicht völlig fallengelassen, sondern nach einigen Verhandlungen mit Vertretern des Runden Tischs in einer stark veränderten Form wieder aufgenommen, als sich der Akademische Senat Ende 1990 zur Einrichtung einer Anhörungskommission zur (freiwilligen) Prüfung aller Gremienmitglieder entschließt.[179]

Trotz Rückschlägen und der Fülle vieler Einzelthemen ist der Runde Tisch für einige Monate eines der wichtigsten Gremien des politischen Übergangs. Neben dem Studentenrat ist ohne ihn der Umbau der HU kaum denkbar. Seine partizipative Ausrichtung bestimmt weit über die Demokratisierungsphase der Hochschule hinaus die Entscheidungsfindung an der HU, die möglichst alle Mitgliedergruppen, alle Fächer und politischen Grundströmungen einzuschließen versucht. Im Laufe der Umordnungsphase wird der Runde Tisch in einen Hochschulpolitischen Rat umgewandelt, seine Aufgaben in § 34 des Statuts geregelt. Die Bedeutung des Rats, der »die hochschulpolitischen Kon-

175 Empfehlungen des Hochschulpolitischen Rats an das Konzil, den Senat und den Rektor, S. 1, in: Dokumente zum Hochschulumbau VIII, Ablage 2. Dort auch Entwürfe der Empfehlungen und weiteres vorbereitende Material.

176 Ebenda.

177 Ebenda.

178 A. a. O., 2.

179 S. dazu ausführlich Kapitel 3.3 des V. Teils. Der Akademische Senat hatte in seiner Sitzung am 20. November 1990 nach zahlreichen vorgetragenen Bedenken nur diesem Procedere mehrheitlich zugestimmt. Grundsätzlich ablehnend und ein Mitglied des Hochschulpolitischen Rats persönlich angreifend, die Protokollerklärung eines Senatsmitglieds von der Theologischen Fakultät, in: Dokumente zum Hochschulumbau IX, Ablage 4.

zeptionen seiner Mitglieder, Diskussionsprozesse und Entscheidungen an der Universität öffentlichkeitswirksam und konstruktiv« mitgestalten und zur »Konsensbildung zwischen verschiedenen sozialen Bereichen und Statusgruppen der Universität, zwischen der Universität und der Öffentlichkeit«[180] beitragen will, nimmt jedoch im Laufe des Jahres 1991 stark ab. Ein Jahr später löste er sich schließlich auf.[181]

180 § 1 Absätze 1 und 2 der Geschäftsordnung der Hochschulpolitischen Rats vom 20. September 1990, in: Dokumente zum Hochschulumbau VIII, Ablage 2.

181 Einladung zum Abschiedsempfang für die Delegierten am Runden Tisch und im Hochschulpolitischen Rat am 30. Januar 1992, in: Dokumente zum Hochschulumbau VIII, Ablage 2.

3. Umorganisation

Mit der Abwicklung einiger Fachbereiche der HU beginnt im Dezember 1990 die Phase der Umorganisation. Schlagartig rückt nun die personelle Erneuerung ins Zentrum aller konzeptionellen Überlegungen innerhalb und außerhalb der Hochschule. Die Abwicklungsentscheidung des Berliner Senats und das im Konzil der HU verabschiedete hochschuleigene Erneuerungsprogramm machen das Entstehen zweier Transformationspfade deutlich: Der eine beruht auf personeller und struktureller Ausdifferenzierung, wird von der Senatsverwaltung für Wissenschaft und Forschung gesteuert und von weiteren, in der Regel außeruniversitären Akteuren wie dem Wissenschaftsrat, der Landeshochschulstrukturkommission, den Verbänden und großen Teilen der veröffentlichten Meinung unterstützt. Der andere setzt auf Inklusion und Partizipation, wird von der ZPSK und dem Studentenrat gesteuert und von weiteren, vor allem inner-, aber auch außeruniversitären Akteuren wie den Gewerkschaften und der parlamentarischen Opposition befürwortet. Berliner Senat und Humboldt-Universität entwickeln sich auf diese Weise zu Gegenspielern der Umgestaltung. Schnell gelingt es den Akteuren des äußeren Transformationsweges, ein durchsetzungsfähiges und mit Umsetzungskapital ausgestattetes Erneuerungsmodell aufzubauen, zunächst in einigen Fächern, dann in der gesamten Universität. Das hochschuleigene Modell hingegen hat zwar einen weitgehenderen Erneuerungsansatz, sowohl personell als auch strukturell, weist von Beginn an aber organisatorische wie inhaltliche Defizite auf und leidet an mangelndem Umsetzungskapital.

Doch nicht nur Gegnerschaft und Konkurrenz, auch Formen der Kooperation bestimmen im Laufe dieser Phase das Verhältnis von Hochschule und Senatsverwaltung. Die sich daraus ergebenden Entwicklungen verstärken oder verfeinern die spezifische Gestalt beider Erneuerungsmodelle, worauf im IV. und V. Teil zurückzukommen sein wird. An dieser Stelle sollen zunächst der Prozess der Umorganisation der Hochschule und der außer- und inneruniversitäre Einfluss darauf im Vordergrund des Interesses stehen. Die Umorganisation endet im April 1992 mit der Entscheidung, die Präsidialverfassung einzuführen.

3.1 Chronologie

3.1.1 Die Etablierung konkurrierender Erneuerungsmodelle und das Problem der symbolischen Orientierung zwischen Abgeordnetenhauswahl und Senatsbildung am 26. Januar 1991

Mit den Wahlen zum Abgeordnetenhaus am 2. Dezember 1990 entsteht erstmals seit vielen Jahrzehnten wieder ein Landesparlament für ganz Berlin. Gleichzeitig verändern sich die politischen Mehrheiten: Die Rot-Grün-Koalition war bereits wenige Wochen vor der Abgeordnetenhauswahl an Konflikten um die Betriebsgenehmigung eines Forschungsreaktors und einem Streit über den Umgang mit der Hausbesetzerszene zerbrochen, so dass bis zum Wahltag ein SPD-Minderheitssenat amtierte. Nun wird die CDU stärkste Fraktion und stellt den Regierenden Bürgermeister. Für eine stabile Regierungsbildung lassen die Mehrheitsverhältnisse im Abgeordnetenhaus nur eine große Koalition aus CDU und SPD zu. Die SPD gibt nach dem Koalitionsvertrag das Ressort Wissenschaft und Forschung an die CDU ab, die den baden-württembergischen Staatssekretär, Professor Manfred Erhardt, zum neuen Senator für Wissenschaft und Forschung beruft. Der Senat von Berlin konstituiert sich am 26. Januar 1991.

Ein deutliches Signal, dass die personelle Erneuerung künftig durch außeruniversitäre Akteure, d.h. vor allem durch den Berliner Senat, durchgesetzt werden wird, signalisiert ein Rundschreiben der Senatsinnenverwaltung und der Magistratsverwaltung für Inneres vom 4. Dezember 1990. Darin wird erstmals offiziell die Überprüfung des gesamten Personals an den Ostberliner Einrichtungen angekündigt.[182] Alle Beschäftigten werden verpflichtet, einen neuen Personalfragebogen auszufüllen, in dem sie ihren bisherigen beruflichen und

182 Zuvor gab es nur Gerüchte. Der Rektor der HU ließ deshalb Ende November 1990 von seinem Kanzler eine Grundsatzerklärung für die Sitzung des Akademischen Senats am 18. Dezember erarbeiten, in der die Abwicklung einzelner Fächer innerhalb der Hochschule abgelehnt und die Überführung der Professoren in die Rechtsstellung von Beamten auf Lebenszeit auf der Grundlage individueller Prüfungsverfahren, die sich einem Berufungsverfahren anlehnen sollten, gefordert wird. Mitarbeiter sollten ebenfalls nach Einzelfall-Prüfung in die Personalkategorien des Hochschulrahmengesetzes übernommen werden. Die außerordentlichen Kündigungsgründe des EV sieht die Vorlage als »ein geeignetes und notwendiges Instrument zur Lösung der Probleme einer Erneuerung des Lehrkörpers und der Personalstruktur der Universität« (Vorlage 37/90 »Stellungnahme des Akademischen Senats zu den Problemen im Zusammenhang der Neustrukturierung des Lehrkörpers der Universität«, 3, in: Dokumente zum Hochschulumbau IX, Ablage 3).

politischen Werdegang darlegen.[183] Die Personal führende Stelle wertet dann die Fragebögen aus hinsichtlich der im Einigungsvertrag festgelegten besonderen Kündigungsgründe.[184] Da die Akten des MfS/AfNS zum damaligen Zeitpunkt noch weitgehend unerschlossen sind, müssen die Fragebögen fortlaufend überprüft werden.[185] Falsche Angaben können zur außerordentlichen Kündigung führen.[186]

Das Rundschreiben erläutert, wonach künftig die persönliche Eignung bewertet werden soll: So sei jemand im Sinne der freiheitlich-demokratischen Grundordnung nicht geeignet, wenn er aktiv für die Ziele des SED-Regimes eintrat, »wie es bei der Übernahme von öffentlichen Wahlämtern, einer Nomenklaturposition oder von Funktionen in der SED und den anderen Organisationen der Fall war«[187]. Die notwendige Einzelfallprüfung soll jedoch Kriterien wie die Höhe, die Zahl und den Zeitraum oder die Abstufung nach Haupt- oder Nebenamtlichkeit der Funktionen einbeziehen. Eine Tätigkeit als hauptamtlicher Parteifunktionär begründe regelmäßig die Nichteignung für die Berliner Verwaltung. Auch ehrenamtliche Parteifunktionen bewertet das Papier streng, denn »vom 1. Sekretär der Abteilungsparteiorganisation an aufwärts (in der Universität identisch mit dem Parteisekretär eines Instituts an einer Sektion oder je nach ihrer Größe auch eines Studienjahrgangs – Anmerkung S. V.) und für die Absolventen von Bezirksparteischulen« gilt ebenfalls die Nichteignung für die Beschäftigung im öffentlichen Dienst.[188] Diese Perspektive wird an anderer Stelle ein wenig relativiert: »Wenn für Außenstehende erkennbar und glaubwürdig eine Hinwendung zur demokratischen Haltung stattgefunden hat oder noch stattfindet, so kann die persönliche Eignung für eine weitere Tätigkeit in der öffentlichen Verwaltung nicht von vornherein

183 Das ist für die Personal führenden Stellen von Belang, weil ein Erlass der Modrow-Regierung aus dem Frühjahr 1990 jeden Beschäftigten berechtigte, aus seiner Personalakte (belastende) Unterlagen zu entnehmen (Senatsverwaltung für Inneres, Magistratsverwaltung für Inneres: Rundschreiben II, 82/1990, 8, in: Dokumente zum Hochschulumbau II, Ablage 20).

184 S. dazu ausführlich Kapitel 2.2 des V. Teils. Dazu wird ein umfangreicher Katalog von Anlagen zusammengestellt, über den Aufbau der SED und Hinweise zu den Massenorganisationen in der DDR, Muster und Textbausteine für Kündigungsschreiben oder für Zwischenbescheide, wenn eine weitere Auswertung des Personalfragebogens erforderlich ist, u. a. m. (Senatsverwaltung für Inneres, Magistratsverwaltung für Inneres: Rundschreiben II, 82/1990, in: Dokumente zum Hochschulumbau II, Ablage 20). S. auch: Pasternack, 1999, 271 ff.

185 Senatsverwaltung für Inneres, Magistratsverwaltung für Inneres: Rundschreiben II, 82/1990, 10, in: Dokumente zum Hochschulumbau II, Ablage 20.

186 Ebenda.

187 A. a. O., 21.

188 Ebenda.

verneint werden, selbst wenn es sich um einen Repräsentanten des früheren SED-Regimes handelt.«[189]

Gerade im Hinblick auf das bis dahin nicht vorhandene Engagement der staatlichen Seite löst das Rundschreiben an den Hochschulen viel Unsicherheit aus. Das alternative Angebot zur Prüfung der moralischen Integrität, den Fragebogen des Runden Tischs, hatte die Hochschule zuvor nur abgeschwächt weiterverfolgt, als sie eine Anhörungskommission zur Überprüfung der Integrität der Gremienmitglieder einsetzt.[190]

Nach Art. 13 Abs. 1 des EV müssen die Landesregierungen bis zum 3. Januar 1990 entscheiden, welche öffentlichen Einrichtungen sie in Ostdeutschland übernehmen und weiterführen wollen. Zwar besteht seit den Wahlen am 2. Dezember das gemeinsame Bundesland Berlin, doch bilden sich auf Grund der Berliner Verfassungslage und den notwendigen aufwendigen Koalitionsverhandlungen seine neuen politischen Institutionen erst nach dem für die Überführung oder Abwicklung vorgesehenen Zeitraum. So muss die amtierende Landesregierung aus Senat und Magistrat diese Entscheidungen treffen.

Die neuen Länder hatten sich zuvor in der »Arbeitsgruppe Einigungsvertrag« der Kultusministerkonferenz (KMK) nicht nur auf ein gemeinsames Vorgehen in diesen Fragen verständigt. Zugleich wollen sie das Instrument der Abwicklung weitergehend nutzen, als es der Einigungsvertrag eigentlich vorsah[191], denn: »Nur wenn von dieser Möglichkeit in größerem Umfang

189 A. a. O., 22. Zur Klarstellung kündigt das Rundschreiben eine Liste der Nomenklaturkader an, die es zu einem bestimmten Zeitpunkt an jeder Einrichtung gegeben habe. Diese Nomenklaturkader seien in der Regel ungeeignet zur Übernahme in den öffentlichen Dienst (23).

190 S. Kapitel 2.2.2 dieses und 3.3 des IV. Teils. Jedoch nimmt die ZPSK diese Idee wieder auf und empfiehlt später allen PSK, den entwickelten Fragebogen für die Feststellung der persönlichen Eignung zu verwenden. Er ist hinsichtlich der Erfassung und Bewertung von Funktionen in Parteien, Massenorganisationen, der NVA oder auf der staatlichen Ebene, vor allem aber bei der Feststellung der Mitarbeit in nationalen und internationalen Beratungsgremien der Fachverbände oder von Parteien- und Massenorganisationen, der Frage nach Auszeichnungen oder einer »personenbezogenen Sonderversorgung« als Indiz für einen Mangel an persönlicher Eignung deutlich breiter gefasst als das Rundschreiben der Innenverwaltung. Jedoch sagt das noch nichts über die Anwendung und die Art der Auswertung dieses Fragebogens aus. Hier waren die Bewertungsmaßstäbe deutlich großzügiger und individueller. Sie ließen mehr Spielraum für die Bewertung einer Tätigkeit bzw. die Abwägung von be- und entlastenden Momenten zu. Das »Wie« einer Tätigkeit schien wichtiger als das »Ob«, das Festmachen mangelnder Eignung an formalen Funktionen in der Staats- oder Parteihierarchie, wie es deutlicher im Rundschreiben der Innenverwaltung vorgesehen war. Potenziell besaß die HU aber in ihrem Erneuerungsmodell ein alternatives Instrument zur Feststellung der persönlichen Eignung (ausführlich dazu Kapitel 2.2.2 des IV. Teils).

191 Die Abwicklung entwickelt nach Ostdeutschland entliehenes Beamtenpersonal aus westdeutschen Ministerialbürokratien, KMK und Wissenschaftsrat. Eine mehr oder weniger geschlossene westdeutsche Akteurgruppe, die als »Erfinder« der interventionistischen Erneuerung fungiert (vgl. Schluchter, 1996, 74).

Gebrauch gemacht werden würde, könne die strukturelle und personelle Erneuerung der Hochschulen … durchgeführt werden.«[192] Am 8./9. November 1990 verabschiedete die KMK gemeinsame Regeln zu ihrem »vorsorglichen Gebrauch«[193] und einen Katalog der abzuwickelnden Fächer. Gleichzeitig sollten die Hochschulen für eine Übergangszeit noch nicht die gleichen rechtlichen Bedingungen erhalten wie die westdeutschen Hochschulen, da sonst »in den Organen der Hochschulen, die noch nach altem DDR-Recht ernannten Hochschullehrer über die Mehrheit verfügen«[194] würden.

Der Beschluss der Gesamtberliner Landesregierung vom 18. Dezember 1990 knüpfte an diese Absprache an und überführt zwar die Humboldt-Universität, die Ingenieurhochschule Berlin, die Kunsthochschule sowie die Hochschulen für Musik und Schauspielkunst als Einrichtungen des Landes. Damit war aber keine Weiterbeschäftigungsgarantie für die bei ihnen tätigen Personen verbunden.[195] Zudem wolle die Landesregierung die Hochschulen »unter qualitativen und quantitativen Gesichtspunkten neu strukturieren und dabei besonders die Empfehlungen des Wissenschaftsrats zum wissenschaftspolitischen Personal vom 16. November 1990 berücksichtigen«[196].

Neben der Überführung von Hochschulen entscheidet der Berliner Senat, die Hochschule für Ökonomie zu schließen und verschiedene Teileinrichtungen der HU abzuwickeln. Einige davon, wie die Fachbereiche Kriminalistik, Wissenschaftstheorie und -organisation oder der Bauhof innerhalb der zentralen Verwaltung, werden im Konsens von Universität und Senatsverwaltung aufgelöst. Bei der Abwicklung der FB Rechtswissenschaften, Wirtschaftswissenschaften, Geschichte, Erziehungswissenschaften und Philosophie besteht hingegen ein grundsätzlicher Dissens.[197] Im Unterschied zu den erstge-

192 Ergebnisvermerk der Sitzungen der »AG Einigungsvertrag« des Hochschulausschusses der ständigen Konferenz der Kultusminister der Länder der Bundesrepublik Deutschland vom 26. Oktober 1990, zitiert nach: »Reader zur Abwicklung und den studentischen Protesten Dezember 90/Januar 91, Seilschaftenverlag, Leipzig 1991, Teil I, 10.

193 Zitiert nach: »es ist unerlässlich …«, in: »tageszeitung« vom 12. Januar 1991, 5.

194 Ebenda.

195 So heißt es in Punkt V: »Für alle überführten (Teil-)Einrichtungen gilt, dass mit ihrer Überführung keine Festlegung ihrer Struktur, Personalausstattung und der Stellenpläne verbunden ist. Es ist die dringliche Aufgabe der Hochschulen und zuständigen Senatsverwaltungen, die Einrichtungen nach den bekannten aufgabenkritischen Leitvorstellungen zu überprüfen« (Vorlage – zur Beschlussfassung – für die Sitzung der Gesamtberliner Landesregierung aus Senat und Magistrat am 18. Dezember 1990 zur »Entscheidung gemäß Art. 13 Abs. 1 Satz 4 Einigungsvertrag für die Hochschuleinrichtungen in den östlichen Bezirken Berlins«, 1 f., in: Ordner »Abwicklung«, Ablage A).

196 A. a. O., 1 f.

197 Beschluss der Landesregierung vom 22. Dezember 1990, Ordner Abwicklung, Ablage H. Der Katalog der Fächer wechselte in den Tagen vor der Entscheidung mehrfach. Ein wesentliches Kriterium bei der Entscheidung sollte die Wissenschaftlichkeit und ideologische Beeinträchtigung der Fächer sein.

nannten Bereichen sollen diese Fächer nicht dauerhaft, sondern nur in einer »logischen Sekunde« zum Zwecke der Neustrukturierung geschlossen und sogleich wieder eröffnet und neu aufgebaut werden. Die Struktur der neuen Fachbereiche – Staatswissenschaften, Philosophie und Sozialwissenschaften sowie Pädagogische Wissenschaften – soll bis zum 1. Oktober 1991 festgelegt und alle Stellen ausgeschrieben werden, damit der Lehrbetrieb im Studienjahr 1991/92 mit neuem Personal starten kann.[198] Die Neueinrichtung der Fächer sollen Struktur- und Berufungskommissionen vornehmen. Auch bestanden in der Senatsverwaltung für Wissenschaft und Forschung zwischendurch Überlegungen, die HU zum Zwecke der Neugründung zeitweilig völlig zu schließen.[199] Der Akademische Senat wendet sich erstmals am 4. Dezember gegen diese Überlegungen.[200]

Nachdem die Landesregierung ihre Entscheidung am 18. und 22. Dezember 1990 getroffen hatte, legt der Rektor für die HU Klage beim Verwaltungsgericht ein.[201] Dazu bewegt ihn eine Reihe von Gründen – ganz praktische wie die Gefährdung der laufenden Ausbildung, die Unterbrechung der Neueinschreibungen oder Mitwirkungsfragen neuer Professoren.[202] Vor allem aber grundsätzliche Argumente, denn die Abwicklung greife unzulässig in die Autonomie und Selbstverwaltung ein, simuliere eine »synthetische Neugründung«, orientiere sich nicht an internationalen Qualitätsansprüchen[203] oder der geschichtspolitischen Verantwortung der Hochschule: »Weil wir eine Universität wollen, die sich auch ihrem Versagen in den letzten 40 Jahren stellt, sehen wir in dem,

198 Vorlage zur Beschlussfassung für die 3. Sitzung der Kommission nach Abschnitt XI A, Ziffer 3 des Gesetzes über die Vereinheitlichung des Berliner Landesrechtes (»Sechser-Kommission«) am 25. Januar 1991, in: Ordner Abwicklung, Ablage H. Die SBK werden wenig später durch die Sechser-Kommission entsprechend den abgewickelten Einrichtungen angepasst, die Absicht, FB für Staatswissenschaften, Philosophie und Sozialwissenschaften sowie Pädagogische Wissenschaften aufzubauen, zugunsten der alten Fächerstruktur aufgegeben.

199 Nach Senatsrat Groscurth, 1992 bis 1995 als Referatsleiter in der Senatsverwaltung für Wissenschaft und Forschung für die HU zuständig, waren die alten Länder in der KMK dazu durchaus bereit. Vor allem der letzte DDR-Wissenschaftsminister und anschließende sächsische Staatsminister für Wissenschaft und Kunst, Professor Meyer, ließ es zu einer Übereinkunft über die Gesamtabwicklung von ganzen Universitäten nicht kommen (transkribierte Gesprächsaufzeichnung vom 3.10.2002, 1). Letztlich beschränkte man sich wegen deren besonderer ideologischer Belastung auf die Abwicklung einiger geisteswissenschaftlicher Fächer. Die Unterscheidung zwischen abzuwickelnden Geisteswissenschaften und politisch weniger belasteten Naturwissenschaften hält der Befragte im Nachhinein für einen Fehler (ebenda). Ausführlich zu diesen Ereignissen, insbesondere zu den Motiven der Abwicklung auf Seiten der Westberliner Wissenschaftspolitiker, s. Küpper, 1993, 21 ff.

200 Stellungnahme des Akademischen Senats, S. 1, in: Ordner Abwicklung, Ablage B.

201 Klage und Klageerwiderung sowie Beschluss des Verwaltungsgerichts von Berlin, in: Ordner Abwicklung, Ablage IJ und M.

202 A. a. O., 3.

203 Argumentation zur Abwicklung/Kernpunkte zum Vortrag bei Gericht vom 17. Februar 1991, in: Ordner Abwicklung, Ablage NO.

was überall als der besondere Vorteil der Abwicklung gepriesen wird – dass sie nämlich ermögliche, von einer Einzelfallprüfung abzusehen – ihren besonderen Nachteil. Wenn die Universität einen besonderen Beitrag leisten soll zur Selbstbesinnung dieser Gesellschaft, zum Gelingen eines wirklichen Neuanfanges, dann muss die individuelle Auseinandersetzung stattfinden, dann bedarf es der differenzierten Erörterung von Fehlverhalten in der Vergangenheit, dann bedarf es der gemeinsamen Auseinandersetzung mit eingefahrenen Kollektiven und individuellen Verhaltensweisen«[204].

Der Rektor der HU stellt auf einer Vollversammlung einen größeren gesellschaftlichen Kontext zur Abwicklung her und sieht sie als Gleichnis für eine aus den Fugen geratene Vereinigung, die der Belastung der eigenen Geschichte häufig nur mit Entlassung und Entwertung bisheriger Arbeitsbiografien zu begegnen verstehe: »Wir bringen viele Altlasten mit. Wer nicht bereit ist, unsere Lasten mit zu tragen, der ist nicht bereit, die deutsche Einheit mit zu tragen.«[205]

Dennoch lehnt das Gericht die Klage ab.[206] Konsequenterweise will der Rektor Berufung einlegen und findet dafür in den Gremien der HU eine große Mehrheit. Unabweisbar schwächt das Urteil die inneruniversitären Reformkräfte, die sich gegen die Abwicklung zur Wehr gesetzt und ein eigenes Erneuerungskonzept entwickelt hatten. Trotz Zustimmung des Akademischen Senats mehren sich in der Universität aber auch Stimmen, die die Gerichtsentscheidung anerkennen und die mit der Neukonzipierung der Fächer vom Berliner Senat beauftragten SBK ohne Verzögerungen arbeiten lassen wollen. Der Rektor zieht ob dieser Diskussionen eine ernüchternde Zwischenbilanz, weil weder in der Öffentlichkeit und zunehmend auch in der Hochschule nicht verstanden werde, dass es ihm um eine Erneuerung mit »Haut und Haaren«[207] gehe.

Angeregt durch starke öffentliche, vom Studentenrat organisierte Proteste gegen die Abwicklung[208], werden auch in den Parteien Fragen lauter, ob sie

204 A. a. O., 2.
205 Zitiert nach: Küpper, 1993, 35.
206 S. Unterlagen zum Prozess, in: Ordner Abwicklung, Ablage PQ.
207 »Ein Rektor darf keine Schmerzgrenze haben«, »tageszeitung« vom 22. Februar 1991, in: Presseberichte IV, Ablage 2. Der hochschuleigene Reformprozess dürfe wegen der Abwicklung aber nicht unterbrochen werden, die PSK der Hochschule müssten weiterarbeiten. Zwar werde es nun genügend Mitarbeiter geben, die deren Legitimation bezweifeln und sich weigern, vor diese Kommissionen zu treten. »Doch dieser vom Konzil beschlossene Weg, sich mit der Vergangenheit jedes einzelnen Wissenschaftlers und der Instrumentalisierung seiner Arbeit auseinanderzusetzen, ist die einzige Möglichkeit, konsequent über die letzten 40 Jahre Uni-Geschichte nachzudenken« (ebenda).
208 Während der entscheidenden Sitzung des Berliner Senats demonstrieren vor dem Schöneberger Rathaus 10 000 Studierende, finden an den folgenden Tagen unter großer öffentlicher

wirklich die richtige Methode der Erneuerung sei, zumal sie die unterschiedlichen Reformkräfte der Hochschule nicht in den Prozess einbindet: So tritt die Ostberliner Stadtverordnetenversammlung am 20. Dezember 1990 zwischen den beiden entscheidenden Sitzungen der Gesamtberliner Landesregierung zu einer Sondersitzung zusammen, wo sich nicht nur die Oppositionsparteien gegen die Abwicklung von Teilbereichen der HU aussprechen.[209] Auch SPD-Vertreter äußern Vorbehalte und lehnen die Pläne der Wissenschaftssenatorin ab.[210] Selbst in der Abgeordnetenhaus-Fraktion der CDU regt sich Kritik: In diesem Sinn äußert sich deren wissenschaftspolitischer Sprecher, Professor Haase: »Aus Verantwortung gegenüber den Studenten, die zu Recht eine Aufrechterhaltung des Lehrbetriebes an der Humboldt-Universität fordern, hat die CDU heute schwere Bedenken gegen die Abwicklung der Humboldt-Universität geltend gemacht. Obwohl die Überführung der Humboldt-Universität eine Umstrukturierung im Vergleich zur Abwicklung erheblich erschwert, befürwortet die CDU angesichts der offenen juristischen und haushaltsrecht-

Aufmerksamkeit Protestaktionen innerhalb und außerhalb der HU statt, entsteht die Mahnwache einer unabhängigen Studenteninitiative, bestimmen Vollversammlungen und Streiks den Hochschulalltag. Um sich mit anderen Universitäten zu solidarisieren, marschiert ein Protestzug von Studierenden innerhalb einiger Tage von Berlin nach Leipzig (vgl. Sieber/Freytag, 1993, 186ff.). Eine Auswahl von Protestresolutionen in: Ordner Abwicklung, Ablage 39.

209 S. Ordner Abwicklung, Ablage G und K. Mit der Presseerklärung der Alternativen Liste vom 7. Dezember 1990 werden die Senatspläne zur Abwicklung erstmals öffentlich.

210 S. eine (nicht gehaltene) Rede des wissenschaftspolitischen Sprechers in der Stadtverordnetenversammlung, Dr. Bert Flemming: »Es wurde ein Konzil gewählt, ein Akademischer Senat, ein Rektor, Fachbereichsräte und Dekane, Studentenratsvertreter ebenso wie die des technischen Personals und des wissenschaftlichen Mittelbaus. Das Ergebnis: An vielen Stellen sind neue engagierte Mitglieder der Universität in die Verantwortung genommen worden, aber es wird genauso bemängelt, dass teils alte noch an den Schaltstellen sitzen oder wiedergewählt wurden. Aber es kann doch gar nicht anders sein, in einem halben Jahr kann man zwar ein System ändern, aber nicht alle Menschen auswechseln. … Nun hat die Senatsverwaltung daran Zweifel angemeldet. Sie geht davon aus, dass es Bereiche in der Universität gibt, in denen die demokratischen, vom Gesetz vorgegebenen Gremien in Zusammenarbeit mit der Landesregierung durchaus in der Lage sind, Strukturen und Personalfragen zu lösen. Dagegen gibt es Bereiche, die dazu nicht in der Lage sind. Hier soll der Staat eingreifen. In einer logischen Sekunde werden alle abgewickelt, um dann wieder allerdings befristet eingestellt zu werden. Damit kann die Landesregierung unmittelbar die Struktur, die Altlasten und die Öffnung der Universität bewerkstelligen. Ja, aber zu welchem Preis, mit welchem Armutszeugnis und Unglauben an die sonst so beschworene Demokratie. Woher weiß die Senatorin, welcher Fachbereich, welches Institut in die logische Sekunde muss, welches nicht … Um klarzustellen, hier geht es nicht um Abwicklung im Sinne des Einigungsvertrages. … Dieses Vorgehen raubt uns einerseits die Auseinandersetzung mit der Geschichte, die zugegebener Maßen mühselig und anstrengend ist, nach dem Motto, der Senat hat alles getan, die Schuldigen entlassen, nun lasst mal die Nestbeschmutzung. … Wir fordern den Senat auf, das Instrument der logischen Sekunde nicht zu nutzen« (Rede von Dr. Flemming, in: Ordner Abwicklung, Ablage 42).

lichen Fragen diesen Weg.«[211] Letztlich stehen aber CDU und SPD hinter der Entscheidung der Landesregierung.

Nachdem am 27. Dezember der Senatsbeschluss dem Rektor zugestellt wird, bekommen die betroffenen Mitarbeiter eine Mitteilung, dass ihre bisherigen Beschäftigungsverhältnisse nunmehr ruhen und sie einen bis zum 30. September befristeten Vertrag erhalten.[212] Sie werden in die »Warteschleife« gesetzt; wer darüber hinaus weiter beschäftigt werden möchte, muss sich bewerben auf die neu zu schaffenden Stellen.[213] Gründungsdekane sowie SBK sollen den Neuaufbau der Fächer vornehmen.

Parallel zur Senatsentscheidung beschleunigt sich die inneruniversitär betriebene Erneuerung, entwickelt sich eine mit den Vorstellungen des Landes konkurrierende Strategie: Es ist davon auszugehen, dass die seit November auftauchenden Gerüchte über Abwicklungen und Schließungen von Fächern der hochschuleigenen Umgestaltung erst den eigentlichen Impuls geben.[214] Durch den Druck der drohenden Senatsentscheidung entstehen getrennt voneinander Vorschläge der Universitätsleitung, die erstmals am 4. Dezember öffentlich werden[215] sowie Thesen des Studentenrats zur Umgestaltung der HU.[216] Darin treten erstmals Fragen nach grundsätzlicheren strukturellen und personellen Reformen in den Vordergrund: Wie tief und wie notwendig muss ein Eingriff in die bestehende Organisation und die Personalstrukturen der Universität sein? In welchem Maß sind die ordentlichen Gremien fähig zur Erneuerungsarbeit bzw. braucht es neue? Und wie viel auswärtiger Sachverstand wird ein-

211 Forschung und Lehre an der Humboldt-Universität dürfen im Interesse der Studenten durch die Umstrukturierung nicht gefährdet werden, Erklärung des wissenschaftspolitischen Sprechers der CDU-Fraktion, Pressedienst der Berliner CDU, Nr. 586, in: Ordner Abwicklung, Ablage G.

212 Brief des Staatssekretärs beim Senator für Wissenschaft und Forschung vom 27. Dezember 1990 zur »Entscheidung nach Art. 13, Abs. 1, Satz 4, Einigungsvertrag«, in: Ordner Abwicklung, Ablage F. In der Anlage des Schreibens auch der Beschluss Nr. 275/90 vom 22. Dezember 1990 über »Entscheidung gemäß Art. 13, Abs. 1, Satz 4, Einigungsvertrag für die Hochschuleinrichtungen in den östlichen Bezirken Berlins«.

213 Schreiben des Rektors vom 21. Februar 1991, dokumentiert in: Matschenz u. a., 1996, 90 f.

214 Jedenfalls geht der Beschluss des Konzils zur Gründung der PSK ausführlich auf die ablehnende Haltung der Universität gegenüber der Abwicklung ein: Sie sei kontraproduktiv, u. a. weil sie alle Beschäftigungsverhältnisse auflöse und damit ein Maximum an Unsicherheit, falsche Solidarität und möglicherweise auch Denunziationen fördere sowie den Einigungsvertrag hinsichtlich seiner Übernahmeverpflichtungen unterlaufe (Entschließung des Konzils vom 13. Dezember 1990, 1, in: Dokumentation »Die Arbeit der ZPSK 1990–1992«, Ablage 1).

215 S. den Entwurf »Stellungnahme des Akademischen Senats der Humboldt-Universität zur notwendigen Erneuerung des Lehrkörpers der Universität« bzw. die »Presseerklärung zu den Planungen des Senats von Berlin für eine Teil-›Abwicklung‹ der HU vom 10. Dezember 1990, in: Ordner Abwicklung, Ablage B.

216 Thesen des Studentenrats zur personellen Erneuerung der Universität, undatiert, in: Ordner Abwicklung, Ablage 44. Zum Anstoß und Zustandekommen s. Küpper, 1993, 54.

bezogen, angesichts der Selbsteinschätzung, die Universität könne sich »nicht allein aus eigener Kraft erneuern«[217]?

Die Konzepte der Universitätsleitung und des Studentenrats setzen unterschiedliche Akzente und sprechen unterschiedlich deutlich aus, vor welchem großen personellen Wechsel die HU steht, wenn sie sich als Hochschule im Wettbewerb behaupten will. Steht für den Studentenrat nun die personelle Erneuerung im Mittelpunkt und macht er einen konkreten Organisationsvorschlag, spricht die Universitätsleitung weiter vor allem von strukturellen Veränderungen und will vage angedeutete personelle Konsequenzen offenbar überwiegend den Fachbereichen und Instituten überlassen.

Vor allem aber zeigt das Papier der Studierenden, dass sie nicht mehr wie bisher in einen allzu konsensorientierten Kurs mit den Hochschullehrern eingebunden sein möchten. Denn notwendigerweise sind diese von Veränderungen am meisten betroffen. So lautet es in den Studentenrats-Thesen: »Die personelle Erneuerung der Universität ist eine längst überfällige Forderung an die demokratischen Leitungsgremien der Universität, zu lange wurden diesbezügliche Entscheidungen hinausgeschoben. Deshalb muss das Konzil der HUB grundlegende Entscheidungen zu Verfahrensfragen treffen, die die weitere personelle Entwicklung der Universität berühren.«[218]

Bis zum 12. Dezember geht der Studentenrat auf Abstand zur Universitätsleitung. Nach mehreren Gesprächen lenkt er aber ein, so dass eine von beiden Seiten getragene Vorlage in das Konzil eingebracht werden kann – doch nur um den Preis, dass der Studentenrat weitgehend die inhaltlichen und organisatorischen Vorschläge bestimmt. Am 13. Dezember schließlich wird auf einer Sondersitzung des Konzils das Erneuerungskonzept mit großer Mehrheit beschlossen: Danach soll auf Universitätsebene eine *zentrale* und – anders als im Konzept des Berliner Senats – *in allen Fachbereichen dezentrale Personalstrukturkommissionen* eingerichtet werden.[219] Sie sind von nun an die Hauptakteure der hochschuleigenen Umgestaltung und sollen »zur beschleunigten Fällung

217 Entschließung des Konzils der Humboldt-Universität vom 13. Dezember 1990, 2, in: Dokumentation »Die Arbeit der ZPSK 1990–1992«, Ablage 1.

218 A. a. O., 1.

219 Unmittelbar nach der Verabschiedung stellt die Universitätsleitung das Konzept in der Sechser-Kommission vor. S. Vorlage für die Sitzung der Sechser-Kommission der HU am 18. Januar 1991 über »Grundsätze, Ziele, Verfahren und Maßnahmen zur Erneuerung der Humboldt-Universität zu Berlin«, in: Ordner Abwicklung, Ablage L. Zu Aufgaben und Zusammensetzung der Sechser-Kommission s. Anhang.

fundierter, gerechtfertigter, sachlich richtiger und sozial akzeptierbarer Personalentscheidungen [führen]«[220].

Eindringlich fordert der Studentenrat eine ergebnisorientierte Erneuerungspolitik. Er sei sich »der Tragweite der zu treffenden Entscheidungen und der persönlichen Verantwortung aller Mitglieder der Personalkommission und Personalausschüsse bewusst (gemeint sind die vom Studentenrat vorgeschlagenen Kommissionen für die personelle Erneuerung – Anmerkung S. V.). Er sieht in diesem Verfahren aber den einzigen Weg, noch mit eigenen Kräften unter Nutzung der durch das Konzil beschlossenen Gremien der demokratischen Selbstverwaltung eine personelle Erneuerung der HUB einzuleiten. Der Studentenrat appelliert an alle Mitarbeiter und Studenten im Interesse des Fortbestandes unserer Universität als »universitas literarum«, im Interesse der Bewahrung der Autonomie der Universität, diesen Prozess mit allen Kräften und allen persönlichen Konsequenzen zu unterstützen.«[221]

Doch ist diese Position unter den Aktiven in den Gremien und des Studentenrats längst nicht mehr ungeteilt. Manche glauben nicht mehr, dass dieser Vorstoß die HU noch in die Offensive bringen kann oder unterstützen gar die Linie des Berliner Senats. So schreibt die Studentenzeitung »Unaufgefordert«:

»Nun fällt der Uni diese Zögerlichkeit auf die Füße. Zu lange beließ man es bei verbalen Erneuerungsbekundungen, als dass der jetzt einsetzende Druck von außen nicht völlig verständlich wäre. Die Uni scheint nicht in der Lage (und ist es auch nicht), sich allein von innen heraus zu erneuern.«[222] Andere Studenten äußern ein »zunehmendes Unbehagen« wegen der »blinden Ablehnung« der Abwicklung und sehen in den Stellenausschreibungen der SBK eine normale Bewerbungssituation nachgebildet, die früher durch die SED-Kaderpolitik nicht bestanden habe.[223]

Trotz dieser Stimmen und mancher unterschiedlicher Auffassungen zwischen Universitätsleitung, Professorenschaft und Studentenrat sind sie sich in der Ablehnung der Abwicklung grundsätzlich einig. Doch wie es darüber hinaus im gesamten Personalbereich weitergehen soll, dafür findet die Universitätsleitung nur vage Formulierungen. Auf einer der zahlreichen öffentlichen

220 Thesen des Studentenrats zur Erneuerung der Universität, 2, in: Ordner Abwicklung, Ablage 44. Vgl. die verschiedenen Entwürfe des Studentenrats (in: ebenda) mit der ins Konzil eingebrachten Vorlage zur Strukturreform an der HU vom 12. Dezember 1990 (in: Ordner Abwicklung, Ablage B). Zu den Differenzen zwischen Studentenrat und Universitätsleitung s. weiter im Kapitel 2.1.1 des IV. Teils.

221 A. a. O., 3.

222 »Wider den falschen Konservatismus«, in: »Unaufgefordert« Extrablatt vom 18. Dezember 1990, 2. S. auch resümierend: »Der Herbst '89 ist endgültig vorbei – auch an der Humboldt-Uni«, in: »Unaufgefordert« Nr. 26 vom 12. Juni 1991, 7.

223 »Woran wir und die Öffentlichkeit erkennen können, ob wir es mit der Erneuerung ernst meinen«, in: Ordner Abwicklung, Ablage 41.

Veranstaltungen fasst der Rektor im Dezember seine Vorstellungen in der Formel »der Erneuerung mit den vorhandenen Menschen« zusammen.

Um dieses Motto entwickelt sich nicht nur in der Öffentlichkeit eine kontroverse Diskussion.[224] In der Universität beeinträchtigt die Formel gerade auch die Arbeit der neu entstandenen PSK, denn ihr Subtext enthält eine zwiespältige symbolische Orientierung. So richtig die Formel die Frage der eigenen Mitbestimmung bei der Umgestaltung thematisierte, so problematisch war sie zugleich, denn sie suggerierte, dass es »so schlimm schon nicht kommen werde«. Sie drohte die Einsicht zu minimieren, welch schmerzvoller Weg der Hochschule auch bei einer Erneuerung in Eigenregie bevorstünde. Auch der später eingefügte Zusatz des ZPSK-Vorsitzenden Bank, der von »Erneuerung *auch* mit den vorhandenen Menschen« sprach, kann dieses Orientierungsproblem nur marginal verschieben.

Trotz dieses Mangels sind am Ende dieser Phase die Umrisse zweier konkurrierender Erneuerungsmodelle sichtbar: das eine setzt auf Intervention und Steuerung von außen durch staatliche Akteure, das andere auf Erneuerung und Reform von innen, aus der Hochschule selbst. SBK und PSK stehen für diese unterschiedlichen Wege.

3.1.2 Die Auseinandersetzungen über den Weg der Erneuerung bis zum Erlass des Hochschulergänzungsgesetzes im Juli 1991

Die Umsetzung der Abwicklungsentscheidung und die Bildung von SBK in den betroffenen Fächern[225], Evaluationen der Forschungseinrichtungen[226] und das Gesetzgebungsverfahren zum Hochschulergänzungsgesetz[227] stehen im Mittelpunkt dieser Etappe. Vor allem die Arbeit der in den Abwicklungsbereichen gebildeten SBK und der hochschuleigenen PSK bestimmen die Abläufe in der

224 Erhardt wendet sich vielfach gegen diese Formel: »Wenn Rektor Fink davon spreche, dass eine wirkliche Erneuerung nur mit denjenigen möglich sei, die 40 Jahre DDR-Erfahrung mitgemacht und an der Humboldt-Universität seit langem tätig gewesen seien, so sei das ein Versuch, die von der Erneuerung auszuschließen, die unbelastet aus dem Westen kommen. Von Studenten und von Gastprofessoren aus dem Westen bekomme er häufig Hinweise, dass die Humboldt-Universität eine Erneuerung nur suggeriere.« (»Erhardt hält an Abwicklung fest«, »Der Tagesspiegel« vom 1. März 1991, in: Presseberichte IV, Ablage 2. S. auch: »Universität war Mitträger des Regimes, nicht nur Opfer«, »Der Morgen« vom 4.03.1991 oder »Erneuerung nicht glaubwürdig«, »Neue Zeit« vom 4. März 1991, in: ebenda). Über Erhardts ersten Auftritt an der HU und sein ablehnendes Verhältnis zum HU-Rektor s. Küpper, 1993, 56 f.

225 S. Beschlussvorlage der Senatsverwaltung für Wissenschaft und Forschung 14/91 für die »Sechser-Kommission« vom 7. März 1991, in: Ordner Abwicklung, Ablage S.

226 S. dazu ein Papier des BDWi, in: Dokumente zum Hochschulumbau V, Ablage 17.

227 S. dazu ausführlich das 3. Kapitel des V. Teils.

Universität. Die SBK setzen im April 1991 eine erste große Ausschreibungswelle in Gang, mit der bis zum Wintersemester für den Aufbau der Fächer besonders wichtige, sogenannte »Eckprofessuren« besetzt werden sollen.[228] Zugleich führen sie Weiterbeschäftigungsgespräche, da über das Ende des Sommersemesters hinaus vorhandenes Personal dringend für die Lehre benötigt wird. Die »abzuwickelnden« Fächer selbst stehen den SBK unterschiedlich gegenüber.[229] Konkurrierend zur Arbeit der SBK legt die ZPSK ihre detaillierten Vorschläge vor, wie sie die Universität strukturell und personell modernisieren will.[230] Der Wettbewerb zwischen dem hochschulinternen und externen Modernisierungspfad verschärft sich.[231]

Viele Hochschulmitglieder befürchten, dass mit der Vorbereitung des Ergänzungsgesetzes die Abwicklung der gesamten Hochschule droht.[232] In dessen Folge nehmen die Ost-West-geprägten Konflikte zwischen Hochschule und Senat zu, wird der Umgang mit der HU als Zeichen für den Umgang mit Ostdeutschland interpretiert: In einem offenen Brief des Fachbereichsrats des FB Sozialwissenschaften an den Wissenschaftssenator heißt es: »Was Sie bitte verstehen wollen, ist die Tatsache, dass diese ehemalige DDR nicht von der Bundesrepublik ›befreit‹ wurde, sondern sich in einem langen Prozess, der weit vor dem Oktober 1989 begonnen hat, als Staat selbst aufgelöst hat. Als ein Teil des deutschen Volkes mit einer besonderen, durch Jahrzehnte entstandenen Prägung werden die Menschen der ehemaligen DDR – ob sie wollen oder nicht – noch eine Weile existieren. Die Vereinigung kann insofern nur gelingen, wenn generell im Gemeinsamen auch das Unterschiedliche akzeptiert wird … Herr Senator, missverstehen Sie dies nicht als einen sozialen Appell! Wir appellieren nicht an Ihr Mitgefühl und wir betteln nicht um unsere Stellen, wohl wissend, dass es in den alten Bundesländern auch arbeitslose Akademiker gibt. Wir wollen jedoch politisch raten: Erweisen Sie sich nicht nur als Fach-, sondern auch als Staatsmann, indem Sie das Problem der Humboldt-Universität der neu zu gestaltenden Situation angemessen und als ein repräsentatives Beispiel begreifen. Bedenken Sie zusätzlich eine besondere Sensibilität der Bevölkerung der ehemaligen DDR, die einen Systemwechsel

228 Protokoll des Akademischen Senats vom 7. Mai 1991, 1, in: Protokolle des Akademischen Senats 1991 bis 1994, Ablage 4.

229 S. u. a.: »Der Wille zum Neuanfang ist nicht überall vorhanden«, »Berliner Morgenpost« vom 17. März 1991, in: Presseberichte IV, Ablage 2.

230 S. Protokoll des Akademischen Senats vom 14. Mai 1991, 4 ff., in: Protokolle des Akademischen Senats 1991 bis 1994, Ablage 4.

231 Ausführlich dazu in den beiden folgenden Teilen. Auf nähere Darstellungen soll deshalb hier verzichtet werden.

232 S. offenen Brief des Fachbereichsrats des FB Sozialwissenschaften an den Wissenschaftssenator, ohne Datum (wahrscheinlich April/Mai 1991), 1, in: Dokumentation »Die Arbeit der ZPSK 1990–1992«, Band I, Ablage 5 (2. Register).

mit einer Reihe mehr oder minder unvermeidlicher, aber vielleicht auch mit beabsichtigten Demütigungen zu bewältigen hat. Sie sollten wissen, dass zumindest für uns, die hier sozialwissenschaftlich arbeiten, eine nachholende, wenn auch abgewandelte Abwicklung der ganzen Humboldt-Universität die Toleranzgrenzen überschreiten würde.«[233]

Im Mai 1991 kommt es zu ersten fristlosen Kündigungen wegen Mitarbeit für das Ministerium für Staatssicherheit, zunächst beim nichtwissenschaftlichen Personal. Da Hochschule und Senatsverwaltung unterschiedlicher Auffassung sind, wie mit diesen Fällen umzugehen ist, entwickelt sich die Entlassung von 62 Mitarbeitern[234] durch den Wissenschaftssenator zu einem handfesten Konflikt. Die Hochschulleitung protestiert gegen die Kündigungen, weil sie ohne ihr Wissen ausgesprochen wurden und auf der Auswertung jener Personalfragebögen beruhten, über die die Sechser-Kommission[235] noch gar nicht entschieden hatte. Sie seien deshalb, so der Rektor, destruktiv für das Vertrauen der Mitarbeiter gegenüber der Senatsverwaltung und »Höhepunkt in einer Reihe von Fällen, die die Universität erleben muss als Gesten betonter Brüskierung«[236]. Der Akademische Senat – darunter auch Vertreter der Charité – kritisiert ebenfalls das Vorgehen der Senatsverwaltung.[237]

Wie sich jedoch wenig später zeigt, hatte die Personalabteilung der Charité absprachewidrig gegenüber der Hochschulleitung an den Kündigungen mitgewirkt, eigenständig die Personalfragebögen ausgewertet und entsprechende Befunde über Staatssicherheitstätigkeit an die Senatsverwaltung weitergeleitet, ohne davon die Universitätsleitung in Kenntnis zu setzen.[238] Das wird bekannt durch den Antwortbrief des Senators an Fink: Er reagiere mit »Verwunderung und Unverständnis« auf seine Vorwürfe, denn er sei lediglich einer Bitte des Dekans der Charité nachgekommen und habe sich auf Beschlüsse der Medizinischen Fakultät und des Charité-Parlaments gestützt, wonach alle Mitarbeiter der Universitätsklinik im Hinblick auf eine mögliche frühere Tätigkeit für das MfS überprüft werden sollen. Mit dem Brief des Rektors und dem Beschluss des Akademischen Senats müsse nun befürchtet werden, dass sich darin die erkennbare Tendenz bestätige, »den Bemühungen der staatlichen Verwaltung

233 A. a. O., 3 f.

234 Bei den betroffenen Beschäftigten handelt es sich zumeist um Wachpersonal, Dienstleistende im Transportbereich, Laboranten und Krankenschwestern, die Ende 1989 oder Anfang 1990 in der Charité – offensichtlich auf ministerielle Weisung hin – eingestellt wurden.

235 Zur Erläuterung des Gremiums s. Anhang.

236 S. »Protest gegen fristlose Kündigungen«, »Der Tagesspiegel« vom 8. Mai 1991, in: Presseberichte IV, Ablage 2.

237 Protokoll des Akademischen Senats vom 7. Mai 1991, 2, in: Protokolle des Akademischen Senats 1991 bis 1994, Ablage 4.

238 Das ergibt sich u. a. aus der Diskussion und Befragung der Verantwortlichen in der Sitzung des Akademischen Senats vom 7. Mai 1992.

um eine Erneuerung der Universität weiterhin hinhaltenden Widerstand entgegenzusetzen«[239].

Zu den Auseinandersetzungen zwischen Hochschule und Senat tritt damit ein neues, in der Zukunft andauerndes Konfliktverhältnis hinzu: zwischen der Charité und der übrigen Hochschule. Fortan lassen sich deutliche Unterschiede in den Erneuerungsstrategien beider Bereiche erkennen: Die Charité lässt sich kaum in das inneruniversitäre Konzept einbinden, agiert später eigenständig in der Struktur- und Stellenplanung und setzt sich von der Hochschule ab, als das Ergänzungsgesetz verhandelt wird.

Erstmals kommen auch zwei Einzelfälle von MfS-Mitarbeit durch Selbstanzeige vor den Ehrenausschuss und führen zu einer lebhaften Debatte.[240] Sie machen in der Hochschule bewusst, dass die Selbsterneuerung durch ein geregeltes Verfahren am Ende auch personelle Entscheidungen mit sich bringen muss.[241]

Auch zwischen den Berliner Hochschulen, insbesondere der HU und FU, stellen sich verstärkt Rivalitäten ein: So bringt der FU-Wirtschaftswissenschaftler Klanberg die Neugründung *einer* Berliner Universität in die Diskussion. Nach seinen Plänen könnten die geisteswissenschaftlichen Fächer in der Mitte Berlins untergebracht werden, die Naturwissenschaften sowie die Rechts- und Wirtschaftswissenschaften in Dahlem und die Medizinischen Fakultäten weiter an ihren bisherigen Standorten verbleiben. Gerade in den geisteswissenschaftlichen Fächern könne größerenteils die FU ihr Personal in diese Gesamtberliner Universität einbringen, so dass das Personal der HU und Stellenneubesetzungen nicht in dem geplanten Umfang notwendig seien.[242]

239 »Erhardt widerspricht Fink«, »Frankfurter Allgemeine Zeitung« vom 15. Mai 1991, in: Presseberichte III, Ablage 12.

240 »Präzedenzfall eigenständiger Erneuerung. Konflikt an Humboldt-Universität über zwei ›informelle Mitarbeiter‹ des Staatssicherheitsdienstes«, »Der Tagesspiegel« vom 6. Februar 1991; »Ein deutscher Intellektueller, ein Stasi-Mann. Michael Brie wird an der Humboldt-Universität zum Präzedenzfall für Erneuerung – Angeklagter als Zeuge«, »Der Tagesspiegel« vom 10. Februar 1991 sowie »Frankfurter Allgemeine Zeitung« vom 14. März 1991, alles in: Presseberichte III, Ablage 12.

241 S. Protokolle des Akademischen Senats von Januar bis März 1991, in dessen Sitzungen mehrfach die Fälle diskutiert werden, in: Protokolle des Akademischen Senats 1991 bis 1994, Ablage 4.

242 »FU-Professor plädiert für Neugründung einer Berliner Universität«, »Berliner Morgenpost« vom 25. April 1991, in: Presseberichte IV, Ablage 2. Außerdem kommt es zwischen dem FU-Historiker Baring und dem Vorsitzenden der SBK Geschichte zu einer öffentlichen Kontroverse über die Arbeit dieser Kommission, in der ähnlich argumentiert wird. Baring selbst drängt – wie andere Professoren der FU auch – an die HU, die Kommission hingegen setzt ihn nicht auf eine Berufungsliste (s. u. a. »Frankfurter Allgemeine Zeitung« vom 10. Juni 1991, in: Presseberichte IV, Ablage 2, auch: Küpper, 1993, 11).

Auch der FU-Präsident lässt deutliche Sympathien für eine Verdrängung der HU und ihre Übernahme durch die FU erkennen.[243]

Angelehnt an ein wenige Wochen zuvor veröffentlichtes Urteil des Bundesverfassungsgerichtes, das sich mit der Schließung der Akademie der Wissenschaften beschäftigte, Abwicklungen von Teileinrichtungen an Hochschulen aber als nicht verfassungskonform bezeichnete, erklärt das Oberverwaltungsgericht Berlin am 10. Juni 1991 die Abwicklung von fünf Fachbereichen an der HU für ungültig.[244] Für die Hochschule und den Senat tritt damit plötzlich eine völlig neue Situation ein: Einesteils bestätigt sich die Rechtsauffassung der HU, die nun – durch das Urteil gestärkt – ihre eigenen Erneuerungspläne voranbringen könnte. Auf der anderen Seite hatten die Abwicklungsentscheidung und in ihrer Folge Kündigungen, Beschlüsse über Stellenpläne und nicht zuletzt Ausschreibungen von Professorenstellen die Lage in den Fachbereichen mittlerweile stark verändert. Folgerichtig entscheiden sich Akademischer Senat und Universitätsleitung nicht für die Rückabwicklung der getroffenen Entscheidungen, sondern suchen mit der Senatsverwaltung und den SBK pragmatische Konsense. Dabei spielt die ZPSK[245] als Mittlerin eine besondere Rolle.[246]

Doch kann man aus dem Verhalten der Universität auch einen anderen Schluss ziehen: Wenn die HU in dem gesamten Neuordnungsprozess jemals einer Definitionshoheit über den Weg der Umgestaltung nahe war, dann in jenen wenigen Wochen im Juni 1991. Politisches Kapital schlägt sie daraus kaum, denn die für den gerichtlich gerügten Kurs stehenden SBK bleiben ohne Auflagen bestehen. Die Leitung handelt offenbar ohne weitergehende Strategie, denn weder forciert sie das hochschuleigene, noch formuliert sie Bedingungen an das extern organisierte Reformprogramm. So gewinnt sie eine Klage, ohne dass sie mit dem Erfolg etwas anzufangen weiß, nutzt den Sieg nicht für eine

243 »Aus Kostengründen« sei er für »eine Berliner Universität«, und habe die HU ohnehin »nichts außer Namen und Gebäuden« zu bieten (»tageszeitung« vom 29. Juni 1991, s. auch »Bild« vom 28. Juni 1991 u. a., in: Presseberichte IV, Ablage 2). Zum Konflikt zwischen HU und FU s. auch: Küpper, 1993, 11 f.

244 Beschluss des Oberverwaltungsgerichts Berlin 8 S 76.91, in: Ordner Abwicklung, Ablage 37. Urteil des BverfGE 84, 133 ff., in: Dokumente zum Hochschulumbau III, Ablage 14. Kommentierend und einordnend bezogen auf die HU, s. auch: Will, 1992, 21 f.

245 Zur Zusammensetzung und den Aufgaben der ZPSK s. ausführlich Kapitel 2.1 des IV. Teils.

246 S. Vorlage der ZPSK zur Beschlussfassung durch den Akademischen Senat am 18. Juni 1991, in: Ordner Abwicklung, Ablage 30. Nähere Erläuterungen im Kapitel 2.2 des IV. Teils. Küpper kommt im Ergebnis ihrer Beobachtungen zu der Einschätzung, dass der Rektor mit der Arbeit der ZPSK und ihren »eindrucksvollen Ergebnissen« auf »merkwürdig verhaltene Art« umging (Küpper, 1993, 58, ausführlich zur ZPSK-Arbeit, 81 ff.).

»neue Koalitionspolitik«[247]. Zugleich verspielt sie damit ihre Einflussmöglichkeiten auf das noch laufende Gesetzgebungsverfahren zum Hochschulergänzungsgesetz.

Aber nicht nur die Leitung, auch die universitäre Öffentlichkeit nutzt den Erfolg vor Gericht nicht für eine neue Diskussion über den zukünftigen Weg der Hochschule. Zu sehr ist die Singularisierung der Beschäftigten fortgeschritten, zu stark sind die komplexen Anforderungen an die einzelnen Mitgliedergruppen, die Angst vor Beschäftigungsabbau und notwendiger Neuorientierung. Hinzu kommen, so diagnostiziert der Kanzler der HU, die mentalen Langzeitfolgen der Abwicklung, die das »Vertrauen in institutionelles Denken«, das »Vertrauen in die institutionelle Logik, in funktionierende institutionelle Apparate«[248] untergraben habe.

Mit dem Ergänzungsgesetz, das im Juli 1991 in Kraft tritt, wandelt sich die hochschulpolitische Lage wieder zugunsten des externen Erneuerungsmodells: Es etabliert sich nun in der gesamten Universität, die hochschuleigene Umgestaltung dagegen kommt in vielen Fächern zum Stillstand. Illusionslos resümierte der Universitätskanzler Schwarz später: »Jene Ansätze der Selbstorganisation der Erneuerung, für die die Gründung der Personal- und Strukturkommissionen ebenso standen wie die (erfolgreiche) Klage gegen die Abwicklung – das waren zwei Seiten derselben Medaille – waren mit diesem Ergänzungsgesetz in einer Weise desavouiert, die dafür sorgte, dass das Wort wie die Sache der ›Erneuerung von innen, mit den vorhandenen Menschen und also aus eigener Kraft‹ fortan aus der öffentlichen Diskussion verbannt war.«[249]

247 So Küpper, 1993, 57.

248 »Im Wandel der Werte liegt der Schlüssel«, Gespräch mit dem Kanzler der Humboldt-Universität, Karl Schwarz, in: DUZ, 4/1991, 23, in: Presseberichte IV, Ablage 2. Schwarz begründet seine These damit, dass die »im DDR-Charakter offenbar tief verwurzelte Neigung, sich mit der Obrigkeit zu arrangieren und sich der Logik der Macht statt der Logik der Sache unterzuordnen«, die »wirkliche Blockade im Hinblick auf die anstehenden Reformaufgaben in Lehre und Forschung« darstelle. »Und in diesem Zusammenhang war das Denken in Seilschaften sozusagen der ureigenste Reflex eines jeden DDR-Bürgers. … Man kommt nur zu etwas durch organisieren; und organisieren kann man nur, wenn man sehr viele Beziehungen hat, ob das nun das Ziegeldach ist oder das berufliche Fortkommen.« Mit der Abwicklungsentscheidung werde dieser »Uralt-Instinkt« wieder bestärkt, »sich mit den Mächtigen nur gut zu stehen. Wie tut man das? Am besten, in dem man sagt, dass ein anderer der Feind ist, denn dann ist man nämlich der Freund. Und das ist genau das, was hier jetzt läuft.«

249 Vortrag aus Anlass des »Dankes an die vorige Universitätsleitung« am 27. Mai 1993, 1 f., in: Dokumente zum Hochschulumbau VIII, Ablage 7.

3.1.3 *Juli 1991 bis April 1992: Erneuerung von außen und die Konflikteskalation auf Nebenfeldern*

Im Juli 1991 wird das Ergänzungsgesetz zum Berliner Hochschulgesetz (ErgG) verabschiedet.[250] Auch in allen anderen neuen Bundesländern beschließen die Landtage zwischen Juni 1991 und März 1992 Hochschulerneuerungsgesetze[251], die entsprechend den Vereinbarungen in der KMK festlegen, wie die ostdeutschen Hochschulen an die Qualitätsstandards der westdeutschen Hochschulen herangeführt[252] und personell und strukturell umgestaltet werden sollen. Neben einem gemeinsamen Grundkanon weichen die Gesetze bei der Wahl der Instrumente und Methoden der externen Umgestaltung zum Teil deutlich voneinander ab.[253] Die HU, die im Gesetzgebungsprozess eine Vielzahl von Einzelregelungen, vor allem aber die ausbleibende Einbeziehung des hochschuleigenen Erneuerungskonzeptes kritisiert, erhebt gegen Teile des Gesetzes Klage vor dem Bundesverfassungsgericht.[254]

Im Oktober legt der Berliner Senat den personalwirtschaftlichen Rahmen für die Umgestaltung der Ostberliner Hochschulen fest und setzt größere Fächer-Neuordnungen auf die wissenschaftspolitische Agenda, so beispielsweise die Integration der Kirchlichen Hochschule in die HU, die Konzentration

250 S. dazu ausführlich den V. Teil dieser Arbeit.

251 Vorläufiges Thüringer Hochschulgesetz vom 14. Mai 1991 (GVBl. für das Land Thüringen, 79, in: Dokumente zum Hochschulumbau I, Ablage G), Gesetz zur Erneuerung der Hochschulen des Landes Sachsen-Anhalt vom 2. August 1991 (in: a.a.O., Ablage H), Gesetz zur Erneuerung der Hochschulen des Landes Mecklenburg-Vorpommern vom 18. März 1992 (GVOBl. M-V, 157, in: a.a.O., Ablage I), Sächsisches Hochschulerneuerungsgesetz vom 25. Juli 1991 (SächsGVBl., 261, in: a.a.O., Ablage K) und Gesetz über die Hochschulen des Landes Brandenburg vom 24. Juni 1991 (GV. BB, 156, in: a.a.O., Ablage L). S. auch Schramm, 1993, 90ff.

252 Neben den politisch-ideologischen Motiven galt die Einhaltung von bzw. die Heranführung an bundesdeutsche Qualitätsstandards selbst bei vielen aus den alten Ländern an die HU berufenen und den Kurs der Landespolitik durchaus kritisch verfolgenden Hochschullehrern als überragendes Argument für Abwicklung und Intervention. Viele ihrer ostdeutschen Kollegen sahen darin ihre eigene Arbeit unter schweren Bedingungen diskreditiert und verstanden diese Haltung als Signal eines Überlegenheitsgefälles zwischen sich und den westdeutschen Kollegen. Es ist ein Grund für Ost-West-Spannungen an der HU, wie sie in Kapitel 4.2.2 dieses Teils thematisiert werden.

253 So z.B. in der evidenten Frage der Personalübernahme (in Berlin Entkopplung, in anderen Ländern Verknüpfung von Personalübernahme und Neubesetzung von Stellen, u.a. durch erleichterte Berufungsverfahren für Ostbewerber oder Stellenquotierungen) oder der Verfahren zur Überprüfung der fachlichen und persönlichen Eignung. Nähere Erläuterungen und Hinweise finden sich in: Dokumente zum Hochschulumbau I, Ablage M; IBW 11/91, in: Dokumente zum Hochschulumbau III, Ablage 8 und Neie, Thomas: Synopse hochschulrechtlicher Regelungen in Ostdeutschland, hochschule ost special, Juli 1995.

254 Klageschrift für ein einstweiliges Anordnungsverfahren, in: Dokumente zum Hochschulumbau I, Ablage CD. Weitere Materialien, in: Dokumente zum Hochschulumbau III, Ablage 7.

der Agrarwissenschaften und der Veterinärmedizin an *einer* Hochschule, die Verlagerung der Lebensmitteltechnologie von der HU an die TU, die Lehramtsausbildung für Kunst und Musik von der HU an die HdK und die Einstellung der Elektrotechnik an der HU.

Im Parlament kommt es zu deutlichen Polarisierungen in der Hochschulpolitik: Während die Regierungsfraktionen den Kurs des Senators im Wesentlichen stützen, profiliert sich die Oppositionsfraktion Bündnis 90/Die Grünen (AL)/UFV gegen dessen rigiden Erneuerungskurs und unterstützt die Reformer an der HU.[255] Für Verfahrensmängel und unklare Zuständigkeiten, die ausbleibende Kurskorrektur nach dem Abwicklungsurteil durch das Oberverwaltungsgericht, fehlerhafte oder nicht realisierte Kündigungen[256], falsche Eingruppierungen[257] und den rasanten Rückgang der weiblichen Beschäftigtenzahlen im Hochschullehrerbereich machen sie vor allem die Politik des Senators verantwortlich.

Bei der Personal- und Kapazitätsplanung entwickelt sich dagegen zwischen Hochschule und Senat ein aufwendiges Konsensverfahren, nachdem ein Senatsbeschluss zunächst deutlich größere Stellenkürzungen angestrebt hatte.[258] Am

255 Abgeordnetenhaus von Berlin, Drucksache 12/1161, Große Anfrage der Fraktion Bündnis 90/Die Grünen (AL)/UFV über Behinderung der Erneuerung an der Humboldt-Universität Berlin durch fehlerhafte Rechtsanwendung und unklare Rechtsverhältnisse, in: Dokumente zum Hochschulumbau III, Ablage 2.

256 S. dazu eine Analyse des Rektoramtes zur Struktur- und Personalentwicklung vom 14. Oktober 1991 (Dokumente zum Hochschulumbau V, Ablage 20 (2. Registratur)). Es zeigt sich, dass neben der großen Unerfahrenheit und dem fehlenden professionellen Personal, welches gerichtsfeste Kündigungen in die Wege leiten kann, auch nicht geklärte Zuständigkeitsfragen in der Senatsverwaltung für Verzögerungen mitverantwortlich sind (zu fehlerhaften Kündigungen und ihren Ursachen s. Urteil des Berliner Arbeitsgerichts 67 Ca 8294/91 vom 30. September 1991, in: Dokumente zum Hochschulumbau IV, Ablage 5). Aber auch inneruniversitäre Blockaden sind offenkundig, wie ein Schreiben des Personalrats an den Senator vom 10. September 1991 deutlich macht: Darin spricht dieser sich gegen Kündigungsvorschläge des FB Rechtswissenschaften aus, weil die Verfahren im Fachbereich nicht »sauber« gewesen, die PSK-Mitglieder nicht durchgängig auf ihre eigene persönliche Integrität überprüft worden, die Auswahl der Kündigungen »nur schwierig nachvollziehbar« und »zufallsabhängig« seien, z. B. »abhängig von einer vorliegenden Beschuldigung beim Ehrenausschuss oder auch nur von der eigenen Ehrlichkeit des/der Betroffenen«. Außerdem sei gegen die PSK-Vorsitzende der Verdacht der inoffiziellen MfS-Mitarbeiterschaft an den Personalrat herangetragen worden (Brief des Personalrats-Vorsitzenden vom 10. September 1991, 1 f., in: Dokumente zum Hochschulumbau IV, Ablage 14).

257 Das Kuratorium setzt im Februar 1992 eine Stellenbewertungskommission ein, die die aufgetretenen Fehler beseitigen soll. Erst nach mehreren Jahren werden zahlreiche niedrigere Eingruppierungen beim Verwaltungspersonal, die die Senatsverwaltungen für Wissenschaft und Forschung sowie Inneres durchgesetzt hatten, wieder revidiert (Vorlage A 001/92, in: Kuratorium/Hauptkommission 1992 bis 1994, Ablage 33).

258 Beschluss des Senats von Berlin zur Stellen- und Kapazitätsplanung Nr. 852/91, in: Dokumente zum Hochschulumbau III, Ablage 1 sowie Stellungnahme des Akademischen Senats (Entwurf) zum Senatsbeschluss 852/91, in: Dokumente zum Hochschulumbau V, Ablage 20 (2. Registratur).

Ende beschließt das Kuratorium im Januar 1992 einen Stellenplan, der umfangreiche Umschichtungen zwischen den einzelnen Fachbereichen vornimmt.[259] Um diesen Personalumbau umsetzen zu können, enthalten die Haushalte der Ostberliner Hochschulen von nun an zwei getrennte Stellenpläne: einen, der die personelle »Ist-Situation« und einen anderen, der das angestrebte »Soll« darstellt. Über diese Doppelstruktur wird der Personalumbau administrativ abgewickelt. Jede Personalentscheidung der SBK – Einstellungen wie Kündigungen – müssen passgerecht zueinander im Hinblick auf die im Soll-Stellenplan zur Verfügung stehenden Stellen sein sowie einen entsprechenden Abbau im »Ist-Stellenplan« nach sich ziehen.

Durch die Landeshochschulstrukturkommission[260] ausgelöst, kommt es 1991 zu einer grundsätzlichen Diskussion über die *Zukunft der drei Universitätsklinika Berlins* (UKRV und UKBF der FU und Charité der HU). Zwar spricht sich eine Arbeitsgruppe des Berliner Senats für den Erhalt aller drei Klinika aus, ein erheblicher Bettenabbau jedoch ist unumgänglich. So drängt die Senatsverwaltung für Finanzen, die an der Senats-Arbeitsgruppe nicht beteiligt war, auf klare Entscheidungen und möchte zum September 1991 eine Universitätsklinik schließen.[261] Entscheidungsmaßstab müsse aus ihrer Sicht die Kostensumme für die Weiterführung, bauliche Sanierung und Fortentwicklung der jeweiligen Klinik sein. Dieses Kriterium spreche, so die Finanzverwaltung, gegen die Weiterführung der Charité, für deren Sanierung sie ca. 2 Mrd. DM veranschlagt. Eine Mischlösung, nach der das UKRV als »Charité Rudolf Virchow« weitergeführt, der Hauptstandort jedoch im gerade neu aufgebauten UKRV-Campus im Wedding und nur geringere Teile auf dem Charité-Gelände in Mitte verbleiben soll[262], wird damals nicht nur von allen

259 Beschlussvorlage A005/92 vom 29. Januar 1992, in: Kuratorium/Hauptkommission 1992 bis 1994, Protokolle und Vorlagen zum Hochschulumbau, Ablage 33. S. auch: Vorlage der ZPSK an den Akademischen Senat vom 17. März 1992 (Vorlage 35/92), in: Dokumentation »Die Arbeit der ZPSK 1990–1992«, Band 1, Ablage 26. Nähere Erläuterungen dazu im Brief der ZPSK und des Rektoramtes vom 19. April 1991, in: a.a.O., Ablage 15. Ausführlich zu den Verhandlungen zwischen ZPSK und Senatsverwaltung Kapitel 2.2.1.2. des IV. Teils.

260 Nähere Erläuterungen zur Landeshochschulstrukturkommission im Kapitel 4.2.1 dieses Teils.

261 Schreiben der Senatsverwaltung für Finanzen an Staatssekretär Orwat, Senatsverwaltung für Gesundheit, vom 10. September 1991, in: Dokumente zum Hochschulumbau V, Ablage 23.

262 A.a.O., 2, Punkt 6 b und c. S. auch: »Der Streit um die Universitätsklinika fängt erst an«, »Der Tagesspiegel« vom 26. September 1991, »Zur Plünderung freigegeben?«, »Frankfurter Allgemeine Zeitung« vom 27. September 1991, »An der Charité ist die schwarze Flagge gehisst«, »Berliner Zeitung« vom 30. September 1991 und »Stimmen für den Erhalt der Charité mehren sich«, »Neue Zeit« vom 1. Oktober 1991, alles in: Presseberichte III, Ablage 12.

Betroffenen, sondern auch vom Wissenschaftssenator selbst abgelehnt. Er will die Charité ausbauen und zügig Neuberufungen durchführen.[263]

Dennoch empfiehlt im Januar 1993 eine vom Berliner Senat eingesetzte Expertenkommission, das Rudolf-Virchow-Klinikum und die Charité zu *einer* Medizinischen Fakultät unter dem Dach der HU zusammenzuführen.[264] Mit diesem Vorschlag, dem sich die Politik auf Druck der Universitäten zunächst nicht anschließt, sollen in großem Umfang Personal und Betten abgebaut und eine größere Arbeitsteilung zwischen den beiden Klinika organisiert werden. Dazu gehört u. a. ein Verbundsystem, in dem neben den Kernfächern an allen drei Kliniken über unterschiedliche Profilbildungen Zusatzfächer nur noch je einmal angeboten werden. Dazu wird ein interuniversitäres Institut mit ca. 30 Professuren in Wahlfächern angeregt. Die künftige Aufnahmekapazität reduziert sich in der Humanmedizin auf zweihundert Studierende pro Aufnahmejahr in jedem Klinikum, in der Zahnmedizin auf je sechzig Studierende an der HU und FU. Nach endlosem Streit, konkurrierenden Handlungsstrategien und mehrfach wechselnden Koalitionen zwischen den politischen, den hochschulmedizinischen Akteuren[265] und den Krankenkassen, nach Blockaden und geringer Entscheidungsfreude im Senat und im Abgeordnetenhaus findet sich im Jahr 1994 schließlich eine politische Mehrheit für die Fusion von Rudolf-Virchow-Klinikum und Charité.

Innerhalb der HU und insbesondere an der Charité befürchtet man, dass mit der Fusion nur ein Torso von ihr erhalten bleiben könnte, da für die Standortfrage das Virchow-Klinikum günstigere Voraussetzungen mitbringt und außerdem die Übernahme der Charité-Angestellten ungesichert scheint. Hinzu kommen subjektive Unterlegenheitsgefühle und Auseinandersetzungen um die Vergangenheit, wie die Kündigung von acht Hochschullehrern wegen

263 S. u. a. »Senator rechnet vor: So kann Berlin drei Uni-Kliniken erhalten«, »Berliner Morgenpost« vom 4. Oktober 1991 und »Charité braucht eine Milliarde«, »Berliner Zeitung« vom 4. Oktober 1991, in: Presseberichte III, Ablage 12. Zuvor hatte der Wissenschaftsrat im September ausdrücklich die Fortführung der Charité empfohlen, wies aber auf den hohen apparativen und baulichen Investitionsbedarf hin (s. »Prüfauftrag kam zur ›Unzeit‹«, »Der Tagesspiegel« vom 11. September 1991, »Universitätsklinikum Charité gerettet«, »tageszeitung« vom 28. September 1991 und »Die Charité ist eine Bereicherung für Berlin«, »Der Tagesspiegel« vom 8. Oktober 1991, in: Presseberichte III, Ablage 12). Auch: Bund Freiheit der Wissenschaft, 1993, 34 f.

264 Empfehlungen der Expertenkommission zur Neustrukturierung der Hochschulmedizin in Berlin, 1 f., in: Dokumente zum Hochschulumbau III, Ablage 22.

265 S. auch »Stellungnahme zur Neustrukturierung der Hochschulmedizin im Land Berlin« des Vizepräsidenten Medizin der HU vom 8. März 1993 sowie die Stellungnahme der 6. SBK der Charité zum Bericht der Expertenkommission vom 3. Februar 1993, die Vorschläge von FU und HU vom 25. Februar 1993 und den Entwurf eines Positionspapiers zur Zusammenführung von Charité und UKRV vom 21. April 1994, in: Dokumente zum Hochschulumbau III, Ablage 22.

angeblicher MfS-Tätigkeit. Sie erregen großes öffentliches Interesse und entwickeln sich fast zu einer Existenzfrage für die Charité.[266]

Für die *Agrarwissenschaften und die Veterinärmedizin* an der HU und FU werden im Oktober 1991 erste gesetzgeberische Fusionsüberlegungen bekannt.[267] Sie sehen vor, dass für eine Übergangszeit die zu fusionierenden Fächer aus ihren Universitäten herausgelöst und durch ein Gründungskomitee zusammengeführt werden.[268] Da die Agrarwissenschaften und die Veterinärmedizin der HU vom Wissenschaftsrat zuvor als außerordentlich leistungsfähig bewertet worden sind, gehen die Fachbereiche von Standortentscheidungen zu ihren Gunsten aus. Zum Gesetzentwurf nimmt der Akademische Senat am 14. April 1992 dennoch ablehnend Stellung, weil er die Interessen der HU-Angehörigen völlig unzureichend berücksichtigt sieht[269]: So erhalten zwar alle Mitarbeiter der TU und FU ein Stellenangebot, die der HU hingegen nicht. Für sie gelten die Kündigungsgründe des Einigungsvertrages, (im Folgenden: EV), und ein Angebot zur Weiterbeschäftigung wird nach § 7 Abs. 1 vom Haushalt abhängig gemacht.[270] Die Fusion, so der Akademische Senat, bedeute deshalb »de facto eine Abwicklung der Fachbereiche der HU«.[271] Stattdessen fordert er, wie in den Empfehlungen des Wissenschaftsrats vorgesehen, die Gleichbehandlung der Fusionspartner, Evaluierungen der FU-, TU- und HU-Mitarbeiter nach den gleichen Kriterien, eine Fakultätsneugründung, in

266 »Entlassene Professoren klagen«, »Der Tagesspiegel« vom 13. August 1991 und »Die Doppelzüngigkeit der Hippokrates-Schüler«, »tageszeitung« vom 17. August 1991, in: Presseberichte III, Ablage 12. Besonders prominent wird der Fall des Professors für Urologie, Althaus, diskutiert, der seinen Prozess vor Gericht gewinnt, später jedoch die Charité verlässt (»Einmal Stasi, immer Stasi? Das Schicksal eines Charité-Professors«, »Berliner Morgenpost« vom 13. August 1991, »Arzt behauptet: Stasi-Akte gefälscht«, »tageszeitung« vom 21. September 1991 und »Kündigung von Charité-Professor soll auf Aktenfälschung beruhen«, »Der Tagesspiegel« vom 21.09.1991, in: Presseberichte III, Ablage 12).

267 S. »Fächerfusionen mit Gesetzeshilfe«, »Der Tagesspiegel« vom 2. Oktober 1991, in: Presseberichte IV, Ablage 3.

268 Vermerk des Rektoramts, Gesetz zur Fusion der FB Veterinärmedizin, Agrarwissenschaften und Lebensmitteltechnologie – Fusionsgesetz –, Entwurf, Stand 4. November 1991, 1 f., in: Dokumente zum Hochschulumbau I, Ablage 2.

269 S. u. a. »An diesem Gesetz gefällt nur der Titel«, »Der Tagesspiegel« vom 24. April 1992, in: Presseberichte IV, Ablage 3 sowie »Im Westen nichts Neues. Das Fusionsgesetz und seine Folgen«, »Unaufgefordert« Nr. 39 vom 24. Juni 1992, 4.

270 Gesetz zur Fusion der FB Veterinärmedizin, Lebensmitteltechnologie und Agrarwissenschaft in Berlin (Fusionsgesetz – FusG), Gesetz- und Verordnungsblatt Berlin vom 2. Juli 1992, 48. Jahrgang, Nr. 29, 201 ff., in: Dokumente zum Hochschulumbau I, Ablage 2. S. auch §§ 7 und 8 im Antrag der Fraktion der CDU und der Fraktion der SPD über »Fusionsgesetz«, Abgeordnetenhaus von Berlin, Drucksache 12/1310, 1, in: ebenda.

271 Vorlage 75/92 – zur Beschlussfassung – für die Sitzung des Akademischen Senats am 14. April 1992, 2, in: Dokumente zum Hochschulumbau I, Ablage 2. S. auch Protokoll des Akademischen Senats vom 14. April 1992, TOP 2, in: Protokolle des Akademischen Senats I, Ablage 5.

die die bisherigen Fachbereiche aufgehen und alle positiv evaluierten Mitarbeiter übernommen werden sowie eine Überhangfinanzierung.[272]

In Verhandlungen mit der Universitätsleitung, der Fakultät und der SBK erweitert die Landesregierung schließlich den Überhangstellenrahmen und schließt Bedarfskündigungen nach dem EV im Regelfall aus. Das Gründungskomitee findet in der späteren Arbeit eine Reihe von Kompromissen in der Struktur- und Stellenplanung, so dass zumindest die Betroffenen der Agrarwissenschaftlichen Fakultät von einer gelungenen Fusion sprechen können. Im Vorfeld der Verabschiedung des Gesetzes bleibt es aber zunächst bei den Spannungen zwischen den beteiligten Fachbereichen, der Senatsverwaltung für Wissenschaft und Forschung und dem Abgeordnetenhaus, nicht zuletzt wegen der Frage, in welche Universität die beiden Fakultäten integriert werden. Kurz bevor das Gesetzesverfahren abgeschlossen ist, entscheiden sich die Koalitionsfraktionen schließlich abweichend vom Votum des Wissenschaftsrats, die Veterinärmedizin doch an die FU anzugliedern, die Agrarwissenschaft an die HU.[273] Zwar sind alle Standortentscheidungen zunächst nur vorläufig getroffen, doch dient diese Aussage im Gesetz mehr der Gesichtswahrung der politischen Akteure, um das Abweichen vom Votum des Wissenschaftsrats zu relativieren. Sie wird später auch nicht mehr verändert.

Während die hochschuleigene Umgestaltung andauert[274], wird parallel der Aufbau des Erneuerungskonzepts nach dem Ergänzungsgesetz fortgesetzt.

272 Vorlage 75/92 des Akademischen Senats, 2, in: Dokumente zum Hochschulumbau I, Ablage 2. Weniger kritisch in der Gesamtbewertung des Fusionsentwurfs, aber deckungsgleich in der Forderung, alle Beschäftigten arbeitrechtlich gleichzustellen, die Stellungnahme des Rats der Fakultät für Landwirtschaft und Gartenbau der HU vom 14. April 1992, in: Dokumente zum Hochschulumbau I, Ablage 2.

273 Vgl. den Gesetzentwurf der Koalitionsfraktionen, in dem in § 1 Abs. 1 der Fachbereich der HU zugeordnet ist (Abgeordnetenhaus von Berlin, Drucksache 12/1310, 1, in: Dokumente zum Hochschulumbau I, Ablage 2), im beschlossenen Gesetz nach § 1 Abs. 1 dann aber »für einen Übergangszeitraum von fünf Jahren der Freien Universität Berlin« (Gesetz- und Verordnungsblatt Berlin Nr. 29 vom 2. Juli 1992, 201 ff., in: Dokumente zum Hochschulumbau I, Ablage 2).

274 In der Personalkommission werden immerhin 59 Kündigungen auf Grund von Empfehlungen der hochschuleigenen PSK vollzogen und weitere 150 vorbereitet. Die Kriterien für die Kündigungsempfehlungen finden sich in einem Brief des Rektors vom 2. September 1991 an die Fachbereiche (Dokumente zum Hochschulumbau IV, Ablage 13). Damit kommen – auch durch internes Drängen der ZPSK – hochschuleigene Evaluationsverfahren nun, wo über die Personalkommission Kündigungen realisierbar sind, erstmals zum Abschluss. Zuvor sind Auflösungsverträge auf Grund von Einzelgesprächen mit den Betroffenen das einzige Mittel, mit dem sich die Universität von Beschäftigten trennen kann. Auflösungsverträge kommen zustande durch Entscheidungen der Betroffenen wegen PSK-Empfehlungen, durch neue Arbeitsplatzperspektiven oder haben andere persönliche Gründe. Vom März bis Oktober 1991 verlassen 346 Personen über Auflösungsverträge die Universität, das macht ca. ein Drittel des Gesamtpersonalabgangs in diesem Zeitraum aus! (Rektoramt, Struktur- und Personalentwicklung, Papier vom 14. Oktober 1991, 3, in: Dokumente zum Hochschulumbau V, Ablage 20 [2. Registratur]).

Die Fachbereiche und der Akademische Senat wählen im September/Oktober 1991 die hochschuleigenen Mitglieder der SBK. Konfrontation und Kooperation zwischen der Universität und dem Senat stehen von nun an dicht beieinander. Die Doppelstrukturen von SBK und PSK, wie sie seit der Abwicklungsentscheidung zunächst in einigen Fächern vorhanden sind, bestehen nun für mehrere Monate an der gesamten Hochschule. Zügig nehmen aber die SBK ihre Arbeit auf, erstellen Strukturpläne für ihre Fächer, legen inhaltliche Schwerpunkte fest, bestimmen die Professuren und beantragen ihre Ausschreibung, verschaffen sich eine erste Übersicht über das vorhandene Personal. Da der Akademische Senat in fast allen Fragen zumindest eingebunden bleibt in den Entscheidungsprozess, füllen jene Punkte die Tagesordnung seiner Sitzungen in erheblichem Umfang.[275]

Gleichzeitig nimmt die Universität eine Reihe von Wissenschaftlern aus der Akademie der Wissenschaften über das Wissenschaftler-Integrationsprogramm (WIP) auf, legt die Personalausstattung der Universitätsverwaltung fest und beginnt durch Umstrukturierungen und personelle Neubesetzungen den Verwaltungsapparat zu professionalisieren.[276] Mit der erstmaligen Wahl eines Universitätskanzlers setzt die Hochschule den Anpassungsprozess an die Leitungsstrukturen der Westberliner Universitäten fort.[277] Die Fächer, die durch die Abwicklungsentscheidung bereits früher als andere SBK gebildet hatten, legen nun dem Akademischen Senat erste Berufungslisten vor[278], der Personalkommission erste Umsetzungen oder Kündigungen.[279]

275 S. dazu die Protokolle und Vorlagen des Akademischen Senats ab September 1991, in: Protokolle des Akademischen Senats I, Ablagen 4 und 5 sowie: Vorlagen des Akademischen Senats 1991 bis 1994, Ablagen 6 und 7.

276 S. die entsprechenden Papiere, in: Vorlagen des Akademischen Senats 1991 bis 1994, Ablage 7 sowie Vorlage H 010/92 (Konzeption für die Struktur und Personalausstattung der zentralen Universitätsverwaltung einschließlich Universitätsbibliothek und Rechenzentrum), in: Kuratorium/Hauptkommission 1992 bis 1994, Protokolle und Vorlagen, Ablage 33.

277 In der Wahl am 5. Juni 1991 wollen die HU-Mitglieder und die politischen Mandatsträger des Kuratoriums verschiedene Kandidaten durchsetzen. Durch das uneinheitliche Auftreten der Universitätsvertreter unterliegt der amtierende Kanzler Schwarz im 2. Wahlgang dem Kandidaten Neumann. Schwarz hatte ganz entscheidend das selbstbestimmte Erneuerungskonzept mitgeprägt und die Universität in den zurückliegenden Monaten darin bestärkt, notfalls auch im Konflikt für ihren Weg einzustehen (s. Kuratorium/Hauptkommission 1992 bis 1994, Ablage 34; zur Wahl selbst s. »Unaufgefordert« Nr. 26 vom 12. Juni 1991, 4). Eine Würdigung seiner Arbeit an der HU in: Küpper, 1993, 42 ff.

278 Die SBK Rechtswissenschaften als erste am 9. Juli 1991 (Protokolle des Akademischen Senats I, Ablage 4), die SBK Sozialwissenschaften folgt wenige Tage später, am 22. Juli 1991 (Vorlage 88/91, in: Vorlagen Akademischer Senat 1991 bis 1994, Ablage 6). Im FB Erziehungswissenschaften übernimmt die SBK auch die Aufgaben des Fachbereichsrats, da das Fach auf Grund von Personalabgängen kaum noch eigene Hochschullehrer hat (s. Protokoll des Akademischen Senats vom 10. September 1991, 3, in: Protokolle des Akademischen Senats I, Ablage 4).

279 Zur Personalentwicklung im Jahre 1991/92 s. Kapitel 2.5 im VI. Teil.

Aber auch das Thema Hochschul-Vergangenheit bleibt erhalten[280] und wird in der Öffentlichkeit immer mehr zum Gradmesser, wie glaubwürdig das Erneuerungskonzept der Universität tatsächlich ist.[281] Die Perspektive, nur der Berliner Senat könne mit seinem externen Modell durchgreifend erneuern, bekommt immer größeres Gewicht. Geschichtsmoralische Argumentationen überlagern zunehmend rechtliche und institutionelle Begründungen[282] als gesellschaftlich-politisches Legitimationsmuster der externen Erneuerung. Vergangenheitspolitische Themen[283] werden zu Instrumenten der Konfrontation gegen die hochschuleigene Erneuerungsstrategie.

Das wichtigste Argument dafür liefert die Auseinandersetzung um den Rektor, der wegen inoffizieller Tätigkeit für das MfS am 26. November 1991 von der Personalkommission der HU fristlos entlassen wird. Das löst Proteste, Demonstrationen, Sondersitzungen der Gremien, viele Solidarisierungen, heftige Attacken und große öffentlichen Diskussionen für und gegen Fink, für und gegen die Universität und den Stand ihrer Erneuerung aus. Nicht wenige reflektieren die Debatte als aufgeladenen Ost-West-Konflikt. Doch hat sie noch eine andere Dimension: Sie problematisiert symbolträchtig eine längst überfällige Diskussion innerhalb der Post-DDR-Gesellschaft um die Grenzziehungen zwischen Täterschaft, Mitläufertum und Widerstand. Wie weit

280 S. die Debatte um politische Relegationen an der Sektion Geschichte in den Jahren 1969 und 1972, die 1991 angestoßen wurde von einigen Institutsangehörigen und Opfern dieser Relegationen. Sie waren mit einer folgenlosen Rehabilitierung durch die Universität nicht einverstanden und forderten in einer öffentlichen Veranstaltung die vollständige Aufklärung der damaligen Ereignisse. Professoren, die teilweise noch am Institut beschäftigt waren, sollten öffentlich Verantwortung übernehmen, einige auch schnellstmöglich entlassen werden (s. Florath, Bernd: Wie weiter mit der Vergangenheit des Historischen Instituts?, in: Dokumente zum Hochschulumbau IX, Ablage 14, auch: Küpper, 1993, 119 ff.).

281 Neben Themen, die vor allem die Charité betrafen, sei des Weiteren beispielhaft auf die Auseinandersetzung zwischen dem MdA Schwenke (NF) und der Dekanin der Juristischen Fakultät hingewiesen: Schwenke veröffentlicht in der »Berliner Morgenpost« vom 30. November 1991 eine Liste von 84 ehemaligen hauptamtlichen MfS-Mitarbeitern, die angeblich vor allem am FB Rechtswissenschaften tätig waren. Trifft der Vorwurf, wie sich schnell herausstellt, zwar nicht zu, dient er dennoch der Bestätigung von öffentlichen Vorurteilen, die HU würde den Erneuerungsprozess verschleppen. Real handelte es sich bei den 84 Personen zumeist um ehemalige Sekretärinnen und einfaches Personal des MfS, die Ende 1989 auf freie Stellen eingestellt worden waren, darunter zwei Sekretärinnen an der Juristischen Fakultät (s. Brief der Dekanin vom 2. Dezember 1991 an MdA Schwenke, in: Dokumente zum Hochschulumbau IV, Ablage 1). Zwangsläufig wirken sich solche »Enthüllungen« auf das Erneuerungshandeln und das Verhandlungsgeschehen zwischen Senatsverwaltung und Universität nachteilig aus (s. dazu beispielhaft die Kuratoriumssitzung vom 7. Februar 1992 Protokoll der Sitzung, in: Kuratorium/Hauptkommission 1992 bis 1994, Ablage 34, in Verbindung mit Sitzungsvorbereitung Katrin Werlichs, Kuratoriums- und ZPSK-Mitglied, in: Dokumente zum Hochschulumbau V, Ablage 25).

282 Gemeint ist, die HU auszubauen zu einer hochwertigen, mit westlichen Maßstäben vergleichbaren Lehr- und Forschungsstätte.

283 Zum Begriff der Vergangenheitspolitik s. die Ausführungen in der Einleitung zum IV. Teil dieser Untersuchung.

arrangierte und wo verweigerte man sich, auch um den Preis der eigenen Karrierechancen? Und wie und wer kann heute, nach dem Systemwechsel, gerecht über diese Geschichte urteilen? In diesem Sinn wird die Auseinandersetzung um Fink zu einer exemplarischen Debatte. Das Erneuerungshandeln der SBK gerät darüber für viele Wochen in den Hintergrund. Aufbruchsstimmung und Beharrungswille[284] prägen die Situation an der HU.

3.2 Akteure

3.2.1 Der Wissenschaftsrat

Der Wissenschaftsrat ist ein Instrument des korporativen Föderalismus und der Politikberatung zugleich, denn in ihm sitzen sowohl Wissenschaftler als auch Politiker an einem Tisch. Seit der Vereinigung besteht er aus 64 Mitgliedern, die in einer wissenschaftlichen Kommission und in einer Verwaltungskommission zusammenarbeiten. Neben 32 renommierten Wissenschaftlern der wissenschaftlichen Kommission wirken Bund und Länder über die Verwaltungskommission und das Plenum mit ebenfalls 32 Stimmen mit.

Im Unterschied zu den Forschungsinstituten der DDR, über deren Eingliederung in die Wissenschaftslandschaft der Bundesrepublik der Wissenschaftsrat das entscheidende Urteil fällt[285], gibt er zu den Hochschulen und ihren Fächern nur Empfehlungen ab. Seine Rolle damit aber zu unterschätzen[286], würde ihm keineswegs gerecht. Wer freilich über die ostdeutsche Transformation den institutionellen Domänenkonsens[287] zwischen Bund, Ländern und den großen Wissenschaftsorganisationen aufbrechen und die Struktur der deutschen Hochschule grundlegend verändert sehen will[288], muss mit der Ausrichtung der Hochschulpolitik nach der Vereinigung unzufrieden sein. Denn sie bleibt vordringlich bei Einpassung und Institutionentransfer stehen. Außerdem hat der Wissenschaftsrat, der unter seinem Vorsitzenden Simon diese Entwicklung zu bedauern scheint, weder die Möglichkeiten noch die Instrumente, dass die Länder nicht nur Einzelempfehlungen, sondern seinen gesamten Empfehlungskatalog umsetzten. Sowohl die innere Organisation als auch seine strategische Positionierung im Wissenschaftssystem der Bundesrepublik macht den Wissenschaftsrat zu einem »Einflussreichen ohne Macht«.

284 Küpper, 1993, 77.
285 S. Mayntz, 1995b, 447.
286 In diesem Sinne bedauernd Schluchter, 1996, 74 ff., auch Simon, 1992, 29 ff.
287 Schluchter, 1996, 74.
288 S. Simon, 1992, 34, auch Mayntz, 1995b, 447 ff.

Anders als bei der Überprüfung der DDR-Akademien kommt dem Wissenschaftsrat beim Umbau der Hochschulen nicht die Rolle einer Steuerungs- und Koordinationsinstanz der nationalen Ebene zu. Aber auch das Bundesministerium für Bildung und Wissenschaft, die Kultusministerkonferenz oder die Hochschulrektorenkonferenz konnten diese Lücke nicht füllen.[289] Alle wissenschaftspolitischen Apparate haben aber gemeinsam, dass sie gravierende Informations- und Kenntnisdefizite bezüglich der Beschaffenheit des ostdeutschen Wissenschaftssystems aufweisen. Schwerwiegende Strukturentscheidungen oder Empfehlungen, wie etwa zur Zukunft der Akademie der Wissenschaften der DDR, erfolgen insbesondere am Beginn der Transformation auf erstaunlich geringer informationeller Grundlage.[290]

Schon im Januar 1990 setzt der Wissenschaftsrat eine »Arbeitsgruppe deutsch-deutsche Wissenschaftsbeziehungen« auf Bitten der Bundesministerien für Forschung und Technologie sowie für Bildung und Wissenschaft mit dem Ziel ein, »Perspektiven für Wissenschaft und Forschung auf dem Weg zur Deutschen Einheit« zu skizzieren. Die Empfehlungen, an deren Beratung auch die DDR-Ministerien für Forschung und Technologie sowie für Bildung und Wissenschaft beteiligt sind, setzen vor der Verabschiedung des EV erste Maßstäbe für die Evaluierung ostdeutscher Wissenschaftseinrichtungen. Beschäftigen sich diese Vorschläge mit Fragen der Vergangenheit und den Defiziten des DDR-Hochschulwesens nur am Rande, deutet die 5. Empfehlung, ähnlich wie das Ursprung-Gutachten der Berliner Wissenschaftsverwaltung, die künftige Richtung der Umgestaltung an: Studiengänge wie Rechtswissenschaften, Volkswirtschaft, Geschichte, Philosophie, Soziologie und Pädagogik müssten grundlegend neu aufgebaut werden, weil sie »einseitig auf marxistisch-leninistische Gesellschaftstheorie, die realsozialistische Staatslehre und die staatsmonopolistische Zentralverwaltungswirtschaft ausgerichtet waren«[291]. Durch langjährige politische Einflussnahmen und eng gesteuerte Selektionsprozesse

289 S. Mayntz, 1995b, 449. Mayntz bezeichnet deshalb die Hochschultransformation auch als relativ ungesteuerten, fragmentierten Prozess, bei dem es zwar viele Mitwirkende, aber keinen durchsetzungsfähigen Akteur auf der zentralen politischen Ebene gegeben habe. Bei den Hochschulen sieht sie auf sich selbst bezogene Proteste gegen Abwicklung und Entlassung, »nicht jedoch die Durchsetzung bestimmter Reformkonzepte« (S. 450). Wenn man von koordiniertem Vorgehen sprechen könne, dann hätte dies nur innerhalb der Länder »im Kreuzungsfeld verschiedener Einflüsse« stattgefunden, kaum aber zwischen ihnen (ebenda).

290 Zu den Informationsdefiziten der wissenschaftspolitischen Institutionen der Bundesrepublik, insbesondere bezogen auf die Akademie der Wissenschaften, s. ausführlich: Lehmbruch, 1995b, 32 ff. Das Problem anklingend auch bei: Mayntz, 1998, 461 ff. Sie stellt hier eine ausführliche Untersuchung der Folgen der politischen Einflussnahme auf die Geisteswissenschaft in der DDR vor. Weniger problematisierend: Kocka, 1998, 8.

291 Wissenschaftsrat, Perspektiven für Wissenschaft und Forschung. Zwölf Empfehlungen, Köln, 1990, 15.

fehle es diesen Fächern überwiegend an der notwendigen Vielfalt und damit an einer wichtigen Bedingung wissenschaftlicher Leistungsfähigkeit. Der für die ökonomische, gesellschaftliche und kulturelle Entwicklung der neuen Länder außerordentlich wichtige Neuaufbau sei deshalb nur mit personeller Hilfe aus westdeutschen Hochschulen und Forschungseinrichtungen denkbar.[292]

Zur Kompensation schlägt der Wissenschaftsrat Ad-hoc-Maßnahmen vor, wie Gastvorlesungen, den Austausch von wissenschaftlicher Fachliteratur und gegenseitige Konferenzbesuche, mehrsemestrige Gastprofessuren, Ost-West-Partnerschaften für Vortragszyklen und Seminarreihen oder Hospitationen für ostdeutsche Wissenschaftler an westdeutschen Hochschulen. Als optimale Lösung empfiehlt das Papier, Hochschullehrerstellen in Ostdeutschland künftig vorrangig mit qualifizierten Westbewerbern zu besetzen und westdeutsche Doktoranden unterstützend in der Lehre einzusetzen. Er befürwortet, Teileinrichtungen an Hochschulen abzuwickeln[293] und spricht sich »für eine ›Durchmischung‹ der Lehrkörper der ostdeutschen Universitäten mit Wissenschaftlern aus dem Westen aus«[294]. Gleichfalls will er aber vermeiden, dass durch eine »Welle von Neuberufungen aus dem Westen … die mittel- und längerfristigen Chancen des wissenschaftlichen Nachwuchses in den neuen Ländern nachhaltig beeinträchtigt«[295] werden. Dazu sollen Studierende und Doktoranden an ihren heimischen Universitäten gezielt gefördert, Assistenzprofessuren geschaffen, Lehrstühle durch Nachwuchswissenschaftler vertreten oder Lehrbeauftragte aus Forschungsinstituten und der Berufspraxis eingesetzt, Berufungen auf Zeit vorgenommen, ausländische Wissenschaftler eingebunden oder ein umfangreiches Stipendienprogramm mit gemischten Forschungsaufenthalten an renommierten Hochschulen oder Forschungsinstituten der alten und eine Anschlussförderung an Instituten der neuen Länder eingerichtet werden.[296] Die meisten dieser Ideen setzen die Wissenschaftsbehörden der Länder aber nicht um.

Gleichwohl hält der Wissenschaftsrat es für zwingend erforderlich, dass über die zur Abwicklung vorgesehenen Fachbereiche hinaus auch in anderen Fächern große Teile des Hochschullehrerpersonals ausgetauscht werden

292 Ebenda.

293 Empfehlung zur Erneuerung der Lehre und zur Förderung des wissenschaftlichen Nachwuchses an den Hochschulen der neuen Länder und im Ostteil von Berlin, Wissenschaftsrat vom 25. Januar 1991, 7, in: Ordner Abwicklung, Ablage W.

294 A. a. O., 5. Nach Lage der Dokumente taucht der Begriff der Durchmischung hier erstmals auf und spielt fortan in der Argumentation der staatlichen Erneuerungsakteure eine wesentliche Rolle.

295 A. a. O., 10.

296 A. a. O., 5 ff.

müssen.[297] Deshalb empfiehlt er, nach einer umfassenden Bestandsaufnahme das gesamte ostdeutsche Hochschulwesen neu zu ordnen.[298]

Bereits im Juli 1990 setzt er einen Strukturausschuss ein, an dem auch Wissenschaftler aus den neuen Ländern beteiligt sind. Dieser wiederum bildet insgesamt 16 zumeist fächerbezogene Arbeitsgruppen. In ihnen werden alle wichtigen Empfehlungen zu Ostdeutschland vorbereitet. Hauptadressaten sind die Wissenschaftsministerien der neuen Länder. Vor allem grundsätzliche Kompetenz- und Zuständigkeitsfragen – vorgebracht durch die alten Länder – verhindern, dass der Wissenschaftsrat über die Abgabe von Empfehlungen hinaus mehr Verantwortung für die Hochschulerneuerung zugesprochen bekommt.[299] Aber auch die Einrichtung von Hochschulstrukturkommissionen in den neuen Ländern setzen dem Wissenschaftsrat Grenzen.[300]

Zudem verzettelt er sich bei der eigenen Strukturbildung: Für die außeruniversitäre Forschung setzt er einen Evaluationsausschuss ein, der Strukturausschuss für Ostdeutschland und seine 16 Arbeitsgruppen entwickeln Empfehlungen zu den Hochschulen. Eine dritte Kommission wiederum soll die Umstrukturierung der außeruniversitären Forschung und der Hochschulen zusammenfügen und neue Akzente für die Reform des gesamtdeutschen Hochschulsystems ausarbeiten. Doch dieses Gremium tritt nicht ein einziges Mal zusammen. Das ist nur vordergründig eine Folge der ungleichzeitigen Arbeitsweise der Ausschüsse, die durch die verschiedenen Fristen des Einigungsvertrags für Strukturentscheidungen in der außeruniversitären Forschung und den Hochschulen erzwungen scheint.[301] Bei näherer Betrachtung fehlt dem Wissenschaftsrat ein schlüssiges Konzept der Verknüpfung von ostdeutscher Erneuerung und gesamtdeutschem Hochschulumbau, vor allem aber die Unterstützung der Politik für dieses ehrgeizige Ziel, denn nur mit deren Hilfe kann ein solches umfassendes Programm durchgesetzt werden.[302]

Neidhardt kommt zu der Einschätzung: »Unter diesen Bedingungen hätten Abweichungen vom westdeutschen Hochschulwesen Initialzündungen in diesem selber vorausgesetzt. Vielleicht hätte der Wissenschaftsrat diese Initialzündungen auslösen oder zumindest wirksam anmahnen können; er tat es nicht und blieb, als es darauf ankam, seine eigene Kritik am westdeutschen Hochschulsystem für die Gestaltung neuer Hochschulen in Ostdeutschland zu nutzen, unter seinen Möglichkeiten.«[303]

297 A. a. O., 15.
298 A. a. O., 16.
299 S. dazu Krull, 1994, 208.
300 A. a. O., 207 ff.
301 Schluchter, 1996, 75.
302 S. Schluchter, 1996, 76 und Simon, 1992, 32.
303 Neidhardt, 1994, 37.

Auf der anderen Seite legt der Transformationsprozess rückblickend den Eindruck nahe, dass der vorhandene Problemdruck Experimentierphasen und Grundsatzänderungen im Hochschulsystem kaum ermöglicht hätte: Die ostdeutschen Studierenden brauchten marktfähige Abschlüsse, die Hochschulen mussten schnell vergleichbare bundesdeutsche Qualitätsstandards erreichen. Daher sich der einfachsten Lösung zu bedienen und Programm und Struktur des westdeutschen Hochschulsystems zu übernehmen, kann und will der Wissenschaftsrat nicht verhindern. Denn die Hauptverantwortung für die Aufbaupolitik tragen die neuen Länder selbst. Der ehemalige Vorsitzende des Wissenschaftsrats, Dieter Simon, weist später selbst darauf hin, dass die neuen Wissenschaftsverwaltungen in dieser Phase keinesfalls deutlich machten, ob außer der anstehenden Personalerneuerung umfassende und tiefgreifende Änderungen von ihnen tatsächlich angestrebt würden.[304] Außerdem sei die Empfehlungspraxis des Wissenschaftsrats über die förmliche Auftragserteilung hinaus weniger ein Gemeinschaftswerk als »im Kern ein Westwerk, unter überwiegend symbolischer Beteiligung ostdeutscher Wissenschaftler«[305]. Für diesen »Fehlschlag« gibt er drei Gründe an: Die mindere Zahl fachlich kompetenter ostdeutscher Gutachter, die fehlende Routine der Ostdeutschen im wissenschaftspolitischen Management sowie die Unfähigkeit der Westdeutschen zum Zuhören.[306]

Die Wissenschaftsadministrationen gewinnen durch die Empfehlungspraxis des Wissenschaftsrats hingegen eine kaum angreifbare Legitimation für ihr Verwaltungshandeln. »Indem sie sich bei jedem schmerzenden Eingriff und jeder Zurückweisung auf entsprechende Empfehlungen des Wissenschaftsrats beriefen, konnten alle Anordnungen und Maßnahmen als wissenschaftlich begründet, damit über Willkür erhaben und letztlich als nicht von den Exekutoren zu verantworten, sondern nur auf dem Forum der Vernunft zu verhandeln dargestellt werden – wobei die Frage, welche realen Spielräume und Alternativen die notgedrungen leitlinienhaften Empfehlungen im Einzelfall geboten hätten, durchgängig ausgeklammert blieb.«[307]

304 Simon, 1992, 29.
305 A. a. O., 30.
306 Ebenda.
307 Simon, 1992, 31.

3.2.2 *Die Senatsverwaltung für Wissenschaft und Forschung und die Vorsitzenden der Struktur- und Berufungskommissionen*

Die *Senatsverwaltung für Wissenschaft und Forschung* ist die eigentliche Steuerungsinstanz der externen Erneuerung. Nach dem Berliner Hochschulgesetz übt sie die Fach- und Rechtsaufsicht über die wissenschaftlichen Einrichtungen des Landes aus, stellt den Haushaltsetat auf, bereitet Berufungen vor, befördert die Wissenschafts- und Forschungsentwicklung und ist Bauherrin aller größeren Bauvorhaben in ihrem Geschäftsbereich. Die Senatsverwaltung verfügt Anfang der 90er Jahre über ca. 150 Beschäftigte (nach dem EV teilweise auch übernommen aus dem Wissenschaftsministerium der DDR) und ist untergliedert in vier Abteilungen und ca. 20 Referate. An ihrer politischen Spitze steht ein Senator – vom Abgeordnetenhaus gewählt –, an der Spitze der Verwaltung ein Staatssekretär.

Innerhalb der Hochschulabteilung sind für die beiden Westberliner Universitäten eigene Referate zuständig. Nach der Vereinigung übernimmt zunächst das FU-Referat auch Aufgaben für die HU, so beispielsweise die gesamte Vorbereitung der Abwicklung. Im Sommer 1991 schließlich wird ein eigenes Referat aufgebaut und zunächst von Senatsrat Veit, ab 1992 von Senatsrat Groscurth geleitet. Zu Beginn arbeiten in ihm fünf Personen, später wird es auf ca. zehn Mitarbeiter erweitert. Angesichts der Fülle der Aufgaben, der großen administrativen Probleme[308], der wechselseitigen Unkenntnis über die Hochschulstrukturen und fehlenden Personals an der HU, das über Erfahrungen im westlichen Hochschulmanagement, im Verwaltungshandeln und über Gremienkompetenzen verfügt, steht das Referat vor enormen Herausforderungen. Allein die Kommunikation ist zunächst außerordentlich schwierig, weil in den ersten Monaten nach der Vereinigung noch viel zu wenige Telefonverbindungen zwischen Ost- und Westberlin bestehen. Aber auch die kulturellen und politischen Mentalitäten stellten die Westberliner Beamten und die ostdeutsche wissenschaftliche »Kaderelite« vor große kommunikative Anforderungen.[309]

Sind neben der durch die Exekutive umzusetzenden Abwicklung ihre Eingriffsmöglichkeiten in die Universität zunächst noch begrenzt, erzeugt das Ergänzungsgesetz, das von dem HU-Referat ganz wesentlich vorbereitet wird,

308 So gibt es beispielsweise keine verlässliche Datenbasis über den Personalbestand, kein Gebäude- oder Personalverzeichnis, um sich einen genauen Überblick über die vorhandenen Strukturen machen zu können. Auch das weitgefächerte Angebot an Direkt-, Abend-, Weiterbildungs- und externen Studienangeboten ist unübersichtlich.

309 »Wir wussten in der Senatsverwaltung mehr von Stanford als von der Humboldt-Universität! Sie hat auch immer wieder gemauert, zum Beispiel brauchte es Jahre, bis über den Personalbestand der HU verlässliche Daten vorlagen« (Gespräch mit Senatsrat Groscurth, 3. Oktober 2002, 2).

im Geschäftsverkehr zwischen Senatsverwaltung und Hochschule eine außerordentlich enge Bindung. Zum einen durch den weitgehenden gesetzlichen Erneuerungsauftrag, mit dem die Fachaufsichtsbehörde viele Freiräume und Einwirkungsoptionen nutzen kann, zum anderen durch personalpolitische Entscheidungen – von der Auswahl der auswärtigen Kommissionsmitglieder der SBK bis hin zur Berufungspolitik, die ganz wesentlich durch sie beeinflusst wird.

Das Referat bearbeitet 1992 bis 1994 jährlich ca. 150 Berufungsvorgänge – eine außerordentliche Zahl, denn im üblichen Betrieb kommt es an der FU jährlich zu ca. 30, an der TU zu ca. 10 Berufungen. Das erfordert von den Mitarbeitern einen erheblichen Einsatz, aber auch eine große kommunikative Kontinuität innerhalb des Referats wie zur Hochschule und den SBK, damit das Wissen über Vorgänge und Abläufe vor allem in der Umstrukturierungsphase zusammengehalten wird. Gerade auch für Neuberufene ist das Referat eine wichtige Anlaufstelle für Informationen über die Hochschule. Auch für die ZPSK wird das Referat zu einem wichtigen Gesprächspartner, wie sich nicht zuletzt bei der Aushandlung der Stellenausstattung für die HU zeigt.[310]

Neben der Senatsverwaltung spielen bei der extern gesteuerten Erneuerung die *Vorsitzenden der SBK* eine zentrale Rolle. Nach dem ErgG werden die drei auswärtigen Mitglieder der SBK, einschließlich des Vorsitzenden, dem Senator von der LHSK vorgeschlagen. Für die SBK der Abwicklungsbereiche kommen diese Vorschläge direkt aus der Senatsverwaltung, abgestimmt mit dem Wissenschaftsrat und der Deutschen Forschungsgemeinschaft. Denn für das Ziel, Fachbereiche von erster Qualität aufzubauen, braucht es Kommissionsvorsitzende von hoher wissenschaftlicher Autorität. Die Auswahl der auswärtigen Mitglieder liegt zunächst noch beim übergangsweise zuständigen FU-Referat, später beim HU-Referat, wobei die Universität selbst Vorschläge machen kann. Die Mitglieder aus der Universität werden dem Senator vom Akademischen Senat vorgeschlagen, wobei in einigen Fällen auch auf Wissenschaftler zurückgegriffen wird, die nicht an der HU beschäftigt sind.[311]

Die sechs Vorsitzenden der SBK der abzuwickelnden Fächer bekommen gegenüber Senat und Universität schnell eine herausragende Stellung: Wegen der schwierigen Arbeitsbedingungen und administrativen Probleme an der HU, aber auch den (noch) fehlenden rechtlichen Vorgaben, wie und in welcher Reihenfolge die Berufungsverfahren ablaufen, Fächerschwerpunkte, Stellen- und Strukturpläne sowie Studien- und Prüfungsordnungen aufgestellt und der laufende Lehr- und Prüfungsbetrieb aufrechterhalten sowie vorhandenes Personal

310 S. Kapitel 2.2.1.2 des IV. Teils.
311 So z. B. in den SBK der FB Wirtschaftswissenschaften, Rechtswissenschaften und Sozialwissenschaften sowie der Institute für Geschichte und Philosophie.

dafür ausgewählt werden soll, organisiert die Senatsverwaltung ein informelles Steuerungsgremium. In ihm werden all diese Fragen von den sechs SBK-Vorsitzenden gemeinsam mit dem Senator und seiner Verwaltung sowie dem Rektor geklärt. Das HU-Referat strukturiert diese Runden durch Einzelgespräche vor, erstellt eine Tagesordnung und Vorlagen und führt die getroffenen Vereinbarungen aus. Schon das Gespräch über die gemeinsamen Erfahrungen bei der Aufbauarbeit beschreiben mehrere Beteiligte als wichtige Bereicherung, denn man konnte viel über die Universität hinzulernen. Zugleich stabilisieren die informellen Treffen und die enge gemeinsame Abstimmung die Universität nach innen und nach außen gegenüber Verdrängungswünschen durch andere Einrichtungen oder gegenüber allzu harten, überzogenen oder unerfüllbaren Forderungen nach einem vollständigen Personalaustausch aus dem politischen Raum. Schnell beginnen sich die SBK-Vorsitzenden durch ihre Arbeit mit der HU als Institution zu identifizieren; ihre Arbeit wird innerhalb und außerhalb der Hochschule und in den Medien aufmerksam wahrgenommen. Diese exponierte Stellung, und damit verbunden der gewünschte Erfolg ihrer Tätigkeit bei allen politischen Instanzen Berlins bis hin zum Regierenden Bürgermeister, macht sie außerordentlich durchsetzungsfähig, wenn Ausstattungs- oder Personalfragen zu entscheiden sind.

Für die ersten Neuberufungen haben die SBK-Vorsitzenden eine besondere Verantwortung, denn sie müssen für die zu besetzenden Kernprofessuren Wissenschaftler mit einem herausragenden Ruf gewinnen und damit Signale senden in die akademische Gemeinschaft, dass sich die HU zu einer Universität bester Qualität entwickelt und hochrangige Wissenschaftler und Studierende anzieht. Deshalb genehmigt der Berliner Senat gerade für die Abwicklungsfächer eine Stellenausstattung, die über den Vorschlägen des Wissenschaftsrats liegt, gedacht als zusätzlicher Anreiz, sich an der HU um eine Professur zu bewerben. Der Stand und die Probleme bei Berufungen nehmen in den informellen Sechser-Runden eine wichtige Stellung ein, ebenso wie Studienfragen, denn die SBK-Vorsitzenden wollen den Studierenden neue, attraktive Angebote machen, wie das Konzept einer integrierten sozialwissenschaftlichen, d.h. politikwissenschaftlich und soziologisch orientierten Ausbildung bei der SBK Sozialwissenschaften[312] oder verschiedene Reformansätze bei der Juristenausbildung (z.B. das Betreuungsmodell für die Studierenden oder das juristische Fremdsprachenstudium) belegen.

312 S. Interview Professor Neidhardt mit Jana Barthel und Thomas Sarzio, 5, in: Dokumente zum Hochschulumbau IX, Ablage 14.

Das Steuerungsgremium der SBK-Vorsitzenden wird beibehalten, auch nachdem das Ergänzungsgesetz in Kraft tritt und sich der Kreis vergrößert.[313] Zusätzlich werden nun die ZPSK-Vorsitzenden eingeladen und alle Fragen der Erneuerung, aber auch Raum- und Bauangelegenheiten oder das Personalübernahmegesetz vorbesprochen.[314] Auf diese Weise funktioniert die Zusammenarbeit zwischen dem Berliner Senat und den SBK weitgehend reibungslos, wird ein gemeinsames Vorgehen möglich und unterstreicht die Berliner Politik, wie wichtig ihr die Arbeit der Kommissionen ist.

3.2.3 Die Universitätsgremien nach den Wahlen 1992

Im Februar 1992 finden die ersten Wahlen zu den akademischen Gremien nach dem Berliner Hochschulgesetz unter besonderen Bedingungen statt: Zum einen üben die Gruppe der Professoren und die Gruppe der wissenschaftlichen Mitarbeiter nach § 13 Abs. 1 ErgG ihr aktives Wahlrecht gemeinsam in einer Wahlgruppe aus. Außerdem politisiert die öffentliche Debatte um den Erneuerungszustand die Universität und fördert die Bildung verschiedener Wahllisten, insbesondere bei den Hochschullehrern: Neben der zahlenmäßig größten Liste »Pro Humboldt« stellen sich das »Humboldt-Forum«, die »Neue Universität« sowie die Charité-Hochschullehrer-Liste »Vivat Charité« zur Wahl. »Pro Humboldt« ist mit dem Prorektor für die geisteswissenschaftlichen Fächer, dem ZPSK-Vorsitzenden, verschiedenen in den Jahren 1990/91 gewählten Dekanen, dem Konzils-Vorsitzenden und einer Reihe von PSK-Mitgliedern personell und programmatisch am meisten identifizierbar mit dem bisherigen hochschuleigenen Erneuerungskurs. In der politischen Skala lässt sich diese Gruppe, die im Unterschied zu den anderen Listen ein in sich geschlossenes Wahlprogramm aufstellt, am ehesten ins linksliberale Spektrum einordnen, wofür nicht nur die Zielvorstellungen für die weitere Umstrukturierung, sondern auch ihre Position zu Mitbestimmungsfragen oder dem Verhältnis zum akademischen Mittelbau sprechen.[315] »Humboldt-Forum«, eine Reform-Gruppe, die vorwiegend aus Naturwissenschaftlern besteht (in ihr auch der Vorsitzende der Anhörungskommission) und von denen einige bereits am Runden Tisch mitgearbeitet hatten, formuliert eine deutlich kritischere Perspektive auf die bisherige interne Umgestaltung: Hauptverantwortlich dafür sei

313 S. »Senator Erhardt sprach mit den Vorsitzenden der Struktur- und Berufungskommissionen der Humboldt-Universität«, Presseerklärung der Senatsverwaltung für Wissenschaft und Forschung vom 10. März 1992, in: Presseberichte IV, Ablage 3.

314 Gesprächsprotokoll mit Senatsrat Groscurth, 3. Oktober 2002, 2.

315 Wahlprogramm der Liste, in: Dokumente zum Hochschulumbau IV, Ablage 16.

die »oft mangelnde Bereitschaft insbesondere führender Universitätsangehöriger, eingefahrene Wege zu verlassen, eingetretene Veränderungen zu akzeptieren und die Vergangenheit aufzuarbeiten«[316]. Das belege die schleppende Umsetzung der PSK-Ergebnisse und die unzureichende Arbeit des Akademischen Senats. Ebenso kritisiert die Liste die ZPSK als eine »nicht autorisierte Nebenregierung, deren Kompetenz dunkel ist«[317].

Die Gruppe »Neue Universität« besteht vorwiegend aus Professoren der naturwissenschaftlichen Fächer. Sie setzt sich ebenfalls vom bisherigen Erneuerungskurs ab und befürwortet ähnlich wie »Humboldt-Forum« und die ansonsten heterogene Liste »Vivat Charité« das ErgG in seinen Grundzügen und wünscht einen tiefgreifenden Personalwechsel. Hochschulpolitisch verfolgt sie eher das Leitbild der Ordinarienuniversität.[318]

Durch die Wahlen im Februar 1992 kommen viele neue Personen in den Akademischen Senat und stärken deutlich die bisher dominierenden Kräfte um die ZPSK. Unter den Hochschullehrern stellt »Pro Humboldt« sieben von dreizehn Mitglieder. Bei den Studierenden setzt sich für alle vier Sitze die Gruppe STUVE durch, in der sich neben den studentischen Mitgliedern der ZPSK frühere Mitglieder des Studentenrats aus fast allen Fachbereichen zusammengetan hatten. Beim akademischen Mittelbau und dem nichtwissenschaftlichen Personal werden ebenfalls zum überwiegenden Teil Personen gewählt, die mit dem Anliegen des PSK-Konzepts sympathisieren. Ähnlich sind die Mehrheitsverhältnisse in den übrigen Gremien, dem Konzil und dem Kuratorium. Damit erhöhen sich zugleich die Spannungen zwischen den neuen Mehrheiten und dem amtierenden Rektor Zschunke, der für die Liste »Neue Universität« kandidiert und stärker auf einen Befriedungskurs mit dem Senator setzt.

Insgesamt professionalisiert und parlamentarisiert sich nach den Wahlen die Arbeit der zentralen Gremien deutlich: Fast alle Mitglieder haben in den zurückliegenden zwei Jahren Erfahrungen in der demokratischen Selbstverwaltung gesammelt bzw. waren oder sind parallel in den Fachbereichen aktiv. Prägten bisher eher die Universitätsleitung und ihre Verwaltung die Sitzungen,

316 Programm Humboldt-Forum, »Sorgen um die Erneuerung«, in: Dokumente zum Hochschulumbau IV, Ablage 16. Doch ebenso zeigt der Text, wie diffus in Teilen der Hochschullehrerschaft die Lage der HU eingeschätzt wird. Einerseits kritisiert er die »Kolonialisierung« der Hochschule, andererseits beklagt er, dass »Verbindungen und Erfahrungen, die als Reise- und andere Kader aufgebaut wurden« nun helfen, um mit neuen Seilschaften die eigene Anstellung abzusichern (ebenda).

317 Ebenda.

318 S. z. B. ein Vorschlag der Liste zu Fragen der persönlichen Integrität, in: Dokumente zum Hochschulumbau III, Ablage 12.

verändert sich das nun spürbar.[319] Es kommt nicht nur durch die Studierenden zu mehr politisch geprägten Debatten, Vorlagen werden zunehmend auch aus allen Mitgliedergruppen eingebracht. Im Akademischen Senat wird eine aktuelle halbe Stunde eingeführt, in der die Leitung, wie in einem Parlament, Stellung zu allen Fragen nehmen muss; das Instrument der schriftlichen Anfrage an den Rektor wird eingeführt und zahlreiche Kommissionen und Ausschüsse werden eingesetzt, die dem Senat zuarbeiten. Eine große Zahl der jetzt in den Senat oder das Konzil gewählten Personen aller Mitgliedergruppen tritt auch bei kommenden Wahlen an, so dass sich ähnlich den meisten bundesdeutschen Gremienuniversitäten allmählich eine hochschulpolitisch arrivierte Expertenschicht herausbildet.

3.2.4 Die Medien

Die Frage, wie viel Selbstbestimmung und wie viel staatlichen Eingriff die Erneuerung braucht, ist seit 1991 Gegenstand öffentlicher Debatten und veranschaulicht zugleich den Einfluss der Medien auf die Umgestaltung.

Berlin hat in dieser Zeit eine von Umbrüchen gekennzeichnete, in eine Ost- und eine Westleser- bzw. -hörerschaft stark gespaltene, sich neu ordnende Medienlandschaft. Charakteristisch sind ihr hoher Boulevardanteil im Printsektor (»Bild«, »BZ«, »Berliner Kurier«) und zahlreiche westdeutsche Übernahmeaktivitäten innerhalb des Ostberliner Medienmarktes (Berliner Verlag an Gruner und Jahr, »Neue Zeit« an FAZ, »Der Morgen« zu Springer, Abwicklung des DFF), der wegen seiner ehemals zentralstaatlichen Funktion noch über eine große, in die neuen Länder reichende Verbreitung verfügt (DFF-Radio und -TV, die von der SED/PDS oder den Blockparteien gehaltenen und nun zum Verkauf stehenden Zeitungen, wie »Neues Deutschland«, »Der Morgen«, »Neue Zeit«, »Bauern-Echo«, »Nationalzeitung« oder ADN). Angesichts dieser Situation ist der Markt nach neuen Nachrichten und um neue Leser, Zuschauer oder Hörer in Berlin besonders umkämpft.

319 Neidhardt sah den alten Akademischen Senat weithin gelähmt durch neue Frontenbildungen, Nachfolgegefechte aus DDR-Zeiten, »Abrechnungen zwischen Opfern und Tätern sowie zwischen vermeintlichen Opfern und vermeintlichen Tätern. Man darf sich ja nicht vorstellen: Die Humboldt-Universität, da waren alle einer Meinung und nur die Eindringlinge aus dem Westen haben verhindert, dass sich die Universität selber reformieren und dann gedeihlich entwickeln konnte. Die Humboldt-Universität war in wesentlichen Fragen handlungsunfähig, nicht zuletzt auch unter dem Einfluss einer Universitätsverwaltung, der ich gewünscht hätte, sie wäre ebenso evaluiert worden wie der akademische Universitätsbereich« (Interview Professor Neidhardt mit Jana Barthel und Thomas Sarzio, 7, in: Dokumente zum Hochschulumbau IX, Ablage 14).

Auf der anderen Seite ist der Umgang mit Medien für die meisten Gremienmitglieder oder Mandatsträger neu und ungeübt. Zwar hat die HU neben der in der Wende entstandenen, viel gelesenen Studentenzeitung »Unaufgefordert« eine hauseigene Zeitung, die beide über die Hochschule ausführlich berichten. Nun aber sind die Bedingungen gänzlich neu, d.h. ist die Hochschule ein öffentlicher Ort, sind alle Sitzungen, alle Veranstaltungen frei und öffentlich zugänglich. So nehmen Journalisten regelmäßig am Akademischen Senat, Konzil oder Kuratorium teil, werden Gremienmitglieder um Interviews oder Hintergrundberichte gebeten, bestimmt die mediale Wirkung zunehmend ihre Positionierung mit, wird Einfluss auf Entscheidungen über die Medien gesucht oder beeinflusst umgekehrt die Berichterstattung inneruniversitäre Debatten. Da die HU und ihre Erneuerung von großem öffentlichen Interesse begleitet ist und sie Konflikte mit dem Berliner Senat nicht scheut, wird sie Gegenstand einer intensiven und kontinuierlichen Berichterstattung.

Universität und Senat, Rektor und Senator streiten in einer ganzen Reihe von öffentlichen Runden, in Interviews und Auftritten in Rundfunk und Fernsehen um ihre Ansätze. Erhardt hält die HU zu Beginn der 90er Jahre für »außerordentlich mittelmäßig« und glaubt, dass sie »sich nicht am eigenen Schopf aus dem Sumpf ziehen kann«[320]. Die pauschale Abwicklung hält er für fairer gegenüber den Betroffenen als ihre individuelle Überprüfung. Der Rektor verteidigt die Universität, gesteht aber ein, dass »häufig nicht genug Erneuerungswillen auf Seiten der Professoren vorhanden«[321] sei. Als Erhardt die Vorsitzenden der SBK ernennt, verstärkt er seine Kritik: »Die Abwicklung

320 »Die Humboldt-Uni ist kein Sozialamt für Professoren«, »Berliner Zeitung« vom 12. Februar 1991, in: Pressebericht IV, Ablage 2. In dem Streitgespräch sagt der Senator weiter: »Die Humboldt-Universität – ich sage es jetzt zugespitzt – ist kein Sozialinstitut zur Verhinderung von Professorenarbeitslosigkeit, sondern ein Dienstleistungsunternehmen, das hochqualifizierte Ausbildung für Studenten anbieten und exzellente Forschungsergebnisse vorbringen muss. Ihre Professoren wurden rekrutiert in einer Zeit, als die Humboldt-Universität unter SED-Herrschaft stand. Die Einheit von Forschung und Lehre war nicht verwirklicht, sie ist aber für internationale Maßstäbe das Kriterium schlechthin. Wenn es nicht gelingt, Forschung und Lehre zu verbinden und sicherzustellen, dass die Humboldt-Universität für Studenten und Forscher international attraktiv wird, dann wird eine Abstimmung mit den Füßen stattfinden. Ich fürchte, die Klage gegen die Abwicklung wird nicht zur Qualifikation der Humboldt-Uni führen, sondern selbst zu ihrer Disqualifikation beitragen. Im Übrigen halte ich das Verfahren der Abwicklung für fairer als die so genannte sonstige personelle Erneuerung. Mich schmerzt etwas, dass man jeden Einzelnen mit Röntgenstrahlen durchleuchtet, ihn nach seiner persönlichen Vergangenheit und seiner jetzigen wissenschaftlichen Qualifikation durchcheckt, so dass er nachher als offenes Blatt eingesehen werden kann. Die Abwicklung ist fairer, weil die Stellen neu ausgeschrieben werden und sich selbstverständlich auch die bisherigen Professoren bewerben können. Mir persönlich tut es leid, dass nur fünf Bereiche nach diesem fairen Verfahren behandelt werden.«

321 Ebenda.

von ideologisch besonders belasteten Fachbereichen sei notwendig, denn die Humboldt-Universität ›war Mitträger des SED-Regimes und nicht nur Opfer‹. Keine Universität in der ehemaligen DDR sei so sehr zum Instrument und Subjekt der SED-Politik gemacht worden wie die Humboldt-Universität.«[322]

Neben dem Für und Wider zur Abwicklung bestimmt also ein zweites Element die öffentliche Debatte: Die weithin diskreditierende politisch-ideologische Indienstnahme von wissenschaftlicher Lehre und Forschung in der DDR. Diese vergangenheitspolitische Auseinandersetzung[323] entwickelt sich seit der Abwicklungsentscheidung mehr und mehr zum dominierenden Faktor innerhalb der Berichterstattung und führt bis zur Skandalisierung der gesamten Hochschule. Zugleich wird sie selbst zu einem wichtigen Element der Erneuerungspolitik[324] und hat verschiedene, von den Medien besonders aufgegriffene Themen, die zumeist unterlegt sind mit der Frage nach den Verbindungen der HU und ihrer Mitarbeiter zum Staatssicherheitsministerium[325]:

1.) In den Sektionen Geschichtswissenschaft[326], Germanistik[327], Philosophie[328] und Rechtswissenschaft[329] kommt es zu fächerbezogenen Debatten über ihre Verantwortung in der DDR-Wissenschaft, die auf ein mediales Interesse treffen und kritische öffentliche Diskussionen auslösen.

2.) Unter besonderer öffentlicher Aufmerksamkeit steht die Charité: Dort befinden sich, so Pressemeldungen, nahezu alle alten Klinik- und Institutsdirektoren weiter in ihren Positionen. Die meisten seien Parteigenossen, »was unter den früheren DDR-Bedingungen allein noch nicht besonders belastend sein muss. Aber sie wurden von oben eingesetzt und nicht, wie in der Bundesrepublik, von ihren Professoren-Kollegen gewählt. Viele der Direktoren haben ihre Position – oft schon die Professur – ausschließlich über eine Parteikarriere

322 »Erhardt hält an Abwicklung fest«, »Der Tagesspiegel« vom 1. März 1991, in: Presseberichte IV, Ablage 2.

323 Zum Begriff der Vergangenheitspolitik s. Einleitungskapitel des IV. Teils.

324 In den folgenden Anmerkungen kann nur auf einen kleineren Teil der Diskussion eingegangen werden. Ausführlich in: Presseberichte III, Ablage 12.

325 S. dazu ausführlich: Pasternack, 1999, 269 ff.

326 S. Kapitel 3.1.3 dieses Teils, Anmerkung 280.

327 »Das Unbehagen im Wissenschafts-Kopf. Germanisten der Ex-DDR zwischen Nützlichkeit und Pädagogik«, »Frankfurter Rundschau« vom 28. März 1991, in: Presseberichte III, Ablage 12 oder »Vertrauen ist noch besser. Die Humboldt-Universität bei der Abwicklung beobachtet«, »Frankfurter Allgemeine Zeitung« vom 13. April 1991, in: a. a. O.

328 »Philosophie ohne »ML« – sprachlos. Ein Institut der Humboldt-Universität bewältigt per Vortrag seine Geschichte«, »Der Tagesspiegel« vom 5. Februar 1991, in: Presseberichte III, Ablage 12.

329 Eine öffentliche Veranstaltung des FB Rechtswissenschaften zur eigenen Vergangenheit fand statt am 4. Dezember 1990. Ausführlich dazu: Küpper, 1993, 34 f. sowie: »Recht stabilisiert Macht. Die »zweite Nachkriegszeit« – Debatte über die Nachfolge des DDR-Rechtssystems der Rechts-Sektion der Humboldt-Universität«, »tageszeitung« vom 9. Februar 1991, in: Presseberichte III, Ablage 12. S. auch: Will, 1995c, 7 ff.

erhalten. Manche haben die wissenschaftliche Qualifikation trotz günstiger Bedingungen für ›Reisekader‹ auch nachträglich nicht erlangt. Stasibindungen vieler Mitarbeiter sind weniger offenkundig; das liegt in der Natur der konspirativen Sache. Die Zahl der ›informellen Mitarbeiter‹ der ehemaligen Staatssicherheit wird auf mindestens 150 geschätzt, hinzu kommt eine unbekannte Zahl von ›Offizieren in besonderem Einsatz‹. Sie sind fast alle noch da. Die ›Säuberung‹ der Charité ist demnach eine Herkules-Aufgabe«.[330]

3.) Den bisherigen Stand der Selbsterneuerung und ihre Institutionen beurteilen die Medien überwiegend skeptisch: So sei der Ehrenausschuss[331] »eines jener fast befugnislosen Gremien – vom Runden Tisch über die Rehabilitierungs- bis zur neuen Personalstrukturkommission –, deren Mitglieder sich mit viel Aufwand und wenig Erfolg um Reformen bemühen. Im Unterschied zu anderen Gremien, in denen nicht selten Böcke Gärtner und kein frisches Grün aufkommen lassen«[332], setze sich der Ehrenausschuss aus integeren Leuten zusammen.

4.) Der Rektor wird in den Medien für seinen hinhaltenden, die Umgestaltung wenig voranbringenden, ja DDR-nostalgischen Kurs massiv kritisiert.[333] Andere vergangenheitspolitische Themen, wie z.B. die Frage der möglichen Aberkennung von in der DDR verliehenen akademischen Titeln[334] oder die bis in das Jahr 1990 hinein fortgesetzten Habilitationen nach DDR-Recht, verursachen viele vorwurfsvolle Kommentare.[335]

5.) Die Boulevardisierung der Meldungen über die HU[336] nimmt stark zu,

330 »Die Selbstreinigungskräfte sind dem roten Filz nicht gewachsen. Die Berliner Charité wird mit dem Erbe der SED nicht fertig«, »Frankfurter Allgemeine Zeitung« vom 2. März 1991. Zu den Verflechtungen der Charité mit dem MfS s. auch: Stein, 1992.

331 Zum Ehrenausschuss und den weiteren Kommissionen s. 3. Kapitel des IV. Teils.

332 »Die Selbstreinigungskräfte sind dem roten Filz nicht gewachsen. Die Berliner Charité wird mit dem Erbe der SED nicht fertig«, »Frankfurter Allgemeine Zeitung« vom 2. März 1991. Ähnlich personalisierend auch: »Die Charité ein Tummelplatz der Staatssicherheit. Das ehemalige Berliner Vorzeigekrankenhaus und seine Schwierigkeiten mit der Vergangenheitsbewältigung«, »Der Morgen« vom 30./31. März 1991, in: Presseberichte III, Ablage 12.

333 S. Rolf Schneider, »Ist die Maueröffnung ein Staatsstreich gewesen? Über die merkwürdigen Ansichten des Rektors der Humboldt-Universität, Heinrich Fink«, »Neue Zeit« vom 26. Januar 1991, in: Presseberichte III, Ablage 12.

334 Vgl. »Der Tagesspiegel« vom 8. Mai 1991, in: Presseberichte III, Ablage 12. Zum Begriff Vergangenheitspolitik s. Einleitungskapitel des IV. Teils.

335 »Habilitation an der Humboldt-Universität im Schnellverfahren«, »Frankfurter Allgemeine Zeitung« vom 7. Mai 1991, in: Presseberichte III, Ablage 12.

336 Beispielhaft sei auf die Auseinandersetzung um 180 nicht von der HU fristgerecht zugestellte Kündigungen am Schluss der Personalübernahme Ende 1993 verwiesen, die eine »nationale Presseschlacht« (so der Leiter der HU-Personalabteilung in »Unaufgefordert« Nr. 55 vom 12. April 1994, 7) auslösen. Größtenteils werden in den Medien der HU verschwörerische Absichten unterstellt, denn sie seien die skandalöse Folge »einer nachlässigen oder bösartigen Personalpolitik« (»Getöse am toten Punkt«, »Frankfurter Allgemeine Zeitung« vom 22. Februar 1994, in: Presseberichte IV, Ablage 5), über die auch die Boulevardpresse

insbesondere bezogen auf die Charité. Nicht nur in den entsprechenden Massenblättern, auch in den großen Tageszeitungen, im Rundfunk oder im TV findet sich die Tendenz einer fast kampagnenartigen Berichterstattung wieder, wie die »Enthüllungen« über getötete »Frühchen«, die Verwicklung in illegale Organverkäufe oder in das DDR-Dopingsystem, Berichte über Menschenversuche oder Hormon-Experimente an Kindern belegen. All diese Themen erschüttern gerade in den Debatten über die eigenständige Zukunft der Charité und die Reformierbarkeit der Hochschule deren Glaubwürdigkeit gegenüber Politik und Bevölkerung. Das zeigen zahlreiche Leserreaktionen in den Massenblättern. Mehrere staatsanwaltliche Ermittlungen sind Folge dieses Sensationsjournalismus.[337]

Bei all diesen Themen, die den Hintergrund bilden, vor dem die staatliche und die selbstbestimmte Erneuerung miteinander konkurrieren, ist die HU in der Defensive oder hat kaum eine Chance, das journalistische Interesse auf ihr wichtige Themen zu lenken.[338] Hinzu kommt die Ungeduld und medial

ausgiebig berichtet (»Dr. Raffke & Professor Ratlos – so schmeißt die Humboldt-Uni unser Geld raus«, »Bild« vom 2. März 1994, »Skandal an der Humboldt-Uni«, »Berliner Kurier« vom 3. März 1994 u. a., in: ebenda).

337 »Schrecklicher Verdacht – Charité verkaufte Organe in den Westen«, »Bild« vom 26. August 1991, »Ermittlungen wegen Organ-Beschaffung«, »tageszeitung« vom 27. August 1991, »Menschen-Versuche an Berliner Charité?«, »BZ« vom 26. August 1991, »Es geht um unsere Ehre«, »Der Spiegel«, Nr. 35/1991, »Erste Beweise: Menschenversuche an der Charité«, »Berliner Morgenpost« vom 27. August 1991, »Verletzte als Organspender ›angefordert‹«, »Der Tagesspiegel« vom 27. August 1991, »Charité – die unbarmherzige Klinik«, »Bild« vom 30. August 1991, »Charité-Skandal weitet sich aus – nur die Spitze eines Eisbergs?«, »Berliner Morgenpost« vom 28. August 1991, »Erhielten Spitzensportlerinnen männliche Hormone gespritzt?«, dpa vom 29. August 1991, »Charité weist Vorwürfe zurück«, »tageszeitung« vom 29. August 1991, »Ermittlungen gegen Charité-Dekan«, »Berliner Zeitung« vom 3. September 1991, »Charité klagt gegen ›Bild‹ und ›Super!‹ wegen Hetzkampagne«, »tageszeitung« vom 2. September 1991, »Berufsverfahren gegen 18 Charité-Ärzte eingeleitet, »tageszeitung« vom 6. September 1991, »Suchen Sie sich einen sicheren Schützen«, »Der Tagesspiegel« vom 7. September 1991, »Bitte, nimm Deine Organe nicht mit in den Himmel – der Himmel weiß, wir brauchen sie hier«, »tageszeitung« vom 11. September 1991, »An der Charité tobt ein Kampf um Einfluss und Macht«, »Berliner Zeitung« vom 7./8. September 1991, »Stellen Sie 'nen Eimer hin«, »Der Spiegel«, Nr. 8/1992. Alle Artikel in: Presseberichte III, Ablage 12.

338 Selbst im Konflikt um den neu eingerichteten Studiengang Sozialtherapie schafft sie es nicht, in den Medien für ihre Haltung eine positive Resonanz zu finden: Die HU exmatrikuliert eine Reihe von Studierenden dieses Studienganges, weil sich herausstellt, dass sie ehemalige hauptamtliche MfS-Mitarbeiter sind und über Umschulungsmaßnahmen zu Sozialtherapeuten ausgebildet werden sollen. Diese Pervertierung von Täter-Opfer-Beziehungen führen unter Studierenden und Mitarbeitern des Fachbereichs zu erheblichen Auseinandersetzungen, zumal kaum jemand der ehemaligen MfS-Mitarbeiter bereit ist, von sich aus auf dieses Studium zu verzichten. Einige klagen gegen die Exmatrikulation erfolgreich und können es schließlich beenden. Zu dem gesamten Vorgang s. u. a. »Reine Weste, doch noch keine klaren Köpfe«, »Der Morgen« vom 19. März 1991, »Ex-MfS-ler sind ganz normale Studenten«, »tageszeitung« vom 25. April 1991 und »Stasi-Studenten gewannen«, »Der Tagesspiegel« vom 25. April 1991, in: Presseberichte III, Ablage 12.

entfachte Forderung nach Schnelligkeit bei den Reformen, die nur in transparenten, sachlich überprüfbaren, kompromissorientierten und eben deshalb zuweilen langsamen Verfahren möglich sind, ein zwangsläufiger Widerstreit zwischen medialen Funktions- und politischen Entscheidungsmechanismen. Wegen dieses Problems und des oft durch mediale Kurzatmigkeit erzeugten oder von ihr begleiteten rasanten Wandels von Bewertungsmaßstäben spricht Universitätskanzler Schwarz von einer »Periodisierung nach Zeitabständen von nur zwei Monaten. In etwa dieser Zeitspanne realisierte sich jeweils ein völliger Umschlag der Paradigmen, der Sichtweisen auf alle handlungsrelevanten Aspekte der Wirklichkeit. Danach hatten sich nicht unbedingt die harten Fakten geändert, aber im Gleichklang mit der ›herrschenden Meinung‹ nahmen die Menschen sie anders wahr. Ihr Gedächtnis hatte ausgelöscht, was sie gestern selber noch gedacht, gesagt und getan hatten.«[339]

Doch finden sich in den Medien nicht nur anklagende, skandalisierende oder ablehnende Berichte, sondern ebenso differenzierte Analysen der politischen Vergangenheit der HU, des Umgangs mit dem Staatssicherheits-Thema[340] oder der Selbsterneuerung und ihrer Akteure. Selbst die Abwicklung findet nicht nur Zustimmung, sondern auch ernsthafte Kritik[341]; Gastprofessoren oder Hochschulexperten berichten häufig abgestufter und positiver über ihre Erfahrungen an der HU als die öffentliche Mehrheitsmeinung.[342]

Alles in allem übt die mediale Öffentlichkeit einen bedeutenden Einfluss auf den Gang der Umgestaltung aus, denn sie berichtet nicht nur, sondern bestimmt Debatten oder fokussiert auf bestimmte Themen, wie die Meldungen über 62 enttarnte Stasi-Mitarbeiter oder über Skandale in der Charité exemplarisch belegen. Dabei werden bestehende öffentliche Urteile in der Regel bestätigt, zugleich ist die mediale Perspektive auf Grund der Marktbedingungen stark westdeutsch geprägt. Die große Mehrheit der Berichte geht davon aus, dass die HU nur über den Weg der Intervention verlässlich reformiert werden kann.

339 Vortrag aus Anlass des »Dankes an die vorige Universitätsleitung« am 27. Mai 1993 in der Humboldt-Universität zu Berlin, 2, in: Dokumente zum Hochschulumbau VIII, Ablage 7.

340 S. z. B.: »Doktor Brie wird abgewickelt«, »Die Zeit« vom 5. Juli 1991, in: Presseberichte III, Ablage 12.

341 S. »Abwicklung als kurzer Prozess«, »Die Zeit« vom 1. Februar 1991, in: Presseberichte III, Ablage 12.

342 S. u. a. Uwe Wesel, »Schuldrecht, besonderer Teil«, »Die Zeit« vom 8. März 1991 oder ders., »Juristen-Tricks. Wie Rechts- zu Staatswissenschaft wird«, »Die Zeit« vom 1.Februar 1991, Wolf Dieter Narr, »Man muss die Kunst der Langsamkeit üben«, »tageszeitung« vom 6. Februar 1991, in: Presseberichte III, Ablage 12. S. auch Schluchter, 1996, 90 ff.

3.2.5 *Der Rektor*

Am 25. November 1991 erhält der Wissenschaftssenator aus der »Gauck-Behörde« einen Bescheid, aus dem hervorgeht, dass die überprüften Unterlagen Hinweise auf eine Zusammenarbeit Heinrich Finks mit dem MfS ergeben und er seit 1969 »unter dem Decknamen ›Heiner‹ für das Ministerium tätig gewesen«[343] sei. Am gleichen Tag informiert ihn der Senator in einem persönlichen Gespräch und erläutert ihm das weitere Vorgehen.[344] Fink bestreitet, jemals über dienstliche Kontakte als Direktor der Sektion Theologie hinaus mit dem MfS zusammengearbeitet zu haben. Schon einige Monate zuvor waren unter Journalisten Gerüchte aufgetaucht, der Rektor der HU könnte IM gewesen sein.[345]

Die Kündigung Finks als Professor und sein damit verbundener Verlust des Rektoramtes[346] führt aus unterschiedlichen Motiven zu heftigen Gegenreaktionen in der Universität. Die Kündigungs-Kritiker eint, dass sie die Entlassung symbolgeleitet interpretieren – als einen Akt, der ganz wesentlich auf Fink als den Repräsentanten eines eigenständigen Erneuerungskurses zielt.[347] Einige

343 Schreiben des Sonderbeauftragten der Bundesregierung für die personenbezogenen Unterlagen des ehemaligen Staatsicherheitsdienstes vom 25. November 1991, abgedruckt in: »Utopie kreativ«, Januar 1992, 27. Die Ausgabe der Zeitschrift dokumentiert umfangreich die Auseinandersetzung um Heinrich Fink. Zur weiterführenden Rekonstruktion soll daher auf sie verwiesen sein.

344 Das Protokoll der Unterredung wird dokumentiert und kommentiert in: Karau, 1992, 51 ff.

345 S. »Frankfurter Allgemeine Zeitung« vom 18. September 1990, in: Presseberichte IV, Ablage 1. S. auch: Küpper, 1993, 58 ff. sowie »Erneuern oder Überleben«, »Die Zeit« vom 22. November 1991. Weiter auch den Brief Hermann von Bergs vom 18. Juli 1991 an den Studentenrat (in: Dokumente zum Hochschulumbau VIII, Ablage 7), in dem der Rektor massiv wegen seiner politischen Vergangenheit in der Christlichen Friedenskonferenz angegriffen und ihm anhand von Akten aus dem Staatssekretariat für Kirchenfragen vorgeworfen wird, er wäre mitbeteiligt an Plänen, die in den 80er Jahren den Theologen und späteren SPD-Politiker Richard Schröder politisch und fachlich gezielt diskreditieren sollten. Der Brief löst eine erste publizistische Debatte über Finks kirchenpolitische Vergangenheit aus.

346 Zur Arbeit des Rektors und der Auseinandersetzung um seine Entlassung s. Küpper, 1993, 49 ff.

347 Typisch für viele Wortmeldungen von Unterstützern Finks, der im Herbst 1990 neu gewählte Prorektor für die geisteswissenschaftlichen Fächer, Professor Ulrich Reinisch: »Es ist durch den Gang der Ereignisse ziemlich wahrscheinlich, dass es sich hier um einen hochschulpolitischen Vorgang handelt. Die Humboldt-Universität ist die einzige Universität in der ehemaligen DDR, in der die Selbstverwaltungsgremien noch nicht zertrümmert worden sind. Heinrich Fink steht für diesen Weg. Er ist seit Monaten dafür angegriffen worden, von der »Frankfurter Allgemeinen Zeitung«, der »Welt« oder anderen Publikationen. Dieser Selbsterneuerungsweg, für den Heinrich Fink steht, ist unendlich schwierig, mit unendlichen Problemen belastet, inneren und äußeren. Man darf dabei nicht vergessen – all diejenigen, die sich beklagen, dass wir nicht vorankommen – ein wesentliches Hindernis kommt von außen.« (»Alle Macht den Akten?«, Forum Wissenschaft, 1991, Heft 4, 63, zitiert nach: »Utopie kreativ«, Januar 1992, 61).

von ihnen stellen einen Zusammenhang zwischen den »Enthüllungen« und den für das Frühjahr 1992 vorgesehenen Rektorats- und Gremienwahlen her, woraufhin der Akademische Senat einen Tag nach Finks Kündigung die Wahlen zunächst so lange aussetzt, bis »die Vorwürfe gegen den Rektor gerichtlich geprüft sind«.[348] Andere bemängelten das Verfahren der Entlassung.[349] Da sich Fink trotz Kündigung von dem »durch eine demokratische Wahl offiziell übertragenen Amt des Rektors nicht entbunden«[350] fühlt und seine eigene Unschuld beteuert, droht die Situation zu eskalieren. Eine schnelle Akteneinsicht kommt nicht zustande, so dass Fink von seiner ursprünglichen Absicht abrückt, die Dienstgeschäfte bis zur Klärung der Vorwürfe ruhen zu lassen.[351]

In einer Sitzung des Wissenschaftsausschusses im Abgeordnetenhaus am 2. Dezember 1991 werden die Verfahrensfragen der Kündigung thematisiert: das Recht auf eigenständige Würdigung der Akten durch den Arbeitgeber[352], die nicht gewährte Anhörung Finks vor der Personalkommission oder der hochschuleigenen Ehrenkommission[353], aber auch die Frage, ob die Gauck-Behörde tatsächlich Finks MfS-Tätigkeit mit den öffentlich gewordenen Dokumenten belegen kann.[354]

348 Protokoll des Akademischen Senats vom 26. November 1991, in: Dokumente zum Hochschulumbau IV, Ablage 26. Das Konzil hebt diese Entscheidung kurze Zeit später wieder auf, spricht sich aber für eine Verschiebung der Rektoratswahlen ins darauf folgenden Semester aus, wegen »der Chancengleichheit der Kandidaten und des Abbaus der gegenwärtig überwiegend emotionalen Beurteilungen« (Presseinformation der HU über die Beschlüsse des Universitätskonzils vom 29. November 1991, in: »Utopie kreativ«, Januar 1992, 49).

349 S. MdA Fischbeck auf der Sitzung des Wissenschaftsausschusses im Abgeordnetenhaus am 2. Dezember (a. a. O., 76 und 82 ff.) oder den ehemaligen Kanzler der HU (a. a. O., 55).

350 Erklärung des Rektors vom 26. November 1991, in: Karau, 1992, 59. Diese Position scheint auch der Akademische Senat zu unterstützen (s. Protokoll und Beschluss des Akademischen Senats vom 26. November 1991, in: Dokumente zum Hochschulumbau IV, Ablage 26). Fink bekräftigt in einer Presseerklärung vom 29. November seine Auffassung, dass er sich weiter im Amt befinde, und beauftragt Anwälte, seine Rechte gegenüber dem Wissenschaftssenator wahrzunehmen (Presseerklärung in: »Utopie kreativ«, Januar 1992, 43 f.).

351 Nach einem Schreiben an Senator Erhardt vom 28. November 1991 (»Utopie kreativ«, Januar 1992, 42). Der Senator sieht für eine andere Behandlung aus disziplinarrechtlichen Gründen aber keine Möglichkeit (s. Erhardts Ausführungen vor dem Wissenschaftsausschuss am 2. Dezember 1991, in: a. a. O., 83 ff.).

352 So der oberste Beamte der Gauck-Behörde, Dr. Geiger, auf der Sitzung des Wissenschaftsausschusses: »Bei der Gelegenheit darf ich vielleicht noch eines sagen, Herr Senator, Sie sind möglicherweise nicht richtig unterrichtet worden. Sie, als zuständige Stelle, hätten selbstverständlich sowohl Akteneinsicht gehabt wie das Recht, Akten herauszufordern. Das ist der Unterschied: Der Betroffene hat es tatsächlich nicht; die zuständige Stelle, selbstverständlich auch ein Gericht, kann Akteneinsicht nehmen oder kann Akten herausfordern.« (a. a. O., 90).

353 Nach diesem Fall wird zwischen der Universität und der Senatsverwaltung ein verbindliches Überprüfungsverfahren für die Beschäftigten festgelegt. Nähere Erläuterungen im Kapitel 3.1 des IV. Teils.

354 Vgl. das Auskunftsschreiben der Gauck-Behörde an den Wissenschaftssenator vom 25. November 1991 (»Utopie kreativ«, Januar 1992, 26), die Erläuterungen von Gauck (»… dass

Nachdem die Kündigung vollzogen ist, der Rektor aber dennoch im Amt bleibt, macht der Akademische Senat einen Vorstoß und fordert den Senator auf, »anstelle der Entlassung von Herrn Fink die Prüfung der gegen ihn vorliegenden Vorwürfe durch eine paritätisch zusammengesetzte Kommission (Senatsverwaltung und Universität) zu veranlassen«. Dass Fink zuvor vom Konzil freilich gebeten wird, bis zur Klärung der Vorwürfe im Amt zu bleiben, schwächte die Offerte erheblich ab.[355] Zwar präzisiert der Akademische Senat am 14. Januar 1992 den Beschluss und schlägt seinerseits durchaus dem Rektor kritisch gegenüberstehende Personen für die Kommission vor, die bis Ende Februar ihre Ergebnisse vorlegen soll.[356] Doch lehnt die Senatsverwaltung ihre Mitarbeit ab. Stattdessen ordnet der Senator wenige Tage nach der Entlassung an, dass der 1. Prorektor die Amtsgeschäfte des Rektors wahrnehmen solle und Fink die Ausübung des Amtes untersagt sei.

Zwischen 1. Prorektor und Akademischem Senat kommt es daraufhin zu einem Machtkampf[357]: Mehrfach verzögert der 1. Prorektor die Entscheidung des Senats zu prüfen, ob gegen die Rechtsaufsichtsmaßnahme Klage vor dem Verwaltungsgericht eingereicht werden kann. Am 4. Februar fordert ihn der Senat daher ultimativ auf, »eine rechtlich fundierte Vorlage zu diesem Gegenstand in die Sitzung des Akademischen Senats am 12.02.1992 einzubringen«[358]. Obgleich auch das nur unvollständig geschieht, entscheidet sich der Senat am 12. Februar für eine Klage.[359]

Der Konflikt Senator – Universität und die inneruniversitären Spannungen zwischen dem 1. Prorektor und dem Akademischen Senat eskalieren am 1. April 1992 erneut, als Fink seinen Prozess vor dem Arbeitsgericht gewinnt: Das Gericht stellt fest, dass es zwar eine Fülle von Indizien und Hinweise gebe, die eine IM-Tätigkeit nahelegen. Über die Darlegung der MfS-Unterlagen hinaus, die für sich genommen keine Beweise im Sinne der Zivilprozessordnung darstellten, sei der Arbeitgeber den Beweis einer wissentlichen Zusammen-

ich mir sehr gut vorstellen kann, dass gerade ein Mann wie er (Heinrich Fink – Anmerkung S. V.) möglicherweise das nicht gewusst hat«) und Geiger vor dem Konzil am 29. November 1991 (a. a. O., 47 f.) mit den Äußerungen Gaucks vor dem Wissenschaftsausschuss vom 2. Dezember 1991 (»Ich muss zugeben Herr Senator, dass es sich um ein äußerst dürres Schreiben handelt, dessen Dürre ich auch intern den Mitarbeitern noch einmal vorhalten werde, zu dessen Tenor ich aber nach Aktenlage stehen muss.«; a. a. O., 94).

355 Presseinformation der HU zu den Beschlüssen des Konzils vom 29. November 1991, in: »Utopie kreativ«, Januar 1992, 49.

356 Protokoll des Akademischen Senats vom 14. Januar 1992 und 12. Februar 1992, in: Protokolle des Akademischen Senats I, Ablage 5.

357 S. auch: Pasternack, 1999, 218 ff.

358 Protokoll vom 4. Februar 1992, in: Protokolle des Akademischen Senats I, Ablage 5.

359 Protokoll vom 12. Februar 1992, in: a. a. O. S. auch Vorlage 16/92 des Akademischen Senats vom 12. Februar 1992 sowie Änderungsvorlage, in: Dokumente zum Hochschulumbau IV, Ablage 26.

arbeit Finks mit dem MfS aber schuldig geblieben.[360] Die Entscheidung des Gerichtes bringt Fink jedoch nicht in das Rektoramt zurück, da der Wissenschaftssenator Berufung gegen die Entscheidung einlegt und an seiner Rechtsaufsichtsmaßnahme festhält. Im Akademischen Senat am 7. April 1992 informiert der 1. Prorektor, dass Fink nur als Professor, nicht aber als Rektor wieder an der HU tätig sein könne. Er selbst, so teilt er dem Senat mit, »wolle sein Amt korrekt und so schnell wie möglich zu Ende führen, was einen ›gerichtsfesten Abgang‹ (gemeint ist die gerichtlich noch anhängige Frage nach der Rechtmäßigkeit der Rechtsaufsichtsmaßnahme des Senators – Anmerkung S. V.) einschließe«[361]. Vor allem die Studierenden sowie einzelne Professoren üben im Senat deutliche Kritik an der Universitätsführung.[362]

Doch führt all das Fink nicht in sein Amt zurück: Die Universität hatte sich seit November 1991 deutlich gewandelt. Alle SBK waren mittlerweile mit der Neustrukturierung der Fächer beschäftigt und legten dem Akademischen Senat und der Wissenschaftsverwaltung erste Ergebnisse vor. Die Reformakteure an der Universität suchten nach Wegen, wie sich die hochschuleigene Erneuerungsarbeit in die Arbeit der SBK integrieren ließ. Außerdem betrieben seit Januar 1992 einige Mitglieder des Akademischen Senats eine Novellierung des Hochschulstatuts voran, damit auch an der HU die an den Westberliner Universitäten übliche Präsidialverfassung eingeführt werden konnte.[363] Damit war das Signal verbunden, dass nach den Auseinandersetzungen der vergangenen Monate die nun begonnene Etappe nicht mehr mit dem bisherigen Rektor, sondern mit neuem Leitungspersonal gestaltet werden sollte.

Obwohl Fink innerhalb und außerhalb der Universität viel Unterstützung findet, bleibt auch die Kritik an ihm und seiner Politik immer präsent: Nicht wenige bewerten den Streit um seine Entlassung nicht als einen symbolischen oder institutionellen Konflikt, sondern als seine persönliche Angelegenheit. Sie wollen, dass er auf das Amt verzichtet, bis sich die Vorwürfe aufklären.[364]

360 »Ein Sieg der ›Lebenswirklichkeit‹«, »Der Tagesspiegel« vom 2. April 1992. Darüber hinaus weitere Presseberichte zum Urteilsausgang, in: Presseberichte IV, Ablage 3.

361 Protokoll des Senats vom 7. April 1992, in: Protokolle des Akademischen Senats I, Ablage 5.

362 Ebenda.

363 Am 14. April 1992 beschließt das Konzil diese Änderung der Grundordnung (s. die Mitteilung des 1. Prorektors in der Sitzung des Akademischen Senats vom 21. April 1992, in: Protokolle des Akademischen Senats I, Ablage 3).

364 So u. a. der Vorsitzende der Ehrenkommission, Dr. Flemming, der deshalb wie auch andere Mitglieder der Kommission zeitweilig sein Amt ruhen gelassen hatte, die Arbeit schließlich aber fortsetzt (Erklärung Flemmings an den Akademischen Senat vom 27. November 1991, in: »Utopie kreativ«, Januar 1992, 49 f. sowie Protokoll und Beschluss der Sondersitzung »Zur Arbeit der Ehrenkommission« vom 6. Dezember 1991, in: a. a. O., 53 und Protokolle des Akademischen Senats I, Ablage 5). Weiterhin die Erklärung von mehreren Hochschullehrern, vornehmlich der Charité, die neben der Kritik an der fehlenden Trennung zwi-

Je länger die Kündigung zurückliegt, setzt sich diese Sichtweise innerhalb und außerhalb der Universität durch. Küpper schätzt ein, dass Fink von dem Moment an, wo die MfS-Vorwürfe öffentlich wurden, »auf einer schiefen Ebene [gewesen sei]. Ganz zu Anfang hatte er noch bereitwillig erzählt, dass er selbstverständlich mit der ›Firma‹ immer wieder zu tun hatte, dass er mit allen geredet habe, die Studenten oder Bedrängte schützen konnten, dass er mehrfach ›vorgeführt‹ worden sei. Bereits nach kurzer Zeit allerdings begann Fink, seine Gauck-Akte als Kainsmal aller Unerwünschten im neuen Deutschland zu akzeptieren, so sehr er auch darunter litt«[365]. Mit seiner Geschichte habe er sich schließlich »von einer west-östlichen Linken, die Erfahrungen mit dem Opfersein lustvoll pflegt«, vereinnahmen lassen.[366]

Doch zugleich löste sein Rektorat neben Kritik auch viel Identifikation aus. Inga Markovits, Jura-Professorin aus Berkeley und 1991/92 Gast an der Juristischen Fakultät, fasste ihre Eindrücke von der »Ära Fink« zusammen: »Aber ich habe neben dem üblichen Selbstmitleid an der Humboldt-Universität mehr Lust auf Wahrheit angetroffen, mehr Ehrlichkeit, mehr Selbstkritik, mehr Energie und vor allem mehr Selbstbewusstsein (ohne das ein Rechtsstaat nicht zu machen ist) als an irgendeiner anderen, mir bekannten akademischen Einrichtung in der Ex-DDR. Ohne Professor Fink ... wäre der Neuaufbau der HUB nicht möglich gewesen.«[367]

In der zweiten Instanz verliert er schließlich seinen Arbeitsgerichtsprozess. Im Herbst 1992 muss der für die Demokratisierung und den Neuaufbau wichtige »Übergangsrektor«[368] die HU verlassen. Auch sein Revisionsantrag und die spätere Klage vor dem Bundesverfassungsgericht bleiben erfolglos.

schen Amt und Person auch von »Verschleppung und Verhinderung einer Erneuerung durch emotional überladene Aktionen, propagandistische Proteste und Beschwerden bei Beibehaltung belasteter Strukturen und Personen« sprechen (»Erklärung von Professoren und Dozenten der Humboldt-Universität« vom 2. Dezember 1991, in: »Utopie kreativ«, Januar 1992, 56). Außerdem die Erklärung des Humboldt-Forums vom gleichen Tag, in der Fink aufgefordert wird, »bis zur Klärung der Vorwürfe das Amt des Rektors nicht in Anspruch« zu nehmen (a. a. O., 58). Eine kritische Einlassung zu Fink und seiner Rolle in der DDR auch vom Generalsekretär der Evangelischen Studentengemeinden in der Bundesrepublik, Region Ost (a. a. O., 98). Selbst unter der Studentenschaft ist die Unterstützung nicht ungeteilt (s. Ilko-Sascha Kowalczuk, Gespräche mit Heinrich Fink. Kritische Anmerkungen zu einem Buch, in: »Unaufgefordert« Nr. 40 vom 10. November 1992, 12 f.). Zugleich äußern aber auch Kritiker Finks Zweifel an der Form seiner Entlassung (s. Protokoll der Sitzung des Akademischen Senats vom 26. November 1991, in: Dokumente zum Hochschulumbau IV, Ablage 26).

365 Küpper, 1993, 61 f.

366 A. a. O., 62.

367 Zitiert nach: Karau, 1992, 77.

368 Zur Bewertung seiner Amtszeit s. Daxner, 1994, 7. Ausführlich auch: Küpper, 1993, 49 ff.

3.2.6. *Nachtrag: Die IM-Akte Heinrich Finks*

Fast fünfzehn Jahre nach seiner Entlassung zeigen im Jahr 2005 aufgefundene, im Wendeherbst zerrissene und nun wieder zusammengesetzte ca. 600 Aktenblätter in der Stasi-Unterlagen-Behörde unzweifelhaft[369], dass Heinrich Fink bewusst und final mit der Hauptabteilung XX/4 des Ministeriums für Staatssicherheit zusammenarbeitete. Zugleich belegen die zugänglichen Teile seiner IM-Akte[370], dass Fink keineswegs nur in seiner dienstlichen Funktion als Direktor der Sektion Theologie oder als Objekt von Bespitzelung[371] Kontakt mit dem MfS bekam. Auch wenn das eigentliche Zustandekommen der IM-Anwerbung wegen der nur teilweise aufgefundenen Personalakte bislang nicht abschließend geklärt werden kann[372], eine unterschriebene Verpflichtungserklärung oder die Quittierung von Geldgeschenken ebenso fehlt wie – mit zwei Ausnahmen[373] – regelmäßige handschriftliche Berichte, ist von einer

369 S. auch: »Der Spiegel«, Nr. 19/2005, 44f.

370 Anders als noch im Bericht des Immunitätsausschusses des Deutschen Bundestages bekannt, umfasste nach den aktuellen Funden die IM-Arbeitsakte mindestens 7 Bände, die Personalakte 2 Bände, ist also insgesamt nicht wie dort dargelegt von 5, sondern von 9 Bänden der Gesamtakte auszugehen (s. Deutscher Bundestag, Drucksache 14/6694, 5).

371 So belegen es Akten der Hauptabteilung XX/4 bzw. des für »Kontrolle und Aufklärung« zuständigen Bereichs der Hauptabteilung XX des MfS im Archiv der Bundesbeauftragten. Danach ist Fink nicht nur IM, sondern auch »Betroffener« von einer Reihe von Ausspähungen anderer inoffizieller MfS-Mitarbeiter, unter anderem von einer Privatsekretärin, Kollegen der Theologischen Fakultät oder einem Mitbewohner seines Hauses in Berlin-Karlshorst, der selbst hauptamtlich für das MfS arbeitete. Von dessen Wohnung aus wurde Finks Wohnung mit Richtmikrofonen abgehört. Auch im Zusammenhang mit zahlreichen theologischen oder politischen Aktivitäten Finks entstanden viele Spitzelberichte über ihn. (s. ausführlich: Erklärung Heinrich Finks zum Überprüfungsverfahren des Immunitätsausschusses vom 5. Juli 2001, in: Deutscher Bundestag, Drucksache 14/6694, 16). Nach Auskunft der Stasi-Unterlagen-Behörde gehörte die Kontrolle und ständige Überprüfung von inoffiziellen Mitarbeitern durch hauptamtliche oder andere inoffizielle Mitarbeiter zur gängigen Praxis des MfS.

372 Den Werdegang der Erfassung als IM von den ersten Kontaktgesprächen im Jahr 1968 bis zur Umregistrierung als IM-Vorgang am 12. Februar 1969, s. im Bericht des Immunitätsausschusses, in: Deutscher Bundestag, Drucksache 14/6694, 5f.

373 Dabei handelt es sich um einen in der Ich-Form abgefassten Bericht vom 18. Oktober 1969, der zunächst handschriftlich beginnt, dann aber abbricht und vollständig als »Tonbandabschrift Betrifft: Zusammenkunft IMF ›Heiner‹ mit ... [Name durch BStU geschwärzt – Anmerkung S.V.] am 16.10.1969« vorliegt (BStU, Akte Heinrich Fink, XV 1827/68 [26211/91], Band 4, 97ff.). Darin berichtet Fink von mehreren Gesprächen und dem Besuch eines in Westberlin stationierten amerikanischen Diplomaten in seiner privaten Wohnung, der einen engeren Kontakt zu Fink aufbauen wollte und sich von ihm Zugänge in Intellektuellenkreise der DDR erhoffte. Das Gespräch wurde am 15. Oktober 1969 zwischen Fink und seinem ersten Führungsoffizier, Oberleutnant Laux, vorbereitet (a.a.O., 94ff.). Wie es dazu kam, dass Fink hier einen handschriftlichen Bericht begann, dann aber eine Tonbandaufzeichnung gemacht wurde, ob ihm dieser Kontakt zur Last gelegt wurde oder Fink oder das MfS vermuteten, dass der »amerikanische Diplomat« eine Abschöpfung oder

inoffiziellen Mitarbeit beim MfS unter dem Decknamen »Heiner« vom Juni 1968 bis November 1989[374] auszugehen.

Der »Prager Frühling« und die Sorge darum, dass dieser über die Evangelische Kirche in der DDR Einzug halten könnte, waren für das MfS wesentliches Motiv zu Finks Anwerbung.[375] Er traf sich seit Ende der 60er Jahre mit seinem Führungsoffizier zumeist einmal im Monat, nicht selten in konspirativen Wohnungen mit den Decknamen »Turm«, »Tourist« oder »Hagen«, wobei die letztgenannte schon während der Entlassung Finks eine Rolle spielte.[376] Seine IM-Tätigkeit erstreckte sich im Wesentlichen auf drei Bereiche: 1.) auf die Weitergabe von Informationen und Bewertungen im Zusammenhang mit seinen internationalen oder bundesweiten kirchlichen Aktivitäten, 2.) auf Einschätzungen über die Evangelische Kirche in der DDR und die politische Einflussnahme auf deren Entwicklung sowie 3.) auf die Sektion Theologie der HU und dortige Diskussionen unter Studenten, Mitarbeitern und Professoren. In allen Bereichen liefern die aufgefundenen Materialien zahlreiche Beispiele für die langjährige Informationsweitergabe Finks an das MfS. Einige sollen im Folgenden skizziert werden:

gar Anwerbung Finks für den US-Geheimdienst vorhatte, das alles lässt sich aus dem Umfeld dieses Berichts nicht rekonstruieren. Dass es sich dabei um Finks Handschrift handeln muss, zeigen Vergleiche mit handschriftlichen Kurzvermerken oder Paraphen von ihm, die sich im Archiv »Dokumente zum Hochschulumbau« des Autors befinden.
Beim 2. Bericht, dessen Handschrift mit dem erstgenannten identisch ist, handelt es sich offenbar um einen (in anderem Zusammenhang entstandenen?) Reisebericht Finks über die Teilnahme an einem Seminar zum sogenannten »Darmstädter Wort« in Berlin-Dahlem, das sich mit Fragen von Kirche und Sozialismus beschäftigte und überging in ein Kolloquium aus Anlass des 70. Geburtstages des Theologen Gollwitzer, auf dem auch Finks Frau sprach (a. a. O., Band 6, 2 ff.). Beide handschriftlichen Berichte haben allerdings weder Absender noch Adressaten bzw. sind nicht mit dem Decknamen gezeichnet.

374 Nach einer Liste, in der die Kontakte zwischen IM und ihren Führungsoffizieren festgehalten wurden, hat es zwischen Fink und Oberstleutnant Roßberg noch 1989 eine Reihe von Treffen gegeben, so z. B. am 30. Januar (BStU, Akte Heinrich Fink, XV 1827/68 [26211/91], II, Hefter 14, 29), am 9. Oktober (vermerkt als »Treff Hei«, wahrscheinlich stehend für IM Heiner, a. a. O., 211), am 4. und 31. Oktober 1989 (a. a. O., 233) und möglicherweise auch am 10. November (»Treff, Stadt, Th. Sekt.« für Theologische Sektion, a. a. O., 241).

375 S. A. a. O., 3. Der Kontakt zu Fink war durch Ermittlungsarbeiten bei der »Bearbeitung negativ-feindlicher Kräfte der damaligen Theologischen Fakultät Berlin, der Evangelischen Studentengemeinde und Evangelischen Akademie« zustande gekommen (BStU, Akte Heinrich Fink, XV 1827/68 [26211/91], Band 2, 18). Er selbst habe Ende der 50er Jahre zu den »negativen Kerngruppen« (ebenda) dieser Einrichtungen gehört, sei aber durch inoffizielle Mitarbeiter in seiner Umgebung »unter Kontrolle gehalten und gleichzeitig systematisch und detailliert aufgeklärt worden.« Einbezogen darin war offenbar eine Person seines engeren persönlichen Umfelds, die in dieser Zeit eine leitende Funktion in der Geschäftsstelle der Evangelischen Studentengemeinden innehatte.

376 So bei Treffen am 12. April 1972, 11. Januar 1974 und 13. Januar 1981 in Wohnung »Tourist«, am 26. November 1986, 8. April 1988, 30. Januar 1989 und 4. Oktober 1989 in der Wohnung »Hagen«, aber auch in der eigenen Wohnung, z. B. am 2. März 1979.

1.) Seit Ende der 60er Jahre berichtet Fink über seine Tätigkeit in der Christlichen Friedenskonferenz (CFK)[377], die den politischen Kurs der Ostblockländer deutlich unterstützte und in die er sich unter ausdrücklichem Zuspruch des MfS in Ämter bringen ließ[378]. Außerdem ist IM Heiner wie einigen anderen IM eine wichtige Rolle bei der Auflösung der gesamtdeutschen Gremien der Evangelischen Kirche der Union (EKU)[379] und des Vertrauensrats der Evangelischen Studentengemeinden zugedacht, die zu den letzten Gremien gehörten, in denen Christen aus Ost- und Westdeutschland noch unmittelbar zusammenwirken konnten.[380] Auch über die Trennung der Westberliner Evangelischen Kirche von der Ostberlins und Brandenburgs berichtete er mehrfach und gab nur ihm zugängliche Informationen über Bischof Scharf und dessen Einschätzungen der kirchenpolitischen Entwicklung in Berlin-Brandenburg und der Nachbesetzung seines Bischofsamtes weiter.[381] Vom MfS übernahm er den Auftrag, »Kontakte zu politisch-operativ interessanten Personen im Rahmen seiner internationalen wissenschaftlichen und kirchlichen Tätigkeit«[382] aufzubauen und ließ sich vielfach mit konkreten Aufgaben ins westliche Aus-

377 In diesem Sinn äußert sich Fink auf Treffen mit MfS-Offizieren am 4. Februar 1969 (a. a. O., 40) und 6. März 1975 (a. a. O., Band 7, 53), wo er zugleich eine Personalentscheidung im internationalen Sekretariat der CFK kritisiert. Die ausgewählte Person habe über die CFK keinerlei Kenntnis und würde deshalb zum »Spielball der Kräftegruppierungen«. S. auch: BStU, Akte der Hauptabteilung XX/4, Band 3572, 75.

378 So spricht Fink in einem Treffen mit seinen Führungsoffizieren am 19. September 1969 seine mögliche Kandidatur für den Regionalausschuss der CFK selbst an. »Dem IM wurde erwidert, dass er diese Chance auf alle Fälle wahrnehmen soll, da damit sein Wirkungsbereich größer und besser legendierbar wird« (Bericht vom 19. September 1969, in: a. a. O., 83).

379 A. a. O., 88. S. auch: BStU, Akte Heinrich Fink, XV 1827/68 (26211/91), Band 5, 34.

380 BStU, Akte der Hauptabteilung XX/4, Band 3572, 81. S. auch: Bericht eines Treffens zwischen Fink und MfS-Offizieren vom 26. November 1968, in: BStU, Akte Heinrich Fink, XV 1827/68 (26211/91), Band 4, 24.

381 S. Bericht eines Treffens von Fink mit Hauptmann Roßberg vom 7. April 1972, in: a. a. O., Band 5, 31 ff. Kurt Scharf, der im Jahre 1966 in getrennten Sitzungen von der Westberliner und der Synode Ostberlins und Brandenburgs zum Bischof gewählt worden war, durfte sein Amt nur in Westberlin ausüben und in jenen Jahren nicht in die DDR oder nach Ostberlin einreisen. Am 19. Mai 1972 gab Fink an das MfS weitere Informationen über sein Gespräch mit einer engen Verwandten (Tochter?) oder Mitarbeiterin Scharfs weiter, in dem es um die Ablehnung einer Reise Scharfs nach Ostberlin Ostern 1972 und andere Optionen ging, wie er trotzdem dorthin gelangen könnte. Nachdem der Besuch später offenbar möglich wurde, befürchtete der IM »ein breites Ausschlachten der Reise und Gespräche« (a. a. O., 35). In der Hauptabteilung XX wurde dieser Vorgang im Rahmen der »Aktion Akzent« geführt. Sie ging zurück auf den Befehl 572 des MfS »Zeitweilige Einreise von Personen mit ständigem Wohnsitz in Berlin (West) in die DDR (Aktion Akzent)« und hatte zum Ziel, Ostberliner Bürger durch das MfS zu überprüfen, zur Mitarbeit zu gewinnen und Informationen über bei ihnen erwarteten Westberliner Besuch zu erhalten.

382 BStU, Akte Heinrich Fink, XV 1827/68 (26211/91), Band 2, 15.

land schicken.[383] In einem Fall kundschaftete das MfS über IM Heiner »die Pläne und Absichten einer ehemaligen Kontaktperson, die sich durch das ungesetzliche Verlassen der DDR im Operationsgebiet befindet«[384], aus.

2.) Fink attestierte im Jahr 1975 der Evangelischen Kirche in der DDR einen »Rechtsruck«, der sich »in Angriffen auf realistisch denkende Kräfte der Kirche, in negativen Aktivitäten gegenüber dem 30. Jahrestag der Befreiung und in einem Boykott der CFK«[385] äußere. Massiv griff er dabei einen Bischof und einen Pfarrer an (wahrscheinlich beide aus Magdeburg – Anmerkung S. V.), die die »wesentlichsten Exponenten negativer Aktivitäten« seien. Das Hirtenwort des Bischofs solle offenbar einen »›Kirchenkampf‹ auslösen«. Und: »... bei fast allen Bischöfen sei eine ausgesprochene Kampfsituation vorhanden«, die er zurückführte auf den Einfluss der Evangelischen Kirche der Bundesrepublik, »indem laufend ›Widersprüche‹ zwischen der SU und der DDR entdeckt und propagiert werden«[386]. Aber auch über Debatten in der eigenen Landeskirche und Spannungen zwischen Bischof Forck und Generalsuperintendent Krusche berichtete er. So rechnete Fink für eine Synode im Jahre 1988 »mit schweren Auseinandersetzungen in grundsätzlichen Problemen der Kirche und zum Spannungsfeld Staat – Kirche«. Bischof Forck wolle dazu eine persönliche Erklärung abgeben, Generalsuperintendent Krusche eine »Gegenerklärung« vorbereiten, »weil er sich neue miese Erklärungen und Verdrehungen von Forck

383 In diesem Sinne beispielsweise seine Vortragsreise vom 24. April bis 1. Mai 1979 nach Paderborn, Dortmund und Duisburg, für die Fink »neu über die erforderlichen Verhaltensregeln zur Sicherung seiner Person und zur Gewährleistung der konspirativen Verbindung zum MfS eingewiesen« und über die wichtigsten politischen und kirchlichen Aspekte »instruiert« wurde (a. a. O., Band 6, 12, in Verbindung mit dem Treffbericht vom 15. Mai 1979 zur Auswertung seiner Reise, in: a. a. O., Band 2, 20 ff.). Hier berichtet Fink über das Interesse seiner Gesprächspartner, mehr über eine Reihe von DDR-Schriftstellern zu erfahren, »die zu einer ›Opposition‹ qualifiziert« und »als ›Sprachrohr der Stummen‹ angesehen« würden. »Mit Befremden und Bedauern« habe er zur Kenntnis nehmen müssen, dass Professor Gollwitzer und Heinrich Böll den »Havemann-Appell« unterschrieben hätten, von dem er sich distanziert habe. »Er könne als Theologe zu Havemann, der sich als Atheist bezeichnet und nach Kenntnis des IM ein ausgesprochener ›Stalinist‹ war, keinerlei Gemeinsamkeiten finden. Die Propaganda für Havemann bezeichnete der IM als hauchdünn« (alles in: a. a. O., 21). Des Weiteren s. Bericht vom 18. Juli 1968 über eine Reise zu einer Tagung des christlichen Studentenweltbundes und ihr Zustandekommen, in: a. a. O., Band 4, 7 ff. oder auch den Treffbericht vom 13. Januar 1981 (hier zu einer Tagung über Pastoralpsychologie), in: a. a. O., Band 6, 17.

384 Aus einem Monatsbericht der Hauptabteilung XX/4 vom Mai 1976, in: BStU, Akte der HA XX/4, Band 3416, 33.

385 Bericht eines Treffens zwischen Fink und einem Mitarbeiter des MfS vom 6. März 1975, in: BStU, Akte Heinrich Fink, XV 1827/68 (26211/91), Band 7, 51.

386 Ebenda. Möglicherweise steht der schroffe und nicht übliche Ton, der sich in diesem Treffbericht wieder findet, im Zusammenhang mit Positionskämpfen oder eigenen Karriereplanungen Finks, der offenkundig bald Professor werden wollte, seine Berufung aber gefährdet sah durch die außerhalb der Sektion gewünschte Veränderung bei der Besetzung der Direktorenfunktion.

nicht bieten« lasse. Krusche rechne daher in der zu erwartenden Diskussion auch auf die Unterstützung Finks.[387]

Über alle Jahre hinweg äußerte sich Fink über Personen der Kirche oder lieferte Informationen, die er von Dritten erhalten hatte: So äußerte er sich abwertend über einen Pfarrer, der eine frei werdende Stelle am Predigerseminar Paulinum übernehmen sollte[388], gab Auskünfte weiter über einen Konflikt zwischen dem Potsdamer Landesjugendpfarrer und einem Oberkirchenrat[389], über Bischöfe[390] und Pastoren[391] oder auch kleinliche Dinge, wie den Hinweis an das MfS, dass sich Stefan Heym in zwei seiner Bücher auf einen Professor der Martin-Luther-Universität Halle berufe, der aber tatsächlich dort nur wissenschaftlicher Mitarbeiter sei.[392]

3.) Gespräche über Themen und Personen, die unmittelbar die Sektion Theologie oder seinen eigenen beruflichen Werdegang betrafen, bilden den 3. Schwerpunkt der Zusammenarbeit Finks mit dem MfS. Schon der Arbeitsplan der Hauptabteilung XX/4 aus dem Jahr 1970 sah für IM Heiner wichtige operative Aufgaben in der Personenaufklärung vor, etwa im Rahmen des »Operativ-Vorlaufs ›Skorpion‹« bei der »Kontrolle negativ aufgefallener Personen« aus Stralsund, Leipzig, Greifswald und Rostock.[393] Häufig äußerte sich IM

387 Alles nach einem Bericht eines Treffens von Fink mit einem Mitarbeiter des MfS vom 1. März 1988, in: BStU, Akte Heinrich Fink, XV 1827/68 (26211/91), Band 6, 101.

388 Fink hielt ihn fachlich für nicht geeignet, außerdem »hänge [er] seinen Mantel immer in den Wind«. Zugleich äußerte sich Fink deutlich über das Paulinum: »Von der Manipulierbarkeit her für bestimmte kirchliche Kreise [sei er] natürlich fürs Paulinum geeignet. Es besteht damit die Gefahr, dass die Situation am Paulinum damit noch unübersichtlicher und schwieriger wird als bisher« (Bericht eines Treffens zwischen Fink und einem MfS-Offizier vom 19. September 1969, in: a. a. O., Band 4, 78).

389 Fink berichtete dem MfS ausführlich über ein Gespräch mit dem Landesjugendpfarrer, möglicherweise auch in persönlich guter Absicht: »Pfarrer … [Name geschwärzt – Anmerkung S. V.] teilte dem IM (unter dem Aspekt einen Rat zu erhalten) mit, dass er bestürzt sei, wie grob von staatlicher Seite an ihn mit bestimmten Forderungen herangetreten werde. Er fühle sich da sehr unsicher und wisse noch nicht, wie weit er gehen könne. Das brächte doch Probleme für ihn mit sich. … Der IM bat darum, dahingehend zu wirken, dass Pfarrer … innerkirchliche Stellung berücksichtigt wird, um ihn nicht in die falsche Richtung zu drängen« (aus dem Bericht eines Treffens zwischen Fink und einem MfS-Offizier vom 13. Oktober 1969, in: BStU, Akte Heinrich Fink, XV 1827/68 [26211/91], Band 4, 87 f.).

390 S. zum Beispiel Äußerungen in Zusammenhang mit der Festnahme von Studenten im Umkreis des Evangelischen Jungmännerwerks im Gespräch Finks mit einem MfS-Offizier am 29. April 1969, in: BStU, Akte Heinrich Fink, XV 1827/68 (26211/91), Band 4, 54.

391 Als Beispiel sei verwiesen auf die Aussagen Finks über den Pfarrer einer reformierten Gemeinde in Dresden (Bericht eines Treffens zwischen Fink mit einem MfS-Offizier am 30. Januar 1969, in: BStU, Akte Heinrich Fink, XV 1827/68 [26211/91], Band 4, 34).

392 Bericht eines Treffens zwischen Fink und einem MfS-Offizier vom 6. März 1975, in: BStU, Akte Heinrich Fink, XV 1827/68 (26211/91), Band 7, 53.

393 BStU, Akte der Hauptabteilung XX/4, Band 3572, 80. Schon im November 1968 wurde der operative Vorlauf »Skorpion« angelegt und IM Heiner als eine der einzusetzenden Quellen genannt (s. Deutscher Bundestag, Drucksache 14/6694, 6). S. auch: BStU, Akte der Hauptabteilung XX/4, Band 3572, 146.

Heiner über vermeintliche Auffälligkeiten zu Studenten seiner Fakultät. So gab er im Mai 1976 die Namen und genauen Wohnadressen von »operativ interessierenden« Personen im Johanneum, einem kirchlichen Studentenwohnheim in Berlin-Mitte, weiter, bei denen es sich in einem Fall um das »Protektionskind« eines anderen Professors, in einem anderen Fall um den »ausgesprochen reaktionär eingestellten« Sohn eines altlutherischen Pfarrers handelte. Zudem verriet er, dass ein »noch nicht näher definierter Arbeitskreis von Theologiestudenten« sich im Juni auf Rügen zu einem Seminar »Hermeneutik alttestamentarischer Texte« treffen wolle, bei dem ein Pfarrer aus Greifswald mitarbeite, der 1968 als Theologiestudent an einer Flugblattaktion gegen die Volksabstimmung zur Verfassung beteiligt und damals vorübergehend festgenommen worden war.[394] Am 24. November 1976 verriet IM Heiner dem MfS von einer Andacht im Johanneum am 17. November, dem Tag, an dem Wolf Biermanns Ausbürgerung aus der DDR bekanntgegeben wurde: Ein Student des 3. Studienjahres der Theologischen Fakultät hatte dort einen im »Spiegel« veröffentlichten[395] und in der DDR heimlich weitergegebenen Brief Biermanns an seine in Hamburg lebende Mutter verlesen, den er nach einem Konzert in der Prenzlauer Nikolaikirche geschrieben hatte. »Wie kann ein Kommunist wie ... (Name geschwärzt[396]) von anderen Kommunisten ... von heute auf morgen ausgeschlossen und verfemt werden? Was müssen dann erst die Nichtkommunisten und Christen befürchten?«[397], debattierten dazu laut IM Heiner die Studenten. Da die Sektionsleitung mit allen Beteiligten Gespräche geführt habe, seien »keine neuen negativen Aktivitäten nach außen zu erwarten«. Jedoch sei der IM der Auffassung, »dass dies nicht negative Aktivitäten der Studenten von sich aus ausschließt«[398].

394 Alles aus dem Bericht eines Treffens zwischen Fink und einem MfS-Offizier vom 18. Mai 1976, in: BStU, Akte Heinrich Fink, XV 1827/68 (26211/91), Band 7, 61. In dieser Zeit war Fink bereits stellvertretender Sektionsdirektor und für Ausbildungsfragen zuständig.

395 »Es gibt ein Leben vor dem Tod«, »Der Spiegel«, Nr. 39 vom 20. September 1976, 207. Biermann konnte in der Prenzlauer Nikolaikirche Anfang September 1976 nach 11 Jahren erstmals wieder öffentlich auftreten. Allerdings nur, weil das Konzert im Rahmen eines Gottesdienstes angekündigt worden war.

396 Gemeint ist damit Wolf Biermann.

397 Bericht eines Treffens zwischen Fink und einem MfS-Offizier vom 24. November 1976, in: BStU, Akte Heinrich Fink, XV 1827/68 (26211/91), Band 7, 71.

398 A. a. O., 72. Ebenso gibt Fink nach diesem Bericht sein Wissen über die Verbreitung des im »Spiegel« veröffentlichten Briefes von Biermann weiter und die Information, dass der Ständige Vertreter der Bundesrepublik in der DDR, Gaus, oder einer seiner Mitarbeiter zugesagt hätten, bei einem weiteren Konzert Biermanns dafür zu sorgen, dass das ZDF dieses aufnehme. Desgleichen meldet er im Umfeld der Ausbürgerung Hinweise von Dritten weiter, die er über die Tochter von Robert Havemann und Jürgen Fuchs erhalten hatte, und berichtet von einer Lesung Jurek Beckers in der Jüdischen Gemeinde: »Er [Jurek Becker – Anmerkung S. V.] erklärte, dass er überall und gegenüber jedermann gegen diesen Ausschluss auftreten [werde] sowie gegen diejenigen, die Biermann ausgewiesen

Doch nicht nur die Weitergabe von Informationen über Studenten, auch Positionskämpfe mit anderen Kollegen, die ebenfalls bis zur Denunziation reichten, finden sich in der IM-Akte und vermitteln einen Einblick in Auseinandersetzungen um Macht und Einfluss an der Theologischen Fakultät.[399] Auch war die Staatssicherheit in seine gesamte berufliche Karriere – von der Erlangung der Dozentenstelle[400] über die Professur[401] bis hin zum Sektions-

haben. Der IM konnte durch Bekannte, die mit Becker im Wohngebiet (Mahlsdorf) Kontakt haben, in Erfahrung bringen, dass in Mahlsdorf große Entrüstung darüber herrscht, dass Beckers …« (weitere Angaben geschwärzt – Anmerkung S. V., »Auszug an G Gruppe«, a. a. O., 70). Selbst dass Christa Wolf bei einer Lesung aus ihrem Buch »Kindheitsmuster« am 7. November 1976 im Deutschen Theater zum Ausschluss eines Schriftstellers (Name geschwärzt) aus dem Schriftstellerverband angeblich »eine klare politische Haltung« bezogen habe, vermeldete Fink (ebenda).

399 S. dazu beispielsweise den Bericht eines Treffens zwischen Fink und einem MfS-Offizier vom 6. März 1975, in: BStU, Akte Heinrich Fink, XV 1827/68 (26211/91), Band 7, 52, in dem der IM über die Situation an der Sektion berichtet. Über einzelne Professoren und Mitarbeiter s. auch Treffbericht vom 19. September 1969, in: a. a. O., Band 4, 81 f. In einem Treffbericht vom 17. Mai 1976 heißt es über Kollegen: »Nach Darstellung des IM sollen die CDU-Mitglieder unter den Dozenten auch in der gegenwärtigen Situation keine sehr positive politische und erzieherische Rolle spielen. Sie diffamieren ständig die FDJ-Arbeit und bezeichnen die FDJ-Organisation als Instrument von und für Müller, Fink und Bernhard [Hochschullehrer der Fakultät – Anmerkung S. V.]. Die Art dieser Niederschrift legt es sehr nahe, dass Fink gewusst haben muss, dass er dieses Gespräch eben nicht mit einem Vertreter des Ministeriums oder Staatssekretariats, sondern mit dem MfS, und hier seinem langjährigen Führungsoffizier Roßberg führte (Bericht eines Treffens zwischen Fink und einem MfS-Offizier vom 17. Mai 1976, in: BStU, Akte Heinrich Fink, XV 1827/68 [26211/91], Band 7, 62).

400 S. Bericht eines Treffens zwischen Fink und einem MfS-Offizier vom 29. April 1969, in: BStU, Akte Heinrich Fink, XV 1827/68 (26211/91), Band 4, 55. Hier berichtet IM Heiner von einem Professor, der in seinem Referat auf dem Pfarrertag in Berlin-Weißensee die SED mit der NSDAP verglichen hatte. Dem MfS riet er eine Überprüfung des Originalmanuskripts. Bei ihm handelte es sich offenbar um den gleichen Professor, der an der Theologischen Fakultät eine Dozenten-Berufungsliste für Praktische Theologie erstellte, auf der ein Pfarrer aus Hiddensee und ein Pfarrer der Petri-Gemeinde in Berlin vorgeschlagen werden sollten, nicht aber Fink. Das führte zu einem Gespräch Finks mit dem Führungsoffizier über seine berufliche Perspektive in Berlin. So habe der Dekan angedeutet, dass über die Liste »noch nicht das letzte Wort gesprochen sei« (a. a. O., 56). Ob sich das MfS in die Berufungsangelegenheit einmischte, kann hier nicht nachgewiesen werden. Doch spricht viel für diese Vermutung, zumal Fink das Thema in einem Treffbericht vom 8. September 1969 erneut anspricht und berichtet, dass ein Professor [möglicherweise der für die Berufungsliste ursprünglich zuständige?] ihn im Mai zu einem Gespräch einbestellt hatte und ihm seine mangelnde Eignung für die Stelle erläuterte und protestierte, dass er trotzdem an der Fakultät verbleiben solle. Damit würde auch ein Beschluss des CDU-Hauptvorstandes konterkariert. Den Professor [Name geschwärzt – Anmerkung S. V.] »interessiere überhaupt nicht, wenn die Bezirksleitung der SED den Hauptvorstand der CDU überrumpelt, um eine andere Berufung vorzunehmen«. Jedoch werde er »keine Mühe und Mittel scheuen, seine Vorstellungen zu realisieren«, berichtete IM Heiner über ihn (Bericht eines Treffens zwischen Fink und einem MfS-Offizier vom 8. September 1969, in: BStU, Akte Heinrich Fink, XV 1827/68 [26211/91], Band 4, 61 f.).

401 So zumindest nach einem handschriftlichen undatierten Papier [wahrscheinlich Treffbericht mit IM Heiner aus dem Jahr 1978], wo von massiven und mehrfachen Interventionen der Gewerkschaftsleitung [die in der DDR mitspracheberechtigt war] gegen Finks Beru-

direktorenposten[402] – involviert, sprach Fink mit ihr über auftretende Probleme bei den einzelnen Schritten oder steuerte sie – zumindest bei der Direktorenfunktion – selbst mit.[403] Einiges spricht dafür, dass sich Fink seinerseits von einer Zusammenarbeit mit dem MfS eine Förderung und Unterstützung bei der eigenen beruflichen Entwicklung erhoffte: So heißt es in einer Einschätzung des MfS vom 21. April 1969 über IMF Heiner: »Ein weiteres Moment, was sich in der letzten Zeit deutlich abzeichnet, ist die Sicherstellung seiner Perspektive im Rahmen einer Universität der DDR. Dabei zeigt er Zurückhaltung und wartet auf Initiative und eine für ihn bindende Zusage durch den Mitarbeiter [des MfS, gemeint ist sein Führungsoffizier, der die Einschätzung verfasste – Anmerkung S. V.].«[404]

Als Ausdruck des Dankes für seine intensive Mitarbeit erhielt Fink zahlreiche Sonderprämien und Auszeichnungen, so schon nach nur einjähriger Zusammenarbeit in Höhe von 300 Mark am 16. Juni 1969 aus Anlass des

fung die Rede ist: »Dem IM wurde bekannt, dass die Sektionsgewerkschaftsleitung nach Ablehnung ihrer ersten Stellungnahme zum Berufungsverfahren des IM zum Professor eine neue, noch negativere und aggressivere Stellungnahme verfasst hat. Der Initiator soll Professor ... [Name geschwärzt – Anmerkung S. V.] sein. Der IM ist der Meinung, dass ... [Name geschwärzt – Anmerkung S. V.] selbst seinen Einfluss erweitern will, das Amt des Direktors für Erziehung und Ausbildung für sich anstrebt. Für die anderen leitenden Funktionen beabsichtigt er, Dr. ... [Name geschwärzt – Anmerkung S. V.] auf den Posten des Sektionsdirektors und Professor ... [Name geschwärzt – Anmerkung S. V.] in die Funktion des Verantwortlichen für Forschung zu lancieren« (wahrscheinlich: Auszug aus Treffbericht, undatiert, in: BStU, Akte Heinrich Fink, XV 1827/68 [26211/91)] Band 6, 1).

402 Erstmals tauchte diese Frage schon bei einem Treffen zwischen Fink und dem MfS im Jahr 1974 auf, weil ihn der bisherige Sektionsdirektor offenbar als seinen Nachfolger vorschlagen wollte (s. Bericht eines Treffens zwischen Fink und einem MfS-Offizier vom 15. Januar 1974, in: BStU, Akte Heinrich Fink, XV 1827/68 [26211/91], Band 7, 49). Doch dazu kam es zunächst nicht: IM Heiner beschwerte sich im März 1975 bei einem Treffen mit seinem Führungsoffizier, dass sich durch die mögliche Übernahme der Direktorenfunktion durch Professor Bassarack »seine in Aussicht gestellte Professur auf unbestimmte Zeit verschieben würde« (Bericht eines Treffens zwischen Fink und einem MfS-Offizier vom 6. März 1975, in: BStU, Akte Heinrich Fink, XV 1827/68 [26211/91], Band 7, 52 f.). Auch in einem Aktenvermerk der Hauptabteilung XX/4 vom 11. April 1978, der ein Gespräch mit Kollegen der Berliner Bezirksverwaltung des MfS vom 3. März 1978 zusammenfasste, werden offene Konflikte zwischen zwei Gruppen an der Theologischen Fakultät thematisiert, die um den Direktorenposten rivalisierten: Eine Gruppe von CDU-Mitgliedern im Lehrkörper sei gegen eine Kandidatur von Fink, auch die Leitung der Berlin-Brandenburgischen Kirche sei gegen ihn, jedoch sehe die Vereinbarung zwischen einer Arbeitsgruppe Kirchenfragen und dem MHF vor, dass er Direktor werde. Den störenden Aktivitäten der CDU-Gruppierung an der Fakultät müsse mit Entschiedenheit begegnet werden (zitiert in: Deutscher Bundestag, Drucksache 14/6694, 8).

403 Ebenda. In dem genannten Vermerk wurde festgehalten, dass der bisherige Sektionsdirektor erst ein Jahr später abgelöst werden sollte, damit bis dahin »bei Fink die erforderlichen Qualifizierungsmaßnahmen realisiert werden (Promotion B und Berufung zum Professor)«.

404 Einschätzung des IMF Heiner vom 21. April 1969, in: BStU, Akte Heinrich Fink, XV 1827/68 (26211/91), Band 3, 59.

20. Jahrestages der DDR[405], am 8. Juli 1970 200 Mark aus Anlass des 21. Jahrestages der DDR[406], am 12. November 1971 250 Mark aus Anlass des 22. Jahrestages der Bildung des MfS[407] oder die »Verdienstmedaille der NVA« in Gold am 15. Juni 1984[408]. Für eine Reise in die Schweiz vom 27. Juli bis 10. August 1969 bekam Fink im Nachgang vom MfS 500 Mark.[409] Noch am 1. November 1989 wird IM Heiner für ein Sachgeschenk in Höhe von 500 Mark vorgeschlagen.[410] Auch dass er eine Dauerbestätigung als Reisekader[411] und einen Dauerreisepass besaß und damit in das westliche Ausland reisen konnte, verdankte er dem MfS, das ihn dafür zumeist auch mit Westgeld ausstattete.[412]

Durch seine Stellung als Direktor der Sektion Theologie und prominenter Theologe hat er ohne Zweifel manchen vom DDR-Staat Bedrängten geholfen[413] oder dieses zumindest versucht. Einige sprachen 1991/92 darüber auch öffentlich. Doch zugleich hat er, wie seine IM-Akte belegt, Dutzende Menschen in

405 BStU, Akte Heinrich Fink, XV 1827/68 (26211/91), Band 2, 41.

406 BStU, Akte Heinrich Fink, XV 1827/68 (26211/91), Band 2, 43. Zur Begründung wurde angeführt, dass der IM besonders wertvoll und erfolgreich gewesen sei »beim Aufdecken, Zurückdrängen und Wirkungslosmachen der feindlichen Versuche, die weitere Verselbstständigung der evangelischen Kirche in der DDR zu verhindern und die Einflussnahme politisch-klerikaler Kräfte im kirchlichen Bereich in der DDR neu aufleben zu lassen«.

407 BStU, Akte Heinrich Fink, XV 1827/68 (26211/91), Band 2, 45.

408 BStU, Akte Heinrich Fink, XV 1827/68 (26211/91), Band 2, 46. Zu der Medaille gehörte auch eine Geldprämie von 750 Mark. S. auch: Deutscher Bundestag, Drucksache 14/6694, 8 f. und 13, sowie Finks Widerspruch in seiner Erklärung an den Immunitätsausschuss vom 5. Juli 2001, in: a. a. O., 21.

409 So nach dem Bericht von Leutnant Laux vom 22. September 1969 über ein Treffen mit Fink drei Tage zuvor, in: BStU, Akte Heinrich Fink, XV 1827/68 (26211/91), Band 4, 83.

410 »Der IM unterstützt das MfS seit über 20 Jahren. Er hat große Verdienste bei der Profilierung der theologischen Sektionen als Bestandteil der sozialistischen Universitäten. Als Vorsitzender einer weltweiten Vereinigung progressiver Christen hat er großen Anteil an der Herausbildung eigenständigen kirchlichen ›Friedensengagements.‹« Der Vorschlag ist unterzeichnet vom Leiter der HA XX/4, Oberst Wiegand (zitiert in: Deutscher Bundestag, Drucksache 14/6694, 9).

411 Die Zustimmung zum Antrag der Bezirksverwaltung Berlin erfolgte durch den Leiter der Hauptabteilung XX des MfS, Generalmajor Kienberg, am 11. Juni 1980 (s. entsprechendes Schreiben, in: BStU, Akte Heinrich Fink, XV 1827/68 [26211/91], Band 2, 31). Das Antragsschreiben der Bezirksverwaltung vom 13. Mai 1980, in dem zugleich ein Reiseantrag für Fink für den 16. Juni 1980 gestellt wird (a. a. O., Band 7, 143), enthält den gestempelten Vermerk des Leiters der Diensteinheit: »Der Ausreise wird zugestimmt und es erfolgt Dauerbestätigung.«

412 So wurden für Fink z. B. am 9. August 1977 50 MdBB (Mark der Bundesbank – Anmerkung S. V.) beantragt (BStU, Akte Heinrich Fink, XV 1827/68 [26211/91], Band 7, 75), am 22. Dezember 1978 100 MdBB und am 19. April erneut 100 MdBB jeweils für Reisen nach Westberlin oder in die Bundesrepublik (a. a. O., 86 f.).

413 So nachzulesen in Finks Erklärung vom 26. November 1991, z. B. bezogen auf die »Zuführung« eines Theologie-Studenten im Jahre 1967, der sich gegen die DDR-Propaganda wandte, Israel sei die Speerspitze des Imperialismus, in: »Utopie kreativ«, Januar 1992, 31. S. des Weiteren: Erklärung an den Immunitätsausschuss vom 5. Juli 2001, in: Deutscher Bundestag, Drucksache 14/6694, 16.

Gesprächen mit hauptamtlichen MfS-Mitarbeitern denunziert, mussten die Folgen dieser Denunziationen unkalkulierbar sein bis hin zu irreversiblen persönlichen Schäden, hat er dem MfS viele Einschätzungen über Konflikte oder Diskussionen innerhalb der Kirche oder aus seiner internationalen Tätigkeit weitergegeben.

Sowohl in den Jahren 1991/92 bei den Arbeitsgerichtsprozessen als auch vor dem Immunitätsausschuss des Bundestages vertraten Fink und viele andere Menschen guten Glaubens die These, er sei Opfer einer langjährigen »Abschöpfung« durch das MfS[414] geworden. Dagegen sprechen die aufgefundenen Akten und Dutzende, aufeinander bezogene Treffberichte aus der Zeit von 1968 bis 1989, die seine Erfassung über einen langen Zeitraum deutlich machen und belegen, dass IM Heiner von zwei verschiedenen MfS-Offizieren geführt, regelmäßig getroffen, eingeschätzt, kontrolliert und mit Aufträgen versehen wurde (zunächst Laux und ab 1971 Roßberg).[415]

Die IM-Akte kann auch nicht mit Finks Gesprächen erklärt werden, die er, in Leitungsfunktionen an der Fakultät gekommen, zahlreich beim Staatssekretär für Kirchenfragen oder dem Ministerium für Hoch- und Fachschulwesen (MHF) führte, wenn es um »pazifistische Einstellungen, Ausreiseersuchen und politische Nonkonformität«[416] von Studenten ging. Zumindest in den ersten Jahren seiner IM-Tätigkeit war Fink aber nicht in einer solchen herausgehobenen Funktion, sondern Aspirant (wissenschaftlicher Mitarbeiter), der an seiner Habilitation schrieb und wohl demzufolge für solche Gespräche noch nicht das Mandat haben konnte. Ebenso überzeugt ein anderer Erklärungsversuch nicht, wonach Fink wisse, »dass sowohl Mitarbeiter beim Staatssekretär für Kirchenfragen als auch beim Minister für Hoch- und Fachschulwesen Offiziere im besonderen Einsatz waren, die von den Gesprächen Protokolle anfertigten, die direkt zum MfS weitergeleitet wurden, wie es die Protokolle jetzt zeigen«[417]. Zwar hat es das gegeben und finden sich solche Unterlagen in Akten *über* Fink, die ihn als »Betroffenen« von Bespitzelungen und MfS-

414 S. Finks Erklärung vor dem Immunitätsausschuss, in: a. a. O., 10 sowie seine Erklärung vom 5. Juli 2001, in: a. a. O., 16 f. und die plausible und auch vor dem Hintergrund der neuen Akten zu bekräftigende Zurückweisung der Abschöpfungsthese des Ausschusses, in: a. a. O., 14.

415 Zu den Prüfkriterien, die gegen die Abschöpfung sprechen, s. auch: Deutscher Bundestag, Drucksache 14/6694, 5. Vor dem Immunitätsausschuss gibt Fink Begegnungen mit Roßberg, angesichts dessen Formulierungen in einer Autobiographie, zu. Allerdings »habe es sich hierbei nicht um Treffen im Sinne von Begegnungen gehandelt, sondern Klaus Roßberg habe Gelegenheiten geschildert, zu denen er ihn lediglich gesehen habe« (Vortrag von Fink vor dem Immunitätsausschuss, in: Deutscher Bundestag, Drucksache 14/6694, 10).

416 A. a. O., 16.

417 A. a. O., 16.

Überprüfungen zeigen[418], nicht aber im Aktenbestand zu IM Heiner. Zugleich ist an keiner einzigen Stelle zu erkennen, dass die Treffberichte in der IM-Akte erst aus solchen Protokollen, die ursprünglich im MHF oder Staatssekretariat entstanden sind, aufbereitet wurden. Auch sprach er seit Anfang der 70er Jahre fortwährend mit ein und derselben Person, Oberstleutnant Roßberg. Dabei erwähnte er bisweilen auch Probleme mit Personen im Staatssekretariat oder dem MHF, ohne dass die Treffberichte auch nur andeuten würden, dass dabei die geheimdienstliche Identität seines Gegenübers von ihm missverstanden worden wäre und die vor ihm sitzende Person selbst aus einer der Einrichtungen käme.

All diese Überlegungen lassen nur einen Schluss zu, nämlich den der Tarnung der inoffiziellen Zusammenarbeit mit dem MfS. Fink selbst hat mehr als 20 Jahre mit Offizieren dieses Ministeriums gesprochen, über 16 Jahre davon mit ein und derselben Person und häufig in (unterschiedlichen) konspirativen Wohnungen. Über die Identität seiner Gesprächspartner muss er sich deshalb im Klaren gewesen sein.

418 S. Aktenbestand der Hauptabteilung XX/4 bzw. der Hauptabteilung XX/AKG (zuständig für: Aufklärung, Kontrolle und Geheimschutz), in: BStU.

4. Konsolidierung

Die Konsolidierung bildet die letzte Phase des Transformationsprozesses. An ihrem Ende steht eine in Lehre, Forschung und Selbstverwaltung voll funktionsfähige, durch Überprüfungsverfahren, Berufungen, Einstellungen und Entlassungen personell erneuerte und an bundesdeutsche Strukturen angepasste Universität. Alle Hochschulangelegenheiten werden nun in ihren ordentlichen Gremien und nicht mehr durch die Struktur- und Berufungskommissionen entschieden. Neue Instituts- und Fakultätsräte haben sich ebenso wie der Akademische Senat professionalisiert. Auch der reibungslose Wechsel von der Rektorats- zur Präsidialverfassung zeigt, dass sich die Hochschule konsolidiert hat. Der in der vergangenen Phase signifikant hohe Einfluss außeruniversitärer Akteure auf die Hochschule wie der Senatsverwaltung, des Wissenschaftsrats, der Struktur- und Berufungskommissionen, aber auch der Medien, geht wieder auf das übliche Maß des Zusammenwirkens zurück. Konflikte zwischen der Hochschule und der Senatsverwaltung nehmen spürbar ab. Mit der vollzogenen Personalübernahme, dem Ende des Ergänzungsgesetzes und Wahlen zu den Hochschulgremien, bei denen nun erstmals neu berufene Professoren und wissenschaftliche Mitarbeiter kandidieren können, findet die Umgestaltung der HU im Wintersemester 1993/94 ihr Ende. Weil sie nun mehr und mehr die Geschicke der Hochschule bestimmen, in den Gremien aktiv werden und nach außen die erneuerte Universität repräsentieren, werden die neuen Professoren als Akteure vorgestellt. Ebenso wie die Landeshochschulstrukturkommission, die für die Strukturierung der Berliner Wissenschaftslandschaft gerade in der Konsolidierungsphase bedeutungsvoll ist.

Die politische Dimension der Transformation findet ihren Abschluss. Mentale Verschiedenheiten zwischen Ost- und Westpersonal, Prägungen durch unterschiedliche Wissenschaftskulturen oder disparate Erfahrungen in der Erneuerung bleiben jedoch zunächst erhalten. Das zeigt, dass die Umgestaltung der Humboldt-Universität ein Prozess ist, der über den Umbau ihrer personellen, organisatorischen und inhaltlichen Strukturen hinausgeht.

4.1 Chronologie

4.1.1 Das inneruniversitäre Interregnum zwischen April und August 1992 und die Auseinandersetzung um die Personalübernahme

Im Frühjahr 1992 wird nach dem Ergänzungsgesetz ein zweites, für die Umgestaltung grundlegendes Gesetz auf den Weg gebracht, das *Hochschulpersonalübernahmegesetz* (HPersÜG). Es regelt die Weiterbeschäftigung des HU-Personals und deren Überführung in die Beschäftigungskategorien des Hochschulrahmengesetzes. Von der Universität wird es seit langem gefordert, damit die Beschäftigten wieder in rechtlich abgesicherte Arbeitsverhältnisse kommen. Durch den EV kam in das Hochschulrahmengesetz ein neuer § 75a, der die neuen Länder zu einem Personalübernahmegesetz verpflichtete.[419] Doch ziehen der Senator und das Abgeordnetenhaus die Personalerneuerung durch Neuberufung, die seit Sommer 1991 begonnen hatte, und die Übernahme positiv evaluierten Personals zeitlich stark auseinander. Das am 11. Juni 1992 in Kraft getretene HPersÜG[420] beendet diesen Zustand und gibt allen Beschäftigten die Möglichkeit, einen Antrag auf Übernahme zu stellen. Sofern die entsprechenden Stellen im Soll-Stellenplan des Fachbereichs vorhanden und weitere Voraussetzungen erfüllt sind, können sie weiterbeschäftigt werden nach:

- § 109 BerlHG als Hochschuldozenten,
- § 107 BerlHG als Oberassistenten oder Oberingenieure,
- § 105 BerlHG als wissenschaftliche oder künstlerische Assistenten,

419 Zur Bedeutung der Personalübernahme siehe auch Kapitel 2.2 des IV. sowie Kapitel 1.4 und 2.3 des V. Teils.

420 Gesetz über die Übernahme des wissenschaftlichen und künstlerischen Personals der Hochschulen im Ostteil Berlins in Rechtsverhältnisse nach dem Berliner Hochschulgesetz (Hochschulpersonal-Übernahmegesetz – HPersÜG) vom 11. Juni 1992, Gesetz- und Verordnungsblatt für Berlin, 48. Jahrgang, Nr. 27 vom 20. Juni 1992, 191, in: Dokumente zum Hochschulumbau IV, Ablage 29. Neben dem von der SPD- und der CDU-Fraktion eingebrachten Gesetzentwurf legt die Fraktion Bündnis 90/Die Grünen (AL)/UFV einen eigenen Antrag für ein Personalüberleitungsgesetz vor. Anders als der Koalitionsantrag will er die fachliche und persönliche Begutachtung der Antragsteller voneinander trennen: Die fachliche Bewertung soll den SBK obliegen, wobei ihnen dabei ein differenzierter Empfehlungskatalog zur Verfügung gestellt wird, der neben der Übernahme oder der Weiterbeschäftigung in § 5 auch die Umberufung von Professoren vorsieht. Die persönliche Eignung prüfen eigens eingerichtete Vertrauensausschüsse, denen ein Vertreter aus jeder Mitgliedergruppe sowie zwei hochschulexterne Mitglieder angehören. Während der Beratungen des Wissenschaftsausschusses wird der Entwurf am 18. Mai 1992 jedoch zugunsten des Vorschlags der Koalitionsfraktionen abgelehnt (Abgeordnetenhaus von Berlin, Drucksache 12/867, Antrag der Fraktion Bündnis 90/Die Grünen (AL)/UFV über Personalüberleitungsgesetz, in: Dokumente zum Hochschulumbau IV, Ablage 29).

- § 110 Abs. 2 BerlHG als wissenschaftliche oder künstlerische Mitarbeiter für wissenschaftliche oder künstlerische Dienstleistungen auf Dauer oder nach
- § 112 Abs. 2 BerlHG als Lehrkräfte für besondere Aufgaben.

Eine Übernahme in das Professoren-Amt schließt § 2 Abs. 1 HPersÜG ausdrücklich aus und verweist auf die Vorschriften der §§ 9 und 10 ErgG, welche die Besetzung von Professorenstellen ausschließlich durch Berufungen nach den §§ 100 und 101 des Berliner Hochschulgesetzes vorschreiben.

Nach § 2 Abs. 3 HPersÜG überprüfen die SBK die Anträge der Beschäftigten und schlagen der Personalkommission die Übernahme oder Kündigung vor. Dafür haben sie drei Fragen zu berücksichtigen:
- die persönliche Integrität und Eignung,
- die bisherige Qualifikation und fachliche Leistung im Hinblick auf die Übernahme in das beantragte Beschäftigungsverhältnis sowie
- den Bedarf innerhalb des Fachs nach den Maßgaben des geltenden Haushalts.

Ergebnisse von Kommissionen zur Erneuerung der Hochschulen, die vor Inkrafttreten des ErgG arbeiteten, wie die hochschuleigenen PSK und die Ehrenkommission, sollen in die Entscheidungen der SBK mit einbezogen werden. Außerdem stellt der Landesgesetzgeber klar, dass aus seiner Sicht § 75 Abs. 3 Satz 1 zweiter Halbsatz HRG keinen Rechtsanspruch auf Übernahme darstellt.

Von den (ordentlichen) Übernahme-Möglichkeiten grenzt er die »Weiterbeschäftigung in anderen Fällen« nach § 4 HPersÜG ab. Sie kommt für Personen in Frage, die zwar grundsätzlich positiv evaluiert sind, aber dennoch nicht nach den §§ 2 oder 3 dauerhaft übernommen werden können, sei es wegen einer nicht vollständig vorhandenen Eignung, wegen fehlender oder anderweitig zur Besetzung avisierter Sollstellen oder aus Altersgründen. Ihre befristete Beschäftigung sichert eine Stelle aus dem zusätzlich bereitstehenden Überhangkapitel des Haushalts bzw. die Inanspruchnahme einer freien Stelle im Stellenplan für die Frist von längstens fünf Jahren. Personalrechtlich wird dieser Personenkreis der Gruppe der nichtplanmäßig Beschäftigten zugeordnet. Handelt es sich hier um Hochschullehrer, kann nach § 6 HPersÜG der Akademische Senat auf Antrag der SBK bzw. der Fachbereichsräte deren korporationsrechtliche Gleichstellung mit neu berufenen Professoren beschließen. Das betrifft die Mitwirkung in den Gremien, insbesondere bei Fragen von Forschung und Berufung, tangiert aber auch ihre Berechtigung, Promotionen und Habilitationen zu betreuen.

Für die Personalübernahme-Verfahren setzt der Gesetzgeber enge zeitliche Grenzen: Innerhalb von sechs Wochen nach Inkrafttreten des Gesetzes sollen die Übernahmeanträge von den Mitarbeitern und Hochschullehrern gestellt und bis zum Beginn des Wintersemesters 1992/93, also innerhalb von drei Monaten, über sie entschieden werden. Angesichts der mehreren tausend Beschäftigten allein in der HU ein ambitioniertes Ziel. Für die Verfahren müssen der Personalkommission alle Anträge eines Fachbereichs vorliegen und die SBK nach § 2 HPersÜG das Personal evaluiert haben. Die Entscheidung zur Übernahme verläuft in zwei Schritten: Zunächst formulieren die SBK die Übernahme- oder Kündigungsempfehlungen, die durch die Personalabteilung der Universität in eine Vorlage für die Personalkommission gebracht werden. Diese entscheidet schließlich über die etwa 3000 Anträge.[421] Angesichts dieser Zahlen wird schnell klar, dass die Personalübernahme nicht bis zum Beginn des Wintersemesters 1992/93 bewältigt werden kann. Vielmehr dauern die Verfahren bis Ende des Jahres 1993 an.[422]

Innerhalb der Universität richtet man sich zudem auf die *Präsidialverfassung* ein, nachdem das Konzil die Grundordnung in diesem Sinn geändert hatte.[423] Die Wahl der neuen Leitung ist nicht nur in der Hochschule das herausragende Thema der folgenden Monate, auch die Medien verfolgen es mit außerordentlichem Interesse.[424]

Um sich diesbezüglich nicht ausschließlich auf das öffentliche Ausschreibungsverfahren zu verlassen, setzen die mehrheitsbildenden Listen im Konzil eine informelle Findungskommission ein. Bei der Kandidatensuche kristallisieren sich schnell drei geeignete Bewerber heraus: der amtierende Rektor Zschunke, der ehemalige Berliner Wissenschaftssenator und SPD-Bundestagsabgeordnete Peter Glotz und die wissenschaftspolitische Sprecherin der Fraktion Bündnis 90/Die Grünen im Abgeordnetenhaus sowie ehemalige Rektorin der Fachhochschule für Sozialarbeit Marlis Dürkop. Daneben wird auch der zeitweilige Vorsitzende der SPD-Volkskammerfraktion und HU-Theologe Richard Schröder in der Öffentlichkeit als möglicher Kandidat gehandelt, der letztlich aber nicht antritt.[425] In der Presse scheint Glotz der große Favorit zu

421 Nach Vorlage der Präsidentin vom August 1992 zur Erörterung in der Personalkommission des Kuratoriums zum »Hochschulpersonalübernahmegesetz und Fusionsgesetz«, in: Dokumente zum Hochschulumbau IV, Ablage 29.

422 Zu den Ergebnissen der Personalübernahme sowie zur Berufungsentwicklung s. ausführlich die Kapitel 3.2 bis 3.4 des VI. Teils.

423 Beschluss zur »Grundordnung der Humboldt-Universität«, §§ 1 und 2 (Entwurf vom 2. April 1992, beschlossen am 14. April 1992), in: Hochschulgesetze IV, Ablage 18.

424 Zur Presseberichterstattung über mögliche Bewerber für das Amt: »Die ersten Kandidaten werden gehandelt«, »Berliner Zeitung« vom 23. April 1992, »Wer will Präsident bei den Humboldtianern werden?«, »Frankfurter Rundschau« vom 30. April 1992 und »Präsidentin gesucht«, »Frankfurter Allgemeine Zeitung« vom 15. Mai 1992, in: Presseberichte IV, Ablage 3.

425 »Im Zwiespalt«, »Frankfurter Allgemeine Zeitung« vom 14. Mai 1992 und »Die Humboldt-Universität sucht ihren neuen Präsidenten«, »Frankfurter Allgemeine Zeitung« vom 26. Mai 1992, in: Presseberichte IV, Ablage 3.

sein.[426] Durch ihre detaillierten Kenntnis der HU und ihre Arbeit im Abgeordnetenhaus überzeugt aber Dürkop die Universitätsangehörigen[427], denn am 9. Juli setzt sie sich bereits im ersten Wahlgang mit 32 von 61 Stimmen gegen ihre Mitbewerber Glotz und Zschunke durch. Zwar spricht sich eine relative Mehrheit unter den Professoren für Glotz aus. Die große Mehrheit der übrigen Mitgliedergruppen aber ist für Dürkop. Um das Amt des 1. Vizepräsidenten hatten sich zwei Hochschullehrer der Liste »Pro Humboldt« beworben. Hier entscheidet sich das Konzil für den Mathematiker und ZPSK-Vorsitzenden Bank. Damit stehen zwei Personen an der Spitze der HU, die sich in den zurückliegenden zwei Jahren für ein Konzept der Selbsterneuerung mit Unterstützung von außen eingesetzt hatten.[428] Sie scheinen aus der Sicht der Hochschule am besten geeignet, in die extern gesteuerte Umgestaltung auch Ideen, Vorschläge und Forderungen des hochschuleigenen Programms einspeisen, Neuberufungen, Stellenumbesetzungen und Kündigungen für die Hochschulmitglieder nach akzeptablen Kriterien gestalten zu können.[429]

Die neue Leitung will schnell die Organisationsstrukturen der Universität reformieren: Das ist eine notwendige Folge der Arbeit der SBK, wird aber von der Universitätsspitze noch forciert, offenbar um die Steuerung der Hochschule von der Senatsverwaltung zur Leitung und den Gremien zurückzuverlagern. In der Senatssitzung vom 18. August regt die Präsidentin eine Diskussion über eine neue Fachbereichsstruktur an und bittet die Fächer bis Ende November um Vorschläge. Die Entwicklungsplanungskommission (EPK) soll diese dann bewerten und Senat wie Kuratorium eine Empfehlung geben.[430] Ähnlich versucht man in Studien- und Prüfungsfragen über eine neue Satzung für Studienangelegenheiten allgemeine Kompetenzen für die Universitätsebene

426 S. z. B. »Ein Westimport mit guten Chancen«, »Neue Zeit« vom 20. Mai 1992, in: Presseberichte IV, Ablage 3.

427 S. »Der Abend, an dem Unter den Linden die Bewerbungsfrist ablief«, »Frankfurter Rundschau« vom 21. Mai 1992 sowie die Berichterstattung von der offiziellen Anhörung vor dem Universitätskonzil am 3. Juni 1992, in: Presseberichte IV, Ablage 3.

428 Zu den Wahlen s. auch: Küpper, 1993, 99 ff.

429 Die übrigen drei Vizepräsidenten wählt das Konzil im Wintersemester 1992.

430 Protokoll des Akademischen Senats vom 18. August 1992, in: Protokolle des Akademischen Senats 1991 bis 1994, Ablage 3. Wie notwendig die Diskussion über die organisatorische Gliederung der Universität ist, zeigt sich in einer Kontroverse mit der Charité: ZPSK/EPK, die für Strukturfragen verantwortliche 6. SBK und die Charité-Leitung streiten über mehrere Monate, ob an der Charité größere Organisationseinheiten geschaffen werden sollten, wie die Hochschulgremien fordern, oder es bei einer stark zergliederten Substruktur mit vielen kleinen Instituten, insbesondere im vorklinischen Bereich, bleibt, wie die Medizinische Fakultät es möchte (s. Kuratoriumsvorlage A041/92 vom 13. November 1992, in: Kuratorium/Hauptkommission, Protokolle und Vorlagen 1992 bis 1994, Ablage 33 sowie Vorlage 106/92 des Akademischen Senats zur Gesamtstruktur der C3/C4-Stellen an der Charité, die im Senat am 30. Juni und 7. Juli 1992 behandelt wird, in: Protokolle des Akademischen Senats 1991 bis 1994, Ablage 3).

zurückzugewinnen und nicht den SBK eine unumschränkte Regelungsautonomie zuzubilligen. Die Satzung legt allgemeine Kriterien für Studium und Lehre fest und will Inkompatibilitäten beim Studieren verschiedener Fächer ausschließen.[431] Im Juli schließlich kommt ein Gespräch des Akademischen Senats mit Senator Erhardt über die Entwicklung der HU zustande, das eine gewisse Verbesserung im Umgang beider Seiten miteinander signalisiert.[432] All das zeigt, dass der Leitungswechsel die Universität in stabilere Verhältnisse führt und mehr Verlässlichkeit in die Beziehungen zwischen der Hochschule und dem Berliner Senat einkehrt.

Mit zunehmenden Neuberufungen und Neueinstellungen gerät auch ein ganz praktisches Problem in den Blick der Gremien: die *Raumsituation*. War die HU zu DDR-Zeiten mit viel zu wenig Büroflächen ausgestattet, benötigt sie nunmehr eine den bundesdeutschen Hochschulen entsprechende Ausstattung – für erfolgreiche Berufungen eine nicht zu unterschätzende Voraussetzung! Zudem sind viele Gebäude dringend sanierungsbedürftig, auch werden bei stark steigenden Studentenzahlen mehr Seminarräume, Hörsäle und Bibliotheksflächen gebraucht. So hofft die HU auf neue Gebäude und sieht in der baulichen Erschließung im Umfeld des Hauptgebäudes die außerordentliche Chance, der Tendenz der Zersiedlung ihres innerstädtischen Kerns aus den 80er Jahren durch Flächen- und Raumkonzentrationen entgegenzuwirken. Der neugewählte Akademische Senat richtet deshalb eine Raumplanungskommission ein, die 1993 ein erstes umfangreiches Konzept zur räumlichen Ansiedlung der einzelnen Fachbereiche und Institute erarbeitet[433].

Durch den Druck der SBK-Vorsitzenden wird der Raummangel an der HU zunehmend auch von den politischen Institutionen der Stadt wahrgenommen. Sie thematisieren ihn gegenüber dem Regierenden Bürgermeister und dem Wissenschaftssenator und setzen sich dafür ein, dass Berlin beim Bund bezüglich der rechtsgültigen Übertragung der Friedrich-Engels-Kaserne in unmittelbarer Nähe zum Hauptgebäude der HU vorstellig wird.[434] Und auch das

431 Diskussion über die Satzung im Akademischen Senat vom 4. August 1992, in: Protokolle des Akademischen Senats von 1991 bis 1994, Ablage 3.

432 Sondersitzung des Akademischen Senats vom 8. Juli 1992, in: Protokolle des Akademischen Senats 1991 bis 1994, Ablage 3.

433 Vorlagen 117 bis 135/93 und Protokoll der Sitzung des Akademischen Senats vom 25. Mai 1993, in: Protokolle des Akademischen Senats 1991 bis 1994, Ablage 6.

434 Nach einer Mitteilung in der Sitzung des Akademischen Senats vom 19. Mai 1992 (s. auch Sitzung vom 5. Mai 1992), in: Protokolle des Akademischen Senats 1991 bis 1994, Ablage 3. Der Ministerrat der DDR hatte in einer seiner letzten Sitzungen im September 1990 beschlossen, das Gebäude der HU zur Nutzung zu übertragen. In einer feierlichen Übergabe im Beisein von Ministerpräsident de Maizière und verschiedenen Ministern wurde das Ende September 1990 öffentlich bekundet. Da der Ministerratsbeschluss jedoch durch den Einigungsvertrag nicht geschützt wurde, hatte seine Entscheidung über den 3. Oktober 1990 hinaus keinen Bestand. Die Kaserne fiel dem Bund zu. Nach langen Verhandlungen

Kuratorium fordert Senat und Abgeordnetenhaus mit Nachdruck auf, »Eigentumsansprüche hinsichtlich der Kaserne geltend zu machen«[435].

Da die Universität auf absehbare Zeit wegen der angespannten Finanzlage aber keine hochschuleigenen Gebäude bauen kann, mietet sie ab 1992/93 eine Reihe von Häusern an.[436] In dieser Situation willigt der Akademische Senat im Mai 1992 in das Projekt ein, die mathematisch-naturwissenschaftlichen Fachbereiche perspektivisch in Berlin-Adlershof anzusiedeln. Gemeinsam mit noch vorhandenen Instituten der ehemaligen Akademie der Wissenschaften und technologieorientierten Unternehmen entsteht dort ein großes Forschungs- und Technologiezentrum, von dem sich Berlin wichtige wirtschaftspolitische Innovationen erhofft.[437]

4.1.2 August 1992 bis Dezember 1993: Personalübernahme und Personalwechsel als Abschluss der Transformation

Mit dem Personalübernahmegesetz ist die rechtliche Ausgestaltung der extern gesteuerten Transformation der HU abgeschlossen. Auch die übrigen ostdeutschen Hochschulen sind in das bundesdeutsche Hochschulsystem eingegliedert. Überraschenderweise lebt gerade jetzt die allgemeine Hochschulreformdiskussion in der Bundesrepublik wieder auf: Ob in einer gemeinsamen Arbeitsgruppe der Hochschulrektorenkonferenz (HRK) und der Kultusministerkonferenz (KMK)[438], im Wissenschaftsrat[439] oder im Hochschulstrukturplan

erhält die HU den westlich der Geschwister-Scholl-Straße gelegenen Teil der Kaserne zunächst zur Miete zugewiesen. Später wird er durch einen Grundstückstausch in Landesvermögen überführt und steht ihr nunmehr dauerhaft zur Verfügung. Auf die östlich der Geschwister-Scholl-Straße liegenden Teile muss sie jedoch verzichten, weil das Land und der Bund trotz interessanter Ansätze für eine gemeinsame Nutzung durch HU, Stiftung Preußischer Kulturbesitz und Deutsches Historisches Museum dafür keine einvernehmliche Lösung finden.

435 Kuratoriumssitzung vom 20. Mai 19992, in: Kuratorium/Hauptkommission, Protokolle und Vorlagen, Ablage 34.

436 S. u. a. Sitzung des Kuratoriums vom 24. Juni 1992, in: ebenda.

437 S. Akademischer Senat vom 19. Mai 1992, in: Protokolle des Akademischen Senats 1993 bis 1994, Ablage 3. Auch berichtet die Universitätsleitung, dass sie beim Bundesministerium der Finanzen gegen die grundstücksrechtliche Zuordnung der Friedrich-Engels-Kaserne zum Vermögen des Bundes protestiert habe.

438 Vorlage der HRK/KMK-Arbeitsgruppe »Weiterentwicklung der Struktur des Hochschulwesens« vom 16. Oktober 1992, in: Dokumente zum Hochschulumbau III, Ablage 21. Kritisch dazu: Daxner, 1993, 98 f.

439 Zehn Thesen zur Hochschulpolitik, Wissenschaftsrat, Drucksache 1001/1993 vom 22. Januar 1993, in: Dokumente zum Hochschulumbau III, Ablage 23. Ähnliche Vorschläge macht auch eine Bund-Länder-Arbeitsgruppe, die ein bildungspolitisches Spitzengespräch von Bund und Ländern am 21. April 1993 vorbereitet (Eckwertepapier der Arbeitsgruppe, in: Dokumente zum Hochschulumbau III, 1, Ablage 25).

(HSP) der Berliner Senatsverwaltung für Wissenschaft und Forschung[440], überall werden in den Jahren 1992/93 Vorschläge für eine umfassende Studienreform, eine verbesserte Ausstattung, die Verkürzung der Studienzeiten, die Stärkung der universitären Leitungsstrukturen, aber auch die Einführung von Studiengebühren und Zwangsexmatrikulationen, die Ausweitung des Prüfungssystems oder die stärkere Gliederung des Studiums thematisiert. Gleichzeitig schreibt der HSP den Abbau von 15 000 finanzierten Studienplätze auf 100 000 bis zum Jahr 2003 fest.[441] Aus der Reihe der Hochschulrektoren wird vom Präsidenten der Carl-von-Ossietzky-Universität Oldenburg das Konzept einer umfassenden Entstaatlichung der Hochschulen in die Öffentlichkeit getragen.[442] Ein Generationenvertrag für wissenschaftliche Kompetenz und Ausbildung soll die gesellschaftliche Verantwortung der Wissenschaften mit einer langfristigen und grundlegenden Reform ihrer Institutionen verknüpfen.[443]

Doch gerade bei der Erhöhung der Finanzmittel ändert sich trotz aller politischen Beteuerungen in Bund und Ländern nahezu nichts. Stattdessen beginnen im Frühjahr 1993 die Länder[444], all jene Vorschläge der HRK, des Wissenschaftsrats oder der Bund-Länder-Arbeitsgruppe umzusetzen, die den Druck auf die Studierenden erhöhen. Zu besseren Studienbedingungen als Gegenleistung kommt es hingegen nicht.[445] So versucht der Berliner Wissenschaftssenator, Studiengebühren ab dem fünften Semester nach Überschreiten der Regelstudienzeit durchzusetzen und Änderungen am Landeshochschulgesetz zu erwirken wie die Einrichtung, Veränderung oder Aufhebung von Fachbereichen, Instituten oder Studiengängen in einer bestimmten Frist, auch

440 Berliner Hochschulstrukturplan 1993.

441 Diese Ankündigungen lösen zum Beginn des Wintersemesters 1993 bei den Studierenden der Berliner Universitäten eine Reihe öffentlicher Proteste aus (»Proteste gegen Hochschulstrukturplan«, »Neue Zeit« vom 28. Oktober 1993 und »Studenten kündigen scharfen Protest gegen Senatspläne an«, »Berliner Zeitung« vom 28. Oktober 1993, in: Presseberichte III, Ablage 4).

442 Darin wird die Aufgabe des staatlichen Verhandlungsmonopols gegenüber den Länderparlamenten zugunsten der Hochschulen, die Aufgabe der ministeriellen Dienstherreneigenschaft gegenüber den Professoren sowie eine Reduzierung der staatlichen Rolle bei Berufungen und dem Erlass von Studien- und Prüfungsordnungen vorgeschlagen. Mehr Eigenverantwortung der Hochschulen und direkte Budgetverhandlungen mit den Länderparlamenten über »Pauschalhaushalte«, innerhalb derer die Hochschulen allein über ihre Stellenpläne entscheiden können, sollen die Vielfalt und Leistungsfähigkeit der Einrichtungen stärken (s. Daxner, 1991, 114 f.).

443 Daxner, 1993, 107 ff.

444 Beispielsweise in Berlin im Mai 1993.

445 Die HRK kritisiert diese Schieflage. S. »Abrechnung mit der Bildungspolitik. Hochschulrektoren halten Protestaktion von Professoren gemeinsam mit Studenten für denkbar«, »Der Tagesspiegel« vom 2. Dezember 1993 sowie »HRK-Rektoren mahnen Investitionen an«, »Süddeutsche Zeitung« vom 2. Dezember 1993, in: Presseberichte II, Ablage IV.

wenn das dafür zuständige Kuratorium diese Beschlüsse nicht herbeiführt.[446] Damit kommt der Senator den Koalitionsfraktionen zuvor, die ursprünglich eigene Überlegungen für eine Novelle des BerlHG angestellt hatten.[447] Im Laufe der Beratungen im Abgeordnetenhaus werden die Studiengebühren aber zugunsten von obligatorischen Studienberatungen und die Androhung von Zwangsexmatrikulationen zugunsten restriktiverer Prüfungsfristen (§ 15, Abs. 1 und 2, BerlHG in Verbindung mit § 23, Abs. 2 und 4) fallengelassen.[448]

Die Hochschulen widersprechen den BerlHG-ändernden Regelungen des Haushaltsstrukturgesetzes. Vor allem die Studentenschaften kritisieren den einseitigen, nur bei ihnen ansetzenden Änderungsdruck. Kein Wort mehr vom Abbau der Überlast, sondern nur noch vom Abbau von Studienplätzen, kein Wort mehr von verbesserten Studienbedingungen und finanzieller Planungssicherheit, sondern nur noch von Mittelkürzungen.[449] Ein Konsens in der Wissenschaftspolitik rückt in weite Ferne. Stattdessen bestimmen Vollversammlungen und Warnstreiks, Sitzblockaden und Protestdemonstrationen, Mahnwachen und Sit-ins die hochschulpolitische Auseinandersetzung im Wintersemester 1993, um den »Staatseingriff« abzuwehren. Das Akteurfeld Hochschule ordnet sich wieder nach den altbekannten Konstellationen – Senat kontra Studentenschaft, Professoren kontra Studentenschaft. Blockaden potenzieren sich.

Innerhalb der HU kommen viele Wandlungsprozesse zu ihrem Ende. Neue Strukturen und neues Personal etablieren sich, führen die HU an den Leistungsstandard der bundesdeutschen Hochschulen heran und stabilisieren so

446 Vorlage zur Beschlussfassung über erstes Gesetz zur Bereinigung des strukturellen Ungleichgewichts des Haushaltes (Erstes Haushaltsstrukturgesetz – 1. HstrG), Drucksache 12/3174 vom 31. August 1993, in: Dokumente zum Hochschulumbau III, Ablage 16.

447 Papier der gemeinsamen Kommission der Koalitionsfraktionen des Berliner Abgeordnetenhauses zur Novelle des BerlHG vom 31. März 1992 sowie Stellungnahme der HU zum Fragenkatalog der Koalitionsfraktionen, in: Dokumente zum Hochschulumbau III, Ablage 16.

448 S. dringliche Beschlussempfehlung des Ausschusses für Wissenschaft und Forschung vom 29. November 1993 zur Vorlage – zur Beschlussfassung – über erstes Gesetz zur Bereinigung des strukturellen Ungleichgewichts des Haushaltes (Erstes Haushaltsstrukturgesetz – 1. HstrG), Drucksache 12/3605, in: Dokumente zum Hochschulumbau III, Ablage 16. Eine umfangreiche Pressedokumentation zur Diskussion um das Haushaltsstrukturgesetz findet sich in: Presseberichte I, Ablage 13.

449 S. Presseerklärung der Gewerkschaft Erziehung und Wissenschaft, Nr. 65/93 vom 17. September 1993, in: Dokumente zum Hochschulumbau III, Ablage 16.

die Institution. Neben dem Abschluss der Personalübernahme[450] stehen dafür die Berufungen der Professoren: Zum Ende des Jahres 1993 sind etwa 340 der 477 der HU zur Verfügung stehenden Professorenstellen besetzt, was einer Quote von 71 Prozent entspricht. Ursprünglich hatten sich die Gremien der HU für das Ziel einer etwa gleichen Zahl von Ost- und West-Professoren ausgesprochen, um damit auch personalpolitisch die Ost-West-Integration sichtbar zu machen. Selbst die Senatsverwaltung akzeptierte für die SBK ein solches Ziel. Ob dies gelang, soll ausführlich im VI. Teil dieser Arbeit bei der Auswertung der Ergebnisse der personellen Erneuerung überprüft werden.[451]

Zum Ende kommt auch die Arbeit der SBK: Im Laufe des Jahres 1993 geben die meisten Kommissionen ihre Abschlussberichte ab, nachdem der größte Teil der Berufungsverfahren und die Personalübernahme vollzogen, die Struktur- und Stellenplanausstattungen der Fächer, neue Studien- und Prüfungsordnungen auf den Weg gebracht sind.[452] Aber auch im Jahre 1994 sind die Auswirkungen der Personalübernahme in erheblichem Maße spürbar, denn ein großer Teil von Verfahren aus dem 3. und 4. Quartal 1993, die mit Kündigung endeten, werden wegen entsprechender Schutzfristen erst im Laufe des Jahres 1994 wirksam. Insofern ist auch dieses Jahr noch deutlich von den Folgen der externen Erneuerung geprägt.

Doch löst der Wandel in die Normalität allmählich die Parallelität von Vergangenem und Neuem ab. Allein im Wintersemester 1993/94 beginnen unter den etwa 5000 neu immatrikulierten Studierenden 1200 aus den alten Ländern ihr Studium an der HU.[453]

450 Dabei kommt es am Ende zu einer Panne innerhalb der HU, die publizistisch und parlamentarisch über Wochen zu heftigen Diskussionen führt und auch von einigen Neuberufenen als Indiz für verschleppte Personalerneuerung betrachtet wird: 180 Kündigungen stellt die HU zum Ende des Jahres 1993 nicht fristgerecht zu, so dass die Mitarbeiter länger als geplant weiterbeschäftigt werden müssen. Der finanzielle Schaden wird in der Presse mit bis zu 20 Millionen DM angegeben. Zu den tatsächlichen Hintergründen s. ausführlich ein Papier des Präsidialamtes zu »Personalentscheidungen im Zusammenhang mit dem HPersÜG« vom 20. Dezember 1993, in: Dokumente zum Hochschulumbau VIII, Ablage 6 sowie »Ein Fall administrativer Insuffizienz«, »Unaufgefordert« Nr. 55 vom 12. April 1993, 7 ff., »Eine Chance für Erneuerung?«, Interview mit Professor D. Volker Gerhardt (Nachtrag), »Unaufgefordert« Nr. 56 vom 11. Mai 1994, 7 und »Getöse am toten Punkt«, »Frankfurter Allgemeine Zeitung« vom 22. Februar 1994, in: Pressberichte IV, Ablage 5. S. auch Kapitel 3.2.4 dieses Teils.

451 S. Kapitel 3.2 des VI. Teils.

452 S. u. a. Abschlussbericht der SBK des FB Rechtswissenschaften, in: Dokumente zum Hochschulumbau VI, Ablage 15, sowie »Juristen als erste mit neuer Struktur«, »Berliner Morgenpost« vom 12. Februar 1993, in: Presseberichte III, Ablage 4.

453 »Langsamer Abschied vom Osten«, »Der Tagesspiegel« vom 14. Dezember 1993, in: ebenda.

4.2 Akteure

4.2.1 Die Landeshochschulstrukturkommission (LHSK)

Mit der Bildung der LHSK durch den Senator für Wissenschaft und Forschung tritt im Mai 1991 ein neuer hochschulpolitischer Akteur in die Berliner Wissenschaftslandschaft.[454] Die Kommission hat den Auftrag, den Berliner Senat zu beraten bei der Erneuerung der Ostberliner Hochschulen und der strukturellen Weiterentwicklung, bei der organisatorischen Konzentration und Neugliederung aller Hochschulen und bei der Berücksichtigung der außeruniversitären Forschung. Sie soll Empfehlungen aussprechen, die in den Hochschulentwicklungsplan des Landes Berlin eingehen und die Profilbildung zwischen den wissenschaftlichen und künstlerischen Einrichtungen sowie den finanziellen Mitteleinsatz verbessern bzw. Standortentscheidungen bei der Zusammenführung von Fächern erleichtern sollen. Außerdem schlägt die LHSK dem Senator die auswärtigen Mitglieder in den SBK vor. Sie setzt Arbeitsgruppen ein, kann Anhörungen durchführen und verfügt über eine eigene Geschäftsstelle, ist aber organisatorisch eng an die Wissenschaftsverwaltung gebunden. Ihr gehören insgesamt 20 Mitglieder an, wobei neben einem Vertreter des DGB[455] die übergroße Mehrzahl nicht in Berlin beschäftigte Professoren sind[456], die in ihren jeweiligen Fächern oder Fragen der Hochschulentwicklung über ein besonderes Renommee verfügen. Zwei der 20 Mitglieder sind Hochschullehrer des

454 So z. B. zur Einrichtung der Kommission, in der »tageszeitung« vom 10. Mai 1991 und im »Tagesspiegel« vom 9. Mai 1991, in: Presseberichte III, Ablage 11.

455 Der DGB beteiligt sich intensiv an der Arbeit der LHSK, insbesondere bei den Empfehlungen zur Personalstruktur, zur Lehrevaluation, zur Lehrerbildung oder zur Frauenförderung. Anders als die LHSK will er aber die Demokratisierung der Hochschulen weiter vorantreiben und die Kuratorien der Hochschulen erhalten. Scharf greift er die beabsichtigte Kürzung von Studienplätzen an, wodurch die Schere zwischen ausfinanzierten Studienplätzen und real vorhandenen Studierenden weiter auseinander ginge, der freie Hochschulzugang und die freie Wahl und Gestaltung des Studiums gefährdet würden (DGB-Positionen zur Struktur und Entwicklung der Berliner Hochschulen vom 2. März 1993, in: Dokumente zum Hochschulumbau III, Ablage 24).

456 Im Gesetzgebungsverfahren zum ErgG wird vor allem die marginale Beteiligung Berliner Hochschulvertreter als »Ungerechtigkeit« kritisiert (Wortprotokoll, Ausschuss für Wissenschaft und Forschung, 6. Sitzung vom 10. Juni 1991, 25, in: Dokumente zum Hochschulumbau I, Ablage 7). Die Hochschulen schlagen unterschiedliche Kompensationsvarianten vor: Die TU will zumindest redeberechtigte Vertreter der Berliner Hochschulen in den Arbeitsgruppen der LHSK durchsetzen (a. a. O., 48), der Vertreter der FHSS fordert eine »substanzielle Beteiligung der Fachhochschulen« (S. 66), der HU-Studentenrat eine bessere studentische Mitsprache an den Strukturentscheidungen durch drei Sitze in der LHSK (S. 86). Differenzierender bemerkt der Vertreter des DGB, dass die ursprüngliche Zusammensetzung »vom Ansatz her durchaus durchdacht« sei, hinsichtlich der zu bewältigenden Aufgaben er aber zu überlegen gebe, »ob nicht doch mehr Berliner Elemente hier hineingehören« (S. 121).

Landes Berlin und zugleich die beiden einzigen Ostdeutschen in der Kommission.[457] Ihr Vorsitzender ist der Konstanzer Philosoph Professor Mittelstraß.

Die LHSK legt in den Jahren 1991 und 1992 zahlreiche Empfehlungen zur Neugliederung der Wissenschaftslandschaft sowie zu Fragen der Studienorganisation und Personalplanung vor. Damit hat sie hauptsächlich Planungsfunktionen für den Senator und seine Administration und ist weniger mit Umsetzungs- oder Integrationsfunktionen belastet.[458] Jedoch ist sie nicht gänzlich davor geschützt, auch aktuell-politische Entwicklungen im Land Berlin bzw. Bedürfnisse der politischen Institutionen zu berücksichtigen, wie etwa die Empfehlungspraxis zur Personalplanung oder zur Einrichtung des Campus Adlershof belegen. Die notwendige Ausbalancierung verschiedener Interessen und Nützlichkeiten beeinflusst notwendigerweise die Selbst- oder Fremdsteuerung der Kommission.[459]

Zunächst beabsichtigt der Senator, die Kommission vom Gesetzgeber bestätigen zu lassen, schließlich hat sie als einer der wichtigen korporativen Akteure im Modell der staatlichen Erneuerungspolitik weitreichende Aufgaben übertragen bekommen.[460] Doch erhebt sich dagegen bei Opposition und SPD Widerspruch, weil das Parlament über ihre Zusammensetzung und ihren Arbeitsauftrag nicht mitbestimmt hat. Die Hochschulen selbst sorgen sich, dass die LHSK wichtige Teile der eigenen Planungskompetenzen überflüssig machen könnte oder sehen sich gar insgesamt in ihrer Autonomie gefährdet.[461]

457 Dabei handelt es sich um einen Anglistik-Professor der HU sowie eine Dozentin für Puppenspiel der Hochschule für Schauspielkunst. Sie werden allerdings erst in die Kommission berufen, nachdem die Zusammensetzung öffentlich kritisiert worden war.

458 S. Schluchter, 1996, 78 ff.

459 Insoweit relativiert sich schon anhand des politischen Prozesses Schluchters Begriffsbildung, der idealtypisch professionelle von politikverflochtenen Hochschulstrukturkommissionen unterscheidet und die Berliner Kommission als idealtypisch professionell bewertet (a. a. O., 78 f.).

460 S. dazu: Wortprotokoll, Ausschuss für Wissenschaft und Forschung, 6. Sitzung vom 10. Juni 1991, in: Dokumente zum Hochschulumbau I, Ablage 7, sowie: »Unklarheiten über Ergänzungsgesetz«, »Der Tagesspiegel« vom 26. Mai 1991, und: »Erneuerung ohne Ritterschlag vom Senator«, »Der Tagesspiegel« vom 12. Juni 1991, in: Presseberichte III, Ablage 11.

461 So äußert sich u. a. der Vertreter der HU (Wortprotokoll, Ausschuss für Wissenschaft und Forschung, 6. Sitzung vom 10. Juni 1991, 48, in: Dokumente zum Hochschulumbau I, Ablage 7, auch: 66, 86 und 123). Der im § 13 des Entwurfs von Bündnis 90/Die Grünen vorgeschlagene, zur LHSK alternative Hochschulbeirat sieht zwar ähnliche Aufgaben wie die LHSK vor, lehnt sich aber in der Zusammensetzung stark an das Kuratorienmodell an. Doch besteht hier die Gefahr, dass er weniger professionell als politikverflochten, d. h. mehr fremd- als selbstgesteuert agieren könnte. Verschiedene Redner bevorzugen zwar den Hochschulbeirat gegenüber der LHSK (a. a. O., 47 und 66). Das bleibt in der abschließenden Ausschussberatung aber unberücksichtigt und die Kommission wird wegen der Kritik

Die LHSK empfiehlt teilweise erhebliche Eingriffe in die Struktur und den Personalkörper der Ostberliner Hochschulen[462]: Für die vom ErgG vorgesehene Neubesetzung der Professuren ebenso wie für alle Positionen der wissenschaftlichen Mitarbeiter schlägt ihre Arbeitsgruppe »Personalstruktur-Ost im Übergang« die offene Ausschreibung aller Stellen vor. Setzen sich Bewerber aus der Hochschule nicht durch, müssten die SBK prüfen, »ob noch ein Bedarf für die Hochschullehrer besteht ... und sich etwas zu deren Eignung/Nichteignung sagen lässt«[463]. Ähnlich soll auch bei den Mitarbeitern vorgegangen werden, wobei es die Kommission trotz gravierenden Stellenabbaus neben den üblichen sozialen Aspekten (Mutterschutz, Schwerbehinderte etc.) für wichtiger erachtet, »dass die neu berufenen Professoren Mitarbeiter auswählen, die für die jeweiligen Fachrichtungen geeignet sind«[464], dem vorhandenen und geeigneten Personal aber eine geringere Weiterbeschäftigungspriorität einräumt. Nur gleiche, auf die konkrete Spezialisierung eines neuen Professors bezogene Eignung eröffne den bisherigen Mitarbeitern diese Chance.[465]

Mit dem Vorschlag – erst Neubesetzung der Stellen, dann Überprüfung des nicht zum Zuge gekommenen Personals – geht die Arbeitsgruppe ähnlich wie bei der Abwicklung davon aus, dass alle Beschäftigten erst über Berufungs- und Ausschreibungsverfahren wieder in die Universität integriert werden können. Zugleich rückt damit die Bedarfskündigung zum wesentlichen Erneuerungsinstrument auf: Sind Stellen neu besetzt und kommen bisherige Mitarbeiter oder Hochschullehrer nicht zum Zuge, sei (auf künstliche Weise) für diese Betroffenen ein Mangel an Bedarf gegeben, weil nun neue Mitarbeiter diese Aufgaben erfüllen. Die Universitätsleitung und der Akademische Senat reagieren auf die Vorschläge außerordentlich kritisch, nicht nur wegen der Sorge um die Zukunft der eigenen Beschäftigten, sondern auch wegen des

im Parlament aus dem Entwurf wieder gestrichen (Inhaltsprotokoll Ausschuss für Wissenschaft und Forschung, 8. Sitzung vom 24. Juni 1991, 5, in: Dokumente zum Hochschulumbau I, Ablage 7).

462 S. »Die Elemente sind mitunter schmerzhaft«, »tageszeitung« vom 5. September 1991, in: Presseberichte IV, Ablage 2.

463 Bericht der Arbeitsgruppe der LHSK »Personalstruktur-Ost im Übergang« vom 19. September 1991, 2, in: Dokumente zum Hochschulumbau IV, Ablage 2.

464 A. a. O., 5.

465 Die Senatsverwaltung beauftragt zur Vorbereitung weiterer gesetzlicher Regelungen einen Gutachter, die Vorschläge hinsichtlich ihrer rechtlichen Ausgestaltung zu prüfen (Professor Peter Hanau, »Die Rechtsstellung der unbefristet angestellten Angehörigen des wissenschaftlichen Mittelbaus der Hochschulen im Beitrittsgebiet«, in: Dokumente zum Hochschulumbau II, Ablage 26). Anders als vom Auftraggeber vielleicht gewünscht, kommt dieser aber zu der Einschätzung, dass die Eignung eines Bewerbers nur allgemein, nicht konkret auf eine Einzelstelle bezogen, vorhanden sein muss, denn Eignung und Qualifikation müssten »nicht optimal, sondern nur ausreichend sein« und dürften nicht von formalen Qualifikationen abhängig gemacht werden, die in der DDR nicht zugänglich waren (a. a. O., 8).

in dem Papier sichtbar werdenden allgemeinen Erneuerungsprogramms, dass die LHSK dem Senator anempfiehlt.[466]

Im November 1992 beendet die LHSK ihre Arbeit und legt ihre abschließenden »Stellungnahmen und Empfehlungen zu Struktur und Entwicklung der Berliner Hochschulen« vor. In ihnen werden ausführlich die organisatorische Struktur, Fragen von Studium und Lehre, des wissenschaftlichen Nachwuchses und der Forschung an den Hochschulen evaluiert und Empfehlungen zur Organisation des Berliner Universitätssystems (Abschaffung der Kuratorien und Gründung eines Berliner Universitätsrats), zu Kapazitätsfragen (Rückbau der ausfinanzierten Studienplätze von 115 000 auf 100 000), zur Verlagerung der naturwissenschaftlichen Fächer der HU auf den neu entstehenden Campus Adlershof, zur Struktur der Fachbereiche und der Kooperation zwischen den Hochschulen (u. a. Abbau von Doppel- und Mehrfachangeboten) abgegeben.[467] Damit hat die LHSK ein umfangreiches und die Wissenschaftspolitik Berlins prägendes Programm vorgelegt und alles in allem erfolgreich gearbeitet. Die Berliner Hochschulen, insbesondere die Ostberliner, sehen in der Kommission jedoch überwiegend einen Gegenspieler, weil deren Empfehlungspraxis ihnen einen erheblichen Eingriff in die Hochschulen zumutet. Nicht nur wegen ihrer Zusammensetzung, auch ihrer inhaltlichen Positionen wegen bleibt sie ein Fremdkörper der Berliner Wissenschaftslandschaft; ihre Empfehlungen sorgen für zahlreiche Konflikte zwischen Politik und Hochschulen.

4.2.2 Die neu berufenen Professoren und die Gremien am Ende der Transformation

Von 1991 bis zum Ende des Jahres 1993 erteilte die Senatsverwaltung über 400 Rufe an neue oder wieder berufene Professoren.[468] Zu den bekanntesten gehörten u. a. die Professoren Winkler (Geschichte), Schnädelbach (Philosophie) und Schlink (Rechtswissenschaften). Sukzessive werden sie zu allen wichtigen Entscheidungen der SBK hinzugezogen, tragen die Lehre nach neuen Studien- und Prüfungsordnungen, etablieren neue Forschungsfelder und übernehmen Aufgaben in der akademischen Selbstverwaltung.

466 Stellungnahme des Akademischen Senats zu den Empfehlungen der LHSK-Arbeitsgruppe in dem Papier »Modelle der Kapazitätsplanung und Personalerneuerung (Entwurf)«, 6 ff., in: Dokumente zum Hochschulumbau V, Ablage 20 (2. Registratur).

467 Landeshochschulstrukturkommission Berlin, »Stellungnahmen und Empfehlungen zur Struktur und Entwicklung der Berliner Hochschulen«, 1992, 13 ff.

468 »Drei Jahre Wissenschaftspolitik für Berlin. Bilanz und Perspektiven« Presseerklärung der Senatsverwaltung für Wissenschaft und Forschung vom 24. Januar 1994, 3, in: Presseberichte IV, Ablage 5.

Die Gremienwahlen im Wintersemester 1993/94 zeigen eine weithin konsolidierte, sich stabilisierende Universität. Auch personell wird nun die ost-west-durchmischte Universität sichtbar, denn erstmals kann für alle zentralen Universitätsgremien eine große Zahl neu berufener Professoren und neuer Mitarbeiter kandidieren. Signifikant ist dabei, dass sich auf den Wahllisten deutlich weniger West- als Ostkandidaten befinden, obwohl mittlerweile fast 40 Prozent der Professoren aus den alten Bundesländern kommen. Dies muss jedoch weniger durch Desinteresse oder Abwehr begründet sein, denn die meisten dieser Neuberufenen sind erst seit weniger als einem Jahr an der HU und benötigen Zeit, um sich mit der Hochschule bzw. den besonderen Arbeitsbedingungen zurechtzufinden. Dass es keine separaten Ost- oder West-Listen gibt, zeigt, dass große Teile der vorhandenen oder neuen Hochschullehrerschaft an einer personellen Integration interessiert sind. So binden sich die neuen westdeutschen Professoren in die bestehende Listenstruktur und ihre hochschulpolitischen Grundrichtungen ein.[469] Dabei ist je nach Umfang bei allen Listen der Anteil mit Bewerbern aus den alten Bundesländern in etwa gleich. Eine Reihe von ihnen will sich von Beginn an in die programmatische Arbeit einbringen und eigene Akzente setzen.[470] Ihre Mitwirkung in den verschiedenen Kommissionen wird nach den Gremienwahlen weiter ausgebaut; besonderes Interesse besteht neben der Raumkommission an der Bibliotheks- und der Entwicklungsplanungskommission, jenen Ausschüssen des Akademischen Senats, die in besonderem Maße über die inneruniversitäre Ressourcenverteilung entscheiden.

Doch ist ein Unterschied auffällig: Die über absolute Mehrheiten im Senat und Konzil verfügende, den Kurs des ehemaligen Rektors Fink und der ZPSK besonders nahestehende Liste »Pro Humboldt« meldet sich für die Wahl 1994 unter dem leicht veränderten Namen »Mit Humboldt« an. Möglicherweise ein Indiz, dass sie sich von der vor allem mit Fink verbundenen Politik distanzieren möchte oder aber dass Ost- und Westhochschullehrer gemeinsam und

469 Insgesamt treten wie bei den Gremienwahlen 1992 fünf Hochschullehrerlisten an. »Mit Humboldt« steht eher für eine hochschulpolitisch linksliberale, Humboldt-Forum ebenso wie Vivat Charité und Charité-Forum für eine liberal-konservative und »Neue Universität« für eine konservative Ausrichtung. Während sich die linksliberal organisierenden Professoren zu einer großen Liste zusammenfinden (ca. 40 Personen), spaltet sich das konservative Spektrum deutlich auf und geht bis auf Vivat Charité mit deutlich kleineren Listen ins Rennen (je 10 bis 15 Professoren). Den größten personellen Zuwachs im Vergleich zu 1992 hat das Humboldt-Forum, zu dem sich prominente Wissenschaftler wie der Historiker Winkler und der Theologe Schröder zurechnen.

470 S. »Unsere Chance liegt in der Erneuerung«, Interview mit Professor Dr. Volker Gerhardt, in: »Unaufgefordert« Nr. 55 vom 12. April 1994, 14 f. und »Eine Chance für Erneuerung«, Interview mit Professor Dr. Volker Gerhardt (Nachtrag), in: »Unaufgefordert« Nr. 56 vom 11. Mai 1994, 7.

gleichberechtigt einen Neuanfang für diese linksliberal ausgerichtete Liste anstreben. Bei den wissenschaftlichen Mitarbeitern gründet sich erstmals die Liste »Neue Universität« und signalisiert damit eine hochschulpolitische Nähe zu der namensgleichen, bereits 1992 etablierten Hochschullehrer-Liste. Ansonsten bleibt es dort, wie auch bei den nichtwissenschaftlichen Mitarbeitern, bei den bekannten Listen. Unter den Studenten stellen sich dagegen im Vergleich zu 1992 deutlich mehr Gruppen zur Wahl.

Mit den Gremienwahlen verschieben sich die politischen Gewichte in den zentralen Universitätsgremien zwar leicht zugunsten der liberal-konservativen Listen. Dennoch behalten in allen Mitgliedergruppen die eher linksliberal orientierten Gruppierungen die Mehrheit. Bei den Professoren wird »Mit Humboldt« klar die stärkste Gruppe im Konzil und Akademischen Senat, gefolgt vom »Humboldt-Forum«, bei den wissenschaftlichen Mitarbeitern stellt der »Humboldt-Mittelbau« 50 Prozent der Sitze, ähnlich wie die entsprechende Liste bei den technischen Mitarbeitern. In der Studentengruppe erringt die Gruppe Stuve ca. 75 Prozent der Plätze. Damit stellen in allen Mitgliedergruppen die bisher miteinander kooperierenden Listen die stärksten »Fraktionen« und kann die amtierende Hochschulleitung weiter mit deren Unterstützung rechnen. Die Wahlbeteiligung ist unterschiedlich hoch und reicht von 75 Prozent bei den Professoren bis zu 12 Prozent bei den Studierenden. Das Wahlergebnis wird in der Presse teilweise kritisch kommentiert, zum einen wegen seiner politischen Aussage zugunsten des hochschuleigenen Erneuerungskurses[471], zum anderen, weil sich auf keiner der Hochschullehrer-Listen, weder für den Akademischen Senat noch für das Konzil und das Kuratorium, ein Vertreter der Juristischen Fakultät durchsetzt.[472]

Etwa 40 Prozent der Senatsmitglieder werden neu in das Gremium gewählt, wobei der Anteil bei den wissenschaftlichen Mitarbeitern relativ gering ist, bei den Studierenden dagegen ein völliger Personalaustausch stattfindet.[473]

Doch machen die Gremienwahlen nicht nur den Zustand einer äußerlich konsolidierten Universität deutlich. Zugleich nehmen Ost-West-Spannungen und Schwierigkeiten beim Zusammenwachsen sichtbar zu. Das macht sich an verschiedenen Themen fest:

471 S. beispielsweise: »Getöse am toten Punkt«, »Frankfurter Allgemeine Zeitung« vom 22. Februar 1994, in: Presseberichte IV, Ablage 5.
472 »Amtliches Endergebnis«, »Unaufgeordert« Nr. 55 vom 12. April 1994, 3.
473 Alle Angaben nach: »Amtliches Endergebnis«, »Unaufgefordert« Nr. 55 vom 12. April 1994, 3.

1. Obwohl die Hochschule mittlerweile über umfangreiches neues Personal verfügt, üben nach § 13 Abs. 1 ErgG[474] Professoren und wissenschaftliche Mitarbeiter das aktive Wahlrecht in einer gemeinsamen Wahlgruppe aus und wählen die Vertreter der jeweils anderen Gruppe mit. Gegen diese Übergangsvorschrift des ErgG klagen mehrere prominente neuberufene Professoren, da sie sich in ihren Rechten eingeschränkt sehen und eine Verzerrung des Wahlergebnisses in der Professorengruppe befürchten. Von der Senatsverwaltung fühlen sie sich »allein gelassen«[475] und vor dem Verwaltungsgericht unterliegen sie, so dass die Wahlen ordnungsgemäß ablaufen können. Zwar sitzen alle klagenden Professoren nach den Wahlen in den Gremien, für die sie kandidierten. Dennoch kommt es zu einer publizistischen Unterstützung für die Professorenposition und verschwörerischer Wählerschelte: Die Angriffe richten sich vor allem gegen den wissenschaftlichen Mittelbau, der in einem Verhältnis von 1:3 in der Tat die Besetzung der Professorengruppe maßgeblich bestimmt. Außerdem seien bei den Mitarbeitern »alle diejenigen hängen geblieben ..., die mit ihrem Wunsch auf Übernahme nicht durchkamen. Es war vorhersehbar, wie das Stimmengewicht dieser ressentimentgeladenen Gruppe das Wahlergebnis beeinflussen würde«. Und weiter: »Ihre Rechnung ist aufgegangen. ... Ohne den offenbar hochwillkommenen Zulauf, den manche Professoren von den Mittelbauern erhielten, wäre dieses Resultat kaum zustande gekommen.«[476]

2. Dass die HU personell innerlich zerrissen ist, belegt auch die Wahl zum 1. Vizepräsidenten im Juni 1994. Hier scheitert der neuberufene Soziologe Professor Bertram, obwohl einziger Kandidat, denn er erhält nur 28 Stimmen der 61 Konzilsmitglieder.[477] Wegen der langen Fristen kann die Wahl erst im Wintersemester 1994 wiederholt werden. Alle übrigen Vizepräsidenten-Kandidaten, allesamt seit vielen Jahren an der HU beschäftigt, werden dagegen mit großen Mehrheiten gewählt. Der Vorgang sorgt unter den Neuberufenen aus den alten Bundesländern und in der Öffentlichkeit für Unruhe: Wissenschafts-Staatssekretär Thies sieht in der gescheiterten Wahl Bertrams einen »Rückschlag für die Humboldt-Universität«, andere befürchten eine »Manipulation« oder deuten das Ergebnis als geschlossene Reaktion aller übrigen Mit-

474 Gesetz zur Ergänzung des Berliner Hochschulgesetzes – ErgGBerlHG –, Gesetz- und Verordnungsblatt des Landes Berlin vom 26. Juli 1991, 176, in: Dokumente zum Hochschulumbau I, Ablage 6.

475 So Professor Gerhardt, in: »Eine Chance für Erneuerung«, Interview mit Professor Dr. Volker Gerhardt (Nachtrag), in: »Unaufgefordert« Nr. 56 vom 11. Mai 1994, 7.

476 »Getöse am toten Punkt«, »Frankfurter Allgemeine Zeitung« vom 22. Februar 1994, in: Presseberichte IV, Ablage 5.

477 Presseinformation der Humboldt-Universität Nr. 90 vom 30. Juni 1994, in: Presseberichte IV, Ablage 5.

gliedergruppen im Konzil gegen die Professorengruppe, da diese zuvor keine Verständigung mit den anderen für Bertram gesucht hatte.[478] Die gescheiterte Wahl scheint verborgene West-Ost-Differenzen zu bestätigen.

So gibt es zwischen vorhandenem Ost- und hinzugekommenen Westpersonal beides: freundliches, offenes Interesse und Neugier, aber auch Abschottung, Überheblichkeit und Distanz. Auf die Frage, ob die Erneuerung und Integration gelungen sei, gibt es daher höchst unterschiedliche Antworten[479]: Manche sprechen davon, dass der HU »die Struktur der Sieger übergestülpt« worden sei und »Wessifizierung« brachte. Andere, neu berufene Professoren finden diese Haltung »provinziell« oder »illusionär«, denn es ginge nicht darum, die HU zu »wessifizieren«, sondern »hier konkurrenzfähige Wissenschaft aufzubauen«[480]. Zwar habe man inzwischen in der Gremienarbeit »gute Erfahrungen« gemacht und sei man bei der Ost-West-Integration »auf einem guten Weg«, doch gebe es auch das Erlebnis, dass das vorhandene Personal häufig abwarte, »um dann, wenn andere handeln, empört oder weinerlich zu reagieren«[481]. Andere sprechen gar davon, dass sie als »Fremdkörper, wenn nicht gar als Kolonisatoren wahrgenommen wurden, als unwillkommene Personen, die eine dem Scheine nach etablierte Humboldt-Universität in ihrem Ablauf eher belasten. So etwas wie ein intellektuelles Willkommen, eine Aufbruchstimmung bestand nicht«[482].

478 Alle Angaben nach: »Unruhe nach gescheiterter Wahl«, »Der Tagesspiegel« vom 2. Juli 1994, in: Presseberichte IV, Ablage 5. Zusätzlich wird kontrovers darüber diskutiert, ob der zentrale Wahlvorstand die Wahl bereits nach dem 1. Wahlgang abbrechen durfte. Da Bertram aber allein kandidierte und nicht die erforderliche Mehrheit erhielt, so seine Auffassung, kann ein im BerlHG vorgesehener 2. bzw. 3. Wahlgang nicht angesetzt werden. Dies sei nur möglich, wenn mindestens zwei Kandidaten zur Auswahl stehen. Die Rechtsauffassung des Wahlvorstands bestätigt in einem Telefonat während der unterbrochenen Konzilssitzung auch die Senatsverwaltung.

479 Einschränkend muss darauf hingewiesen werden, dass sich die nachfolgenden Aussagen ausschließlich auf neu berufene Professoren aus den alten Bundesländern beziehen, nicht aber auf neu oder wieder berufene Hochschullehrer aus der HU. Zweifellos wäre auch deren Sicht auf »ihre« Universität am Ende des Transformationsprozesses sowie auf das Zusammenspiel zwischen neuem und altem Personal interessant gewesen. Möglicherweise hätte es die Aussagen der Professoren aus den alten Bundesländern kontrastiert. Leider hat sich für diese Gruppe von Professoren jedoch – auch das ist ein bemerkenswerter Befund – kein ausreichend repräsentatives Quellenmaterial auffinden lassen. Aussagen von positiv evaluiertem und verbliebenem Hochschulpersonal in Zeitungen oder Reflexionen in Aufsätzen über diese Zeit sind im Prinzip nicht anzutreffen. Eine nachträgliche Interviewbefragung hätte aber unweigerlich die Frage der Vergleichbarkeit und Selektivität der Aussagen – mehr als zehn Jahre später – nach sich gezogen. Zudem hätte sie den Rahmen der Untersuchung gesprengt.

480 Angaben aus: »Zwischen Tristesse und Tatkraft«, »Kölner Stadtanzeiger« vom 29. Juni 1994, in: Presseberichte IV, Ablage 5.

481 So Professor Gerhardt, in: »Eine Chance für Erneuerung«, Interview mit Professor Dr. Volker Gerhardt (Nachtrag), in: »Unaufgefordert« Nr. 56 vom 11. Mai 1994, 7.

482 »Unser Anfang war sehr schwierig«, Gespräch mit Professor Hartmut Böhme, »Unaufgefordert« Nr. 63 vom 17. Januar 1995, 10.

Gründe für Vorbehalte zwischen neuen und alten Beschäftigten werden auch im politischen Rahmen der Umgestaltung gesehen: »Nicht Reform, sondern Anpassung war angesagt, eine West-Ost-Einbahnstraße. Und so war auch nicht zu erwarten, dass die Kollegen aus dem Osten uns als Personen wahrgenommen haben, die nicht ein Terrain besetzen wollten, sondern ihre mitgebrachten Vorstellungen zur Kritik und zur Reform anbieten.«[483]

Selbst die Präsidentin konstatiert, dass es schwer sei, sich an der HU »einzuleben«. Dennoch beteiligten sich ihrer Einschätzung nach überproportional viele alte und neue HU-Mitglieder an der Selbstverwaltung und nehmen Belastungen auf sich, »an die im Westen kein Mensch denkt«[484]. Ursachen für Ost-West-Differenzen beschreibt sie so: In der HU gebe es »ein viel stärkeres Zugehörigkeitsgefühl und eine Verbundenheit mit der Universität« als man das von Universitäten aus den alten Ländern kenne. Diejenigen, die jetzt von dort an die HU kommen, »kommen natürlich in eine Stadt oder in eine Universität, die ihnen fremd ist, die ihnen fremder ist als eine Westuniversität. Die Orientierung für jemand, der aus dem Westen an diese Universität kommt, ist sehr schwierig. Das muss man akzeptieren und auch die neu dazugekommenen möchten sich natürlich mit der Universität verbunden fühlen. Sie sind dann konfrontiert mit den schwierigen Aufbauprozessen, die ja auf der ganzen Universität lasten, und wünschen sich schon, irgendwie dazuzugehören«[485].

Studenten und Mitarbeiter reagieren dagegen zu großen Teilen sehr positiv auf die neuen Professoren. Auch äußern sich neue Funktionsinhaber, wie der Dekan des Fachbereichs Sozialwissenschaften, zufrieden über die Personalerneuerung und weiter vorhandene Hochschullehrer aus dem Osten: »Ohne die Weiterarbeit einiger früherer Dozenten wären wir hier ärmer.«[486] Doch auch Phänomene der Abschottung, die ausschließliche Beschäftigung einzelner Professoren mit ihrem Spezialgebiet, mit stundenlangen Sitzungen oder nebensächlichen technischen Fragen, wird von ihnen beobachtet.[487]

Mit der Zeit räumen die neuen Professoren jedoch deutliche Fortschritte in der Ost-West-Integration ein: »Aber das hat sich geändert. Die strukturellen, politischen und kulturellen Blockierungen, das Misstrauen, das Abwarten, die Vorsichtigkeit oder auch die Ablehnung – dies gibt es alles noch, doch sie sind

483 Ebenda.

484 »Eine Präsidentin kann natürlich nie besser sein als die Wissenschaftler«, Interview mit der Präsidentin der HU, Professor Dr. Marlis Dürkop, in: »Unaufgefordert« Nr. 61 vom 14. November 1994, 13.

485 A. a. O., 12.

486 Nach: »Austausch östlicher und westlicher Tugenden«, »Der Tagesspiegel« vom 23. Dezember 1993, in: Presseberichte IV, Ablage 4.

487 Ebenda.

langsam in Abnahme begriffen.«[488] Und auch die Präsidentin betont: »Das Interessanteste ist das Zusammenwachsen von Ost und West.«[489]

Den Versuch der Selbsterneuerung bewerten viele der neu berufenen Westdeutschen misstrauisch bis kritisch. Zwar sei an der HU als ehemaliger Eliteuniversität der DDR der Anspruch auf Selbstreformierung »am energischsten und längsten vertreten worden«. Der Sturz des Rektors aber »wurde zum definitiven Ende der Vorstellung, die Universität werde sich aus eigener Kraft erneuern können«. Er »besiegelte freilich nur, was ohnehin mehr Illusion als realistisches Programm gewesen war: die Vorstellung, eine Universität, die mehr und mehr an intellektueller und moralischer Substanz verloren hatte, vermöge sich ausschließlich – oder doch zumindest wesentlich – aus eigener Kraft zu erneuern«[490]. Weniger die politisch-ideologische Ausrichtung der HU im DDR-System als vielmehr der damit verbundene wissenschaftliche Niveauverlust habe den Neuaufbau nach dem Modell der Senatsverwaltung alternativlos gemacht. Selbst die wenigen »wirklich dialektischen Köpfe« seien »immer wieder gemaßregelt, mit Publikationsverboten belegt oder in den zwangsweisen Ruhestand versetzt worden. Was blieb, waren zumeist biedere Buchhalter des Wissens, die festgestanzte Lektionen vermitteln«[491].

Dabei geben eine Reihe neuer Professoren übereinstimmend an, dass sie an die HU kamen, weil sie mit dem verkrusteten bundesdeutschen Hochschulsystem unzufrieden waren und sich von der einstigen preußischen Reformuniversität neue Impulse zu dessen grundlegender Veränderung erhofften.[492] Auch Gerhardt sieht in den bisherigen Erneuerungsergebnissen nur einen Zwischenschritt, denn: »Jetzt muss die Reorganisation zügig vorangebracht werden. Und sie kann sich nicht nur auf die personelle Erneuerung beschränken. Der Neuaufbau muss zur Reform genutzt werden.«[493]

Auch würden Senator wie Universitätsleitung immer wieder Visionen für

488 »Unser Anfang war sehr schwierig«, Gespräch mit Professor Hartmut Böhme, »Unaufgefordert« Nr. 63 vom 17. Januar 1995, 11.

489 Nach: »Der lange Weg zur Stabilisierung«, »Rheinischer Merkur« vom 16. Juli 1993, in: Presseberichte IV, Ablage 4.

490 Herfried Münkler: »Vom Geist der Freiheit: Die Humboldt-Universität in Berlin«, »Frankfurter Allgemeine Zeitung«, Magazin vom 26. November 1993, 44, in: Presseberichte IV, Ablage 4. S. auch: »Unser Anfang war sehr schwierig«, Gespräch mit Professor Hartmut Böhme, »Unaufgefordert« Nr. 63 vom 17. Januar 1995, 11 (Böhme spricht hier davon, dass die HU kein »Konzept für eine inhaltlich-wissenschaftliche Zielorientierung« habe.).

491 Ebenda. S. auch: »Zwischen Tristesse und Tatkraft«, »Kölner Stadtanzeiger« vom 29. Juni 1994, in: Presseberichte IV, Ablage 5.

492 So Böhme, in: »Unser Anfang war sehr schwierig«, Gespräch mit Professor Hartmut Böhme, »Unaufgefordert« Nr. 63 vom 17. Januar 1995, 10. S. auch Professor Münkler in: »Austausch östlicher und westlicher Tugenden«, »Der Tagesspiegel« vom 23. Dezember 1993, in: Presseberichte IV, Ablage 4.

493 »Eine Chance für Erneuerung«, Interview mit Professor Dr. Volker Gerhardt (Nachtrag), in: »Unaufgefordert« Nr. 56 vom 11. Mai 1994, 7.

die Hochschulentwicklung einfordern, ohne aber selbst Forschungs- und Lehrperspektiven zu definieren.[494] Die Professoren seien das bisher schuldig geblieben, weil sie sich »im Kleinkrieg, im Gestrüpp des Täglichen so verheddert«[495] hätten, mit Bürokratie und der Organisation des Universitätsbetriebes so belegt seien, ein Umstand, der von vielen beklagt wird.[496]

Zusammengefasst zeichnen die Professoren aus den alten Bundesländern trotz des äußerlich konsolidierten Zustandes der HU also ein widersprüchliches Bild. Mit einer Reihe von Entwicklungen hinsichtlich der Lehre, der Forschung und der Gremienarbeit sowie vor allem mit den Studenten[497] gibt man sich zufrieden. Probleme bestehen in der kollegialen Zusammenarbeit, im gegenseitigem Vertrauen und bei der Kooperation zwischen West- und Ostkollegen. Diese Ungleichzeitigkeit, der schnelle Strukturwandel auf der einen und der langsame Mentalitätswandel, das langsame Zusammenwachsen so unterschiedlicher Wissenschaftskulturen auf der anderen Seite ist ein typisches Phänomen dieser Transformation. So ist die Universität konsolidiert; dauerhaft stabil ist sie erst, wenn diese Ungleichzeitigkeit aufgehoben ist.

494 A. a. O., 12.

495 Ebenda.

496 S. u. a. »Eine Präsidentin kann natürlich nie besser sein als die Wissenschaftler«, Interview mit der Präsidentin der HU, Professor Dr. Marlis Dürkop, in: »Unaufgefordert« Nr. 61 vom 14. November 1994, 13.

497 S. u. a.: Herfried Münkler: »Vom Geist der Freiheit: Die Humboldt-Universität in Berlin«, »Frankfurter Allgemeine Zeitung«, Magazin vom 26. November 1993, 44, »Langsamer Abschied vom Osten«, »Der Tagesspiegel« vom 14. Dezember 1993, sowie »Hochschule als deutsch-deutscher Schmelztiegel?«, »Frankfurter Allgemeine Zeitung« vom 7. September 1994, alles in: Presseberichte IV, Ablage 5.

IV.
Das Modell der selbstbestimmten Erneuerung

1. Einleitung

Das Modell der selbstbestimmten Erneuerung kommt in der HU und in Auseinandersetzung zwischen der Hochschule und verschiedenen landespolitischen Akteuren (Senat, Abgeordnetenhaus) zustande. Es wurde nicht systematisch »erdacht« oder bewusst »erfunden«, sondern ist ein evolutionäres Konzept ohne institutionelle Vorbilder. Dabei markiert die Gründung der *Rehabilitierungs- und Ehrenkommission* den Beginn und die der *Personalstrukturkommissionen* den Abschluss eines inneruniversitären Strukturbildungsprozesses, der im folgenden Abschnitt eingehender untersucht werden soll.

Die Fähigkeit, für Selbsterneuerung zu sorgen, ist – wie im III. Teil skizziert – unter den Studierenden, den wissenschaftlichen Mitarbeitern, den Professoren und ihren organisierten Gruppen und Listen verschieden verteilt. Deshalb muss inneruniversitäres Erneuern auch ein Ergebnis spezifischer Auseinandersetzungen und erheblicher Konsensbildungen sein. Es lassen sich folgende Gruppierungen charakterisieren:

- Reformer, die sich voneinander unterscheiden in Tempo oder pfadabhängigen Teilstrategien beim Umbau, durch Mentalität, sozialmoralisches Milieu oder politische Grundüberzeugungen,
- Teilnehmer, die mehr oder weniger lethargisch oder desinteressiert die Erneuerung begleiten, und
- Blockierer, die die Reformen offen oder verdeckt ablehnen oder behindern, weil sie für sich Statusverlust, offene Auseinandersetzung oder Entlassung fürchten.

Generell zeigt sich, dass mit den neu gewonnenen Freiheiten individualistische Einstellungen kollektive Identitätsbindungen mehr und mehr ablösen und im Laufe der Zeit die Engagementbereitschaft in allen Mitgliedergruppen abnimmt. Jedoch ist der hochschuleigene Erneuerungspfad in besonderer Weise auf Legitimation durch Beteiligung angewiesen. Das stellt ihn von Beginn an vor besondere Herausforderungen.

Reformbewegungen brauchen ihre eigenen Institutionen. An der HU werden daher neue Gremien und Kommissionen nötig, die neben den bisherigen, oft nur formal an das Westberliner Hochschulgesetz angepassten Gremien stehen oder in der demokratiebildenden ersten Phase der Umgestaltung zwar neu zusammengesetzt wurden, aber den notwendigen Umbau nur wenig vorangebracht haben. Beschäftigen sich Ehren-, Anhörungs- und Rehabilitierungskommission mit der vergangenheitspolitischen Dimension[498] des Umbaus, müssen Personalstrukturkommissionen die vorhandene Struktur und den vorhandenen Personalbestand grundlegend umgestalten und damit Aufgaben der Fachbereichs- und Institutsräte übernehmen. Den Kern des Konzepts der selbstbestimmten Erneuerung bildet zweifellos die Institutionalisierung der *Zentralen Personalstrukturkommission* (ZPSK) und der *dezentralen Personalstrukturkommissionen* (PSK) auf der Ebene der Fachbereiche.

Doch treten diese Kommissionen tatsächlich an die Stelle der ordentlichen Gremien? Und welches Beziehungssystem baut sich zwischen alten und neuen Strukturen auf? Was sind die Ziele und Instrumente des hochschuleigenen Erneuerungspfades und welche Leitgedanken liegen ihm zugrunde? Diese Fragen sollen im folgenden Teil beantwortet, Chancen für die Erneuerung der HU durch das Modell ausgelotet sowie seine Vorzüge und Schwachstellen herausgestellt werden.

Abschließend sei noch einmal betont: Das hochschuleigene Konzept der Umgestaltung scheint anfangs aus isoliert ablaufenden Prozessen zu entstehen, die neue demokratische Entscheidungsinstanzen schaffen sowie ein Maximum

498 Der Begriff der Vergangenheitspolitik wird in Anlehnung an Norbert Frei verwendet, der in seiner gleichnamigen Schrift den »politischen und intellektuellen Umgang mit den Hinterlassenschaften des Nationalsozialismus« (Frei, 1996, 8) in den bundesrepublikanischen Gründerjahren untersucht hat. Vergangenheitspolitik konstituiert sich für Frei aus den Elementen »Amnestie, Integration und Abgrenzung« (S. 14) gegenüber den aktiven wie passiven Parteigängern und Unterstützern der nationalsozialistischen Herrschaft in Politik, Wirtschaft und Gesellschaft. Zugleich definiert er mit dem Begriff die Revision der »politischen Säuberung« der Alliierten nach 1945 (ebenda), einen unter großer Akzeptanz stattfindenden politischen Prozess, der zwar aus vielen Einzelmaßnahmen ohne strategische Planung bestanden habe, in der Rückschau jedoch ein »geschlossenes Ganzes« ergebe, das auch in der »Verknüpfung mit spezifischen Formen anti-nationalsozialistischer Normsetzung … als Einheit zu betrachten und als Vergangenheitspolitik zu bezeichnen« sei (S. 13). »In zweiter Linie, gewissermaßen flankierend, ging es um die politische und justizielle Grenzziehung gegenüber den ideologischen Restgruppen des Nationalsozialismus …« (S. 14). Zwar geht es auch in der vorliegenden Untersuchung bei der Verwendung des Begriffs der Vergangenheitspolitik um diese beiden Ebenen (individueller Umgang mit den »Parteigängern«, Grenzziehung zu den Restgruppen des alten Systems), anders als bei Frei allerdings nicht um die Revision, sondern die Begründung von personalpolitischen Überprüfungen bzw. Entscheidungen über Kündigung oder Weiterbeschäftigung. Vergangenheitspolitik meint hier die politische, rechtliche und/oder moralische Dimension solcher Entscheidungen sowie ihren gesellschaftlichen Kontext, die Diskussionen über Schuld und Verantwortung der politischen, wirtschaftlichen, wissenschaftlichen und kulturellen Eliten der DDR an der Legitimierung der SED-Herrschaft. Wie am Beginn der 50er Jahre bewegen sich die geschaffenen Instrumentarien der Vergangenheitspolitik nach 1990 – wenn auch deutlich verschoben – im Dreieck von »Amnestie, Integration und Abgrenzung« (s. dazu die Ausführungen zum Regel-Ausnahme-Verhältnis bzw. zur Kontinuität bzw. Diskontinuität der Öffentlichen Verwaltung im Kapitel 2.2 des V. Teils). In den verschiedensten Abschnitten im III., IV. und V. Teil wird deshalb auf den Begriff zurückgegriffen.

an Partizipation und Aufklärung ermöglichen sollen. Für die Dynamisierungsschübe der gesellschaftlichen Transformation seit März 1990, vor allem aber seit Herbst 1990 und in seiner Folge für den Wandel der gesellschaftlichen Erwartungen an eine sich reformierende Universität hat die Hochschule, wie im 2. Kapitel des vorangegangenen Teils gezeigt, keine spezifische Erneuerungsvorsorge betrieben (und wohl auch nicht betreiben können). Erst nach und nach lassen inneruniversitäre Strukturbildungen ein Konzept erkennen, entwickeln sich Abgrenzungen und Arbeitsteilungen zwischen neuen und alten Gremien. Mit den Personalstrukturkommissionen wird ein Instrument geschaffen, das die Lücke zwischen dem gesellschaftlich-politischen und dem universitären Wandel zu schließen versucht.

2. Erneuerung durch Personalstrukturkommissionen

2.1 Der organisatorische Rahmen

2.1.1 Der Aufbau der Kommissionen

Mit dem Beschluss des verfassungsgebenden Konzils vom 13. Dezember 1990 entsteht in allen Fachbereichen der Universität eine Personalstrukturkommission und auf der Universitätsebene eine Zentrale Personalstrukturkommission. Ihnen gehören jeweils vier Hochschullehrer der Humboldt-Universität und vier auswärtige Hochschullehrer sowie drei wissenschaftliche Mitarbeiter, drei Studenten und ein nichtwissenschaftlicher Mitarbeiter der Universität an. Sie haben drei wesentliche Aufgaben:

1. Empfehlungen zur inhaltlichen Neustrukturierung ihrer Fachbereiche/Institute zu entwickeln,
2. Vorschläge zur Definition von Hochschullehrerstellen und zur Berufung von Hochschullehrern zu erarbeiten, und
3. die Überleitung des Personals der Universität in die Stellenkategorien und Rechtsverhältnisse des Hochschulrahmengesetzes vorzubereiten.[499]

Die PSK bekommen damit einen außerordentlich weitgehenden Auftrag: Den strukturellen und personellen Umbau der Fachbereiche zu organisieren und ihnen eine neue inhaltliche Gestalt zu geben, neue Studienprogramme zu entwickeln und damit Zweckbestimmungen von Stellen für Hochschullehrer, wissenschaftliche und nichtwissenschaftliche Mitarbeiter sowie einen Ausstattungsplan zu begründen, der quantitative Vergleiche mit bundesdeutschen Universitäten berücksichtigt.[500] Nach den Vorgaben des Konzilbeschlusses wird zunächst entschieden, welche neuen oder veränderten *Strukturen* ein Fachbereich erhält, danach in einem zweiten Schritt die Frage nach *personellen Konsequenzen* beantwortet, sei es durch Neuausschreibungen und Berufungen

499 Entschließung des Konzils vom 13. Dezember 1990, 3, in: Dokumentation »Die Arbeit der ZPSK 1990–1992«, Band 1, Ablage 1.

500 A. a. O., 3, sowie: Richtlinien für die Arbeit der dezentralen Personalstrukturkommissionen der Fachbereiche vom 26. Februar 1991, 3 f., in: a. a. O., Ablage 10.

oder Evaluationen und Kündigungen.[501] Zuerst sollen die Kommissionen ein tragfähiges Struktur-, dann erst ein dazu passendes Personalkonzept aufstellen.

Die ZPSK entwickelt Vorschläge zur fachbereichsübergreifenden Personal- und Strukturplanung, sie berät den Akademischen Senat bei der Einrichtung und Wiederbesetzung von Hochschullehrerstellen und koordiniert die dezentralen Planungsprozesse. Durch ihre Rahmenkompetenzen gegenüber den PSK gewährleistet sie, dass diese ihre Personal- und Strukturplanungen nach vergleichbaren Kriterien gestalten.[502] Am Ende bewertet die ZPSK alle Strukturvorschläge und Stellenwünsche und gleicht sie mit ihren Gesamtplanungen für die Universität ab. Im Hochschulentwicklungsplan, für den die ZPSK verantwortlich ist, fließen all diese Planungsprozesse schließlich zusammen. Auch im personellen Bereich erhält sie als förmliche Einspruchsinstanz bei Evaluierungen eine wichtige Aufgabe.[503] Der im Berliner Hochschulgesetz § 61 Abs. 2 vorgesehenen Kommission für die Entwicklungsplanung ähnelt die ZPSK in wichtigen Teilbereichen. Jedoch geht ihre Zuständigkeit, nicht zuletzt durch die Vielzahl der zu bewältigenden Personalfragen, weit darüber hinaus. Der Aufbau eines auf alle Fachbereiche ausgedehnten und mit auswärtigen Experten versehenen Kommissionsapparats oder die Formalisierung seiner Arbeit durch Ordnungen, Richtlinien u. ä. verdeutlichen zusätzlich den Unterschied zur normalen Selbstverwaltungsstruktur. Personell sind in der ZPSK überproportional viele Naturwissenschaftler vertreten, »ideologisch belastete« oder von der Abwicklung bedrohte Bereiche hingegen kaum.[504]

501 Entschließung des Konzils vom 13. Dezember 1990, 3, in: Dokumentation »Die Arbeit der ZPSK 1990–1992«, Band 1, Ablage 1.

502 S. u. a. den Brief des Rektoramtes und der ZPSK vom 19. April 1991 an die Dekane der Fachbereiche, Leiter der zentralen Einrichtungen und Vorsitzenden der Personalstrukturkommissionen, in: a. a. O., Ablage 15. Um die Planungen der dezentralen Kommissionen besser miteinander zu verzahnen, lädt die ZPSK mehrfach die PSK-Vorsitzenden zu Arbeitsgesprächen ein bzw. verhandelt mit ihnen auch bilateral über Strukturplanung und Personalevaluation.

503 S. Verfahrensordnung zur Bearbeitung von Einsprüchen gegen Entscheidungen der Personalstrukturkommissionen bzw. die Stellungnahmen der Fachbereichsräte, in: a. a. O., Ablage 14.

504 Über die Personalauswahl soll offenbar unterstrichen werden, wie ernsthaft man es mit der eigenständigen Reform meint: Die Gruppe der Hochschullehrer entsendet einen Mathematiker, einen Psychologen, eine Biochemikerin und eine Theologin. Lediglich ein wissenschaftlicher Mitarbeiter (FB Rechtswissenschaften) und ein Student (Institut für Geschichte) gehören Fächern an, die ursprünglich abgewickelt werden sollten. Von den elf Hochschulmitgliedern der ZPSK kommen sechs aus medizinisch-naturwissenschaftlichen, nur vier hingegen aus geisteswissenschaftlichen Fächern (darunter zwei Studierende). Die Liste der Mitglieder der zentralen Kommission, in: Dokumentation »Die Arbeit der ZPSK 1990–1992«, Band 1, Ablage 4.

Mit den »Richtlinien für die Arbeit der dezentralen Personalstrukturkommissionen (PSK) der Fachbereiche und zentralen Einrichtungen sowie der medizinischen Fakultät«[505], in denen die Aufgaben und Ziele des Umbaus konkretisiert werden[506], ist ca. zwei Monate, nachdem die ZPSK und PSK eingesetzt sind, der inhaltliche und organisatorische Rahmen der Erneuerungsarbeit festgelegt.[507]

2.1.2 *Die Bestellung der Mitglieder und die Mitwirkung in den Kommissionen*

Die der HU angehörenden Mitglieder der Kommissionen werden in den Fachbereichen in freien und geheimen Wahlen in den Mitgliedergruppen gewählt.[508] Wegen der besonderen Verantwortung der PSK müssen sie hohen Maßstäben der fachlichen Kompetenz und persönlichen Integrität gerecht werden. Die auswärtigen Mitglieder sollen unabhängige und international anerkannte Wissenschaftler sein, die über die Fächer und deren Mitarbeiter objektive Urteile abgeben können.[509]

505 Richtlinien für die Arbeit der dezentralen Personalstrukturkommissionen (PSK) vom 26. Februar 1991, in: Dokumentation »Die Arbeit der ZPSK 1990–1992«, Band 1, Ablage 10. Von der ZPSK werden sie am 4. Januar 1991 veröffentlicht und nach verschiedenen Änderungen schließlich am 26. Februar 1991 verabschiedet.

506 S. Kapitel 2.2.1 dieses Teils.

507 Auf Grund ihrer Größe und relativen Eigenständigkeit entscheidet sich die Charité für eigene Substrukturen. So erlässt die PSK der Charité selbstständig Richtlinien für die Wahl und Zusammensetzung sogenannter Arbeitsausschüsse der Kliniken und Institute. Die Mitglieder der Arbeitsausschüsse werden durch geheime Wahlen in den Instituten und Kliniken gewählt, wobei in ihnen höchstens vier Hochschullehrer, davon nur zwei aus der Einrichtung selbst, mitwirken. (Als Hochschullehrer zählen auch alle habilitierten Wissenschaftler.) Die Direktoren können für die Arbeitsausschüsse kandidieren, nicht jedoch dort Vorsitzende werden, um größere Interessenkollisionen zu vermeiden und um neben dem Institutsrat mit dem Arbeitsausschuss einen zweiten, von diesem unabhängigen Erneuerungsakteur aufzustellen. Angehörige der Charité, die universitätsweiten Gremien wie dem Akademischen Senat oder der ZPSK angehören, dürfen nicht oder nur in begründeten Ausnahmefällen Mitglieder eines Arbeitsausschusses werden. Auch hier betont die Medizinische Fakultät die Eigenständigkeit von zentraler und dezentraler Entscheidungsebene. Die relative Autonomie der PSK der Charité gegenüber denen der Hochschule zeigt sich u. a. darin, dass sie zur Beurteilung der persönlichen Eignung der Mitarbeiter eigene Grundsätze entwickelt und nicht die der Hochschule übernimmt (Richtlinien für die Wahl und Zusammensetzung der Arbeitsausschüsse sowie Grundsätze für die Überprüfung der persönlichen Eignung durch die Personalstrukturkommission der Charité, in: Dokumentation »Die Arbeit der ZPSK 1990–1992«, Band 1, Ablage 13).

508 Entschließung des Konzils vom 13. Dezember 1990, 3, in: a. a. O., Ablage 1 sowie Richtlinien für die Arbeit der dezentralen Personalstrukturkommissionen, 1, in: a. a. O., Ablage 7.

509 S. Entwurf der Richtlinien für die Arbeit der dezentralen Personalstrukturkommissionen (PSK), Ziffer 1, in: Dokumentation »Die Arbeit der ZPSK 1990–1992«, Band 1, Ablage 7.

Wie diese Anforderungen zu erfüllen sind, ist zunächst umstritten: Schließlich einigt man sich zwischen den Gremien auf eine zwar freiwillige[510], aber zugleich aufwendige Überprüfung der persönlichen Integrität der inneruniversitären PSK-Mitglieder vor der Anhörungskommission. Der Akademische Senat legt allen das Gespräch bei ihr nahe, verzichtet aber auf ein eigenes formelles Bestätigungsrecht, wie es beispielsweise vom Hochschulpolitischen Rat gefordert wird.[511] Frei und geheim gewählte PSK-Mitglieder, gegen die weder berechtigte Einsprüche erhoben würden, noch deren Integrität durch die Anhörung infrage gestellt sei, so das Argument, müssten nicht erneut durch den Senat oder ein anderes Gremium bestätigt werden. Sektions-, Klinik- oder Institutsdirektoren aus den vergangenen fünf Jahren sowie ehemalige Funktionsträger der SED vom Abteilungsparteisekretär an aufwärts werden aufgefordert, nicht für die PSK zu kandidieren. Darüber hinaus fordern Gewerkschaftsvertreter, dass sich alle PSK-Mitglieder einer »Gauck-Überprüfung« unterziehen.[512]

Wie die Universität zu den zahlreichen auswärtigen Mitgliedern der dezentralen und zentralen Kommissionen kommt (immerhin über 100 Wissenschaftler!), dazu gibt es zunächst unterschiedliche Vorstellungen: Spricht die Konzilsentschließung davon, die Wissenschaftskommission des Landes Berlin in die Suche einzubeziehen[513], macht die Anlage zur Entschließung des Konzils dafür die ZPSK verantwortlich. Alle Fachbereiche sollen bei ihr Vorschläge einreichen.[514] Daneben bittet der Rektor beim Vorsitzenden des Wissenschaftsrats um Vorschläge. Da die Benennung jedoch einige Zeit in Anspruch nehmen dürfte, sollen die Kommissionen bereits ihre Arbeit beginnen.[515]

510 Doch treten deshalb Differenzen auf zwischen den Studierenden, die für eine rigorosere Überprüfung sind und Teilen der Hochschullehrerschaft, die für das Freiwilligkeitsprinzip votieren (s. Brief der ZPSK vom 31. Januar 1991 an alle Leitungsmitglieder und Gremien der Universität, 3, in: a. a. O., Ablage 9).

511 Er äußert in dieser teils heftig geführten inneruniversitären Diskussion die Furcht vor alten und neuen Abhängigkeiten, die »deformierenden Einfluss« auf die Empfehlungen der PSK haben können. Daher sollen ihre Mitglieder nicht nur durch eine gleiche und geheime Wahl legitimiert sein, sondern sich zusätzlich durch die Anhörungskommission überprüfen lassen. Ehemalige Funktionäre dürften nicht Mitglieder der PSK werden, was die ZPSK in ihrem Beschlussvorschlag an das Konzil schließlich aufgreift (Antrag der ZPSK an das Konzil, Ziffer 3, in: a. a. O., Ablage 5). Auch sollte die Arbeit der Kommissionen erst beginnen, wenn sie vollständig, d. h. auch mit den auswärtigen Mitgliedern besetzt sind.

512 Protokoll der Sitzung des Akademischen Senats vom 17. Januar 1991, in: Protokolle des Akademischen Senats 1991–1994, Ablage 4.

513 Entschließung des Konzils, S. 3, in: Dokumentation »Die Arbeit der ZPSK 1990–1992«, Band 1, Ablage 1.

514 Grundsätze der Tätigkeit der Kommissionen zur personellen und strukturellen Erneuerung der HUB (Anlage zur Entschließung des Konzils vom 13. Dezember 1990), Ziffer 3, in: a. a. O., Ablage 2.

515 Brief des Rektors vom 4. 01. 1991, S. 1, in: a. a. O., Ablage 6.

Weil der Wissenschaftsratsvorsitzende offenbar das Anliegen nicht unterstützt, muss die ZPSK dem Konzil im Januar 1991 einen neuen Vorschlag machen: Auswärtige Mitglieder sollen nun über die jeweiligen Fachverbände, Fakultätentage bzw. Fachbereichskonferenzen gewonnen und durch die Senatsverwaltung für Wissenschaft und Forschung – sofern diese dazu bereit ist – bestätigt werden. In ihren Richtlinien vom Februar 1991 bestätigt die ZPSK das neue Vorgehen, kündigt aber an, dass sie nun für die gesamte PSK »deren Akzeptierung durch die Senatsverwaltung« anstrebe, um auf diese Weise bestehende Legitimationsdefizite abzubauen.[516] Denn mit der doppelten Bestätigung der auswärtigen Mitglieder durch die ZPSK und die Fachverbände sowie der Wahl der hochschulinternen Mitglieder, ähnlich einer Fachbereichsratswahl, verfügen die Kommissionen dem Papier nach über die größtmögliche Unterstützung aus der Hochschule.

Da die Akzeptanz der Kommissionsarbeit besonders von der Teilnahme auswärtigen Sachverstands abhängt, gelten ihre Empfehlungen erst dann als beschlossen, wenn an ihnen auch die externen Mitglieder mitgewirkt haben. Das gibt ihnen *verfahrensrechtlich* (nicht entscheidungsinhaltlich) eine *Sperrminorität*. Darüber hinaus besitzen alle Kommissionsmitglieder die gleichen Rechte.

Doch wirft die Besetzung mit auswärtigen Mitgliedern eine Reihe praktischer Probleme auf: Zum einen sind die Fachbereiche unterschiedlich erfolgreich, auswärtige Hochschullehrer für die zeitintensive und anspruchsvolle Arbeit zu gewinnen. Auch zieht sich die Suche über die Verbände teilweise erheblich in die Länge oder sind sie nur begrenzt zur Mithilfe bereit. Zuweilen nominieren sie aus verschiedenen Gründen weniger als die vier gewünschten Professoren. Und schließlich ist auch ein finanzielles Argument nicht zu unterschätzen, denn für den Aufenthalt von ca. 100 auswärtigen Wissenschaftlern in Berlin entstehen nicht unerhebliche zusätzliche Kosten, die die Universität selbst aufbringen muss.

Diese Faktoren erklären, warum nur zwei Drittel jener Positionen in den PSK besetzt werden können. Das behindert die Akzeptanz des Modells nach innen wie in der Öffentlichkeit und mindert die Qualität der Vorschläge überall dort, wo nur ein oder auch gar kein auswärtiger Sachverständiger mitarbeitet (z. B. in den FB Erziehungswissenschaften, Geschichte und Theologie).

516 Richtlinien für die Arbeit der dezentralen Personalstrukturkommissionen vom 26. Februar 1991, Ziffer 2, in: a. a. O., Ablage 10. Da der Berliner Senat sein eigenes Erneuerungsmodell aufbaut, kommt es zu dieser Übereinkunft nicht. Des Weiteren wird nach der Diskussion der Richtlinien auf das Einspruchsrecht der Hochschulangehörigen gegen die Besetzung der Kommissionen verzichtet (vgl. Entwurf der Richtlinien vom 4. Januar 1991, Ziffer 2, in: a. a. O., Ablage 7 und die verabschiedeten Richtlinien vom 26. Februar 1991, Ziffer 2, in: a. a. O., Ablage 10).

Die durch die Hochschulrektorenkonferenz benannten auswärtigen Mitglieder der ZPSK jedoch besitzen eine hohe Legitimation, was deren Anerkennung innerhalb und außerhalb der Hochschule fördert. In ihr arbeiten die Professoren Daxner (Universität Oldenburg), Reisch (Universität Stuttgart-Hohenheim), Reinermann (Verwaltungshochschule Speyer) und Fritsche (Universität des Saarlandes) mit, vier anerkannte Rektoren, Präsidenten oder Fakultätsdekane mit vielen Erfahrungen in der Hochschulplanung.

2.1.3 Das Verhältnis von ZPSK und PSK zu den ordentlichen Universitätsgremien

Über die Demokratisierungsphase hinaus ist die besondere Koalition zwischen Studentenrat und Universitätsleitung schwer zu erhalten, denn zunehmende Interessenunterschiede bestimmen nun (verursacht durch statusabhängige Variablen) ihr Handeln. Durch diese Ausdifferenzierung kommt die ZPSK in die Rolle, die konfligierenden Kräfte der Hochschule zusammenzuhalten und zugleich das Erneuerungsprogramm voranzutreiben.[517] Schon während der Institutionalisierungsphase wird deutlich: Die ZPSK ist auf der universitären Ebene neben dem Kanzler[518] der einzige programmatische Akteur. Wenn außerhalb der Hochschule überhaupt auf Erneuerungserfolge gesetzt wird, dann ist diese Hoffnung am ehesten mit ihr und den dezentralen Kommissionen verbunden. Dennoch sehen sich ZPSK und PSK mit kritischen Anmerkungen und auch Widerständen aus der Universität konfrontiert.[519]

Mit den dezentralen und der zentralen PSK entsteht neben der vorhandenen ordentlichen Gremienstruktur ein eigenständiges, autonomes, aber dennoch mit ihr verwobenes Institutionengefüge. Es baut auf Diskurs, auf gegenseitige Kontrolle und wechselseitige Arrangements zwischen alten und neuen Gremien. Eben deshalb schlagen PSK und ZPSK ihre Personal- und Struktur-

517 Das Verhältnis von Universitätsleitung und ZPSK entspannt sich im Laufe des Prozesses deutlich: Beide arbeiten sachorientiert zusammen, wie beispielsweise die Arbeit an gemeinsamen Papieren für die Fachbereiche oder die Beteiligung der ZPSK an den Dienstberatungen des Rektors belegt (s. u. a. Brief des Rektoramtes und der ZPSK vom 19.04.1991 an die Fachbereichsdekane zur Ergänzung der bisher eingereichten Unterlagen für die Übergangskonzeption von der Ist- zur Soll-Struktur, in: a. a. O., Ablage 15). Dennoch stehen beide Akteure für eine unterschiedliche Erneuerungsdynamik. Dies scheint jedoch aus ihren verschiedenen Rollen erklärlich. Studentenrat und ZPSK lagen in dieser Frage offenbar näher beieinander als die ZPSK mit der Universitätsleitung.

518 Viele Anregungen erhält die ZPSK vom Kanzler Karl Schwarz.

519 In diesem Sinn gibt der Brief der ZPSK vom 31. Januar 1991 an die Fachbereichsleitungen genügend Beispiele (Dokumentation »Die Arbeit der ZPSK 1990–1992«, Band 1, Ablage 9).

planung den jeweils zuständigen Fachbereichs- und Institutsräten nur vor,[520] besitzen aber durch die Mitgliedschaft auswärtiger Professoren ein starkes Gewicht.

Die Entschließung im Konzil gibt zunächst ein uneinheitliches Bild davon ab, in welchem Verhältnis Sonderkommissionen und ordentliche Universitätsgremien zueinander stehen:[521] Im Haupttext heißt es, dass PSK und ZPSK Vorschläge für die nach dem Gesetz zuständigen Gremien erarbeiten.[522] Nach der Anlage der Entschließung soll der Akademische Senat die Kriterien der Kommissionsarbeit hingegen lediglich bestätigen, nicht aber substanziell verändern können.[523]

Der Einsetzungsbeschluss sieht zwei Ebenen von Abstimmungen vor: *1.) die Beteiligung* durch Bestätigung oder Ablehnung von Beschlüssen der ZPSK/PSK, die Organisationsfragen des Erneuerungsmodells, wie beispielsweise den Aufbau eines Verfahrens zur Personalerneuerung, betreffen, und *2.) die Befassung* mit Empfehlungen zu Personal- und Strukturfragen, für die nach der Gesetzeslage das Kuratorium und seine Unterkommissionen zuständig sind. Anders als bei der Beteiligung können die ordentlichen Gremien diese Vorschläge auch verändern.[524] Dennoch scheinen trotz aller Versuche, das Modell mit der bestehenden Gremienstruktur auf diese Weise auszubalancieren[525], Konflikte um Kompetenzen zwischen PSK und ordentlichen Gremien unausweichlich.

Das Erneuerungsbemühen insgesamt hätte Schaden genommen, wenn nicht auch pragmatischer Wille den Kurs der neuen Kommissionen bestimmt hätte. Die ZPSK präzisiert deshalb in mehreren Stufen den ursprünglichen Einrichtungsbeschluss, delegiert eigene Kompetenzen teilweise auf die PSK zurück und nimmt die Fachbereichsräte und den Akademischen Senat stärker

520 S. Entschließung des Konzils vom 13. Dezember 1990, 2, in: Dokumentation »Die Arbeit der ZPSK 1990–1992«, Band 1, Ablage 1.

521 Vgl. hierzu u. a. den Entwurf und die Endfassung der Richtlinien, in: a. a. O., Ablage 7 und 10, die Entschließung des Konzils und deren Anlage (a. a. O., Ablage 1 und 2) oder auch den Brief der ZPSK vom 31. 01. 1991 an die Leitungsgremien der Universität (a. a. O., Ablage 9).

522 Entschließung des Konzils vom 13. Dezember 1990, S. 2, in: a. a. O., Ablage 1.

523 Grundsätze der Tätigkeit der Kommissionen zur personellen und strukturellen Erneuerung der HUB (Anlage zur Entschließung des Konzils vom 13. Dezember 1990), in: a. a. O., Ablage 2.

524 Anlage zur Entschließung vom 13. Dezember 1990, Ziffer 9, in: ebenda. Die Modellvorstellungen der Universität gehen von einer Beteiligung des Akademischen Senats in Personalangelegenheiten aus, die vom Hochschulgesetz aber nicht gedeckt ist. Insofern hat die ZPSK in diesen Fragen mehr (durch den Einrichtungsbeschluss des Konzils zugefallene) Kompetenzen als der Akademische Senat.

525 Vgl. die Ziffern 4, 6, 8 und 9 der Anlage mit den entsprechenden Passagen des Entschließungstextes, in: Dokumentation »Die Arbeit der ZPSK 1990–1992«, Band 1, Ablage 1 und 2.

als ursprünglich vorgesehen in die Mitverantwortung. In diesem Sinn sind die PSK keine Kommissionen »unabhängig vom demokratisch gewählten FB/ZE-Rat« und haben ihre Voten ausschließlich empfehlenden Charakter.[526] Auch in den Richtlinien für die PSK-Arbeit heißt es, dass die Kommissionen, gemäß § 33 des Statutes der HU, im Grundsatz Kommissionen des Fachbereichsrats sind, sie jedoch ausschließlich nach den »Grundsätzen der Tätigkeit der Kommissionen zur personellen und strukturellen Erneuerung der Humboldt-Universität« arbeiten. Ihre Doppelfunktion, nur empfehlendes Gremium und doch Haupterneuerungsakteur zu sein, bleibt bestehen[527] und wird in den endgültigen Richtlinien sogar verstärkt, denn die Beschlüsse der PSK seien »*die* Grundlage für die Urteilsbildung der FB/ZE-Räte«[528]. Auch anderweitig relativiert die ZPSK die von ihr selbst angestoßene Einbindung in die ordentlichen Gremienstrukturen wieder und setzt sich damit letztlich gegen den Akademischen Senat durch.[529]

Zuständigkeitskonflikte und ein »Kommissionswirrwarr« auf der Ebene des Akademischen Senats erschweren schnelle und wirksame Erneuerungsschritte: Neben der nach dem Hochschulgesetz für die Struktur- und Stellenplanung eigentlich zuständigen Entwicklungsplanungskommission (EPK) setzt er im Sommer 1990 eine Strukturkommission ein, die u. a. die Umwandlung und Verkleinerung der ehemaligen Sektionen in neue Fachbereiche und Institute organisieren soll. Weil beide Kommissionen aber nicht erfolgreich arbeiten, übernimmt nach dem Grundsatzbeschluss des verfassungsgebenden Konzils im Dezember 1990 die ZPSK de facto deren Aufgaben. Den damit verbundenen Streit zwischen ZPSK, Strukturkommission und EPK, die sich nicht verdrängen lassen wollen, schiebt die Universitätsleitung lange Zeit vor sich her.[530]

Richtlinien der ZPSK vom Februar 1991 beenden, lösen aber nicht die zwischen der Universitätsleitung, dem Akademischen Senat und seinen Kommis-

526 Beschluss des Konzils vom 24. 01. 1991, in: a. a. O., Ablage 5.
527 Richtlinien für die Arbeit der dezentralen Personalstrukturkommissionen, Entwurf vom 4. Januar 1991, Ziffer 2, in: a. a. O., Ablage 7.
528 Richtlinien vom 26. Februar 1991, Ziffer 1, in: a. a. O., Ablage 10.
529 S. Brief der ZPSK vom 31. Januar 1991, 2, in: a. a. O., Ablage 9.
530 Zunächst erwartet der Rektor, dass alle drei Kommissionen dem Akademischen Senat ein gemeinsam abgestimmtes Planungspapier vorlegen. Können sie sich darauf nicht einigen, sollen sie getrennte Vorschläge erarbeiten (Entwicklungsplanung der Humboldt-Universität, Vorlage des Rektors für den Akademischen Senat vom 22. April 1991, in: a. a. O., Ablage 36). Die ZPSK lehnt das jedoch ab, weil sie unmittelbar vor dem Abschluss erster Planungskonzepte diese nicht durch zusätzliche unproduktive Abstimmungsprozesse verzögern lassen will. In der Folge der Senatsentscheidung gelingt es EPK und Sturkurkommission im Gegensatz zur ZPSK nicht, tatsächlich verwertbare Konzepte vorzulegen (s. u. a. »Struktur der HUB«, Plan der Strukturkommission, in: Hochschulentwicklungsplan der HUB, Ablage I/1).

sionen und der ZPSK bestehenden Kompetenzkonflikte, denn unterschwellig wollen die ordentlichen Gremien gern selbst die Kontrolle über das weitere Vorgehen behalten. Doch hat die ZPSK gegenüber allen anderen einen entscheidenden Vorteil: Sie verfügt mit den dezentralen Kommissionen, die sich von ihren lokalen Gremien ebenfalls etwas absetzen wollen, über an Erneuerungsergebnissen interessierte, Informationen transportierende und über auswärtigen Sachverstand verfügende Mitspieler in allen Fachbereichen und damit über inhaltliche Ressourcen, wie sonst kein anderes Gremium auf der Universitätsebene.

Durch die Gesamtkonstellation ist ein dualistisches Verhältnis zwischen ordentlichen und außerordentlichen Organisationsstrukturen dennoch festgeschrieben, die zugleich Konsense und Erneuerungsdynamik organisieren müssen. Zwar findet die praktische Erneuerungsarbeit dadurch innerhalb der Universität mehr Unterstützung, außerhalb jedoch verstärken die komplizierten und langwierigen Entscheidungsabläufe eher die Skepsis, ob der beschrittene Weg tatsächlich erfolgreich sein kann.

2.1.4 Die Reaktionen der politischen Entscheidungsträger auf das hochschuleigene Erneuerungskonzept

Die politischen Entscheidungsträger reagieren zunächst verhalten optimistisch auf das Konzept: Die Senatorin für Wissenschaft und Forschung akzeptiert zwar, dass PSK die weitere Entwicklung der Fachbereiche vorantreiben wollen. In den einzelnen Planungsprozessen, etwa in der Frage des angestrebten Fächerspektrums, der Einfügung der HU in die Berliner Hochschullandschaft, der Zahl der Studienplätze, des Umfangs und der Struktur der Stellen sowie der Zweckbestimmungen der Professuren, verlangt sie hingegen wichtige Präzisierungen und die Mitwirkung auch durch ihre Behörde. Auch äußert sie Bedenken am PSK-Konzept hinsichtlich seiner »erkennbaren zeitlichen Priorität für die Personalüberprüfung«[531], die insofern verwunderlich sind, weil mit den parallel im Berliner Senat vorbereiteten Teilabwicklungen genau solche schnellen personellen Veränderungen angestrebt werden. Überdies scheinen ihr die Kommissionen zu groß; auch die relative Unterrepräsentanz (!) der HU-Mitglieder, verglichen mit den vom Wissenschaftsrat im November 1990 empfohlenen SBK, wird kritisiert.[532]

531 Brief der Senatorin für Wissenschaft und Forschung an den Rektor der Universität vom 14. Januar 1991, 2, in: Dokumentation »Die Arbeit der ZPSK 1990–1992«, Band 1, Ablage 8.
532 Ebenda.

Überdies werden die Evaluationsverfahren beanstandet: Die Überprüfung des gesamten Personals, »die sich nicht bereits auf die künftigen quantitativen und inhaltlichen Strukturen des Fachbereichs bezieht, stellt eine beträchtliche Belastung für alle Beteiligten und einen unverhältnismäßigen Aufwand dar«[533]. Schließlich sei die kompetenzrechtliche Position der Kommissionen ungesichert, und daher wäre es problematisch, wenn sie Verfahren installierten, die zu rechtlich beachtlichen Vorschlägen an die zuständigen Gremien führen. Die Kommissionen durch den Gesetzgeber nachträglich anerkennen zu lassen, schließt die Senatorin nicht aus: »Zu erwägen ist hierfür sowohl eine spezialgesetzliche Regelung, die sich allerdings in die Aufgaben- und Zeitplanung des Abgeordnetenhauses einfügen müsste, als auch eine vom zuständigen Mitglied der Landesregierung bestätigte Ergänzung der Statuten der Humboldt-Universität.« Für eine endgültige inneruniversitäre Regelung, »die nicht zumindest das Einvernehmen der Senatsverwaltung für Wissenschaft und Forschung bei der Besetzung der Kommissionen sowie die vom Wissenschaftsrat empfohlenen Verfahrensregularien bei Berufungen vorsieht, könnte ich Ihnen eine solche Bestätigung allerdings nicht in Aussicht stellen«[534]. Passt sich die Universität bei der Größe und Besetzung der Kommissionen an, so lässt der Brief erkennen, scheint die Erneuerung im Wesentlichen unter hochschuleigener Regie für die Senatorin akzeptabel.

Wenige Wochen später vollzieht sich jedoch ein personeller Wechsel an der Spitze der Senatsverwaltung von Senatorin Riedmüller (SPD) zu Senator Erhardt (CDU). Dies führt zu einer deutlichen Kurskorrektur in der Erneuerungspolitik, denn die von Riedmüller angedeuteten Verhandlungsoptionen lehnt der neue Senator ab. Zusätzlich verschärft die Einrichtung der SBK in den zur Abwicklung stehenden Fachbereichen Ende Januar 1991 das Klima zwischen Hochschule und Senat, so dass ein Konsens zwischen universitären Reformakteuren und den politischen Entscheidungsträgern in weite Ferne rückt.

2.1.5 Nach dem Ergänzungsgesetz: Die Neuausrichtung der ZPSK

Mit dem Inkrafttreten des ErgG im Juli 1991 wird der hochschuleigene Erneuerungspfad mehr und mehr abgelöst durch das von außen implementierte Modell der SBK. Ihr Aufbau führt zu neuen Prioritäten, ändert Schwerpunkte

533 A. a. O., 3.
534 Ebenda.

und personelle Konzeptionen. Die PSK stellen ihre Arbeit allmählich ein oder warten ab, bis die neuen Kommissionen entstehen.[535] Die tatsächliche Arbeit der PSK dauerte damit nur 6 bis 8 Monate. Anders jedoch die ZPSK: Als das hochschuleigene Modell nicht mehr und das neue Modell noch nicht existiert, sucht sie nach Wegen, Konzepte, Planungsansätze und Evaluationen der internen Umgestaltung zu modifizieren, damit sie u. U. in den neuen Entwicklungspfad integriert werden können.[536] Eine Phase der Aushandlungen, vor allem mit der Senatsverwaltung, setzt ein; die Konkurrenz beider Erneuerungspfade weicht zugunsten von mehr Kooperation. Die Verhandlungen zum Stellen- und Ausstattungsplan[537] sind ein Beispiel für diesen inneruniversitären Strategiewechsel, der sich kurz vor dem Ende des Gesetzgebungsverfahrens ankündigt. Zwar werde durch den Berliner Senat der »falsche Weg der Personalerneuerung« beschritten, so der Rektor, doch müsse die Universität nun »so schnell wie möglich zu einem Zustand [...] kommen, der ihre Arbeitsfähigkeit sichert und ihr die vollen Rechte einer Kuratorialhochschule zugesteht«[538].

Über das Kuratorium, für die ZPSK das wichtigste Kooperationsgremium, sucht sie eine enge Verzahnung mit der LHSK und versteht sich nun vor allem als Beraterin der Hochschulleitung und des Kuratoriums in allen Planungsfragen. Sie fasst die strukturellen Erneuerungskonzepte zu einer universitären Gesamtplanung zusammen, übt informell Einfluss auf den Aufbau der SBK aus, verhandelt mit der Senatsverwaltung über die finanzpolitischen Rahmendaten und vermittelt bei Konflikten zwischen den Hochschulgremien, der Senatsverwaltung und den SBK.[539] Für all diese Fragen lässt sie sich durch das Konzil neu legitimieren.[540]

535 Der Erosionsprozess in den PSK ist auch an ihren qualitativ höchst unterschiedlichen Abschlussberichten abzulesen, worauf im VI. Teil näher eingegangen wird.

536 So versuchen z. B. die ZPSK-Vorsitzenden im Juni 1991 einige kleinere Fächer wie die Asien- und Afrikawissenschaften, die Altphilologien oder Fächer im FB Kunst- und Kulturwissenschaften zu bewegen, bis zum 1. September die Zweckbestimmungen ihrer Professuren zu überprüfen, »Eckprofessuren« zu benennen und ggf. neue Studien- und Forschungsschwerpunkte festzulegen, damit die SBK sich besser gegen mögliche Übernahme- oder Schließungswünsche durch die FU oder die Senatsverwaltung wehren können (s. Brief der ZPSK-Vorsitzenden an die Mitglieder des Kuratoriums vom 24. Juni 1991, in: Dokumentation »Die Arbeit der ZPSK 1990–1992«, Band 1, Ablage 19).

537 S. dazu ausführlich Kapitel 2.2.1.2 dieses Teils.

538 Brief des Rektors an alle Fachbereichsdekane, der vom Akademischen Senat am 25. Juni ausdrücklich unterstützt wird, in: Dokumentation »Die Arbeit der ZPSK 1990–1992«, Ablage 18.

539 Brief der Vorsitzenden der ZPSK, Professor Daxner und Professor Bank, an die Mitglieder des Kuratoriums der HU vom 24. Juni 1991, in: a. a. O., Ablage 19.

540 Beschlussentwurf des Konzils vom 21. November 1991, in: a. a. O., Ablage 22.

Doch ist die Zeit des Überganges beendet: Mehr und mehr übernehmen die ordentlichen Gremien wieder die Verantwortung. Die ZPSK schließt daher im Mai 1992 ihre Arbeit ab und wird umgewandelt in eine Entwicklungsplanungskommission nach § 61 BerlHG.[541]

2.2 Inhalte des Modells: Strukturelle und personelle Elemente

2.2.1 Ziele und Prinzipien der strukturellen Erneuerung

2.2.1.1 Die Planungsthesen

Nach dem Fall der Mauer und der Entscheidung, den Parlaments- und Regierungssitz nach Berlin zu verlegen, geht die Berliner Politik von einem erheblichen wirtschaftlichen Aufschwung, einem Anstieg der Bevölkerungszahl und einem beträchtlichen Bedeutungszuwachs auch von Kultur und Wissenschaft aus. Berlin will Brückenstation zwischen Ost- und Westeuropa werden. Im Wissenschaftsbereich strebt die Humboldt-Universität nach dieser Aufgabe auf Grund ihrer vielfältigen Beziehungen zu den Universitäten der osteuropäischen Staaten. Zudem möchte sie sich zu einer der bedeutendsten Hochschulen der Bundesrepublik entwickeln, angesehen bei den Studierenden, den Forschungsorganisationen und in der scientific community. Neben ihren Ausbildungsaufgaben für Berlin leistet sie Anfang der 90er Jahre in hohem Maße Ausbildung und Qualifizierung auch für das Land Brandenburg.[542]

Das Bedürfnis junger Menschen zu studieren, so die Prognose der ZPSK, werde in der ersten Hälfte der 90er Jahre zu einer Explosion der Studiennachfrage an der HU führen: Wegen der staatlichen Kontingentierung der Studentenzahlen in der DDR und des fehlenden freien Studienzuganges gebe es nun einen ernormen Nachholbedarf. Außerdem gehen realistische Schätzungen von einem raschen Anstieg der Abiturientenquote von bisher 10 Prozent auf nun 30 Prozent und damit einer zunehmenden Studierneigung aus. Und drittens sei durch den Hauptstadt-Sog Berlin künftig national und international als Studienort erheblich attraktiver.

Angesichts dieser Herausforderungen, vor dem Hintergrund der eigenen, jüngsten Universitätsgeschichte und der aktuellen hochschulpolitischen Auseinandersetzungen, entwickeln ZPSK und Universitätskanzler gemeinsam

541 S. Vorlage 117/92 vom 20.05.1992, in: a.a.O., Ablage 28 in Verbindung mit dem Protokoll des Akademischen Senats vom 16.06.1992, in: a.a.O., Ablage 29.

542 Da die PH Potsdam ebenso wie die im Jahr 1991 wieder gegründete Viadrina in Frankfurt/O. erst zu Voll-Universitäten ausgebaut werden müssen, verfügt Brandenburg neben verschiedenen kleineren Fachhochschulen zunächst nur über eine Technische Universität in Cottbus.

Thesen zur strukturellen Erneuerung der Universität: In ihrem Leitbild orientieren sie sich an der *Berliner Reformuniversität* des 19. Jahrhunderts als programmatische Selbstverpflichtung für das eigene Erneuerungsprogramm.[543] An die Tradition der Reformuniversität des 19. Jahrhunderts anknüpfen heißt, dass die Geistes-, Sprach- und Kulturwissenschaften ganz besonderes das wissenschaftliche Profil prägen und den einstigen Ruf der Berliner Universität wiederbeleben sollen. Die europäische Dimension dieser Traditionspflege und die Suche nach den Wurzeln gemeinsamen europäischen Denkens werden dabei besonders betont und sollen sowohl bei der Profilierung der Fächer als auch bei Neuberufungen berücksichtigt werden.[544]

Besonderes Gewicht wird auf den Erhalt des breiten Fächerspektrums als Ausdruck des Humboldtschen Ideals »universitas literarum« gelegt. Allerdings will die ZPSK die Vielfalt der Fächer nicht mehr wie bisher in 27 Fachbereichen und fünf zentralen Einrichtungen, sondern fortan in maximal 15 Fachbereichen organisieren, wobei diese nach dem Fakultätsprinzip gegliedert sein sollen.[545]

Den Vorstellungen des Senators, der aus der HU eine Elite-Einrichtung[546] machen will, setzen Kanzler und ZPSK die Perspektive einer *»ganz normalen Universität«*[547] entgegen. Unter diesem Motto vollziehen sich die Reformen, möchte man inhaltliche und strukturelle Besonderheiten wie beispielsweise geringere Regelstudienzeiten und niedrige Abbrecherquoten bewahren und die Zulassungshöchstzahlen sowie den Personalbedarf nicht ausschließlich nach der Kapazitätsverordnung, sondern nach zusätzlichen, spezifischen Kriterien festlegen.[548] Die HU poche aber nicht auf Sonderrechte und sei bereit, wie die anderen Universitäten auch, eine Überlast bei der Studiennachfrage zu tragen. Nur dürfe ihr dies nicht als »Politik des Volllaufenlassens« vorgeworfen werden.[549] Die ZPSK schlägt eine jährliche Aufnahmekapazität von etwa 7000

543 Dazu kritisch, weil sowohl HU als auch Berliner Senat nicht weitreichend im reformerischen Anspruch: Küpper, 1993, 10.

544 Thesen zur Entwicklung der Humboldt-Universität, 1, in: Hochschulentwicklungsplanungen der HU, Ablage II/1, These 4. Später sprach ZPSK-Vorsitzender Daxner davon, dass man mit der Erneuerung seit 1989/90 an einer zweiten Humboldt-Universität gebaut habe, die das »geistige Leibregiment« eines Landes werden könne: »Die zweite Humboldt-Universität möge die erste einer Hochschulregion werden, in der die Hohen Schulen in aller Dignität dazu beitragen, aus Berlin zu machen, was die Republik verdient. Eine Hauptstadt« (zitiert nach: Küpper, 1993, 18).

545 A. a. O., These 8, 3.

546 Zu dieser Auseinandersetzung zwischen HU und Senator Erhardt s. Küpper, 1993, 15.

547 Thesen zur Entwicklung der Humboldt-Universität, 1, in: Hochschulentwicklungsplanungen der HU, Ablage II/1, These 1, 1.

548 Nach einer Vorlage des Rektors für die Hauptkommission des Kuratoriums vom 6. August 1991, 7, in: Dokumentation »Die Arbeit der ZPSK 1990–1992«, Band 1, Ablage 31.

549 Thesen zur Entwicklung der Humboldt-Universität, 1, in: Hochschulentwicklungsplanungen der HUB, Ablage II/1.

Studierenden[550] vor, die Senatsverwaltung möchte sie auf etwa 4500 begrenzen.[551] Auch bei der Regelstudienzeit unterscheiden sich beide Planungsansätze: Die Senatsverwaltung geht von einer zehnsemestrigen Regelstudienzeit aus, die ZPSK sogar von elf Semestern.[552] Durch eine didaktisch verbesserte Lehre und die hohe Betreuungsintensität sollen möglichst alle Studierenden in dieser Zeit ihr Studium abschließen, wofür mehr (unbefristete) Mitarbeiterstellen im Vergleich zu FU oder TU bereitgehalten werden sollen.[553] Angesichts der zunehmend prekären Finanzlage der Stadt scheinen solche finanziellen Forderungen jedoch kaum durchsetzbar.

Ursprünglich entwickelt die ZPSK *weitergehende reformerische Vorstellungen*, vorangetrieben offenbar von den auswärtigen Experten[554]: Denn sie möchte eine Universität »mit einem auf das Optimum reduzierten Personal bei etwa gleichbleibender Gesamtstudentenzahl, … (die) das Niveau des wissenschaftlichen Universitätslebens und der akademischen Ausbildung schrittweise erhöht und das vorhandene Leistungspotential besser nutzt als bisher.«[555] Im Klartext heißt das: Man will die derzeitige Zahl von 20 000 *Studienplätzen* einfrieren und hält deutliche Personalreduktionen für unausweichlich. Diese Aussage unterscheidet sich diametral von der Endfassung der Thesen, wo von einer Gesamtstudentenzahl von mindestens 35 000 Studierenden ausgegangen wird.[556]

Ähnlich verhält es sich mit der *Fachbereichsstruktur*: Die ZPSK spricht sich in der ersten Fassung nicht für 15 Fachbereiche aus, sondern macht einen konkreten Vorschlag für 12 Fakultäten. Diesen begründet sie mit der sinnvollen Zusammenführung verschiedener Fächer, der vernünftigen Verwaltungsgröße

550 S. Tabelle Kapazitätsberechnungen der ZPSK (ohne Medizin), in: Dokumentation »Die Arbeit der ZPSK 1990–1992«, Band 1, Ablage 34.

551 Beschluss des Senats von Berlin Nr. 852/91, 8, in: Dokumente zum Hochschulumbau III, Ablage 1.

552 Ebenda.

553 S. These 5, in: Thesen zur Entwicklung der Humboldt-Universität, Hochschulentwicklungsplanungen der HUB, Ablage II/1.

554 Ein erstes Thesenpapier stellt die ZPSK der Universitätsöffentlichkeit im Mai 1991 vor. Die Endfassung fließt schließlich ein in den Ende September 1991 dem Kuratorium vorgelegten Hochschulentwicklungsplan (s. Nachbemerkungen zur ersten Fassung der Thesen, in: Hochschulentwicklungsplanungen der HUB, I/1).

555 Thesen zur strukturellen Erneuerung der Humboldt-Universität, 1. Fassung, 1, in: Hochschulentwicklungsplanungen der HUB, Ablage 0/1.

556 Handschriftlichen Bemerkungen des ZPSK-Vorsitzenden am Textentwurf ist zu entnehmen, dass in der ersten Lesung des Akademischen Senats die Beibehaltung der bisherigen Zulassungszahlen von Mitgliedern aller Hochschulgruppen kritisiert worden war (s. a. a. O., 1). In der 4. These signalisiert die ZPSK erneut ihre Vorbehalte gegen einen zu starken Anstieg der Studentenzahlen: »Die Veränderung der gegenwärtigen Gesamtstudentenzahlen ist in vertretbaren Grenzen zu halten.« Um dies zu erreichen, fordert sie HU-spezifische Curricular-Normwerte und eine verträgliche Reduktion des Ist-Personalbestandes (a. a. O., 2, Thesen 3 und 4).

der neu entstehenden Einheiten, der Förderung interdisziplinärer Forschung und der Möglichkeit, fakultätsbezogene Promotions- und Habilitationsordnungen erlassen zu können. Aus einer losen Assoziation von Fächern würden leistungsfähige Fakultäten entstehen, die eine neue Entwicklungsdynamik in Gang setzen und der Tendenz zur Atomisierung einzelner, vor allem kleinerer Disziplinen entgegenwirken könnten.[557] Auf Grund des inneruniversitären Drucks verwirft sie jedoch den Plan, und die Zahl der Fachbereiche wird von 12 auf 15 erhöht.[558]

Ein drittes Beispiel dafür, dass sich Entwurf und Endfassung der Thesen voneinander unterscheiden, ist die Art des Umgangs mit Studiengängen oder Fächern, die in der künftigen Universitätsstruktur nicht mehr berücksichtigt werden: Sollen nach dem Entwurf solche Struktureinheiten noch an andere Hochschulen verlagert oder gegebenenfalls geschlossen werden, insbesondere diejenigen, »deren Ausstattung in absehbarer Zeit den Standards einer modernen Ausbildung und Forschung nicht gerecht«[559] würden, spart die Endfassung der Thesen dieses schwierige, viele Partikularinteressen berührende Thema aus.

Dennoch wirbt die ZPSK mit ihren Planungsthesen um Zustimmung bei den politisch Verantwortlichen und in der Öffentlichkeit, eine Zustimmung, die sich die Universität durch wissenschaftliche Leistungen und »die Demonstration unbegrenzter öffentlicher Transparenz aller Entscheidungsprozeduren«[560] erst erarbeiten muss. Wie die Beispiele belegen, schwächen halbherzige Kompromisse und Modifikationen, die in der Regel vom Akademischen Senat oder den Fachbereichsräten ausgehen, allerdings wichtige Reformvorschläge ab.

2.2.1.2 Das Konzept der Stellenausstattung

Die ZPSK erarbeitet einen Stellen- und Ausstattungsplan, der deutliche Reduzierungen und Umschichtungen im Vergleich zur bisherigen Stellenstruktur vorsieht. Auswärtige Mitglieder sowohl in den dezentralen als auch in der zentralen PSK haben daran einen besonderen Anteil, weil sie Erfahrungswerte und Vergleiche mit anderen Fachbereichen und ganzen Hochschulen in die Kommissionsarbeit einbringen. Die ZPSK prüft die Vorschläge der PSK, versucht Unstimmigkeiten und Disproportionalitäten zwischen den Fächern auszugleichen und fügt sie mit ihren eigenen Planungen zu einem quantitativen Ausstattungsmodell zusammen, das auf den folgenden Prinzipien beruht:

557 A. a. O., 1 (These 3).

558 1993 verändert die HU erneut ihre Struktur zugunsten von 12 Fakultäten. S. Vorschlag des HU-Präsidialamts zur Fachbereichsgliederung vom 29. Oktober 1993 sowie weiteres Material, in: Dokumente zum Hochschulumbau III, Ablage 27.

559 A. a. O., 3 (These 4).

560 A. a. O., 5 (These 10).

1. Jeder Hochschullehrerstelle werden mindestens eine Qualifikationsstelle und eine halbe Sekretariatsstelle zugeordnet.
2. In den geisteswissenschaftlichen Fächern wie z. B. den Philologien, die in hohem Maße Lehrkräfte für besondere Aufgaben benötigen, sowie in den Rechts- und Wirtschaftswissenschaften wird ein quantitatives Verhältnis von einem Hochschullehrer zu zwei wissenschaftlichen Mitarbeitern angestrebt, in den übrigen Geisteswissenschaften von 1:1,5.
3. Für die theoretisch orientierten naturwissenschaftlichen Fächer wird grundsätzlich ein Verhältnis von 1:2, für die experimentellen Fächer von 1:2,5 angesetzt sowie ein durchschnittlicher Bedarf von drei technischen Mitarbeitern vorgesehen.[561]

Die ZPSK schlägt einen Gesamtstellenrahmen von 1857 Stellen für das wissenschaftliche Personal vor (zuzüglich 206 Stellen für Lehrkräfte für besondere Aufgaben).[562] Nach dem Stellenplan des Haushaltsentwurfs 1991 bekommt die HU 2762 wissenschaftliche Stellen zugewiesen. Davon sind im Mai 1991 2480 Stellen besetzt. Je nach Berechnungsgrundlage bedeutet der Kommissionsvorschlag daher eine Stellenreduktion von 25 bis 35 Prozent.[563]

Unabhängig davon legt der *Berliner Senat* mit seinen Beschlüssen 275/91 und 852/91 einen Ausstattungsplan für die HU fest.[564] Danach erhält die Hochschule (einschl. Verwaltung) insgesamt 4050 Stellen, davon 550 Professuren und ca. 1200 wissenschaftliche Mitarbeiterstellen. Das sind etwa 900 Stellen weniger (beim wissenschaftlichen Personal 772 Stellen) als in den Planungen der ZPSK. Bei den Professoren käme das einem realen Abbau um 117 Stellen gleich; bei den wissenschaftlichen Mitarbeitern würden auf Grund des angestrebten Umbaus der Beschäftigungsverhältnisse 603 befristete Mitarbeiterstellen mehr als bisher eingerichtet, dafür aber 1258 unbefristete Mitarbeiterstellen wegfallen. Rechnet man noch die Personalzugänge an die HU durch Fusionsverpflichtungen hinzu (Veterinärmedizin, Landwirtschaft und Gartenbau u. a.), was zusätzlich 552 Stellen betrifft, fällt der anstehende Personalabbau noch deutlich größer aus.[565]

561 Planungsprinzipien des quantitativen Ausstattungsmodells, 2, in: Hochschulentwicklungsplanungen der HUB, Ablage II/2.1.
562 S. die Tabelle zur Stellenausstattung und Kapazitätsberechnung (ohne FB Medizin, in: Hochschulentwicklungsplanungen der HUB, Ablage II/2.1) sowie die Tabelle Personal-Soll-Struktur nach Empfehlungen der ZPSK, in: a. a. O., Ablage II/2.3.
563 Hochschulentwicklungsplanungen der HUB, Ablage II/2.1, 2.
564 Beide Beschlüsse in: Hochschulgesetze III, Ablage 1.
565 Anmerkungen zum Beschluss des Senats von Berlin zur Struktur und Festlegung von Kapazitäten und Personalausstattungen im Berliner Hochschulbereich, Papier des Rektoramts vom 4. November 1991, 1, in: Dokumentation »Die Arbeit der ZPSK 1990–1992«, Ablage 33.

Nachdem der Senat von Berlin seine Stellenplanbeschlüsse gefasst und die ZPSK im September 1991 ihre eigenen Konzepte in das Kuratorium eingebracht hat, kommt es nach einer Phase des öffentlichen Wettbewerbs um die konkurrierenden Ausstattungsmodelle zu Kompromissen zwischen Senatsverwaltung und ZPSK. Angesichts der sich verschlechternden Haushaltslage in Berlin sind ihnen jedoch enge Grenzen gesetzt, d.h. der Gesamtstellenrahmen muss beibehalten werden. Das Kuratorium beauftragt dafür Universitätsleitung und ZPSK, gemeinsam mit den Fachbereichsdekanen und Vorsitzenden der SBK, auf der Grundlage des Stellenplanbeschlusses 852/91, der Empfehlungen der LHSK und der ZPSK eine veränderte Fachbereichsstruktur und den endgültigen Stellen- und Ausstattungsplan auszuarbeiten.

Bis Ende Januar 1992 werden in den Gremien noch einmal alle bisherigen Ansätze diskutiert. Damit im laufenden Erneuerungsprozess gleichzeitig Stellenplan-Verhandlungen *und* Ausschreibungen von Professuren bzw. Neubesetzungen von Mitarbeiterstellen beginnen können, verständigt sich die ZPSK mit den SBK auf ein Vorgehen, das beides erlaubt: Für den Fall, dass der Senatsbeschluss 852/91 mehr Professorenstellen vorsieht als die bisherigen ZPSK-Empfehlungen, können SBK/Fachbereiche ab sofort Ausschreibungen bei 70 Prozent der im Senatsbeschluss genannten Stellen beginnen, bei Übereinstimmung in beiden Papieren 80 Prozent. Weist der Senatsbeschluss weniger Professorenstellen aus, können 90 Prozent bewirtschaftet werden.[566] Mit diesem Verfahren sind Stellenneubesetzungen möglich, gleichzeitig bleibt genügend Spielraum für die punktgenaue Aushandlung von Stellenanzahl und Stellenstruktur. Nach umfangreichen Verhandlungen und mehrfachen Kompromissangeboten beider Seiten[567] einigen sich Senatsverwaltung und ZPSK

566 Brief des Rektors und des Vorsitzenden der ZPSK vom 3. Januar 1992 an die Vorsitzenden der Struktur- und Berufungskommissionen und Dekane der Fachbereiche, in: Dokumentation »Die Arbeit der ZPSK 1990–1992«, Band 1, Ablage 25.

567 Vor den Konsensverhandlungen legt die Senatsverwaltung, trotz des Kuratoriumsbeschlusses vom September 1991, ein eigenes 2. Planungspapier vor. Auch die ZPSK überarbeitet ihr Konzept, was die Wettbewerbssituation zwischen den Akteuren unterstreicht. Besonders auffällig an den Papieren ist die nach wie vor große Abweichungsquote im gesamten Mitarbeiterbereich und bei den naturwissenschaftlichen Professorenstellen. In den FB Landwirtschaft und Gartenbau, Veterinärmedizin, Psychologie und Pharmazie übernimmt die Senatsverwaltung ZPSK-Empfehlungen, in den geisteswissenschaftlichen »Abwicklungs-Fachbereichen« hielt sie (außer für das Institut für Philosophie) ihre ursprünglichen Planungen aufrecht, wohl, weil hier die Umstrukturierungen durch die längst agierenden SBK einen gewissen Stand erreicht hatten (s. das »Alex-3-Papier«, benannt nach dem in der Senatsverwaltung für Stellenplanung zuständigen Referenten, das der Universität am 23. Januar 1992 bekannt wird, sowie die entsprechenden Pläne der ZPSK, in: Dokumentation »Die Arbeit der ZPSK 1990–1992«, Band 1, Ablage 34).

auf ein gemeinsames Ausstattungsmodell[568], das letztlich beide Seiten als Erfolg verbuchen können. Es ist das erste und einzige Konsenspapier, welches die Träger der konkurrierenden Erneuerungskonzepte gemeinsam erarbeiten und in ihre jeweiligen Modelle vollständig integrieren. Insbesondere für die unbefristeten wissenschaftlichen Mitarbeiter sollte es einen tiefgreifenden personellen Umbau und einen erheblichen Beschäftigungsrückgang mit sich bringen.

Dem Hochschulbereich ähnlich entwickelt die ZPSK gemeinsam mit Thesen zur strukturellen Entwicklung unter Mitwirkung ihrer auswärtigen Mitglieder auch für die Charité ein quantitatives Ausstattungsmodell. Die SBK des FB Medizin sollen diese Empfehlungen in ihre Arbeit einbeziehen.[569] Innerhalb der ZPSK sind sie von einer Arbeitsgruppe entworfen worden, anhand der Ausarbeitungen der PSK der Charité sowie von Evaluierungsergebnissen und Empfehlungen des Wissenschaftsrats, von Kapazitätsvergleichen mit anderen Universitätskliniken und Informationen des Hochschulinformations-Systems Hannover.[570] Zusätzlich hörte die Arbeitsgruppe Vertreter verschiedener Fächer, Kliniken, Institute und der Charité-Leitung an und holte sich Stellungnahmen von auswärtigen Gutachtern ein.[571] Wie sehen die Vorschläge aus?

Die ZPSK möchte die Stellen für Naturwissenschaftler und medizinisch-technische Assistenten innerhalb von fünf Jahren um ca. 30 Prozent, alle übrigen um ca. 10 bis 20 Prozent reduzieren. Insgesamt schlägt sie eine Personalstruktur von 65 C4- und 71 C3-Professorenstellen, 696 Arzt- und 320 Facharztstellen, 147 Stellen für Naturwissenschaftler und 29 für Sozialwissenschaftler vor. Ebenso wie im Hochschulbereich will sie mit insgesamt 7 Professorenstellen, 44 Arztstellen, 5 Natur- und 2 Sozialwissenschaftlerstellen einen Medizin-Stellenpool aufbauen, damit besser auf aktuelle Trends oder fächerübergreifende Fragen reagiert werden kann.[572]

An der Feinstrukturierung der Kliniken und Institute sollen die Neuberufenen intensiv mitwirken. Forschungsbereiche und Unikate von internationaler Bedeutung sollen weiterhin gut ausgestattet, »Doppelforschungen« hingegen in Zukunft vermieden werden. Dazu schlägt die ZPSK eine gemeinsame For-

568 Vorlage 13/92, Maßnahmen zur Strukturerneuerung/hier: Personalausstattung der Fachbereiche, in: a. a. O., Ablage 23.

569 Vorlage 149/91 – Struktur- und Ausstattungsplan des FB Medizin (Charité) im Rahmen des Hochschulentwicklungsplans der Humboldt-Universität zu Berlin, in: a. a. O., Ablage 24.

570 Empfehlungen der ZPSK zur Personalausstattung der Charité vom 16. Oktober 1991, in: a. a. O., Ablage 24.

571 Eine Reihe von Gutachten, in: ebenda.

572 Ebenda.

schungskommission aller drei Universitätskliniken sowie der außeruniversitären Forschungseinrichtungen vor. Im vorklinischen Bereich empfiehlt sie lediglich eine vorsichtige Stellenreduktion. Die jährliche Immatrikulationsquote wird auf 480 Studienplätze festgelegt, davon 80 für den Studiengang Zahnmedizin.[573]

Deutliche Kritik der Charité verhindert eine ernsthafte Diskussion des Papiers. Im Akademischen Senat interveniert ihre Leitung massiv, weswegen die Planungen von den SBK der Medizinischen Fakultät kaum beachtet werden. Das lässt das Verhältnis zwischen Hochschule und Charité weiter abkühlen. Deren Einwände richten sich gegen einige Thesen, vor allem aber gegen die vermeintlich drastischen Stellenkürzungen.[574] Die Aushandlung der Struktur- und Stellenausstattung ist fortan vor allem ein Prozess zwischen dem Berliner Senat, der Charité-Leitung und der gemeinsamen Finanz- und Wirtschaftskommission. Die Hochschulgremien üben darauf keinen Einfluss mehr aus.

2.2.1.3 Der Hochschulentwicklungsplan

Der Hochschulentwicklungsplan (HEP) fasst die Ziele und Prinzipien der strukturellen Erneuerung zusammen. Da erste Papiere der dezentralen Kommissionen wenig ergiebig sind, versucht die ZPSK, die Arbeit am HEP durch einen »vertiefenden Anforderungskatalog« zu systematisieren: Danach werden detaillierte Informationen zu den eingerichteten bzw. geplanten Studiengängen und Aussagen über Forschungsschwerpunkte bzw. Drittmittelprojekte erbeten,

- sollen sie die Personal-Soll-Struktur in den einzelnen Beschäftigungskategorien streng aus dem Bedarf in Lehre, Forschung und sonstigen Aufgaben begründen;
- werden nachprüfbare Angaben zum Befristungsverhältnis bei den Mitarbeiterstellen, zum Personalschlüssel Hochschullehrer – akademischer Mittelbau sowie eine Prognose der Studentenzahlen für die künftigen Studiengänge benötigt.

Darüber hinaus bittet sie um Kapazitätsberechnungen anhand des vorhandenen wie auch des angestrebten Soll-Personal-Schlüssels nach der Kapazitätsverordnung (KapVO) und den Richtwerten der Hochschulrektorenkonferenz (die ein günstigeres Betreuungsverhältnis ermöglichen).[575] Mit diesen Daten

573 Ebenda.
574 Zur Diskussion um die Vorlage, s. a. a. O., Ablage 24.
575 Alle Angaben nach einem Brief der ZPSK und des Rektoramts vom 19. April 1991 an die Dekane der Fachbereiche und Vorsitzenden der PSK, in: Dokumentation »Die Arbeit der ZPSK 1990–1992«, Band 1, Ablage 15.

stellen die PSK ihre Strukturpläne auf, die dann die ZPSK prüft und gemeinsam mit eigenen Überlegungen zu einem Gesamtkonzept, dem HEP[576], zusammenfügt.

Im ersten Teil umfasst er alle relevanten und verfügbaren Materialien und Statistiken aus den Bereichen Lehre und Studium[577], Forschung[578] und Personalausstattung[579]. Den zweiten Teil, den Entwicklungsplan im engeren Sinne, bilden die Thesen zur strukturellen Erneuerung, der Stellen- und Ausstattungsplan und die Konzeption für den Übergang von der Ist- zur Soll-Struktur. Hinzu kommen konzeptionelle Darlegungen für die einzelnen Fachbereiche. Dieser Teil des HEP gliedert sich in:

- eine Auflistung aller vorhandenen Institute und wissenschaftlichen Einrichtungen,
- Ausführungen zur Lehre, Weiterbildung und Forschung,
- Ausführungen zur Personalstruktur sowie zu den Studentenzahlen und den Kapazitätsberechnungen nach dem Ist- und dem Soll-Plan der Fachbereiche,
- spezielle Strukturaussagen und Planungen der PSK und Fachbereichsräte,
- die Begründung des künftigen Struktur- und des Stellenvorschlags,
- den Kommentar der ZPSK zu den Aussagen der Fachbereiche und
- den eigenen Vorschlag zur Personal-Soll-Struktur.[580]

In der Arbeit am HEP überlagern sich Zusammenarbeit, Wettbewerb und gegenseitige Blockade zwischen Senatsverwaltung und ZPSK. Im Ergebnis entstehen teilweise identische, teilweise konträre Ansätze zu den Senatsplanungen. Als die ZPSK im September 1991 den HEP in das Kuratorium einbringt, ist klar, dass nur wenige Aspekte von ihm umgesetzt werden können. Die finanziellen Vorgaben, der Druck auf schnelle personelle Veränderungen und Entlassungen sowie der Steuerungswechsel im Erneuerungsprozess hin zu den SBK führten dazu, dass nun viele Aushandlungen nötig sein würden, um einige seiner Ideen in den konkurrierenden Transformationspfad implementieren zu können. So bleibt der HEP in der Konkurrenz von externem und internem Erneuerungsmodell ein fragiles Papier ohne große Bedeutung für die Zukunft. Für den hochschuleigenen Kurs ist er jedoch eine Art Abschlussdokument.

576 S. Ordner Hochschulentwicklungsplanungen der HU.
577 Dazu gehören u.a. Zulassungszahlen, Verlaufsentwicklungen der Studentenzahlen, Zahl der Absolventen und Wanderungsbilanzen zwischen den Fächern.
578 Angaben u.a. zum Drittmittelvolumen, dem Vorbereitungsstand von Graduiertenkollegs und Sonderforschungsbereichen.
579 Dazu gehören der Stellenplan, Listen zum aktuellen Besetzungsstand oder eine Übersicht der Altersstruktur.
580 Hochschulentwicklungsplanungen der HUB, Ablage II/2.1.

2.2.2 *Ziele und Prinzipien der personellen Erneuerung*

2.2.2.1 *Das Verfahren der Personalevaluation*

Wer die Hochschule ernsthaft erneuern will, muss zwingend die fachliche und persönliche Eignung aller Beschäftigten untersuchen und gegebenenfalls eine Prognose ihrer Leistungsentwicklung aufstellen. Am Ende kann dabei die Weiterbeschäftigung, aber auch die ordentliche oder außerordentliche Kündigung stehen.[581]

Die ZPSK schlägt Evaluationen auf drei Ebenen vor: der fachlichen Kompetenz, der Lehrtätigkeit und der persönlichen Eignung. Die PSK bitten dazu die Beschäftigten ihres Fachbereichs um eine Reihe personenbezogener Daten: einen wissenschaftlichen Lebenslauf, ihre Publikationsliste und einen ausgefüllten Fragebogen; dazu kommen Berufungsunterlagen und Personalakten, die die Universität geführt hat. Anhand dieser Unterlagen nimmt die PSK erste Bewertungen vor, die je nach Wunsch der Betroffenen und der PSK in Personalgesprächen vertieft werden können, um ein differenzierteres Bild der Gesamteignung zu gewinnen.[582] Da die Kommissionen nicht auf gesetzlicher Grundlage, sondern nur auf Beschluss des verfassungsgebenden Konzils arbeiten, sind alle Evaluationen freiwillig.[583]

Die Richtlinien der ZPSK geben den PSK Kriterien an die Hand, nach denen sie die drei genannten Bereiche beurteilen. Gemessen am Umfang dieser Kriterien, erscheint der ZPSK die Ermittlung der persönlichen Eignung besonders bedeutsam und soll zumindest nach der Papierform kritischer geprüft werden als im SBK-Modell. Dabei orientiert sie sich an einem Fragebogen der Anhörungskommission, der nun bei der Evaluation des gesamten Personals eingesetzt werden soll.[584]

Die PSK können für die Evaluierungen andere Hochschulmitglieder anhören, Gutachten einholen und Studenten/Absolventen befragen, wenn sie dies für die Beurteilung der fachlichen oder persönlichen Eignung einer/eines

581 Entschließung des Konzils vom 13. Dezember 1990, 3, in: Dokumentation »Die Arbeit der ZPSK 1990–1992«, Band 1, Ablage 1. Die Kündigungstatbestände des Einigungsvertrags werden im Kapitel 2.2 des V. Teils erläutert.

582 A. a. O., 4 f.

583 Zur rechtlichen Situation der PSK-Arbeit s. den Brief der ZPSK vom 31. Januar 1991 an die Gremien, Fachbereichs- und Institutsleiter (a. a. O., Ablage 9). Hier und in den Richtlinien heißt es, dass die Evaluationen lediglich empfehlenden Charakter haben können. Jeder entscheide frei, ob er am PSK-Verfahren teilnimmt und welche personenbezogenen Daten er zur Verfügung stellt. Unter Hinweis auf die hochschulpolitische Gesamtsituation legt die ZPSK den Beschäftigten allerdings nahe, sich einer Evaluierung nicht zu verweigern (Richtlinien für die Arbeit der dezentralen Personalstrukturkommissionen der Fachbereiche vom 26. Februar 1991, 3, in: a. a. O., Ablage 10).

584 Zu den Inhalten des Fragebogens s. Kapitel 3.3

Beschäftigten für notwendig erachten.[585] Anhand der schriftlichen Unterlagen sowie der Evaluationsgespräche geben sie schließlich allgemeine *stellenplanunabhängige Empfehlungen*[586] ab, d. h. Aussagen, ob gegen den Betroffenen Bedenken hinsichtlich seiner fachlichen Kompetenz und/oder persönlichen Integrität bestehen oder nicht. Die auswärtigen PSK-Mitglieder müssen an den Evaluationen zwingend beteiligt sein. Die Ergebnisse gehen weiter zur Stellungnahme an den Fachbereichsrat, der dann die Unterlagen an den Akademischen Senat weiterreicht.[587] Für die Verfahren gelten die allgemeinen Grundsätze des Datenschutzgesetzes.

Gegen die Empfehlungen der PSK oder die Stellungnahmen des Fachbereichsrats können die Betroffenen, gegen die Stellungnahme des Fachbereichsrats auch die PSK-Mitglieder bei der ZPSK Einspruch erheben und alle getroffenen Entscheidungen in einem quasi justiziablen System überprüfen lassen.[588]

Die Behandlung von Einsprüchen formalisiert die ZPSK durch eine öffentlich bekanntgemachte Verfahrensordnung. Sie gestaltet darin die individuellen Rechte der Beteiligten aus, nach der die ZPSK die erstinstanzlichen Empfehlungen verfahrensmäßig und materiell prüft. Bei Einsprüchen von Betroffenen können die ZPSK sie zur erneuten Beratung in die PSK zurückverweisen oder aber selbst eine Schlichtungsempfehlung abgeben. Bei Einsprüchen gegen die Stellungnahme eines Fachbereichsrats liegt es bei der ZPSK, nach Anhörung der PSK einen Kompromiss zu finden.[589] Bei Verfahrensfehlern der PSK überweist sie den Vorgang zur erneuten Behandlung zurück. Wird ein Einspruch inhaltlich überprüft, kann dieser sowohl durch die ZPSK entschieden oder unter bestimmten Auflagen an die PSK zurückgegeben werden. Die ZPSK hat dabei nach § 3 Abs. 5 der Ordnung das Recht, mit Zustimmung des Betroffenen weitere Informationen einzuholen.[590]

Widersprechen Betroffene oder Mitglieder der PSK einer Stellungnahme des Fachbereichsrats, wird wie in den übrigen Fällen zunächst das Verfahren überprüft, z. B., ob die PSK vom Fachbereichsrat vor der Abgabe ihres Votums gehört worden ist. Ist das nicht der Fall, verweist die ZPSK auch hier die Angelegenheit zurück an den Fachbereichsrat. Ein Widerspruch kann die Stellung-

585 Dokumentation »Die Arbeit der ZPSK 1990–1992«, Band 1, 5.
586 Ebenda.
587 A. a. O., 6.
588 A. a. O., 7.
589 Ebenda.
590 Verfahrensordnung für die Bearbeitung von Einsprüchen gegen Empfehlungen der dezentralen Personalstrukturkommissionen bzw. die von den Fachbereichsräten dazu abgegebenen Stellungnahmen, in: Dokumentation »Die Arbeit der ZPSK 1990–1992«, Band 1, Ablage 14.

nahme eines Fachbereichsrats freilich nicht zwangsweise verändern, wenn sie ordnungsgemäß zustande gekommen ist. Jedoch hebt § 4 der Verfahrensordnung die dominierende Position der PSK im Verhältnis zu den Fachbereichsräten hervor.[591]

Der Akademische Senat bestätigt die Verfahrensordnung. Damit sind die ordentlichen Gremien eingebunden, ohne dass sie direkt auf das Konzept der Personalevaluation Einfluss ausüben. Gleichzeitig wertet das die Verfahren gegenüber den Fachbereichsgremien und den betroffenen Wissenschaftlern auf.

Im ersten Entwurf der Richtlinien schlägt die ZPSK zunächst *vier Klassifikationen* zur Personalevaluation vor. Danach unterscheidet sie zwischen

1. Beschäftigten, die innerhalb des Fachbereichs ihre bisherige Tätigkeit ausüben können, weil ihre Gesamteignung gegeben ist und mit der Struktur des künftigen Faches korrespondiert,
2. Beschäftigten, die innerhalb des Fachbereichs in ein neues Tätigkeitsfeld überführt werden, damit ihre Gesamteignung und die Struktur des Fachbereichs besser als bisher miteinander kompatibel sind,
3. Beschäftigten, für die – trotz Eignung – im Fachbereich auf Grund der Curricular-Normwerte oder anderer zwingender Gründe keine Planstelle mehr vorhanden ist und
4. Beschäftigten, deren mangelnde Gesamteignung eine weitere Tätigkeit im Fachbereich und in der Universität überhaupt ausschließt.[592]

Diese differenzierteren Bewertungsmaßstäbe im Vergleich zu den beschlossenen Kriterien hätten *stellen- und strukturplanabhängige Evaluationsverfahren* und Bedarfsermittlungen nötig gemacht, die zwar in der ZPSK, aus unterschiedlichen Gründen jedoch nicht in den PSK und den Gremien der Universität mehrheitsfähig sind.[593] Doch kämen sie den späteren Evaluierungsver-

591 § 4 der Verfahrensordnung, in: a. a. O., Ablage 14. Die Stellung der PSK wird hier weiter gefasst als es im Kompromisspapier bei der Konzilsentschließung im Dezember 1990 ursprünglich angelegt war. Dort machen nach Ziffer 4 die PSK nur Vorschläge an die zuständigen Gremien (Entschließung des Konzils vom 13. Dezember 1990, 2, in: Dokumente zum Hochschulumbau I, Ablage 1).

592 Richtlinien für die Arbeit der dezentralen Personalstrukturkommissionen der Fachbereiche – Entwurf – vom 4. Januar 1991, 3 f., in: Dokumentation »Die Arbeit der ZPSK 1990–1992«, Band 1, Ablage 7.

593 Viele Kommissionen sehen sich allein aus zeitlichen Gründen außerstande, so detailliert zu evaluieren, doch stecken möglicherweise auch andere Motive hinter der Ablehnung. Mit dem ursprünglichen Vorschlag wären die eigenen Überleitungsvorstellungen glaubwürdiger zu vertreten gewesen. Die beiden globaleren Kategorien in der endgültigen Fassung der Richtlinien können hingegen lediglich ein grundsätzliches Votum sein, ob jemand an der Universität verbleiben soll oder nicht. Über das *Wie* musste aber ein zusätzliches Verfahren entscheiden.

fahren der externen SBK nahe: Dies ist ein Indiz dafür, dass Senatsverwaltung und ZPSK in wichtigen Teilbereichen durchaus zu ähnlichen Überlegungen gelangten.

2.2.2.2 Vorschläge für eine Überleitungsregelung

Wenn das Hochschulpersonal nach den dargestellten Prinzipien evaluiert wird, braucht es eine verlässliche Perspektive für die berufliche Zukunft. Deshalb verknüpft die ZPSK, anders als die politische Administration, Evaluierungen unmittelbar mit dem Ziel der Überleitung des qualifizierten Personals. Nur freie Mitarbeiterstellen und Professuren sollen parallel zu den Überleitungsentscheidungen ausgeschrieben werden. Alle übrigen Stellen sollen durch übergeleitetes Personal besetzt werden.

Die Überlegungen der Hochschule sehen allerdings einige Besonderheiten und Härten vor:

Abweichend von der Senatsverwaltung will die ZPSK positiv evaluierte Hochschullehrer *grundsätzlich* überleiten, jedoch nicht in ein Beamtenverhältnis und die Besoldungskategorien C3 oder C4, sondern ausschließlich in Angestelltenverhältnisse. Hochschullehrer sollen in der Regel eine Bezahlung adäquat einer C2- oder C3-Stelle erhalten, wissenschaftliche Mitarbeiter, die älter als 35 Jahre alt sind, entsprechend einer C1-Stelle vergütet werden. Jedem positiv evaluierten Mitarbeiter oder Hochschullehrer ist es darüber hinaus unbenommen, sich auf ausgeschriebene Stellen zu bewerben. Das Ziel der ZPSK bestand darin, »die aufwendigen Prozeduren einer Totalrevision«[594] des Personals zu minimieren. Ob der Vorschlag realistisch ist und angesichts der Gehaltsunterschiede auf längere Dauer angenommen worden wäre (den Betroffenen wird immerhin zunächst nur 60 Prozent des entsprechenden »West-Einkommens« gezahlt), scheint zumindest aus heutiger Sicht mehr als fraglich.[595]

Doch wird die Empfehlung durch ein anderes Prinzip erst verständlich: Die ZPSK möchte nämlich gleichzeitig ein auf Rechtsansprüchen beruhendes Übernahmeverfahren und eine größere Rechtsmaßstäblichkeit für alle positiv Evaluierten geregelt wissen. Es sollte über das Evaluationsergebnis hinaus keinem Gremium ein zusätzliches Ermessen gegen eine Übernahme eingeräumt sein, sondern *wenn* jemand von seiner Kommission positiv bewertet worden war, *dann* sollte er automatisch den Anspruch auf Übernahme besitzen. Darin

594 »Zusammenfassende Argumentation der ZPSK. Perspektiven für weitere Maßnahmen«, Argumentationspapier für die Sitzung des Kuratoriums am 4. September 1991 von Professor Daxner, in: Dokumentation »Die Arbeit der ZPSK 1990–1992«, Band 1, Ablage 32.

595 Weitere Erläuterungen zu den Überleitungsvorstellungen der Universität in: »Vorlage des Rektors an das Kuratorium der HU vom 6. August 1991«, in: a. a. O., Ablage 31.

besteht der eigentliche Unterschied zum Verfahren nach dem späteren HPersÜG, das genau diese Verknüpfung nicht vorsah und die positive Evaluation an das Vorhandensein einer Sollstelle knüpfte. An diesem Punkt – der Gestaltung der Personalübernahme – unterscheiden sich die Modelle der externen und der hochschuleigenen Erneuerung sehr deutlich voneinander.[596]

Zwar rückt die ZPSK absichtsvoll die günstigeren Kosten ihres Vorschlags im Vergleich zu dem Konzept der Senatsverwaltung in den Mittelpunkt ihrer Argumentation, die keine Überleitung, wohl »aber dieser entsprechende Verfahren«[597] organisieren will. Durchsetzen kann sie sich damit aber nicht.

2.2.2.3 Die Altersstruktur als Instrument der Personalerneuerung

Die demografische Situation des wissenschaftlichen Personals der HU ist zu Beginn der 90er Jahre in hohem Maße von Überalterung geprägt. Dieses Problem nimmt die ZPSK zum Ausgangspunkt von Überlegungen, wie die Altersstruktur für die personelle Erneuerung nutzbar gemacht werden kann. Dabei bedient man sich Ideen, die in vielen anderen gesellschaftlichen Bereichen, beispielsweise in Tarifverhandlungen oder in arbeitsmarktpolitischen Regelungen des Bundes oder der Länder, häufig genutzt werden: Ältere Arbeitnehmerinnen oder Arbeitnehmer sollen ohne größere finanzielle Verluste frühzeitiger aus dem Erwerbsleben ausscheiden können, um damit jüngeren den Einstieg in die Arbeitswelt zu erleichtern. Mit Hilfe dieses Grundgedankens baut die ZPSK ein Modell auf, mit dem bis 1995 vergleichbare Bedingungen mit der Personalstruktur anderer Hochschulen geschaffen werden sollen.

Zwei Prinzipien liegen dem Modell zugrunde: Es setzt auf die Befristung aller weiblichen Beschäftigten, die jünger als 35 und aller männlichen Beschäftigten, die jünger als 40 Jahre alt sind, auch wenn sie bisher unbefristete Stellen besetzen.[598] Und es geht zweitens von der Annahme aus, dass die bis 1992 befristete Vorruhestandsregelung des Einigungsvertrages durch das Land fortgesetzt wird. Danach können Arbeitnehmerinnen zum Ende des 55. und Arbeitnehmer zum Ende des 57. Lebensjahres ihr Berufsleben ohne Abzüge

596 S. dazu auch den Brief des Senators an den ZPSK-Vorsitzenden Daxner vom 17. September 1991, in: a.a.O., Ablage 20.

597 Protokoll eines Gespräches zwischen dem Senator und den Vorsitzenden der ZPSK vom 7. November 1991, in: a.a.O., Ablage 38.

598 »Altersstruktur der Mitglieder der Humboldt-Universität und Personalabbau«, Anlage 2 der Thesen der ZPSK zur strukturellen Erneuerung der Humboldt-Universität (Entwurf) vom 3. Mai 1991, 2, in: Dokumentation »Die Arbeit der ZPSK 1990–1992«, Band 1, Ablage 16. Senator Erhardt hatte die Anlage der ihm zugegangenen Unterlagen offenbar nicht zur Kenntnis nehmen können, denn in einem Brief an den Rektor der Universität vom 17. September 1991 schreibt er, dass ihm nichts schriftlich über grundsätzliche Befristungen von Stelleninhabern zugegangen sei (Brief von Senator Erhardt an den Rektor der HU vom 17. September 1991, in: a.a.O., Ablage 20).

bei der Altersversorgung beenden.[599] Die Pläne der ZPSK variieren diese – heute politisch opportune – Regelung leicht: Alle weiblichen und männlichen Beschäftigten sollen nach Abschluss des 57. Lebensjahres ohne Rentenabzüge aus dem Erwerbsleben ausscheiden können.

Mit diesen beiden Strukturprinzipien – der generellen Befristung jüngerer und der freiwilligen Frühverrentung möglichst vieler älterer Beschäftigter – ergeben sich folgende Szenarien für den Stellen- und Personalabbau: Verließen im Jahr 1991 neben den 22 ordentlich in Rente gehenden Beschäftigten des Geburtsjahrgangs 1926 auch all jene die Universität, die zwischen 1926 und 1936 geboren wurden und die noch geltende Vorruhestandsregelung des EV nutzen könnten, würden auf einen Schlag 346 Hochschullehrer- und 239 unbefristete Mitarbeiterstellen frei. Da Ende 1991 650 Hochschullehrer an der Universität tätig waren, wären dies ca. 57 % aller Professoren- und Dozentenstellen![600] Bezöge man bis zum Zieljahr 1995 die ruhestandsberechtigten Geburtsjahrgänge 1926 bis 1930 und die vorruhestandsfähigen Geburtsjahrgänge 1931 bis 1938 in das Modell ein, könnten ab 1992 424 (22 + 346 + 24 + 32) der 650 Hochschullehrer und damit 65 % aller Hochschullehrer ausscheiden.

In der Gruppe der unbefristeten wissenschaftlichen Mitarbeiter treffen diese Kriterien auf 315 (8 + 239 + 33 + 35) Beschäftigte zu, d. h. könnten theoretisch immerhin 27 % der entsprechenden Stellen abgebaut werden. Darüber hinaus rechnet die ZPSK im Mitarbeiterbereich mit einer (hoch angesetzten) jährlichen Abgangsquote von 7,5 % durch die Annahme anderer Stellen, Wegberufungen oder Kündigungen aus persönlichen Gründen. In der Projektion würde die HU demnach im Jahr 1995 nur noch über 708 besetzte unbefristete Mitarbeiterstellen verfügen. Rechnet man dann noch die Prämissen der Vorruhestandsregel in die Personalentwicklung des unbefristeten Mittelbaus ein, bleiben nach fünf Jahren nur noch 393 der ursprünglich 1181 unbefristeten Stellen (ca. 33 %) besetzt. Dazu kommt noch ein Potenzial aus der Befristung aller Mitarbeiterinnen, die jünger als 35 und aller Mitarbeiter, die jünger als 40 Jahre alt sind, das theoretisch zwischen 178 und 332 Stellen liegt.[601] Dabei

599 Bis Ende des Jahres 1991 schieden Frauen in Ostdeutschland nach § 60 BAT-O mit vollendetem 60. Lebensjahr aus.

600 Nach »Vorruhestandsdaten des wissenschaftlichen Personals aller Fachbereiche«, in: a. a. O., Ablage 34. Da die Alterspyramiden der einzelnen Fachbereiche in etwa identisch sind, führt das angestrebte Modell auch zwischen den Fächern zu keinen wesentlichen demografischen Verwerfungen.

601 Diese Zahlen sind unter der Annahme errechnet, dass sich der festzustellende Personalabbau zwischen den beiden erhobenen Datensätzen von März und August 1991 von 20,7 %

Grafik 1: Möglicher Personalabbau durch Ruhestand oder Vorruhestand bei Hochschullehrern[602] (gesamt: 650 besetzte Stellen)

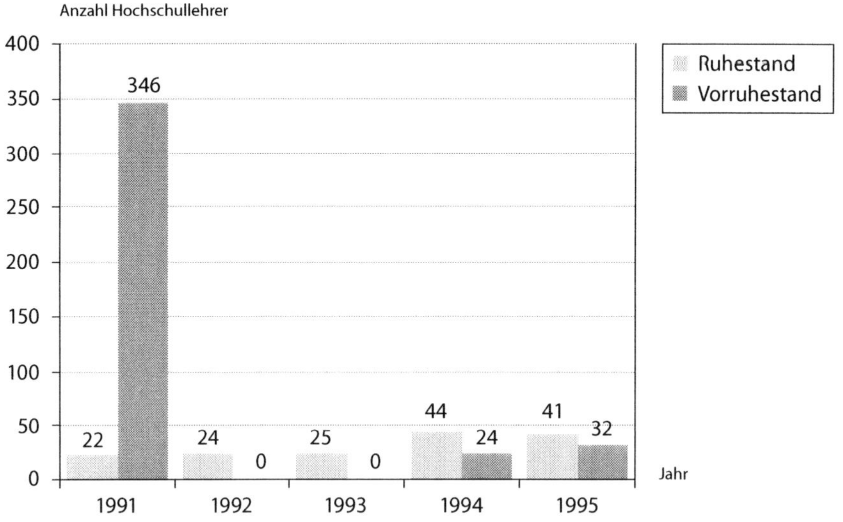

sind Evaluierungsergebnisse, die wie im Hochschullehrerbereich zusätzlich zu Personalveränderungen führen, noch nicht berücksichtigt. Die im Stellenplan vorgesehene Soll-Zahl von 273 unbefristeten Mitarbeiterstellen ließe sich somit über die verschiedenen Komponenten des Altersstrukturmodells offensichtlich realisieren.

auf alle Alterskohorten gleichmäßig verteilt. Demnach würde die Universität im August über 548 Mitarbeiter verfügen, die jünger als 35 Jahre sind. Da die Statistik nur 370 befristete Stellen ausweist, müssen die übrigen 178 Personen unbefristete Stellen innehaben. Die größere Zahl ergibt sich aus der Summe aller unbefristeten, jünger als 35-jährigen Mitarbeiter und der Annahme, dass mindestens die Hälfte der 311 in der Alterskohorte der 35- bis 39-jährigen Männer sind und nach den Prämissen der ZPSK ebenfalls nur noch befristete Stellenangebote erhalten. Selbstverständlich sind in diesen Berechnungen und der jährlichen allgemeinen Abgangsquote Mehrfachzählungen denkbar, so dass der real zu erreichende Abbau geringer ausfallen dürfte. Dennoch geben die Berechungen eine Tendenz wieder, aus der ersichtlich wird, dass die Reduzierung der ca. 1800 unbefristeten wissenschaftlichen Mitarbeiterstellen weitgehend ohne Kündigungen zu schaffen wäre (Berechnungen in: a. a. O., Ablage 34).

602 Nach: »Vorruhestandsdaten des wissenschaftlichen Personals aller Fachbereiche«, in: Dokumentation »Die Arbeit der ZPSK 1990–1992«, Band 1, Ablage 34.

Grafik 2: Möglicher Personalabbau durch Ruhestand oder Vorruhestand bei wissenschaftlichen Mitarbeitern[603] (gesamt 1668 besetzte Stellen)

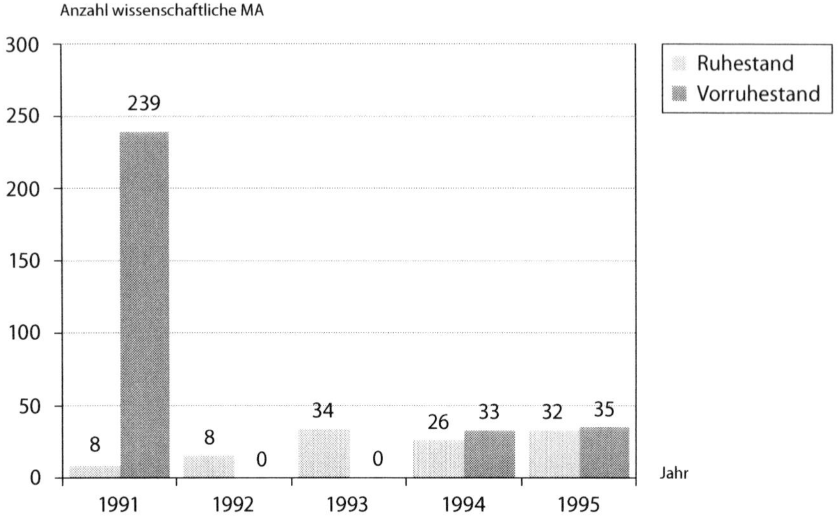

Damit sich die Modellüberlegungen annähernd realisieren ließen, wären jedoch eine attraktive Vorruhestandsregelung, ein gutes inneruniversitäres Personalmanagement und natürlich viel Überzeugungsarbeit bei den Betroffenen nötig. Gleichwohl zeigt die Projektion deutlich: Würde die Vorruhestandsregelung fortgesetzt, kann über die Altersstruktur schnell, in erheblichem Umfang und sozial verträglich der Abbau von Stellen und Personal vorangetrieben werden. ZPSK und Universitätsleitung legen deshalb dem Kuratorium entsprechende Kostenberechnungen vor und zeigen, dass ihr Vorschlag risikoärmer und kostengünstiger ist als der Weg der Senatsverwaltung, der bei Ausschreibung aller Stellen aufwendige Klageverfahren und bei deren Erfolg personelle Doppelstrukturen mit sich bringen kann.[604]

Dass die genannten Zahlen realistisch zu erreichen sind, belegt auch eine andere Statistik zur Altersstruktur[605], denn sie verdeutlicht ebenfalls das Pro-

603 Nach: »Vorruhestandsdaten des wissenschaftlichen Personals aller Fachbereiche«, in: Dokumentation »Die Arbeit der ZPSK 1990–1992«, Band 1, Ablage 34.

604 Vgl. Vorlage des Rektors zur Beschlussfassung durch das Kuratorium der HU vom 6. August 1991, in: a. a. O., Ablage 31.

605 Altersstruktur der Universität, Stand: 15. März 1991, in: Dokumentation »Die Arbeit der ZPSK 1990–1992«, Ablage 16. Die gleichen Daten, zusätzlich aufgeschlüsselt auf die Fachbereiche, in: Hochschulentwicklungsplan der HU, Ablage I/3.3.

blem der demografischen Überalterung: Danach ist die Gruppe der 55- bis 59-jährigen Hochschullehrer mit 196 Personen die größte Gruppe (30 %), gefolgt von den 60- bis 64-jährigen, die etwa 23 % der Hochschullehrer stellen. Nur jeder 4. Hochschullehrer ist jünger als 50 Jahre; der Anteil der unter 40-jährigen beträgt nur 2 %.

Grafik 3: Altersstruktur der Gruppe der Hochschullehrer[606]
(Besetzungsstand 15. März 1991)

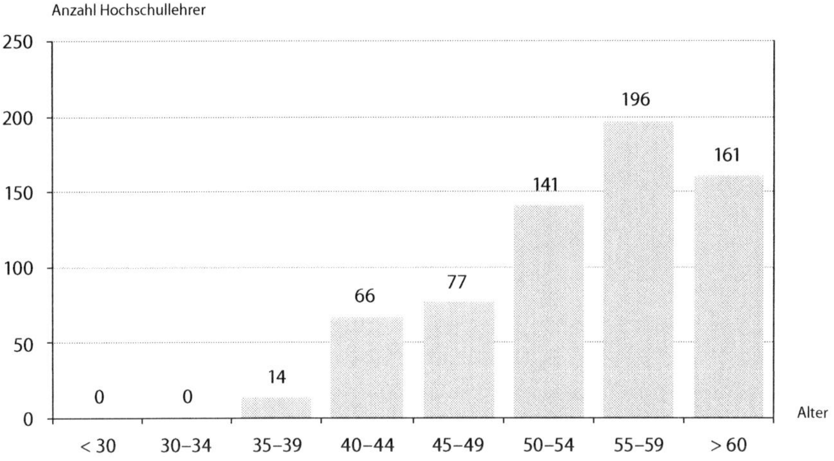

Eine ähnliche Tendenz findet sich bei den wissenschaftlichen Mitarbeitern. Von den 2233 erfassten Beschäftigten haben im Jahr 1991 322 Personen das Vorruhestandsalter erreicht, was einem Anteil von 14 % entspricht. Die Alterskohorten zwischen den 40- und 55-jährigen verteilen sich mit ca. 275 Personen etwa gleich. Die Gruppe der 30- bis 34-jährigen (424 Beschäftigte) hingegen ist nur mäßig größer (18 %). Die Gruppe der unter 40-jährigen stellten mit insgesamt 1084 Personen nicht einmal die Hälfte der Gesamtbeschäftigtenzahl des akademischen Mittelbaus. Dies alles belegt die prekäre demografische Entwicklung an der Hochschule und zeigt, wie notwendig das gesamte Wissenschaftspersonal durch wissenschaftlichen Nachwuchs verjüngt werden muss.

606 Altersstruktur nach Statusgruppen, in: Dokumentation »Die Arbeit der ZPSK 1990–1992«, Band 1, Ablage 16.

Grafik 4: Altersstruktur Gruppe der wissenschaftlichen Mitarbeiter[607] (Besetzungsstand 15. März 1991)

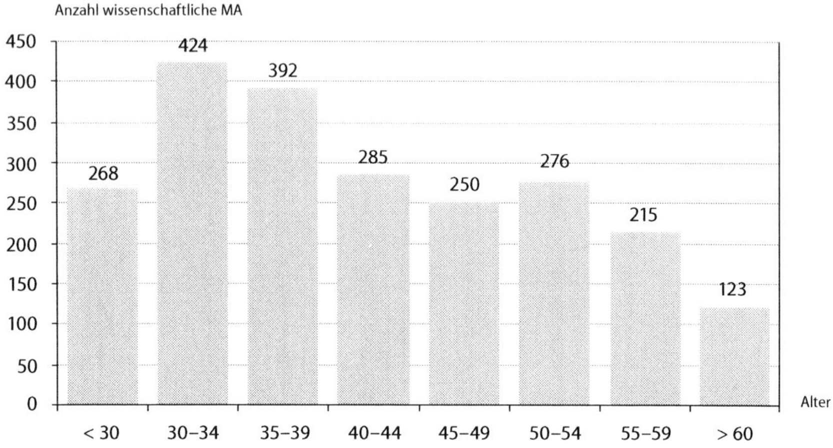

Folgerichtig bittet die ZPSK Senatsverwaltung und Gesetzgeber um eine politische Initiative zum Personalstrukturkonzept.[608] Der ZPSK-Vorsitzende Daxner prognostiziert, dass auf diese Weise nicht nur der Stellenabbau ohne gravierende Probleme vollzogen werde, sondern auch ca. 160 Professuren ausgeschrieben und mehrere hundert Mitarbeiterstellen in den kommenden zwei bis drei Jahren neu besetzt werden können.[609]

Die praktische Unterstützung durch die Politik bleibt jedoch trotz aller Argumente aus: In einem Gespräch mit den Vorsitzenden der ZPSK macht der Senator deutlich, dass die Vorruhestandspläne der Universität weder für das Land noch für den Bund finanzierbar seien.[610] Einige Jahre später kommen

607 Ebenda. Die Statistik gibt nur in der Tendenz die dargestellte quantitative Entwicklung wieder, da sie auf einer sehr allgemeinen Grundlage erhoben worden ist. Sie erfasst nicht vollständig den möglichen Eintritt in den Vorruhestand für Arbeitnehmerinnen (55 Jahre) und Arbeitnehmer (57 Jahre) und unterscheidet nicht nach befristeten und unbefristeten Mitarbeitern. Die bei den unbefristeten Mitarbeitern vorhandene prekäre Überalterung bildet sie daher nur ungenügend ab. Beim nichtwissenschaftlichen Personal kann hingegen von Überalterung nicht gesprochen werden. Alle Altersgruppen sind hier relativ gleichmäßig verteilt, wobei der Anteil der 60 bis 64-jährigen mit Abstand die kleinste Kohorte bildet. Den größten Anteil stellen die unter Dreißigjährigen (713 Beschäftigte), was auf den hohen Anteil Auszubildender zurückzuführen ist.

608 S. Ausarbeitung des ZPSK-Vorsitzenden Daxner für das Kuratorium der HU vom 4. September 1991, in: Dokumentation »Die Arbeit der ZPSK 1990–1992«, Band 1, Ablage 32.

609 Ebenda.

610 S. Protokoll eines Gesprächs zwischen dem Senator und den ZPSK-Vorsitzenden vom 7. November 1991, in: Dokumentation »Die Arbeit der ZPSK 1990–1992«, Band 1, Ablage 38.

ähnliche Modelle wieder in die Diskussion und setzen sich auch durch.[611] Als strategischer Erneuerungsansatz wird die Überalterung durch die Landespolitik aber nicht genutzt.

2.2.2.1 Die Übergangskonzeption – Anpassung von Ist- an Soll-Strukturen

Neben der konzeptionellen und der evaluatorischen Arbeit müssen die PSK bedenken, wie der personelle Übergang von den bisherigen zu den künftigen Strukturen gestaltet werden kann.[612] Die ZPSK wiederum konkretisiert unmittelbar nach dem Senatsbeschluss 852/91 ihre Überlegungen für ein Übergangskonzept: Durch Personalfluktuation, Altersübergang, Umwidmung oder Kündigung sollen frei gewordene Stellen im akademischen Mittelbau primär in Qualifikationsstellen umgewandelt oder – verbleiben sie nicht innerhalb des Fachbereichs – in einen Umschichtungspool eingebracht werden. Nach einer Prioritätenliste versorgt dieser andere Fächer, hilft neue Stellenbesetzungen und Berufungsverhandlungen vorzufinanzieren oder dient als Zuschuss für länder- oder privat gestiftete Programme.[613] Auch prüfungsberechtigte Gastdozenturen nach § 12 HRG sollen mit ihm finanziert werden und damit neue Lehrangebote in die Fachbereiche bringen. Zur effektiven Stellenbewirtschaftung zieht die ZPSK Stellen älterer Lehrender, die zwar fachlich geeignet sind, aber deren Stellen aus Strukturgründen nach ihrem Ausscheiden entbehrlich erscheinen, in die Konzeption ein. Auf diese Weise kann sie eine hohe Stellenbewirtschaftungsquote und damit mehr Flexibilität für Neueinstellungen erreichen. Frei werdende und nicht wegfallende Stellen sollen über den Umschichtungspool sofort neu besetzt werden. Das Umschichtungsverfahren will die ZPSK ab dem Haushaltsjahr 1992 für fünf Jahre festschreiben.[614] Das verlangt ein professionelles Management durch die Universitätsverwaltung und Stellenzuweisungen, die sich an nachvollziehbaren Kriterien orientieren.

Mit der Übergangskonzeption verfolgt die Universität drei Ziele: 1. Der für jeden planbare Zeithorizont soll das Betriebsklima innerhalb der Universität stabilisieren und die Angst vor übereilten Kündigungswellen beseitigen. 2. Sie will kw-Vermerke und Kündigungen über den EV auf solche Fälle beschränken, bei denen es innerhalb des Fachbereichs Konsens gibt. 3. Mit diesem

611 Ab dem Jahr 1994 schuf das Land Berlin eine Anschlussregelung und erlaubte es Beschäftigten unter Gewährung einer Einmalprämie (des sogenannten »Goldenen Handschlags«) aus dem öffentlichen Dienst auszuscheiden, anders als bei der Vorruhestandsregelung des EV nun aber unter Inkaufnahme von Abzügen bei der Rentenversorgung.

612 S. u. a. den Brief der ZSPK und des Rektors an die Vorsitzenden der PSK und Dekane der Fachbereiche vom 19. April 1991, in: Dokumentation »Die Arbeit der ZPSK 1990–1992«, Band 1, Ablage 15 sowie die Vorlage der ZPSK für die Sitzung des Akademischen Senats vom 18. Juni 1991, in: a. a. O., Ablage 17.

613 S. den Brief der ZPSK vom 24. Juni 1991 an das Kuratorium, in: a. a. O., Ablage 19.

614 Ebenda.

Konzept soll eine hohe Betreuungsdichte bzw. eine geringe Ausbildungsdauer auch während des Hochschulumbaus erhalten werden. Nicht nur wegen der Ost-West-Einkommensunterschiede versteht sie ihre These, die Ausbildung an der HU sei personalintensiv, nicht aber personalkostenintensiv, zumindest mittelfristig als Standortvorteil »zur Zwischenfinanzierung eines planerisch abzubauenden Personalüberhangs«[615]. Vom Senat erhofft sie sich für dieses Ziel günstige Fristen, bis wann der Soll-Bestand beim Personal erreicht sein muss.[616]

In den Gesprächen mit dem Senator über Eckpunkte des Konzepts klärt die ZPSK zwar einige Teilfragen, wie beispielsweise die Zuordnung positiv evaluierter wissenschaftlicher Mitarbeiter ohne Anbindung an einen bestehenden Lehrstuhl.[617] Auch kommt die Senatsverwaltung später, im Zusammenhang mit der zeitweiligen Besetzung von Soll-Stellen für Professoren oder Mitarbeiter, auf einige Prinzipien des Konzepts zurück.[618] Zu einer grundsätzlichen Verständigung kommt es aber nicht. Die Gründe dafür bleiben unklar, doch scheint die Senatsverwaltung zu bezweifeln, ob die verschiedenen Ideen wirklich praktikabel sind und ob die Hochschule die Steuerungsfähigkeit für Umschichtung und Stellenbewirtschaftung tatsächlich besitzt. Auch in der Universität selbst regen sich Vorbehalte, ob nicht die ZPSK auf diese Weise noch mehr Einfluss gewinnen wird. Bleibt die Verständigung mit der Senatsverwaltung aber aus, so fürchtet der ZPSK-Vorsitzende Daxner, werden die ausgehandelten zusätzlichen 150 Beschäftigungspositionen »mehrfach verkauft«[619]. Da die Universität nicht ihre Alterspyramide aktiv in die personelle Erneuerungspolitik einbringen kann, würden – so die Befürchtung – die Beschäftigungspositionen in Berufungsverhandlungen angeboten oder dienten älteren Mitarbeitern als Brücke in den Ruhestand.[620]

Doch ohne eine umfangreiche Stellen- und Personalbewirtschaftung ist eine großflächige Neu- und Umbesetzung nicht zu meistern. Als sich die völlige Überlastung des Stellenplans und des Überhangkapitels im März 1992

615 Ebenda. S. auch die Erklärung des Akademischen Senats zur Kapazitätsplanung vom 23. Mai 1991, 2, in: Hochschulentwicklungsplanungen der HUB, Ablage II/2.

616 Nach Aussagen in der Kuratoriumsvorlage zur Anpassung des Ist-Stellenplans an den Soll-Stellenplan, in: Hochschulentwicklungsplanungen der HUB, Ablage III/3.

617 Protokoll des Gesprächs zwischen dem Wissenschaftssenator und dem ZPSK-Vorsitzenden vom 7. November 1991, in: Dokumentation »Die Arbeit der ZPSK 1990–1992«, Ablage 38.

618 S. u. a. den Bericht der SBK und des Fachbereichsrats Sozialwissenschaften zur Anpassung der Personalstruktur an die Soll-Struktur vom 20. September 1991, in: »Die Arbeit der ZPSK 1990–1992«, Band I, Ablage 5 (2. Register).

619 Brief von Professor Daxner an Senator Erhardt vom 26. November 1991, in: a. a. O., Ablage 39.

620 Ebenda.

abzeichnet, werden die gravierenden Auswirkungen deutlich: Die Universität besaß nun wesentlich mehr positiv evaluierte Mitarbeiter als Stellen. Die ZPSK versucht immerhin über einen Beschluss des Akademischen Senats noch gegenzusteuern und verlangt in Verfahrensrichtlinien[621] von den SBK aufeinander abgestimmte Ist- und Soll-Stellenpläne.[622] Außerdem sei das vorhandene Personal während der relevanten Ausschreibungsverfahren zu überprüfen[623], wobei positiv evaluierten Hausbewerbern bzw. habilitierten wissenschaftlichen Mitarbeitern und insbesondere Frauen eine hohe Berufungschance eingeräumt werden müsse. Spezielle Qualifikationserfordernisse wie Lehrerfahrungen an einer ostdeutschen Hochschule könnten im Ausschreibungsverfahren besonders gewertet werden. Zudem müssten »Entwicklungspotenziale als Grundlage künftiger Leistungen«[624] für ostdeutsche Bewerber stärker, deren bisherige Publikationstätigkeit dagegen geringer gewichtet werden wegen der erschwerten Bedingungen in der DDR. Eine Berufung könne im Einzelfall auch »ausgleichende Gerechtigkeit sein für vergangene Arbeit und Leistungen unter außerordentlich frustrierenden gesellschaftlichen Bedingungen«[625]. Daneben sei bei hochqualifizierten Ost-Bewerbern, die noch Um- oder Weiterqualifikationen benötigen, zunächst eine auf fünf Jahre befristete Berufung denkbar. Nach Fristablauf solle dann der Fachbereichsrat endgültig über die Berufung entscheiden.[626]

Diese Ideen der Verfahrensordnung waren zwar kompetenzrechtlich nicht unproblematisch, scheinen aus universitärer Sicht aber der einzige Weg, um zumindest ansatzweise Druck auf die SBK ausüben zu können. Für den Fall, dass sie sich dazu nicht bereit fänden, hatte der Akademische Senat die Möglichkeit, neue Professorenstellen nicht freizugeben und Neuberufungen in den betroffenen Fächern auf diese Weise in Frage zu stellen. Das geschehe vor allem aus der praktischen Erfahrung mit unkalkulierbaren Risiken durch nicht

621 Vorlage 23/92 vom 14. Februar 1992, in: Dokumentation »Die Arbeit der ZPSK 1990–1992«, Band 1, Ablage 27.

622 Nähere Erläuterungen zum Zweck des Soll-Stellenplans im Kapitel 3.1.3 des III. Teils.

623 In den ersten Entwürfen der Richtlinien ist dieser Punkt noch deutlicher formuliert: Die ZPSK verlangt, dass erst das gesamte vorhandene Personal evaluiert sein und ein Angebot erhalten müsse, bevor Stellen durch Ausschreibungen oder Berufungen von außen besetzt werden dürften (s. die verschiedenen Fassungen der Richtlinien, in: a. a. O., Ablage 27). Auch an anderen Beispielen ist erkennbar, dass sich die Perspektive für die Hochschule verändert hat. Nicht mehr die »Integration um jeden Preis«, sondern das »pragmatisch Mögliche« steht im Mittelpunkt der Kompromisssuche.

624 Vorlage 23/92, Ziffer VI, in: a. a. O., Ablage 27.

625 Ebenda.

626 In diesem Sinn wird später bei einer Reihe von Hausbewerbern auch vorgegangen (s. Protokoll eines Gesprächs zwischen dem Senator und den Vorsitzenden der ZPSK vom 7. November 1991, in: Dokumentation »Die Arbeit der ZPSK 1990–1992«, Band 1, Ablage 38 sowie Kapitel 3.2 des VI. Teils).

ausfinanzierte Neuberufungen oder Neueinstellungen.[627] Der Hintergrund ist einsichtig: ZPSK und Universitätsleitung hatten Sorge, dass sich an der Hochschule separierte Ost-West-Doppelstrukturen aufbauten oder positiv evaluierten Beschäftigten die Kündigung wegen eines künstlich geschaffenen Bedarfs drohte, wenn ihnen qualifizierte Bewerber außerhalb der Hochschule vorgezogen würden.[628] Zusätzlich ignorierten einige SBK, z. B. in den philologischen Fächern oder den experimentellen Naturwissenschaften, die getroffene Vereinbarung, abweichende Besetzungen vom Soll-Stellenplan im wissenschaftlichen Mittelbau für fünf Jahre möglich zu machen und dadurch den Druck auf Entlassungen zu minimieren.

Doch blieben alle Versuche des Akademischen Senats mehr oder weniger hilflos, an dieser Lage etwas zu ändern, nicht zuletzt weil die Androhung, Beschlüsse zu verzögern, mehr ihn selbst als andere in die Pflicht nahm. Zudem lehnte der Senator die Verfahrensrichtlinien ab. Sie »könnten für die Arbeit der Struktur- und Berufungskommissionen nicht maßgeblich sein. Die Kommissionen können nur auf der rechtlichen Grundlage arbeiten, die das Ergänzungsgesetz geschaffen hat. Wer Berufungsverfahren blockiere, versuche das Ergänzungsgesetz zu unterlaufen«[629].

Durch den Druck der politischen Situation und fehlende inneruniversitäre Übereinstimmungen zwischen den verschiedenen Gruppen nutzt der Akademische Senat die Richtlinien kaum aus. Es kommt schließlich zu einer großen Zahl sogenannter Bedarfskündigungen.[630] Ohne Übergangskonzeption, Vorruhestandsregelung und Überleitungsgesetz wird damit vermutlich schneller, aber auch wesentlich teurer und mit weniger Ost-Personal als möglich erneuert.

627 Denkbare Sanktionen werden in den Richtlinien unschlüssig formuliert. Die studentischen Senatsmitglieder bringen dagegen eine Vorlage ein, nach der ein Vorschaltgremium prüfen soll, ob die Voraussetzungen für die Stellenfreigabe oder die Stellungnahme zu Berufungslisten des Akademischen Senats überhaupt gegeben sind. Insbesondere wenn positiv evaluierte Hausbewerber oder gar bisherige Stelleninhaber auf Berufungslisten nicht zum Zuge kämen und die SBK nicht klären könne, was mit diesen geschehen solle, dürften solche Vorlagen dem Akademischen Senat nicht vorgelegt werden. Zwar setzen sich die Studierenden mit der Vorlage nicht durch, doch benennt sie wichtige Probleme, mit denen es die Universität in der Folgezeit in erheblichem Ausmaß zu tun bekommt (Vorlage 52/93, in: Dokumentation »Die Arbeit der ZPSK 1990–1992«, Band 1, Ablage 27).

628 S. Vorlage 23/92 und 52/93, in: ebenda.

629 Presseerklärung des Senators über ein Treffen mit den SBK-Vorsitzenden vom 9. März 1992, in: Dokumente zum Hochschulumbau V, Ablage 24.

630 Genaue Angaben, zu wie vielen Bedarfskündigungen es kam, sind leider nicht möglich, da entsprechende Daten von der Personalabteilung der Universität nicht gesammelt wurden. Auch eine statistische Aufschlüsselung der einzelnen Kündigungsgründe ist nicht möglich.

2.2.2.5 *Nachtrag: Integration durch personelle Kontinuität?*

Nachdem das Ergänzungsgesetz im Juli 1991 vom Parlament beschlossen wird, bleibt der Universität nur eine Option, die Arbeit der PSK in das externe Erneuerungsmodell zu überführen – über ein hohes Maß an personeller Kontinuität.[631] Möglichst viele der PSK-Mitglieder sollen nun Mitglieder der neuen SBK werden, wovon sich die HU neben dem personellen auch konzeptionelle Vorteile erhofft.

Im ErgG ist geregelt, dass der Akademische Senat die hochschuleigenen Mitglieder auf Vorschlag der Fachbereichsräte[632] wählt. Wie die Hochschule das interne Verfahren organisiert, bleibt ihr überlassen. Nach einem Brief des Rektors an die Fachbereichsdekane und PSK-Vorsitzenden bekommen beide Gremien das Vorschlagsrecht für die Nominierungen, die sie miteinander abstimmen müssen.[633] Eine ähnliche personelle Kontinuität stellt sich die Universitätsleitung auch bei den auswärtigen Mitgliedern vor und will bei der Senatsverwaltung und der Landeshochschulstrukturkommission, die die auswärtigen Mitglieder benennt[634], für sie werben.

Bezogen auf die HU-Angehörigen gehen die Wünsche auf: ca. 70 Prozent der SBK-Mitglieder waren zuvor Mitglieder in den PSK, wobei die Quote der Studierenden deutlich niedriger ist.[635] Bei den wissenschaftlichen Mitarbeitern liegt sie mit ca. 90 Prozent deutlich über dem Durchschnittswert, begründet durch die größere Auswahlmöglichkeit aus dem Kreis der PSK-Mitglieder (in der PSK stellten sie drei, in der SBK nur noch ein Mitglied). In der Professorengruppe fällt auf, dass ein realer Personalaustausch in der Regel nur zugunsten von Fachbereichsdekanen oder Prodekanen stattfindet. Das scheint plausibel, da viele Aufgaben, die bisher der Fachbereichsrat wahrnahm, nun auf die SBK übergehen.

Bei den auswärtigen PSK-Professoren bleibt die Berufung in die SBK allerdings die große Ausnahme.

631 S. den Brief der ZPSK-Vorsitzenden, Prof. Daxner und Prof. Bank, vom 24. Juni 1991, in: Dokumentation, »Die Arbeit der ZPSK 1990–1992«, Band 1, Ablage 19.

632 Gesetz zur Ergänzung des Berliner Hochschulgesetzes – ErgGBerlHG – § 9 Abs. 4, in: Gesetz- und Verordnungsblatt Berlin, Nr. 33, 26. Juli 1991, 176f. (in: Dokumente zum Hochschulumbau I, Ablage 6).

633 Brief des Rektors an die Dekane der Fachbereiche und Vorsitzenden der PSK, in: Dokumentation, »Die Arbeit der ZPSK 1990–1992«, Band 1, Ablage 18.

634 Gesetz zur Ergänzung des Berliner Hochschulgesetzes – ErgGBerlHG – § 9 Abs. 4, in: Gesetz- und Verordnungsblatt Berlin, Nr. 33, 26. Juli 1991, 176f. (in: Dokumente zum Hochschulumbau I, Ablage 6).

635 Dies ist zu erklären mit der zeitintensiven Tätigkeit, durch den Wechselwunsch an andere Universitäten oder mit der Beendigung des Studiums.

3. Erneuerung durch die Auseinandersetzung mit der Vergangenheit

Neben den Personalevaluationen der PSK gibt es einen zweiten, davon weitgehend unabhängigen Pfad des personellen Umbaus. Er umfasst die »Täterseite« ebenso wie die Frage, wer »Opfer« politisch motivierter Unrechtspraktiken an der HU wurde. Dabei bleiben größere universitäre Debatten, die systematisch die Einflussnahme von Partei und Staat auf die Wissenschaftsentwicklung oder die Kader-Rekrutierung zum Gegenstand von Diskussionen gemacht hätten, fast überall aus.[636] Dennoch sehen gerade in der Auseinandersetzung mit der Vergangenheit und in der »Erneuerung durch Aufklärung«[637] neu entstehende politische Gruppierungen bei den Studierenden und den wissenschaftlichen Mitarbeitern die Voraussetzung für glaubwürdiges eigenständiges Umgestalten. Frühzeitig entstehen, wesentlich durch ihr Engagement, dafür neue Gremien, die Opfern ungerechtfertigter politischer Entscheidungen oder von Repressionen helfen und personelle Konsequenzen vorbereiten sollen. Deshalb spielen die nachfolgenden Kommissionen für die verschiedenen Facetten der Erneuerung eine wichtige Rolle. Sie waren jedoch nie offensiv in die hochschuleigene Erneuerungsstrategie integriert, was der Universität ebenfalls Glaubwürdigkeitsprobleme bereitet. Einschränkend muss jedoch auch hier auf die Grenzen dieser Verfahren wegen fehlenden, unzugänglichen oder gar vernichteten dokumentarischen Materials aus der Zeit vor 1989 hingewiesen werden, was eine systematische Verfolgung der verschiedenen Dimensionen von Vergangenheitspolitik, wie sie die drei Kommissionen verkörpern, sehr schwer machte.

3.1 Der Ehrenausschuss

Im Herbst 1990 bildet der Akademische Senat den Ehrenausschuss, bestehend aus je vier Mitgliedern jeder Hochschulgruppe. Der von allen Gremien unabhängig arbeitende Ausschuss soll »zum Abbau des Misstrauens zwischen den

636 In einigen Fachbereichen kommt es aber aus unterschiedlichen Motiven zu Debatten über deren Geschichte (s. Kapitel 3.2.4 des III. Teils).
637 Fischbeck, 1993, 72.

Kollegen und zur Aufarbeitung der eigenen Geschichte der Universität bei[zu] tragen«[638], Vorwürfen gegen Angehörige der Humboldt-Universität bezüglich

- der Zugehörigkeit zum oder der Mitarbeit für das MfS,
- nicht durch Leistungen gerechtfertigten Erhalt erheblicher dienstlicher Vorteile auf Grund politischer Einflussnahme sowie
- Amtsmissbrauch und Korruption[639]

nachgehen und diese bewerten. Für solche Aufgaben muss er innerhalb der Universität, in der Öffentlichkeit und gegenüber den politischen Entscheidungsträgern zunächst Vertrauen gewinnen. Dazu bittet er alle Mitarbeiter, ihre »eigenen Anliegen zur Sprache zu bringen« in der Hoffnung, »dass ungerecht behandelte, gedemütigte, in ihrer beruflichen Laufbahn Benachteiligte des DDR-Universitätsbetriebs die Möglichkeit wahrnehmen würden, sich nun Gehör und Recht [zu] verschaffen«[640].

Der Ausschuss arbeitet strikt vertraulich und unterliegt dem Selbstbefassungsverbot. Das heißt, er wird nicht von sich aus, im Sinne eines Ermittlungsorgans aktiv, sondern handelt ausschließlich auf Antrag. Antragsteller können Personen außerhalb der Hochschule (z. B. Absolventen oder ehemalige Beschäftigte), alle Mitglieder oder die Leitung der Universität sein. Das Verfahren selbst ist freiwillig.[641]

In den Anträgen müssen erhebliche Verdachtsmomente zu den genannten Fragen enthalten sein. Der Ausschuss entscheidet grundsätzlich in geheimer Abstimmung mit einfacher Mehrheit, er kann Antragsgegner, Antragsteller sowie Dritte hören, anhand schriftlicher Unterlagen entscheiden, wenn Antragsgegner oder ein Ausschussmitglied dem nicht widersprechen, über den Rektor Anfragen an die Verwaltung stellen und Recherchen beauftragen.[642] Können dem Betroffenen die Vorwürfe nicht schlüssig nachgewiesen werden, gilt er als entlastet. Sind sie jedoch zu belegen oder sieht er seine Schuld ein, gibt die Kommission an die Universitätsleitung eine Empfehlung hinsichtlich der (Art der) Weiterbeschäftigung oder Kündigung ab und behält sich das Recht zur Veröffentlichung der Untersuchungsergebnisse vor.

638 Grundsätze für die Arbeit der Ehrenkommission vom 5. November 1990, in: Dokumente zum Hochschulumbau II, Ablage 22.

639 Ebenda.

640 Anneliese Neef (Mitglied der Ehrenkommission): »Stasi-Aufarbeitung am Beispiel der Humboldt-Universität zu Berlin«, 3, in: Dokumente zum Hochschulumbau II, Ablage 22.

641 Bericht über die Arbeit des Ehrenausschusses der Humboldt-Universität vor dem Akademischen Senat vom 23. Mai 1995, in: hochschule ost 4/95, 117 (in: Dokumente zum Hochschulumbau II, Ablage 22).

642 S. die Geschäftsordnung des Ehrenausschusses, in: Dokumente zum Hochschulumbau II, Ablage 22.

Etwas abweichend davon gestalten sich die Überprüfungen einer möglichen Zusammenarbeit mit dem MfS, von der alle Hochschullehrer und Mitarbeiter betroffen sind: Die Universität reicht ihre Namen beim Bundesbeauftragten für die Unterlagen des ehemaligen Staatssicherheitsdienstes der DDR ein und erhält nach einer gewissen Zeit Auskunftsbescheide zurück, aus denen hervorgeht, ob gegen die entsprechenden Personen Anhaltspunkte oder Belege für eine MfS-Mitarbeit vorliegen oder nicht. Im Auftrag der Universitätsleitung bewertet die Ehrenkommission die »Gauck-Bescheide« und hört die Betroffenen an.[643] Am Ende eines Verfahrens empfiehlt sie der Universitätsleitung, das Arbeitsverhältnis mit dem Betroffenen zu beenden bzw. beizubehalten, spricht inneruniversitäre Sanktionen aus oder regt ausgleichende Entscheidungen zwischen den Beteiligten an (z. B. Auflösungsverträge).[644] Die Universitätsleitung wiederum bringt ihren Vorschlag dann in die Personalkommission ein, die abschließend entscheidet, ob der Betroffene an der Universität verbleibt oder ob ihm gekündigt wird. In aller Regel folgen Universitätsleitung und Personalkommission dem Votum des Ehrenausschusses.

Wie kommt nun die Ehrenkommission zu ihren Empfehlungen? Da sie sich als »vielköpfiges Subjekt«[645] versteht, bestimmen ihre Entscheidung neben der Analyse der Bescheide und ihnen zugrunde liegenden Dokumenten die Diskussion zwischen den Mitgliedern und der Vergleich mit anderen Fällen. Die Summe der individuellen Beurteilungen der Mitglieder soll dabei zu einem ausgewogenen Gesamtergebnis innerhalb des Gremiums führen. Durch die strenge Einzelfallprüfung erfährt die Kommission von unzähligen Konfliktsituationen, persönlichen Motiven und unterschiedlichsten Reaktionsweisen, psychischen Befindlichkeiten und subjektiven Reflexionen der Anzuhörenden. Jedes Einzelschicksal, jede Facette hilft, die Beurteilungsmaßstäbe weiter auszudifferenzieren.[646] Der Ehrenausschuss lässt sich davon leiten, »die Universität vor Schaden zu bewahren«[647], gleichzeitig will er aber auch den Betroffenen helfen und ihnen neue Wege eröffnen, mit der eigenen Geschichte klarzukommen.

643 Bericht über die Arbeit des Ehrenausschusses an den Akademischen Senat der HUB vom 23.Mai 1995, in: hochschule ost 4/95, 117 (in: Dokumente zum Hochschulumbau II, Ablage 22).
644 S. den Bericht des Ehrenausschusses an den Akademischen Senat vom 9. Mai 1994, 2, in: Dokumente zum Hochschulumbau II, Ablage 22.
645 Neef, Anneliese: »Stasi-Aufarbeitung am Beispiel der Humboldt-Universität zu Berlin«, 4, in: Dokumente zum Hochschulumbau II, Ablage 22.
646 Einschätzung nach: Neef, Anneliese, a. a. O., 4.
647 Bericht des Ehrenausschusses an den Akademischen Senat vom 9. Mai 1994, 2, in: Dokumente zum Hochschulumbau II, Ablage 22.

Quittungen über Präsente und Auszeichnungen, eine unterschriebene Verpflichtungserklärung und selbstverfasste Berichte belegen untrüglich eine inoffizielle Zusammenarbeit mit dem Staatssicherheitsdienst. Erbrachte Leistungen können von der Einwilligung, den privaten Briefkasten als Deckadresse zu verwenden, über die Bereitstellung der eigenen Wohnung für konspirative Treffen bis hin zur regelmäßigen und gewissenhaften schriftlichen oder mündlichen Berichterstattung beim Führungsoffizier reichen. An der spezifischen Lebensplanung und den beruflichen Interessen der Wissenschaftler und Studenten anzusetzen, ist ein charakteristisches Merkmal der Anwerbung durch das MfS. Die Motive zur Mitarbeit gehen von politischer Überzeugung und Loyalität gegenüber dem sozialistischen Staat, der Notwendigkeit des »Dialogs« mit der Stasi, der Affinität zum Geheimdienstlichen bis hin zu erhofften größeren Chancen für die eigene Karriere.[648]

Dies alles kann, muss aber nicht zwingend die Unzumutbarkeit der Weiterbeschäftigung gemäß Abs. 5 Nr. 2 der Anlage I Kap. XIX Sachgebiet A Abschnitt III EV nach sich ziehen. Der Vorteil des Verfahrens im Ehrenausschuss besteht in der individuellen Würdigung des Vorgangs bei Wahrung der Vergleichbarkeit: So kann beispielsweise jemand zumutbar sein, wenn er seinen Wehrdienst als Soldat beim MfS-Wachregiment Feliks Dzierzynski abgeleistet und danach keine weiteren Aufgaben für das MfS ausgeübt, die MfS-Tätigkeit unmittelbar nach Schulabschluss und erst direkt vor 1989 aufgenommen hat, sie unter rechtsstaatswidriger Notlage erzwungen scheint oder »ausreichende, wenn auch erfolglose Versuche« unternommen wurden, die Verbindung zum MfS abzubrechen, die Mitarbeit vor 1989 aktiv beendet bzw. nur kurzfristig ausgeübt wurde oder sie lange Zeit zurückliegt. Entlastend gewertet wird auch, wenn ein Betroffener aktiv mithilft, das rechtsstaatswidrige Verhalten des MfS aufzudecken. All das führt zu Abwägungen mit anderen entscheidungserheblichen Fakten und wird in eine Gesamtbewertung der Kommission eingebracht.[649]

Im Juni 1993 weitet der Akademische Senat das Aufgabenfeld der Ehrenkommission aus: zusätzlich sollen auch Vorwürfe überprüft werden, bei denen

648 A. a. O., 8.

649 Bericht über die Arbeit des Ehrenausschusses an den Akademischen Senat der HUB vom 23. Mai 1995, in: hochschule ost 4/95, 118 (Dokumente zum Hochschulumbau II, Ablage 22).

sich Hochschulmitarbeiter aktiv an politisch motivierten Exmatrikulationen beteiligt hatten.[650]

Insbesondere bei Fragen von Amtsmissbrauch und Korruption oder beim Erhalt dienstlicher Vorteile auf Grund politischer Einflussnahme bleibt die Bereitschaft der Universitätsangehörigen mitzuwirken von vornherein begrenzt: Etwa 30 Mitarbeiter äußern sich vor dem Ausschuss auf eigenen Wunsch[651], nur drei Anträge werden mit Zustimmung aller Beteiligten öffentlich verhandelt, womit sich das Ziel nach universitätsöffentlicher Wirkung kaum erfüllt.[652] In einigen Fällen hört der Ausschuss bis zu 40 Personen an.[653]

Bis Mai 1995 erhalten der Hochschulbereich der Universität 380 und die Charité 56 positive Befunde aus der Gauck-Behörde.[654] In 73 Fällen der Hochschule (19 %) sowie 5 Fällen der Charité (9 %) stellt die Ehrenkommission fest, dass eine Weiterbeschäftigung unzumutbar ist, und empfiehlt zu kündigen. Anders als im nichtmedizinischen Bereich spricht die Charité in 9 weiteren Fällen (16 %) Kündigungen entgegen den Empfehlungen des Ehrenausschusses aus.[655] Zu Auflösungsverträgen kommt es im Hochschulbereich in 27 (7 %),

650 Vorlage 151/93 des Akademischen Senats vom 22. Juni 1993, in: Dokumente zum Hochschulumbau II, Ablage 22. Zu diesem Thema untersucht sie zwei Anträge, wobei bis Mai 1994 in einem Fall die Beendigung des Arbeitsverhältnisses empfohlen wird (Bericht des Ehrenausschusses an den Akademischen Senat vom 9. Mai 1994, 2, in: Dokumente zum Hochschulumbau II, Ablage 22).

651 Ebenda.

652 Nach einem Bericht über die Arbeit des Ehrenausschusses vor dem Akademischen Senat am 23. Mai 1995, in: hochschule ost 4/95, 116 (Dokumente zum Hochschulumbau II, Ablage 22).

653 Ebenda.

654 In 436 Fällen liegt bei der Gauck-Behörde Aktenmaterial vor, was jedoch nicht automatisch bedeutet, dass es sich dabei durchweg um belastendes Material handelt. Operative Personenkontrollen, versuchte, erfolgte oder abgebrochene Anwerbungsversuche, vereinzelt auch Sekundärmaterial, das dann aber zur Kontaktaufnahme nicht genutzt wurde, finden sich in diesem Aktenmaterial ebenso wieder wie Daten über inoffizielle oder hauptamtliche Mitarbeiter des MfS. Das erklärt auch die hohe Zahl, die Labrenz-Weiß angibt: Hier seien von insgesamt 780 Professoren bei 155 »MfS-Verstrickungen« festgestellt worden. Darunter viele tatsächliche inoffizielle MfS-Mitarbeiter oder Offiziere im besonderen Einsatz, Fälle minderschweren Gewichts als auch Personen, die aus welchem Grund auch immer in eine operative Personenkontrolle geraten waren (s. Labrenz-Weiß, 1994, 5, in: Dokumente zum Hochschulumbau IX, Ablage 13).

655 Dies deutet auf unterschiedliche Bewertungsmaßstäbe bei Charité und Hochschulleitung hin, was auch die Berichte des Kommissionsvorsitzenden an den Akademischen Senat nahelegen. Dort bezeichnet er die Zusammenarbeit mit der Universitätsleitung als »vertrauensvoll und intensiv«, die mit dem Klinikumsvorstand bzw. dem Personalrat der Charité hingegen als nur »lose und unsystematisch« (Bericht über die Arbeit des Ehrenausschusses an den Akademischen Senat der HUB vom 23. Mai 1995, in: hochschule ost 4/95, 117). Im Bericht des Jahres 1994 heißt es, dass es »nicht möglich [gewesen sei], zwischen den Leitungen der beiden Personalakten führenden Stellen der Universität abgestimmte Vorgehensweisen und Bewertungen zu erzielen« (Bericht der Ehrenkommission an den Akademischen Senat vom 9. Mai 1994, 2, in: Dokumente zum Hochschulumbau II, Ablage 22).

in der medizinischen Fakultät in 10 Fällen (18 %). In weiteren 24 Fällen (43 %) kündigt die Charité ohne Anhörung im Ehrenausschuss bzw. löst Verträge von sich aus auf. Die Weiterbeschäftigung empfiehlt der Ausschuss bei insgesamt 280 Personen (74 %), weil die Betroffenen nach Aktenlage und Anhörung zwar belastet, ihre Fälle aber von minderschwerem Belang sind. An der Charité betrifft das 8 Personen (14 %). Für sie sieht der Ehrenausschuss den Verzicht auf das passive Wahlrecht für einige Jahre vor.[656]

Tabelle 1: Empfehlungen der Ehrenkommission bis Mai 1995

	Hochschulbereich	Charité
Unzumutbarkeit festgestellt / Kündigungen	73 / 73	5 / 38 (5+9+24)
Auflösungsverträge	27	10
Weiterbeschäftigung empfohlen	280	8
Fälle gesamt	380	56

Der Vergleich zwischen der Charité und dem übrigen Hochschulbereich macht die unterschiedliche Entscheidungspraxis deutlich: Erscheint in der Universität die Weiterbeschäftigung von zwei Dritteln der Betroffenen zumutbar, trifft das in der Charité nur auf jeden siebenten zu. Ca. 85 Prozent der Erkenntnisfälle führen dort in der einen oder anderen Weise zur Beendigung des Arbeitsverhältnisses. Dieser so grundsätzliche Unterschied kann auf differierende Bewertungskriterien und Verfahrensweisen zwischen Charité und Hochschulbereich zurückzuführen sein. Möglicherweise spiegelt er jedoch auch ein differenziertes »operatives Interesse« des MfS wider: So schätzt die Ehrenkommission selbst ein, dass in den geisteswissenschaftlichen Fächern weniger gewichtige Anwerbungen stattfanden, begründet durch die geringere ökonomische Verwertbarkeit der Forschungsergebnisse, geringere internationale Kontakte oder auch die größere, schon unmittelbar fachlich begründete

656 Alle Zahlen nach: Bericht über die Arbeit des Ehrenausschusses an den Akademischen Senat vom 23. Mai 1995, in: hochschule ost 4/95, 120 (in: Dokumente zum Hochschulumbau II, Ablage 22). Die gesamte Überprüfung des wissenschaftlichen Personals der Universität betrifft ca. 2.500 Personen. Gegen 85 Prozent der Hochschullehrer bzw. wissenschaftlichen Mitarbeiter liegen keine Verdachtsmomente wegen Stasi-Mitarbeit vor. Die proportionale Verteilung zwischen beiden Statusgruppen ist in etwa gleich (s. Bericht der Ehrenkommission an den Akademischen Senat vom 9. Mai 1994 sowie Neef, Anneliese: »Stasi-Aufarbeitung am Beispiel der Humboldt-Universität zu Berlin«, 5 f., in: Dokumente zum Hochschulumbau II, Ablage 22).

ideologische Nähe zum Staat im Vergleich zu den Naturwissenschaften und den medizinischen Fächern.[657]

Die Arbeit der Ehrenkommission, insbesondere die MfS-Überprüfung, wird innerhalb der Universität, aber auch von den politischen Akteuren in erstaunlichem Maß respektiert. In der Frage der personellen Erneuerung leistet sie erfolgreiche Pionierarbeit und schafft in diesem spezifischen Bereich bei allen Schwierigkeiten im Einzelfall den Konsens zwischen Universität und Senatsverwaltung.[658]

3.2 Die Rehabilitierungskommission

Die Rehabilitierungskommission ist der älteste der drei Ausschüsse, denn sie wird im Dezember 1989 gegründet und berät den Rektor in allen Rehabilitierungsfragen. Ursprünglich hatte eine Hochschulgruppe des Neuen Forums und wenig später auch der Runde Tisch eine solche Kommission gefordert. Neben zehn noch von den alten Sektionen benannten Mitgliedern arbeiten zunächst auch zwei studentische Vertreter neuer politischer Organisationen in ihr mit. In den Jahren 1991 und 1992 verändert sich mehrfach ihre Zusammensetzung, bis sie dann aus je drei Professoren, wissenschaftlichen Mitarbeitern, Studierenden und nichtwissenschaftlichen Mitarbeitern besteht.[659]

Einer der prominentesten Fälle der DDR-Unrechtsbereinigung, die Rehabilitierung von Prof. Robert Havemann, trägt offenbar wesentlich zur Gründung der Kommission bei.[660] Schon in den ersten Monaten nach dem Herbst 1989

657 S. Neef, Anneliese, a. a. O., 6 bzw. den Bericht der Ehrenkommission aus dem Jahre 1994, in dem darauf hingewiesen wird, dass »einer der umfangreichsten Vorgänge im Zusammenhang mit Wirtschaftsunternehmen des Ministeriums für Staatssicherheit« die Grenzen des Ausschusses aufgezeigt habe. Darüber hinaus ließ sich keine weitere »Fachbereichsspezifik« feststellen (Bericht der Ehrenkommission an den Akademischen Senat vom 9. Mai 1994, 2, in: Dokumente zum Hochschulumbau II, Ablage 22). S. auch Labrenz-Weiß, 1994, 3 f., in: Dokumente zum Hochschulumbau IX, Ablage 13.

658 Stellmacher, Wolfgang, Bemerkungen zur Arbeit des Ehrenausschusses vom 9. Januar 1995, 2, in: Dokumente zum Hochschulumbau II, Ablage 22.

659 S. Bericht der Rehabilitierungskommission des Akademischen Senats vom 24. März 1992, in: Dokumente zum Hochschulumbau VI, Ablage 1.

660 Havemann ist in den 50er Jahren Professor für Chemie an der HU und lehrt dort auch nach seinem Wechsel an die Akademie der Wissenschaften. 1964 wird er an der HU fristlos entlassen, 1965 von der Akademie abberufen. Seine Philosophie-Vorlesungen prägen eine ganze Studentengeneration. Auf der ersten Sitzung der Kommission am 14. Dezember 1989 spielt die Rehabilitierung Havemanns eine zentrale Rolle: Der Minister für Bildung hatte kurz zuvor Havemanns einstmalige fristlose Entlassung von der AdW sowie die gegen ihn ergangenen Disziplinarmaßnahmen aufgehoben. Dies sollte der Witwe von Robert Havemann und der Öffentlichkeit über die HU mitgeteilt werden (nach handschriftlichen Aufzeichnungen aus der Sitzung vom 14. Dezember 1989, 1, in: Dokumente zum Hochschulumbau VI, Ablage 1 sowie »Mensch über Bord«, »Der Spiegel«, 12/1990, 82 ff., in:

schreiben eine Reihe von Benachteiligten, dass es während der 40-jährigen DDR-Geschichte in beträchtlichem Ausmaß zur Relegation von Studierenden, dem Entzug von wissenschaftlichen Graduierungen oder der Lehrbefugnis, der Abberufung von Hochschullehrern, der Zurücksetzung im Werdegang oder Reiseverboten an der HU gekommen ist. Die Universität wollte daher »politisch motivierte Rechtsbeugungen, Rechtsverletzungen oder Diskriminierungen, die in ihrem Bereich geschehen waren, [zu] untersuchen und in begründeten Fällen die Rehabilitierung [zu] veranlassen«[661].

Wie auch der Ehrenausschuss arbeitet die Rehabilitierungskommission nur auf Antrag und führt keine eigenen Untersuchungen durch. Sie prüft die Anliegen ehemaliger oder noch an der HU tätiger Mitarbeiter und Studierender und bereitet Entscheidungsvorschläge bzw. Empfehlung für den Rektor/die Präsidentin vor. Die Kommission kann Akten aus der Verwaltung herbeiziehen, Stellungnahmen aus den Fachbereichen und Instituten einholen und Anhörungen durchführen, um entsprechende Fälle aufzuklären. Auf Grund fehlender Aktenbestände oder schriftlicher Hinweise fällt es ihr aber häufig schwer, politische Motive begangenen Unrechts klar nachzuverfolgen. Gerade deshalb versucht die Kommission durch Rekonstruktionen, Recherchearbeit und Befragungen das Fehlen schriftlicher Dokumente auszugleichen.

Rehabilitierungen werden in der Regel durch ein Schreiben des Rektors/der Präsidentin ausgesprochen, bewirken jedoch *keine* finanziellen Entschädigungen oder die Wiedereinstellung. Dazu fehlt der Universität die rechtliche Grundlage durch ein Rehabilitierungsgesetz, neben der ausschließlichen Selbstbefassung ein zweites wichtiges Defizit für die Arbeit der Kommission. Lediglich das Hochschul-Ergänzungsgesetz und später das Hochschul-Personalübernahmegesetz sehen vor, bei Stellenbesetzungen neben der erforderlichen Eignung, Befähigung und fachlichen Leistung »auch Benachteiligungen und Bevorzugungen angemessen zu berücksichtigen«[662], die »auf nachweisbare politische Einflussnahmen im bisherigen Werdegang«[663] zurückzuführen sind.

Presseberichte IV, Ablage 1, »Ohrfeigen im Namen des Rechts«, »Die Zeit« vom 7. Januar 1994, »Ein formal korrekter Unrechtsakt ...«, »Die Welt« vom 15. Januar 1994, »Keine Uni-Entschädigung für Havemann-Witwe«, »tageszeitung« vom 15. Januar 1994, in: Presseberichte IV, Ablage 5).

661 Bericht der Rehabilitierungskommission an den Akademischen Senat vom 24. März 1992, in: Dokumente zum Hochschulumbau VI, Ablage 1.

662 § 10, Abs. 2, Gesetz zur Ergänzung des Berliner Hochschulgesetzes – ErgGBerlHG –, Gesetz- und Verordnungsblatt Berlin, Nr. 33 vom 26. Juli 1991, in: Dokumente zum Hochschulumbau I, Ablage 6.

663 S. § 1, Satz 2, Gesetz über die Übernahme des wissenschaftlichen und künstlerischen Personals der Hochschulen des Ostteil Berlins in Rechtsverhältnisse nach dem Berliner Hochschulgesetz (Hochschulpersonal-Übernahmegesetz – HpersÜG –), Gesetz- und Verordnungsblatt für Berlin, Nr. 27 vom 20. Juni 1992, in: Dokumente zum Hochschulumbau IV, Ablage 29.

In der Praxis spielen Rehabilitierungsfragen bei Neubesetzungen von Stellen kaum eine Rolle oder lassen sich nur konfliktreich durchsetzen, wie das Berufungsverfahren für eine C3-Professur im FB Biologie zeigt.[664] Daran können auch berechtigte Forderungen aus der Gruppe der wissenschaftlichen Mitarbeiter des Konzils nichts ändern.[665]

Die nachträgliche Anerkennung von Graduierungen oder Titeln bzw. die verbale Rehabilitierung innerhalb eines Schreibens des Rektors/der Präsidentin macht den politischen Eingriff in den Lebenslauf eines Menschen nicht wett. Häufig hebt ein Schreiben die seinerzeit verfügte Unrechtsmaßnahme (nur) auf, versucht den persönlichen bzw. wissenschaftlichen Ruf des Betroffenen wiederherzustellen und die Verantwortung für das Unrecht auf universitärer Seite öffentlich zu machen.[666] Viele Antragsteller empfinden das aber als unzureichend, sind unzufrieden mit der Universität und fordern praktische Konsequenzen wie die Wiedereinstellung oder einen finanziellen Ausgleich. Doch unabhängig von diesem unbefriedigenden und nicht durch die Hochschule verschuldeten Zustand tun sich die Verantwortlichen der Fachbereiche und Institute schwer, die Fragen der politischen Verantwortung von Personen bzw. der Mechanismen des politischen Systems, die zu diesen Eingriffen führten, zu thematisieren.

Durch mehrere Berichte in der Presse und der Zeitung der HU informiert die Kommission regelmäßig über ihre Arbeit; gleichzeitig ermuntert sie Angehörige oder ehemalige Mitglieder der Universität, denen in der DDR Unrecht an der Hochschule geschah, sich mit ihren Fällen an die Kommission zu wenden.

664 S. dazu ausführlich in: Dokumente zum Hochschulumbau VI, Ablage 1. Obwohl die Kommission und der Fachbereich selbst die in den 80er Jahren aus politischen Gründen unterlassene Berufung des Betroffenen belegen können, zieht die SBK nicht ihn, sondern eine andere Person bei der Neubesetzung einer Professorenstelle vor. Dieser könne, so die SBK, mehr Publikationen und damit ein größeres Forschungsprofil nachweisen. Allerdings hätte dies der Ost-Bewerber unter freien Forschungs- und Publikationsbedingungen wohl auch erreicht. Das real vorhandene wissenschaftliche Œuvre spreche aber für den West-Bewerber. Der Akademische Senat votiert daraufhin für die Berufung des Ost-Kandidaten. Diesem Votum folgt auch der Senator.

665 S. Antrag an das Konzil vom 8. April 1992, in: Dokumente zum Hochschulumbau VI, Ablage 1.

666 Erst das zweite SED-Unrechtsbereinigungsgesetz vom 29. Juni 1994 (BGBl I, 1, 311 ff.) schafft einige Rahmenbedingungen für Opferentschädigungen und Ausgleiche für Rentenausfallzeiten. Damit können Rehabilitierungsbescheide der Universität als Beleg gegenüber Behörden oder Rentenversicherungsträgern vorgelegt werden. Die Gesetzeslage führt nach deutlich rückläufigen Zahlen in den Jahren zuvor ab 1994 wieder zu einem Anstieg von Rehabilitierungsanträgen (Auskunft des Vorsitzenden der Kommission, Professor Linek, vom 8. April 1997, in: Raiser, 1998, 112).

Bis Ende Oktober 1992 bearbeitet sie 230 Fälle[667], bis Anfang 1997 ca. 330[668]. Nach den Daten von 1992 spricht sie bei ca. 60 Prozent der Anträge Rehabilitierungen aus und hebt unrechtmäßige Entscheidungen auf, bei 20 Prozent erkennt sie keine Rehabilitierungsgründe. 5 Prozent der Anträge klären sich innerhalb einer mündlichen Beratung, in 15 Prozent der Fälle sieht sie sich als nicht zuständig an und verweist an andere Gremien (z.B. die Ehrenkommission). Ca. 30 Prozent der Antragsteller aus dem Jahr 1992 sind ehemalige Studierende, 10 Prozent befinden sich im Ruhestand. Jeder vierte Antrag wird von einem Betroffenen aus den alten Bundesländern gestellt, und mehr als zwei Drittel aller Anträge beziehen sich auf Geschehnisse zwischen 1960 und 1980.[669]

Tabelle 2: Ergebnisse der Rehabilitierungskommission bis 1997

	1992	1997
Rehabilitierung	139	262
Keine Rehabilitierungsgründe	46	68
Klärung durch Gespräch	11	
Verweis an andere Gremien	34	
Fälle gesamt	230	330

Bis 1997 steigt die Quote von Anträgen ehemaliger Studierender, die aus politischen Gründen von der Universität verwiesen oder zur Exmatrikulation gezwungen worden waren, auf 65 Prozent aller Anträge an. Zwischen 15 und 20 Prozent aller Fälle betreffen nichtwissenschaftliche Mitarbeiter, ca. 10 Prozent wissenschaftliche Mitarbeiter und ca. 8 Prozent Hochschullehrer.[670] Fristlose Kündigungen oder verweigerte Einstellungen nach »politischen Vergehen«, die Aberkennung akademischer Grade oder die Zurücksetzung politisch Andersdenkender in ihrem wissenschaftlichen Werdegang bleiben die Hauptthemen der meisten Anträge.[671] 262 Fälle (ca. 80 Prozent), schließt die Kom-

667 S. den Bericht der Rehabilitierungskommission an das Konzil vom 28. Oktober 1992, in: Dokumente zum Hochschulumbau VI, Ablage 1.
668 Nach Aussagen des Vorsitzenden der Kommission, Professor Linek, vom 8.April 1997, in: Raiser, 1998, 112.
669 Alle Angaben nach dem Bericht der Rehabilitierungskommission an das Konzil vom 28. Oktober 1992, in: Dokumente zum Hochschulumbau VI, Ablage 1.
670 Angabe nach Professor Linek, in: Raiser, 1998, 112.
671 S. die Auswahl der Protokolle der Rehabilitierungskommission, in: Dokumente zum Hochschulumbau VI, Ablage 1.

mission durch ein Rehabilitierungsschreiben an die Betroffenen ab. Bei ca. 20 Prozent der Anträge sind nach einer Auswertung aus dem Jahr 1997 keine Rehabilitierungsgründe erkennbar.[672]

Die sehr wenigen praktischen Möglichkeiten für eine Rehabilitierung setzten der Kommission von Beginn an enge Grenzen. Gerade Rehabilitierungen – verbunden mit großzügigen Entschädigungen und beruflichen Integrationsmaßnahmen – wären aber ein wichtiger Schlüssel zur Wiedergutmachung und Aussöhnung gewesen. Hierzu konnte die Universität – vorwiegend unverschuldet – zu wenig selbst beitragen.

3.3 Die Anhörungskommission

Durch die Anhörungskommission, deren Gründung der Hochschulpolitische Rat (Nachfolgeeinrichtung des Runden Tischs) anstößt, sollen die neu gewählten Vertreter der Instituts- und Fachbereichsräte, des Akademischen Senats und der Universitätsleitung eine größere politisch-moralische Legitimation erhalten. Einer Empfehlung des Rates folgend unterziehen sich »alle Hochschullehrer einer Selbstauskunft …, die in Funktionen der Selbstverwaltung der Universität tätig sind, dafür kandidieren bzw. sich bewerben wollen«[673]. Dafür entwickelte noch der Runde Tisch einen Fragebogen, mit dem überprüft werden konnte, ob sie glaubwürdige Vertreter der Erneuerung seien. War das Verfahren für den genannten Personenkreis freiwillig, müssen später die inneruniversitären Kandidaten für die SBK verpflichtend an ihm teilnehmen.[674]

Die Fragen beziehen sich auf mögliche frühere Funktionen innerhalb der Universität sowie in Parteien, Massenorganisationen, der NVA oder auf den verschiedenen staatlichen Ebenen, auf die Mitarbeit in nationalen und internationalen wissenschaftlichen Gremien oder in Beiräten und Kommissionen von Ministerien, auf die Mitwirkung in politischen Arbeits- und Beratungsgruppen der SED, auf staatliche oder sonstige politische Auszeichnungen, »personenbezogene Sonderversorgungen« und Privilegien, auf die Mitwirkung an Exmatrikulations- und Disziplinarverfahren oder sonstigen Entscheidungen, die Gegenstand der Rehabilitierungskommission sein könnten, auf

672 S. den Bericht der Kommission an das Konzil vom 5. Mai 1994, in: Dokumente zum Hochschulumbau VI, Ablage 1.

673 Empfehlungen des Hochschulpolitischen Rats an den Akademischen Senat der HU (Auszug aus dem Protokoll) vom 13. November 1990, in: Dokumente zum Hochschulumbau II, Ablage 23.

674 S. Vorlage 03/92 vom 6. Januar 1992, in: Dokumente zum Hochschulumbau II, Ablage 23.

die Wahrnehmung von Leitungsfunktionen und Funktionen in staatlichen, Partei-, Gewerkschafts- und anderen Strukturen innerhalb und außerhalb der Universität, auf die persönliche Mitverantwortung für Fehlentwicklungen in Lehre und Ausbildung.

Gegen den insgesamt 24 Fragen umfassenden Katalog werden zunächst verfassungsrechtliche Bedenken laut, weil er an vielen Stellen sehr weitgehende und mit den Persönlichkeitsrechten nur schwer vereinbare Auskünfte verlangt. Mit wenigen Änderungen hält der Akademische Senat aber dennoch an ihm fest.[675] Für die Auswertung der Fragebögen setzt er die Anhörungskommission ein, die zusätzlich mit dem jeweiligen Kandidaten ein informierendes Gespräch führt. In ihr wirken drei Mitglieder je Gruppe (insgesamt 12) mit, die vom Akademischen Senat gewählt und vom Runden Tisch bestätigt werden. Um Vorbehalte vor dem Verfahren abzubauen, erläutert die Kommission in der hochschuleigenen Presse die dem Fragespiegel zugrunde liegenden Kriterien und gibt Auskunft über den Ablauf der Anhörung.[676]

Das Gremium tagt grundsätzlich nichtöffentlich und gibt seine Empfehlungen nur dem Betroffenen bekannt, wenn sie zu der Auffassung gelangt, dass dieser auf sein Mandat, sein Amt oder seine Kandidatur verzichten soll. Den Empfehlungen liegen ausschließlich die Fragebögen und die Gespräche zugrunde. Es wird geheim abgestimmt und im Falle einer negativen Empfehlung das Ergebnis dem Betroffenen schriftlich begründet. Dagegen kann er beim Akademischen Senat widersprechen, der dann über das weitere Vorgehen entscheidet. Die Unterlagen der Kommission (Fragebögen und Gesprächsnotizen) werden beim Datenschutzbeauftragten der Universität aufbewahrt.

Die Kommissionsmitglieder unterliegen der Schweigepflicht.[677] Sie entscheiden nicht, ob jemand für ein ganz bestimmtes Amt besonders qualifiziert ist, oder wählen nicht zwischen verschiedenen Bewerbern aus. Nur wenn sie begründete Zweifel haben, dass der Kandidat die Erneuerung glaubwürdig repräsentiert, empfehlen sie ihm den Rückzug.

Hinter den erneuerungspolitischen Motiven, die zur Gründung der Kommission führen, stehen auch unmittelbar praktische Überlegungen: In den Gremien befinden sich Ende 1990/Anfang 1991 nicht wenige, die die »alte Humboldt-Universität« vertreten. Häufig sind sie nicht durch wirkliche, sondern

675 S. die Protokolle des Akademischen Senats vom 20. November, 4. Dezember und 18. Dezember 1990, in: Dokumente zum Hochschulumbau II, Ablage 23.

676 Empfehlungen des Hochschulpolitischen Rats an den Akademischen Senat vom 13. November 1990, in: Dokumente zum Hochschulumbau II, Ablage 23.

677 Alle Angaben aus der Ordnung der Anhörungskommission, in: Dokumente zum Hochschulumbau II, Ablage 23.

nur durch »pro forma« stattgefundene Wahlen bestätigt worden. Mit dem freiwilligen Überprüfungsverfahren geraten sie nun unter Druck.[678]

Die Tätigkeitsberichte der Anhörungskommission geben ein widersprüchliches Bild des Erfolgs ihrer Arbeit ab: Bis zum Juli 1992 stellen sich 350 Hochschulmitglieder dem Verfahren. In 20 Fällen empfiehlt sie, auf das ausgeübte bzw. angestrebte Amt zu verzichten, 13 Abstimmungen gehen unentschieden aus, in zwei weiteren Fällen ziehen die Angehörten von sich aus ihre Kandidatur zurück. Alles in allem bestehen bei 10 Prozent der Angehörten mehr oder minder schwere Bedenken. Von denen, die in der Selbstverwaltung einschließlich der PSK aktiv sind, nimmt aber nur die Hälfte an dem Verfahren teil! Bei den PSK-Mitgliedern liegt die Quote mit zwei Dritteln, bei den SBK-Mitgliedern mit über 90 Prozent sehr hoch. Dekane, Institutsdirektoren, Mitglieder des Akademischen Senats, des Personalrats, der Fakultäts- und Fachbereichsräte gehen dagegen nur vereinzelt zur Anhörung.[679] Auch die öffentliche Diskussion des Zwischenberichts im Akademischen Senat ändert daran kaum etwas.[680]

Neben der geringen Beteiligung kritisiert die Kommission, dass sich der Akademische Senat kaum für die Voten zu den SBK-Mitgliedern interessiert.[681] Außerdem beanstandet sie die »Über- und Unterinterpretationen ihrer Aussagen« in der universitären Öffentlichkeit oder den Gremien.[682] So würden Empfehlungen von Betroffenen häufig als Negativevaluierung ihrer gesamten Person empfunden, nicht ausgesprochene Empfehlungen dagegen als positive Evaluierung. Beides leisteten die Verfahren jedoch nicht. Da sie freiwillig verlaufen und die Kommission im Zweifel nicht überprüfen kann, ob die Anga-

678 So kommt es z. B. wegen zweier Empfehlungen zu einer Kontroverse zwischen Anhörungskommission und Senat: Durch einen Beschluss des Akademischen Senats werden speziell für ihn die Entscheidungskriterien verschärft (Beschluss 69/92). Das würde die Gleichbehandlung mit zahlreichen bisher entschiedenen Fällen nicht mehr wahren, argumentiert eine Minderheit im Senat, gegen die der Vorstoß offenbar gerichtet ist. Die Kommission entschließt sich jedoch, den neuen Auftrag an den Senat zurückzugeben, worauf dieser seinen Beschluss relativiert. Nun sollen Fragen nach früher ausgeübten Funktionen weniger gewichtet werden als die Feststellung einer »besonderen Systemnähe« (Bericht der Anhörungskommission zur Erfüllung des Beschlusses 69/92 vom 14. Juli. 1992, in: Dokumente zum Hochschulumbau II, Ablage 23).

679 Zwischenbericht der Anhörungskommission an den Akademischen Senat vom 27. Mai 1991, in: Dokumente zum Hochschulumbau II, Ablage 23. S. auch: Pasternack, 1999, 258 ff.

680 Übersicht über die Tätigkeit der Anhörungskommission vom 13. Juli 1992, in: Dokumente zum Hochschulumbau II, Ablage 23. In den Fachbereichen wird den Anhörungen unterschiedlich große Bedeutung beigemessen: Kandidaten aus den FB Medizin, Rehabilitationswissenschaften oder der Landwirtschaftlichen Fakultät stellen sich vergleichsweise häufig den Verfahren, Vertreter der geisteswissenschaftlichen Fächer hingegen in weit geringerem Maße.

681 Übersicht über die Tätigkeit der Anhörungskommission vom 13. Juli 1992, in: Dokumente zum Hochschulumbau II, Ablage 23.

682 Ebenda.

ben auch tatsächlich stimmen, bleibt von Anfang an der Beurteilungsradius begrenzt. Auf Grund fehlender »harter« Argumente verzichtet sie daher in einer Reihe von Fällen auf Empfehlungen, »obwohl gleichzeitig eine Mehrheit der Kommissionsmitglieder auf Grund ihrer Erfahrungen an der Universität eine solche befürwortet hätte. So ist es vielfach nur eine Frage der Taktik der Betroffenen gewesen, ob eine Anhörung oder ein Nichterscheinen vor der Anhörungskommission im gegebenen Fall die bessere ›Karte‹ war«[683]. Im abschließenden Kommissionsbericht heißt es:

»Die Anhörungskommission war – zusammen mit den PSK – ursprünglich Teil eines Reformpaketes, dessen Ziel die eigenständige Erneuerung der Universität war. Sie hat im Frühjahr 1991 für diejenigen Fachbereiche eine wichtige Rolle gespielt, wo die angestrebte Erneuerung ernstgenommen wurde. Mit dem Inkrafttreten des Ergänzungsgesetzes und der Einsetzung der SBK trat eine Situation ein, mit der das im Herbst 1990 angedachte Konzept der Anhörungskommission nicht mehr kompatibel zu sein (schien). Hinzu kommt die selbst auferlegte (und durch den Datenschutz erzwungene) Nichtöffentlichkeit der Anhörungskommission, die einem Ignorieren ihrer Tätigkeit Vorschub leistet, wenn kein unbedingter Erneuerungswille dem entgegensteht.«[684]

683 Ebenda.
684 Übersicht über die Tätigkeit der Anhörungskommission vom 13. Juli 1992, in: Dokumente zum Hochschulumbau II, Ablage 23.

4. Normative Leitvorstellungen – Was ist selbstbestimmte Erneuerung?

Das hochschuleigene Konzept ist von der Überlegung getragen, die Universität »nicht nur, aber auch mit den vorhandenen Menschen«[685] zu erneuern. Das ist der Grundgedanke des Modells, das auf selbstbestimmtes Erneuern setzt, d. h. auf einen aus sich selbst heraus gesteuerten Prozess, der ganz wesentlich die eigenen, vorhandenen und eben erneuerbaren Ressourcen zum Ausgangspunkt aller strukturellen und personellen Veränderungen macht. Daraus abgeleitet folgt das Konzept einigen Prinzipien, die sich vom späteren staatlichen Modell grundsätzlich unterscheiden: Da ist zunächst die leitende Überlegung für das Erneuerungshandeln[686], nach der die HU des Jahres 1990/91 und die erneuerte HU der Zukunft in Kontinuität gesehen werden. ZPSK und PSK sollen die Universität nicht in ihren Grundstrukturen *neu aufbauen*, sondern entsprechend den wissenschaftspolitischen und vergangenheitspolitischen Notwendigkeiten *umbauen*. Für das vorhandene Personal heißt das, Evaluationen beziehen sich auf einen konkreten Struktur- und Stellenplan und schließen bisherige Leistungen und prognostizierte Leistungserwartungen ein. Dort, wo sie positiv für die Betroffenen enden, gehören diese automatisch zum neuen Personal ihres Fachbereichs, sind also Mitglieder der Universität und müssen es nicht durch eine Bewerbung erst wieder werden. Die Personalübernahme hätte sie in einen HRG-konformen Status gebracht. Ausschreibungen von Stellen sollen erst danach und nur dort erfolgen, wo sie real frei sind bzw. durch Personalabgang oder Kündigung unmittelbar frei werden. Neue, über Ausschreibungen ausgewählte Professoren sollen die umzubauenden Fachbereiche komplettieren, nicht aber als »Gründungsprofessoren« sie erst »neu schaffen«. Selbstbestimmtes Erneuern verstehen viele Beschäftigte als »ein(en) Prozess, in dem die vorhandenen Menschen – natürlich mit Hilfe von außen – einen neuen Anfang finden. Kein Erneuerungsprozess ist ein Vorgang, in dem diese vorhandenen Menschen einfach ersetzt werden und die vorhandene Universität nur den Namen und die räumliche Hülse abgibt für ein Unternehmen, das

685 Thesen zur Entwicklung der Humboldt-Universität, 2, in: Hochschulentwicklungsplanungen der HUB, Ablage II/1.
686 Vgl. den Beschlussentwurf der ZPSK an das Konzil zu den perspektivischen Aufgaben der Kommission, in: Dokumentation »Die Arbeit der ZPSK 1990–1992«, Band 1, Ablage 22.

auf die konkrete Auseinandersetzung mit der realen Geschichte dieses Landes glaubt verzichten zu können«[687]. An dieser Schnittstelle, dem Umgang mit dem vorhandenen Personal und seinem Stellenwert im Erneuerungskonzept, unterscheiden sich die endogenen und exogenen Transformationsstrategien von Hochschule und Berliner Senat am stärksten voneinander.

Neben den sich an der fachlichen und persönlichen Eignung festmachenden Personalentscheidungen formuliert das Konzept der selbstbestimmten Erneuerung eine Verantwortung für die soziale Fürsorge der Betroffenen.[688] Es strebt nach sozial verträglichen Formen des Personalabbaus über die Altersstruktur und nach Übergängen in der Personalstruktur vor allem des Mittelbaus, die neben dem Konsens beim Ausstattungsplan am meisten überzeugen. Beides in ein tatsächliches Erneuerungsprogramm einzubeziehen, hätte durchaus weniger Kosten wie öffentliche Polemik und mehr Akzeptanz bei den Beteiligten bewirken können und wäre wohl auch unter der Zeitperspektive nicht weniger erfolgreich gewesen als die völlige Neubesetzung aller Stellen, wie sie das Land später durchsetzte.

Selbstbestimmtes Erneuern heißt aber auch, das Engagement für die Interessen der Beschäftigten mit einer Politik der Öffnung der Hochschule zu verbinden, einer Öffnung für mehr Studierende, vor allem aber für neues Personal. Auswärtige Experten zu finden, die an dem umfassenden Erneuerungsprogramm mitwirken, über wissenschaftspolitische und fachspezifische Planungskompetenzen verfügen und die Fächer in die jeweilige disziplinäre Landschaft der Bundesrepublik integrieren können, kann deshalb als erster wichtiger Gradmesser für diese Öffnung verstanden werden. Das ehrgeizige Ziel, in allen Fächern über die Fakultätentage oder Fachkonferenzen je vier auswärtige Professoren zu gewinnen, erreicht man zwar längst nicht überall. Dies scheint angesichts der bundesweit bekannten Konflikte zwischen Senat und Universität sowie der fehlenden rechtlichen Absicherung des Modells allerdings nachvollziehbar.

Auf den Schutz der vorhandenen Personen »um jeden Preis«[689] kann glaubhaftes selbstbestimmtes Erneuern nicht reduziert werden. Ebenso notwendig muss es Konsequenzen ziehen bezüglich all jenem, zweifellos an der HU vorhandenem Personal, das sich – fachlich und/oder politisch belastet – hinter

687 Thesen zur Entwicklung der Humboldt-Universität, 2, in: Hochschulentwicklungsplanungen der HUB, Ablage II/1.

688 S. dazu ausdrücklich den Brief der ZPSK-Vorsitzenden, Professor Daxner und Professor Bank, vom 24. Juni 1991 an die Mitglieder des Kuratoriums der HU, in: Dokumentation »Die Arbeit der ZPSK 1990–1992«, Band 1, Ablage 19.

689 Protokollvermerk der ZPSK zu einer Sitzung der Hauptkommission des Kuratoriums vom 29. August 1991, in: Dokumentation »Die Arbeit der ZPSK 1990–1992«, Band 1, Ablage 30.

dem hochschuleigenen Reformkonzept versteckt. Hier nicht wirksam gegenzusteuern, schwächte die Glaubwürdigkeit des Modells.

Manche Ideen scheinen in ihm unausgereift. Ein Beispiel dafür sind Teile des Konzepts der Personalevaluation, das in seiner Endfassung nicht für differenzierte und juristisch ausreichend belastbare Ergebnisse zu sorgen scheint. Oder die Überleitungsvorschläge, die auch inneruniversitär auf längere Sicht kaum akzeptiert worden wären. Doch trifft ebenfalls zu, dass die Universität zu dem Zeitpunkt, als das Erneuerungskonzept beschlossen wurde, im Umfang der Evaluationen weiter gehen will als Wissenschaftsrat, LHSK oder Senatsverwaltung, denn sie möchte *alle* Beschäftigten in die Überprüfungen der PSK einbeziehen. Den entscheidenden Beweis für die Stichhaltigkeit der Evaluationen kann sie vorerst aber nicht überzeugend erbringen, denn die notwendige Sanktionsfähigkeit negativer Evaluationsergebnisse durch Kündigungen scheint nicht gegeben. Ob dieser aus dem Konzept ablesbare Befund tatsächlich so eintrat, wird im VI. Teil eingehend überprüft.

Zwar spricht neben den verbalen vergangenheitspolitischen Bekenntnissen das entwickelte System der hochschuleigenen personalpolitischen Untersuchungen in der Ehren-, Anhörungs- und Rehabilitierungskommission zunächst für die Ernsthaftigkeit des Versuchs, sich selbst zu erneuern, doch steht das öffentliche Bild den eigenen Bemühungen häufig entgegen.[690] Hinzu kommen auch hier unübersehbare strukturelle Mängel im Kommissionsaufbau, wie die weitgehende Freiwilligkeit dieser Verfahren (außer der Stasi-Überprüfung), die geringen eigenen Ermittlungsrechte oder die fehlende Überprüfbarkeit vieler Aussagen der Betroffenen in den Evaluierungen oder bei der Anhörungskommission. So bleibt die geschichtspolitische Dimension selbstbestimmten Erneuerns auf halber Strecke stecken, die Gründungsanliegen der Kommissionen können nur begrenzt in die Tat umgesetzt werden.

Diese Defizite hängen möglicherweise mit einem Prinzip eng zusammen, welches das gesamte hochschulinterne Erneuerungshandeln durchzieht: Angesichts der zentralistischen und wissenschaftsfremden Entscheidungsmechanismen im staatssozialistischen System und der Erfahrung des gesellschaftlichen Aufbruchs nach 1989 verlangt selbstbestimmtes Erneuern offenbar eine ganz spezifische Methodik. Sie integriert sowohl basis- als auch repräsentativdemokratische Ansätze und legt großen Wert auf das Konsensprinzip wie die breite Einbeziehung der Fachbereichs- und Universitätsöffentlichkeit. In fast allen Dokumenten ist dieser partizipative Ansatz ersichtlich, werden auf unterschiedlichsten Ebenen die Ziele und Verfahren des eigenen Modells diskutiert,

690 S. dazu die umfangreiche Pressedokumentation, in: Presseberichte IV, Ablage 2 und vergleichend die Diskussion zur Hochschulerneuerung in den neuen Ländern insgesamt, in: Presseberichte II, Ablage 2 und 3.

werben die neuen Kommissionen um größtmögliches Einvernehmen.[691] Das erhöht die Zustimmung, hilft inneruniversitär die fehlende rechtliche Legitimität des Modells auszugleichen, benötigt aber auch Zeit, führt zu Zögerlichkeiten oder vergrößert gar die ohnehin vorhandenen Probleme mangelnder Entscheidungsfähigkeit und ungenügenden institutionellen und rechtlichen Denkens.[692] Konflikte über Mehrheitsentscheidungen auszutragen, wird häufig zugunsten aufwendiger Konsensentscheidungen gescheut.

Umso mehr muss sich die binnenorganisatorische Arbeit der ZPSK/PSK notwendige Freiräume für erfolgreiches Erneuern selbst schaffen. Die hohe Organisationsdichte und damit einhergehende Kompetenzkonflikte, aber auch »Gemeinsamkeitsdruck« und zuweilen sich dahinter versteckender Beharrungswillen oder Konkurrenzdenken lassen die neuen Kommissionen im ordentlichen Gremiengefüge der Universität aber nur wenige Partner finden. Doch unbestreitbar ist auch, dass dem angestoßenen Prozess jegliche institutionelle Vorbilder fehlten und der Aufbau des Modells daher zwangsläufig nicht reibungslos verlaufen konnte.

Die eigentliche Entscheidungsebene bilden die untersten Einheiten, die PSK bzw. in der Medizinischen Fakultät die Arbeitsausschüsse,[693] denn die Universität soll von den Fächern und Studiengängen aus über die Fachbereiche »von unten nach oben« umgebaut werden.[694] Die Beziehungen zwischen neuen Kommissionen und alten Gremien stehen in relativem Kontrast zum Verhältnis zwischen der zentralen und den dezentralen Kommissionen. Hier lassen sich hierarchische Prinzipien des Zusammenwirkens[695] neben subsidiären finden.[696]

691 Der Entschließungsantrag des verfassungsgebenden Konzils vom 13. Dezember 1990, das Gründungsdokument der selbstbestimmten Erneuerung, ist ein typisches Produkt eines solchen Konsensbildungsprozesses. Es veranschaulicht, wie neu erworbene demokratische Grundwerte und konsensorientierte, auf große Mehrheiten unter den Universitätsangehörigen zielende basisdemokratische Grundmuster die politische Praxis an der Universität bestimmen.

692 »Die Hauptstadt muss Modelle des Übergangs entwickeln«, Beitrag von Karl Schwarz in »Der Tagesspiegel«, 24. Februar 1991, in: Pressberichte IV, Ablage 2.

693 S. »Richtlinien für die Arbeit der dezentralen Personalstrukturkommissionen« vom 26. Februar 1991, in: Dokumentation »Die Arbeit der ZPSK 1990–1992«, Band 1, Ablage 10 und »Richtlinien für die Wahl und Zusammensetzung der Arbeitsausschüsse der dezentralen Personal- und Strukturkommissionen«, in: a. a. O., Ablage 13.

694 Entwurf der Thesen zur strukturellen Erneuerung der HUB, 5. These, in: Hochschulentwicklungsplanungen der HUB, Ablage 0.1.

695 S. insbesondere die Ziffern 6 und 7 der Anlage zur Entschließung, in: Dokumentation »Die Arbeit der ZPSK 1990–1992«, Band 1, Ablage 2.

696 Gerade ihre Rechte als Einspruchsinstanz belegen die subsidiären Elemente des Modells, denn die ZPSK beschränkt sich darauf, Personaleinzelfälle nach § 3 Abs. 5 nur in einem engen Spektrum selbst zu entscheiden; im Übrigen regelt sie, wie Konflikte vor Ort geschlichtet werden können (Verfahrensordnung für die Bearbeitung von Einsprüchen gegen Empfehlungen der dezentralen Personalstrukturkommissionen bzw. die von den Fachbereichen abgegebenen Stellungnahmen, in: a. a. O., Ablage 14).

Die Mitglieder der Kommissionen erhalten aber die größtmögliche Legitimation: Sie werden in ihren jeweiligen Gruppen auf der zentralen Ebene vom verfassungsgebenden Konzil gewählt (Hochschullehrer und wissenschaftliche Mitarbeiter gemeinsam), in den Fachbereichen von allen Fachbereichsmitgliedern. Bezüglich der Personalerneuerung liegt die Entscheidung bewusst bei den dezentralen Kommissionen. Das ist Vorzug und Hypothek zugleich. Einerseits kann nur »vor Ort« eine sachgerechte Beurteilung des Personals stattfinden. Andererseits bringt das für viele Verfahrensbeteiligte einen Rollenwechsel mit sich, sorgt für Auseinandersetzungen, braucht ein besonderes Konfliktmanagement und differenzierte Perspektiven. Der Wandel von den stellenplanabhängigen zu den allgemeinen Bewertungskriterien bei der Personalevaluation zeigt, dass sich die für die Erneuerung entscheidenden untersten Ebenen, die Fachbereiche und ihre PSK, diesem Prozess nur teilweise stellen wollen oder können.

Die Dualität von relativer Eigenständigkeit und Verknüpfung der Kommissionen mit der ordentlichen Gremienstruktur belegt ebenfalls die partizipative Grundausrichtung des Modells. Gleichzeitig ist darin ein weiteres ordnungspolitisches Element der selbstbestimmten Erneuerung auszumachen: Die Hochschule und ihre Autonomie werden verstanden als Summe demokratisch verfasster und ihrerseits autonomer Fachbereiche. In diesem Sinn hat es seine Bedeutung, dass die PSK/ZPSK eben nicht (nur) als Sonderkommissionen neben der Verfassung der Universität stehen, sondern definiert sind als Kommissionen im Einklang mit dem Statut der Hochschule.[697] Sie sind (neue) Bestandteile dieser Fachbereiche, und sie entscheiden in ihnen unabhängig und ausgestattet mit einem außerordentlichen Gewicht.

Autonomie nach außen in den Konflikten um die Abwicklung, die Personalerneuerung oder die Deutungshoheit über die hochschulpolitische Vergangenheit – all das verstehen Gremien und neue Kommissionen ausschließlich als *ihre* verfassungsmäßigen Angelegenheiten und nur bei Untätigkeit oder Verfehlung als die der Senatsverwaltung, des Staates. Dabei geht es ihnen wohl weniger um den Versuch, die HU in einer Wagenburg-Mentalität zu belassen, wie sie ihr häufig vorgeworfen wird.[698] Die Anstrengungen, zahlreiche Professoren aus den alten Bundesländern in die PSK zu integrieren, ihr starkes Mitspracherecht in deren Entscheidungsprozess oder die gewollten Neuberufungen auf freie Stellen sprechen gegen diese These.

697 S. Brief der ZPSK an alle Vertreter der Leitungsebene der Universität zur Präzisierung der PSK-Arbeit vom 31. Januar 1991, 1, in: a. a. O., Ablage 9.

698 So der viel zitierte öffentliche Vorwurf an die HU (s. u. a. »Als schweigende Minderheit an ›unserer Uni‹«, »Der Tagesspiegel« vom 10. März 1992, in: Pressberichte IV, Ablage 3, auch Sasse, 1998, 10 ff.).

Gerade die Jahre des Staatssozialismus, in denen sich die Wissenschaft in den politischen Herrschaftszusammenhang einordnen ließ, so argumentiert die Universität, verpflichten *zur Hilfe von außen und Abwehr von Eingriffen,* die nicht vereinbar sind mit den gesetzlich geregelten Mechanismen des Zusammenwirkens von Staat und Universität. Dabei sind die Handlungskorridore der PSK und ZPSK von Anfang an gering, weil sie die tatsächliche Steuerung der Hochschulerneuerung nicht in ihre Hände bekommen, der Gesetzgeber andere Rahmenbedingungen schaffen und mit anderen Akteuren arbeiten will.

Viele der einzelnen Elemente des Erneuerungshandelns brauchen pragmatische Korrekturen. Manches, wie der Stellenplan, kommt erst durch Verhandlungen in eine durchsetzungsfähige Form. Nach der Grundentscheidung der Politik für ein externes Erneuerungsmodell öffnen sich aber Türen für Konsensgespräche zwischen der Senatsverwaltung und der Universität, und zumindest Details des hochschuleigenen Konzepts lassen sich in das neue integrieren. Anderes, wie das Altersstrukturmodell, scheitert, weil die Universität auf die Unterstützung des Gesetzgebers oder der Exekutive angewiesen ist, diese aber ausbleibt. Das alles zeigt, wie stark das hochschuleigene Modell abhängig ist vom institutionellen Kontext und von den von ihm beeinflussten Handlungsorientierungen der Akteure aus Hochschule und Senat sowie den Konstellationen, in denen sie sich bewegen (können). Diese Akteurkonstellationen und die Handlungsorientierungen der Akteure bestimmen maßgeblich, ob Elemente des hochschuleigenen Erneuerungsprogramms im weiteren Transformationsgeschehen Bestand haben oder nicht.

Der endogenen Transformation fehlt an vielen Stellen aber die vorantreibende Kraft: Die Universitätsleitung, insbesondere der Rektor, kann diese Rolle nicht ausfüllen, denn er ist Moderator und Bindeglied zwischen beharrenden und reformorientierten Gruppen. Führungsaufgaben nimmt im Laufe der Zeit verstärkt die ZPSK wahr. Doch dort, wo sie über ihren eigentlichen Auftrag hinaus Verantwortung trägt, stößt sie schnell auf Widerstände und Kritik unterschiedlichster Gruppen. So ist die unklare Führungssituation der Universität ein wesentliches Dilemma der selbstbestimmten Erneuerung.

Neben den genannten Defiziten liegt der Hauptgrund für den mangelnden Erfolg des Konzepts jedoch außerhalb des Einflusses der Hochschule, nämlich in der fehlenden rechtlichen Legitimation. Vor allem übergeordnete hochschulpolitische Gründe verhindern die Umsetzung eigeninstitutioneller Strategien: das innerhalb der Kultusministerkonferenz festgelegte gemeinsame Erneuerungsvorgehen in den neuen Ländern und die Entscheidung, dass dabei die Planungshoheit nur durch Parlamente und Regierungen ausgeübt wird.

Ob die Suche nach einer eigenständigen Umgestaltung, alternativ zum bundesrepublikanischen Wissenschaftssystem, unter diesen Grundmustern überhaupt realistisch war, bleibt spekulativ. Dennoch setzt das Modell viel Kreativität und Engagement unter den Beschäftigten frei, stiftet Sinn bei Unterstützern und Gegnern inner- wie außerhalb der Hochschule, deren Handlungsorientierungen nicht nur von kognitiven, sondern auch von sozialen und motivationalen Aspekten bestimmt sind. Auf der praktischen Ebene schafft es an vielen Stellen die »Voraussetzungen für einen tiefgreifenden Umgestaltungsprozess«[699], von dem das staatliche Konzept später profitiert. Zwar ist eine Strategie der selbstbestimmten Erneuerung erst nachdrücklich entstanden, als der Berliner Senat die Abwicklung plante und damit der Verlust von Arbeitsplätzen, eigenen Entscheidungs- und Entwicklungsmöglichkeiten sowie von Identität drohte. Doch motivierte dieser Verlust die Handlungsfähigkeit der Hochschule und ließ neue Reformakteure auf deren Bühne treten.

Alles in allem entstand auf diese Weise in großer Geschwindigkeit eine umfassende Erneuerungsstrategie und löste eine Phase des selbst gesteuerten Umbaus aus, in der rechtlich »unsichere Verfahren mit unsicheren Ergebnissen kombiniert«[700] wurden. Zugleich begründet sich damit das *muddling through*, in dem das selbstbestimmte Erneuerungskonzept zwangsläufig stehen musste, da es nicht den Sprung zu einer durchgreifenden, sanktionierten und legitimierten Institutionalisierung im Sinne einer Zuteilung von Rechten, Ressourcen und Respekt schaffte. So waren seine Orientierungs- und Integrationsleistungen innerhalb der Hochschule erstaunlich hoch, doch konnten seine Ordnungs- und letztlich auch seine Steuerungsleistungen angesichts der Rahmenbedingungen, in denen das Modell entstand, und des schwierigen Kontexts, in dem es sich bewähren musste, letztlich nur suboptimale Ergebnisse hervorbringen.

699 Selbsteinschätzung der Vorsitzenden der ZPSK in einem Brief an den Vorsitzenden des Wissenschaftsrats, Prof. Simon, in: Dokumentation »Die Arbeit der ZPSK 1990–1992«, Band 1, Ablage 35.
700 Rüb, 1996, 48.

V.
Das interventionistische Erneuerungsmodell

1. Das Ergänzungsgesetz und seine Bedeutung für die Transformation durch staatlichen Eingriff

1.1 Einleitung

Die extern gesteuerte Transformation der Hochschulen wird ausgestaltet über das Ergänzungsgesetz zum Berliner Hochschulgesetz und bringt ein Erneuerungskonzept hervor, dessen Leitideen, Rationalitätskriterien und symbolische Orientierung in diesem Teil vorgestellt werden. Die Zwangsläufigkeiten des Modells und seine begrenzte Offenheit wurden im III. Teil bereits angerissen. Nun soll dieses auf staatliche Intervention[701] setzende, exogene Transformationsmodell näher untersucht werden. Dessen Institutionalisierung stellt sich dar als Auseinandersetzung um mit der Hochschule widerstreitende Ordnungsmuster und nachfolgend ihre organisatorische Strukturierung, die schon während der Abwicklung und mit Beginn des Gesetzgebungsverfahrens öffentlich kontrovers diskutiert werden.

Dabei stehen zunächst drei Fragen im Mittelpunkt des Interesses: Welche Merkmale kennzeichnen das mit dem Ergänzungsgesetz ins Leben gerufene Konzept und den Prozess seiner Entstehung? Welchem institutionellen Kontext folgt es, wie formt es Akteure und ihre Handlungsorientierungen? Welche Handlungskorridore eröffnet es für die Fortentwicklung der Universität und für Studenten und Wissenschaftler?

Im folgenden Teil der Untersuchung wird zumindest für den Sektor der Hochschultransformation der Mehrheitsmeinung in der wissenschaftlichen Literatur widersprochen, nach der die Art und Weise des Umbaus der ostdeutschen Hochschullandschaft sich zwangsläufig aus der Gestaltung der Vereinigung durch Beitritt über Art. 23 GG und den Einigungsvertrag ergibt.[702] Die rechtliche Rahmung bzw. die Entscheidungen der Vereinigungspolitik des Jahres 1990 spielen dafür – so die These – nicht die entscheidende Rolle. Zwar macht der Einigungsvertrag ebenso wie das Grundgesetz wichtige Vorgaben, nicht zuletzt die, dass die Umorganisation der Hochschulen nach den Maßstäben des Art. 5 Abs. 3 GG erfolgen muss. *Wie* man jedoch den Prozess von der Ausgangs- zur Ankunftsordnung gestaltet und damit den Institutionentransfer im Hochschulbereich arrangiert und ob er auf vollständige Anpassung

701 Der Begriff der Intervention wird im Folgenden verwendet im Sinne von Mayntz, in: Mayntz, 1994a, 287.

702 Vgl. dazu u. a. Schluchter, 1996, Mayntz, 1996, Simon, 1992.

abzielen muss, dazu geben weder das Grundgesetz noch der Einigungsvertrag Näheres vor. Nur das Ziel steht fest: Am Ende einer Umorganisationsphase müssen Hochschulen entstanden sein, die den Maßgaben des Art. 5 Abs. 3 GG genügen.

So sind Institutionentransfer und interventionistische Erneuerung im Bereich der Hochschulen von den Bedingungen der Vereinigung beeinflusste, in wichtigen Teilen vorgeprägte Prozesse. Ihre eigentliche Ausprägung erhält die interventionistische Erneuerung aber erst, nachdem der Einigungsvertrag geschlossen und die DDR untergegangen ist, durch den Wissenschaftsrat als dem Spiritus Rector dieses Pfades und – der Kompetenzordnung der Bundesrepublik folgend – durch die Politik in den neuen Ländern selbst (und hier den für Hochschulen zuständigen Ministerien).

Aus dem Gesetz zur Ergänzung des Berliner Hochschulgesetzes, in dem das interventionistische Modell für die Ostberliner Hochschulen festgelegt wird, lassen sich unter personalpolitischer Perspektive *vier Problembereiche* voneinander unterscheiden:

1. die Einrichtung von Sonderkommissionen, der Struktur- und Berufungskommissionen (SBK) und die Verlagerung fast aller inneruniversitärer Entscheidungskompetenzen auf sie,
2. die Minderung des Stimmrechts der HU-Wissenschaftler bei der Beschlussfassung in den Gremien,
3. die Einschränkung des passiven Wahlrechts und
4. die Umordnung der kuratorialen Entscheidungskompetenzen.

Ihnen allen, so wird vermutet, ist gemeinsam, dass sie neben struktureller Neuorganisation und Institutionentransfer sowie der damit verbundenen Neuverteilung von Rechten, Ressourcen und Respekt Ausschließungen hervorrufen durch eine verfassungsrechtlich problematische und durch den EV nicht gedeckte Einschränkung der Mitwirkungsrechte der am Prozess des Umbaus beteiligten bzw. von ihm betroffenen Hochschulmitglieder.

Bevor nun die vier Modellelemente und ihr komplexes Zusammenspiel untersucht werden, sind zunächst die Grundzüge des Gesetzes und dessen Stellung im Berliner Hochschulrecht zu erläutern. Am Ende dieses Teils sollen die Grundmuster des Konzepts zusammengefasst und einige Schlussfolgerungen im Hinblick auf vermutete Ausschließungsprozesse gezogen werden, die dann im VI. Teil durch statistische Daten, eigene Berechnungen und die Auswertung dokumentarischen Materials zu bestätigen oder zu falsifizieren sind.

1.2 Die Grundzüge des Gesetzes und seine Stellung im Berliner Hochschulrecht

Im Gesetz zur Ergänzung des Berliner Hochschulgesetzes vom Juli 1991 (ErgGBerlHG, nachfolgend ErgG genannt) werden die organisatorischen und funktionalen Zusammenhänge in den Hochschulen im Ostteil Berlins neu geregelt.

Das Gesetz bestimmt die Ostberliner Hochschulen als staatliche Hochschulen des Landes Berlin (§ 1 Abs. 1 2. Satz), organisiert personal- und haushaltsrechtliche Zuständigkeiten (§ 3) und legt die Wahl und Aufgaben des Kanzlers (§ 4), der Leitung der Hochschule (§ 5) sowie die Zuständigkeiten der verschiedenen Gremien (§§ 6 ff.) fest.

Darüber hinaus ordnet es die Beschäftigten den verschiedenen Mitgliedergruppen des § 45 BerlHG zu und bildet – anders als im sonstigen Hochschulrecht – aus Hochschullehrern und Akademischem Mittelbau einen gemeinsamen Wahlkörper (§ 13). Dies hat sowohl funktionale als auch vergangenheitspolitische Gründe.[703]

In wesentlichen Teilen hat das ErgG jedoch den Charakter eines Errichtungsgesetzes, denn es greift in die Ostberliner Hochschulen als sich selbst verwaltende Einrichtungen der Wissenschaft ein und weicht damit erheblich vom gültigen Berliner Hochschulrecht ab. Den Kern des Gesetzes bilden die §§ 8 und 9.

§ 8 bestimmt die Grundsätze der Beschlussfassung der Hochschulgremien neu:

»(1) Bei Entscheidungen, die gemäß § 47 Abs. 3 Berliner Hochschulgesetz außer der Mehrheit des Gremiums auch der Mehrheit der dem Gremium angehörenden Professoren und Professorinnen bedürfen, werden für die Ermittlung der Professorenmehrheit nur die Stimmen derjenigen Professoren und Professorinnen gezählt, die

1. in das Professoren-Amt unter Zugrundelegung der Voraussetzungen der §§ 100 und 101 Berliner Hochschulgesetz berufen oder

703 Vergangenheitspolitische Motive hatte die Regelung insofern, weil der vergrößerte Wahlkörper möglicherweise ehemals privilegierten oder belasteten Hochschullehrern erschwert, über demokratische Wahlen in Ämter zu gelangen, von denen aus sie die Erneuerung besonders beeinflussen können. Die Verfassungsmäßigkeit dieser Regel im Kontext zum Hochschulurteil des BVerfG von 1973, wonach Professoren eine besondere Verantwortung für Forschung und Berufung zukommt und sie deshalb in den Gremien mit 50 Prozent plus einer Stimme vertreten sein müssen, ist nie überprüft worden. Im Hinblick auf den wissenschaftspolitischen Diskurs über Hochschul-Mitbestimmung in der alten Bundesrepublik erscheint die Regel wie ein Feldversuch zur grundlegenden Modernisierung der Mitbestimmungsklauseln des HRG (Urteil des 1. Senats vom 29.05.1973, 1 BvR 424/71 und 325/72, in: Dokumente zum Hochschulumbau II, Ablage 25).

2. nach den Vorschriften des Gesetzes gemäß § 75a Hochschulrahmengesetz als Professoren oder Professorinnen oder als Hochschuldozenten oder Hochschuldozentinnen übernommen worden sind.

(2) Zum Dekan oder zur Dekanin, zum geschäftsführenden Direktor oder zur geschäftsführenden Direktorin einer wissenschaftlichen oder künstlerischen Einrichtung sowie zum Ärztlichen Direktor oder zur Ärztlichen Direktorin der Charité kann nur ein Professor oder eine Professorin gewählt werden, der oder die die Voraussetzungen des Abs. 1 erfüllt oder gemäß § 9 Abs. 4 Satz 1 Nr. 2 in eine Berufungskommission aufgenommen worden ist.«[704]

Im § 9 werden mit den SBK Sonderkommissionen an allen Fachbereichen eingerichtet und Aufgaben, Zusammensetzung, Rekrutierung und Handlungsbedingungen ihrer Mitglieder sowie das Verhältnis zu den ordentlichen Gremien der Hochschule festgelegt:

»(1) An den in § 1 Abs. 1 genannten Hochschulen werden in den Fachbereichen zur Vorbereitung von Entscheidungen über die Neustrukturierung von Forschung und Lehre sowie zur Vorbereitung von Habilitationsentscheidungen und von Berufungsvorschlägen für die erstmalige Besetzung von Professorenstellen, in Hochschulen ohne Fachbereiche auf zentraler Ebene, Struktur- und Berufungskommissionen gebildet.

…

(4) Den Kommissionen gemäß Abs. 1 bis 3 gehören jeweils an:

1. drei Professoren oder Professorinnen von Hochschulen außerhalb des in Art. 3 des Einigungsvertrags genannten Gebiets

2. drei Professoren oder Professorinnen oder Dozenten oder Dozentinnen der betreffenden Hochschule

3. je ein Mitglied der Gruppe der akademischen Mitarbeiter und Mitarbeiterinnen sowie der Studenten und Studentinnen der betreffenden Hochschule.

Die Professoren oder Professorinnen gemäß Satz 1 Nr. 1 werden von dem für Hochschulen zuständigen Mitglied des Senats auf Grund von Vorschlägen der Landeshochschulstrukturkommission, … bestellt. Die übrigen Mitglieder werden von dem für Hochschulen zuständigen Mitglied des Senats auf Grund von Vorschlägen des Akademischen Senats und im Einvernehmen mit dem Leiter oder der Leiterin der Hochschule, …, bestellt; mit der Bestellung ist nicht die Feststellung der Voraussetzung für die Berufung oder Überleitung verbunden. Struktur-

704 ErgGBerlHG, Gesetz- und Verordnungsblatt für Berlin, 47. Jahrgang, Nr. 33 vom 26. Juli 1991, 177 f., in: Dokumente zum Hochschulumbau I, Ablage 6.

und Berufungskommissionen, die an der Humboldt-Universität vor Inkrafttreten dieses Gesetzes von der Kommission gemäß Anlage 2 Abschnitt XI Buchstabe A Nr. 3 des Gesetzes über die Vereinheitlichung des Berliner Landesrechts vom 28./29. September 1990 (GVBl. S. 2119/GVABl. S. 240, 272) eingesetzt worden sind, bleiben bestehen.

(5) Die von einer Kommission gemäß Abs. 1 bis 3 vorbereiteten Vorschläge werden von den nach dem Berliner Hochschulgesetz zuständigen Gremien beschlossen. Solange kein Fachbereichsrat gebildet oder die Mehrheit der den Entscheidungsgremien angehörenden Hochschullehrer oder Hochschullehrerinnen noch nicht aus Mitgliedern besteht, die den Anforderungen des § 8 Abs. 1 entsprechen oder gemäß § 9 Abs. 4 Satz 1 Nr. 2 in eine Berufungskommission aufgenommen worden sind, beschließt die Kommission selbst.«[705]

In welchem rechtlichen Zusammenhang steht das ErgG zum allgemeinen Hochschulrecht in Berlin? Und wie verhält sich das Gesetz zur Anlage 2 Abschnitt XI, A. des Ersten Mantelgesetzes der nach dem 3. Oktober 1990 geltenden Rechtsgrundlage für die Fortexistenz der Hochschulen Ostberlins?

Schon der Titel »Ergänzungsgesetz«[706] legt den Schluss nahe, dieses solle bestehende Rechtsverhältnisse komplettieren. Davon aber kann wegen seiner allgemeinen Rechtsmaterie, der Anzahl und des Umfangs der in ihm aufgestellten Einzelregeln und seiner zeitlichen Befristung[707] kaum gesprochen werden. Vielmehr stellt es ein eigenständiges und besonderes Statut für die Hochschulen Ostberlins[708] dar, das deren Rechtsverhältnisse in einem längeren Prozess an das BerlHG anpassen soll.

705 ErgGBerlHG, Gesetz- und Verordnungsblatt für Berlin, 47. Jahrgang, Nr. 33 vom 26. Juli 1991, 177 f., in: Dokumente zum Hochschulumbau I, Ablage 6.

706 Die übrigen neuen Länder, die im Unterschied zu Berlin ihr jeweiliges Landeshochschulrecht erst entwickeln müssen, hinsichtlich des Umbaus ihrer Hochschulen aber vor vergleichbaren Aufgaben stehen, bezeichnen ihre Gesetze bis auf Brandenburg allesamt als Hochschulerneuerungsgesetze, womit die Materie zweifellos besser auf den Begriff gebracht wird. (Zur Entwicklung des Hochschulrechts in den neuen Ländern: Neie, Thomas: Synopse hochschulrechtlicher Regelungen in Ostdeutschland, in: hochschule ost – special, Juli 1995. Die einzelnen Gesetze in: Dokumente zum Hochschulumbau I, Ablage G-L. Eine Auswahl von Presseartikeln zur Hochschulerneuerung in den einzelnen neuen Ländern findet sich in: Presseberichte I, Ablage 8–13.)

707 Das Gesetz gilt mit Ausnahme des unbegrenzt fortgeltenden § 1 Abs. 1 bis zum 31.03.1994.

708 In diesem Sinne auch: »Zur Frage der Vereinbarkeit der §§ 8 und 9 Abs. 1, 4 und 5 ErgGBerlHG vom 18. Juli 1991 mit dem Grundgesetz«, Rechtsgutachten erstattet im Auftrag der Humboldt-Universität zu Berlin von Prof. Dr. Erhard Denninger, November 1991 (nachfolgend abgekürzt: Denninger, 1991), 7, in: Dokumente zum Hochschulumbau II, Ablage 31.

Das ErgG enthält zahlreiche detaillierte und mit Ausnahmen versehene Regelungen, die im Berliner Hochschulgesetz (BerlHG) keine Entsprechung haben[709], andererseits aber auch Verweisungen auf Einzelvorschriften des BerlHG[710], so dass die subsidiäre Anwendbarkeit auch aller übrigen Bestimmungen des BerlHG nicht automatisch zu unterstellen ist. Dafür spricht u.a., dass weder im Gesetzestext noch in der Begründung eindeutig geklärt ist, in welchem Verhältnis BerlHG und ErgG eigentlich zueinander stehen. Da das ErgG in seiner Systematik an die 15 Ziffern der Anlage 2 Abschnitt XI, A. des Ersten Mantelgesetzes anknüpft[711], ergibt sich von selbst, dass all die Einzelanweisungen, die es präzisiert[712], verändert[713], übernimmt oder aber erfüllt[714] bzw. die durch andere Entscheidungen erledigt[715] sind, nun nicht mehr fort gelten.[716]

Einige Festlegungen aus der Anlage des Mantelgesetzes bleiben mit dem ErgG dennoch in Kraft: die Zugangsberechtigung zur Hochschule (Ziffer 8, hier fortgeltendes DDR-Recht!), die Fort- oder Neueinführung von Studiengängen (Ziffer 6) sowie die Termine für die Wahlen der Leitung und der Gremien der Hochschule (Ziffern 9 und 10). Auf Reformerfahrungen innerhalb der HU geht das ErgG nicht ein.

709 So beispielsweise die §§ 8 und 9 ErgG.

710 Wie die Regelungen zur Leitung und internen Organisation der Hochschule in den §§ 4–6 ErgG.

711 Gesetz über die Vereinheitlichung des Berliner Landesrechts, Gesetz- und Verordnungsblatt Berlin, 46. Jahrgang, Nr. 69 vom 2. Oktober 1990, 2119 ff., in: Dokumente zum Hochschulumbau I, Ablage 14. S. auch Kapitel 2.3 des III. Teils.

712 So z.B. die Möglichkeit der Einführung der Präsidialverfassung nach § 5 Abs. 2 ErgG im Vergleich zu Ziffer 12 der Anlage.

713 Hier ist der Übergang der Dienstherreneigenschaft aus der Nr. 4 der Anlage im Vergleich zu § 3 Abs. 2 ErgG anzuführen.

714 Wie beispielsweise die Einrichtung des Kuratoriums an der HU, die entsprechend Nr. 1–3 der Anlage 2 des Mantelgesetzes im Frühjahr 1991 erfolgt.

715 Wie etwa die sich auf die Abwicklungs- und Überführungsentscheidungen beziehenden Nr. 5 und 14.

716 Denninger bemerkt, dass »in den weitergeltenden Bestimmungen [der zitierten Anlage 2 Abschnitt XI, A. – Anmerkung S. V.] wiederum Verweisungen auf die ›allgemeinen Grundsätze des BerlHG und HRG‹ (in Nr. 6) oder sogar nur auf die ›Grundlage des BerlHG‹« (in Nr. 9) enthalten seien. Solche Formulierungen machten wenig Sinn, wenn ohnehin die Vorschriften des BerlHG überall da zum Zuge kämen, wo das ErgG keine ausdrückliche Regelung oder Verweisung enthält. Die Formulierung des § 1 Abs. 1 Satz 2, wonach die genannten Hochschulen »als staatliche Hochschulen« hinzuträten, stehe dieser Bewertung nicht entgegen (Denninger, 1991, 7).

1.3 Die Einrichtung von Struktur- und Berufungskommissionen und die Verlagerung inneruniversitärer Entscheidungskompetenzen

SBK entstehen an der HU schon während der Abwicklungsphase einiger geisteswissenschaftlicher Fachbereiche.[717] Das ErgG greift auf diesen Vorschlag zurück und errichtet neben den Fachbereichs- und Institutsräten sowie dem Akademischen Senat eine weitgehend abgekoppelte und von ihrem inneren Aufbau her unabhängige Organisation mit vielfältigen Kompetenzen. Die SBK werden die organisatorischen Zentren der interventionistischen Erneuerung – aus ihrer Funktion, der Zusammensetzung und der Stimmrechtsverteilung können sie ihre herausragende Stellung ableiten:

Nach dem Gesetz sind sie für die Planung von »Entscheidungen über die Neustrukturierung von Forschung und Lehre sowie zur Vorbereitung von Habilitationsentscheidungen und von Berufungsvorschlägen für die erstmalige Besetzung von Professorenstellen«[718] zuständig. Mit dieser allgemeinen, unbestimmten und damit weitreichenden sowie für vielfältigste Interpretationen offenen Formulierung konkurrieren die SBK mit Aufgaben, die traditionell den Fachbereichsräten vorbehalten sind. Damit allein wäre ein Grundprinzip der interventionistischen Erneuerung, die Verlagerung wichtiger Aufgaben in die SBK, aber noch nicht hinreichend erfasst. Denn in dem Maße, wie die Kommissionen diese Aufgaben übertragen bekommen, werden sie den bisherigen Fachbereichsräten nach § 9 Abs. 5 Satz 2 ErgG entzogen. Erst die Verknüpfung der neuen Struktur mit einer veränderten Kompetenzordnung ermöglicht im bestehenden Organisationskörper die gewünschte Wirkung. Dieser Kompetenzübergang, *das Nebeneinander von wirkungsvollen* SBK *und weitgehend wirkungslosen Fachbereichsräten,* ist ein wichtiger Baustein der interventionistischen Erneuerung. Drei Aspekte sind besonders hervorzuheben:

Erstens betrifft der Übergang *alle* wichtigen *Aufgaben* des Fachbereichsrats. Aus der »Neustrukturierung von Forschung und Lehre« des § 9 Abs. 1 ErgG lassen sich jegliche Kompetenzen ableiten, die nach § 2 Abs. 1 in Verbindung mit § 69 Abs. 1 BerlHG bisher die Fachbereiche und ihre Räte wahrnehmen: das Aufstellen von Struktur- und Ausstattungsplänen, die Profilierung und Schwerpunktbildung in Lehre und Forschung, die Ausarbeitung von Studien- und Prüfungs-, Promotions- und Habilitationsordnungen, die Ausgestaltung des Lehrbetriebs oder das Schließen von Studiengängen, die Durchführung

717 S. dazu das Kapitel 3.1.1 des III. Teils sowie: Wissenschaftsrat, Perspektiven für Wissenschaft und Forschung auf dem Weg zur deutschen Einheit, 1990, 21 f.

718 ErgGBerlHG, § 9 Abs. 1, GVBl. Nr. 33, 47. Jahrgang, 177.

von Promotionen, Habilitationen und Berufungen, die Festlegung der disponiblen Haushaltsmittel u.v.a.m. An all diesen Dingen können die Fachbereichsräte als (korrektiver) Entscheidungsträger nicht mehr qualitativ mitwirken.

Zweitens werden durch die fehlenden Entscheidungskompetenzen nicht nur den Hochschullehrern, sondern *allen Mitgliedern* der Fachbereichsräte Mitwirkungsrechte genommen, so dass sich die Frage stellt, weshalb es überhaupt einen Fachbereichsrat noch geben soll. Und *drittens* trifft § 9 Abs. 5 ErgG die *gesamte Universität*, da in den ersten 6 bis 9 Monaten, während die Sonderkommissionen arbeiten, kein Fachbereich über eigenes mitwirkungsfähiges Hochschullehrerpersonal verfügt. Offen bleibt, inwieweit auch der Akademische Senat seine Kompetenzen einbüßt, denn nach § 61 Abs. 1 Nr. 8 BerlHG gibt er zu allen Berufungsvorschlägen eine Stellungnahme ab. Der Gesetzgeber verlangt von ihm jedoch nicht, dass seine Hochschullehrer die Voraussetzungen des § 8 ErgG erfüllen müssen. Faktisch stimmt der Akademische Senat in Berufungsfragen so ab, als berühre das ErgG seine Mitsprachemöglichkeiten nicht.[719] Auf der Ebene der Fachbereichsräte hingegen hebt die Regel die akademische Selbstverwaltung auf. Sie können erst wieder aktiv werden, wenn mindestens vier der sieben in ihnen tätigen Hochschullehrer entweder Mitglieder der SBK, berufen oder übergeleitet worden sind.

1.4 Die Minderung der Mitwirkungsrechte

Neben der Neuordnung der Entscheidungskompetenzen der ordentlichen Gremien verändert das ErgG die Mitwirkung an der Erneuerung über ein zweites Interventionselement, die Minderung des Stimmrechts. Sie ist vor allem auf die Hochschullehrer bezogen und wird von vier Aspekten bestimmt:

1.4.1 Besondere Regelungen der Mitbestimmung

Mit § 8 Abs. 1 stellt der Gesetzgeber zwei zusätzliche Bedingungen auf, die die Hochschullehrer erfüllen müssen, wollen sie in den Gremien weiter vollwertig mitwirken, nämlich dass sie

a) in das Professorenamt unter Zugrundelegung der Voraussetzungen der §§ 100 und 101 Berliner Hochschulgesetz berufen oder

719 Vgl. die Vorlagen über Berufungsfragen zur Einbringung in den Akademischen Senat bzw. das Abstimmungsverhalten des Gremiums, in: Ordner Berufungen I und II.

b) nach den Vorschriften des Gesetzes gemäß § 75a Hochschulrahmengesetz als Professoren oder Professorinnen oder als Hochschuldozenten oder Hochschuldozentinnen übernommen sein müssen.[720]

Da Ziffer a) zum Zeitpunkt der Verkündung des Gesetzes keiner der HU-Professoren erfüllt, weil sie sich noch in ihren alten Dienstverhältnissen befinden, und Ziffer b) nicht zum Zuge kommen kann, weil darin auf ein Übernahmegesetz abgestellt wird, das der Gesetzgeber vorläufig nicht zu erarbeiten beabsichtigt[721], verwehrt die Regel nahezu allen beschäftigten Hochschullehrern an Entscheidungen nach § 47 Abs. 3 BerlHG mitzuwirken. Sie können sich in Einzelfragen zwar noch beteiligen, ihre aus § 47 Abs. 3 BerlHG erwachsende überragende Stellung büßen sie jedoch ein.[722]

Diese besondere Mitbestimmungsklausel betrifft nicht nur die akademische Selbstverwaltung in den Instituts- oder Fachbereichsräten. Von ihr betroffen sind auch die SBK selbst, d.h. ihre dort mitwirkenden Ost-Hochschullehrer. Da sie gleichfalls weder nach §§ 100, 101 BerlHG berufen oder durch ein Gesetz nach § 75a HRG übernommen sind, zählt nach dem Wortlaut des Gesetzes auch ihre Stimme nicht mit, wenn die Professorenmehrheit in den SBK ermittelt wird. Vielmehr stimmen sie gleichgestellt mit den akademischen Mitarbeitern und Studenten ihrer Kommission ab. § 9 Abs. 4 3. Satz letzter Halbsatz unterstreicht diese Annahme[723], wenn es dort heißt: »… mit der Be-

720 § 8 Abs. 1 ErgGBerlHG, Gesetz und Verordnungsblatt für Berlin, 47. Jahrgang, Nr. 33 vom 26. Juli 1991, 177f., in: Dokumente zum Hochschulumbau I, Ablage 6.

721 Ein Personalübernahmegesetz zu erarbeiten, ist zwischen den Koalitionspartnern strittig. Die CDU und ihr Senator haben dagegen grundsätzliche Vorbehalte und begründen sie – wie schon bei der Schaffung eines gemeinsamen Wahlkörpers aus Hochschullehrern und wissenschaftlichen Mitarbeitern – funktional und vergangenheitspolitisch. Das funktionale Argument bezieht sich auf die vermeintlich negativen Erfahrungen in den siebziger Jahren, als Pädagogische Hochschulen (PH) in die Universitäten integriert wurden und dies dort zu deutlichen Qualitätsverlusten geführt habe. Dieses Argument geht insofern an der Sache vorbei, weil die damals aus den PH überführten Hochschullehrer in der Regel aus einem Beamtenverhältnis in die Übernahme gingen, sich also in einer grundsätzlich abgesicherten Beschäftigungssituation befanden. Die ostdeutschen Hochschullehrer sind hingegen kündbar, fallen in die Arbeitslosigkeit oder erhalten eine drastisch verminderte Rente. Vergangenheitspolitisch wird mit der besonderen Verantwortung von Hochschullehrern zur Stabilisierung des DDR-Systems oder der möglichen Beteiligung an Unrechtstaten (z.B. politisch motivierten Exmatrikulationen) argumentiert. Die SPD will das ErgG zeitlich nah durch ein Personalübernahmegesetz flankieren (s. »Autonomie der HUB endgültig gekappt«, »tageszeitung« vom 17. Mai 1991, in: Pressebericht IV, Ablage 2). Die nicht zu vereinbarenden Positionen in der Koalition führen zur Abkopplung der eigentlich eng miteinander verknüpften Prozesse von personeller Erneuerung und Personalübernahme. Zum Hochschulpersonalübernahmegesetz (s. Kapitel 4.1.1 des III. Teils).

722 S. dazu den folgenden Abschnitt.

723 In diesem Sinne auch Denninger, 1991, 16, in: Dokumente zum Hochschulumbau II, Ablage 31.

stellung (zum Mitglied der SBK – Anmerkung S. V.) ist nicht die Feststellung der Voraussetzung für die Berufung oder Überleitung verbunden«[724].

Diese fundamentale Beschränkung ihrer formellen Rechte – so ist zu vermuten – wirkt sich gleichermaßen auf die inhaltliche Seite des Mitbestimmens aus. Durch die veränderte Organisation der Mitwirkung entsteht eine verworrene Situation: Die Ost-Hochschullehrer können einesteils nach § 8 Abs. 2 ErgG Dekan ihres Fachbereichs oder Direktor eines Instituts werden. Über Berufungen, die Profilbildung und die Entwicklung ihres Instituts entscheiden sie jedoch nur wie die akademischen Mitarbeiter oder Studenten mit. Niemand würde wohl ernstlich daran zweifeln, dass die Ausübung eines Dekansamtes nicht ein (starker) Beleg wissenschaftlicher Qualifikation ist bzw. diese voraussetzt. Jene Normenunklarheit begründet auch das zweite Element der Stimmrechtsminderung.

1.4.2 Gemindertes Stimmrecht und veränderte Mehrheitsbildung

Betrachtet man die eingerichteten SBK im Lichte ihrer Funktionsbestimmung in § 9 Abs. 1 ErgG, kann kaum bezweifelt werden, dass ein großer Teil der von ihnen zu treffenden Entscheidungen den Grundsätzen des § 47 Abs. 3 BerlHG unterliegt, wonach Beschlüsse, die die Forschung oder Berufung von Professoren unmittelbar berühren, neben der Mehrheit des Gesamtgremiums auch die Mehrheit der dem Gremium angehörenden Professoren benötigen. Erst das Vorhandensein beider Mehrheiten macht eine Entscheidung in diesem Kernbereich wissenschaftlichen Lebens zu einem rechtskräftigen Beschluss. Da Berufungs- oder Forschungsfragen schnell auch Änderungen in der Struktur oder im Personalbestand eines Fachs nach sich ziehen können, beschränkt sich das besondere Stimmengewicht keinesfalls nur auf einen engen Rahmen, sondern geht informell weit über ihn hinaus.

Den Grundsatz, dass Hochschullehrer in den genannten Fragen über eine doppelte Stimmenmehrheit in den entscheidungsrelevanten Gremien verfügen müssen, setzt das interventionistische Modell zumindest zeitweise außer Kraft. Denn überträgt man die besonderen Mitbestimmungsregeln des ErgG auf die Mehrheitsbildung in den SBK, ergibt sich eine paradoxe Situation: Für

724 ErgGBerlHG, Gesetz und Verordnungsblatt für Berlin, 47. Jahrgang, Nr. 33 vom 26. Juli 1991, 177 f., in: Dokumente zum Hochschulumbau I, Ablage 6. Für die Betroffenen besteht in § 9 Abs. 5 Satz 2 ErgG eine weitere eigentümliche Lage und insoweit eine unklare Norm: Sie erfüllen zwar wie alle anderen Hochschullehrer nicht die Bedingungen für die allgemeine Mitwirkung von § 8 Abs. 1 ErgG. § 9 Abs. 5, Satz 2 befähigt sie für den Fall ihrer Mitgliedschaft im Fachbereichsrat aber dennoch zur Bildung der Professorenmehrheit in diesem Gremium.

die besonders wissenschaftsrelevanten Fragen kann nach den Buchstaben des Gesetzes die Professorenmehrheit innerhalb der Kommission lediglich aus den nach § 9 Abs. 4 Nr. 1 ErgG berufenen Mitgliedern, also den drei Professoren aus den alten Bundesländern, gebildet werden. Dies bedeutet, dass zwei dieser drei Professoren über das gesamte Berufungsgeschehen und die damit verbundenen Planungen entscheiden, weil nur sie die notwendige zweite Mehrheit in der Mehrheit, die Professorenmehrheit, stellen. Oder im umgekehrten Fall heißt es, dass zwei der drei aus den alten Ländern stammenden Professoren jederzeit durch ihre Sperrminorität Beschlüsse der gesamten SBK verhindern können.

Damit sind die numerische und die rechtliche Qualität des Mehrheitsbegriffs aber auseinandergerissen: Drei von acht Mitgliedern (bzw. zwei von sechs Professoren) können die rechtlich relevanten Mehrheiten bilden; wenn sich darunter zwei Professoren aus dem Westen befinden, bilden sie diese aber nicht numerisch. Und umgekehrt sind sechs von acht Stimmen (bzw. vier von sechs bei der Professorenmehrheit) zwar die numerische Mehrheit, doch muss damit längst nicht die notwendige Mehrheit in der Mehrheit zusammenkommen, wenn nicht mindestens zwei Professoren aus dem Westen mit »Ja« stimmen. Bei diesem Befund gibt es deshalb – zumindest bis zu dem Zeitpunkt, wo nicht wenigstens eines der ostdeutschen SBK-Mitglieder nach dem HRG berufen ist – genügend Anlass zu zweifeln, ob die Sonderkommissionen überhaupt verfassungskonform zusammengesetzt sind, denn sie bestehen nicht, wie es das Hochschulurteil des BVerfG von 1973 verlangt, in ihrer Mehrheit aus Professoren, sondern aus übrigen Hochschulmitgliedern!

Die Darlegung der verfassungsrechtlichen Probleme ließe sich fortsetzen, beispielsweise mit der Frage der unklaren dienstrechtlichen Situation der betroffenen Hochschullehrer. Festzuhalten bleibt an dieser Stelle nur, dass die Mehrheitsbildung in den SBK faktisch entlang einer West-Ost-Linie konstruiert ist und eine Dominanz der einen gegenüber der anderen Gruppe einführt. Aus der Perspektive der beschäftigten Hochschullehrer der HU können nach § 9 Abs. 1 in Verbindung mit §§ 8 Abs. 1 und 9 Abs. 4 3. Satz letzter Halbsatz ErgG alle wesentlichen Entscheidungen der Neustrukturierung der Fachbereiche ohne ihren wirksamen oder in Konfliktfällen gar ausschlaggebenden Einfluss getroffen werden.[725] Die Bestimmungen des Gesetzes degradieren sie zu Kommissionsmitgliedern dritter Ordnung. Sie sind *Beteiligte, nicht aber entscheidungsmächtig Mitwirkende.* Dies führt zu einem weiteren Aspekt der Stimmrechtsminderung.

725 Vgl. Denninger, 1991, 14 f.

1.4.3 Die arbeitsrechtliche Voraussetzung für die Mitwirkungsbeschränkung

Die Mitwirkungsbeschränkungen des ErgG haben auch eine arbeitsrechtliche Wirkung. Sie beeinträchtigt im Unterschied zu den beiden erstgenannten Merkmalen die beschäftigten Mitglieder der Universität, insbesondere die Hochschullehrer und Mitarbeiter der SBK nicht direkt, sondern in einem allgemeineren Sinn: § 9 Abs. 4 Satz 3, zweiter Halbsatz ErgG bestimmt, dass mit der Bestellung zum Mitglied einer SBK nicht die Voraussetzung für die Berufung oder Überleitung festgestellt ist. Die Neustrukturierung nach § 9 Abs. 1 ErgG gibt den SBK die Aufgabe, alle Professuren auszuschreiben und neu zu besetzen. Für diese Neubesetzungen muss sich jeder bewerben, will er eine Weiterbeschäftigung durch Berufung erreichen. Für die Ost-Hochschullehrer in den SBK heißt das, sie wirken zwar am Umbau ihrer Fachbereiche mit, treffen grundsätzliche wissenschaftsrelevante Entscheidungen in Forschung, Lehre und Berufung. Ob sie aber *selbst* an der Universität verbleiben können, lässt der Gesetzgeber ausdrücklich offen. Sie müssen sich bei der Kommission für eine Professur bewerben, der sie selbst angehören. Unabhängig vom individuellen Verhalten der westdeutschen Kommissionsmitglieder kennt das allgemeine Berufungsrecht eine derartige Konstruktion eigentlich nicht. Das wirft einige normative Fragen auf:

Die arbeitsrechtliche Situation der ostdeutschen Hochschullehrer in den Kommissionen durchbricht die konstitutive Regel jeglicher Berufungsverfahren, nämlich stets die Unabhängigkeit durch Abgesichertheit derjenigen zu gewährleisten, die als Professoren an einem solchen Verfahren mitwirken. Sie entscheiden entsprechend ihren Überzeugungen und Bewertungen und nehmen damit als Grundrechtsträger die grundgesetzlich geschützte Freiheit von Wissenschaft und Forschung wahr.[726] Für die Ost-Hochschullehrer gilt das allerdings mit dem ErgG nicht. Sie befinden sich stattdessen allesamt in einer doppelten Abhängigkeit – gegenüber dem Gesetzgeber, der noch kein Verfahren zur Personalübernahme geregelt hat, und gegenüber der Kommission, die über ihre eigene Berufung oder Weiterbeschäftigung befinden wird. Dieser Zwei-Klassen-Zustand – der unabhängigen, abgesicherten Professoren/West und der abhängigen, unabgesicherten Hochschullehrer/Ost – und die damit verbundene allgemeine Stimmrechtsminderung bilden den Rahmen für die Handlungsoptionen der Ost- und Westakteure in den Kommissionen.

726 BVerfGE 69, 1, 55; vgl. auch Denninger, 1991, 16.

Man muss sich vorstellen, in welche Konflikte zwischen der freien Meinungsbildung und Entscheidung einerseits und der Sorge um die eigene berufliche Zukunft andererseits der Gesetzgeber die Betroffenen manövriert. Auf der praktischen Ebene legt das zwangsläufig die Vermutung besonderer Konformisierungszwänge nahe. Aus der Perspektive des Gesetzgebers hätte die wirksame Beteiligung an der Bildung der Professorenmehrheit letztlich die Anerkennung ihres Status nach sich gezogen, nämlich als Professoren im Sinne § 38 HRG (bzw. § 45 Abs. 1 BerlHG) zu gelten. Dies hätte zweifellos auch ihre arbeitsrechtliche Position gestärkt, personalpolitische Erneuerungen zumindest aber dann eingeschränkt, wenn der Gesetzgeber zwischen den Ost-Hochschullehrern in den SBK und den übrigen Hochschullehrern keine rechtlich verlässliche Unterscheidung vornimmt (etwa durch sofortige Berufung der Ost-Hochschullehrer in der SBK). In der eigentümlichen Grauzone, dem Offenhalten von Zugehörigkeit und Status der Hochschullehrergruppe, befindet sich auch der vierte Aspekt der Stimmrechtsminderung.

1.4.4 Die Trennung von Dienst- und Korporationsrecht

Alle stimmrechtsmindernden Regelungen sind nur möglich, weil der Gesetzgeber das Dienst- und Korporationsrecht voneinander trennt. Zwar fasst er die ordentlichen und außerordentlichen Professoren und Dozenten in § 7 Satz 1 Nr. 1 ErgG gemäß § 45 Abs. 1 Nr. 1 BerlHG zu einer Gruppe der Hochschullehrer zusammen, doch beschneidet er in den §§ 8 und 9 ErgG die darin scheinbar Gestalt bekommende dienstrechtliche Übertragung von Hochschullehreraufgaben, etwa von § 99 BerlHG oder den §§ 61 bzw. 71 in Verbindung mit den §§ 46 und 47 BerlHG.

Eine pauschale Trennung von Gruppen- und Aufgabenzuordnung kennt das deutsche Hochschulrecht an und für sich nicht. Das vorhandene Hochschullehrerpersonal betreibt Lehre und Forschung, betreut Promotionen und nimmt Prüfungen ab, hält damit den gesamten Universitätsbetrieb aufrecht und unterliegt allen dienstrechtlichen Pflichten, wird im ErgG aber korporationsrechtlich von der Gestaltung des Umbaus weitgehend ausgeschlossen.

Das Dienst- vom Korporationsrecht zu trennen, versucht das Gesetz durchaus plausibel zu gestalten: § 7 Satz 1 Nr. 1 ErgG ordnet die Professoren und Dozenten nicht *nach*, sondern lediglich *gemäß* § 45 Abs. 1 Nr. 1 BerlHG einer Gruppe zu. Außerdem werden sie entsprechend ihren Ämtern zur *Gruppe der Hochschullehrer*, nicht aber wie im BerlHG üblich zur *Gruppe der Professoren* zusammengefasst. Die akademischen Mitarbeiter hingegen bilden ihre Mitgliedergruppe nach § 7 Satz 1 Nr. 2 in gleicher Weise wie es in § 45 Abs. 1 Nr. 2 vorgesehen ist.

Diese Zuordnungspraxis legt nahe, dass der Gesetzgeber zwischen dem Korporationsrecht des »ordentlichen Professors – Ost« und dem des »C4-Professors – West« unterscheiden will. Ähnliches lässt sich auch in § 8 ErgG feststellen: Auch hier unterscheidet der Gesetzgeber zwischen den Professoren, die ein »Professoren-Amt« innehaben (§ 8 Abs. 1 Nr. 1) und denjenigen, die »als Professoren oder Professorinnen, Hochschuldozenten oder Hochschuldozentinnen übernommenen« sind bzw. werden sollen (§ 8 Abs. 1 Nr. 2 ErgG). So werden die Hochschullehrer zwar korporationsrechtlich zu einer Gruppe zusammengefasst, erhalten aber nicht die der Professorengruppe zustehenden charakteristischen Rechte.

Die korporationsrechtliche Zuordnung besteht für die Hochschullehrer somit aus einer formalen Hülle. Letztlich setzt der Gesetzgeber die an die verschiedenen Gruppen gekoppelte Funktionsbindung von Wissenschaft aus. Dies könne man, so Denninger, »als Umgehung des Homogenitätsgebotes bezeichnen«[727], das sich aus Art. 5 Abs. 3 in Verbindung mit Art. 3 Abs. 1 GG ergebe. Es gehört zur Eigentümlichkeit des Gesetzes, dass es an keiner Stelle die angesprochene Trennung klar kenntlich macht. Alle drei Teilmerkmale der Stimmrechtsminderung, die besondere (Nicht-)Mitbestimmungsregel, das Prinzip der Mehrheitsbildung und die veränderten arbeitsrechtlichen Voraussetzungen zur Mitwirkung gründen auf einem getrennten Dienst- und Korporationsrecht.

1.4.5 Fazit

Für die an der HU beschäftigten Mitglieder der SBK ergibt sich aus den Stimmrechtmindernden Elementen des Gesetzes und der eigenen unsicheren Beschäftigungsperspektive für die Kommissionsarbeit ein Bedingungsgemisch, das sie unter enormen Druck setzt und ihre Möglichkeiten, in den Kommissionen frei, unabhängig und selbstständig handeln zu können, deutlich einschränkt.

727 Denninger, 1991, 27 ff. Vgl. auch: Geulen, Verfassungsbeschwerde der Fakultäten für Landwirtschaft und Gartenbau sowie der Fakultät für Lebensmitteltechnologie der Humboldt-Universität zu Berlin gegen die §§ 8 und 9 Abs. 1, 4 und 5 des Gesetzes zur Ergänzung des Berliner Hochschulgesetzes (ErgGBerlHG) vom 18. Juli 1991, 22 f., in: Dokumente zum Hochschulumbau I, Ablage C. Unter Auflagen lässt das BVerfGE eine Differenzierung innerhalb der Gruppe zu (s. BVerfGE, 39, 247, 255 unter Hinweis auf BVerfGE, 35, 79, 134 ff.).

Sie sind Akteure und zugleich Betroffene der interventionistischen Erneuerung.[728]

Dabei ist das individuelle Grundrecht auf Wissenschaftsfreiheit eng mit der Teilhabe an der Entscheidungsfindung in den Selbstverwaltungsgremien verknüpft. So zumindest sieht es das Bundesverfassungsgericht, weil »die dem Einzelnen offen stehenden Möglichkeiten zur Verwirklichung des Grundrechts von den Organisationsformen jenes Apparates unmittelbar abhängen. Damit wird aber auch der Freiheitsgehalt des Wissenschaftsprozesses von seiner organisatorischen Gestaltung wesentlich beeinflusst. Nicht nur das formale Beratungs- und Entscheidungsverfahren der einzelnen Organe, sondern auch der Inhalt ihrer Entscheidungen wird durch ihre Zusammensetzung mindestens tendenziell, in einem allgemeinen qualitativen Sinn, vorausbestimmt mit der Folge, dass die Entscheidungen dieser Organe sich je nach deren Zuständigkeit auf den durch Art. 5 Abs. 3 GG geschützten Freiheitsraum auswirken können. Ein effektiver Grundrechtsschutz erfordert daher adäquate organisationsrechtliche Vorkehrungen«[729].

Genau diese bleiben den an der HU beschäftigten Mitgliedern der SBK und darüber hinaus den anderen Hochschullehrern und Mitarbeitern im ErgG verschlossen. Die eigentlichen Entscheidungsträger sind die westdeutschen Professoren der SBK. Dieser Einschnitt wird deutlicher, wenn man die Mitwirkungsregelungen vor dem Inkrafttreten des ErgG betrachtet:

728 Über seine Erfahrungen als Vorsitzender der SBK Sozialwissenschaften berichtet Professor Neidhardt: »Die Konzeption der Struktur- und Berufungskommission war ja insofern ausbalanciert, als sowohl alte Humboldtianer als eben auch hereingeholte Wessis in ihnen eine Rolle spielten. Es war also eine Vermischung von Interessen und Erfahrungen im Prinzip angelegt. Es stellte sich allerdings kein Gleichgewicht ein, sondern es gab nicht nur in meiner, sondern auch in anderen Struktur- und Berufungskommissionen eine Übermacht der Wessis, die in ihnen vertreten waren. Das hing mit dreierlei zusammen. Zum einen: Wir kannten das Spiel, das mit Hochschulrahmengesetz und anderen Regelungen gespielt werden sollte und unsere Humboldt-Kollegen in den Kommissionen hatten keine Ahnung davon. Das ganze bundesdeutsche Recht konnte ihnen ebenso wenig vertraut sein wie bestimmte Gesetzmäßigkeiten wissenschaftlicher Selbstverwaltung. Weiteres betraf die innere Souveränität, mit denen die Kommissionsarbeit geleistet wurde. Ich selber bin nicht in die Kommission gegangen, um mir dort einen Job besorgen zu müssen. Die Entscheidungen dieser Kommission betrafen nicht meine existenzielle Situation … Die ganz persönliche Zukunft der Humboldt-Kolleginnen und -kollegen in den Kommissionen hing jedoch von der Arbeit dieser Kommissionen ab: Über ihre eigenen Stellen wurde da entschieden. Es ist deshalb nicht verwunderlich, dass die alten Humboldtianer in den Kommissionen oft befangen und dann auch überwiegend zurückhaltend und vorsichtig, manchmal sogar ängstlich sind. Nicht zuletzt: Keineswegs unwichtig war natürlich, dass wir, die westdeutschen Kollegen, viel leichter Gehör bei denen finden konnten, die in Konfliktfällen direkt oder indirekt entscheidend sein konnten, nämlich die Ministerien, in Berlin: die Senatsverwaltung« (Interview Professor Neidhardt mit Jana Barthel und Thomas Sarzio, 4, in: Dokumente zum Hochschulumbau IX, Ablage 14).

729 BVerfGE 35, 79, 121.

Die SBK, die wegen der Abwicklung einiger geisteswissenschaftlicher Fächer eingerichtet worden waren, kannten vergleichbare Beschränkungen nicht. Alle Mitglieder wirkten hier vollberechtigt mit. Stimmrechtsmindernde Regelungen oder sonstige Benachteiligungen der Ost-Hochschullehrer lassen sich weder in den Einrichtungsbeschlüssen des Berliner Senats[730] noch in den Entscheidungen der Sechser-Kommission finden.[731] Daran änderte sich auch nichts, als das Verwaltungsgericht die Abwicklungsentscheidung wieder aufhob und die Universität die SBK weiterarbeiten ließ. Der Unterschied zwischen den Korporationsrechten nach der Abwicklungsentscheidung und denen des ErgG scheint die politische Intention der Erneuerung geradezu auf den Kopf zu stellen, bedenkt man, dass die Ost-SBK-Mitglieder der Fachbereiche, die nach allgemeiner Einschätzung einer besonders tief greifenden Umstrukturierung bedurften, zunächst bessere Mitwirkungsmöglichkeiten besitzen als diejenigen aus den SBK nach ErgG.

1.5 Die Beschränkung des passiven Wahlrechts

Mit § 8 Abs. 2 ErgG wird das passive Wahlrecht von Hochschullehrern für das Amt des Dekans/der Dekanin der Fachbereiche, des geschäftsführenden Direktors/der geschäftsführenden Direktorin der Institute bzw. des Ärztlichen Direktors/der Ärztlichen Direktorin der Charité, d. h. für sämtliche dezentrale Leitungsfunktionen, eingeschränkt. Die Wählbarkeit in diese Ämter knüpft das Gesetz an drei Bedingungen:

Die beiden ersten ergeben sich aus § 8 Abs. 1 ErgG und werden ohne Übergangsbestimmungen auf den Ostteil Berlins übertragen. Sie verlangen vom Bewerber, dass er entweder nach den §§ 100 und 101 BerlHG berufen oder aber gemäß der Verpflichtung des EV nach § 75a HRG als Professor/in oder Hochschuldozent/in übernommen sein muss. Da aber – wie bereits geschildert – diese Bedingungen kein Angehöriger der HU erfüllt, formuliert § 8 Abs. 2 ErgG die einzige Möglichkeit, wie man Dekan oder Institutsdirektor werden kann – durch die Mitgliedschaft in einer SBK. Demnach sind nur drei Personen in den Fachbereichen wählbar.

Die praktische Seite der Regel bringt viele Unwägbarkeiten und insbesondere für die Ost-Hochschullehrer in den SBK unzumutbare Belastungen mit

730 Beschlüsse des Senats von Berlin zur Abwicklung vom 18. Dezember und 22. Dezember 1990, in: Ordner Abwicklung, Ablage A.

731 Beschluss 14/91 der Sechser-Kommission zur Errichtung von SBK, in: Ordner Abwicklung, Ablage S.

sich: Einem mittelgroßen Fachbereich mit vielleicht 30 Hochschullehrern und untergliedert in vier Institute kann es auf diese Weise geschehen, dass er auf absehbare Zeit nicht imstande ist, einen neuen Institutsdirektor zu wählen, es sei denn, ein Ost-Mitglied der SBK übernimmt gleichzeitig mehrere Ämter. Daneben muss es sich auf die Bestenauswahl in einem Berufungsverfahren vorbereiten, damit es seinen eigenen Verbleib an der Universität erreicht.[732]

Denninger weist im Zusammenhang mit der Ausgestaltung des passiven Wahlrechts auf einen weiteren Gesichtspunkt hin: Für die »Bestellung« der aus der Hochschule kommenden SBK-Mitglieder besäßen zwar die akademischen Gremien Vorschlagsrecht und müsse Einvernehmen zwischen dem Hochschulleiter und dem Senator hergestellt werden. Das entscheidende Wort für die Bestellung liege jedoch beim Senator. Mit der Kopplung des Dekans- oder Institutsdirektoren-*Amtes* an die *Funktions*trägerschaft als Mitglied einer SBK, zweier nicht vergleichbarer Positionen, bestimme der Staat damit die Berufung potenzieller Dekane und Institutsdirektoren gleich mit. Denninger resümiert: »Ein im Wege der Selbstverwaltung der Hochschule gewählter Dekan eines Fachbereichs oder ein Geschäftsführender Direktor einer wissenschaftlichen Einrichtung … bedarf üblicherweise nach ›gemeindeutschem Hochschulrecht‹, so auch nach Berliner Landesrecht, §§ 72, 75 BerlHG, zu seiner Amtsführung keiner Bestätigung durch die Staatsgewalt. § 8 Abs. 2 ErgG schafft also insoweit die akademische *Selbst*verwaltung ab.«[733]

Im Zusammenhang mit den übrigen Interventionselementen scheint ein weiterer Aspekt erwähnenswert: Mit der personellen Bindung des Dekans- und des Institutsdirektorenamtes an die Mitgliedschaft in der SBK entsteht eine Personalunion, die jegliche fachliche Kontrolle innerhalb der Fachbereiche ausschließt. Konsensbildungsmechanismen zwischen den Fachbereichsräten, den SBK und dem Akademischen Senat sieht das Gesetz nicht vor.

Da das ErgG nach § 3 Abs. 1 aber ausdrücklich regelt, dass § 2 BerlHG mit Ausnahme Abs. 4 an der HU gilt, die Hochschule als öffentlich rechtliche Körperschaft sich im Sinne des BerlHG selbst verwaltet und ihre Angelegenheiten durch Satzungen und Grundordnung bestimmen darf, kommt Denninger zu dem Schluss, dass § 8 Abs. 2 ErgG nicht nur »einen Verstoß gegen die individuelle Wissenschaftsfreiheit der betroffenen Professoren, sondern auch einen schwerwiegenden Eingriff in das Recht der Selbstverwaltung«[734] der Universität darstellt. Dieses Recht der Selbstverwaltung stehe selbst nach dem ErgG

732 S. Abschnitt 1.4.3. in diesem Teil.
733 Denninger, 1991, 19.
734 Ebenda.

den Fachbereichen grundsätzlich zu. Für den einzelnen Wissenschaftler bedeutet die Rechtsminderung (Ausschließung) de facto eine statusändernde Rangminderung, da sie alle HU-Hochschullehrer (bis auf die drei, die jeweils der SBK angehören) von den genannten Ämtern fernhält.

1.6 Die Änderung der kuratorialen Entscheidungskompetenz in Personalangelegenheiten

§ 6 Abs. 1 ordnet in Verbindung mit § 3 Abs. 5 ErgG die Zuständigkeit des Kuratoriums für Personalangelegenheiten neu, indem er dessen Kompetenzen auf die mit veränderten Mehrheitsverhältnissen ausgestattete Personalkommission überträgt:

Das von der rot-grünen Landesregierung im Oktober 1990 beschlossene Berliner Hochschulgesetz erweitert ursprünglich in § 65 Abs. 1 letzter Satz und § 67 Abs. 1 die Zuständigkeiten des Kuratoriums für Personalangelegenheiten und überträgt ihm die Aufgaben der Dienstbehörde, obersten Dienstbehörde und Personalstelle. In § 67 Abs. 2 BerlHG regelt der Gesetzgeber u. a., dass das Kuratorium Verwaltungsvorschriften in Personalangelegenheiten erlassen, Personaleinzelangelegenheiten an sich ziehen und mit deren Klärung sowohl einzelne Mitglieder des Kuratoriums als auch einen paritätischen Ausschuss beauftragen kann. Die Personalkommission, bestehend aus dem Wissenschafts-, dem Innen- und dem Finanzsenator auf der Landesseite sowie dem Präsidenten/Rektor, Ersten Vizepräsideten/Prorektor und einem weiteren Vizepräsidenten/Prorektor auf der universitären Seite, ist nach § 65 Abs. 3 eine Kommission des Kuratoriums, die im Regelfall Personalangelegenheiten erledigt. Nach § 67 Abs. 2 BerlHG kann das Kuratorium letztlich jedoch alles selbst entscheiden.

Das ErgG löst nun in § 6 Abs. 1 das faktische Unterstellungsverhältnis zwischen Kuratorium und Personalkommission auf. Alle weiteren in den §§ 64 bis 66 BerlHG bestimmten Aufgaben bleiben bestehen. Dennoch ergibt sich ein normenunklarer Zustand: Zwar sind § 65 Abs. 1 und § 67 Abs. 1 BerlHG von § 6 Abs. 1 ErgG unberührt und ist damit die Personalkommission weiter eine Kommission des Kuratoriums, doch hat es keine Eingriffsmöglichkeiten mehr in deren Entscheidungen.

Den Kompetenzübergang vom Kuratorium auf die Personalkommission vervollständigt eine zweite Änderung: Nach § 3 Abs. 5 ErgG sichert sich der Staat bei potenziellen Konflikten innerhalb der Personalkommission die Mehrheit, denn bei Stimmengleichheit entscheidet nun der Vorsitzende (qua Amt der Wissenschaftssenator). Diese Möglichkeit ist im BerlHG des Jahres 1990 nicht vorgesehen. Wegen der gebotenen Einheitlichkeit des Abstimmungsverhaltens auf Seiten des Landes befindet sich die Universität nun strukturell in der Minderheit.

Aus Sicht des Gesetzgebers spricht die Zusammensetzung des Kuratoriums für das Herauslösen der Personalkommission aus dessen Kompetenzgefüge: Ursprünglich als korporativer Querschnitt von Staat, Gesellschaft und Universität eingerichtet, soll es über grundsätzliche Angelegenheiten entscheiden und die Hochschule in die Lage versetzen, ihre Aufgaben in Lehre und Forschung selbstverwaltet zu erfüllen. Dazu gehören die Feststellung des Haushalts, die Einrichtung und Aufhebung von Organisationseinheiten oder der Beschluss über die Zweckbestimmung von Professuren. Den Staat vertreten je vier Mitglieder der Landesregierung und des Abgeordnetenhauses, die Universität je zwei Vertreter ihrer vier Mitgliedergruppen. Gesellschaftliche Gruppen repräsentieren je zwei Vertreter der Arbeitgeberverbände sowie der Gewerkschaften.

Mit dem im Jahre 1990 in Kraft getretenen BerlHG wird die Zahl der Kuratoriumsmitglieder durch eine Repräsentanz für Umwelt- und eine für Frauenbelange von 22 auf 24 erhöht. Zu wählen sind die Kandidaten vom Berliner Abgeordnetenhaus. Da das alleinige Vorschlagsrecht bei der Universität liegt, verschieben sich mit dieser Änderung die Mehrheitsverhältnisse weiter zu ihren Gunsten. Einzelkonflikte, zu denen die Überprüfungen des Hochschulpersonals mit Sicherheit führen würden, wären deshalb im Kuratorium kaum im Sinne der Exekutive zu entscheiden gewesen. Weitere praktische Überlegungen kommen hinzu: Überprüfungen persönlicher und fachlicher Eignung sowie von Staatssicherheitstätigkeit, Bedarfskündigungen oder später die Personalübernahme, BAT-Eingruppierungen und Neueinstellungen – all diese Aufgaben können nur schwer in einem solch großen Gremium bewältigt werden. Zudem hätte es viele Einzelangelegenheiten an sich ziehen können; Verzögerungen oder falsche Weichenstellungen bei der Erneuerung wären mögliche Folgen gewesen.

Die Personalkommission wird deshalb durch das ErgG zum Schlüsselgremium für die personelle Neuordnung der Universität.

2. Die Konsequenzen des Gesetzes

2.1 Eingriff in die Wissenschaftsfreiheit und das individuelle Grundrecht der Hochschullehrer

Die in den §§ 3 Abs. 5, 6 Abs. 1, 8 und 9 Abs. 1, 4 und 5 festgelegten Regelungen bilden das eigentliche interventionistische Erneuerungsmodell. Die Hochschule verändert es auf zwei verschiedenen Ebenen: beim einzelnen Wissenschaftler und bei der akademischen Selbstverwaltung. Beide Ebenen berühren jenes enge Gebiet von Wissenschaft als eigengesetzlich ablaufendem Prozess und greifen in das Grundrecht der Freiheit der Wissenschaft sowohl als *Abwehrrecht* des Wissenschaftlers wie auch als *Organisationsrecht* der sich selbst verwaltenden Körperschaft in grundlegender Weise ein.[735] Denninger führt dazu aus: »Zahlreiche Vorschriften, die – äußerlich betrachtet –, sich als Organisationsnormen darstellen, … erweisen sich, wenn man ihre Wirkung mit bedenkt, als Normen, die unmittelbar das OB und WIE von Erkenntnisprozessen und damit die *Inhalte* von ›Wissenschaft‹ bestimmen. Es hängt mit der Eigenart der individuellen Personengebundenheit des Prozesses ›Wissenschaft‹ zusammen, dass auch die Wissenschafts*verwaltung* sich zu jener nicht einfach wie Form zu Inhalt verhält, sondern dass bereits durch die Organisation der Wissenschaftsverwaltung, z. B. durch die Bestimmung der daran teilhabenden Personen, die Inhalte dessen, was da verwaltet wird, wesentlich mitbestimmt werden.«[736]

Ist unter den Bedingungen eines »normalen« Betriebes deshalb die Pflege der Wissenschaft (als Staatsaufgabe) in erheblichem Umfang der *Selbstverwaltung* der Wissenschaftler anvertraut, wird sie ihnen während des Hochschulumbaus fast vollständig entzogen. Die Selbstverwaltung ist aber die unmittelbare organisatorische Konsequenz aus der Hochschulautonomie, notwendiger Ausdruck der Wissenschaftsfreiheit, und damit nach Art. 5 Abs. 3 zu gewährleisten.[737] In diesem Spannungsfeld wägt der Gesetzgeber zwischen Grundrechtsbeschränkung und Hochschulreform auf der einen sowie Autonomie und Selbstverwaltung auf der anderen Seite ab. Das Gesetz in seinen wesentlichen Teilen als verfassungsrechtlich bedenklich gegenüber Art. 5 Abs. 3 GG zu bewerten, scheint angesichts der Eingriffe plausibel.

735 Vgl. Denninger, 1991, 24 ff.
736 Denninger, 1991, 23.
737 Vgl. Oppermann, 1996, 1009 ff.

In dreifacher Weise hat das Bundesverfassungsgericht in seiner Rechtsprechung die organisationsrechtlichen Normen klargestellt, die sich aus Art. 5 Abs. 3 GG ergeben:

1. Es erkennt an, dass »der Grundrechtsschutz aus Art. 5 Abs. 3 GG und Art. 33 Abs. 5 GG auch gegenüber Organisationsnormen wirkt und dass sich hieraus für die Habilitierten und Lehrstuhlinhaber bestimmte Mitwirkungsrechte in den Gremien der akademischen Selbstverwaltung ergeben«[738].
2. Hochschullehrer besitzen »kraft ihres Amtes und Auftrages erhöhte Verantwortung für die Funktionsfähigkeit und den wissenschaftlichen Rang der Universität«. Der Staat muss »dieser besonderen Stellung der Hochschullehrer« insofern Rechnung tragen, als er »im Rahmen seiner Gestaltungsfreiheit die Organisation der Wissenschaftsverwaltung unter Berücksichtigung der verschiedenartigen Interessen und Funktionen der einzelnen Gruppen von Hochschulmitgliedern gestaltet«[739].
3. Es stellte (am Beispiel von Berufungsverfahren!) fest, dass Verwaltungsverfahren im Wissenschaftsbereich – also alle mit dem Studium, der Forschung und dem Personal zusammenhängenden Prozesse – für die freie Entfaltung der Wissenschaft von grundsätzlicher Bedeutung sind. Insofern stellen sie »die eigentlichen Träger der freien Forschung und Lehre innerhalb der Universität« dar und sind »mit der Garantie der Wissenschaftsfreiheit besonders eng verknüpft«[740].

Diese drei Anforderungen erfüllen die Eingriffe in die Mitbestimmung kaum. Das ErgG erscheint vielmehr als Gesetz, das die Gruppe der Hochschullehrer »in den wichtigsten Fragen der personellen und sachlichen Neuordnung der Hochschule ausschließt und die ihnen obliegenden Aufgaben und Kompetenzen einer zahlenmäßig kleinen Kommission überträgt, in der der Hochschule fremde Mitglieder den entscheidenden Einfluss besitzen, während die wenigen hochschuleigenen Mitglieder noch nicht einmal notwendig dem betroffenen Fachbereich angehören müssen (§ 9 ErgBerlHG)«[741].

738 BVerfGE 35, 79, 108.
739 BVerfGE 35, 79, 127.
740 BVerfGE 35, 79, 133.
741 Denninger, 1991, 26. So z. B. in der SBK Geschichte, in der der Akademische Senat dem Wissenschaftssenator für zwei der drei zu besetzenden Hochschullehrerpositionen nach § 9 Abs. 4 Nr. 2 in Verbindung mit Abs. 4 letzter Satz Hochschullehrer aus der Akademie der Wissenschaften vorschlägt. Auffällig und mit der Zusammensetzung der Kommission möglicherweise in Verbindung stehend ist das Berufungsergebnis dieser SBK: von den 23 Professorenstellen wird niemand aus dem HU-Personalbestand für eine Berufung empfohlen (1x Platz 3). Hochschullehrer aus der Akademie kommen (lediglich) in zwei Fällen zum Zuge (s. Ordner »Berufungen«).

Da sich die Interventionsakteure insbesondere auf den EV berufen, soll in den folgenden Abschnitten untersucht werden, was in ihm für die Hochschulen der untergegangenen DDR und ihrer Angehörigen festgelegt ist.

2.2 In welchem Verhältnis steht das Ergänzungsgesetz zu den hochschulrelevanten Regelungen des Einigungsvertrags?

Wenn man prüfen will, ob das Interventionsmodell zwangsläufig der einzige Weg war, die Hochschulen Ostberlins zu erneuern, muss der EV als Rechtsquelle für die Gestaltung des Übergangs der DDR in die Bundesrepublik herangezogen und gefragt werden, welche Vorgaben er für die Transformation macht. Zwar gibt es in der DDR nicht in der Weise einen Öffentlichen Dienst wie in der Bundesrepublik, doch werden im EV all diejenigen Bereiche der öffentlichen Verwaltung erfasst, die nach üblichen Maßstäben zum Öffentlichen Dienst zählen würden[742], darunter auch die Einrichtungen des Hochschul- und Bildungswesens.

Der EV unterscheidet zwei grundsätzliche Möglichkeiten und gibt damit einen klaren Weg für die Umgestaltung vor[743]: einen *institutionellen* und eine *personellen Weg der Erneuerung*. Der institutionelle Weg ergibt sich aus Art. 38 Abs. 1 EV, der bestimmt, dass die Wissenschafts- und Forschungslandschaft Ostdeutschlands grundlegend zu erneuern ist und die neuen Länder innerhalb einer kurzen Frist entscheiden müssen, welche der Einrichtungen fortbestehen und welche aufgelöst werden sollen. Die Möglichkeit der personellen Erneuerung bieten die Sonderkündigungsgründe für den Öffentlichen Dienst. Sie setzen auf Einzelfallprüfungen der fachlichen und persönlichen Eignung und des weiteren Bedarfs.

Doch dafür bedarf es zunächst einer genauen Analyse, welche Folgen die rechtsstaatlichen Normen des geltenden Verfassungsrechts an die vor-rechtsstaatliche Vergangenheit knüpfen: Fragen von Kontinuität oder Diskontinuität, der Anerkennung, Umwertung oder Irrelevanz früheren Rechts oder von gegenwärtigen verwaltungs-, zivil- oder strafrechtlichen Folgen früheren Verhaltens müssten, so Pieroth, ihren Ausgangspunkt am »historisch gewordenen

742 S. Erläuterungen zum EV, BT-Drucks. 11/7817, 179 ff. Auch im Warteschleifenurteil macht das Bundesverfassungsgericht 1991 deutlich, dass auf Grund der engen Verflechtung von Wirtschaft und staatlicher Verwaltung in der DDR der Begriff des Öffentlichen Dienstes weit auszulegen und nicht an Formalien zu messen ist (BverfGE 84, 133 ff.).

743 Schluchter hingegen verweist darauf, dass der EV zu den Hochschulen nicht ähnlich detaillierte Vorgaben wie zum Umbau von Wissenschaft und Forschung macht. Das führt er auf die zeitliche Nähe zur Bildung der Länder zurück, denen gegenüber die Vertragspartner in dieser Frage nichts präjudizieren wollten (vgl. Schluchter, 1996, 74).

Rechtszustand« nehmen.[744] Diese rechtshistorische Betrachtung gelte für den Nationalsozialismus genauso wie für den SED-Staat, ohne dass die heutige Rechtsordnung dieses Verhalten freilich als legal bewerten und ihren Entscheidungen zugrunde legen muss.[745] Denn die Grundsätze der Rechtssicherheit und des Vertrauensschutzes als Bestandteile des Rechtsstaatsprinzips stünden einer erneuten rechtlichen Bewertung bereits endgültig bewerteter Sachverhalte nicht in jedem Fall gegenüber. Da die verfassungsgebende Gewalt ungebunden ist und jede neue Verfassungsordnung über ihr Verhältnis zur vergangenen Rechtsordnung (abgesehen von völkerrechtlichen Verpflichtungen) frei entscheiden könne, können eine allumfassende Rechtssicherheit und Vertrauensschutz »grundsätzlich nur innerhalb des rechtsstaatlichen Systems gewährt« werden.[746] So blieb beispielsweise nach Art. 9 Abs. 1 EV Recht der DDR nach der Vereinigung nur dann in Kraft, wenn es vereinbar war mit dem Grundgesetz bzw. rechtsstaatlichen Grundsätzen, mit dem in den neuen Ländern zur Geltung gebrachten Bundesrecht oder mit dem Recht der Europäischen Gemeinschaft. Oder aber der EV legte eine Fortgeltung von DDR-Recht (für eine Übergangszeit) ausdrücklich fest. Eine nachträgliche Umwertung früherer Legalität finde jedoch ihre Grenze an Sätzen des positiven Verfassungsrechts. Dort, wo Vorschriften die Vergangenheit selbst zum Gegenstand haben, gebieten oder verbieten sie die Anerkennung vergangener Legalität oder überantworten dieses Problem dem einfachen Recht.[747] Auch das Verfassungsrecht könne insoweit vergangenheitsbezogen sein und »Rechtsfolgen an frühere Rechtslagen oder Rechtsakte knüpfen, wobei deren Umwertung eingeschränkt ist«[748]. Da das Grundgesetz nicht auf die Rechtsordnung der DDR zurückwirke, gab es dort auch »kein von den Grundrechten des Grundgesetzes geschütztes Verhalten und auch keinen verfassungsrechtlichen Vertrauenstatbestand vor dem 3. Oktober 1990«[749].

Im Bereich der Sonderkündigungsgründe, die auf die vor-rechtsstaatliche Vergangenheit abstellen, entwickeln die EV-Parteien einige Bestimmungen, die bezogen auf das Regel-Ausnahme-Verhältnis sich vordergründig an der rechtlichen Aufarbeitung der NS-Vergangenheit im öffentlichen Dienstrecht zu orientieren scheinen, sowohl hinsichtlich der generellen Regel der personellen Kontinuität der öffentlichen Verwaltung als auch bezüglich der Ausnahme,

744 Pieroth, 1992, 95.
745 A. a. O., 99.
746 A. a. O., 100. S. auch: Will, 2000, 113.
747 Vgl. Pieroth, 1992, 102.
748 Ebenda. S. auch Pieroths Ausführungen zur Frage des Rückwirkungsverbots und der Radbruchschen Formel (S. 103ff.) bei Verbrechen gegen die Menschlichkeit in der strafrechtlichen Debatte.
749 Will, 2000, 114.

d.h. des Umgangs mit Gestapo- bzw. MfS-Mitarbeitern. Dass aber zwei von vier Tatbeständen der Sonderkündigungsgründe des EV die Frage nach früherem legalen Verhalten aufwerfen, deutet darauf hin, dass in dessen Regelungen die Verwaltungskontinuität nach der Vereinigung deutlich stärker durchbrochen werden sollte als im Nachgang zur NS-Diktatur.

So hat es nach 1945 trotz teilweise schwerer Bedenken grundsätzlich eine großzügige Bewertung hinsichtlich der Weiterverwendung früherer Angestellter des nationalsozialistischen Öffentlichen Dienstes (ÖD) gegeben und mithin ein hohes Maß an Kontinuität und personeller Konstanz (Regel). Nur die Angehörigen der früheren Geheimen Staatspolizei wurden von der weiteren Beschäftigung im Öffentlichen Dienst generell ausgeschlossen (Ausnahme). Allerdings konnten »einzelne frühere Gestapo-Beamte nach Prüfung ihres persönlichen Verhaltens, insbesondere nach individueller Bewährung oder innerer Umkehr, in einem individuellen Verfahren und ohne Rechtsanspruch, also gleichberechtigt mit allen sonstigen Staatsbürgern, auf Antrag wieder in den Staatsdienst aufgenommen werden«[750], ist also damit das (geringe) Maß an Diskontinuität nochmals zusätzlich relativiert.

Mit dem EV verbleiben ebenfalls zunächst die Angehörigen des ÖD nach Art. 20 Abs. 1 in Verbindung mit Anlage 1 »im Interesse der Verwaltungskontinuität und der Beschäftigten«[751] in der Regel im Öffentlichen Dienst. Insofern versteht sich die Bundesrepublik bezüglich der Frage der Dienstherreneigenschaft als Rechtsnachfolgerin der DDR. Jedoch sagt das noch nichts über das Verhältnis von Kontinuität und Diskontinuität aus, denn die genannte Regel wird im Interesse der gebotenen Umstrukturierung der öffentlichen Verwaltung nach 1990 deutlich stärker durchbrochen (Ausnahme) als nach 1945, wie die Erläuterungen unter 2.2.2, aber auch die empirischen Befunde im VI. Teil der Untersuchung zeigen. Insofern unterscheidet sich an diesem Punkt die Rechtspraxis im Umgang mit den beiden deutschen Diktaturen, und ist das Maß an Diskontinuität im Umbau der öffentlichen Verwaltung im Zuge der Wiedervereinigung deutlich größer als im Gefolge der NS-Diktatur. Mit einer Reihe von Ausnahmen wird die grundsätzliche Regel der Übernahme des ÖD aus der Zeit der DDR stark durchbrochen.

750 BverfGE 6, 132, 221, zitiert nach: Pieroth, 1992, 106f. In der Anwendung führte das zu einer großzügigen Wiedereingliederung früherer nationalsozialistischer Angehöriger des Öffentlichen Dienstes in den Öffentlichen Dienst der Bundesrepublik (Art. 131 GG, G 131 u.a.). Dennoch macht das G 131 bei genau diesem Personenkreis zunächst einen generellen Schnitt. Zum Regel-Ausnahme-Verhältnis bzw. dem Verhältnis von Kontinuität und Diskontinuität des Öffentlichen Dienstes in politischen Übergängen, s. Pieroth, 1992, 106ff.

751 Bundestags-Drucksache 11/7817, 179.

2.2.1 Die Möglichkeit der Abwicklung von Einrichtungen

Die Abwicklung ist das wichtigste strukturelle Mittel, die Hochschullandschaft in Ostdeutschland zu reorganisieren. Art. 13 EV legt fest, welche Bedingungen an die Abwicklung von Einrichtungen und Teileinrichtungen zu stellen sind.[752] Um schnell Rechtssicherheit herzustellen, tragen die Vertragspartner den Länderregierungen auf, ihre Überführungs- oder Abwicklungsbeschlüsse bis spätestens drei Monate nach Inkrafttreten des EV zu fassen. Entscheiden sie sich zur Abwicklung, führt das für das betroffene Personal zunächst zum Ruhen und in den meisten Fällen der Nichtweiterverwendung zur Beendigung des Arbeitsverhältnisses innerhalb von sechs bzw. neun Monaten durch ordentliche Kündigung gem. Anlage I Kap. XIX Sachgebiet A Abschnitt III Abs. 4 Nr. 3 EV.[753]

Teileinrichtungen von Hochschulen, also Fachbereiche und Institute, abzuwickeln, wird zwar an den geisteswissenschaftlichen Fakultäten der ostdeutschen Hochschulen vielfach praktiziert, steht aber nach dem sogenannten Warteschleifen-Urteil des Bundesverfassungsgerichts nicht im Einklang mit dem EV.[754]

2.2.2 Die Sonderkündigungsgründe des Öffentlichen Dienstes

a) Ordentliche Kündigungsgründe

a 1) Mangelnde fachliche Eignung

Art. 20 Abs. 1 EV schafft in Verbindung mit der Anlage I Kap. XIX Sachgebiet A Abschnitt III ein Sonderkündigungsrecht für die öffentlichen Arbeitgeber in Bund und Ländern. Nach Abs. 4 Nr. 1 aus Anlage 1 ist die mangelnde fachliche Qualifikation ein ordentlicher Kündigungsgrund. Diese Form der Kündigung erscheint insoweit nicht ohne Probleme, weil der betroffene Arbeitnehmer im Regelfall über die geforderte Qualifikation einmal verfügt haben muss und der Mangel an ihr erst durch die Entwicklung neuer Verwaltungsstrukturen und Aufgabengebiete oder unter Umständen gar infolge grundlegender arbeitsinhaltlicher Änderungen entsteht. Dabei stellt sich für den Arbeitgeber die Frage der Nachqualifikation als möglicher Alternative zur Entlassung. Fachliche Eignung misst sich üblicherweise an festgelegten Standards wie Zertifikaten,

752 Nähere Erläuterungen zur Abwicklung an der HU im Kapitel 3.1 des III. Teils.
753 S. auch Wank, 1996, 17.
754 S. dazu die Auslegung des Bundesverfassungsgerichts (BverfGE 84, 133 ff.) im Warteschleifen-Urteil, in: Dokumente zum Hochschulumbau III, Ablage 14.

Zeugnissen, Abschlüssen, die bis auf einige Ausnahmen nach dem EV weiter uneingeschränkt gelten, so dass bestimmte Qualifikationen nicht abzuerkennen sind.

a 2) Mangelnde persönliche Eignung

Wie die fachliche Eignung wird mit dem ordentlichen Kündigungsgrund der mangelnden persönlichen Eignung nach Abs. 4 Nr. 1 diese zur generellen Zugangsbedingung für den ÖD und Voraussetzung für die Aufrechterhaltung des bisherigen Dienstverhältnisses. Auch insoweit setzt der EV das Maß an Diskontinuität vergleichsweise hoch an.[755] Als Kündigungstatbestand ist mangelnde persönliche Eignung zu interpretieren wie es Art. 33 Abs. 2 GG vorschreibt, d. h. es gilt die Verpflichtung zur Verfassungstreue[756] für alle, die im ÖD weiter tätig sein wollen. Das heißt, dass sich der Arbeitnehmer »durch sein gesamtes persönliches Verhalten zur freiheitlichen demokratischen Grundordnung im Sinne des Grundgesetzes bekennen muss«[757]. Verhaltensweisen, die in der Zeit der DDR die besondere Treue zum dortigen System kundtaten, können demnach als Indizien für mangelnde Verfassungstreue zum freiheitlich-demokratischen Rechtsstaat gelten.[758]

Die persönliche Eignung ist getrennt von der Qualifikation zu prüfen und auf eine Prognose auszurichten. Dabei zählt weniger vergangenes Verhalten als die Pflicht zur Verfassungstreue im künftigen, und ist nicht an Gesinnungen, sondern an Handlungen oder Unterlassungen anzuknüpfen. Dass man im Sinne des SED-Regimes gedacht oder gesonnen hat, reicht für die Annahme fehlender Eignung nicht aus. Stattdessen muss jemand aktiv am repressiven System in der DDR beteiligt gewesen sein.[759] Dies bedeutet jedoch nicht, dass nur vom Dienstherrn nachgewiesene repressive Handlungen zur Kündigung berechtigen. Vielmehr kann, so auch die spätere Rechtsprechung, bei bestimmten Betätigungen regelmäßig angenommen werden, dass sie notwendigerweise

755 S. Pieroth, 1992, 108. S. ausführlich die Darlegung und Erläuterung eines Grundsatzurteils des Bundesverfassungsgerichts zur Eignung ehemaliger Staats- und SED-Funktionäre für den Öffentlichen Dienst der Bundesrepublik, in: Will, 2000, 114ff.

756 Der Begriff der Verfassungstreue ist ausführlich ausgelegt durch den Beschluss des Bundesverfassungsgerichts zum Radikalenerlass. Danach sind Beschränkungen bestimmter Grundrechte mit Art. 33 Abs. 4 und 5 GG vereinbar. Allerdings vertritt Pieroth die Auffassung, dass die politische Position einer Partei bzw. die politische Anschauung eines Bürgers erst dann negative Rechtsfolgen nach sich ziehen dürfe, wenn nach Art. 21 Abs. 2 Satz 2 GG die betreffende Partei für verfassungswidrig erklärt wurde. Da aber auch Art. 21 GG nicht zurückwirkt, können an legales Verhalten im Dritten Reich ebenso wie gegenüber der DDR negative Rechtsfolgen geknüpft werden, insbesondere die Ablehnung des Zugangs zum Öffentlichen Dienst. S. dazu: Pieroth, 1992, 105. Auch: Will, 2000, 115f.

757 BAG 8 AZR 356/92.

758 Pieroth, 1992, 105.

759 Vgl. a. a. O., 108.

eben jene aktive Beteiligung am repressiven System einschlossen.[760] Eine einfache Mitgliedschaft in der SED reicht für dieses Aktivsein nicht aus. Doch wer über einen längeren Zeitraum eine hauptamtliche Funktion in der SED innehatte, die mit Leitungs-, Kontroll- und Aufsichtsaufgaben verbunden war, lässt zweifeln, ob er die Grundwerte der freiheitlich demokratischen Grundordnung glaubhaft vermitteln kann.[761]

a 3) Mangelnder Bedarf

Neben der Frage der Eignung gibt der EV nach Anlage I Kap. XIX Sachgebiet A Abschnitt III Abs. 4 Nr. 2 dem öffentlichen Arbeitgeber die Möglichkeit, sich von Arbeitnehmern zu trennen, wenn er wegen mangelnden Bedarfs für sie keine Verwendung mehr hat. Mangelnder Bedarf besteht bereits, wenn zwar die entsprechende Aufgabe als solche weiter bestehen bleibt, es durch Veränderungen in der Organisation oder Rationalisierungen aber zu Stellenreduktionen kommt. In diesem Fall sind Auswahlentscheidungen nötig, die nach billigem Ermessen und unter Berücksichtigung sozialer Gesichtspunkte erfolgen. Für den Arbeitgeber besteht die Pflicht, den Arbeitskräfteüberhang als Voraussetzung für mangelnden Bedarf substantiiert darzulegen.[762]

Da die fehlende fachliche oder persönliche Eignung oft schwerer zu begründen ist als mangelnder Bedarf, bekommen solche Kündigungen während der Umstrukturierung eine große praktische Bedeutung, insbesondere an den Hochschulen.[763] Sie dürfen jedoch wie die übrigen ordentlichen Sonderkündigungsgründe nur befristet bis spätestens Ende 1993 ausgesprochen werden. Danach geht das Recht der Bedarfskündigung über in das allgemeine betriebsbedingte Kündigungsrecht.

b) Außerordentliche Kündigungsgründe

b 1) Verstoß gegen die Grundsätze der Menschlichkeit und Rechtsstaatlichkeit

In Abs. 5 Nr. 1 der Anlage I Kap. XIX Sachgebiet A Abschnitt III schafft der EV die Möglichkeit der außerordentlichen Kündigung eines Arbeitnehmers, der »gegen die Grundsätze der Menschlichkeit oder Rechtsstaatlichkeit verstoßen hat, insbesondere die im Internationalen Pakt über bürgerliche und politische Rechte vom 19. Dezember 1966 gewährleisteten Menschenrechte oder die in

760 Vgl. Pieroth, 1992, 109.
761 BAG 8 AZR 356/92. S. dazu: von Maydell (Wank), 1996, 80 f. und 82 sowie Ascheid, 1996, 109.
762 Vgl. Ascheid, 1996, 108.
763 S. von Maydell (Wank), 1996, 85.

der Allgemeinen Erklärung der Menschenrechte vom 10. Dezember 1948 enthaltenen Grundsätze«.

Dieser in der Praxis kaum angewendete Kündigungsgrund bezieht sich vor allem auf die vorsätzliche Missachtung von Menschenrechten, d. h. auf Personen, die sich zu bewussten Vollstreckern grober Unrechtsmaßnahmen machten und damit Grundsätze der Rechtsstaatlichkeit verletzten. Nicht jede Unrechtstat, die zum Schutz der politischen Ordnung in der DDR begangen wurde, fällt automatisch in diese Kategorie. Es muss sich vielmehr um eine erhebliche Zuwiderhandlung gegen die genannten Grundsätze handeln.[764]

b 2) Tätigkeit für das MfS

Eine außerordentliche Kündigung erfolgt auch, wenn ein Arbeitnehmer nach Abs. 5 Nr. 2 »für das frühere Ministerium für Staatssicherheit/Amt für Nationale Sicherheit tätig war und deshalb ein Festhalten am Arbeitsverhältnis unzumutbar erscheint«. Der EV unterscheidet nicht explizit zwischen den zwei verschiedenen Formen der MfS-Tätigkeit, der hauptamtlichen Mitarbeit und der inoffiziellen Zusammenarbeit, bekundet durch eine unterschriebene Verpflichtungserklärung oder – in Ausnahmefällen – per Handschlag[765], die Annahme von Geldleistungen, Geschenken oder Auszeichnungen. Der Kündigungsgrund erfasst alle Formen einer »bewussten, finalen Mitarbeit«[766].

Dieser von den Gerichten ausführlich ausgelegte, aber nicht absolute Kündigungsgrund macht angesichts seiner auf eine frühere Tätigkeit abgestellten Ursache eine Prüfung des Einzelfalls zwingend notwendig.[767] Dabei ist das individuelle Maß an Verstrickung des Betroffenen zu berücksichtigen, seine Stellung in der Hierarchie des MfS, die Dauer seiner Tätigkeit oder auch der Zeitpunkt und Grund der Aufnahme und der Beendigung dieser Tätigkeit. Je höher die Stellung oder größer das Maß an Verstrickung ist, desto wahrscheinlicher muss eine Unzumutbarkeit der weiteren Beschäftigung angenommen werden.[768]

Abs. 5 Nr. 2 zieht ein zweistufiges Verfahren nach sich: Zuerst muss geprüft werden, ob jemand für das MfS haupt- oder nebenamtlich tätig gewesen ist,

764 S. auch: Ascheid, 1996, 106.

765 Nach einem Urteil des BAG vom 26. August 1993 gilt nicht die bloße Unterzeichnung einer Verpflichtungserklärung schon als hinreichender Kündigungsgrund. Wenn jedoch eine solche Unterschrift als freier Willensentschluss und ohne entschuldigenden Zwang zustande gekommen sei, dann lägen begründete Zweifel gegen die Weiterbeschäftigung des Betroffenen vor. Ebenso auch, wenn jemand wahrheitswidrig behauptet, eine solche Erklärung nicht unterschrieben zu haben (BAG AP Nr. 8 zu Art. 20 EV, zit. in: von Maydell [Wank], 1996, 93).

766 BAG 70, 309/317; 70, 323/327.

767 Vgl. Ascheid, 1996, 101.

768 S. von Maydell (Wank), 1996, 92.

dann gilt es abzuwägen und zu entscheiden, ob daraus die Unzumutbarkeit der Weiterbeschäftigung folgt. Wird diese festgestellt, ist wie bei b 1) eine fristlose Kündigung unausweichlich. Allerdings macht das BAG klar, dass Abs. 5 nicht als eine »Muss-Bestimmung« ausgestaltet ist, sondern der Arbeitgeber selbst entscheidet, ob wegen einer MfS-Mitarbeit auch tatsächlich gekündigt wird.[769] Alle genannten Bemessungsmöglichkeiten stellen auf Tatsachen ab, die zum Zeitpunkt des Ausspruchs der Kündigung bereits vorliegen. Insofern misst das BAG dem Tatbestandsmerkmal, dass jemand »unzumutbar erscheint«, eine besondere Bedeutung zu, denn damit hebe der EV »nicht auf eine intern ermittelte Lage, sondern auf die vordergründige Erscheinung der Verwaltung mit diesem Mitarbeiter«[770] ab. Dies verhindere, Entlastungsmomente einseitig zu berücksichtigen, sofern sich diese nicht in gleicher Weise wie die belastende Tätigkeit belegen ließen.[771]

Das Kündigungsrecht nach Abs. 5 scheint nicht zuletzt deshalb notwendig, weil eine objektive Belastung der Beschäftigten des ÖD gerade in Ostdeutschland das dauerhafte Vertrauen der Bürger in die Verwaltung gefährden würde. Den Nachweis der MfS-Tätigkeit bzw. die Feststellung, dass der Betreffende deshalb als unzumutbar erscheint, hat der Arbeitgeber zu erbringen. Von wesentlicher Bedeutung dafür sind die Unterlagen des MfS bzw. die Auskünfte der Gauck-Behörde, wobei der Beweiswert der MfS-Akten von den Gerichten durchaus bezweifelt wird.[772] Allerdings stellen sie ein wesentliches Indiz für das Vorliegen einer MfS-Tätigkeit dar[773], und kann sich (wegen des Tatbestandsmerkmals »erscheint«) bereits der objektive Verdacht als belastend auswirken, wenn der Betroffene in einer besonders vertrauenswürdigen Position beschäftigt ist.[774] Auch falsche Angaben bei der Einstellungsbefragung können außerordentliche oder ordentliche Kündigungen nach Abs. 4 bzw. 5 nach sich ziehen, insbesondere deshalb, weil die Ermittlungen der Gauck-Behörde nur auf der Basis des gerade erschlossenen Aktenbestands möglich sind.[775] Anders als die ordentlichen Kündigungsgründe gilt die Regelung der außerordentlichen Kündigung wegen Tätigkeit für das MfS bis zum heutigen Tag unbefristet fort.[776]

769 BAG AP Nr. 1 zu Anlage 1 Kapitel XIX EV; s. auch von Maydell (Wank), 1996, 91.
770 BAGE 70, 309/319, auch Ascheid, 1993, 101 f. Zum Begriff der Unzumutbarkeit und des Merkmals »erscheint« s. auch Schlink, 1996, 21 ff.
771 Von Maydell (Wank), 1996, 92.
772 S. von Maydell (Wank), 1996, 98. Auch die Entscheidung des LAG im Verfahren gegen den Rektor der HU, in: NJ, 1992, 597, 601.
773 Von Maydell (Wank), 1996, 98.
774 Von Maydell (Wank), 1996, 98.
775 S. ausführlich: Ascheid, 1996, 104 ff.
776 Dies ergibt sich aus der Systematik des EV. Grundsätzlich legt er überall dort, wo vom Grundgesetz abweichende Regelungen gelten, die Dauer der Abweichung fest. Bei der

2.3 Reaktionen der Hochschule – Entscheidungen der Gerichte

Gegen die §§ 8 sowie 9 Abs. 1, 4 und 5 ErgG klagt die HU vor dem Bundesverfassungsgericht[777], scheitert damit aber, weil das Gericht die Klage nicht annimmt: Es fehle an einer »hinreichenden Vorklärung der einfachrechtlichen Lage«[778], wenn die Beschwerdeführerin dem ErgG ein ›hohes Maß an Normunklarheit‹ bescheinige. Vorrangig obliege es den Fachgerichten, einfachrechtliche Vorschriften auszulegen und »die zur Anwendung der Vorschriften erforderlichen Ermittlungen sowie die Würdigung des Sachverhalts vorzunehmen«. Selbst in der Abwägung, dass während der Tätigkeit der SBK bei einem langen Weg durch die Instanzen der Verwaltungsgerichte Vorabentscheidungen gefällt würden, die eine spätere verfassungsgerichtliche Entscheidung nicht mehr revidieren könne, wiege das Interesse der fachgerichtlichen Vorklärung schwerer gegenüber dem allgemeinen Interesse an einer sofortigen Entscheidung durch das Bundesverfassungsgericht. Das Verwaltungsgericht könne dabei selbst im einstweiligen Rechtsschutzverfahren die offenen tatsächlichen und einfachrechtlichen Fragen vorklären und ggf. einen Antrag auf Normenkontrolle an das Bundesverfassungsgericht richten. Das Gericht erkenne deshalb keine Notwendigkeit, den Subsidiaritätsgrundsatz zu umgehen.[779]

Neben der formellen Zuständigkeit wirft das Bundesverfassungsgericht eine weitere, für die Bewertung des Umbaus ganz entscheidende Frage auf: Erfüllen die klageführenden Hochschullehrer überhaupt »die Merkmale des materiellen Hochschullehrerbegriffs«[780] im Sinne der Rechtsprechung des Bundesverfassungsgerichts? Auch sie hätte fachgerichtlich vorgeklärt werden müssen.[781]

»Staatssicherheits-Überprüfung« ist auf eine Fristsetzung verzichtet worden (vgl. EV, Anlage I, Kapitel XIX, Sachgebiet A, Abschnitt III, Nr. 1, Abs. 5).

777 Klageschrift, in: Dokumente zum Hochschulumbau I, Ablage CD. Den Beschluss fällt der Akademische Senat im Juli 1991. Zusätzlich klagen vier Hochschullehrer der HU, die sich allesamt seit der Wende in der Selbstverwaltung für die Reform der Universität engagieren.

778 BVerfGE, 1 BvR 1502/91, 1 BvR 1508/91 und 1 BvR 1532/91, S. 6, vom 4. September 1992, in: Dokumente zum Hochschulumbau I, Ablage E.

779 A.a.O., 8.

780 A.a.O., 5f. Als Merkmale führt der Beschluss u.a. die »umfassende Klärung der Ernennungsvoraussetzungen und des jetzigen Status der Betroffenen« an. Dazu zählt, »nach welchen fachlichen Maßstäben ihre Auswahl erfolgte, wie das Berufungsverfahren ausgestaltet war und welche Stellung der einzelne Hochschullehrer durch seine Berufung erlangte und heute einnimmt«. Zum materiellen Hochschullehrerbegriff weiter: BVerfGE 35, 79, 127 und 139f.; 61, 210, 240; 51, 369, 379f.

781 BVerfGE, 1 BvR 1502/91, S. 6, in: Dokumente zum Hochschulumbau I, Ablage E. Vgl. BVerfGE 35, 79 (S. 139f.); 51, 369 (S. 379f.).

Angesichts dieser Lage entscheidet sich die HU am 3. November 1992, mehr als 15 Monate nach dem Erlass des ErgG, für den Verwaltungsgerichtsweg.[782] Damit erhält sie ihre grundsätzlichen Zweifel an der Rechtmäßigkeit des Eingriffs aufrecht, will aber die dutzendfach vollzogenen Einzelentscheidungen bei Berufungen nicht gefährden.[783] Deshalb geht der Akademische Senat – anders als es von den studentischen Mitgliedern beantragt wird[784] – den Weg einer einfachen Verwaltungsklage und verzichtet auf den Antrag auf einstweiligen Rechtsschutz.[785] Die vor dem Bundesverfassungsgericht klagenden Hochschullehrer unterlassen ganz den Gang zum Verwaltungsgericht.

Ein Positionspapier des Präsidialamts prägt die Meinungsbildung dabei maßgeblich: Zwar bestünden für die HU die juristischen Erwägungen, die zur Verfassungsbeschwerde geführt haben, fort[786], doch würden die negativen Seiten einer weiteren juristischen Auseinandersetzung deutlich überwiegen und wäre das Verhältnis zwischen Universität und SBK sowie Universität und Berliner Landesregierung weiter belastet. Außerdem wird befürchtet, dass »zumindest die auswärtigen Kommissionsmitglieder ihre Tätigkeit einstellen«, »sofort die bestehende Struktur- und Personalplanung einschließlich sämtlicher Entscheidungen in Zweifel gezogen« und »erneute und verschärfte Diskussionen über inhaltliche und personelle Einzelentscheidungen« eintreten würden. Positive Personalentscheidungen würden hinausgezögert[787], die SBK als Erneuerungsinstrument würde »zusammenbrechen und eine Leerstelle hinterlassen«[788], das vorhandene Personal erhielte keine ausreichende Perspektive.

782 Protokoll des Akademischen Senats vom 3. November 1992, TOP 11, in: Protokolle des Akademischen Senats 1991–1994, Ablage 5. Nachdem die Präsidentin am 6. Oktober 1992 über die Klageabweisung berichtet hat, bittet der Akademische Senat die Universitätsleitung, über mögliche Folgen einer Klage vor dem Verwaltungsgericht zusätzliche Informationen einzuholen. In seiner ersten Novembersitzung verständigt er sich schließlich auf eine einfache Verwaltungsgerichtsklage (s. ebenda).

783 Etwa ein Drittel der Berufungen ist zu diesem Zeitpunkt abgeschlossen.

784 Nach einer langen Sitzung und mehreren Unterbrechungen ziehen die studentischen Mitglieder des Akademischen Senats ihren Antrag für ein einstweiliges Anordnungsverfahren zurück (s. Protokolle des Akademischen Senats 1991–1994, Ablage 5).

785 Kurze Zeit später entscheidet die Universitätsleitung, auch auf den Gang zum Verwaltungsgericht zu verzichten: Selbst unter der theoretischen Möglichkeit, das Verwaltungsgericht würde vor dem Bundesverfassungsgericht eine Normenkontrolle anstoßen, hätte die Universität im günstigsten Fall eine Entscheidung innerhalb von 1 bis 2 Jahren erhalten, also dann, wenn der eigentlich beklagte Prozess längst vollzogen gewesen wäre.

786 Positionspapier Präsidialamt, »Abgewiesene Verfassungsbeschwerde und mögliches weiteres gerichtliches Vorgehen; insbesondere Konsequenzen«, Oktober 1992, 2, in: Dokumente zum Hochschulumbau I, Ablage C.

787 A. a. O., 3.

788 A. a. O., 4.

Mit diesen Äußerungen verlassen Präsidialamt und Universitätsleitung ihre bisherige Position zugunsten pragmatischen Handelns. Die Kurskorrektur, die vor allem von den studentischen Senatsmitgliedern abgelehnt wird, ist vom Wechsel an der Spitze der Universität[789] sicher mit beeinflusst. Dennoch kann sie nicht nur auf *eine* Ursache zurückgeführt werden. In der Hauptsache lässt sie sich wohl mit der längst begonnenen Ausdifferenzierung der Meinungen und Positionen der inneruniversitären Akteure sowie aus der Analyse der Situation selbst erklären: Je mehr Einzelentscheidungen die SBK treffen, desto mehr fällt der Gegenstand für grundsätzliches Opponieren weg. Hinzu kommen praktische Gründe: Etwa zwei Drittel der Hochschullehrer und alle wissenschaftlichen Mitarbeiter warten auf die eigene Berufung oder Überleitung. Nur so ist zu erklären, dass kein Hochschullehrer oder wissenschaftlicher Mitarbeiter – weder vor noch nach dem Beschluss des Bundesverfassungsgerichts – gegen verwaltungsrechtliche Einzelmaßnahmen der SBK klagt. Gerade hier aber wären manche Konflikte auszutragen gewesen, die so auf die Ebene des Arbeitsrechts abgeschoben werden und zu einer überdurchschnittlich hohen Quote an Streitverfahren führten. Die ihnen zugrunde liegende institutionelle Dimension wird auf diese Weise zur Privatsache der von Entlassung bedrohten Hochschulangehörigen.[790]

789 Näheres dazu im Kapitel 4.1.1 des III. Teils.

790 Zu den arbeitsrechtlichen Auswirkungen und Kündigungsschutzklagen s. Kapitel 3.4 des VI. Teils.

3. Der umkämpfte Weg zum Gesetz

3.1 Vorbemerkung

Das ErgG verändert sich innerhalb des Gesetzgebungsprozesses sehr stark. Vom ersten Entwurf der Senatsbehörde[791] bis zum am 26. Juli 1991 veröffentlichten Gesetz entstehen insgesamt sechs Fassungen, die zum Teil erheblich voneinander abweichen. Daraus lässt sich vermuten, dass zwischen den Koalitionspartnern sowohl über die Frage, was im Einzelnen geregelt werden sollte, als auch über die inhaltlichen Positionen zu diversen Themen unterschiedliche Auffassungen bestehen. Gleichzeitig lässt die Analyse weitere Belege für die Ausgangshypothese erwarten, das Erneuerungsmodell des Gesetzgebers setze einseitig auf Intervention.

Erst im Gesetzgebungsverfahren nimmt dieses Erneuerungsmodell seine konkrete Gestalt an, werden einzelne Elemente entwickelt, andere, bereits vorhandene oder erdachte, verstärkt. Zugleich liegt es nahe, dass zwischen Selbsterneuerung und Intervention trotz aller Unvereinbarkeiten ein dualistisches Verhältnis besteht, ein Eindruck, der sich schon im vorangegangenen Teil aus der Perspektive der hochschuleigenen Erneuerung einstellte. Beide Modelle beziehen sich aufeinander, setzen sich mit den Argumenten des jeweils anderen auseinander und nutzen ähnliche wie ganz verschiedene Instrumente für ihre Ziele. Dennoch nimmt mit den ersten positiven Ergebnissen personellen und strukturellen Erneuerns innerhalb des HU-Modells der interventionistische Charakter des zeitgleich in die Gesetzgebung eingebrachten externen Modells nicht ab, sondern zu. Grundsätzliche Kommunikationsblockaden und das Konkurrenzverhalten zwischen den hochschulinternen und -externen Erneuerungsakteuren werden daher auch in Bezug auf das Interventionsmodell erwartet. Wer die Ziele und den Weg der Erneuerung bestimmt, ob darin der Eigensinn institutioneller Lösungen Platz findet, wie man sich im Akteurfeld der politischen Transformation insgesamt positioniert, liefert genügend Konfliktstoff für den Dualismus von Selbsterneuerung und Intervention.

Kann also nachgewiesen werden, dass die unter 1.3 bis 1.6 untersuchten Modellelemente während des Gesetzgebungsverfahrens noch verstärkt werden,

791 S. Dokumente zum Hochschulumbau I, Ablage 6. Er ist undatiert, aber wahrscheinlich unmittelbar nach der Regierungsübernahme der Großen Koalition im Februar/März 1991 erarbeitet worden.

unterstreicht das den Leitgedanken des Modells. Um den Entstehungsweg der einzelnen Interventionselemente gut nachvollziehen zu können, sind die folgenden Kapitel entsprechend der chronologischen Abfolge des Gesetzgebungsverfahrens gestaltet:

- Die Entwürfe vor der Zuleitung an das Parlament (1. Entwurf, überarbeiteter Entwurf der Senatsverwaltung für Wissenschaft und Forschung und schließlich der als Senatsbeschluss dem Abgeordnetenhaus zugeleitete 3. Entwurf).
- Die Einbringung in das Parlament und Anhörung im Ausschuss für Wissenschaft und Forschung.
- Die Überarbeitung des Gesetzes nach der Anhörung (4. und 5. Entwurf).
- Abschließende Beratung im Ausschuss für Wissenschaft und Forschung sowie Beschluss des Gesetzes im Abgeordnetenhaus.

3.2 Die Elemente des interventionistischen Modells im Gesetzgebungsverfahren

3.2.1 Allgemeine Erläuterungen

Das unter erheblichem politischen Interesse entstehende Gesetz hinterlässt bei Hochschulen und Verbänden einen zwiespältigen Eindruck[792]: Während es die Betroffenen aus dem Ostteil der Stadt zum größeren Teil kritisch betrachten[793], findet es im Westteil eher Zustimmung.[794]

792 Das zeigen mehrere öffentliche Veranstaltungen in der ersten Etappe des Gesetzgebungsverfahrens (vgl. »Unklarheiten über Ergänzungsgesetz«, »Der Tagesspiegel« vom 26. Mai 1991, in: Presseberichte III, Ablage 11).

793 So u. a. der Vertreter der HU, der bemerkt, »dass es im vorliegenden Entwurf Regelungen gibt, die den Intentionen der Universität nahe kommen«, er aber insgesamt mehr Probleme aufwerfe als löse (Wortprotokoll, Ausschuss für Wissenschaft und Forschung, 6. Sitzung vom 10. Juni 1991, 3, in: Dokumente zum Hochschulumbau I, Ablage 7). Ähnlich die Vertreterin der Musikhochschule (S. 25) und der Vertreter der KHB (S. 41). Der Vertreter der Charité setzt sich davon etwas ab, spricht aber wie viele andere Redner die Erwartung aus, dass die Mitwirkung von Angehörigen der Universität bei den Erneuerungsprozessen in ausreichendem Maße gesichert wird (S. 22). Eher positiv, aber mit ebenso deutlichen Auflagen äußert sich der Vertreter des Deutschen Hochschul-Verbandes: »Die Gesetzesinitiative der Senatsverwaltung und das Bemühen des Abgeordnetenhauses zur Verbesserung der gesetzlichen Grundlagen der personellen Erneuerung an der Humboldt-Universität werden von uns grundsätzlich unterstützt. Wir halten aber im Sinne der Würde und Bedeutung dieser Universität sowie derjenigen Hochschullehrer und Arbeitsgruppen, die auch unter schwierigen Bedingungen internationale Anerkennung und Achtung errungen haben, einige Änderungen für notwendig« (S. 102). Deutlich kritischer äußern sich u. a. die Vertreterin des »Arbeitskreises wissenschaftlich und künstlerisch tätiger Frauen« (S. 67), die Vertreterin der »Humboldt-Frauen« (S. 82), die GEW-Vertreterin (S. 122 f.) und der Vertreter des Studentenrats (S. 84).

794 Der FU-Vertreter begrüßt »die Erneuerung mit dem Ziel Normalisierung« vor allem des-

In der Anhörung zum ErgG kommen 28 Personen zu Wort: die Leiterinnen/Leiter der Hochschulen, Vertreter der vom Gesetz unmittelbar betroffenen Mitgliedergruppen und ihrer Interessenverbände sowie der Gewerkschaften. Sie alle bewerten das Gesetz politisch; seine rechtliche Qualität und Praktikabilität stehen dagegen weniger im Vordergrund. Der brisanten Rechtsmaterie werden die Beteiligten dadurch argumentativ nicht ausreichend gerecht. Auch gab niemand der Kritiker – etwa der HU-Rektor oder der DGB-Vertreter – zuvor ein Rechtsgutachten zum Gesetzentwurf in Auftrag, um auf diese Weise sich für die Debatte und die möglichen Konsequenzen des Gesetzes hinreichend zu wappnen oder ggf. sogar die Gesetzgebung noch zu beeinflussen.

Werden in der Anhörung Einschätzungen der allgemeinen erneuerungspolitischen Ziele des Gesetzes abgegeben, unterscheiden sie sich in der Regel darin, ob man mehr *Selbsterneuerung* oder mehr *staatliche Intervention* als Option zur Umgestaltung der Ostberliner Hochschulen präferiert. Diejenigen, welche die Grundkonstruktionen des Gesetzentwurfs befürworten (sie sind in der Anhörung deutlich in der Minderheit), halten wenig von der Chance zur Selbsterneuerung.[795] Wer sich kritisch zum Gesetz äußert, tut es, weil er in der Selbsterneuerung den erfolgversprechenderen Weg sieht. Mit anderen Worten: Die politische Wertepräferenz und allgemeine Grundüberzeugungen der Akteure spielen für die Bewertung des ErgG eine maßgebliche Rolle.[796]

halb, weil auch für das vorhandene Hochschullehrer-Personal an den Ostberliner Hochschulen Berufungsverfahren durchgeführt werden und somit »die Kriterien fachlicher Qualität und persönliche Integrität nach Maßstäben des HRG und des Berliner Hochschulgesetzes nach außen und nach innen in der Universität unbezweifelbar sein sollen« (a. a. O., 46 f.). Jedoch dürfe die »rasche und tiefgreifende Erneuerung der Hochschulen im Ostteil Berlins … selbstverständlich nicht auf Kosten der Universitäten und Hochschulen im Westteil geschehen«, denn »es darf keine Nivellierung nach unten geben« (S. 46). Der Vertreter der TU begründet seine Zustimmung mit der »allseits spürbaren studentischen Überlast« an den Westberliner Hochschulen (S. 48).

795 Als deutlichstes Beispiel sei der Beitrag des Vertreters des Bundes Freiheit der Wissenschaft angeführt: »Der Ruf nach einer eigenen, eigenständigen, aus sich selbst heraus folgenden Erneuerung, insbesondere der personellen Erneuerung, ist sehr oft erhoben worden; er ist auch hier an der Humboldt-Universität sehr oft geltend gemacht worden. Aber diese Erneuerung, ich wage das zu sagen, ist indes kaum gelungen, nicht einmal in Ansätzen ist bisher eine personelle Erneuerung gelungen – ich sage das ganz klar hier –, und wahrscheinlich konnte sie auch angesichts dieser langen vierzig Jahre nicht gelingen.« Als Belege führt er die Weiterbeschäftigung und den (angeblich fortgesetzten) Einfluss des ehemaligen Prorektors für Gesellschaftswissenschaften (über dessen Rolle vor 1989 jedoch auch Benachteiligte Gegenteiliges berichten) sowie den Protest gegen die Entlassung von Hochschullehrern an der Charité an, denen eine inoffizielle Tätigkeit für das MfS angelastet wird (a. a. O., 127-140). Einen Teil dieser Kündigungen muss die Charité später wieder zurücknehmen, weil sie aus unterschiedlichen Gründen einer gerichtlichen Überprüfung nicht standhalten.

796 Vgl. insbesondere die Einwände des Abgeordneten Fischbeck (Bündnis 90/Die Grünen) in der abschließenden Beratung des Gesetzes und die darauf folgenden Kontroversen mit dem Senator und CDU-Abgeordneten (Inhaltsprotokoll Ausschuss für Wissenschaft und

Die *Gegner des Interventionsmodells* berufen sich auf Grundsätze der Autonomie und der Demokratisierung, die erreichten Leistungen beim Aufbau neuer Strukturen, das Recht auf Mitwirkung an der Umgestaltung und die Notwendigkeit einer Alternative zum Strukturschwächen aufweisenden bundesdeutschen Hochschulsystem. Sie sehen in der Politik des Senats eine Verschärfung der Ost-West-Unterschiede[797]:

»Die §§ 5 bis 13 – soweit sie die personalrechtliche Zuständigkeit für beispielsweise an der Humboldt-Universität tätige Hochschullehrer und akademische Mitarbeiter und ihre Rechte als Mitglieder der Universität betreffen – lassen sich nur noch wie folgt charakterisieren: Die personelle Erneuerung der Hochschullehrer sollte zunächst nach dem Gesetzentwurf ... auf die einfache Formel ›Geborene Wessis oder vom für Hochschulen zuständigen Mitglied des Senats in diesen Stand Erhobene haben das Sagen‹ reduziert werden.«[798]

Von den *Gesetzesbefürwortern* wird auf mangelnde Erfahrungen mit der bundesrepublikanischen Ordnung, geringe Erfolge bei der Demokratisierung, die finanziellen (Mehr-)Kosten von »Selbsterneuerungsexperimenten«, die Überlastproblematik, die wissenschaftliche Profilierung der nun Gesamtberliner Hochschullandschaft und die notwendige Anpassung an die bundesdeutschen Rechtsstrukturen verwiesen.[799] Auffällig ist, dass die Gegner der Intervention weit eher Vorschläge einbringen, die zwischen den unterschiedlichen Erneuerungskonzepten vermitteln[800] als die Befürworter.[801] Direkte vergangenheitspolitische Argumentationsmuster werden, anders als es das öffentliche Bild von den ostdeutschen Hochschulen oder die HU nahelegen, nur in einem Fall als Legitimation für die Interventionspolitik angeführt.[802]

Forschung, 8. Sitzung vom 24. Juni 1991, 5-11, in: Dokumente zum Hochschulumbau I, Ablage 7).

797 In diesem Sinne der Vertreter des FB Chemie der HU (s. Wortprotokoll, Ausschuss für Wissenschaft und Forschung, 6. Sitzung vom 10. Juni 1991, 142, in: Dokumente zum Hochschulumbau I, Ablage 7).

798 A. a. O., 143. In dieser Stellungnahme wird auf eine Untersuchung des Internationalen Instituts für Science Information verwiesen, die während einer Tagung der Leopoldina im Frühjahr 1991 vorgestellt wurde. Nach deren Ergebnissen müsse mit den »Rechtfertigungen« aufgeräumt werden, dass in der ostdeutschen Wissenschaft vorwiegend mangelnde Qualifikation und Mittelmaß vorherrschten. Anhand einer Analyse auf der Basis des Science Citation Index in vorwiegend westlichen Zeitschriften der Jahre 1974 bis 1990 findet das Institut heraus, dass bundesdeutsche Forscher nur doppelt soviel zitiert worden seien wie ostdeutsche, was im Hinblick auf eine Vielzahl hemmender ökonomischer und politischer Faktoren für die DDR-Wissenschaftler ein überraschend gutes Ergebnis darstelle (a. a. O., 144).

799 A. a. O., 46, 48, 103 und 126. Weitere, den Streit um die Erneuerung als gesellschaftliches Problem der Ost-West-Auseinandersetzung erklärende Wortmeldungen u. a., in: a. a. O., 4, 41, 67 bis 80, 82, 85, 104.

800 A. a. O., 4f. und 85.

801 S. lediglich den Vertreter des Deutschen Hochschul-Verbandes, in: a. a. O., 103.

802 So der Vertreter des Bundes Freiheit der Wissenschaft, in: a. a. O., 126f., andeutend auch der Vertreter des Deutschen-Hochschul-Verbandes (a. a. O., 102).

Während des gesamten Gesetzgebungsprozesses steht weder das Interventionsmodell als Ganzes noch die Einrichtung seines wichtigsten Instruments, die SBK, jemals in Frage. Zu Beginn der Anhörung verkündete aber der wissenschaftspolitische Sprecher der CDU-Fraktion, dass sich die Koalitionsfraktionen »auf Grund der öffentlichen Diskussion« auf eine (erste) Liste von acht Gesetzesänderungen geeinigt hätten. Für die HU von besonderer Bedeutung war dabei der Kurswechsel bei der Frage, welche Hochschullehrer nach § 10 in der Selbstverwaltung mitwirken können. Die bisher vorgesehene Möglichkeit der Beauftragung mit einem Professorenamt durch den Senator wird gestrichen, weil sie, so der Sprecher, einem »Ritterschlag« gleichkäme. Außerdem wolle man Hausberufungen erleichtern, wobei der Abgeordnete den Eindruck erweckt, als würden sie die weggefallene Beauftragung mit einem Professorenamt kompensieren.[803]

Interessant ist die zeitliche Nähe dieser Veränderungen zu einem anderen, die Umgestaltung wesentlich beeinflussenden Ereignis: Am Morgen der Anhörung vom 10. Juni 1991 gab das OVG der Klage der HU statt, nach der die Abwicklung von fünf Fachbereichen rechtswidrig war und mit sofortiger Wirkung beendet werden müsse.[804] Das Urteil bezieht sich in seinen Kernaussagen auf das »Warteschleifen-Urteil« des Bundesverfassungsgerichts vom 24. April 1991, in dem neben Fragen der Abwicklung der Akademie der Wissenschaften der DDR die Rechtsnormen für die Abwicklung von Teileinrichtungen an Hochschulen präzisiert worden waren.[805] Es ist auffällig, dass das ErgG in dem Moment verschärft wird, wo sich die Unzulässigkeit eines zentralen Aspekts der interventionistischen Erneuerung herausstellt. Nicht nur brechen Legitimationsgrundlagen für die Teilabwicklungen weg, sondern könnte die Interventionspolitik insgesamt ins Wanken geraten.

3.2.2 Die Einrichtung der Struktur- und Berufungskommissionen

Weder ändern sich in der Gesetzgebung die Zusammensetzung der Kommissionen noch ihre Aufgaben. Dennoch löst die Implementierung in der Anhörung eine breite Diskussion aus, nämlich darüber, in welchen Alternativen das

803 A. a. O., 7.
804 Beschluss des OVG vom 10. 06. 1991, in: Ordner Abwicklung, Ablage 37. Vgl. die Äußerungen des Vertreters der HU (Wortprotokoll, Ausschuss für Wissenschaft und Forschung, 6. Sitzung vom 10. Juni 1991, 148, in: Dokumente zum Hochschulumbau I, Ablage 7). S. auch die Berichterstattung der Presse (Presseberichte IV, Ablage 2) sowie ergänzend Kapitel 3.2 des III. Teils.
805 1 BvR 1341/90, in: Dokumente zum Hochschulumbau III, Ablage 14.

Erneuern gedacht ist und wie pfadabhängig deren Hauptinstrumente bewertet werden.[806] Die Kritik an der Einrichtung von SBK konzentriert sich auf drei Bereiche: auf den institutionellen Vorschlag als solchen, auf die Zusammensetzung der Kommissionen und auf ihre Aufgaben.

Grundsätzliche Kritik erheben die Hochschulen, weil die Entwürfe der Koalitionsfraktionen nicht die Erneuerungspraxis der Einrichtungen reflektieren. Ein Beitrag des Sprechers des HU-Studentenrats, der einen Vorschlag des Leiters der HU für einen Mix aus staatlichen und hochschuleigenen Kommissionen konkretisiert[807] und mit einem kritischen Kommentar über einige Teilergebnisse der Selbsterneuerung verbindet, kann als Beispiel gelten für die Suche nach gemeinsamen Handlungsoptionen. Demnach sollen in den einzelnen Fächern der Evaluierungsstand von Struktur und Personal sowie die Qualität der konzeptionellen Planungen Kriterium für die Entscheidung über die Implementation neuer oder die gesetzliche Sanktionierung der bereits eingerichteten Kommissionen sein.[808] Diese und ähnliche Äußerungen[809] belegen, dass die Einrichtung der SBK vor allem als Abbruch, bewusste Beendigung und wohl auch (symbolisch überladene) Nichtachtung der hochschuleigenen Erneuerung angesehen wird. Die Kontroverse um die verschiedenen Modelle betrifft vor allem die jeweilige Organisation der SBK und PSK.

Kritik an der Zusammensetzung der Kommissionen wird aus zwei verschiedene Richtungen formuliert: wegen der Anzahl der Professoren (6) im Vergleich

806 In diesem Sinne stellt die Senatsverwaltung in der Erläuterung zu § 11 (9) Abs. 4 fest, »dass die bereits gebildeten Struktur- und Berufungskommissionen an der Humboldt-Universität weiterarbeiten«, dies »jedoch ausdrücklich nur für diejenigen Kommissionen (gilt), die durch die so genannte Sechser-Kommission eingesetzt worden« seien. Dieser Verweis baut der möglichen Interpretation vor, die hochschuleigenen PSK könnten sich auf den Gesetzestext berufen. Überhaupt vermeidet die Senatsverwaltung, irgendwelche Strukturen der Selbsterneuerung zu erwähnen (Drucksache 12/298, Abgeordnetenhaus von Berlin, Vorlage – zur Beschlussfassung – über Gesetz zur Ergänzung des Berliner Hochschulgesetzes, Erläuterung zu § 11 Abs. 4, 8, in: Dokumente zum Hochschulumbau I, Ablage 6).

807 Wortprotokoll, Ausschuss für Wissenschaft und Forschung, 6. Sitzung vom 10. Juni 1991, 5, in: Dokumente zum Hochschulumbau I, Ablage 7.

808 A. a. O., 84f. Der Vorschlag aus dem Entwurf für ein Hochschulergänzungsgesetz von Bündnis 90/Die Grünen sieht in § 9 Strukturkommissionen vor, die hinsichtlich der Aufgaben SBK und PSK ähneln. Ihre Zusammensetzung mit sechs Hochschullehrern sowie zwei akademischen Mitarbeitern, Studenten und sonstigen Mitarbeitern und die Einsetzung über das Kuratorium der jeweiligen Hochschule versuchten zu vermitteln zwischen den Vorstellungen von Hochschule und Senatsverwaltung (Drucksache 12/227, Antrag der Fraktion Bündnis 90/Die Grünen über Gesetz zur Ergänzung des Berliner Hochschulgesetzes, § 9, 3, in: Dokumente zum Hochschulumbau I, Ablage 6).

809 In diesem Sinne u. a. die Vertreterin des Verbandes Hochschule und Wissenschaft (Wortprotokoll, Ausschuss für Wissenschaft und Forschung, 6. Sitzung vom 10. Juni 1991, 101, in: Dokumente zum Hochschulumbau I, Ablage 7). Ähnlich auch der Vertreter des FB Chemie der HU (a. a. O., 144 f.) sowie die Vertreterin der GEW (a. a. O., 124).

zu derjenigen der Vertreter der anderen Mitgliedergruppen (insgesamt 2) sowie – damit einhergehend – wegen der zu erwartenden geringen Beteiligung von Frauen. [810] Ähnlich wie die Vertreterin des Arbeitskreises wissenschaftlich und künstlerisch tätiger Frauen äußert sich der DGB-Vertreter, der den akademischen Mitarbeitern sowie den Studenten mehr Mitspracherechte zugesichert sehen will. Er regt an, das Quorum für die einzelnen Mitgliedergruppen stärker an die Zusammensetzung der Fachbereichsräte nach § 70 BerlHG (7:2:2) zu koppeln. [811]

Kritik an den Aufgaben der SBK wird u. a. von Verbändevertretern vorgebracht und bezieht sich auf die allgemeinen Interventionsziele. Einer der Haupteinwände lautet: Übergänge zur Anpassung der selbstreformierten Strukturen oder die Einbeziehung sonstiger Reformergebnisse würden durch die Formulierungen im Gesetz nicht berücksichtigt und dadurch dem Belieben der jeweiligen SBK überlassen. Deshalb müssten die Aufgaben der Kommissionen dringend konkretisiert werden.[812]

In der Diskussion von § 11 (9) ErgG fällt auf, dass sich die Befürworter des Interventionsmodells durchweg nicht zur Einrichtung der SBK äußern. In der abschließenden Ausschussberatung wird sie nur noch am Rande problematisiert, etwa als es um die Gefahr eines vollständigen Personalaustauschs bzw. die im Gesetz ungeregelte Frage der Personalüberleitung geht.[813] Das hochschuleigene Modell spielt dagegen kaum eine Rolle.[814] Viele der Angehörten befürchten, die SBK würden in allen wichtigen Fragen durch die Senatsverwaltung gesteuert. Der Abgeordnete Flemming (SPD) versucht diese Angst mit dem Argument zu zerstreuen, dass fünf der acht Kommissionsmitglieder Angehörige der Hochschule seien, die Hochschule also die Mehrheiten stelle. Das vernachlässigt jedoch, dass die beiden Gruppen unterschiedlich mit Mitwirkungsmöglichkeiten ausgestattet sind.[815]

810 »Die vorgesehene Besetzung der Struktur- und Berufungskommission mit sechs Professoren und je einem Mitglied der akademischen Mitarbeiter und Studenten impliziert die Unterrepräsentanz. Professorenmehrheiten sind nachweislich Männermehrheiten. Das geltende Berliner Hochschulgesetz setzt hier andere Maßstäbe. Wir wenden uns dagegen, dass hinter unsere Erwartungen zurückgegangen wird.« (A. a. O., 67.)

811 A. a. O., 105.

812 In diesem Sinne der Vertreter des Hochschulpolitischen Rats der HU (a. a. O., 125) oder auch der Studentenratsvertreter (a. a. O., 85).

813 Hierfür setzt sich besonders der Abgeordnete Fischbeck (Bündnis 90/Die Grünen) ein (Inhaltsprotokoll, Ausschuss für Wissenschaft und Forschung, 8. Sitzung vom 24. Juni 1991, 12, in: Dokumente zum Hochschulumbau I, Ablage 7).

814 So die Abgeordneten Fischbeck und Girnus, in: a. a. O., 10 f.

815 A. a. O., 12.

3.2.3 *Die Mitwirkung der Hochschullehrer*

Im ersten Kapitel dieses Teils wurden im ErgG vier Elemente festgestellt, die die Mitwirkung der Hochschullehrer beeinträchtigen: besondere Mitbestimmungsregeln, das Prinzip der Mehrheitsbildung, die arbeitsrechtlichen Voraussetzungen für die Mitbestimmung und die Trennung von Dienst- und Korporationsrecht. Die inneruniversitären Funktionszusammenhänge werden dabei notwendigerweise (zeitlich befristet) aufgelöst.

Dass die ausschließenden Mitwirkungsregelungen während des Gesetzgebungsprozesses deutlich verschärft werden, belegen zwei Beispiele: Die ersten drei Entwürfe sehen einen deutlich weiter gefassten § 8 (10) Abs. 1 vor. Und § 9 (11) Abs. 4 3. Satz 2. Halbsatz[816] kommt erst in der Schlussberatung in das Gesetz. Was verbirgt sich hinter diesen Änderungen?

Zur Erinnerung: Nach dem ErgG zählen bei Entscheidungen, die gemäß § 47 Abs. 3 BerlHG außer der Mehrheit des Gremiums auch der Mehrheit der dem Gremium angehörenden Professoren bedürfen, für die Ermittlung der Professorenmehrheit nur die Stimmen der Professoren, die

a) in das Professoren-Amt unter Zugrundelegung der Voraussetzungen der §§ 100 und 101 Berliner Hochschulgesetz berufen oder
b) nach den Vorschriften des Gesetzes gemäß § 75a Hochschulrahmengesetz als Professoren oder Professorinnen oder als Hochschuldozenten oder Hochschuldozentinnen übernommen[817]

sind.

In den ersten drei Entwurfsfassungen enthält § 8 (hier § 10) ErgG noch eine dritte Option, die die Zahl vollwertig abstimmungsberechtigter Hochschullehrer in kurzer Zeit deutlich erhöht hätte. Nach § 10 Abs. 1 Nr. 2 ist vorgesehen, dass für Entscheidungen nach § 47 Abs. 3 BerlHG auch die Stimmen solcher Hochschullehrer zählen, die »von dem für Hochschulen zuständigen Mitglied des Senats mit der Wahrnehmung einer Professur beauftragt«[818] werden.

In der dritten Fassung des Gesetzentwurfs bezeichnet die Senatsverwaltung § 8 (10) als den »Zentralpunkt für die inhaltliche Erneuerung der hinzutretenden Hochschulen«[819]. Zudem stellt sie einen Zusammenhang zwischen der

816 Gesetz- und Verordnungsblatt für Berlin, 47 Jahrgang, Nr. 33 vom 26. Juli 1991, 178, in: Dokumente zum Hochschulumbau I, Ablage 6.

817 § 8 Abs. 1 ErgG, Gesetz und Verordnungsblatt für Berlin, 47. Jahrgang, Nr. 33 vom 26. Juli 1991, 177 f., in: Dokumente zum Hochschulumbau I, Ablage 6.

818 Drucksache 12/298 des Abgeordnetenhauses von Berlin, Vorlage – zur Beschlussfassung – über Gesetz zur Ergänzung des Berliner Hochschulgesetzes – ErgGBerlHG, 3, in: Dokumente zum Hochschulumbau I, Ablage 6.

819 Ebenda.

verfassungsrechtlichen Qualität von Berufungen für die Freiheit von Lehre und Forschung, der mangelnden Legitimität alter Berufungsverfahren aus der DDR sowie der (notwendigen) Einschränkung der Mitwirkung für die Ost-Hochschullehrer am Erneuerungsprozess her. Sie begründet, dass die hohen Standards für Berufungen nach dem HRG »angesichts der Vorgeschichte des Hochschulwesens der früheren DDR aus bekannten Gründen nicht allgemein und ausnahmslos vorausgesetzt werden«[820] können. Deshalb sei es die Aufgabe der angegebenen Vorschrift zu regeln, »wann bei einem Hochschullehrer von der Qualifikation eines den Anforderungen des HRG entsprechenden Professors ausgegangen werden kann«[821].

In diesen Grenzen scheint die Wahrnehmung einer Professur durch Beauftragung für die Ost-Hochschullehrer der chancenreichste Einstieg in das bundesdeutsche Hochschulsystem zu sein, denn: Die erfolgreiche Prüfung und die dann erfolgende Beauftragung bedeuten, »dass sie HRG-konform berufenen Professoren gleich zu werten sind«[822].

Auch der folgende Zusatz unterstreicht die These, dass die gleichberechtigte Mitwirkung der beauftragten Professoren tatsächlich beabsichtigt war: »Nur Hochschullehrer, die den vorgenannten Kriterien entsprechen, werden berechtigt sein, an Entscheidungen stimmberechtigt mitzuwirken, die der so genannten ›doppelten Mehrheit‹ bedürfen, also Entscheidungen, die Forschung, künstlerische Entwicklungsvorhaben oder die Berufung von Professoren unmittelbar betreffen. Hierzu gehört auch die Mitwirkung von Professoren, die nicht einem Fachbereichsrat angehören, an Entscheidungen über Berufungsvorschläge, Habilitationen sowie Habilitations- und Promotionsordnung (§ 70 Abs. 5 BerlHG). Hochschullehrer, die diesen Kriterien nicht entsprechen, können an Gremienentscheidungen im Übrigen mitwirken; bei den genannten qualifizierten Angelegenheiten haben sie beratende Stimme.«[823]

Würde das ErgG angewendet, bietet § 8 (10) Abs. 1 Ziffer 2 also nicht nur die chancenreichste, sondern (zunächst) auch die einzige Einstiegsmöglich-

820 Ebenda.
821 Ebenda.
822 Ebenda. Im Beschluss 14/91 der Sechser-Kommission vom 15. März 1991 heißt es deklaratorisch, die Bestätigung der der HU angehörenden Hochschullehrer durch den Senator werde sicherstellen, »dass die Mehrheit der Struktur- und Berufungskommissionen durch Professoren i. S. des Hochschulrahmengesetzes gebildet wird« (Vorlage 14/91 für die 8. Sitzung der Sechser-Kommission vom 15. März 1991, 4, in: Ordner Abwicklung, Ablage S). Auch dadurch ist angezeigt, dass sich die Senatsverwaltung bewusst war, dass nur Hochschullehrer nach HRG in SBK vollberechtigt mitwirken können und demzufolge die Regelung im ErgG eigentlich nicht der verfassungsrechtlichen Norm entsprach.
823 Abgeordnetenhaus von Berlin, Vorlage – zur Beschlußfassung – über Gesetz zur Ergänzung des Berliner Hochschulgesetzes – ErgGBerlHG –, Drucksache12/298, 7, in: Dokumente zum Hochschulumbau I, Ablage 6.

keit, um als HRG-konformer Hochschullehrer weiter in den Gremien vollwertig mitwirken zu können. Welche Auswirkungen es haben würde, wenn diese so wichtige Klausel wegfiele, muss den Parlamentariern angesichts dieser Gesetzesbegründung deutlich vor Augen gewesen sein. In der 4. Fassung nach der Anhörung fällt die genannte Option aus dem Gesetzentwurf heraus. Gleichzeitig passen die Koalitionsfraktionen den dienst- und korporationsrechtlichen Status der Hochschullehrer durch einen Zusatz an die veränderten Bedingungen an. Nun heißt es, dass *mit der Bestellung der Ost-Hochschullehrer in die* SBK *eben nicht festgestellt sei, ob sie die Voraussetzungen für Berufung oder Überleitung erfüllen.* Beide Punkte zeigen daher, dass der interventionistische Charakter im Gesetzgebungsverfahren verschärft wurde.[824]

Da die neuen Formulierungen erst nach der Anhörung schriftlich vorliegen[825], geht in ihr niemand auf sie ein. Verwunderlich bleibt dennoch, dass dieses Prozedere von allen mehr oder weniger kritiklos hingenommen wird und niemand diese einschneidende Veränderung bewertet.[826] Standesden-

824 § 9 Abs. 4 3. Satz, letzter Halbsatz ErgG, Gesetz- und Verordnungsblatt für Berlin, 47 Jahrgang, Nr. 33 vom 26. Juli 1991, 178, in: Dokumente zum Hochschulumbau I, Ablage 6.

825 So schreibt der Vorsitzende der ZPSK vorbereitend für eine Stellungnahme des Akademischen Senats zum 4. Entwurf: »Das Gesetz sieht vor, dass ein (Personalübernahme-)Gesetz gemäß § 75a HRG erst nach dem ErgGBerlHG zu beschließen sein wird. Das hat mit § 8 (10) Abs. 1 und 2 sowie § 9 (11) Abs. 1–5 zur Folge, dass die HUB nach Inkrafttreten des Ergänzungsgesetzes in allen Leitungsfunktionen und Gremien nur noch »West«-bestimmbar ist, also nur noch von Leuten, die die Universität überhaupt nicht kennen. De facto Totalabwicklung!« (Persönliche Aufzeichnung des Vorsitzenden der ZPSK, in: Dokumente zum Hochschulumbau I, Ablage 7). S. auch Offener Brief des Fachbereichsrats des FB Sozialwissenschaften an den Wissenschaftssenator (ohne Datum, wahrscheinlich April/Mai 1991), 1, in: Dokumentation »Die Arbeit der ZPSK 1990–1992«, Band 1, Ablage 5 (2. Register): »Wie inzwischen aus der Presse bekannt wurde, wurde eine Gesetzesvorlage vorbereitet, die für die gesamte Universität ein Verfahren vorsieht, das praktisch dem einer Abwicklung entspricht: alle Hochschullehrer, die neuerdings per Gesetz keine mehr wären, sollen zunächst abberufen und dann in sehr eingeschränktem Umfang neu eingestellt oder neu berufen werden. Für den wissenschaftlichen Mittelbau ist eine radikale Reduktion vorgesehen.«

826 Vgl. u. a. die Aussagen des HU-Studentenratsvertreters (Wortprotokoll, Ausschuss für Wissenschaft und Forschung, 6. Sitzung vom 10. Juni 1991, 85, in: Dokumente zum Hochschulumbau I, Ablage 7) oder des DGB-Vertreters, der die Einschränkungen in den verschiedenen Mitwirkungsbereichen als nicht hinnehmbar bezeichnet, aber die Ankündigung des Abgeordneten Schütze (CDU) als Aufhebung des § 8 Abs. 1 missinterpretiert (a. a. O., 105). Allgemein ablehnend dagegen der Vertreter des FB Chemie der HU (a. a. O., 143) oder die GEW-Vertreterin (a. a. O., 124). Vorsichtig positiv äußert sich der Vertreter des Deutschen Hochschul-Verbandes, der die Einschränkung von Mitgliedschaftsrechten für »vertretbar« hält. Um aber möglichst schnell einer ausreichenden Anzahl von wissenschaftlichen Mitarbeitern und Hochschullehrern die vollständige Mitwirkung zu eröffnen, fordert er zugleich, die Personalüberleitung nicht auf ein späteres Übernahmegesetz zu vertagen, sondern bereits im Ergänzungsgesetz zu verankern. Dies würde der tiefen »Unruhe bei allen Angehörigen der Universität« entgegenwirken (a. a. O., 102). Der Vertreter des Bundes Freiheit der Wissenschaft unterstützt die Einschränkungen der Mitbestimmungsrechte (a. a. O., 141).

ken[827], der Verlust des »privilegierten« Status, die öffentliche Diskussion über die Rolle der Professorenschaft bei der Stützung des früheren politischen Systems bzw. der »passive Konsens«[828] zu ihm sind mögliche Motive für den Verlust an Sprachfähigkeit unter den Hochschullehrern. Nur wenige, am deutlichsten noch die Vertreterin des Verbandes Hochschule und Wissenschaft, kommen deshalb in der Anhörung auf den Kern der Interventionspolitik, die Delegitimierung der Hochschullehrerschaft, zu sprechen: »Und auch die Arbeit der Personal- und Strukturkommissionen an der Humboldt-Universität zum Beispiel, die sich dem sehr zeitaufwendigen Versuch einer Erneuerung mit Empfehlungen zur Struktur und zu personellen Konsequenzen gestellt haben, hat in jedem Fachbereich deutliche Spuren hinterlassen. Wir haben nun erwartet, dass das Ergänzungsgesetz dies beendet und uns hilft, zu einem normalen Studienbetrieb zurückzukehren. Doch wenn man das Ergänzungsgesetz durchliest, muß man sich fragen, wo dies zum Ausdruck kommt. Stattdessen finden wir, dass eigentlich überhaupt kein Hochschullehrer ein richtiger Hochschullehrer ist.«[829]

Die abschließende Ausschussberatung ändert nichts mehr an den Entscheidungen der Koalitionsfraktionen. Weder lösen die Parlamentarier die offene Frage der Personalübernahme,[830] noch diskutieren sie über den Wegfall der dritten Mitwirkungsoption. Welche grundlegenden Auswirkungen das haben kann, spricht der Vertreter von Bündnis 90/Die Grünen am deutlichsten aus: »Die Vergangenheit sei noch keineswegs bewältigt; das könne auch nicht nur durch eine Säuberung oder vollständigen Personalaustausch geschehen. Andernfalls schüfe man einen geschichtslos-sterilen Torso, abgehoben von der gesellschaftlichen Umgebung, der nicht mehr zur Bewältigung des Umbruchs und zum geistigen Vordenken diene. Die HUB müsse ihre Identität wahren können, die – noch aus SED-Zeiten verschüttet – im Verborgenen liege.«[831] Die gefundenen Regelungen würden hingegen erneut »auf die klassische Konfrontation zwischen ›Besser-Wessis‹ und ›Jammer-Ossis‹«[832] hinauslaufen, bei der bisherige Mitarbeiter der HU kaum eine Chance auf Weiterbeschäftigung haben würden. Dieser Einschätzung widerspricht der Senator und warnt vor einer »defensiven Argumentation, die nur mutmaßlich überlegene West-

827 Vgl. hierzu die Wortmeldung des Vertreters der Charité (a. a. O., 22 f.).
828 Middell, 1993, 16; s. auch Mayntz, 1994a, 297.
829 A. a. O., 101.
830 Dies hatten der Abgeordnete Fischbeck (Bündnis 90/Die Grünen) und andere Oppositionsvertreter im Ergebnis der Anhörung noch einmal verlangt (Inhaltsprotokoll, Ausschuss für Wissenschaft und Forschung, 8. Sitzung vom 24. Juni 1991, 10, in: Dokumente zum Hochschulumbau I Ablage 7).
831 Ebenda.
832 A. a. O., 12.

Bewerber fürchte. Würde das vorhandene Personal in toto übergeleitet, könne sich die öffentliche Meinung gegen die Hochschule wenden«[833]. Der Abgeordnete Flemming, SPD-Fraktion, widerspricht ebenfalls: »Es sei a priori keine Fremdbestimmung vorgesehen.«[834]

Welches der skizzierten Szenarien den realen Abläufen am nächsten kommt, kann an dieser Stelle offen bleiben. Zweifelsohne hätte aber die aus der 3. Entwurfsfassung gestrichene Regelung rechtliche Klarheit in den Status der Ost-Hochschullehrer in den SBK gebracht und einen großen Teil der Beschneidungen relativiert, die das Gesetz an anderen Stellen aufweist. Zumindest ein Grundvertrauen in den Erneuerungsprozess und die nahezu gleichberechtigte Mitwirkung *von Beginn der Kommissionstätigkeit an* wären damit möglich gewesen. In der öffentlichen Meinung werden diese Regelungen kontrovers kommentiert, wird gesprochen von Erneuerung mit den »Mitteln einer Kampfansage. Statt Unterstützung und Vertrauen bei den Wissenschaftlern im Ostteil der Stadt zu wecken, wird dieses Hochschulergänzungsgesetz vor allem falsche Solidarisierungen auslösen«. Selbst »begründetes Misstrauen« gegenüber der Fähigkeit zur Selbsterneuerung »rechtfertigt keine Überreaktion«.[835]

3.2.4 Die Beschränkung des passiven Wahlrechts

Das passive Wahlrecht der Hochschullehrer wird von Beginn an restriktiv ausgestaltet. Dabei variieren sowohl der *Umfang der betroffenen Ämter* als auch die *Voraussetzungen für den Erwerb des passiven Wahlrechts*:

Schließen die ersten Entwürfe aus, zum Rektor, Dekan oder Geschäftsführenden Direktor eines Instituts sowie zum Ärztlichen Direktor der Charité gewählt zu werden, wenn der Bewerber nicht nach § 100 und 101 des Berliner Hochschulgesetzes berufen ist, so nimmt die 4. Entwurfsfassung das Amt des Rektors von dieser Beschränkung aus.[836] Warum es dazu kommt, kann nur vermutet werden, denn in der öffentlichen Diskussion spielt das Thema keine Rolle.

Das übliche passive Wahlrecht wird durch die Koalitionsfraktionen nur für einen kleineren Kreis von Hochschullehrern aufrechterhalten, nämlich für diejenigen Professorinnen und Professoren, die gemäß § 9 Abs. 4 Satz 1

833 Ebenda. Eine vollständige Überleitung hatte freilich niemand gefordert.
834 Ebenda.
835 Zitiert aus: »Mitbestimmung für Ost-Professoren fraglich«, »Der Tagesspiegel« vom 21. Juni 1991, in: Presseberichte III, Ablage 11.
836 Vgl. die Entwurfsfassungen 1 bis 3 und den Änderungsantrag 17 der Fraktionen von CDU und SPD mit den darauf folgenden Fassungen bzw. dem beschlossenen Gesetz, in: Dokumente zum Hochschulumbau I, Ablage 6.

Nr. 2 als Hochschullehrer der Universität Mitglieder einer SBK sind.[837] Damit stellt der Gesetzgeber neben der üblichen Gruppenzugehörigkeit auf ein funktionsbezogenes Element ab, nämlich die Mitgliedschaft in einer Kommission. Diese ungewöhnliche Regel ist scheinbar das Ergebnis eines Koalitionskompromisses, der die gestrichene 3. Mitwirkungsoption kompensieren soll. Die CDU will angesichts der vergangenheitspolitischen Debatten mehr Personen ausschließen, die SPD nicht. Von der Kopplung der SBK-Mitgliedschaft mit der Wahrnehmung eines Amtes in der Selbstverwaltung verspricht sie sich, die Arbeit der Sonderkommissionen auf eine kürzere Dauer zu beschränken.[838] Dem steht der widersprüchliche Status der Ost-Hochschullehrer in den SBK entgegen.

Beide Änderungen am Gesetzentwurf, die Wahlmöglichkeit des Rektors und die Ausweitung des passiven Wahlrechts auf die SBK-Mitglieder, werden erst während der Anhörung angekündigt. Deshalb findet sich in den Protokollen dazu kaum eine Kommentierung[839], ebenso wenig in den abschließenden Beratungen in Ausschuss und Parlament.[840]

3.2.5 *Die Verlagerung der inneruniversitären Entscheidungskompetenzen auf die Struktur- und Berufungskommissionen*

Der Kompetenzübergang von den Fachbereichs- und Institutsräten auf die SBK wird während des Gesetzgebungsverfahrens immer weiter konkretisiert. Er geschieht nicht über die Festlegung der Zuständigkeiten der SBK in § 9 (11) Abs. 1 allein, sondern benötigt noch eine 2. Säule, den formalen Ausschluss

837 Vgl. Änderungsantrag 17 (S. 4) sowie § 8 Abs. 2 der Gesetzentwürfe 4 und 5 mit dem beschlossenen Gesetz, in: Dokumente zum Hochschulumbau I, Ablage 6.

838 Vgl. die Äußerungen des Abgeordneten Flemming (SPD) auf der abschließenden Ausschussberatung (Inhaltsprotokoll, Ausschuss für Wissenschaft und Forschung, 8. Sitzung vom 24. Juni 1991, 12, in: Dokumente zum Hochschulumbau I Ablage 7). Schon praktische Gründe sprechen aber dagegen: Es braucht eine Mindestzahl von Professoren, die die gesetzlich geforderten Merkmale erfüllen und in einer ordentlichen Fachbereichswahl auch als Ratsmitglieder gewählt werden. Neben den drei eigenen Hochschullehrern aus der SBK ist zusätzlich wenigstens ein neu Berufener nötig und alle vier zusammen müssen in den Fachbereichsrat gewählt werden, wenn er wieder funktionsfähig sein und an die Stelle der SBK treten soll. Für ein Berufungsverfahren von der Ausschreibung bis zur Ernennung und eine Fachbereichsratswahl mit ihren einzuhaltenden Fristen vergehen aber mindestens 1 bis 1 ½ Jahre, eine Zeit also, in der die SBK allein die Entwicklung des Fachbereichs bestimmt (s. auch Abschnitt 1.3).

839 Lediglich der Vertreter der HU (Wortprotokoll, Ausschuss für Wissenschaft und Forschung, 6. Sitzung vom 10. Juni 1991, 4, in: Dokumente zum Hochschulumbau I, Ablage 7) sowie die Vertreterin der »Humboldt-Frauen« (a. a. O., 82) kritisieren die ursprüngliche Formel.

840 Vgl. a. a. O., S. 10 ff.

der vorhandenen Fachbereiche und seiner Gremien, solange sie nicht nach den Bestimmungen des ErgG neu konstituiert sind (§ 9 Abs. 5 Satz 2).

Die unabhängige Stellung der Sonderkommissionen zu den Fachbereichs- und Institutsräten beabsichtigt die Senatsverwaltung nicht von Beginn an, denn § 9 Abs. 5 Satz 2 wird erst in die 2. Entwurfsfassung des ErgG aufgenommen. Der ursprüngliche Entwurf kennt die verlagerten Entscheidungskompetenzen noch nicht. Vielmehr verfolgt dieser die Strategie eines begrenzten Eingriffs und lässt die grundsätzliche Zuständigkeit des Fachbereichsrats unberührt![841] In der zweiten Fassung wird diese Position aufgegeben und erhalten die SBK die Aufgabe, die Fachbereiche allein und unabhängig von den Gremien neu zu strukturieren.[842] Die Begründung des Gesetzestextes signalisiert, dass verschiedene verfassungsrechtliche Bedenken und mögliche unklare Entscheidungsabläufe den Gesetzgeber zu diesem Schritt veranlassen: »Der Grundsatz, dass Entscheidungen in der Hochschule von dem dafür gesetzlich vorgesehenen Organ getroffen werden, bleibt gewahrt. Die Entscheidungen werden von den Kommissionen durch deren Empfehlungen zunächst nur vorbereitet. Solange jedoch die gesetzlich zuständigen Entscheidungsgremien wie Fachbereichsrat oder Akademischer Senat noch nicht mehrheitlich mit Professoren besetzt sind, die mindestens dem gleichen Qualifikationsstandard entsprechen wie die Professoren in den Struktur- und Berufungskommissionen, stellt Satz 2 sicher, dass in diesen Fällen die jeweilige Kommission selbst zu entscheiden hat.«[843]

Wie in der Anhörung mehrere Redner kritisch bemerken[844], ist auf absehbare Zeit nicht damit zu rechnen, dass in den Fachbereichsräten Professoren sitzen, die diesen Anforderungen des Gesetzes entsprechen. In der abschließenden Ausschussberatung wird die Frage der Befugnisse der Fachbereichsräte nochmals kontrovers debattiert. Während der Senator die Regelung uneingeschränkt befürwortet, weichen – wie im vorangegangenen Abschnitt angerissen – die Wortmeldungen des SPD-Vertreters davon deutlich ab. Die

841 Demnach sieht § 12 Abs. 3 ausdrücklich vor, dass die SBK die relevanten Entscheidungen nur vorbereiten, die Entscheidungen selbst jedoch bei den Fachbereichsräten verbleiben (s. 1. Fassung des Gesetzes zur Ergänzung des Berliner Hochschulgesetzes, § 12 Abs. 3 [S. 11], in: Dokumente zum Hochschulumbau I, Ablage 6).

842 S. § 11 Abs. 5 der 2. Entwurfsfassung, in: Dokumente zum Hochschulumbau I, Ablage 6.

843 Gesetz zur Ergänzung des Berliner Hochschulgesetzes, Begründung zu § 11 Abs. 5, 17f. Wortgleich auch in der 3. Entwurfsfassung (Drucksache 12/298), in: Dokumente zum Hochschulumbau I, Ablage 6.

844 In diesem Sinne u.a. der Vertreter der HU, in: Wortprotokoll, Ausschuss für Wissenschaft und Forschung, 6. Sitzung vom 10. Juni 1991, 4, in: Dokumente zum Hochschulumbau I, Ablage 7. Am deutlichsten Kritik am Kompetenzübergang und den auch die Studentenschaft berührenden Einschränkungen übte der Vertreter des Studentenrats (a.a.O., 85). Ähnlich der Vertreter des Hochschulpolitischen Rats, der die Kompetenz gewählter Gremien nicht angezweifelt sehen möchte (a.a.O., 125).

Oppositionsfraktionen, und hier insbesondere Bündnis 90/Die Grünen, kritisieren § 9 (11) aus mitwirkungspolitischer Perspektive und beschwören die Gefahr ansteigender Ost-West-Differenzen.[845]

3.2.6 Die Änderung der Entscheidungskompetenzen in Personalangelegenheiten

Dieses Element verändert sich innerhalb des Gesetzgebungsprozesses stark, auch wenn dabei das Grundprinzip, der Entzug der Zuständigkeit des Kuratoriums für die Personalangelegenheiten der Hochschule, immer unangetastet bleibt. Schon der erste Entwurf verteilt die Aufgaben zwischen Kuratorium und Personalkommission neu[846], ohne aber schon festzulegen, auf wen sie im Einzelnen übergehen sollen.[847] Zwei Konzepte konkurrieren miteinander, die sich unterschiedlich weit vom Berliner Hochschulgesetz entfernen: Das eine will alle Einzelentscheidungen der Senatsbürokratie überlassen (so in der 2. und 3. Fassung), das andere weiter ein Kollegialgremium (d.h. die Personalkommission) damit betrauen, welches aber nicht mehr vom Kuratorium, sondern durch das Gesetz selbst eingerichtet wird (so die 1. und dann wieder die 4. bis 6. beschlossene Fassung).

Das Konzept der Einzelentscheidungen in § 5 Abs. 2 Satz 2 sowie § 8 Abs. 1[848] leitet die Senatsverwaltung aus dem 1. Mantelgesetz (Maßgabe Nr. 5) ab. Jedoch vernachlässigt sie, dass diese Regelung ausdrücklich auf eine eng definierte Zeit begrenzt war und gerade nicht dazu dienen sollte, in Ost- und Westberlin zweierlei Recht zu schaffen. Entgegen diesen Intentionen beruft sich nun das ErgG erneut »auf die besondere Situation in der Übergangszeit«[849], sagt aber zu, dass einfache Personalangelegenheiten auf den Leiter der Hochschule – wie bisher auch an den Westberliner Hochschulen üblich – übertragen

845 Vgl. Inhaltsprotokoll, Ausschuss für Wissenschaft und Forschung, 8. Sitzung vom 24. Juni 1991, 10ff., in: Dokumente zum Hochschulumbau I, Ablage 7.

846 § 9 Abs. 1, 1. Entwurf, in: Dokumente zum Hochschulumbau I, Ablage 6.

847 In welchem Verhältnis Personalkommission und Kuratorium an der HU zueinander stehen, bleibt im 1. Entwurf noch ungeklärt. Erst in der vierten Fassung findet sich in § 5 Abs. 2 Satz 2 der Hinweis, dass § 67 Abs. 1 BerlHG (Zusammensetzung und Zuständigkeit des Kuratoriums) »entsprechend gelte«, nicht jedoch Abs. 2, wonach das Kuratorium bei Stimmengleichheit Personalentscheidungen an sich ziehen kann. Damit wird eine »Doppelstellung« der Personalkommission aufgebaut, wonach sie zwar grundsätzlich eine Kommission des Kuratoriums bleibt, auf Entscheidungen der Personalkommission aber kein Zugriffsrecht hat.

848 Vorlage – zur Beschlußfassung – über Gesetz zur Ergänzung des Berliner Hochschulgesetzes – ErgGBerlHG –, Abgeordnetenhaus von Berlin, Drucksache 12/298, in: Dokumente zum Hochschulumbau I, Ablage 6.

849 A. a. O., 6.

werden können.[850] Doch gewichtiger an diesem Vorschlag ist, dass er Einstellungen und Kündigungen von wissenschaftlichem Personal ausschließlich zu einer Sache von SBK und Aufsichtsbehörde macht. Da der dem Parlament zugeleitete Entwurf diesen Passus zunächst enthält, erscheint die Einigung beider Koalitionsfraktionen auf das Kollegialentscheidungsprinzip (Einrichtung der Personalkommission)[851] eine deutliche Verbesserung.[852] Weil die Festlegung der Koalition aber hinter der im Westteil der Stadt geltenden BerlHG-Regelung zurückbleibt, kritisieren Vertreter der HU und die Opposition den gefundenen Kompromiss.[853]

850 Hierunter fallen Entscheidungen über die Einstellung oder Kündigung einfacher Angestellter und nichtwissenschaftlicher Mitarbeiter.

851 Wortprotokoll, Ausschuss für Wissenschaft und Forschung, 6. Sitzung vom 10. Juni 1991, 7, in: Dokumente zum Hochschulumbau I Ablage 7. MdA Schütze (CDU) erwähnt zwar die Einigung der Koalition auf den Stichentscheid, nicht jedoch, was mit dem in § 67 Abs. 2 BerlHG verankerten Rückholrecht des Kuratoriums bei Personalangelegenheiten geschieht. Die über die Änderungsanträge 8, 9 und 11 (Änderungsanträge der Koalitionsfraktionen zur Drucksache 12/298, in: Dokumente zum Hochschulumbau I, Ablage 6) verabschiedete Regelung der Personalzuständigkeiten gleicht der des Hochschulgesetzes des CDU/FDP-Senats in der Fassung von 1986 (vgl. § 67 BerlHG, Fassung von 1986).

852 So bewertet u. a. von der Vertreterin der Musikhochschule (Wortprotokoll, Ausschuss für Wissenschaft und Forschung, 6. Sitzung vom 10. Juni 1991, 25, in: Dokumente zum Hochschulumbau I Ablage 7), den Vertretern der Ingenieurhochschule (a. a. O., 26), des FB Chemie der HU (a. a. O., 143), aber auch vom DGB, der ursprünglich noch für die völlige Aufhebung der §§ 5 Abs. 2 und 8 Abs. 1 plädierte (a. a. O., 105). Dem Kuratorium schrittweise die vollen Rechte übertragen möchte der Vertreter des Deutschen Hochschul-Verbandes (a. a. O., 102).

853 A. a. O., 5 f. u. 82. So der Abgeordnete Girnus (PDS) sowie der Abgeordnete Fischbeck (Bündnis 90/Die Grünen), die sich »gegen diese und weitere Beschränkungen der Kompetenzen des Kuratoriums« aussprechen (Inhaltsprotokoll, Ausschuss für Wissenschaft und Forschung, 8. Sitzung vom 24. Juni 1991, 5, in: Dokumente zum Hochschulumbau I, Ablage 7) und das Rückholrecht von Personalentscheidungen im Kuratorium erhalten möchten (ebenda). In diesem Sinne auch der Abgeordnete Tolksdorf (FDP): »Besondere Situationen dürften demokratische Prinzipien des Zusammenwirkens von Hochschule und Staat nicht außer Kraft setzen, zumal sich demokratisch gebildeter politischer Wille dem diktatorisch oktroyierten immer als überlegen erweise« (a. a. O., 6).

4. Erneuerung durch Intervention – Normative Grundmuster

Die über das ErgG organisierte Hochschultransformation hat unter ordnungspolitischen Gesichtspunkten interventionistischen Charakter und unterscheidet sich erheblich vom hochschuleigenen Modell.

Das Interventionskonzept lässt sich durch vier Grundphänomene charakterisieren:

1. die *Einrichtung von Sonderkommissionen*, den Struktur- und Berufungskommissionen,
2. die *Minderung* der individuellen Mitwirkung, vor allem der Hochschullehrer, bei der akademischen Selbstverwaltung,
3. die *Beschränkung* des Wahlrechts und
4. die *Neuordnung* von Entscheidungskompetenzen in den Hochschulgremien.

Durch sie kommt es während der Transformation zur Ausschließung der vorhandenen Hochschulmitglieder. Die Einschränkung oder auch Aufhebung der Selbstverwaltung, insbesondere in den Bereichen Forschung, Lehre und Berufung, ist dafür die entscheidende Voraussetzung. Alle Ebenen sind davon betroffen; die Institutsräte, Fachbereichsräte oder der Akademische Senat büßen durch das ErgG in den zentralen Fragen der Entwicklung der Hochschule Kompetenzen ein. Ohne diesen Entzug von Rechten der ordentlichen Gremien wäre die Interventionspolitik unmöglich. Die verschiedenen Elemente lassen sich zu dem folgenden Modell zusammenfassen:

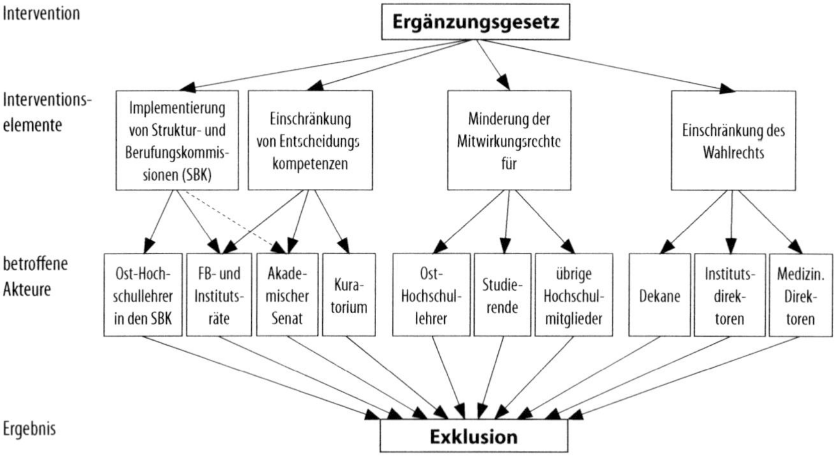

Alle vier Eingrenzungen der Selbstverwaltung verbindet, dass sie eine Status-Differenz erzeugen:

- zwischen den Mitgliedern der SBK, die der HU angehören, und denen, die ihr nicht angehören,
- zwischen den an der HU beschäftigten Hochschullehrern und den Kommissionen und später
- zwischen Ost- und Westbeschäftigten.

Auf Grund der neu geordneten Entscheidungsabläufe in der Hochschule zugunsten der SBK erzeugt diese Statusdifferenz eine Gruppendominanz der westdeutschen Mitglieder. Die Dominanz der einen bewirkt Ausschließungsphänomene bei der anderen Gruppe, den hochschuleigenen SBK-Mitgliedern, den Mitgliedern der Fachbereichsräte, des Akademischen Senats und letztlich bei den beschäftigten Hochschulangehörigen insgesamt.

Folgende Beispiele können als signifikante Indikatoren für im ErgG angelegte Ausschließungen, Beschränkungen von Partizipationsrechten oder dem Recht auf eigenständige Entscheidung gelten:

1.) Indem im Gesetzgebungsverfahren die 3. Option gestrichen wird, Hochschullehrer, beauftragt mit der Wahrnehmung einer Professur durch den Senator, gleichberechtigt an den Entscheidungen der SBK mitwirken zu lassen, schließt der Gesetzgeber automatisch die Ost-Professoren von eben dieser qualifizierten Teilhabe bis zum Zeitpunkt der eigenen Berufung aus. Auch generell hält der Gesetzgeber die Beschäftigungsperspektive für alle Hochschulangehörigen ausdrücklich offen, die in den SBK, im Senat oder im Fachbereichsrat über Neueinstellungen, Berufungen oder Kündigungen mit entscheiden. Der ungeklärte eigene Status mindert deshalb nicht nur in diesen, sondern in allen relevanten Entscheidungsverfahren in Lehre und Forschung ihre Stimmen. Im Konfliktfall können sie nicht mehrheitsbildend eingesetzt werden. Dazu kommt die psychologische Dimension dieser Situation, ist die eigene Zukunft doch ungewiss. Dass im Gesetzgebungsverfahren die Mitbestimmungsregeln teilweise verschärft werden, erhärtet die Annahme ihres auf Ausschließung zielenden Charakters.

Auch im Phänomen der Zuordnung der Dozenten und Professoren zu einer Gruppe der Hochschullehrer und nicht der Professoren, verbunden mit dem Vorenthalten bestimmter Rechte und dem Umgehen der gruppenspezifischen Funktionsbindung von Wissenschaft (Homogenitätsgebot aus Art. 5 Abs. 3 GG), finden sich Ausschließungsphänomene wieder.

2.) Das ErgG schränkt das Wahlrecht ein. Gewählt werden zum Dekan oder Institutsdirektor kann nur, wer nach bundesdeutschem Recht berufen, übernommen oder Mitglied einer SBK ist. Da diese Kriterien (bis auf jeweils die drei heimischen SBK-Mitglieder) für eine längere Übergangszeit keiner der an der HU beschäftigten Hochschullehrer erfüllt, besitzt nur noch eine zahlenmäßig kleine Gruppe Zugang zu diesen Ämtern. Die meisten der Dozenten und Professoren sind von ihnen ausgeschlossen. Gleiches gilt für deren Positionen im Fachbereichs- oder Institutsrat. Auch für sie müssen die genannten Bedingungen erfüllt sein, wenn die Gremien ihre angestammten Rechte und Aufgaben wahrnehmen bzw. von der SBK zurückerhalten wollen. Zugleich räumt das Gesetz den SBK-Professoren aus dem »Westen« außerordentlich große Wirkungsmöglichkeiten gerade in den ersten Phasen der Intervention ein, weil durch das spezifisch modellierte Wahlrecht keine legitimierten »Gegenspieler« entstehen können. Die mit den Einschränkungen verbundene geringe Auswahl stellt das Wahlrecht insgesamt vor Legitimationsprobleme.

3.) Die dem Studentenrat im Gesetzgebungsverfahren versagt gebliebene rechtliche Anerkennung lässt sich ebenfalls als Ausschließungsvorgang deuten. Das ErgG beendet ein bekanntes und halbwegs auch akzeptiertes Vertretungsmodell der Studentenschaft, ohne dass eine Alternative am Horizont sichtbar ist. Zweifellos bestehende Kompatibilitätsprobleme mit dem Hochschulgesetz hätten, wie der Gesetzentwurf von Bündnis 90/Die Grünen zeigt, ohne große Schwierigkeiten gelöst werden können, wenn der politische Willen dazu vorhanden gewesen wäre.

4.) Auch in der Konstruktion der Personalevaluation lässt sich das Prinzip der Ausschließung erkennen, weil die im EV festgelegten Kriterien zur individuellen Überprüfung der persönlichen und fachlichen Eignung, des Bedarfs und der MfS-Zusammenarbeit ausgeweitet werden und nunmehr ein Weiterbeschäftigungsvorbehalt gegenüber allen Wissenschaftlern besteht. Insoweit wird das Regel-Ausnahme-Verhältnis des EV ausgeweitet.

Zusammengefasst wirken auf den einzelnen Hochschullehrer folgende Ausschließungsmerkmale ein:

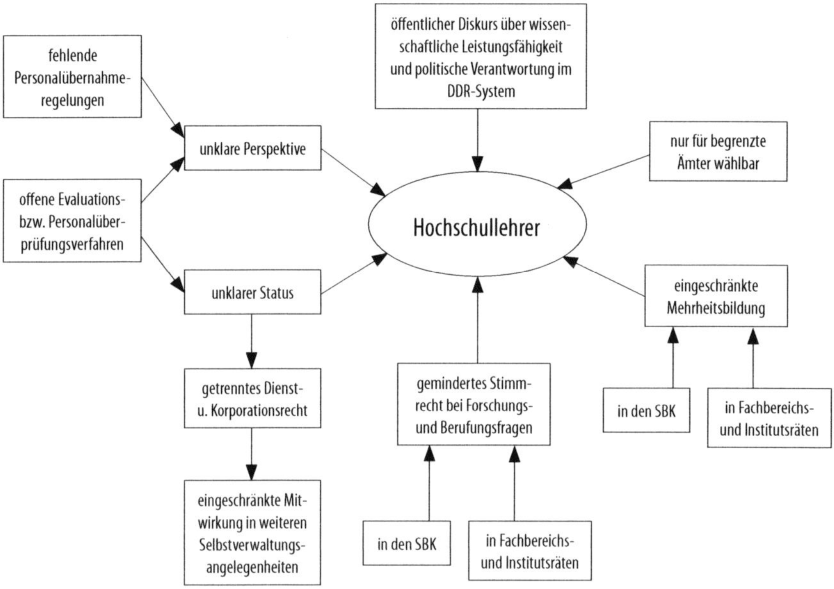

Durch die Konstruktion der deutschen Hochschule als Gruppenuniversität betreffen die Einschränkungen mittelbar auch die wissenschaftlichen und nichtwissenschaftlichen Mitarbeiter sowie die Studierenden, weil sich auch für sie in einer minimierten Selbstverwaltung Mitwirkungsrechte vorübergehend reduzieren. Hinzu kommt die allgemeine Sorge um Statusverlust, sozialen Abstieg, politische Delegitimierung oder wissenschaftliche Desintegration.

In nahezu allen Interventionselementen ist eine wiederkehrende Leitidee anzutreffen: *die Umkehr des Zugehörigkeitsprinzips zur Hochschule.* Diese Umkehr hat zwei Dimensionen, eine institutionelle und eine auf den einzelnen Wissenschaftler bezogene. Auf der Ebene der Fachbereiche geht die Umkehr des Zugehörigkeitsprinzips von der Grundüberlegung aus, neben dem jeweiligen alten zunächst gedanklich, dann aber – von Einzelentscheidung zu Einzelentscheidung der SBK – Wirklichkeit werdend, einen neuen Fachbereich entstehen zu lassen, der schließlich, bei genügend neu ausgewähltem Personal, an die Stelle des alten tritt. In diesem Interregnum, in dem der alte Fachbereich nicht mehr und der neue noch nicht existiert, treffen die SBK die wichtigen Struktur- und Personalentscheidungen, sind sie das wesentliche Steuerungsinstrument für den Institutionentransfer.

Der Grundsatz, die Zugehörigkeit zur Hochschule umzukehren, findet sich aber auch wieder in der Ausschreibung und Besetzung aller Stellen nach dem Prinzip der Bestenauswahl, der eingeschränkten Mitbestimmung und der Neuordnung der akademischen Selbstverwaltung. Das Prinzip, eine Hochschule als Ort institutionalisierter Wissenschaft in einer Einheit von Inhalt und Organisation zu verstehen, wird durch den Gesetzgeber zeitweilig aufgehoben, weshalb dem Modell der exogenen Transformation eine ambivalente Orientierungs- und nur eine geringe Integrationsleistung zugesprochen werden kann. Das zeigt sich u. a. auch daran, dass es kaum in der Lage ist, Anreize und Instrumentarien zu entwickeln, die Ausdifferenzierungen beim Personal nach Qualitäts- und Eignungsmerkmalen begünstigen oder die Bereitschaft zur Auseinandersetzung mit dem untergegangenen politischen und wissenschaftspolitischen System fördern. Das Modell baut nicht auf einen Mix aus Austausch, Qualifizierung und Weiterbeschäftigung des vorhandenen Personals und will die nach dem Systemwechsel an der HU neu geschaffenen, umgeformten oder aus dem Westen adaptierten institutionellen Strukturen weder erhalten noch weiterentwickeln. »Keine Experimente«, das scheint die weithin alles überwölbende Formel des Interventionsmodells zu sein.

Allerdings: Das Gesetz gibt den SBK und ihren Akteuren wie der Hochschule insgesamt einen verbindlichen Ordnungsrahmen vor, nach dem sie handeln und ihre Erneuerungsprogramme erstellen und umsetzen sollen. In diesem Sinne hat die Erneuerung durch Intervention Verbindlichkeit, Tiefgang und Richtungstreue, wie sie das hochschuleigene Modell aus unterschiedlichen Gründen nicht erreichen kann. Sie erweist sich deshalb trotz aller Diversifizierungen in den einzelnen SBK als steuerbarer als die endogene Transformationsstrategie. Der institutionelle Kontext, in dem die interventionistische Erneuerung entsteht, seine Akteure und Handlungsorientierungen geben dem Modell eine hohe Ordnungsleistung.

Für gemeinsame Neuansätze in der Gestaltung der Hochschule der Zukunft jenseits der Einpassung des ostdeutschen in das westdeutsche Wissenschaftssystem ist der gewählte Transformationspfad allerdings ungeeignet, nicht zuletzt, weil er keine intermediären Strukturen organisiert und die Kommunikation zwischen den Akteuren der Intervention und der Selbsterneuerung dem Zufall überlässt. Alles Vorhandene hat Übergangsstatus. Zu einem Grundkonsens über den Wert der Transformation kommt es zwischen Senat und Universität ebenso wenig wie zu einem Programmkonsens über deren Ablauf. Das schließt eigendynamische Entwicklungen in einzelnen Kommissionen bzw. Verfahrenskompromisse nicht aus, sondern markiert, dass Handlungskorridore individueller Akteure oder von Kommissionen trotz hoher politischer Steuerungsleistungen durchaus vorhanden sein und genutzt werden konnten. Die Handlungskoordination erfolgt in der Regel über Anpassungen, Verhandlungen oder hierarchische Entscheidungen, selten dagegen über Abstimmungen.

Anders ausgedrückt: Der vom Gesetzgeber geschaffene spezifische Transformationstyp gleicht im Gegensatz zum hochschuleigenen Modell mehr einer Neugründung als einem Umbau oder einer Umgestaltung, denn er erfasst grundlegend alle Bereiche, alle Gruppen und alle korporativen Akteure. Die Prozesssteuerung liegt dabei nicht bei der Hochschule, sondern bei Kommissionen mit starkem externen Gewicht und der Senatsverwaltung. Zwar fehlt der symbolische Gründungsakt, doch legt die Ausgestaltung des Transformationspfads die Neugründung als Denkfigur der Intervention nahe. Rechte, Ressourcen und Respekt werden mit ihr neu verteilt. Zwar dynamisiert das Interventionsmodell den »Erneuerungsprozess von oben«, forciert den zwingend notwendigen grundlegenden Personalaustausch. In der Hochschule selbst führt er jedoch zu einem Abbruch eigener Reformanstrengungen und reduziert die Teilhabe und Mitwirkung an den Prozessen erheblich. Innovationspotenziale werden stillgelegt und von Konformisierungs-, Ritualisierungs-, Rückzugs- oder Rebellionsphänomenen[854] überlagert. Das erschwert die Integration des vorhandenen geeigneten Personals in die bundesdeutschen Wissenschaftsstrukturen. In diesen Befunden finden sich Dimensionen von Ausschließung mit Langzeitfolgen.

854 S. Schluchter, 1996, 83.

VI.
Die Ergebnisse der personellen Erneuerung

1. Einleitung

Wurden im IV. und V. Teil vor allem die konzeptionellen Grundlagen, das Vorgehen sowie die Ziele und strukturellen Ergebnisse von selbstbestimmter und interventionistischer Erneuerung vorgestellt, beschäftigt sich der abschließende Teil mit deren wichtigsten Resultaten: den Personalempfehlungen über Weiterbeschäftigung, Kündigung, Berufung oder Neueinstellung. Im Folgenden soll der reale und statistisch erfassbare Personalwechsel an der Humboldt-Universität im Zeitraum von 1989 bis 1996 empirisch ermittelt werden. Denn an diesen Befunden lässt sich zeigen, wie tiefgreifend die Hochschule in der ersten Hälfte der 90er Jahre einer personellen Neuordnung unterzogen wurde.

Stehen für das 2. Kapitel die selbst ermittelten Daten aus den Abschlussberichten der PSK zur Verfügung, wird im 3. Kapitel auf die Studie von Thomas Raiser zurückgegriffen, um die Resultate der personellen Neuordnung durch die SBK darzustellen – Fragen der Evaluation, der personellen Entwicklung in den Gruppen der Hochschullehrer und der wissenschaftlichen Mitarbeiter, von Kündigungen, Kündigungsschutzklagen und Berufungen. Da wegen der archivrechtlichen Bestimmungen die Unterlagen der SBK nicht zugänglich sind, ist eine Konkretisierung der Evaluationsergebnisse über den hier dargestellten Rahmen hinaus leider nicht möglich. Allerdings mit einem Unterschied: Endet Raisers Untersuchung im Jahr 1994, wird die Auswertung der Personalfluktuation bis in das Jahr 1996 fortgesetzt, denn ein großer Teil des 1992/93 übernommenen, häufig ehemals unbefristet beschäftigten Personals erhält nach § 2 HPersÜG befristete Verträge bis zum Jahr 1996 oder 1997. Soll also die gesamte Dimension des Personalwechsels ermittelt werden, muss diese Gruppe, so wie Raiser selbst feststellt, mit einbezogen werden. Bei der Ermittlung der dafür notwendigen Daten wird das von ihm gewählte methodische Vorgehen – die namentliche Auswertung der Universitätsverzeichnisse – bis 1996/97 fortgesetzt. Über dieses Verfahren lässt sich ermitteln, ob die Ergebnisse der PSK-Evaluationen auch umgesetzt wurden, d.h. sich die SBK ihnen anschlossen oder nicht, wann ein von den PSK negativ oder nicht evaluierter Wissenschaftler die HU verließ. Auf diese Weise kann eine Gesamtbilanz des Potenzials der personellen Erneuerung der PSK gezogen werden.

Da sich fast alle Fachbereiche an den Evaluierungen beteiligt haben und darüber eine umfangreiche Dokumentation entstand, ist Raisers vorsichtig positive Gesamtbewertung, es handle sich bei den Erneuerungsbestrebungen der PSK lediglich um einen »ehrenwerten Versuch«[855], zu oberflächlich. Klar ist, dass die Arbeit der PSK vor allem daran gemessen werden muss, welche Versuche der Personalerneuerung sie unternommen haben. Dass ihre Empfehlungen nicht mehr zu Kündigungen oder Übernahmen führten, ist nicht ihnen, sondern der politischen Gesamtlage geschuldet. Zwar evaluieren sie teilweise sehr zurückhaltend und treten viele Probleme auf. Wenn aber die SBK in ihren eigenen Verfahren zu einem späteren Zeitpunkt in einer ganzen Reihe von Fällen zu ähnlichen Ergebnissen wie die PSK kommen, so die Vermutung, sagt das zumindest indirekt auch etwas über die Qualität der PSK-Evaluationen aus.

Anders als bei Raiser soll auf selbstständig geführte Interviews fast vollständig verzichtet werden, weil die Ereignisse vor 10 bis 15 Jahren bei vielen potenziellen Interviewpartnern längst in Vergessenheit geraten sind oder die Selektivität der Erinnerungen als viel zu groß eingeschätzt wird, als dass sie heute noch systematische Ergebnisse und nicht nur erinnerte Eindrücke wiedergeben würden. Je nach Personenauswahl käme ein den PSK- oder SBK-Prozess positiver oder negativer bewertendes Urteil zustande.[856] Zudem würde sich bei fast 30 PSK und ebenso vielen SBK sofort die Frage nach einer repräsentativen Auswahl stellen, die gesicherte Aussagen zuließ, zugleich aber den Rahmen einer solchen Arbeit nicht sprengte. Aus diesen Gründen werden Interviewaussagen aus dem Fundus von Raiser oder selbst geführte Interviews bei der Würdigung der Überprüfungsverfahren nur sparsam und (vor allem bei den SBK) lediglich dann verwendet, wenn keine gesicherteren Belege zur Verfügung stehen oder sie bestimmte Ergebnisse bestätigen oder kontrastieren können.

Angesichts dieser Quellenlage gehe ich für die nachfolgende Untersuchung von folgenden Thesen oder Vermutungen aus:

1. Obwohl die Überprüfungen der PSK freiwillig waren, rechtlich wenig abgesichert und politisch kaum unterstützt, wird von einer hohen Beteiligung an den Verfahren ausgegangen. Das würde dokumentieren, dass die große Mehrzahl der Beschäftigten den Kurs der Hochschule trotz hoher Risiken unterstützte. Dabei dürften sich die Beschäftigten in den geisteswissenschaftlichen Fächern, insbesondere denen, die ursprünglich abgewickelt werden sollten, unterdurchschnittlich, die in den politisch weniger belasteten Naturwissenschaften überdurchschnittlich beteiligt haben.

855 Raiser, 1998, 64.
856 S. Raiser, 1998, 64 f. und 115.

2. Anders verhält es sich bei den Ergebnissen der Evaluierung: In den ideologienahen und von der Abwicklung bedrohten Fächern haben vermutlich PSK wie SBK deutlich mehr Personen negativ bewertet als in den übrigen Geisteswissenschaften; in den politikferneren naturwissenschaftlichen Fächern dagegen wird die Negativbilanz deutlich niedriger liegen. Je stärker ein Fach in die ideologische Legitimation des politischen Systems eingebunden war, desto größer der personelle Einbruch bei den Personalüberprüfungen von PSK und SBK.
3. Wegen der schwächeren rechtlichen Absicherung verlaufen die PSK-Evaluierungen in den einzelnen Fachbereichen wesentlich heterogener ab als die der SBK, in der Tendenz kommen sie jedoch zu ähnlichen Resultaten.
4. Untersucht man die Gründe für negative Evaluationen, so wird vermutet, unterscheiden sich die Ergebnisse der PSK und der SBK jedoch deutlich: Während die PSK die Frage der persönlichen Eignung kritischer beurteilen und deshalb mehr negative Empfehlungen aussprechen als die SBK, verhält es sich bei der fachlichen Eignung genau umgekehrt: Hier urteilen die SBK restriktiver als die PSK. Das könnte zusammenhängen mit dem außeruniversitären Druck und den öffentlichen Debatten um die Hochschulvergangenheit, aber auch mit der Zusammensetzung der PSK, insbesondere mit dem dort höheren Anteil von Hochschulmitgliedern. Fragen der persönlichen Integrität können sie letztlich kenntnisreicher beurteilen als die von außeruniversitären Mitgliedern dominierten SBK.
5. Entsprechend der Verantwortung im Hochschulsystem wird der prozentuale Anteil an negativen Bewertungen in der Gruppe der Hochschullehrer größer sein als in der Gruppe der wissenschaftlichen Mitarbeiter. Diese sind jedoch in den absoluten Zahlen am stärksten von der personellen Erneuerung betroffen, insbesondere bislang unbefristetes wissenschaftliches Personal.
6. Die seit 1990 einsetzende erneuerungsbedingte Personalfluktuation dürfte in den Fächern, die das politische System am meisten gestützt haben, deutlich höher ausfallen als in politikferneren Fächern, wo eine geringere Abwanderung erwartet wird.
7. Die Gesamtzahl der den Fachbereichen zur Verfügung stehenden Stellen beeinflusst zumindest mittelbar die Gesamtzahl von positiven bzw. negativen Evaluierungen. Steht wie bei den PSK noch eine vergleichsweise günstige Stellenausstattung zur Verfügung, ist bei ihnen die Zahl der Negativbewertungen geringer als bei den SBK mit einem deutlich kleineren Stellenrahmen. Mit anderen Worten: Die Gesamtzahl der Negativevaluationen ist in den SBK wesentlich höher als in den PSK, weil sie von einem deutlich geringeren Stellenvolumen ausgehen mussten. Auch kommen die SBK in der Regel zu deutlich härteren Evaluierungsergebnissen als die PSK.

Jedoch sind wegen der nicht zugänglichen Evaluierungsdaten der SBK nur begründete Vermutungen, rückgeschlossen aus den Globalzahlen der Personalentwicklung, möglich.

8. Negative Evaluationen der PSK führen in der Regel auch zu negativen Evaluationen der SBK, d.h. es wird vermutet, dass sich die SBK in der Regel mit den Evaluationen der PSK beschäftigten und diese – nach eigener Prüfung – übernahmen oder dass diese zu ähnlichen Ergebnissen gelangten. Negative Evaluationen ziehen in der Regel eine Kündigung und nur in Ausnahmefällen die Weiterbeschäftigung in einem geringer dotierten Beschäftigungsverhältnis oder einer anderen Statusgruppe nach sich.
9. Positive Evaluationen der PSK führen nicht regelmäßig zu einer ebenso positiven Beurteilung durch die SBK. Verantwortlich dafür können der geringere Stellenrahmen sein, aber auch die unterschiedlichen Ziele von PSK und SBK – die Neuordnung und Anpassung auf der einen und die Integration von Ost- und Westpersonal in eine erneuerungsbedürftige, aber funktionsfähige Universität auf der anderen Seite – oder unterschiedliche Gewichtungen bei den Evaluierungskriterien. Bezogen auf die personelle Entwicklung heißt das: Die HU erlebt im Ergebnis der Arbeit der SBK, also in den Jahren nach 1992, einen drastischeren Personalaustausch durch Kündigungen, Aufhebungsverträge sowie freiwilliges oder vorzeitiges Ausscheiden als in den drei Jahren zuvor, aber auch zahlreiche Berufungen und Neueinstellungen.

Der Vollständigkeit halber soll erwähnt sein, dass in den folgenden Darstellungen Äußerungen zum nichtwissenschaftlichen Personal fehlen, da deren Evaluierung weder im PSK- noch im SBK-Konzept vorgesehen war, sondern erst im Rahmen der Personalübernahme und nach anderen Prinzipien erfolgte.

2. Die Personalevaluationen durch Personalstrukturkommissionen 1991/92

2.1 Die personelle Entwicklung vor Einrichtung der PSK

Mit dem gesellschaftlichen Umbruch setzten die personellen Veränderungen im Lehrkörper zunächst nur zögerlich ein. Zwar kam es schon vor Gründung der PSK zu einem spürbaren Personalrückgang, doch sind seine Ursachen heute schwer zu erklären. Er war vermutlich auf veränderte berufliche Perspektiven der Hochschulangehörigen zurückzuführen oder auf den absehbaren Abbau von Stellen, ist aber weniger als unmittelbare Reaktion auf politische Veränderungen an der Hochschule zu verstehen: Insgesamt verließen im Zeitraum 1. Januar bis 27. September 1990 nach Erhebungen der Personalabteilung 916 Personen und damit 10 % aller Beschäftigten die Universität[857]. Diese recht hohe Zahl war vor allem auf die Personalfluktuation an der Charité zurückzuführen, denn hier verließen von den ca. 5500 Beschäftigten 1238 Personen ihre bisherige Stelle, und zwar 163 der 1416 Wissenschaftler und 1075 der 4097 übrigen Beschäftigten (d. h. 26 %).[858] Den größten Anteil daran hatten Krankenschwestern, medizinisch-technisches Personal und Ärzte, die sich entweder niederlassen oder aber in den unterversorgten Gesundheitseinrichtungen im Westteil Berlins oder den alten Bundesländern besser bezahlte Tätigkeiten annehmen konnten. Jedoch glich die Charité ihren Personalrückgang bald wieder aus. Auch in anderen Fachbereichen kam es zu einem ersten Rückgang, so an der Juristischen Fakultät, wo 10 der 48 Hochschullehrer und immerhin 47 der 100 wissenschaftlichen Mitarbeiter ausschieden.[859]

Eine von Raiser aufgestellte Statistik bestätigt diesen ersten Trend: Danach haben mindestens 639 Personen die HU verlassen (hier ohne Charité, die Verwaltung und Servicebereiche wie die Universitätsbibliothek, das Zentrum für Audiovisuelle Lehr- und Lernmittel [ZAL] oder das Rechenzentrum), wobei davon 129 Personen 60 Jahre und älter waren und in den regulären oder vorzeitigen Ruhestand gingen. Für 214 Personen endeten befristete Verträge.

857 Raiser, 1998, 36.
858 Raiser, 1998, 37. Nicht alle Personen verließen dabei die Charité, sondern wechselten auch innerhalb der Medizinischen Fakultät oder in andere Bereiche der HU.
859 Abschlussbericht der Struktur- und Berufungskommission Rechtswissenschaft vom 1. Februar 1993, 8, in: Dokumente zum Hochschulumbau VI, Ablage 15.

Neben der nicht exakt ermittelbaren Zahl von Vorruheständlern könnte demnach, so Raiser, das Ausscheiden von ca. 300 Personen mit den politischen Veränderungen in Verbindung gebracht werden.[860]

Tabelle 3: Veränderungen des wissenschaftlichen Personals zwischen 11. Dezember 1989 und 28. Januar 1991 (ohne Charité)[861]

	11.12.1989	28.01.1991	gekom. (intern)	gegangen (≥ 60)	Differenz (in v. H.)
Professoren	360	322	24 (17)	62 (30)	- 38 (11)
Dozenten	423	361	32 (20)	94 (- 34)	- 62 (15)
Oberassistenten	525	483	72 (31)	114 (35)	- 42 (8)
Assistenten unbefristet	876	862	151	165	- 14 (2)
Assistenten befristet	524	477	167 (6)	214 (0)	- 47 (9)
wiss. Sekretäre	49	46	12 (5)	15 (3)	- 3 (6)
Lektoren	116	97	7 (3)	26 (6)	- 19 (16)
Lehrer im Hochschuldienst	373	297	12 (4)	88 (14)	- 76 (20)
Kustoden	33	33	0	0	0
Summe	3279	2978	477 (139)	778 (129)	- 301 (9)

Die Tabelle verdeutlicht, dass sich die Personalzahlen in den einzelnen Mitgliedergruppen unterschiedlich stark verringerten: Gab es bei den unbefristeten Assistenten nur eine geringe Bewegung, ging die Anzahl der Lektoren

860 Raiser, 1998, 39. In diesen Daten könnten u. U. erste Veränderungen mit dem PSK-Konzept in Verbindung stehen, welches im Dezeber 1990 vom Konzil beschlossen worden war. Danach gab es ein Szenario personeller Überprüfungen, dem sich möglicherweise manche Hochschulmitglieder schon nicht mehr unterziehen wollten und deshalb die HU verließen. Zugleich soll an dieser Stelle nochmals darauf verwiesen werden, dass die zur Verfügung stehenden oder aufgestellten Statistiken häufig nicht exakt mit den zeitlichen Abläufen und Entscheidungen der PSK oder SBK übereinstimmen und deren Evaluationsresultate widerspiegeln. Personelle Entwicklungen können deshalb nur mittelbar auf diese oder jene Ergebnisse der PSK oder SBK zurückgeführt werden.

861 Tabelle aus: Raiser, 1998, 38.

oder Lehrer im Hochschuldienst bereits deutlich zurück. Das war vor allem auf Strukturentscheidungen aus dem Herbst 1989 zurückzuführen – die Auflösung der Sektion Marxismus-Leninismus bzw. die Abschaffung des obligatorischen Fremdsprachen- oder Sportunterrichts. Dementsprechend verloren in diesen Bereichen eine Reihe von Personen ihre Beschäftigung, wenn sie nicht in andere Fächer wechseln konnten. Waren Institute oder Fachbereiche in besonderer Weise in die ideologische Legitimation des politischen Systems in der DDR einbezogen, kam es nun zu einem ersten personellen Einbruch. Keine oder geringe personelle Veränderungen ergaben sich hingegen in »politikferneren« Wissenschaften.[862]

Aus der nachstehenden Zusammenstellung zeigt sich folgende Personalentwicklung:

Tabelle 4: Personalentwicklung zwischen Dezember 1989 und März 1991[863]

	11.12.1989	Dez. 1990	28.01.1991	März 1991
Professoren	360	323	322	301
Dozenten	423	358	361	331
unbefr. Assistenten*	1972	1806	1818	1784
befr. Assistenten	524	494	477	443
Summe	3279	2981	2978	2859

* eingeschlossen: Oberassistenten, unbefristete Assistenten, wissenschaftliche Sekretäre, Lektoren, Lehrer im Hochschuldienst und Kustoden

Diese Zahlen bestätigen, dass zwischen Dezember 1989 und März 1991, also in jenem Zeitraum, in dem die Arbeit der PSK begann, eine erste deutliche Personalfluktuation eingesetzt hatte. Innerhalb von 14 Monaten verließen 420 Personen (d.h. 12,8 %) die Universität, wobei der Rückgang bei den Dozen-

862 A. a. O. 40. Raiser schätzt ein, dass in dieser Phase unter der Professorenschaft eine reformfeindliche bis abwartende Haltungen überwog, Unsicherheiten, Attentismus und Meinungspolarisierungen nachhaltige strukturelle Reformen behindert hätten. In Interviews aus 7 Sektionen wurde ihm von »Seilschaften und ähnlichen Gruppenbildungen« berichtet (S. 35).

863 Aggregiert aus Tabelle 7 sowie Daten der Personalabteilung, in: Dokumente zum Hochschulumbau V, Ablage 3. Zwar sind die Zahlen nicht unmittelbar miteinander vergleichbar, da in zwei Fällen mit Stichtagen operiert wird, in zwei anderen nicht. Dennoch bilden sie die Entwicklung zumindest annähernd ab.

ten mit 92 (21,8 %) fast doppelt so hoch wie im Durchschnitt ausfiel, bei den unbefristeten Assistenten mit 188 Personen (9,5 %) dagegen vergleichsweise gering.[864]

2.2 Probleme und Würdigung der Evaluationsverfahren

Wie im IV. Teil ausgeführt, gaben der Konzilbeschluss zur Einrichtung der PSK und die ZPSK-Richtlinien den dezentralen Kommissionen einen Rahmen für ihre Arbeit vor, sowohl bezüglich deren Aufbau und Arbeitsweise als auch hinsichtlich der Maßstäbe und Kriterien der Evaluation. In der Regel bewegten sich die Kommissionen innerhalb dieses Rahmens, doch sind in beiden Bereichen auch markante Abweichungen, Eigenlösungen oder Spezifizierungen festzustellen. Offenbar kam es mehr darauf an, den Erneuerungsprozess als solchen in Gang zu setzen als um jeden Preis die Einheitlichkeit und Vergleichbarkeit der Kommissionsarbeit abzusichern. Dazu fehlten der ZPSK letztlich auch die Möglichkeiten, sie durchzusetzen. Deshalb griff sie ein, wo sich Kommissionen in wesentlichen inhaltlichen Fragen außerhalb des vorgegebenen Rahmens bewegten, ging ansonsten aber mit Änderungen pragmatisch um.[865]

Die Auswertung der Abschlussberichte ergab folgendes Bild von den Evaluationsverfahren: Bei der Prüfung der persönlichen Eignung nutzten einige Fachbereiche, u. a. die Juristische Fakultät[866] und der FB Physik[867], nicht nur den hochschulinternen Fragebogen oder gingen nach den Vorschlägen der

864 Allerdings könnte dieses Phänomen auf einem statistischen Problem beruhen, nämlich der unterschiedlichen Zuordnung der Gruppe der außerordentlichen Dozenten. S. dazu grundsätzlich Anmerkung 1160. In diesem Fall sind die in der Statistik der Personalabteilung vom März 1991 gesondert aufgeführten 81 außerordentlichen Dozenten in der Addition der Gruppe der Assistenten zugeschlagen worden.

865 Das belegt u. a. ein Brief des Mitglieds der ZPSK Professor Hans-Dieter Schmidt an den Vorsitzenden der PSK des FB Biologie vom 22. März 1991: »Die ZPSK hat niemals angestrebt, ein obligatorisch zu handhabendes standardisiertes Programm der PSK-Arbeit auszuarbeiten und vorzuschreiben. Ein solches Programm würde an der Praxis scheitern – angesichts der Vielfalt struktureller und inhaltlicher Varianten« (in: Dokumentation »Die Arbeit der ZPSK 1990–1992«, Band III, Ablage 19).

866 »Persönlich gilt als für die vorgesehene Tätigkeit nicht qualifiziert, wer nach den dafür im gemeinsamen Rundschreiben der Senats- und Magistratsverwaltungen für Inneres II Nr. 82/1990 zu Ziffer 4 beschriebenen Kriterien bei Würdigung aller Umstände als persönlich nicht geeignet anzusehen ist.« Jedem Mitarbeiter wurde der entsprechende Auszug des Rundschreibens zur Kenntnis gegeben (vorläufiger Bericht der PSK Rechtswissenschaften vom 5. März 1991, 2, in: Dokumentation »Die Arbeit der ZPSK 1990–1992«, Band I, Ablage 1 (2. Register).

867 S. »Fragen zur Selbstauskunft der Hochschullehrer für die Bewertungskommission« vom 13. Januar 1991 in Verbindung mit dem Abschlussbericht der PSK vom 28. November 1991, 2 f. in: Dokumentation »Die Arbeit der ZPSK 1990–1992«, Band III, Ablage 16.

ZPSK vor[868], sondern bewerteten sie nach den Vorgaben, die der Innensenator für den Öffentlichen Dienst Berlins erlassen hatte.[869] »Wir wollten hart spielen, um glaubwürdig zu sein«[870], lautete dafür die Begründung.

Explizite Nachforschungen, etwa zur Frage einer möglichen MfS-Mitarbeit, betrieben die PSK nicht, manche aber – wie die PSK Chemie, Physik oder Pharmazie – maßen den früheren Verhaltensweisen der Beschäftigten und dem »politischen Engagement und der Wirksamkeit als Mitglieder der SED«[871] ein besonderes Gewicht bei. Zwei Fragen spielten dabei eine Rolle, die so oder ähnlich von vielen PSK gestellt wurden: »Hat der/die zu Beurteilende, ohne dazu von einer übergeordneten Leitung in die Pflicht genommen zu werden, Mitarbeitern oder Studenten ernsten Schaden zugefügt? … Hat sich der/die zu Beurteilende politisch im Sinne der Ziele der SED gegenüber Studenten und Mitarbeitern so stark exponiert, dass ihm/ihr eine glaubwürdige demokratische Gesinnung abgesprochen werden muss und es den Studenten nicht zuzumuten ist, ihn/sie ferner als Hochschullehrer zu akzeptieren?«[872]

Diese oder ähnliche Fragen lösten in nicht wenigen PSK Diskussionen aus, welche be- oder entlastenden Argumente gegeneinander abzuwägen seien, damit sie sachgerechte Entscheidungen ermöglichten. Manche positiv Evaluierten entsprachen dabei in Fragen der persönlichen Eignung nicht den »Optimalvorstellungen«[873] der jeweiligen PSK, bei einigen blieben trotz positiver Evaluation Bedenken bestehen. Andere PSK wiederum urteilten optimistischer:

»Viele Kollegen haben sich zu dieser Frage offen und klar geäußert. Wir waren bestrebt, in jedem Fall vor allem zu prüfen, ob ein schuldhaftes Verhalten vorlag, das dem eigenen Vorteil oder der Schädigung oder Behinderung anderer diente, und haben nur das bei unserer Empfehlung berücksichtigt«[874].

Nur in einigen wenigen Fällen, wie in der PSK Lebensmitteltechnologie, wird im Abschlussbericht mit der Kaderpolitik der SED hart ins Gericht gegan-

868 Ausführlich dazu IV. Teil, Kapitel 2.2.2 und 3.3.

869 Senatsverwaltung für Inneres, Magistratsverwaltung für Inneres: Rundschreiben II, 82/1990, in: Dokumente zum Hochschulumbau I, Ablage 20. Nähere Erläuterungen dazu im III. Teil, Kapitel 3.1.1.

870 Zitiert nach: Raiser, 1998, 55.

871 Resümee zur fachlichen und persönlichen Eignung der Beschäftigten des FB Pharmazie vom 24. April 1991, 2, in: Dokumentation »Die Arbeit der ZPSK 1990–1992«, Band IV, Ablage 22.

872 A. a. O., 2 f.

873 A. a. O., 3.

874 Zwischenbericht zur Arbeit der Personalstrukturkommission des Instituts für Angewandte Sprachwissenschaft vom 25. Juni 1991, 5, in: Dokumentation »Die Arbeit der ZPSK 1990–1992«, Band III, Ablage 14.

gen und diese als Ursache vieler Fehlentwicklungen des Fachs bezeichnet.[875] Diese PSK wie auch die der FB Chemie und Biologie hoben die besondere Rolle der Dozenten und des wissenschaftlichen Mittelbaus in der Lehre oder beim eigenständigen Forschen hervor, unter denen sich zahlreiche Mitarbeiter befänden, die aus politischen Gründen nicht berufen wurden, häufig aber die wissenschaftliche Arbeit des Fachs und einen gewichtigen Teil der Lehre trugen.[876]

Eine besondere Rolle war nach dem Modell den 4 auswärtigen Hochschullehrern zugedacht, sollten sie doch ihre strukturellen Erfahrungen in der akademischen Selbstverwaltung einbringen, innovative Strukturen aufbauen helfen sowie objektiv und unbelastet überprüfen, ob das vorhandene Personal den Anforderungen an eine moderne Hochschule gerecht werden kann. Doch gerade an dem letztgenannten Punkt wollten oder konnten auswärtige Professoren einiger PSK[877] aus den unterschiedlichsten Motiven nicht mitwirken. Teilweise fehlte ihnen für ein solches Vorgehen die rechtliche Legitimation oder sahen sie sich außer Stande, bei der Vielzahl von Gesprächen mit Hochschullehrern und Mitarbeitern überhaupt dabei zu sein, konnten sie zu wenig die Bedingungen an einer DDR-Hochschule einschätzen oder erklärten, »dass sie lediglich in der Lage seien, die Wissenschaftlichkeit der Leistungen der Hochschullehrer anhand üblicher Kriterien zu beurteilen«[878]. Am FB Kultur- und Kunstwissenschaften thematisierten die auswärtigen Professoren sehr grundsätzlich den Umgang mit früheren Berufungen und begründeten auf diese Weise, warum sie an der strukturellen Neuorganisation des Fachbereichs gern mitwirkten, die Personalempfehlungen hingegen nur »mit Respekt« zur Kenntnis nehmen wollten:

»Außengutachten entsprechen prinzipiell den Bedingungen eines Berufungsverfahrens. Zieht man in der jetzigen Situation auswärtige Gutachter

875 S. die Schlussbemerkungen des Abschlussberichts der PSK des FB Lebensmitteltechnologie, 17, in: Dokumentation »Die Arbeit der ZPSK 1990–1992«, Band IV, Ablage 25.

876 Abschlussberichte der PSK Biologie und Chemie in: Dokumentation »Die Arbeit der ZPSK 1990–1992«, Band III, Ablage 19 und 20. Zur Rolle und zu den Problemen des akademischen Mittelbaus bei der Umgestaltung s. Kapitel 4.1.1 des III. Teils (Personalübernahme), Kapitel 2.2.1.2 des IV. Teils (Stellenausstattung) und Kapitel 3.3.1 des V. Teils (Gesetzgebungsverfahren zum ErgG).

877 Soweit es sich anhand der PSK-Berichte recherchieren lässt, haben neben den bereits genannten PSK an den FB Kulturwissenschaften und Lebensmitteltechnologie überhaupt keine und am FB Pharmazie, am Institut für Philosophie und am Institut für Sportwissenschaft nur eingeschränkt auswärtige Kommissionsmitglieder an der Personalüberprüfung mitgewirkt.

878 So beispielsweise im FB Pharmazie. S. Vorschlag zur Anpassung der Personalstruktur an die vom Akademischen Senat am 25. Juni 1991 beschlossene Soll-Struktur des FB Pharmazie vom 30. August 1991, 4, in: Dokumentation »Die Arbeit der ZPSK 1990–1992«, Band IV, Ablage 22.

hinzu, so gäbe man dem Verfahren den Charakter einer Neuberufung. Damit würde aber generell der Zweifel an bisherigen Berufungen und ihrer juristischen Legitimität bestätigt.

Das gibt Anlass zur Überlegung, wieweit mit dem Verfahren einer personellen ›Evaluierung‹ zugleich die Legitimität bisheriger Berufungen in Frage gestellt wird. Die Konsequenz des Zweifels an der juristischen Geltung vormaliger Berufungen würde letztlich jedoch die Notwendigkeit einer generellen ›Abwicklung‹ bekräftigen … Dann aber ist desto mehr zu fragen, ob die Rechtmäßigkeit aller früheren Berufungen juristisch in Frage gestellt werden kann, sofern nicht gravierende kriminelle Vergehen belegbar sind.«[879]

Anders als in den meisten anderen Fachbereichen, wo die PSK über die eingereichten Unterlagen der Evaluierten sowie durch ein Gespräch mit ihnen zu Personalempfehlungen gelangten, arbeitete man am FB Biologie mit einer anonymisierten schriftlichen Befragung: 72 % aller Beschäftigten beteiligten sich an der Aktion, pro Person entstanden zwischen 28 und 76 Bewertungen auf einer Punkteskala, die dann durch die PSK zu einem Gesamtergebnis zusammengeführt wurden. Zusätzlich führte sie mit den Beschäftigten Gespräche, bei denen sich fast ausschließlich die in der Befragung deutlich gewordene Tendenz der Empfehlung bestätigte.[880]

In einigen wenigen Fachbereichen wie in dem der Physik wurden bei unklaren Entscheidungssituationen neben den Gesprächen mit den Betroffenen auch ergänzende Gespräche mit Fachbereichsangehörigen geführt, bevor die PSK zu ihrer Entscheidung kam. Wo sich PSK selbst nicht über die Qualifikation oder Leistung eines Betroffenen sicher waren[881], in einigen PSK sogar für alle Professoren, wurden Außengutachten eingeholt.[882] Häufiger wurden auch

879 Stellungnahme der auswärtigen Mitglieder der PSK des FB Kultur- und Kunstwissenschaften, S. 2, in: a. a. O., Band II, Ablage 10.

880 Vorläufiges Ergebnis der Arbeit der PSK des FB Biologie vom 18. April 1991, 2, in: Dokumentation »Die Arbeit der ZPSK 1990–1992«, Band III, Ablage 19. Eine Hochschullehrerin beschwerte sich wegen der Art der Befragungen: »Ich bin der Meinung, dass eine anonyme Befragung nicht geeignet ist, die Vergangenheit an der Sektion aufzuarbeiten, sondern eher einer Aufforderung zur Denunziation gleichkommt« (Schreiben vom 15. April 1991, in: ebenda). Die ZPSK sah im abweichenden Vorgehen der PSK hingegen kein grundsätzliches Problem, was als Beleg dafür gesehen werden kann, dass es ihr weniger um die Einheitlichkeit des Vorgehens ging, sondern innerhalb eines Rahmens jeder Fachbereich das für ihn optimale Verfahren selbst festlegen konnte (s. Brief des ZPSK-Mitglieds Professor Hans-Dieter Schmidt an den Vorsitzenden der PSK des FB Biologie vom 22. März 1991, in: ebenda).

881 So z. B. in den PSK Fremdsprachliche Philologien oder Asien- und Afrikawissenschaften.

882 In diesem Sinne die PSK Physik und Psychologie. Außengutachten gab auch die ZPSK bei strittigen Einspruchsfällen in Auftrag oder bat PSK, solche einzuholen. S. dazu Kapitel 2.4 dieses Teils.

eigenständig durchgeführte studentische Befragungen und Lehrevaluationen von den PSK aufgegriffen und flossen in die Gesamtbeurteilung der Mitarbeiter ein, so bei den PSK Physik und Philosophie.[883]

Wie die Kommissionen zu ihren schriftlichen Personalempfehlungen kamen, dafür lassen sich in den Abschlussberichten die unterschiedlichsten Modelle finden: Mal wurde erst diskutiert, dann abgestimmt und auf dieser Grundlage das Votum verfasst, mal gar nicht gesprochen, sondern gleich abgestimmt. Bei anderen wiederum verfasste ein Mitglied der Kommission oder der Vorsitzende eine schriftliche Stellungnahme. Diese Formulierungen diskutierte dann die gesamte PSK und stimmte am Schluss geheim ab.[884]

Neben den von der ZPSK vorgegebenen Materialien für die Personalevaluation forderten manche PSK von den Beschäftigten zusätzliche Unterlagen an wie Publikationen, Aussagen über Patentanmeldungen oder Vortragsmanuskripte[885] oder in den FB Rehabilitationswissenschaften[886] und Germanistik[887] eine »Ehrenerklärung«[888], in der die Betroffenen versichern mussten, nicht mit dem Ministerium für Staatssicherheit zusammengearbeitet oder in sonstiger Weise Menschen geschadet zu haben. Darüber hinaus enthält lediglich der Bericht der PSK Pharmazie einen expliziten Hinweis, wie das Thema MfS-Mitar-

883 Am Institut für Philosophie entwickelte der dortige Studentenrat einen Fragebogen, mit dem alle Lehrkräfte bewertet wurden. Drei Fragen waren innerhalb der Auswertung von besonderem Belang: »1. Denkst du, dass die Lehrkraft dem Niveau entspricht, das zukünftig an der HUB herrschen soll? 2. Bist du der Meinung, dass diese Lehrkraft im Lehrbetrieb einen neuen FB für Philosophie durch ihre Veranstaltungen positiv bereichern kann? 3. Sollte sich diese Lehrkraft deiner Meinung nach aus dem Lehrbetrieb der Universität zurückziehen?« Die Auswertung der Fragebögen wurde dann den Lehrkräften im Rahmen ihrer Gespräche mit der PSK vorgestellt (Abschlussbericht der PSK, ohne Datum, S. 2 und Fragebogen, in: Dokumentation »Die Arbeit der ZPSK 1990–1992«, Band II, Ablage 7).

884 So in der PSK Physik (Abschlussbericht der Personal- und Strukturkommission vom 28. November 1991, 3 ff., in: a. a. O., Band III, Ablage 16).

885 So z. B. im FB Elektrotechnik. S. »Empfehlungen der Personal- und Strukturkommission zu strukturellen und personellen Erneuerungen des FB Elektrotechnik«, 25, in: Dokumentation »Die Arbeit der ZPSK 1990–1992«, Band III, Ablage 17.

886 Nach Abschlussbericht der PSK vom 22. November 1991, Auszug in: Dokumentation »Die Arbeit der ZPSK 1990–1992«, Band I, Ablage 6 (2. Register).

887 Wo die Erklärung nicht schriftlich abgegeben wurde, holte sie die PSK im mündlichen Gespräch ein. S. »Bericht und Empfehlungen zu den Einzelgesprächen mit den Angehörigen des Fachbereichs« vom 27. Mai 1991, 1 f., in: Dokumentation »Die Arbeit der ZPSK 1990–1992«, Band II, Ablage 11.

888 Diese schien für manche PSK deshalb wichtig, weil die Überprüfung aller Beschäftigten durch die Gauck-Behörde erst im Frühjahr 1991 einsetzte und angesichts der Fülle von Anträgen Ergebnisse erst nach einer Reihe von Monaten erwartet werden konnten.

beit von der Kommission erörtert worden ist.[889] Manche PSK empfahlen einen Nachteilsausgleich für Mitarbeiter, die in der DDR aus politischen Gründen in ihrem beruflichen Werdegang behindert worden waren oder die deshalb gar den Anschluss an die Entwicklung in ihrem Fach nicht halten konnten.[890]

Der Umgang mit den personengebundenen Angaben und Unterlagen scheint nach heutiger Einschätzung im Wesentlichen nach den Grundsätzen des Datenschutzes erfolgt zu sein. Die schriftlichen Empfehlungen wurden den Betroffenen in der Regel persönlich übergeben, in manchen PSK unmittelbar nach dem Gespräch, zuweilen auch per Post zugesandt. Eine Kopie verblieb in den Akten für den Fall, dass sich der Evaluierung ein Einspruchsverfahren anschloss.[891] Die Mitarbeiter konnten alle sie betreffenden Daten bei der Kommission einsehen und erhielten nach dem endgültigen Abschluss ihre Originalunterlagen zurück.[892] In den meisten Fällen erfuhren die Betroffenen erst von dem Votum der PSK, nachdem sich auch der Fachbereichsrat damit befasst hatte.

Die Empfehlungstexte, d.h. das Votum der Eignung und die Begründung, waren von höchst unterschiedlicher Qualität und häufiger Stein des Anstoßes für Einsprüche bei der ZPSK.[893] In einigen Fachbereichen, wie in den Asien-

889 »Alle Hochschullehrer, wissenschaftlichen und technischen Mitarbeiter haben eine solche verneint. Von einigen wurde eingeräumt, zur Mitarbeit geworben worden zu sein, dies jedoch abgelehnt zu haben. Da es eher unwahrscheinlich ist, dass ein Fachbereich ohne direkte Informationsquelle gewesen sein dürfte, schlägt die PSK dem Fachbereichsrat vor, allen Mitarbeitern zu empfehlen, einen Überprüfungsantrag zu stellen …« (Resümee über die fachliche und moralische Eignung der Mitarbeiter durch die örtliche Personalstrukturkommission, 3, in: Dokumentation »Die Arbeit der ZPSK 1990–1992«, Band IV, Ablage 22).

890 So die PSK des FB Germanistik (Bericht und Empfehlungen zu den Einzelgesprächen mit den Angehörigen des Fachbereichs vom 27. Mai 1991, 4, in: Dokumentation »Die Arbeit der ZPSK 1990–1992«, Band II, Ablage 11) oder des FB Biologie (Vorläufiges Ergebnis der Arbeit der PSK des FB Biologie vom 18. April 1991, 2f., in: a.a.O., Band III, Ablage 19).

891 Nur im Fall der PSK Bibliothekswissenschaft wird berichtet, dass die Empfehlungen den Mitarbeitern zunächst nicht ausgehändigt wurden, was aber schließlich nach Rücksprache mit der ZPSK erfolgte (s. den Brief des ZPSK-Mitglieds Dr. Dargel an die Vorsitzende der PSK, Frau Dr. Rohde, vom 17. Juli 1991, in: Dokumentation »Die Arbeit der ZPSK 1990–1992«, Band II, Ablage 9. Der Brief macht deutlich, dass in dieser PSK eine Reihe von Verfahrensmängeln hinsichtlich der Einhaltung des Datenschutzes, der Freiwilligkeit der Mitwirkung oder der Anforderungen an den Text der Personalevaluation auftraten).

892 Exemplarisch für die meisten Fachbereiche s. dazu den Abschlussbericht des FB Informatik vom 24. Juni 1991, 4f. in: Dokumentation »Die Arbeit der ZPSK 1990–1992«, Band III, Ablage 18.

893 Nähere Erläuterungen dazu im Kapitel 2.5 dieses Teils. Häufig auftretende weitere Gründe für Einsprüche waren die Gesprächsführung der Kommissionen, die unterschiedliche Bezugsbasis innerhalb ein und derselben Kommission oder der Vorwurf, bewusst auf ein Ergebnis hin zu evaluieren.

und Afrikawissenschaften[894] oder am Institut für Bibliothekswissenschaften,[895] verzichtete man zunächst völlig auf begründete Empfehlungen, was gegen die Regeln verstieß und zu einer Überarbeitung der Evaluationen führte. Andere Kommissionen legten die Begründungen nicht schriftlich nieder und wurden ebenso durch die ZPSK korrigiert.[896] Dennoch haben die PSK in der deutlichen Mehrzahl fundierte und prägnant begründete Empfehlungen abgegeben.[897] Nach dem Willen mancher PSK beinhalteten sie zuweilen diverse sprachliche Abstufungen jenseits der grundsätzlichen Voten für oder gegen einen Beschäftigten, was u. U. bei späteren Personalentscheidungen berücksichtigt werden konnte.[898]

Zugleich ist in den angesprochenen Empfehlungen eine besonders markante Abweichung gegenüber den ZPSK-Richtlinien festzustellen:[899] Eine ganze Reihe von PSK entschieden nicht nach den vorgesehenen zwei Bewertungskategorien (»keine Bedenken / Bedenken gegenüber fachlicher Kompetenz und / oder persönlicher Eignung«), sondern nach drei oder vier Klassifikationen[900], um eine größere Differenzierung zu ermöglichen: So gab es in der Juristischen

894 S. Brief des Vorsitzenden der ZPSK, Professor Bank, an den Vorsitzenden der PSK, Professor Kaden, vom 23. Mai 1991, in: Dokumentation »Die Arbeit der ZPSK 1990–1992«, Band III, Ablage 13.

895 S. Brief des Mitglieds der ZPSK, Dr. Dargel, an die Vorsitzende der PSK, Frau Dr. Rohde, vom 17. Juli 1991, in: Dokumentation »Die Arbeit der ZPSK 1990–1992«, Band II, Ablage 9.

896 So bei der PSK des Museums für Naturkunde. S. den Brief des Vorsitzenden der ZPSK, Professor Bank, an den Vorsitzenden der PSK, Professor Gruner, vom 27. Mai 1991, in: Dokumentation »Die Arbeit der ZPSK 1990–1992«, Band IV, Ablage 24. Auch der Fachbereichsrat kritisierte das Vorgehen der PSK, und es kam schließlich zur Korrektur.

897 Hingewiesen sei insbesondere auf die Empfehlungen der PSK Philosophie, Kunst- und Kulturwissenschaften, Fremdsprachliche Philologien, Sprachwissenschaft, Physik, Landwirtschaft und Veterinärmedizin.

898 Erläuterungen dazu sind den Abschlußberichten der PSK Physik (in: Dokumentation »Die Arbeit der ZPSK 1990–1992«, Band III, Ablage 16), der PSK Fremdsprachliche Philologien (in: a. a. O., Band II, Ablage 12), der PSK Bibliothekswissenschaften (in: a. a. O., Band II, Ablage 9) oder der PSK Theoretische und Angewandte Sprachwissenschaft (in: a. a. O., Band III, Ablage 14) zu entnehmen.

899 Vgl. dazu Abschnitt 2.2.2.1 des IV. Teils.

900 Unter anderem die PSK der FB Rechtswissenschaften, Theoretische und Angewandte Sprachwissenschaft, des Museums für Naturkunde und der Physik. Die dortige PSK unterschied bei den Hochschullehrern vier Differenzierungen: 1. Uneingeschränkte Empfehlung für den Verbleib; 2. Empfehlung für den Verbleib als Hochschullehrer, obwohl Bedenken bezüglich eines oder mehrerer Komplexe bestehen (gemeint sind die Komplexe wissenschaftliche Qualifikation, Lehrtätigkeit, persönliche Integrität – Anmerkung S. V.). Diese Empfehlung wird unter dem Vorbehalt ausgesprochen, dass die angeforderten Gutachten zur wissenschaftlichen Qualifikation positiv sind; 3. Die Kommission kann z. Zt. über eine Empfehlung nicht entscheiden, da sie wesentliche Informationen zur wissenschaftlichen Qualifikation aus den angeforderten Gutachten erwartet; 4. Die Kommission empfiehlt die Nichtweiterbeschäftigung wegen fehlender Eignung zu einem der 3 genannten Komplexe (nach Abschlussbericht der PSK, 4f., in: Dokumentation »Die Arbeit der ZPSK 1990–1992«, Band III, Ablage 16).

Fakultät einige Beschäftigte, die als »bedingt geeignet« eingestuft wurden, weil man bestimmte Nachqualifikationen, den Abschluss einer Dissertation oder Habilitation innerhalb einer bestimmten Frist oder einen größeren Nachweis wissenschaftlicher Publikationstätigkeit erwartete.[901] Im FB Theoretische und Angewandte Sprachwissenschaft verstand man unter »bedingter Eignung« eine an besondere Bedingungen geknüpfte Evaluation – der Betroffene konnte künftig nur noch in einem bestimmten Fachgebiet eingesetzt werden, das Institutsdirektorium prüfte den Fall selbst eingehend oder es wurde der Bedarf einer zusätzlichen Qualifizierung erkannt.[902] Der FB Landwirtschaft und Gartenbau ergänzte die üblichen Kategorien um eine neue, mit der er »leichte Bedenken« feststellte, ließ aber konkrete Folgen zunächst offen.[903]

Gleichzeitig wird in den Abschlussberichten mehrerer PSK deutlich, dass sie angesichts des bald abgeschlossenen Gesetzgebungsverfahrens seit Frühjahr 1991 bereits einige Elemente des SBK-Konzepts in ihr Arbeitsprogramm integrierten: So evaluierten manche PSK nicht wie ursprünglich vorgesehen unabhängig vom Stellenplan, sondern bezogen die Frage, ob in der künftigen Struktur eine Stelle vorhanden sein wird, die dem Profil eines Betroffenen entspricht, ausdrücklich mit ein.[904] Andere wiederum konkretisierten ihre Pläne noch mehr und ordneten den positiv Evaluierten bereits Stellen nach der Stellenstruktur des Berliner Hochschulgesetzes zu.[905] Und ein weiteres Element

901 S. »Vorläufiger Bericht der PSK des FB Rechtswissenschaften« vom 5. März 1991, 4, in: a. a. O., Band I, Ablage 1 (2. Register).

902 Zwischenbericht zur Arbeit der Personal-Strukturkommission des Instituts für Angewandte Sprachwissenschaft vom 25. Juni 1991, 2, in: Dokumentation »Die Arbeit der ZPSK 1990–1992«, Band III, Ablage 14.

903 S. den Bericht der Personalstrukturkommission der Fakultät für Landwirtschaft und Gartenbau vom 2. Juli 1991, in: a. a. O., Band IV, Ablage 26.

904 In diesem Sinn evaluierten die PSK der FB Rechtswissenschaften, Fremdsprachliche Philologien, Germanistik, der Landwirtschaftlichen Fakultät und des Instituts für Geschichte, teilweise operierend auch mit einer im ZPSK-Konzept nicht vorgesehenen befristeten Weiterbeschäftigungsoption für Inhaber bisher unbefristeter Stellen. Im FB Fremdsprachliche Philologien vermuteten Betroffene, dass sie wegen der sich abzeichnenden erheblichen Stellenkürzung für Lehrer im Hochschuldienst besonders restriktiv und bezogen auf einen künftigen Stellenplan evaluiert worden seien. Angesichts der hohen Zahl von negativen Bewertungen und Einsprüchen sowie der wiederkehrenden Begründungen der PSK scheinen diese Vermutungen berechtigt (vgl. Empfehlungen zum Personal vom 21. Mai 1991 mit der Auswertung der Einsprüche, in: Dokumentation »Die Arbeit der ZPSK 1990–1992«, Band II, Ablage 12). Ähnliche Vorwürfe durch eine Betroffene auch im FB Rechtswissenschaft (Brief von F an die ZPSK vom 14. März 1991, 2, in: a. a. O., Band I, Ablage 1 [2. Register]).

905 So durch die PSK des FB Kunst- und Kulturwissenschaften, die ihre Evaluierten bereits auf C4/C3-Stellen bzw. befristete/unbefristete Stellen empfiehlt. Die PSK des Museums für Naturkunde, die alle C4/C3-Stellen, wie später im SBK-Konzept vorgesehen, über Ausschreibungen besetzen wollte und bisherigen Professoren vorschlug, sich auf eine bestimmte Stelle zu bewerben, gab ebenso Stellenplan bezogene Voten ab. Deshalb und wegen zusätzlicher Verfahrensmängel akzeptierte die ZPSK den Abschlussbericht dieser PSK zu-

des späteren SBK-Konzepts taucht in einem Fall bereits auf: Die auswärtigen Professoren der PSK Asien- und Afrikawissenschaften beanspruchten für sich das Recht einer »eigenen Mehrheit in der Mehrheit«, was sie durch einen besonderen Abstimmungsmechanismus bzw. durch gemeinsame Sondervoten signalisieren wollten, wenn sie sich innerhalb der Kommission nicht durchsetzen können.[906]

Die Ergebnisse der Überprüfungen, so ergibt die Auswertung der Unterlagen, sind höchst heterogen. Dort, wo der Kommissionsaufbau frühzeitig gelang, auswärtige Professoren gemeinsam mit anerkannten Kollegen aus der HU in den Kommissionen eine wichtige Rolle übernahmen und die Bereitschaft zur Selbsterneuerung des Fachbereichs hoch war, hatten die Personalempfehlungen zumeist eine hohe Qualität, auf die später auch die SBK zurückgriffen.[907] Doch auch manche Inkonsequenz wird deutlich, etwa dann, wenn PSK wie die der Asien- und Afrikawissenschaften oder teilweise der Veterinärmedizin und der Landwirtschaft sich vor der Entscheidung scheuen, dass ihre eigenen Voten tatsächlich ein Kündigungsverfahren begründen könnten.[908]

nächst nicht (s. den Brief des ZPSK-Vorsitzenden, Professor Bank, vom 27. Mai 1991 an den Vorsitzenden der PSK des Museums für Naturkunde, Professor Gruner, in: a. a. O., Band IV, Ablage 24).

906 Empfehlungen der Personalstrukturkommission an den Fachbereichsrat des FB Asien- und Afrikawissenschaften, Zwischenbericht vom 12. April 1991, 6, in: Dokumentation »Die Arbeit der ZPSK 1990–1992«, Band III, Ablage 13.

907 Näheres in Kapitel 3.1.

908 S. »Stellungnahme zum Papier des Rektors ›Umgang mit den Empfehlungen der ZPSK‹ vom 3. Juni 1991« der PSK des FB Asien- und Afrikawissenschaften, in: a. a. O., Band III, Ablage 13. In dem Papier wird davon gesprochen, dass eine totale Umfunktionierung der Aufgaben, Rechte und Pflichten der PSK drohe, der man nicht zustimme, und dass man die gestellten Anforderungen, Empfehlungen zu konkretisieren, für objektiv nicht erfüllbar halte. Für den FB Veterinärmedizin siehe Brief der Vorsitzenden der PSK an den ZPSK-Vorsitzenden vom 10. Juni 1991 (»Wir weisen darauf hin, dass bei den sich jetzt ergebenden Konsequenzen unsere geäußerten Bedenken in Einzelfällen nicht geltend gemacht worden wären.«), in: a. a. O., Band IV, Ablage 27. Ähnlich sah es die PSK der Landwirtschaftlichen Fakultät (s. Bericht der Personal- und Strukturkommission der Fakultät für Landwirtschaft und Gartenbau vom 2. Juli 1991, 1, in: a. a. O., Ablage 26). Die Reaktionen gingen zurück auf eine Abfrage des Rektorats bei allen PSK, das noch kurz vor Abschluss des Gesetzgebungsverfahrens zum Ergänzungsgesetz als Zeichen des Erneuerungswillens negative Evaluationen zu Kündigungen führen wollte. Nur in einigen Fällen gelang das unmittelbar, ein weitaus größerer Teil negativ Evaluierter verließ von sich aus in den Jahren 1991 und 1992 die HU (s. Kapitel 2.5). Der Dekan des FB Asien- und Afrikawissenschaften wandte sich in einem Brief gegen dieses Vorgehen: »Ich werde in dieser Situation [gemeint ist die besonders prekäre Personalsituation im FB – Anmerkung S. V.] und zu diesem Zeitpunkt als Dekan des Fachbereichs keine Kündigung beantragen und nur unter Druck dem oben genannten Personalabbau zustimmen, wenn ich davon überzeugt bin, dass ich dadurch größeren Schaden von unserer Einrichtung abwenden kann. Das bezieht sich natürlich nicht auf Mitarbeiter, die ihren Verpflichtungen nicht nachkommen oder aus anderen Gründen im akademischen Leben unserer Universität nicht tragbar sind« (Schreiben des Dekans, Professor Kubitschek, an den Rektor vom 18. Juni 1991, in: Dokumentation »Die Arbeit der ZPSK 1990–1992«, Band III, Ablage 13).

Das Echo der Evaluierten auf die Ergebnisse reichte von Einverständnis bis Unverständnis, und häufig reflektierten die PSK in ihren Abschlussberichten die schwierigen Umstände, unter denen sie tätig waren. Stellvertretend für eine Reihe von Kommissionen sei aus dem Bericht der PSK Theoretische und Angewandte Sprachwissenschaft zitiert, der zugleich einen Einblick in die Abläufe der Arbeit gibt:

»Wir hatten, als wir unser Ehrenamt antraten, gewisse Vorstellungen über das, was uns bevorstand. Die wirklichen Probleme unserer ›Richtertätigkeit‹ wurden uns jedoch erst während der Arbeit mehr und mehr bewusst. Sie lagen vor allem darin, dass wir, gestützt ausschließlich auf die von den Kollegen eingereichten Unterlagen und Verlauf und Inhalt der Gespräche, eine möglichst objektive Bewertung vornehmen und sie den Kollegen mitteilen mussten. Das war nach den vielen Jahren, in denen in den Arbeitskollektiven positive Beurteilungen die Regel waren, keine leichte Aufgabe. Hinzu kommt, dass in der Vergangenheit kritische Einschätzungen, wenn sie denn gegeben wurden, von den Betroffenen oft als unberechtigt empfunden wurden und diese keine Möglichkeit hatten, sich dagegen zur Wehr zu setzen.

Das war ein Grund, warum wir den Kollegen in den Gesprächen zunächst Gelegenheit gaben, sich ausführlich selbst über ihre Erfahrungen in der Arbeit und ihre Vorstellungen für die Zukunft zu äußern und dabei auch zu ihrer politischen Vergangenheit Stellung zu nehmen. Das schien uns die beste Grundlage für unsere anschließenden Fragen zu sein, die sich auf die Ausführungen der Kollegen bezogen und keinem vorher festgelegten Schema folgten. Natürlich konnten wir es nicht vermeiden, dass unsere subjektiven Erfahrungen aus vielen Jahren gemeinsamer Arbeit und das Bild, das wir von den meisten Kollegen auf diese Weise gewonnen hatten, in unsere Gespräche mit eingebracht wurden. Die Zusammensetzung unserer PSK war jedoch unserer Meinung nach die Gewähr dafür, dass subjektive Eindrücke und Erfahrungen zwar einflossen in eine objektive Bewertung, diese aber nicht dominierten. Wir haben uns jedenfalls in unseren an die Gespräche anschließenden Beratungen um größtmögliche Objektivität bemüht. Wenn uns das in dem einen oder anderen Fall nicht gelungen ist, so lag das vor allem an der Schwierigkeit der Aufgabe, vor der wir standen.«[909]

Trotz all dieser Schwierigkeiten in der Arbeitsweise der Kommissionen, trotz aller Abweichungen oder Spezifizierungen lief die Arbeit der PSK und insbesondere die Personalüberprüfung nach vergleichbaren Grundregeln ab, waren

909 Zwischenbericht zur Arbeit der Personal-Strukturkommission des Instituts für Theoretische und Angewandte Sprachwissenschaft vom 25. Juni 1991, 4 f., in: Dokumentation »Die Arbeit der ZPSK 1990–1992«, Band III, Ablage 14.

die Arbeitsabläufe ähnlich, mussten alle Mitarbeiter die gleichen Angaben zu ihrem Werdegang machen, sich einem Gespräch mit ihrer Kommission unterziehen, die dann eine schriftliche Empfehlung abgab. In manchen Fachbereichen wie den Rechtswissenschaften, Physik, den Kunst- und Kulturwissenschaften oder den Fremdsprachlichen Philologien konnten die SBK nahtlos an Ergebnisse der PSK anknüpfen, weil sie eine sehr überzeugende und ausführliche Arbeit leisteten; dabei ist bezogen auf Struktur- und Personalempfehlungen ein hohes Maß an Kontinuität zu beobachten.[910] Selbst bei den ursprünglich zur Abwicklung vorgesehenen Fächern entwickelten sich zwischen PSK und SBK Arbeitsbeziehungen, obwohl die politischen Absichten der Erneuerungsmodelle so unterschiedlich waren: So bezog sich die SBK Rechtswissenschaften ausführlich auf die Arbeit der PSK und übernahm nach eigener Prüfung große Teile der Personalevaluationen[911], äußerten die auswärtigen Mitglieder der PSK Philosophie, dass alle Evaluationen, als »Arbeitsgrundlage für die folgende Kommission (gemeint ist die SBK – Anmerkung S. V.) angesehen« würden und »unter schwierigen Bedingungen ... das Erreichbare realisiert worden«[912] sei, sagte die SBK Geschichte in einer gemeinsamen Sitzung mit der PSK zu, die Personalempfehlungen in ihre Entscheidungsfindung einfließen zu lassen[913].

Aber nicht nur wegen der Ergebnisse scheinen die Evaluationsverfahren bedeutsam. Ebenso bedeutsam ist ihre demokratiepolitische Dimension, die die Kommissionsmitglieder der HU vor völlig neue Herausforderungen stellte. Der genannte Beitrag der Vorsitzenden der PSK des FB Theoretische und Angewandte Sprachwissenschaft steht in diesem Sinne als ein Beispiel für viele Abschlussberichte, in denen von der Selbsterfahrung freier und zugleich belastender Gremienarbeit berichtet wird. Unter diesem Gesichtspunkt schien die Arbeit der PSK mit einigen Ausnahmen von den Mitgliedern selbst im Grundsatz positiv besetzt. Viele erachteten die Mitgliedschaft als prägendes Erlebnis. Und auch bei den Evaluierten wurde offenbar der »Versuch der Selbstreinigung« meist positiv bewertet, obgleich die Verfahren »psychologisch

910 Zum Beispiel im FB Kunst- und Kulturwissenschaften, wo PSK und SBK die gleichen Professoren negativ evaluierten (nach Aussagen eines Mitglieds beider Kommissionen; in diesem Bereich waren alle HU-SBK-Mitglieder zuvor auch Mitglieder der PSK).

911 S. den Abschlussbericht der Struktur- und Berufungskommission Rechtswissenschaften vom 1. Februar 1993, in: Dokumente zum Hochschulumbau VI, Ablage 15.

912 Aus dem Protokoll der Sitzung der PSK mit den auswärtigen Professoren vom 22. März 1991, 1, in: Dokumentation »Die Arbeit der ZPSK 1990–1992«, Band II, Ablage 7.

913 Übersicht über die Ergebnisse der Kommissionsarbeit vor dem Fachbereichsrat vom 25. September 1991, 1, in: Dokumentation »Die Arbeit der ZPSK 1990–1992«, Band II, Ablage 8. Bei einer größeren Anzahl, so stellten PSK und SBK fest, stimmten die Empfehlungen überein, nur in einigen Fällen wichen sie voneinander ab.

interessant, aber juristisch halsbrecherisch« gewesen seien.[914] Nicht selten kam es zur Auseinandersetzung mit der eigenen Vergangenheit, wie es die HU bisher noch nicht erlebt hatte. So berichteten Evaluierer und Evaluierte gleichermaßen von den Schwierigkeiten, die der nun angestoßene Prozess und die Überprüfung der eigenen Kollegen mit sich brachten. Außerordentliche Geschichten traten in den Kommissionen zutage, Geschichten von großer menschlicher Tragik, von Denunziationen oder bitterer Komik, Geschichten, die auch zum Abbruch sozialer oder menschlicher Beziehungen führen konnten. Aber genauso förderten die Evaluationen den insgesamt doch immer noch zu zaghaften Mut zur Differenzierung; sie begannen, alte gleichmacherische Verhältnisse aufzubrechen und förderten die Solidarität unter denjenigen, die bleiben sollten.

In allen PSK wurde das Bemühen um konsensfähige Maßstäbe als ein außerordentlich hohes Gut angesehen, was in manchen Bereichen indessen auch weniger kritische Evaluationen zur Folge hatte.[915] Desgleichen versuchte man angesichts mangelnder rechtlicher Legitimation elementare Verfahrensgarantien wie ein hinreichendes Gehör, die Unvoreingenommenheit der Beurteilung, geheime Abstimmungen oder die Gewährung von Einspruchs- und Rechtsmitteln zu ermöglichen, was zuweilen eine überzeichnete Verfahrenslegitimation nach sich zog, die Debatte über die inhaltlichen Kriterien der Evaluation aber in den Hintergrund drängte. Zu einem tatsächlich einheitlichen Beurteilungsmaßstab aller PSK kam es daher nicht, was die Bewertung möglicher Einsprüche bei der ZPSK erschwerte. Dennoch führten die Evaluationen zu wichtigen Vorklärungen. Die meisten Kommissionen leisteten eine außerordentlich bemerkenswerte Arbeit, auf der dann die SBK aufbauen konnten. Ob sie allein ausgereicht hätte, um aus der HU eine moderne, leistungsfähige und verantwortlich handelnde Hochschule zu machen, muss offenbleiben.

2.3. Die Beteiligung an den Evaluationen

Wichtige Indikatoren für die Akzeptanz des PSK-Konzepts sind,
- wie sich die Fachbereiche an den Verfahren beteiligten, Kommissionen aufbauten und die Evaluation von Struktur und Personal innerhalb des vorgegebenen Rahmens vornahmen und
- in welchem Ausmaß sich die Hochschullehrer und Mitarbeiter zur Überprüfung ihrer bisherigen Tätigkeit bereit fanden.

914 Raiser, 1998, 66.
915 Nach Raiser haben zwei der durch ihn interviewten PSK-Vorsitzenden das Resümee gezogen, dass die Beurteilungsmaßstäbe zu milde gewesen seien (Raiser, 1998, 68).

Nach dem Konzilsbeschluss entstanden in allen Fachbereichen bzw. dort, wo – wie im FB Geschichte-Philosophie-Bibliothekswissenschaften – mehrere große und eigenständig ausbildende Institute zusammengeschlossen waren, auf Institutsebene PSK. Doch setzten die sich zuweilen aus weniger Personen zusammen als im Konzilbeschluss vorgesehen[916], weil sich keine oder nicht ausreichend auswärtige Professoren bereit fanden, wie in den Instituten für Geschichte (wo die Kommission erst im Juli 1991 gegründet wurde) und Philosophie oder in den FB Biologie und Lebensmitteltechnologie. Andere Kommissionen wiederum wie jene am Institut für Bibliothekswissenschaften[917] oder am FB Veterinärmedizin[918] setzten sich gänzlich abweichend vom Konzilbeschluss zusammen. Schließlich gab es auch einige Kommissionen wie die an der Juristischen Fakultät oder am FB Chemie, die die Hälfte der Plätze für HU-Hochschullehrer mit auswärtigen Professoren oder Gastprofessoren besetzten.

Wie die Abschluss- oder Evaluationsberichte der dezentralen PSK[919] zeigen, haben sich fast alle Fachbereiche und Institute am Erneuerungsprozess aktiv beteiligt. Lediglich die FB Erziehungswissenschaften und Sozialwissenschaften sowie das Institut für Geschichte haben nur zu einem kleineren Teil oder nur auf Antrag, die Wirtschaftswissenschaftliche und die Theologische Fakultät überhaupt nicht an den Personalüberprüfungen teilgenommen. Bei vier der fünf Fachbereiche liegt die Erklärung nahe, dass sie sich wegen der ursprünglich bei ihnen geplanten Abwicklung und den frühzeitig eingesetzten SBK nicht in der Lage sahen, die entsprechenden Verfahren zu organisieren. In den Sozialwissenschaften gab es zudem grundsätzliche Vorbehalte gegen die Evaluation aller Fachbereichsmitglieder: So erklärte deren PSK, dass sie nur auf Antrag eines Betroffenen zu einer Überprüfung bereit sei, denn sie halte »eine schematische Überprüfung und Anhörung all jener Fachbereichsmitglieder, die bestimmte Positionen in der SED oder der Universitätshierarchie bekleidet haben, für unproduktiv … Fachbereich und Kommission sind der Meinung, dass nicht der akademische und politische Status das Kriterium für die Überprüfung einer Person sein sollte, sondern der eventuelle Umstand,

916 Je 4 auswärtige und einheimische Hochschullehrer, je 3 wissenschaftliche Mitarbeiter und Studenten, 1 technischer Angestellter.

917 Da es sich um ein kleines Institut handelte, bildete es eine um die Hälfte reduzierte PSK.

918 Auf Grund einer Entscheidung innerhalb des Fachbereichs setzte sich die PSK zusammen aus je 3 auswärtigen und 3 einheimischen Hochschullehrern, 3 Studenten, 3 wissenschaftlichen Mitarbeitern und einem technischen Mitarbeiter.

919 S. die Dokumentation »Die Arbeit der ZPSK 1990–1992«, Bände I-IV. Bis auf die FB Mathematik und Informatik, in denen Zahlenangaben zu mündlichen Befragungen der Kommissionsmitglieder ermittelt wurden, sind alle Daten zusammengetragen aus Evaluations- oder Abschlussberichten der PSK.

dass die betreffende Person diese Position in unehrenhafter und andere schadender Art ausgeübt haben könnte. Die Kommission sieht das Innehaben eines Amtes oder einer Parteifunktion allein nicht als hinreichendes Kriterium dafür an.«[920]

Für die Theologische Fakultät könnten allenfalls ihre besondere Stellung in der DDR und die Fusionen mit dem Sprachenkonvikt bzw. später der Kirchlichen Hochschule Berlin-Zehlendorf als Grund gelten, weswegen sie sich dem inneruniversitären Evaluierungsprozess als einzige Fakultät komplett entzog. Doch offensichtlich waren auch hier Vorbehalte gegen die selbstbestimmte Erneuerung ausschlaggebend.[921]

Neben den Angaben zu den hier genannten Fachbereichen sind die nachstehenden und in Abschnitt 2.4 aufgeführten Angaben teilweise deswegen lückenhaft, weil zwar durchweg die Hochschullehrer, aber in den FB Kulturwissenschaften und Mathematik nicht die *unbefristeten und befristeten* wissenschaftlichen Mitarbeiter und in den FB Physik, Informatik, Chemie, Veterinärmedizin und Lebensmitteltechnologie sowie am Museum für Naturkunde nicht die *befristeten* wissenschaftlichen Assistenten evaluiert wurden. In einigen Fällen, wie dem der PSK Asien- und Afrikawissenschaften, der PSK Theoretische und Angewandte Sprachwissenschaft oder der Fakultät für Landwirtschaft und Gartenbau, sind die Evaluationen der befristeten und unbefristeten wissenschaftlichen Mitarbeiter in den Statistiken nicht getrennt ausgewiesen worden. Am Institut für Philosophie wurden, anders als in den übrigen Kommissionen, die PSK-Mitglieder selbst nicht evaluiert, weil die auswärtigen nicht an den Evaluationen mitwirken wollten.[922]

Die Gründe für diese Abweichungen vom ursprünglichen Konzept sind vielfältig: Teilweise erschien die Überprüfung der zahlenmäßig großen Gruppe der Mitarbeiter zu aufwendig, ließ das Gesetzgebungsverfahren zum Ergänzungsgesetz die Arbeit der PSK ab einem bestimmten Zeitpunkt erlahmen oder wollte man sie angesichts der Unklarheit bezüglich der künftigen Stellenzahl auch bewusst den SBK überlassen. Dennoch betraf das nur einen kleineren Teil der Fachbereiche.

920 Erklärung der PSK des FB Sozialwissenschaften vom 15. April 1991, in: Dokumentation »Die Arbeit der ZPSK 1990–1992«, Band I, Ablage 5 (2. Register).

921 So hielt es die PSK für »unangemessen, nach dem Schema von Kritik und Selbstkritik offizielle Urteile mit arbeitsrechtlichen Konsequenzen über einzelne Kollegen abzugeben« und sei »die Arbeit der Personalstrukturkommission im Hinblick auf Personalempfehlungen auf Grund ihrer Struktur bereits im Ansatz (für) problematisch« (Gesamtprotokoll der PSK vom 12. Juni 1991, in: a. a. O., Ablage 3 [2. Register]).

922 S. den Zwischenbericht der PSK des Instituts für Philosophie vom März 1991, in: Dokumentation »Die Arbeit der ZPSK 1990–1992«, Band II, Ablage 7. Die ZPSK bat am 13. März 1991, die Evaluationen nachzuholen, was aber offensichtlich bis zum Abschluss der Arbeit nicht erfolgte.

Auf der Ebene der *individuellen Beteiligung* der Beschäftigten gab es insgesamt gesehen ebenfalls eine hohe Unterstützung:

Von den zu Beginn des Jahres 1991 registrierten 2457 wissenschaftlich Beschäftigten (ohne Charité) nahmen 1768 Personen an der Evaluierung teil. Das entspricht einer Gesamtquote von 72%, gegenüber 656 Personen (entspricht 28%), die nicht mitwirkten. Bezogen auf die Statusgruppen verschiebt sich dieses Bild ein wenig, denn es scheint so, als hätten sich die Professoren mit 315 von 407 (77,4%) und die Dozenten[923] mit 232 von 303 Personen (76,6%) etwas bereitwilliger evaluieren lassen als die unbefristeten wissenschaftlichen Mitarbeiter mit 1053 von 1426 (73,8%) oder gar die befristeten mit nur 168 von 321 Personen (52,3%).[924] Berücksichtigt man aber, dass es einige PSK gab, die von einer Überprüfung der unbefristeten und/oder befristeten wissenschaftlichen Mitarbeiter grundsätzlich absahen, es also dem Einzelnen nicht freigestellt war, sich zu beteiligen, so dass diese Bereiche bei dem Vergleich vernachlässigt werden müssen, dann zeigt sich, dass proportional doch mehr wissenschaftliche Mitarbeiter mitwirkten als Hochschullehrer, nämlich 82,1%[925] der unbefristeten und 79,6%[926] der befristeten Assistenten.

923 An dieser Stelle sei auf ein grundsätzliches Erfassungsproblem für alle Daten dieses Teils hingewiesen: Im DDR-Hochschulsystem gab es vier Kategorien von Hochschullehrern, den ordentlichen und außerordentlichen Professor sowie den ordentlichen und außerordentlichen Dozenten. Statusrechtlich gehörten sie alle zur Gruppe der Hochschullehrer, bezogen auf ihre Stelle hatten außerordentliche Professoren jedoch eine Dozenten- und außerordentliche Dozenten eine Oberassistentenstelle inne. Manche PSK und teilweise auch die Universitätsverwaltung hatten deshalb außerordentliche Professoren der Gruppe der Dozenten und außerordentliche Dozenten der Gruppe der Oberassistenten oder allgemeiner der Gruppe der wissenschaftlichen Mitarbeiter zugerechnet. Eine exakte Ermittlung, welcher Fachbereich oder wann die Universität insgesamt welche Zählweise vornahm, fiel teilweise sehr schwer. Unmittelbar vergleichbare Daten für alle Fachbereiche zu erstellen, war mit einem erheblichen Aufwand verbunden. Der besseren Verständlichkeit wegen habe ich mich von der statusrechtlichen Position der Personengruppen leiten lassen und ordentliche und außerordentliche Professoren als Professoren sowie ordentliche und außerordentliche Dozenten als Dozenten gezählt und damit Daten und Tabellen von Fachbereichen, PSK oder der Universität korrigiert. Die Überprüfung wurde anhand des Universitätsverzeichnisses vorgenommen. Unterschiede zwischen an die ZPSK übermittelten und in dieser Arbeit verwendeten Daten sind dem skizzierten Problem geschuldet.

924 Alle nachfolgenden Zahlen entnommen aus oder errechnet nach Tabelle 9, Abschnitt 2.3 dieses Teils.

925 Dieses Resultat ergibt sich, wenn man die 45 unbefristeten Assistenten des FB Kunst- und Kulturwissenschaften und die 99 Assistenten des FB Mathematik nicht berücksichtigt. Die Gesamtzahl der unbefristeten Assistenten, die unter diesen Prämissen Zugang zu den Überprüfungen der PSK hatten, verringert sich so von 1.426 auf 1.282. Das entspricht einer Beteiligung von 82,1%.

926 In diesem Fall sind 6 befristete Assistenten des FB Kunst- und Kulturwissenschaften, 26 des FB Physik, 14 des FB Lebensmitteltechnologie, 62 des FB Chemie und 2 des Museums für Naturkunde nicht einzubeziehen, wodurch sich die Zahl der Zugangsmöglichen von 321 auf 211 (entspricht 79,6%) verringert.

Vernachlässigt man in der Statistik die Wissenschaftler aller Fachbereiche, in denen überhaupt keine Personalevaluationen stattfanden, und diejenigen Personen, die durch Forschungsaufenthalte im Ausland, durch Gastsemester, längere Krankheit oder Mutterschutz während der Evaluierungszeit zwar beschäftigt, aber nicht an der HU anwesend sein konnten[927], dann lag die Beteiligungsquote bei 88,3 %.[928] Das zeigt: Überall dort, wo wirksame PSK entstanden waren, war die individuelle Bereitschaft zur Mitwirkung an diesen freiwilligen Verfahren außerordentlich hoch.[929]

Dazu kam es, weil viele Beschäftigte die Bedeutung der Verfahren erkannten und den Kurs der Selbsterneuerung unterstützen wollten, weil der allgemeine Druck groß war oder weil sie sich zumindest keinem politischen oder fachlichen Verdacht aussetzen wollten. Viele Fachbereiche legten es ihren Beschäftigten sogar ausdrücklich nahe, sich zu beteiligen.[930]

Blickt man auf die Ebene der einzelnen Fachbereiche oder der Fächergruppen, bestätigt sich der Beteiligungstrend, werden jedoch auch einige bemerkenswerte Abweichungen deutlich:

Während in den geisteswissenschaftlichen Fächern, die abgewickelt werden sollten, bei den Professoren und/oder Dozenten die Zahl derer, die sich nicht beteiligten, besonders hoch war (Rechtswissenschaften 7 von 23 Professoren, Erziehungswissenschaften 5 von 8 Professoren und 8 von 9 Dozenten, Sozialwissenschaften 5 von 10 Professoren und 4 von 7 Dozenten, Philosophie 6 von 9 Professoren und 2 von 5 Dozenten, Geschichte 5 von 18 Professoren[931]), blieb

927 S. Spalte »abwesend insgesamt« in der Tabelle 9, Abschnitt 2.3 dieses Teils. Diese Gruppe umfasst insgesamt 33 Personen und lässt sich für jede PSK berechnen aus der Differenz zwischen den Beschäftigten und der Summe der positiv, negativ oder nicht Evaluierten.

928 Das ergibt sich aus der Reduzierung der Beschäftigtenzahl um den in den Anmerkungen 8, 9 und 10 genannten Personenkreis zuzüglich der 144 Beschäftigten der Wirtschaftswissenschaftlichen und der 24 Beschäftigten der Theologischen Fakultät (= 2002 Zugangsmögliche und 1768 Evaluierte, entspricht einer Quote von 88,3 %).

929 Damit sei den Einschätzungen Raisers grundsätzlich widersprochen, der in seiner Veröffentlichung von einer recht geringen Beteiligung ausgeht und von signifikanten Unterschieden zwischen den nicht abzuwickelnden Geisteswissenschaften und Naturwissenschaften (Raiser, 1998, 55). Beide Annahmen sind, wie Tabelle 9 zeigt, nicht zutreffend. Raiser stützt sich auf Zwischenergebnisse vom März 1991, als die PSK gerade zwei Monate arbeiteten. Der größte Teil der Evaluationen fand jedoch zwischen März und Juni 1991 statt.

930 So z. B. der FB Germanistik, der insbesondere denen die Beteiligung nahelegte, »die wichtige staatliche oder Parteifunktionen innerhalb der Sektion/des Fachbereichs innehatten« (aus: Bericht und Empfehlungen zu den Einzelgesprächen mit den Angehörigen des Fachbereichs, 1, in: Dokumentation »Die Arbeit der ZPSK 1990–1992«, Band II, Ablage 11). Ähnlich im FB Physik (s. Abschlussbericht der PSK vom 28. November 1991, 1, in: a. a. O., Band III, Ablage 16). Siehe auch einige signifikante Interviewäußerungen in: Raiser, 1998, 55.

931 Diese Hochschullehrer rechneten offenbar kaum mit einer Chance, die Überprüfung positiv zu überstehen. Deshalb oder aus grundsätzlichen politischen Erwägungen verweigerten sie sich den Verfahren.

sie in den übrigen Geistes- und in den Naturwissenschaften gleichbleibend unter dem durchschnittlichen Wert von ca. 10 %.

Insgesamt lag die Verweigerungsquote bei den Professoren etwas höher als bei den Dozenten, wobei hier die recht hohe Zahl in den Kunst- und Kulturwissenschaften (6 von 20) hervorsticht. In den FB Asien- und Afrikawissenschaften, Fremdsprachliche Philologien, Mathematik, Elektrotechnik, Biologie, Chemie, Psychologie, Pharmazie, Lebensmitteltechnologie, im Museum für Naturkunde und im Institut für Bibliothekswissenschaften und damit in ca. einem Drittel der Fachbereiche und Institute beteiligten sich alle Hochschullehrer an den Evaluationen.

2.4 Überblick über die Personalempfehlungen

Im vorangegangenen Kapitel ist dargestellt worden, wie viele Beschäftigte sich an den Evaluationsverfahren beteiligten. Die aus den Berichten der PSK zusammengetragenen quantitativen Ergebnisse der Überprüfungen zeigen sowohl auf die Statusgruppen als auch auf Fächer oder Fächergruppen bezogen ein höchst differenziertes Bild vom Erneuerungsbemühen der Universität:

Tabelle 5: Anzahl der positiven und negativen PSK-Empfehlungen für einzelne Statusgruppen

Fachbereich/ Institut	Professoren				Dozenten			
	b	p	n	ni	b	p	n	ni
Rechtswiss.	23	10	6	7	16	7	5	3
Wirtschaftswiss.	33	0	0	33	28	0	0	28
Theologie	8	0	0	8	8	0	0	8
Erziehungswiss.	8	0	3	5	9	0	1	8
Sozialwiss.	10	4	1	5	7	0	3	4
Reha-Wiss.	10	6	3	1	12	6	5	1
Philosophie	9	2	1	6	5	0	3	2
Geschichte	18	9	4	5	8	4	3	1
Bibl./Inform.	3	1	2	0	5	1	4	0
Kulturwiss.	21	14	2	1	20	9	2	6
Germanistik	17	16	0	1	10	8	0	2
Fremdspr. Phil.	18	15	2	0	14	11	3	0
Asien-/Afrikawiss.	19	12	5	0	14	14	0	0
Th./Angew. Spr.	1	0	0	1	2	1	1	0
Mathematik	16	14	1	0	12	9	3	0
Physik	23	8	12	3	17	11	4	1
Elektrotechnik	12	12	0	0	8	8	0	0
Informatik	6	3	3	0	5	3	1	1
Biologie	11	9	2	0	10	9	1	0
Chemie	19	6	13	0	13	10	3	0
Psychologie	8	8	0	0	5	4	1	0
Pharmazie	4	4	0	0	4	4	0	0
Geographie	7	4	1	1	6	3	3	0
Lebensmitteltechn.	18	8	10	0	23	19	2	0
Mus. f. Naturkunde	9	5	4	0	3	2	1	0
Landw./Gartenb.	44	27	13	3	29	14	15	0
Veterinärmedizin	25	15	10	0	9	8	1	0
Sportwissenschaft	7	6	1	0	1	0	0	1
abwesend insg. **	10				7			
HUB (soweit ermittelbar)	407	218	99	80	303	164	65	66

b – beschäftigt, p – positiv evaluiert, n – negativ evaluiert, ni – nicht evaluiert
* darin enthalten auch Lehrkräfte für besondere Aufgaben
** abwesend wegen Auslandsaufenthalten, Gastsemenstern oder Mutterschutz

unbefristete MA				befristete MA				insgesamt			
b	p	n	ni	b	p	n	ni	b	p	n	ni
42	22	10	10	14	9	3	2	95	48	24	22
67	0	0	67	16	0	0	16	144	0	0	144
4	0	0	4	4	0	0	4	24	0	0	24
75	0	1	74	4	0	1	3	96	0	6	90
31	13	7	11	10	3	4	3	58	20	15	23
49	41	5	0	14	7	7	0	85	60	20	2
24	9	12	3	3	2	1	0	41	13	17	11
34	14	15	5	bei unbefr. MA				60	27	22	11
15	6	9	0	2	2	0	0	25	10	15	0
45	0	0	45	6	0	0	6	92	23	4	58
53	42	0	11	9	3	0	6	89	69	0	20
64	52	11	0	25	24	0	0	121	102	16	0
95	84	10	0	bei unbefr. MA				128	110	16	0
131*	100	29	2	bei unbefr. MA				134	101	30	3
99	0	0	99	bei unbefr. MA				127	23	4	99
88	68	1	18	26	0	0	26	154	87	17	48
44	41	3	0	33	33	0	0	97	94	3	0
26	23	3	0	16	15	0	1	53	44	7	2
30	23	7	0	29	29	0	0	80	70	10	0
42	39	3	0	62	0	0	62	136	55	19	62
19	15	1	1	15	11	0	1	47	38	2	2
19	18	1	0	0	0	0	0	27	26	1	0
21	20	1	0	11	9	1	0	45	36	6	1
48	42	3	0	14	0	0	14	103	69	15	14
59	54	5	0	2	0	0	2	73	61	10	2
131	120	0	11	bei unbefr. MA				204	161	28	14
40	35	5	0	nicht evaluiert				74	58	16	0
31	31	0	0	6	6	0	0	45	43	1	1
11				5				33			
1426	912	142	361	321	153	17	146	2457	1447	323	653

Die in *Tabelle 5* zusammengefassten Ergebnisse zeigen, dass von 407 im Jahr 1991 beschäftigten *Professoren* von den PSK 218 (d.h. 53,6%) positiv evaluiert wurden, 97 (23,8%) negativ und dass 82 (20,1%) sich der Überprüfung verweigerten. Bei den *Dozenten* kam es zu ähnlichen Resultaten, denn 166 von 303 (54,8%) sind positiv und 66 (21,8%) negativ bewertet worden; 64 ließen sich nicht evaluieren (21,1%). Professoren und Dozenten wurden demnach nahezu identisch beurteilt. Nur jeder zweite Hochschullehrer wurde von den hochschuleigenen Kommissionen für eine Weiterbeschäftigung als geeignet angesehen, die andere Hälfte lehnte eine Überprüfung ab oder wurde negativ bewertet. Damit fällten die Kommissionen ein kritisches Urteil über die Eignung des beschäftigten Personals und bestätigten, wie notwendig eine tiefgreifende Erneuerung war.

Dennoch gab es zwischen den Fächern und Fächergruppen markante Unterschiede: In den Fachbereichen, die ursprünglich abgewickelt werden sollten, war die Anzahl der an der Evaluation Teilnehmenden außerordentlich hoch. Wo man sich jedoch an ihr beteiligte, lag die Quote der negativ evaluierten Professoren, z.B. im FB Rechtswissenschaften mit 6 von 23 (entspricht 26,1%) oder im Institut für Geschichte mit 4 von 18 (22,2%), bei den Dozenten mit 5 von 16 (31,2%) bzw. 3 von 8 (37,5%) sogar deutlich über dem Durchschnitt der Universität. Nur drei Fachbereiche, die Germanistik, die Elektrotechnik und die Pharmazie, hatten alle Hochschullehrer positiv evaluiert. Die FB Kulturwissenschaften mit 2 von 21 Professoren und 2 von 20 Dozenten, Fremdsprachliche Philologien mit 2 von 18 Professoren und 3 von 14 Dozenten oder Biologie mit 2 von 11 Professoren und 1 von 10 Dozenten kamen zu vergleichsweise wenigen negativen Urteilen. Negative Hochschullehrerbewertungen traten besonders hoch auf in den FB Rehabilitationswissenschaften (mit 3 von 10 Professoren und 5 von 12 Dozenten), Physik (mit 12 von 23 Professoren), Chemie (mit 13 von 19 Professoren), Landwirtschaft und Gartenbau (mit 13 von 44 Professoren und 15 von 29 Dozenten) oder Veterinärmedizin (mit 10 von 25 Professoren).

Vergleicht man die *drei Fächergruppen* Geistes- und Naturwissenschaften sowie die landwirtschaftlich/veterinärmedizinischen Fächer miteinander, bestätigt sich der Trend, dass zwischen Professoren und Dozenten nur geringe, zwischen den Fächergruppen jedoch erhebliche Unterschiede bestanden: Bei den *geisteswissenschaftlichen Fächern* fällt zunächst der hohe Anteil von Hochschullehrern auf, die sich den Überprüfungen überhaupt nicht stellten, nämlich 74 von 198 Professoren (entspricht 37,3%) und 62 von 158 Dozenten (39,2%). Diese Gruppe ist prozentual etwa gleich groß wie die Gruppe der positiv Evaluierten mit 88 Professoren (44,4%) und 61 Dozenten (38,6%). Die Zahl der negativ evaluierten geisteswissenschaftlichen Hochschullehrer liegt mit 29 Professoren (14,6%) und 31 Dozenten (19,6%) hingegen deutlich unter dem Durchschnitt der Universität. Das heißt, etwa jeder dritte Hochschullehrer der geisteswissenschaftlichen Fächer schätzte offenbar von vornherein seine Chancen auf eine positive Bewertung gering ein oder verweigerte sich grundsätzlich dem hochschuleigenen Erneuerungskurs!

In den *naturwissenschaftlichen Fachbereichen* hingegen überwog deutlich der Anteil positiv bewerteter Professoren mit 77 von 124 (entspricht 62,1 %) gegenüber 40 negativ evaluierten (32,3 %) und lag damit deutlich über dem Durchschnittswert. Nur 5 von 124 Professoren (4 %) und 1 von 103 Dozenten (1 %) verweigerten sich den Verfahren. Ähnlich waren die Quoten in den *landwirtschaftlich/veterinärmedizinischen Fächern*. Hier wurden 42 von 69 Professoren (60,9 %) und 22 von 38 Dozenten (57,9 %) positiv, 23 Professoren (33,3 %) und 16 Dozenten (42,1 %) negativ evaluiert; nur 3 Professoren (4,3 %) und kein Dozent lehnten eine Evaluation ab.

Aus diesen Daten lässt sich erkennen: Während sich geisteswissenschaftliche Hochschullehrer zu einem erheblichen Teil in die Verweigerung flüchteten, war die Bereitschaft zur Unterstützung der hochschuleigenen Erneuerung in den übrigen Disziplinen, auch um den Preis, negativ bewertet zu werden, außerordentlich hoch.

Weiterhin fällt auf, dass in den Naturwissenschaften der prozentuale Anteil negativ evaluierter Dozenten mit 18 von 103 (17,5 %) nahezu nur halb so groß ist wie bei den Professoren mit 40 von 124 (32,3 %) und dass der Anteil positiv evaluierter naturwissenschaftlicher Dozenten mit 81 von 103 (78,6 %) doppelt so hoch ist wie bei den geisteswissenschaftlichen Kollegen (61 von 158, entspricht 38,6 %).

Die Tendenz zu einer deutlich besseren Bewertung der Dozenten gegenüber den Professoren bestätigt sich in den landwirtschaftlich/veterinärmedizinischen Fächern jedoch nicht. Im Gegenteil: 42,1 % negativ beurteilte Dozenten sind zu verzeichnen gegenüber 33,3 % negativ beurteilten Professoren.

Zusammengefasst zeigt Tabelle 5 im Bereich der *Hochschullehrer*: Deutlich weniger als die Hälfte der geisteswissenschaftlichen Hochschullehrer, deutlich mehr als die Hälfte naturwissenschaftlichen Hochschullehrer werden durch ihre PSK positiv beurteilt. Der prozentuale Anteil an negativen Evaluationen ist bei den naturwissenschaftlichen Professoren doppelt so hoch wie bei den geisteswissenschaftlichen Professoren; diese verweigerten sich stattdessen zu mehr als einem Drittel den Verfahren, sei es aus Furcht vor einer negativen Evaluierung, aus Resignation oder aus bewusster Distanz. In nahezu allen Disziplinen wurde ein erheblicher Erneuerungsbedarf diagnostiziert, in den meisten geisteswissenschaftlichen Bereichen bestand er aber in besonders hohem Maße. Zugleich könnte der höhere Anteil positiv evaluierter naturwissenschaftlicher Hochschullehrer im Vergleich zu den geisteswissenschaftlichen Hochschullehrern aber auch als Ergebnis einer unpolitischeren Selbsteinschätzung, vor allem außerhalb der (kritisch evaluierenden) naturwissenschaftlichen Kernfächer (in der Geographie, Psychologie, Pharmazie, Mathematik), gedeutet werden. Bei den *wissenschaftlichen Mitarbeitern* lassen einige methodische Probleme nur einen näherungsweisen Überblick zu: Da aus den unterschiedlichsten Gründen 5 der 28 PSK die befristeten Mitarbeiter gemeinsam mit den unbefristeten erfassten, 4 PSK weder die befristeten noch die unbefristeten und weitere 4 Kommissionen die unbefristeten Mitarbeiter nicht evaluierten, ist eine Auswertung für die Gruppe der befristeten Assistenten nicht möglich. An den absoluten Zahlen wird jedoch deutlich, dass es hier nur in Ausnahmefällen zu negativen Bewertungen kam (bei 18 von 321 erfassten befristeten Assistenten, d.h. 5,6%).

In der Gruppe der *unbefristeten wissenschaftlichen Mitarbeiter* kann hingegen mit den genannten Einschränkungen eine abgesicherte Datenanalyse vorgenommen werden. Danach wurden – wie aus Tabelle 5 ersichtlich – 909 der erfassten 1426 Personen positiv evaluiert, was einem Anteil von 63,7% entspricht. 144 Mitarbeiter, also 10,1%, erhielten ein negatives Votum, 362 (218) Personen (25,4% bzw. 15,2%)[932] nahmen nicht an den Verfahren teil. Während im FB Landwirtschaft und Gartenbau kein unbefristeter Assistent und in den FB Physik, Psychologie, Pharmazie und Geographie nur einer negativ beurteilt wurde, ist der Anteil negativer Evaluationen in einigen ursprünglich zur Abwicklung anstehenden Bereichen wie der Rechtswissenschaften (10 von 42 Assistenten, d.h. 23,8%), der Philosophie (12 von 24, d.h. 50%), der Geschichte (15 von 34, d.h. 44,1%), aber auch im FB Biologie (7 von 30, d.h. 23,3%) auffällig hoch. Besonders markant ist die hohe Quote von Verweigerern im FB Germanistik mit 11 von 53 Personen (20,6%) und im FB Physik mit 18 von 88 (20,5%), die fachbereichsspezifisch verursacht sein muss.

War bei den Hochschullehrern der prozentuale Anteil positiv bewerteter Geisteswissenschaftler deutlich geringer als derjenige der Naturwissenschaftler, verhält es sich bei den unbefristeten Assistenten ähnlich: nur 383 von 729 Mitarbeitern der geisteswissenschaftlichen Fächer (52,5%), aber 286 von 436 der naturwissenschaftlichen (65,6%) wurden als geeignet angesehen. Der Anteil negativer Voten unterschied sich dagegen erheblich voneinander, denn die Kommissionen empfahlen nur 25 naturwissenschaftliche Assistenten (5,7%), aber 109 von 729 geisteswissenschaftlichen Mitarbeitern (15%) nicht zur Weiterbeschäftigung. Wie bei den Hochschullehrern ist auch bei den Assistenten, gehäuft vor allem in den zur Abwicklung vorgeschlagenen Fachbereichen, eine

932 Die jeweils 2. Angabe vernachlässigt – wie bereits unter 2.2 geschildert – die 45 unbefristeten Assistenten des FB Kultur- und Kunstwissenschaften bzw. 99 Personen des FB Mathematik, die nicht bewertet wurden, weil die Evaluationen ihrer PSK sich auf die Hochschullehrer beschränkten.

recht hohe Zahl von »nicht Evaluierten« (187 von 729, entspricht 25,6 %)[933] ermittelt worden. Damit bestätigen sich insgesamt im Mitarbeiterbereich die meisten der schon bei den Hochschullehrern festgestellten Trends: eine kritische Selbsteinschätzung bzw. ein hoher Erneuerungsbedarf in den geisteswissenschaftlichen Bereichen mit insgesamt 296 von 729 negativ Evaluierten oder Verweigerern (40,6 %), ein außerordentlich geringer Anteil (45 von 436 Personen, entspricht 10,3 %) in den naturwissenschaftlichen. Diese Tendenz verstärkt sich noch, betrachtet man die landwirtschaftlich/veterinärmedizinischen Fächer, denn dort wurden 90,6 % aller unbefristeten wissenschaftlichen Mitarbeiter (d. h. 155 von 171) positiv begutachtet und war der Anteil an negativ Evaluierten mit 5 Personen (2,9 %) wie der an Verweigerern mit 11 Personen (6,4 %) verschwindend gering.

Diese Zahlen können aber auch den Schluss nahelegen, dass beim unbefristeten Mittelbau in den Naturwissenschaften weit weniger kritisch evaluiert wurde als bei den Hochschullehrern, man sich selbst vielleicht grundsätzlich »unpolitischer« oder »systemferner« einschätzte als es in den Geisteswissenschaften der Fall war.[934] Denn während in den Geisteswissenschaften das Verhältnis von Hochschullehrer- zu Mitarbeiterevaluation mit 44,4 : 52,5 % positiven und 14,6 : 15 % negativen Bewertungen bei 37,3 : 25,6 % Nichtteilnehmenden ganz ähnlich ist, sind die naturwissenschaftlichen Hochschullehrer mit einem Anteil von 32,3 % gegenüber 5,7 % bei den Mitarbeitern deutlich skeptischer begutachtet worden. Bei den positiv Evaluierten (62,1 % Hochschullehrer : 65,6 % Assistenten) und den Verweigerern (4 % Hochschullehrer : 4,6 % Assistenten) hingegen sind wie bei den Geisteswissenschaften keine relevanten Unterschiede zwischen den Statusgruppen festzustellen.

Doch auch eine andere Überlegung drängt sich auf: Der Erneuerungsbedarf wurde von den PSK bei den Hochschullehrern der geisteswissenschaftlichen Disziplinen ähnlich wie bei denen der naturwissenschaftlichen Fächer eingeschätzt, beim akademischen Mittelbau hingegen stand offenbar vor allem in den Naturwissenschaften ein genügend großes Reservoir an geeigneten Wissenschaftlern zur Weiterbeschäftigung oder Berufung bereit.

Mit diesen Resultaten bestätigten sich zu einem großen Teil die öffentlichen Annahmen über die Situation an der HU. Zugleich zeigte sich aber, dass das Konzept der selbstbestimmten Erneuerung fähig war zu realistischen, kritischen Ergebnissen in der Personalüberprüfung. Ein genauer Blick auf die Ursachen der negativen Evaluationen bestätigt die getroffenen Einschätzungen:

933 Berechnet ohne die 45 unbefristeten Mitarbeiter des FB Kultur- und Kunstwissenschaften.
934 Da auf Interviews verzichtet werden musste, die unter Umständen eine Beurteilung dieser Frage erlauben würden, konnte dieses Problem nicht näher untersucht werden.

Tabelle 6: Gründe für negative Empfehlungen der PSK bei Hochschullehrern

Fachbereich / Institut	Professoren				Dozenten			
	persön- lich	fach- lich	beides	sons- stige	persön- lich	fach- lich	beides	sons- stige
Rechtswiss.	1	1	4	0	0	3	2	0
Wirtschaftswiss.								
Theologie								
Erziehungswiss.	0	0	0	3	1	0	0	0
Sozialwiss.	0	1	0	0	0	0	0	3
Rehabilitationswiss.	2	0	1	0	2	0	3	0
Philosophie	0	0	0	1	1	1	0	1
Geschichte	2	0	2	0	0	3	0	0
Bibl. / Inform.	0	0	1	1	3	1	0	0
Kulturwiss.	0	1	0	1	1	1	0	0
Germanistik	0	0	0	0	0	0	0	0
Fremdspr. Philol.	0	1	1	0	1	0	2	0
Asien- / Afrikaw.	2	1	2	0	0	0	1	0
Th. / Angew. Spr.	0	0	0	0	0	1	0	0
Mathematik	1	0	0	0	1	1	1	0
Physik	9	1	2	0	2	2	0	0
Elektrotechnik	0	0	0	0	0	0	0	0
Informatik	1	0	0	0	0	0	1	0
Biologie	0	0	2	0	1	0	0	0
Chemie	7	1	5	0	1	1	1	0
Psychologie	0	0	0	0	1	0	0	0
Pharmazie	0	0	0	0	0	0	0	0
Geographie	1	0	0	0	2	1	0	0
Lebensmitteltechn.	6	0	4	0	1	0	1	0
Mus. f. Naturkunde	1	2	1	0	0	1	0	0
Landw. / Gartenbau	9	1	3	0	8	4	3	0
Veterinärmedizin	7	0	3	0	1	0	0	0
Sportwissenschaft	1	0	0	0	0	0	0	0
HUB (soweit ermittelbar)	50	10	31	6	27	20	15	4

Auffallend an Tabelle 6 ist zunächst der hohe Prozentsatz an *negativen Evaluationen wegen mangelnder persönlicher Eignung*, von denen die Professoren mit 50 von 97 Personen (entspricht 51,5 %) mit Abstand am meisten betroffen sind und das Ergebnis bei den Dozenten mit 27 von 66 (40,9 %) deutlich übertrafen. Während bei den Professoren der geisteswissenschaftlichen Fächer die Gründe für negative Bewertungen in etwa gleich verteilt sind (7 aus persönlichen, 5 aus fachlichen, 11 aus fachlichen wie persönlichen und 6 aus sonstigen Gründen), sind die Gewichtungen in den naturwissenschaftlichen sowie landwirtschaftlich/veterinärmedizinischen Fächern viel klarer akzentuiert: 43 von 50 persönlich nicht geeignete Professoren kommen aus diesen Bereichen, wobei die FB Chemie mit 7, Physik mit 9, Lebensmitteltechnologie mit 6, Landwirtschaft und Gartenbau mit 9 und Veterinärmedizin mit 7 Professoren deutlich hervorstechen. Dagegen wurden in diesen Disziplinen nur 5 Professoren aus fachlichen und 20 weitere aus fachlichen und persönlichen Gründen negativ bewertet.

Da man die ideologische Belastung viel stärker in den Geisteswissenschaften als in den naturwissenschaftlichen Fächern vermuten würde, verblüfft dieses Ergebnis zunächst. Folgende Erklärungsmuster kommen dafür in Frage: Möglicherweise wollten sich die PSK in den naturwissenschaftlichen oder landwirtschaftlichen Fächern konsequenter als in den Geisteswissenschaften von Personen trennen, die sich in besonderer Weise an das politische System gebunden hatten. Bei manchen naturwissenschaftlichen Disziplinen lag es zudem aus handfesten ökonomischen Gründen nahe, dass sie weit mehr in das Herrschaftssystem der SED integriert waren als man zunächst vermuten würde.[935] Insbesondere die Professorenschaft wurde für diese enge Verflechtung verantwortlich gemacht. Jenen Ballast wollte man nun abwerfen.

Blickt man auf die Ergebnisse bei den Dozenten, dann setzt sich dieser Trend aber nicht fort, denn geistes- und naturwissenschaftliche Fächer weisen hier ein ähnlich ausgeglichenes Verhältnis negativer Evaluationen auf.[936] Lediglich die Landwirtschaftlich-Gärtnerische Fakultät sticht mit einer hohen Quote hervor und stellt mit 8 von 27 negativ bewerteten Dozenten (entspricht 29,6 %) wegen mangelnder persönlicher Integrität und 4 von 20 wegen fachlicher Eignung (20 %) die größte Einzelgruppe.

935 Die Ergebnisse der MfS-Überprüfungen durch die Ehrenkommission lassen diese Überlegung plausibel erscheinen, denn auch hier wird ein vergleichsweise hoher Anteil inoffizieller Mitarbeiter gerade aus naturwissenschaftlichen Fächern festgestellt (s. Kapitel 3.1 im IV. Teil).

936 Hier wurden bei den Geisteswissenschaften 9 Personen aus persönlichen, 10 aus fachlichen, 8 aus fachlichen und persönlichen und 4 aus sonstigen Gründen negativ bewertet, bei den Naturwissenschaften 9 aus persönlichen, 6 aus fachlichen, 4 aus fachlichen und persönlichen, niemand aus sonstigen Gründen.

Bei der *negativen Bewertung aus fachlichen Gründen* unterscheiden sich die Gruppe der Professoren und die der Dozenten deutlich voneinander: die PSK attestierten 10 von 97 Professoren (9,7 %), aber 20 von 66 Dozenten (30,3 %) deshalb einen Eignungsmangel. Dabei wurde mangelhafte fachliche Eignung meistens mit einem geringen wissenschaftlichen Engagement, der Berufung aus wissenschaftsfremden Motiven, schlechter Lehrtätigkeit oder geringer Publikationsbereitschaft begründet.

Die *fehlende persönliche Eignung* begründeten die PSK zumeist mit politischen oder administrativen Funktionen, die die betroffenen Personen in der DDR innehatten. Sie reichten von der Mitgliedschaft im Zentralkomitee der SED oder in der SED-Kreisleitung bis zur Mitgliedschaft in der Universitätsleitung. Betroffen waren diesbezüglich auch ehemalige Sekretäre der SED-Grundorganisation einer Sektion, Sektionsdirektoren, häufig ehemalige stellvertretende Sektionsdirektoren für Erziehung und Ausbildung, zuweilen auch Personen mit eingestandener inoffizieller MfS-Zusammenarbeit sowie mit besonderem Engagement in den Kampfgruppen oder bei der »militärischen Erziehung« der Studenten.[937] Deutlich seltener sind negative Bewertungen, weil jemand jenseits eines politischen Amtes in besonders doktrinärer oder ideologisch belastender Weise als Hochschullehrer agierte. Im Zusammenhang mit den Einspruchsverfahren wird auf diese Problematik exemplarisch eingegangen.

Ganz anders stellen sich die Ursachen für negative Beurteilungen bei den unbefristeten wissenschaftlichen Mitarbeitern dar: Hier überwiegen mit 51 von 144 Fällen (entspricht 35,4 %) fachliche und mit 54 (37,5 %) sonstige Motive im Vergleich zu nur 19 negativen Evaluationen wegen mangelnder persönlicher Integrität (13,1 %) oder 20 aus fachlichen und persönlichen Gründen (13,9 %). Wie schon bei den Hochschullehrern traten negative Voten in den Fächern, die ursprünglich abgewickelt werden sollten, vergleichsweise häufiger auf, wobei die PSK sich stark auf fachliche (FB Rechtswissenschaft 8 von 10 Personen, Institut für Philosophie 6 von 11 oder Institut für Geschichte 8 von 15) oder auf strukturelle Gründe (Institut für Philosophie 5 von 11 Personen, Institut für Geschichte 6 von 15) fokussierten. Die übrigen negativen Voten verteilen sich gleich zwischen den Fächern bzw. Fächergruppen. Auffällig sind lediglich die 7 negativen Voten im FB Biologie, die 6 aus fachlichen Gründen im Institut für Bibliothekswissenschaften und die 7 fachlich wie persönlich begründeten negativen Bewertungen im FB Theoretische und Angewandte Sprachwissenschaft, die alle bereichsspezifisch motiviert waren.

937 S. dazu auch Kapitel 3.1.1 des III. Teils sowie das nachfolgende Kapitel 2.5.

Tabelle 7: Gründe für negative Empfehlungen der PSK bei wissenschaftlichen Mitarbeitern

Fachbereich/ Institut	unbefristete Mitarbeiter				befristete Mitarbeiter				
	persönlich	fachlich	beides	sonstige	persönlich	fachlich	beides	sonstige	
Rechtswiss.	2	8	0	0	0	3	0	0	
Wirtschaftswiss.									
Theologie									
Erziehungswiss.	1	0	0	0	1	0	0	0	
Sozialwiss.	0	2	3	2	0	1	2	1	
Rehabilitationswiss.	2	0	3	0	2	3	2	0	
Philosophie	1	6	0	5	0	0	0	1	
Geschichte	0	8	1	6	bei unbefristeten MA enthalten				
Bibl./Inform.	3	6	0	0	0	0	0	0	
Kulturwiss.	nicht evaluiert				nicht evaluiert				
Germanistik	0	0	0	0	0	0	0	0	
Fremdspr. Philol.	2	7	2	0	0	0	0	0	(*)
Asien-/Afrikaw.				10**	bei unbefristeten MA enthalten				
Th./Angew. Spr.	0	0	7	22	bei unbefristeten MA enthalten				
Mathematik					bei unbefristeten MA enthalten				
Physik	0	1	0	0	0	0	0	0	
Elektrotechnik	0	1	0	2	0	0	0	0	
Informatik	1	3	1	0	0	1	0	0	
Biologie				7**	0	0	0	0	
Chemie	1	1	1	0	0	0	0	0	
Psychologie	1	0	0	0	0	0	0	0	
Pharmazie	0	1	0	0	0	0	0	0	
Geographie	0	1	0	0	0	1	0	0	
Lebensmitteltechn.	0	2	1	0	nicht evaluiert				
Mus. f. Naturkunde	2	2	1	0	nicht evaluiert				
Landw./Gartenbau	0	0	0	0	0	0	0	0	
Veterinärmedizin	3	2	0	0	nicht evaluiert				
Sportwissenschaft	0	0	0	0	0	0	0	0	
HUB (soweit ermittelbar)	19	51	20	54	3	9	4	2	

(*) hoher Anteil negativer Evaluationen bei LHD/Lektoren, (**) nicht näher spezifiziert

Da während der Zeit des Hochschulumbaus zuweilen in der Öffentlichkeit die Befürchtung geäußert wurde, negative Personalevaluationen hätten in besonderer Weise Frauen getroffen, und das auch in manchen Einspruchsverfahren vermutet wurde[938], sollen abschließend – soweit möglich – die Überprüfungen nach *geschlechtsspezifischen Kriterien* ausgewertet werden. Einschränkend muss dazu gesagt werden, dass gesicherte Aussagen, wie Tabelle 7 zeigt, nur hinsichtlich der Gruppe der Hochschullehrer getroffen werden können. Dagegen war im Bereich der wissenschaftlichen Mitarbeiter, in der wegen des höheren Frauenanteils Veränderungen wesentlich besser wahrnehmbar wären, ein namentlicher Gesamtüberblick, der mit den Personalverzeichnissen verglichen werden könnte, nicht möglich. Deshalb werden die Entwicklungen bei den wissenschaftlichen Mitarbeitern nur anhand einiger Fächer in Stichproben erfasst.

Um die formulierte These überprüfen zu können, dass Frauen stärker von negativen Evaluierungen betroffen waren als Männer, ist für jeden Fachbereich die Anzahl der beschäftigten Männer und Frauen sowie ihr Anteil an den negativen Evaluationen zu ermitteln. Der Vergleich beider Ergebnisse lässt mögliche Verschiebungen in die eine oder andere Richtung genau erkennen.

Tabelle 8: Beschäftigte und negative Empfehlungen

Fachbereich / Institut	Professoren				Dozenten				wissenschaftliche Mitarbeiter			
	m.	w.	neg. evaluiert m.	neg. evaluiert w.	m.	w.	neg. evaluiert m.	neg. evaluiert w.	m.	w.	neg. evaluiert m.	neg. evaluiert w.
Rechtswiss.	19	4	6	0	14	2	5	0	35	21	5	7
Wirtschaftswiss.	32	1			20	8			gesamt 83			
Theologie	8	0			5	3			gesamt 8			
Erziehungswiss.	7	1	3	0	6	3	0	1	gesamt 79			
Sozialwiss.	10	0	1	0	3	4	2	1	gesamt 41			
Rehabilitationswiss.	7	3	2	1	5	7	2	3	gesamt 63		nicht aufgeschlüsselt	
Philosophie	8	1	1	0	2	3	1	2	18	9	7	6

938 So zum Beispiel in Einsprüchen aus der Juristischen Fakultät oder dem FB Fremdsprachliche Philologien (s. Dokumentation »Die Arbeit der ZPSK 1990–1992«, Band 1, Ablage 1 [2. Register] sowie Band 2, Ablage 12).

Geschichte	17	1	4	0	4	4	2	1	14	20	8	7
Bibl./Inform.	3	0	2	0	4	1	4	0	7	10	5	4
Kulturwiss.	17	4	1	1	13	7	1	1	gesamt 51			
Germanistik	13	4	0	0	8	2	0	0	gesamt 62		0	0
Fremdspr. Philol.	16	2	2	0	8	6	2	1	33	56	4	7
Asien-/ Afrikawiss.	14	5	4	1	5	9	1	0	gesamt 95		6	4
Th./Angew. Spr.	1	0	0	0	2	0	1	0	gesamt 131		gesamt 29	
Mathematik	15	1	1	0	11	1	2	1	gesamt 99		nicht aufgeschlüsselt	
Physik	22	1	11	1	15	2	4	0	109	5	1	0
Elektrotechnik	11	1	0	0	6	2	0	0	gesamt 77		3	0
Informatik	6	0	1	0	5	0	1	0	gesamt 42		nicht aufgeschlüsselt	
Biologie	10	1	2	0	9	1	1	0	gesamt 59		gesamt 7	
Chemie	19	0	13	0	13	0	3	0	gesamt 104		3	0
Psychologie	6	2	0	0	4	1	1	0	gesamt 34		1	0
Pharmazie	4	0	0	0	2	2	0	0	gesamt 19		1	0
Geographie	5	2	1	0	6	0	3	0	21	11	2	0
Lebensmitteltechn.	15	3	7	3	22	1	2	0	gesamt 62		2	1
Mus. f. Naturkunde	9	0	4	0	3	0	1	0	gesamt 61		4	1
Landw./ Gartenbau	40	4	11	2	25	4	11	4	gesamt 131		0	0
Veterinärmedizin	23	2	10	0	7	2	1	0	23	17	3	2
Sportwissenschaft	6	1	0	1	1	0	0	0	gesamt 37		0	0
HUB gesamt (soweit der ZPSK bekannt)	363	44	87	10	228	75	51	15				

Nach den in Tabelle 8 zusammengefassten Ergebnissen waren an der HU 363 Professoren und nur *44 Professorinnen* beschäftigt, was einen *Anteil von lediglich 10,8%* ausmachte. In der Gruppe der Dozenten lag der Frauenanteil mit 24,7% (228 Dozenten zu 75 Dozentinnen) zwar etwas höher. Insgesamt jedoch war die Teilhabe von Frauen in der Hochschullehrergruppe entgegen den offiziellen Verlautbarungen auch in der DDR auf einem geringen Niveau. Das ermittelte Verhältnis fand sich nahezu identisch in der Gruppe der negativ Evaluierten wieder: Von den 97 Begutachtungen in der Professorengruppe waren 87 Männer (d.h. 89,6%) und 10 Frauen (10,3%) betroffen, bei den Dozenten von 66 negativen Voten 51 Männer (77,3%) und 15 Frauen (22,7%). Der Frauenanteil veränderte sich durch die Evaluierungen demnach nicht, und auch bei der Sichtung der einzelnen Fachbereiche waren keine signifikanten Verschiebungen festzustellen.

Etwas anders stellt sich die Situation bei den *(unbefristeten) wissenschaftlichen Mitarbeiterinnen* dar, betrachtet man die Daten in den für die Analyse zur Verfügung stehenden Fachbereichen in Tabelle 8: So waren beispielsweise im Institut für Philosophie prozentual wesentlich mehr Frauen als Männer negativ evaluiert worden, denn in der Gesamtgruppe betrug der Anteil männlicher und weiblicher Mitarbeiter 66,6 : 33,3% (absolut: 18 : 9), in der Gruppe der negativ Evaluierten jedoch 53,8 : 46,1% (absolut: 7 : 6). Noch deutlicher verhielt es sich im FB Rechtswissenschaften, wo das Gesamtverhältnis von männlichen zu weiblichen Mitarbeitern 53 : 47% (absolut: 35 : 21) betrug, bei den negativ Evaluierten aber 41,7 : 58,3% (5 : 7). In den Fremdsprachlichen Philologien, wo viele Mitarbeiterinnen beschäftigt waren, ließ sich der mehrfach erhobene Vorwurf, die PSK hätten besonders Frauen schlecht bewertet, nicht belegen. Denn der Fachbereich verfügte über 37,1% männliche und 62,9% weibliche Mitarbeiter (absolut: 33 : 56) und der Anteil der negativ Bewerteten verteilte sich nahezu identisch auf 36,4% männliche und 63,6% weibliche Mitarbeiter (absolut 4 : 7). Auch am FB Veterinärmedizin kam es mit 60 : 40% (absolut 3 : 2) zu einem etwa gleich großen Verhältnis positiver und negativer Evaluierungen im Vergleich zur Gesamtgruppe (hier 23 : 17, entspricht 57,5 : 42,5%). Allerdings gab es auch Bereiche, in denen prozentual mehr Männern als Frauen eine mangelnde Eignung zugesprochen wurde, so im Institut für Geschichte, wo 14 Männer und 20 Frauen beschäftigt waren (41,2 : 58,8%), aber 8 männliche und 7 weibliche Personen ein negatives Votum erhielten (53,3 : 46,6%). Ein ähnliches Quorum wurde im Institut für Bibliothekswissenschaften ermittelt: Hier waren 7 Assistenten und 10 Assistentinnen beschäftigt (41,2 : 58,8%), aber 5 Männer und 4 Frauen bekamen ein negatives Votum (55,5 : 44,4%).

Zusammengefasst ist also festzustellen, dass einige Fachbereiche (Rechtswissenschaften, Institut für Philosophie) überproportional viele Frauen, andere Fachbereiche hingegen (Geschichte, Bibliothekswissenschaften) überproportional viele Männer negativ evaluierten. Bei einigen anderen Fachbereichen (Fremdsprachliche Philologien, Veterinärmedizin) sind vor und nach der Begutachtung keine Unterschiede auszumachen. Die klare Tendenz einer Benachteiligung von Frauen durch die Evaluationen lässt sich anhand dieser Befunde nicht feststellen.

2.5 Die Einsprüche gegen die Personalempfehlungen

Von ihren Einspruchsmöglichkeiten machten die negativ Evaluierten rege Gebrauch: 84 von 163 negativ bewerteten Hochschullehrern und damit jeder Zweite und 90 von 162 wissenschaftlichen Mitarbeitern (55,6 %) widersprachen den Empfehlungen ihrer PSK. Das kann durchaus als Zeichen für die Akzeptanz des Verfahrens gewertet werden, denn viele hofften offenbar, mit einem Einspruch die Entscheidung ihrer Kommission noch zu revidieren. Die Auswertung der Einsprüche zeigt allerdings, dass die ZPSK nur in wenigen Ausnahmefällen ein PSK-Votum aufgehoben hat. Das passt nur auf den ersten Blick nicht zusammen, denn in den meisten Fällen kam es zwischen PSK, ZPSK und dem Betroffenen zu einem intensiven Austausch. Aus den FB Rechtswissenschaften, Fremdsprachliche Philologien, Theoretische und Angewandte Sprachwissenschaft, Chemie, Geographie und Veterinärmedizin erhielt die ZPSK vergleichsweise viele Einsprüche, wenige dagegen aus den FB Physik und Landwirtschaft.[939] Zeigte das eine hohe Verbindlichkeit und Zustimmung an, war die große Zahl von Widersprüchen aus einem Fachbereich zumeist ein Indiz für Verfahrensprobleme oder für seine Heterogenität, aufgrund der sich bestimmte Fächer innerhalb einer PSK nicht ausreichend vertreten fühlten.[940]

Einsprüche richteten die Betroffenen an die ZPSK, wenn sie mit dem Verfahrensablauf oder den Inhalten der PSK-Evaluierung nicht einverstanden waren. Deshalb soll im folgenden Abschnitt zwischen den Gründen für Einsprüche gegen das Verfahren oder die inhaltliche Entscheidung der PSK unterschieden werden, auch wenn die Mehrzahl der Einsprüche beide Seiten thematisierte.

939 In der Landwirtschaftlichen Fakultät fällt auf, dass alle 6 Hochschullehrer, für die die PSK das Arbeitsverhältnis beenden wollte, Widerspruch einlegten, alle übrigen mit minderschweren negativen Beurteilungen hingegen darauf verzichteten, weil sie auf eine Weiterbeschäftigung hofften. Die für eine Kündigung vorgesehenen Hochschullehrer hatten in der DDR alle zeitweise herausgehobene Funktionen inne (u. a. als Sekretär der SED-Kreisleitung, Parteisekretär, stellvertretender Parteisekretär der Fakultät, Mitglied der Universitätsleitung) oder deren Berufungsgebiete (z. B. für »sozialistische Betriebswirtschaft«) fielen künftig weg.

940 Damit wurden Einsprüche aus den FB Fremdsprachliche Philologien und Asien- und Afrikawissenschaften begründet.

Viele Briefe sind zugleich Zeugnisse authentischer DDR-Geschichte, denn sie berichten von vermeintlichen oder tatsächlichen Zurücksetzungen im Hochschulbetrieb, von typischen Herrschaftsmechanismen des Systems, von seiner politisch-ideologischen Ausrichtung, von Versuchen der nachträglichen Rechtfertigung, aber auch von ehrlicher Auseinandersetzung, bedrückenden Lebensgeschichten oder heute schwer verständlichen persönlichen Entscheidungen. Deshalb beschließen Beispielfälle für die geschichtspolitische Dimension[941] der Evaluationen diesen Abschnitt.[942]

Tabelle 9: Abweichende Voten des Fachbereichsrats und Einsprüche bei der ZPSK

Fachbereich/ Institut	Hochschullehrer				wissenschaftliche Mitarbeiter				
	negativ	abw. Votum FB-Rat	Einsprüche bei ZPSK	Einspruch zugestimmt	negativ	abw. Votum FB-Rat	Einsprüche bei ZPSK	Einspruch zugestimmt	
Rechtswiss.	11	1	8	2	13	6	14	3	
Wirtschaftswiss.									
Theologie									
Erziehungswiss.	4	0	0	0	2	0	0	0	
Sozialwiss.	4	0	1	0	11	0	1	0	
Rehabilitationswiss.	8	4	4	0	12	1	2	0	
Philosophie	4	0	1	1	13	0	1	0	
Geschichte	7	0	1	0	15	0	1	0	
Bibl./Inform.	6	0	3	0	9	0	5	0	
Kulturwiss.	4	0	2	0	nicht evaluiert				
Germanistik	0	0	0	0	0	0	0	0	
Fremdspr. Philol.	5	0	4	1	11	0	9	0	(*)
Asien-/Afrikawiss.	6	0*	6	0	10	0*	7	0	

941 Zum Begriff der Vergangenheitspolitik s. die Ausführungen in der Einleitung zum IV. Teil.
942 Überall dort, wo in diesem Abschnitt auf Beispielfälle zurückgegriffen wird, sind die Namen durch Anfangsbuchstaben des Alphabets anonymisiert und wird nur der Fachbereich als Quelle angegeben. In den Dokumentenbänden finden sich Listen, mit deren Hilfe die Buchstaben dem jeweiligen Einspruch zugeordnet werden können.

Th./Angew. Spr.	1	0	1	0	29	0	29	0	
Mathematik	4	0	1	0	nicht evaluiert				
Physik	16	0	4	0	1	0	0	0	
Elektrotechnik	0	0	0	0	3	0	0	0	
Informatik	2	0	1	0	6	0	1	0	
Biologie	3	0	3	0	7	0	0	0	
Chemie	16	0	13	0	3	0	3	0	
Psychologie	1	0	0	0	1	0	0	0	
Pharmazie	0	0	0	0	1	0	0	0	
Geographie	4	1	4	0	2	1	8	0	
Lebensmitteltechn.	12	0	7	0	3	0	1	0	
Mus. f. Naturkunde	5	0*	5	0	5	0*	5	0	
Landw./Gartenbau	28	0	6	0	0	0	0	0	
Veterinärmedizin	11	1	9	0	5	0	3	0	
Sportwissenschaft	1	0	0	0	0	0	0	0	
HUB gesamt	163	7	84	4	162	8	90	3	

* s. Erläuterungen im Anhang B
(*) hohe Zahl von Einsprüchen LHD/Lektoren

Neben den genannten Gründen kam es zu *Verfahrenseinsprüchen*, weil Evaluierte nicht einverstanden waren mit der Kürze der Empfehlung, ihrer mangelnden Aussagekraft, vermeintlichen Fehldeutungen, falschen bzw. unvollständigen Darstellungen[943], wegen ihrer »Einseitigkeit« oder der Subjektivität und »willkürlichen Auswahl«[944] der Angaben. Manche beschwerten sich, weil sich die Mitglieder der PSK nicht sorgfältig auf die Personalgespräche vorbereitet

943 S. beispielhaft T (Einspruch vom 28. Mai 1991) oder W im FB Fremdsprachliche Philologien, die außerordentlich wütend auf die Evaluierung reagierten und von »teilweise verzerrten bzw. konstruierten Fakten ausgingen, um am Schluss einen Schuldigen zu haben« (Einspruch vom 27. Mai 1991, in: Dokumentation »Die Arbeit der ZPSK 1990–1992«, Band II, Ablage 12).

944 So Dozent A des FB Mathematik in einem Schreiben an die ZPSK vom 18. Juni 1991, in: Dokumentation »Die Arbeit der ZPSK 1990–1992«, Band III, Ablage 15.

oder mit ihrer wissenschaftlichen Arbeit beschäftigt hätten.[945] Oder aber die Zeit der Anhörung sei viel zu gering gewesen, was in einem Fall zu der paradoxen Schlussfolgerung führte: »Wenn die Kommission in einem halbstündigen allgemeinen Gespräch mit mir zu völlig gegensätzlicher Auffassung gelangte, können kaum objektive Kriterien Grundlage der Entscheidungsfindung gewesen sein.«[946] Einige Betroffene nahmen sich nach einer negativen Evaluierung einen Rechtsbeistand.[947]

Bevor die ZPSK tätig werden konnte, bat sie die PSK des Fachbereichs um Übersendung der Gesprächsprotokolle, des Empfehlungstextes und gegebenenfalls weiterer beratungsrelevanter Unterlagen, um sich ein Bild vom streitigen Vorgang zu machen. Nach der Verfahrensordnung prüfte sie zunächst das Verfahren; wurden dort Fehler entdeckt, führte das in der Regel zu einer Rücküberweisung des Falls an die PSK. Waren keine Mängel festzustellen, bewertete die ZPSK im zweiten Schritt die Empfehlung auf ihre inhaltliche Plausibilität. Wegen der Vielzahl von Einsprüchen benannte die ZPSK Berichterstatter und stellvertretende Berichterstatter für jeden Fachbereich. Sie empfahlen der gesamten Kommission, wie mit einem Einspruch umgegangen werden sollte, und waren für dessen weitere Bearbeitung zuständig.

Wenn Einsprüche nicht direkt abgewiesen wurden, weil sie unbegründet waren oder keine Verfahrensverstöße festgestellt werden konnten[948], reagierte die ZPSK zumeist mit einer Rücküberweisung des Falls an die PSK des Fachbereichs. Die ZPSK ließ sich dann über die 2. Beratung in den PSK informieren, beobachtete die Überprüfung, gab Verfahrenshinweise oder machte Vorschläge zur Konfliktlösung. Die inhaltliche Entscheidung überließ sie weitestgehend den PSK. Diesem subsidiären Grundsatz folgend, wendete sie insoweit ihre Verfahrensordnung pragmatisch an, versuchte die örtlichen PSK zu animieren, ihre eigenen Voten noch einmal zu überdenken, und entschied in der Regel nicht selbst, weil sie im Zweifel Problemfälle nicht besser beurteilen konnte als die zuständige PSK. Nicht nur bei Mängeln in der inhaltlichen Argumentation, auch bei Verfahrensfehlern achtete sie darauf, dass nicht sie

945 In dieser Weise N im Einspruch vom 11. März 1991, in: Dokumentation »Die Arbeit der ZPSK 1990–1992«, Band I, Ablage 1 (2. Register).

946 Einspruch Q aus dem FB Fremdsprachliche Philologien, Schreiben vom 27. Mai 1991, in: a. a. O., Band II, Ablage 12.

947 So z. B. D aus dem FB Lebensmitteltechnologie (Schreiben des Anwalts vom 31. Juli 1991, in: a. a. O., Band IV, Ablage 25).

948 Exemplarisch dazu die meisten Einsprüche aus dem FB Chemie, wo die ZPSK wegen der großen Zahl von Widersprüchen vor allem wegen mangelnder persönlicher Eignung neben der Auswertung des Schriftguts zusätzliche Gespräche mit der PSK führte, aber keine gravierenden Mängel feststellte und deshalb alle Widersprüche ablehnte (in: a. a. O., Band III, Ablage 20).

Voten von PSK einfach aufhob, sondern die PSK die Voten möglichst selbst korrigierten. Die meisten Betroffenen waren mit einer solchen zweiten Prüfung ihres Falls zufrieden, so dass sich formalisierte Entscheidungen der ZPSK erübrigten. Nur in drei Fällen verhielt sich die ZPSK anders, zog Verfahren an sich und entschied zugunsten der Betroffenen[949], wobei sich in einem Fall eine PSK von der ZPSK unter Druck gesetzt sah.[950] Nicht nur hier gingen Entscheidungen der ZPSK viele Gespräche und eine intensive Korrespondenz voraus.[951] Zum Ende des Evaluierungsprozesses überwies die ZPSK auch Einsprüche an die PSK zurück, weil sie sich gegen das »Bewertungs-Bezugssystem der Fachbereichs-PSK richteten, das die ZPSK nicht in Frage stellen kann und will«. In solchen Fällen empfahl sie eine erneute Anhörung vor der PSK und wies darauf hin, dass »die wirkliche Relevanz der PSK-Empfehlungen erst im Kontext der künftigen Arbeit der Berufungs-/Strukturkommissionen ihres Fachbereichs zum Tragen kommen wird«[952].

Die PSK ihrerseits gingen ganz unterschiedlich mit Einsprüchen bei der ZPSK um: Einige baten darum, gesondert von der ZPSK gehört zu werden,

949 So bei Einspruch B aus dem FB Rechtswissenschaften, AG aus dem FB Fremdsprachliche Philologien und B vom Institut für Philosophie.

950 Der Fall B des FB Rechtswissenschaften entwickelte sich zu einem der aufwendigsten Einspruchsverfahren, bei dem es auch zu einer förmlichen Anhörung der Beteiligten kam. Ursprünglich machte der Betroffene gravierende Verfahrensmängel geltend (Entscheidung in der Unterkommission zu seinen Gunsten, negative Entscheidung in der PSK, Vorwurf der Befangenheit, Umkehr der Beweislast) und lehnte die Empfehlung auch inhaltlich ab (s. Schreiben vom 21. Mai 1991). Daneben beschwerte sich die Vorsitzende der PSK beim ZPSK-Vorsitzenden, dass der zuständige Berichterstatter der ZPSK den Fall nicht vorurteilsfrei prüfe, denn er habe deutlich gemacht, dass die ZPSK den Einspruch voll unterstütze, obwohl das Verfahren noch gar nicht abgeschlossen sei. Gleichzeitig verweigere er der PSK Informationen, die der Betroffene der ZPSK zur Verfügung gestellt hat, so dass die Kommission nicht in der Lage sei, zu einer neuen Entscheidung zu kommen. »Herr Prof. Schmidt hat die Vorstellung der ZPSK vom weiteren Verlauf des Verfahrens in einer Weise geäußert, die nur als Versuch gedeutet werden kann, die PSK unter Druck zu setzen.« Die ZPSK solle deshalb allein den Fall zum Abschluss bringen (Brief der Vorsitzenden der PSK, Frau Dozentin Ansbach, an den Vorsitzenden der ZPSK, Professor Bank, vom 8. Mai 1991, in: Dokumentation: »Die Arbeit der ZPSK 1990–1992«, Band I, Ablage 1 [2. Register]). Die ZPSK entscheidet schließlich das Verfahren zugunsten des Betroffenen und gibt dem Einspruch statt (Brief des Vorsitzenden der ZPSK an die Vorsitzende der PSK vom 11. Juni 1991, in: a. a. O.).

951 S. z. B. die Briefwechsel des Mitglieds der ZPSK Professor Hans-Dieter Schmidt mit der PSK Rechtswissenschaften, in: Dokumentation: »Die Arbeit der ZPSK 1990–1992«, Band I, Ablage 1 (2. Register).

952 Schreiben der ZPSK vom 7. August 1991 an A, C und D aus der Landwirtschaftlichen Fakultät, in: Dokumentation: »Die Arbeit der ZPSK 1990–1992«, Band IV, Ablage 26. Dennoch hatte die ZPSK gegen diese und alle anderen negativen Empfehlungen keine prinzipiellen Bedenken, empfahl nur – so im Fall B – durch Außengutachten die fachliche Bewertung zu präzisieren.

oder Betroffener und PSK wollten eine Anhörung.[953] In wenigen Fällen nahmen PSK ihr Urteil zurück; häufiger präzisierten sie ihre Voten oder änderten sie leicht ab, blieben aber im Kern bei ihrer Entscheidung. Gelegentlich verweigerten sich PSK einer Rücküberweisung durch die ZPSK, die dann selbst entscheiden musste. Sehr häufig, vor allem bei strittigen Fragen der fachlichen Qualifikation, verständigten sich ZPSK und PSK, ein oder mehrere Außengutachten einzuholen, um auf diese Weise einen Einspruch zu schlichten.[954] In einer Reihe von Einsprüchen war den Betroffenen schon geholfen, wenn sich die PSK bei Verfahrensproblemen oder Unzufriedenheiten mit einem Empfehlungstext erneut mit ihm befasste. Unzufriedenheiten oder Missverständlichkeiten konnten auf diese Weise zumindest teilweise ausgeräumt werden, Bewertungen wurden noch einmal überprüft, zuweilen auch abgeschwächt.[955]

Zu Rücküberweisungen an die PSK und nicht zur Aufhebung der Entscheidung griff die ZPSK, wenn die Kommissionen bei den Evaluationen nicht mehrheitsfähig[956] oder keine auswärtigen Mitglieder anwesend waren.[957] Die PSK hatten dann die Gelegenheit, sich zu korrigieren, so dass sich Einsprüche

953 In diesem Sinne z. B. in den Fällen B und Q des FB Rechtswissenschaft (s. Dokumentation: »Die Arbeit der ZPSK 1990–1992«, Band I, Ablage 1 [2. Register].

954 Auf Grund von positiven Außengutachten wurde z. B. das Votum gegen Y im FB Fremdsprachliche Philologien aufgehoben (s. Einspruch vom 25. Mai 1991, in: a. a. O., Band II, Ablage 12). Da die Bewertungen in den Gutachten eindeutig ausfielen, erscheint die im Einspruch geäußerte Vermutung, dass ein Mitglied der PSK die Evaluation voreingenommen betrieben hatte und ihn aus der HU entfernt sehen wollte, durchaus nahe. Auf der anderen Seite muss aber berücksichtigt werden, dass Y in der DDR über viele Jahre eine herausgehobene Funktion in der Universität innehatte, eine kritische Prüfung seiner Eignung also nahelag.

955 So beispielsweise in den Fällen A, C, H, S und I des FB Rechtswissenschaften (in: Dokumentation: »Die Arbeit der ZPSK 1990–1992«, Band I, Ablage 1 [2. Register]) oder bei dem Einspruch von B im Institut für Geschichte, wo die ZPSK zwar keine Verfahrensmängel feststellen konnte und ihr das Urteil auch inhaltlich plausibel begründet erschien, sie aber dennoch dem Petenten riet, sich erneut an die PSK zu wenden, damit sie sich mit seinen Argumenten nochmals beschäftigte (Schreiben der ZPSK vom 31. Oktober 1991, Einspruch vom 20. Oktober 1991, in: Dokumentation: »Die Arbeit der ZPSK 1990–1992«, Band II, Ablage 8). Im FB Veterinärmedizin unterstützte die ZPSK im Fall D einen Einspruch aus inhaltlichen Gründen und bat die PSK mit Schreiben vom 29. Juli 1991, ihre Empfehlung zu überprüfen, weil ihr die Bedenken aus politischen Gründen zu pauschal formuliert waren. In zwei weiteren Fällen (G, I) überwies sie Einsprüche wegen Verfahrensmängeln ebenfalls an die PSK zurück (alles in: a. a. O., Band IV, Ablage 27).

956 S. den Einspruch von A, vom 25. März 1991, aus dem FB Theoretische und Angewandte Sprachwissenschaft, der im Übrigen die PSK für befangen hielt, in: a. a. O., Band III, Ablage 14.

957 So in den Fällen A des Instituts für Bibliothekswissenschaften sowie D, E und F des FB Rehabilitationswissenschaften, wobei im Falle von E die ZPSK zusätzlich die Formulierung des Negativvotums kritisierte, denn »Aussagen wie vorsichtige, wenig problematisierende Reflexionen zur Vergangenheitsbewältigung [sind] keine überzeugenden Argumente, um die persönliche Integrität anzuzweifeln« (Schreiben an den PSK-Vorsitzenden vom 20. Juni 1991, in: a. a. O.).

erübrigten.[958] In besonders großer Zahl kam es dazu im FB Fremdsprachliche Philologien, weil die Voten hier sehr allgemein begründet wurden[959] oder die PSK einschätzte, dass Beschäftigte den gestiegenen Aufgaben und Anforderungen an den universitären Betrieb nicht mehr gewachsen seien.[960]

Inwieweit Rücküberweisungen an die PSK tatsächlich zu relevanten Änderungen führten, kann freilich nicht systematisch eingeschätzt werden. Recht häufig gaben sie keine Rückmeldungen an die ZPSK, vor allem in weniger gravierenden Fällen. Insoweit geben die vorgestellten Einspruchszahlen auch nur die Ersteinsprüche wieder und sagen nichts über die weitere Behandlung von Rücküberweisungen aus. Zu vermuten ist aber, dass die PSK nur in einigen Fällen ihre ursprünglichen Empfehlungen revidierten.

Zu negativen Empfehlungen aus fachlichen Gründen war es in einer Reihe von PSK vor allem gegenüber (unbefristeten) wissenschaftlichen Mitarbeitern gekommen, die eine notwendige Qualifizierung (in der Regel Habilitation, manchmal aber auch Promotion) nicht mehr erreicht, ihre Arbeit daran abgebrochen, gar nicht begonnen oder erst nach 10 bis 12 Jahren beendet hatten. All diese Einsprüche wies die ZPSK ab.[961] Aus manchen Fachbereichen häuften sich Einsprüche, weil Betroffene eine bestimmte wiederkehrende Formulierung in den Empfehlungen nicht akzeptierten.[962] In einigen Fachbereichen, in denen sich ein umfassender Verlust von Personalstellen abzeichnete, wurde

958 In dieser Weise geschehen im FB Rehabilitationswissenschaften mit den Einsprüchen von D, E und F (in: Dokumentation: »Die Arbeit der ZPSK 1990–1992«, Band I, Ablage 6 (2. Register)) oder im FB Geographie mit dem Einspruch E (in: a.a.O., Band IV, Ablage 23).

959 In dieser Weise begründet die Einsprüche von A, B, C, E, F, L, M, N, O, AA, AB und AE, in: Dokumentation: »Die Arbeit der ZPSK 1990–1992«, Band II, Ablage 12.

960 Dieser Begründung wurde widersprochen in den Fällen G, H, I, J, K, P, Q, R, S, T, U und X, in: ebenda. Dabei handelte es sich zum überwiegenden Teil um Lehrer im Hochschuldienst. Nur in wenigen Fällen, etwa bei V, W, Z und AC, akzeptierte die ZPSK die Empfehlungen und wies die Einsprüche ab.

961 So in den Fällen F, J, M und T des FB Rechtswissenschaften, in: Dokumentation: »Die Arbeit der ZPSK 1990–1992«, Band I, Ablage 1 (2. Register). F erklärte in ihrem Einspruch, dass ihr vor der Wende »keine Chance gegeben wurde, eine B-Arbeit zu schreiben«, und bemerkte lakonisch, sie wolle aber nicht ihren positiv bewerteten ehemaligen Institutsleiter »oder die Praktiken an der Sektion nachträglich mit Schmutz (zu) bewerfen, nur, weil sich das jetzt gut ausnimmt«. Sie selbst sah sich als Opfer des Fachbereichs, der sich aus eigener Kraft erneuern wollte und ca. 50 % des Personals in die Kategorie II einstufte (Brief vom 14. März 1991, in: ebenda). Ähnlich auch bei T und S im FB Fremdsprachliche Philologien, wo vermutet wurde, dass die PSK alle nichtpromovierten Lehrer im Hochschuldienst eher negativ evaluierte (Schreiben vom 26. und 28. Mai 1991, in: a.a.O., Band II, Ablage 12).

962 So im FB Fremdsprachliche Philologien, wo häufig die Formulierung verwendet wurde, dass das wissenschaftliche Profil dieser oder jener Person nicht der künftigen Struktur des Fachbereichs entspreche. Da das aber den inhaltlichen Plänen der PSK tatsächlich entsprach und die Sprachvermittlung von einem hohen Anteil unbefristet beschäftigter Lehrkräfte auf befristete umgestellt werden musste, sah die ZPSK keine Möglichkeiten, solchen Einsprüchen stattzugeben (Exemplarisch Fall V des Fachbereichs, in: Dokumentation »Die Arbeit der ZPSK 1990–1992«, Band II, Ablage 12).

der Vorwurf der – nicht statthaften – stellenplanbezogenen Evaluierung erhoben.[963]

Nur in einzelnen Fällen kam es dazu, dass sich Mitarbeiter eines Instituts oder Studenten für ihren Professor einsetzten. Häufiger gewinnt man aber den Eindruck, dass solche Unterstützungsschreiben nicht allen Argumenten der zuständigen PSK zugrunde lagen oder auch, dass sie vom Betroffenen selbst initiiert worden waren.[964] Auch wurde gegen die Entscheidungen der ZPSK nur in seltenen Ausnahmen Beschwerde, z. B. beim Rektor, geführt.[965]

Einige Einsprüche richteten sich gegen Vorschläge von PSK, die Vorruhestandsregelungen des Einigungsvertrags zu nutzen, weil eine weiterführende Tätigkeit im Fachbereich bis zum Erreichen der Rente – oft allein schon wegen der geringeren Stellenzahl – wahrscheinlich nicht möglich sein würde. Die ZPSK unterstützte dieses Vorgehen ausdrücklich und wies entsprechende Widersprüche zurück.[966]

963 Zu diesem Vorwurf kam es z. B. im FB Fremdsprachliche Philologien (Fall AA): »Es kann doch aber nicht sein, dass das Nichtvorhandensein einer entsprechenden Stelle im zukünftigen Strukturplan eine fachliche Nichtempfehlung zur Folge hat und diese trotz vorheriger Bekundung, dass dem nicht so wäre, arbeitsrechtliche Konsequenzen nach sich zieht« (Einspruch vom 11. Juli 1991, in: a. a. O., Band II, Ablage 12).

964 So im Falle S des FB Rechtswissenschaften, für den sich Kollegen bei der ZPSK (Schreiben vom 8. März 1991) und ein Student beim Rektor (Schreiben vom 24. Mai 1991) einsetzten. Im Antwortschreiben stützte der die PSK-Entscheidung und lehnte eine Einmischung in das Verfahren ab: »Wenn die Universität es ernst mit ihrer Erneuerung meint, müssen Konsequenzen gezogen werden« (Brief vom 13. Juni 1991 an den Petenten, in: Dokumentation »Die Arbeit der ZPSK 1990–1992«, Band I, Ablage 1 [2. Register]). Auch der Einspruch von A aus dem FB Rehabilitationswissenschaften wird von einer Reihe von Studenten unterstützt (s. in: a. a. O., Ablage 6 [2. Register]). S. auch den Einspruch von J im FB Geographie, einen der seltenen Fälle, wo die PSK eine positive Bewertung vornahm, der Fachbereichsrat dagegen negativ entschied. Der Studentenrat des Fachbereichs setzte sich in einem Schreiben vom 24. Juni 1991 für J ein, der in den 80er Jahren auch einige Funktionen in der SED-Grundorganisation seines Fachs innehatte. In seinem Schreiben vom 11. Juli erklärte er dazu, dass er sich damals nicht bereit fand, die Funktion des GO-Sekretärs zu übernehmen, so wie es die Parteileitung vorgesehen hatte. Daraufhin sei er aus der GO-Leitung ausgeschieden. »Dies bedeutet jedoch nicht, dass ich mich nicht auch schuldig fühle für Entwicklungen in der ehemaligen DDR, die ich entweder selbst nicht gesehen habe bzw. denen ich nicht konsequent genug selbst entgegengetreten bin« (a. a. O., Band IV, Ablage 23).

965 S. den Fall von A aus dem FB Veterinärmedizin und dessen Schreiben an den Rektor vom 1. August 1991. Zuvor hatte die ZPSK wegen fachlicher und persönlicher Bedenken seinen Einspruch zurückgewiesen, der gegen den Inhalt der Empfehlung gerichtet war, aber auch die PSK als »nicht kompetent zusammengesetzt« erachtete (Schreiben vom 17. April 1991, alles in: a. a. O., Band IV, Ablage 27).

966 So in einem Schreiben an die PSK des FB Kultur- und Kunstwissenschaften vom 23. Mai 1991, in: Dokumentation »Die Arbeit der ZPSK 1990–1992«, Band II, Ablage 10. Ähnlich auch im Einspruchsverfahren A des FB Physik (in: a. a. O., Band III, Ablage 16) oder im Fall B des FB Geographie, wo die PSK infolge des Widerspruchs den Empfehlungstext leicht änderte, bei ihrem grundsätzlichen Tenor der negativen Beurteilung aus fachlichen Gründen aber blieb (s. Schreiben des Vorsitzenden der PSK vom 16. Juli 1991, in: a. a. O., Band IV, Ablage 23).

Die Fachbereichsräte schlossen sich in aller Regel den Voten der PSK an. In einigen Fällen jedoch ist dokumentiert, dass man in ihnen intensiv um eine Stellungnahme rang und Präzisierungen oder Änderungen an Voten verlangte, wie in den FB Rechtswissenschaften[967], Asien- und Afrikawissenschaften oder Fremdsprachliche Philologien.

Die Mehrzahl der Einsprüche richtete sich gegen die *inhaltliche Begründung der Empfehlungen*, seien sie fachlicher oder persönlicher Art. Wurde Einspruch erhoben, weil man fachlich negativ bewertet worden war, verwiesen recht häufig betroffene Hochschullehrer und Mitarbeiter auf die in der DDR völlig unzureichenden Veröffentlichungsmöglichkeiten. Im Fall von Q wurde zudem von »fachlichen Ausgrenzungen und unüberwindlichen Schwierigkeiten« berichtet, eine wissenschaftliche Diskussion seiner Auffassungen im Fachbereich in Gang zu setzen. Außerdem wurde, wie häufiger in den Einsprüchen nachlesbar ist, die hohe Lehrbelastung als Grund für fehlende Publikationen angeführt, vor allem dann, wenn man Vorlesungen einer längere Zeit unbesetzten Professur als wissenschaftlicher Mitarbeiter übernehmen musste.[968] So auch im Falle von B aus dem Institut für Geschichte. Er sollte wegen fehlender Habilitation nicht mehr im wissenschaftlichen Bereich, sondern in der Verwaltung des Instituts tätig sein. Zwar gestand die ZPSK ihm außerordentliche Verdienste in der Lehre zu, sah aber keine Möglichkeit, seinem Einspruch stattzugeben, »da weder Verfahrensmängel festzustellen sind und die Entscheidung inhaltlich plausibel begründet ist«[969]. In vielen ähnlich gelagerten Fällen konnte die ZPSK ebenfalls nur so entscheiden, auch wenn die Betroffenen viele Studenten erfolgreich ausgebildet hatten.

Nicht nur die absoluten Zahlen der Evaluierungen, auch die Einsprüche lassen den Schluss zu, dass in erheblichem Umfang die politische Biographie und die persönliche Eignung der Beschäftigten ein wichtiger Gegenstand der Überprüfungen war.

Nicht selten wurde in den Einsprüchen deutliche Kritik am grundsätzlichen Erneuerungskurs formuliert: So sah sich Petent A des FB Rechtswissenschaften in seiner Erwartung getäuscht, die neuen Gremien würden einen Beitrag

967 Hier wurde der PSK angeraten, bei Negativempfehlungen ausführliche Begründungen abzugeben: »Ferner sind bei Negativentscheidungen mehr Sachargumente darzustellen, und der Tenor ist präziser zu formulieren. Stellung zu nehmen ist sowohl zur persönlichen als auch zur fachlichen Eignung« (Aus Protokoll der Sitzung des Fachbereichsrats vom 3. März 1991, in: Dokumentation »Die Arbeit der ZPSK 1990–1992«, Band I, Ablage 1 [2. Register]).

968 Einspruch von Q vom 12. März 1991, in: a. a. O., Band I, Ablage 1 (2. Register). Ähnlich argumentierte Z aus dem FB Fremdsprachliche Philologien (s. seinen Einspruch vom 21. Juni 1991, in: a. a. O., Band II, Ablage 12).

969 Einspruch von B vom 27. September 1991, Schreiben der ZPSK vom 10. Oktober 1991, in: a. a. O., Band II, Ablage 8.

zur Erneuerung der HU leisten, »und zwar in einer Art und Weise, die dem im Grundgesetz verankerten Menschenrechten entspricht«[970]. Wie in diesem Fall wurden negative Beurteilungen wegen mangelnder persönlicher Eignung häufig an Funktionen[971] festgemacht, die man innerhalb der Sektion oder der SED innegehabt hatte und die nun entscheidend waren für »diffamierende und diskreditierende Wertungen«[972]. Allerdings reagierten diese negativ Evaluierten häufig wenig einsichtig oder versuchen ihr Handeln auch im Nachhinein zu rechtfertigen, weil man von außen, durch übergeordnete Hierarchien der SED, zu diesen Maßnahmen gedrängt worden war.[973] Derartige Erklärungsversuche ließ die ZPSK nicht gelten und lehnte deshalb entsprechende Einsprüche ab.

Vielen Einsprüchen – gerade von Hochschullehrern – merkt man an, wie schwer ihnen ein kritischer Blick auf die eigene berufliche Tätigkeit fiel. So dächte man zwar über die Gründe des Scheiterns der DDR nach, wandte sich aber zugleich gegen »eine undifferenzierte Sicht auf die Vergangenheit« und hätte »eine Erneuerung der DDR als DDR aus eigener Kraft lieber gesehen«[974].

Aus persönlichen Gründen wurde auch AG aus dem FB Fremdsprachliche Philologien negativ evaluiert – ein Fall, in dem sich die ZPSK veranlasst sah, die Entscheidung einer PSK aufzuheben. Die betreffende Person war in den 80er Jahren stellvertretender Direktor für Erziehung und Ausbildung ihrer Sektion und damit für die gesamte Studentenausbildung zuständig gewesen. Die PSK beschränkte ihr negatives Urteil ausschließlich auf die formale Funktion, die die Person innehatte, unbestritten war ihre außerordentliche fachliche Reputation. Da es keinen direkten Vorwurf gegen die Ausfüllung ihres früheren Amtes gab, entschied die ZPSK nach umfänglicher schriftlicher Korrespondenz und einem Anhörungsverfahren, dass »Vermutungen kein hinreichender

970 Einspruch von A vom 10. März 1991, in: ebenda.

971 Insofern zumindest, als dass das Bekleiden einer bestimmten Funktion in der DDR den Verdacht mangelnder persönlicher Integrität nahelegte, zunächst aber die Prüfung nach sich zog, wie der Betroffene sein Amt ausgefüllt hatte. Erst dann kam es in den meisten PSK zu einer endgültigen Empfehlung. Manche PSK, wie z. B. in den FB Rechtswissenschaften, Theoretische und Angewandte Sprachwissenschaft oder Chemie, nutzten diese offeneren Maßstäbe jedoch nicht, sondern orientierten sich an den Kriterien der Senatsinnenverwaltung, für die in der Regel schon das Innehaben bestimmter Funktionen als Grund für mangelnde persönliche Eignung galt (s. dazu ausführlich Kapitel 3.1.1 des III. Teils).

972 Einspruch von A, 10. März 1991, in: Dokumentation »Die Arbeit der ZPSK 1990–1992«, Band I, Ablage 1 (2. Register).

973 So zumindest rechtfertigte sich C aus dem Institut für Bibliothekswissenschaften in seinem Einspruch vom 19. Juni 1991, in: Dokumentation »Die Arbeit der ZPSK 1990–1992«, Band II, Ablage 9.

974 Ebenda.

Grund« seien, die persönliche Integrität zu bezweifeln.[975] Es reichte aus ihrer Sicht nicht, jemand negativ zu bewerten, nur weil er innerhalb des Universitätsbetriebs einmal eine bestimmte Funktion ausgeübt hatte. Vielmehr kam es darauf an, *wie* man diese wahrgenommen hatte, ob man in besonderer Weise an der Durchsetzung der SED-Politik beteiligt gewesen war, die Ausbildung ideologisiert oder Studenten gar aus politischen Gründen relegiert hatte.

In diesem Sinne kam es zu negativen Evaluierungen, weil sich Hochschullehrer, in einigen Fällen auch Mitarbeiter, an politisch motivierten Disziplinierungsmaßnahmen oder Relegierungen von Studenten beteiligt hatten, z. B. im Institut für Bibliothekswissenschaften[976], am FB Lebensmitteltechnologie[977] oder im FB Fremdsprachliche Philologien. Aus diesem Bereich wandte sich ein ehemaliger Student an die ZPSK und die Senatsverwaltung für Wissenschaft und Forschung und berichtete von seiner Relegation, weil er sich 1984 einer Verpflichtung als Reserveoffizier der NVA verweigerte. Dazu kam es, da er im Unterschied zu vielen seiner Kommilitonen vor dem Studium nicht einen »freiwilligen« dreijährigen, sondern nur den 18-monatigen Pflichtdienst bei der Armee absolviert hatte und nun seine vermeintliche Bringschuld nachträglich einlösen sollte. Einige der an dem Relegationsverfahren beteiligten Hochschullehrer hatte die PSK bereits negativ evaluiert, waren aber noch nicht gekündigt, andere von ihnen hatten die HU bereits verlassen.[978] Auch dieser Fall kann als Indiz gesehen werden, dass trotz aller Probleme im Detail und

975 Schreiben der ZPSK vom 24. Juni 1991 (Einspruch gegen das PSK-Votum vom 28. Mai 1991), in: Dokumentation »Die Arbeit der ZPSK 1990–1992«, Band II, Ablage 12. Zusätzlich empfahl die ZPSK der betreffenden Person, ihre persönliche Integrität durch die Anhörungskommission überprüfen zu lassen. Die PSK nahm das Votum der ZPSK an.

976 C erklärte in seinem Einspruch, er sei im Jahr 1972, als es im Institut für Bibliothekswissenschaften und im Institut für Geschichte zu einer Reihe von politisch motivierten Exmatrikulationen kam, anders als die PSK behaupte, nicht beteiligt und auch nicht Mitglied einer entsprechenden Disziplinarkommission gewesen, sondern lediglich »geladener Zuhörer« und kein »Scharfmacher«. Vielmehr habe monatelang eine Kommission der Kreisparteileitung die Vorkommnisse untersucht (eine Gruppe von Studenten hätte sich zunehmend westlich orientiert und staatsfeindliche Aktivitäten geplant) und seien die Untersuchungen geprägt worden durch die »aktive Einflussnahme der Generalstaatsanwaltschaft Berlin, des stellvertretenden Ministers für Hoch- und Fachschulwesens, … des Rektors, der ehemaligen Prorektoren E/A und Gesellschaftswissenschaften« (Einspruch von C vom 19. Juni 1991, in: a. a. O., Band II, Ablage 9). Die ZPSK sah nach Anhörung und Recherchen zu den Vorgängen keinen Grund, dem Einspruch stattzugeben.

977 Hier kam es ebenfalls zu einer negativen Bewertung, weil einem Studenten, der an die PSK geschrieben hatte, in den 80er Jahren eine Mitarbeiterstelle nicht zugesprochen wurde, nachdem er sich einer Mitwirkung bei den Kampfgruppen verweigerte (s. Fall E, Einspruch vom 24. Juli 1991, in: a. a. O., Band IV, Ablage 25).

978 S. das Schreiben von P an die Senatsverwaltung vom 22. Oktober 1991 sowie die Behandlung des Falls durch die PSK und ZPSK, in: a. a. O., Band II, Ablage 12. In einem Fall jedoch sah die PSK eine Beteiligung als nicht zweifelsfrei erwiesen an und nahm deshalb von einer negativen Empfehlung Abstand (s. den handschriftlichen Vermerk eines Gesprächs zwischen der PSK des Fachbereichs und der ZPSK vom 29. April 1992, in: ebenda).

aller Langwierigkeit die PSK in der Regel relativ sichere und begründete Urteile fällten.

Im FB Physik kam es zu einem ähnlichen Fall: Ausgelöst durch Einsprüche ehemaliger Studenten, die sich den Praktiken der Indienstnahme ihres Fachgebiets durch die NVA widersetzten und zum Teil ihr Studium abbrechen mussten, entwickelte sich eine intensive Auseinandersetzung, an deren Ende zwei Professoren wegen mangelnder persönlicher Integrität negativ evaluiert wurden bzw. von sich aus auf eine erneute Bewerbung verzichteten.[979] Den Einspruch von B lehnte die PSK nach intensiver Prüfung ab.

Relativ häufig beurteilten die Kommissionen ehemalige stellvertretende Sektionsdirektoren für Erziehung und Ausbildung negativ[980], zumal dann, wenn sie in politisch motivierte Relegierungen verwickelt waren bzw. – wie im Fall von A im FB Mathematik – zusätzlich die eigene Berufung aus politischen Gründen erfolgt war oder weil sich durch die betreffende Person »Mitarbeiter und Studenten unter psychischen Druck gesetzt (fühlten), dem sie unter den damaligen Verhältnissen nichts entgegensetzen konnten«[981]. Ähnliches stellte die PSK im Fall F aus der Landwirtschaftlichen Fakultät fest, wo einem früheren Studienjahresleiter ideologische Indoktrination und die Ausübung von »teilweise massivem politischem Druck«[982] vorgeworfen wurde. Diese Einschätzung wies die betroffene Person als »persönliche Verleumdung« zurück und wollte juristisch gegen die Empfehlung vorgehen, »falls die PSK nicht in der Lage ist, mir diese Behauptung mit den Namen der Studenten, des Anlasses der angeblichen Handlungen meinerseits und dem Nachweis der Schädigung der persönlichen Entwicklung der Studenten«[983] zu erbringen. Diese oder ähnlich gelagerte Einsprüche lehnte die ZPSK ab.[984]

979 S. das ausführliche Schriftgut zu Fall B, FB Physik, in: Dokumentation »Die Arbeit der ZPSK 1990–1992«, Band III, Ablage 16.

980 S. dazu auch den Einspruch von D aus dem FB Lebensmitteltechnologie vom 31. Juli 1991, in: Dokumentation »Die Arbeit der ZPSK 1990–1992«, Band IV, Ablage 25.

981 Empfehlung der PSK Mathematik vom 29. Mai 1991. So habe er politisches Wohlverhalten über die fachliche Leistung bei der Förderung des wissenschaftlichen Nachwuchses gestellt (s. den Einspruch vom 18. Juni 1991, in: a. a. O., Band III, Ablage 15).

982 Fall F, Landwirtschaftliche Fakultät, Einspruch vom 12. August 1991, in: Dokumentation »Die Arbeit der ZPSK 1990–1992«, Band IV, Ablage 26.

983 Ebenda.

984 So auch im Fall A am FB Physik, wo die betroffene Person ebenfalls zeitweise stellvertretender Direktor für Erziehung und Ausbildung war (s. a. a. O., Band III, Ablage 16). Im FB Geographie evaluierte die PSK C aus fachlichen und persönlichen Gründen negativ, wobei ihre Tätigkeit in verschiedenen Parteifunktionen (u. a. als Sekretär der SED-Grundorganisation) besonders stark wog und sie dabei Mitarbeiter und Studenten moralisch unter Druck gesetzt haben soll. Diesen Vorwurf wies sie im Einspruch zurück, ebenso die angebliche Behauptung der Kommission, sie sei beim beruflichen Aufstieg besonders gefördert worden oder habe zu wenig geforscht. Niemals habe sie jemanden »bewusst oder vorsätzlich Schaden zugefügt«. Nachdem der Einspruch von der ZPSK verhandelt worden war,

So auch den Einspruch von E aus dem FB Lebensmitteltechnologie, der in seinem Bereich bis Ende der 80er Jahre nur Personen als Assistenten zuließ, die ihre Bereitschaft erklärten, in den Kampfgruppen der Universität mitzuwirken. Diesen Hinweis eines ehemaligen Studenten nahm die PSK zum Anlass für eine eingehende Untersuchung, bei der sich die betreffende Person, die auch Sekretär der SED-Grundorganisation war, wenig einsichtig zeigte und Einspruch gegen die negative Evaluation einlegte, weil sie »sehr pauschalisiert und einseitig in ihrer Wertung«[985] sei. Lakonisch hieß es im Einspruch: »Die Mitgliedschaft in der Kampfgruppe war letztendlich immer eine persönliche Entscheidung, die dann auch von der SED-Parteileitung der Sektion respektiert wurde.«[986]

Bei einer anderen Personengruppe, bei den wissenschaftlichen Sekretären der Sektionen, lag es wegen ihrer Funktion ebenfalls nahe, dass sie künftig kaum als geeignet für eine Weiterbeschäftigung gelten konnten. Sie bildeten einst die Schnittstelle für studienorganisatorische wie politische Fragen zwischen der Leitung einer Sektion und der SED-Grundorganisation. Als typischer Fall kann der Einspruch von H aus dem FB Lebensmitteltechnologie gelten, der nahezu 15 Jahre die Funktion des wissenschaftlichen Sekretärs bekleidet hatte und nun aus fachlichen und politischen Gründen negativ evaluiert worden war. In seinem Einspruch bemängelte er, dass aus der Vielfalt seiner Tätigkeit »lediglich die Bearbeitung von Kaderangelegenheiten« herausgenommen worden sei, hier ihm aber keine besonderen Vorwürfe gemacht werden konnten.[987] Anderen Wissenschaftssekretären, wie beispielsweise G im FB Rechtswissenschaften, warf die PSK vor, dass er »das politische System der Vergangenheit offensichtlich noch nicht verarbeitet«[988] habe. C aus dem FB Rehabilitationswissenschaften, der keine Ehrenerklärung abgegeben hatte, verweigerte sich auch im Gespräch mit der PSK einer Auseinandersetzung mit seiner Vergan-

korrigierte die PSK ihr fachliches Urteil leicht, bei der Bewertung der mangelnden persönlichen Integrität aber blieb sie (Unterlagen zum Einspruch vom 4. Juli 1991, in: Dokumente »Die Arbeit der ZPSK 1990–1992«, Band IV, Ablage 23).

985 Einspruch von E vom 24. Juli 1991, in: Dokumentation »Die Arbeit der ZPSK 1990–1992«, Band IV, Ablage 25.

986 Ebenda. Inwiefern in den anderen Fachbereichen eine ähnliche Praxis üblich war, lässt sich an den Evaluationen aber nicht ablesen.

987 S. den Einspruch von H vom 24. Juli 1991, in: Dokumentation »Die Arbeit der ZPSK 1990–1992«, Band IV, Ablage 25.

988 G, der aus fachlichen und persönlichen Gründen negativ evaluiert worden war, erklärte, dass er sich in den aktuellen Stand der Ausbildung in den von ihm vertretenen Grundlagenfächern eingearbeitet, ein Buchmanuskript in einem renommierten Verlag eingereicht und verschiedene Lehrmaterialien verfasst habe. Daher könne er die negative Beurteilung nicht nachvollziehen, zumal sie – ein wiederkehrendes Muster in den Einsprüchen – im Gegensatz stehe zum Inhalt des Gesprächs mit der PSK (s. den Einspruch vom 6. März 1991, in: a. a. O., Band I, Ablage 1 [2. Register]).

genheit. In diesen und ähnlichen Einsprüchen sah die ZPSK Indikatoren für Reflexionsdefizite der Betroffenen[989]

Zu negativen Evaluierungen aus persönlichen Gründen kamen PSK in einigen Fällen, weil sich Beschäftigte als ehemalige inoffizielle Mitarbeiter des MfS zu erkennen gaben oder die PSK diese konspirative Tätigkeit in den Anhörungen aufdeckten, so in den Fällen von D und X im FB Fremdsprachliche Philologien[990] oder von A im Museum für Naturkunde.[991] Wie hoch diese Zahl war, kann nicht mehr exakt ermittelt werden. Zumindest an den Einsprüchen lässt sich erkennen, dass auch in diesen Fällen wenig Einsicht bei den Betroffenen herrschte. So sah sich D – »Zuweisungskader« des MfS im FB Fremdsprachliche Philologien – mehr als Opfer, denn er sei nach 23 Jahren hauptamtlicher Tätigkeit im MfS wegen »politisch-fachlicher Meinungsverschiedenheiten«[992] dort entlassen worden und seine Familie hätte Repressalien erdulden müssen.[993] Die PSK kam jedoch nach eingehender Beratung zu dem Schluss, dass sich der Betroffene nicht in der nötigen Weise mit seiner Vergangenheit auseinandergesetzt habe, »kein Schuldgefühl entwickelt hat und keine Einsicht in das Ausmaß seiner eigenen Beteiligung und außerordentlichen materiellen Privilegiertheit zeigt«. Der Betroffene legte Wert auf die Feststellung, »dass er *beim* MfS und nicht *für* das MfS gearbeitet hat«[994]. Die ZPSK sah keine Gründe, dem Einspruch zu folgen.

Doch auch Vermutungen und Behauptungen waren in diesem Feld nicht ausgeschlossen. Häufig blieben Vorhaltungen der PSK unbewiesen, weil sie über zu wenig eigene Ermittlungsmöglichkeiten verfügten, wie der Fall B aus dem Museum für Naturkunde zeigte, wo der Betroffene von einem Kollegen der Mitarbeiterschaft im MfS verdächtigt wurde.[995] Überhaupt schienen Denunziationen unter Kollegen bei der PSK, weil man um die gleiche Stelle

989 S. das Schreiben der ZPSK vom 20. Juni 1991 an C, in: Dokumentation »Die Arbeit der ZPSK 1990–1992«, Band I, Ablage 6 (2. Register).

990 S. die Einsprüche von D vom 27. Mai und 1. Oktober 1991 und von X vom 24. Juni 1991, in: a. a. O., Band II, Ablage 12.

991 S. den Einspruch von A vom 17. April 1991, in: a. a. O., Band IV, Ablage 24. Zugleich schickte er der ZPSK eine Kopie seiner Austrittserklärung aus der SED/PDS vom 30. Januar 1990 mit, weil er sich »durch die begangenen Verfehlungen der SED-Führung« gegenüber seinen ausländischen Fachkollegen kompromittiert fühlte (in: ebenda). Eine Mitverantwortung für diesen Tatbestand sah er allerdings offenbar nicht.

992 Schreiben von D vom 4. Februar 1991, in: a. a. O., Band II, Ablage 12.

993 Einspruch von D vom 1. Oktober 1991, in: ebenda.

994 Empfehlung der PSK Fremdsprachliche Philologien vom 21. Mai 1991, in: ebenda.

995 S. das Schreiben »Verleumdung meiner Person« (ohne Datum), in: Dokumentation »Die Arbeit der ZPSK 1990–1992«, Band IV, Ablage 24. Der gesamte Einspruch erscheint wie die exemplarische Biografie eines Wissenschaftlers, der in der DDR Karriere gemacht hatte und nun gescheitert war.

konkurrierte,[996] oder aus Neid- oder Entlastungsgründen eine nicht selten vorkommende Ursache für Einsprüche zu sein. So paradigmatisch der Einspruch von A aus dem FB Veterinärmedizin, der einem konkurrierenden Kollegen Methoden aus der Zeit der »Repressalienpolitik der SED« vorwarf, die dieser wiederum »kategorisch als Unterstellung und Verleumdung« zurückwies.[997] Die Konfliktparteien forderten die ZPSK zu einer detaillierten Untersuchung auf, die das aber ablehnte und den Einspruch schließlich ganz verwarf.[998]

In wenigen Fällen attackierten negativ Evaluierte ihre PSK oder einzelne Mitglieder unverhältnismäßig oder waren sie von sich in besonderer Weise überzeugt: So betrachtete AC aus dem FB Fremdsprachliche Philologien, die für einige Jahre als Gewerkschaftsvertrauensfrau tätig gewesen war, das Votum gegen sie wegen mangelnder fachlicher und persönlicher Eignung als »nicht zu rechtfertigende Diskriminierung meiner Person und meines Entwicklungsweges, als böswillige Unterstellung und als schlecht kaschierten Versuch, … anstehende Probleme mit unlauteren Mitteln zu lösen«. Überdies sei sie fachlich und persönlich besser als die Mehrzahl der Beschäftigten ihres Instituts.[999] Trotz der selbstbewussten Darstellung der eigenen Leistungen konnte auch in diesem Fall die ZPSK keine Gründe für eine Aufhebung der Empfehlung erkennen. Der Einspruch gibt jedoch einen kleinen Einblick, welchem Druck die Kommissionen zuweilen ausgesetzt waren und mit welchen Konflikten mit Kollegen sie umgehen mussten.[1000]

996 S. dazu als typisches Beispiel Fall B des FB Lebensmitteltechnologie, in: a.a.O., Band IV, Ablage 25.

997 Einspruch von A vom 11. März 1991 und Schreiben des Konkurrenten vom 21. Juni 1991, in: a.a.O., Band IV, Ablage 27. Wie tief der Konflikt ging, zeigte ein erneutes Schreiben von A an den ZPSK-Vorsitzenden Prof. Bank vom 18. Juli 1991. Darin hieß es: »Wie Ihnen bekannt, habe ich mit Schreiben vom 11.03.1991 an Sie die detaillierte Untersuchung des Verhaltens und der Tätigkeit von W beantragt. Herr W hat im Stil politischen Karrieristen- und Intrigantentums bis heute Verleumdungen meiner Person organisiert, die einem ständigen Rufmord entsprechen« (in: ebenda).

998 S. das Schreiben der ZPSK vom 19. Juli 1991 an A, in: ebenda.

999 Einspruch von AC vom 27. Mai 1991, in: a.a.O., Band II, Ablage 12.

1000 S. dazu auch den Fall C aus dem FB Lebensmitteltechnologie, wo die betreffende Person seit einigen Monaten von ihrer Funktion als Bereichsleiter entbunden worden war und ihre Mitarbeiter, darunter auch der Vorsitzende der PSK, ein Verfahren gegen sie vor der Ehrenkommission angestrengt hatten. Nach zahlreichen Anhörungen endete dies jedoch, ohne dass eine Belastung der Person belegt werden konnte. Obwohl das Verfahren vor der Ehrenkommission noch nicht beendet war, evaluierte die PSK die betroffene Person dennoch negativ, nicht zuletzt auch, weil ihre Lehrtätigkeit von den Studenten stark kritisiert wurde. »Insgesamt muss die Situation am Lehrstuhl … als menschlich sehr kompliziert charakterisiert werden, in der es zu emotionellen Zuspitzungen und sehr unterschiedlichen Einschätzungen der Sachverhalte gekommen ist« (Aus: Einspruch vom 21. Juli 1991, in: Dokumentation »Die Arbeit der ZPSK 1990–1992«, Band IV, Ablage 25.) Die ZPSK wies dennoch den Einspruch ab.

So wurden Vorwürfe erhoben, dass einige PSK insbesondere diejenigen Kollegen positiv bewertet hätten, die schon in der DDR eine herausgehobene Position bekleideten[1001]. In anderen Vorwürfen wurden Evaluierungen verglichen mit Anhörungen der »Kreisparteikontrollkommission« der SED, mit denen sie »sich von Missliebigen reinigen«[1002] wollte; auch zeigten sich viele Betroffene uneinsichtig oder reagierten zynisch. Häufig wurden die Evaluierungen so verstanden, dass der mit der Vereinigung verbundene Prozess der Erneuerung und Anpassung an bundesdeutsche Strukturen nun in ihr ganz persönliches Leben getreten war. So sahen sich die meisten Evaluierten, die dieser Deutung nahe standen, mehr oder weniger als Opfer einer Entwicklung, in der lediglich »alte Zwänge durch neue Zwänge« ersetzt würden.[1003]

Viele der Betroffenen fügten Einsprüchen Erinnerungsberichte bei, in denen sie ausführlich ihre persönliche Sicht auf ihre politische Biografie oder die Ausübung von Ämtern, die bei der Überprüfung als belastend gewertet wurden, darlegten. Zuweilen, wie im Fall von A im FB Theoretische und Angewandte Sprachwissenschaft[1004], sind diese Erinnerungsberichte aber nicht nur Versuche der Rechtfertigung, sondern sollten sie auch erklären, warum man sich in einer bestimmten Weise in diesem oder jenem früheren Konflikt an seiner Sektion verhalten hatte. Gelegentlich wurde mit diesen Erinnerungen auch der Versuch unternommen, das eigene Wirken an der HU kritisch zu bilanzieren.

In manchen Fällen schienen Kontroversen aus der Vergangenheit einer sachgerechten und fairen Evaluation im Wege zu stehen oder wurden alte Rivalitäten ausgetragen.[1005] So zumindest stellt sich der Einspruch von B aus dem

1001 S. das Schreiben von G vom 29. Juli 1991 an die PSK-Vorsitzende des FB Rechtswissenschaften, in: a.a.O., Band I, Ablage 1 (2. Register).

1002 Schreiben von S, FB Rechtswissenschaft, vom 13. August 1991; s. auch Einspruch von S vom 11. März 1991, in: ebenda.

1003 Einspruch von S vom 13. August 1991, in: ebenda.

1004 S. den Einspruch von A, der Vorsitzender der Gewerkschaft in seinem Bereich war, vom 22. März 1991, in: a.a.O., Band III, Ablage 14.

1005 S. dazu auch den Einspruch von B und sein Schreiben an den Dekan des FB Physik vom 9. Mai 1991, in: a.a.O., Band III, Ablage 16. B sei schon seit über 30 Jahren ein Kontrahent des Vorsitzenden der Bewertungskommission des Fachbereichs und von ihm allein angehört worden. Nun habe er keine Gewähr, dass seine Aussagen die gesamte Kommission ungefiltert erreichten. Außerdem übte er wegen der Veröffentlichung seiner Evaluation massive Kritik am Verfahren. So schrieb er an den Dekan: »Ich bedaure zutiefst, dass die weit über die eigene Verantwortung für gesellschaftliche Fehlentwicklungen in der DDR hinausgehende Betroffenheit, mit der ich das Bewertungsverfahren als eine Möglichkeit der ehrlichen Auseinandersetzung mit der Vergangenheit betrachtet habe, so skrupellos missbraucht wurde.« Trotz Bedenken hatte die ZPSK in diesem Fall keine Eingriffsmöglichkeiten, da sich die Kritik formal nicht gegen die PSK, sondern die zuvor im FB Physik tätige Bewertungskommission richtete, die nicht den Regeln der vom Konzil beschlossenen Evaluationen unterlag.

Institut für Philosophie dar, denn gegen sie erhob die PSK den weit gehenden Vorwurf, sie habe an der Universität »keinen Beitrag zur wissenschaftlichen Philosophie des 20. Jahrhunderts« geleistet, stünde »außerhalb der kritischen Konzepte der europäischen Zivilisation der Gegenwart«[1006] und sei überdies die »Vertreterin einer selbst für die damalige geistige Situation ungewöhnlich dogmatischen und intoleranten Philosophieauffassung gewesen«[1007]. Auf eine Bewerbung für eine neue Stelle sollte sie deshalb verzichten. B widersprach diesem Urteil und konnte anhand zahlreicher Dokumente belegen, dass die um ihre Person geführte Auseinandersetzung zurückreichte bis in die frühen 80er Jahre der DDR, als ein bereits fertiges Buch nicht wegen »Dogmatismus« unveröffentlicht blieb, sondern weil es nicht der üblichen offiziellen Phraseologie entsprach.[1008] B erhielt ab 1986 Publikationsverbot und musste 1987 nach monatelangen Anhörungen und viel Druck durch die SED-Leitung des Instituts, die SED-Kreisparteikontrollkommission und die Institutsleitung für drei Jahre die Universität verlassen. Gesundheitliche Schäden waren die Folge der Auseinandersetzung. Nach Auswertung aller Unterlagen, umfangreichen Recherchen und einer Anhörung der Betroffenen und der PSK hob die ZPSK deren Votum auf. Sie empfahl der künftigen SBK, B eine angemessene Wiedergutmachung zuteil werden zu lassen; B selbst sollte ein Rehabilitierungsverfahren anstreben. Unklar bleibt, weshalb sich die PSK nicht einfühlsamer zeigte und zu einem solchen Fehlurteil kommen konnte.

2.6 Die personelle Entwicklung 1991/92

Will man den Erfolg der PSK an der personellen Entwicklung ablesen, also am Abbau des Personals, stellen sich drei Fragen:

1. Wie oft konnten ihre negativen Evaluierungen unmittelbar zu Kündigungen führen?
2. Welcher Prozess des Personalabbaus setzte durch freiwilliges Ausscheiden ein und steht wegen des sich abzeichnenden Umbaus in mittelbarem Zusammenhang mit der Arbeit der Kommissionen?

1006 Einspruch von B aus dem Institut für Philosophie vom 14. Februar 1991, in: Dokumentation »Die Arbeit der ZPSK 1990–1992«, Band II, Ablage 7.

1007 Brief von B vom 24. April 1991, in: ebenda.

1008 S. ebenda. An dieser Entscheidung waren auch Vertreter des Instituts für Philosophie beteiligt, die zum Zeitpunkt der Evaluation dort noch immer beschäftigt waren. B wurde als einfache Mitarbeiterin an die SED-Kreisleitung des Stadtbezirks Berlin-Mitte versetzt, um sich unter der Aufsicht der Funktionäre in der praktischen politischen Arbeit zu »bewähren«. Wenige Zeit, nachdem das Einspruchsverfahren abgeschlossen war, verstarb sie.

3. In welchem Umfang flossen die Ergebnisse der Personalüberprüfungen der PSK als Vorarbeiten in die Bewertungen durch die SBK ein?

Für den Zeitraum 1991/92 muss dabei berücksichtigt werden, dass sich die SBK ihrem Arbeitsauftrag gemäß zunächst mit dem Aufbau neuer Strukturen beschäftigten, Stellenpläne ausarbeiteten und neue Professoren beriefen. Die negative Auslese des Personals, also die Kündigung von Hochschullehrern, die dabei nicht zum Zuge kamen oder durch so genannte Überhangstellen bzw. die befristete Wahrnehmung einer unbesetzten Soll-Stelle vorübergehend weiterbeschäftigt wurden, setzte in der Regel erst im Laufe des Jahres 1992, bei den wissenschaftlichen Assistenten als Folge des Personalübernahmegesetzes erst 1993 ein. In den Abwicklungsfächern jedoch begann dieser Prozess etwas früher. Insofern sind Änderungen im Personalbestand, insbesondere die Personalwechsel des Jahres 1991 und teilweise des Jahres 1992 Änderungen, die direkt oder indirekt auf den Erneuerungsweg der Hochschule zurückgehen.

In der Personalkommission wurden bis September 1991 immerhin 69 Kündigungen auf Grund von Empfehlungen der PSK (44) oder der Ehrenkommission (25) vollzogen und weitere 150 vorbereitet. Damit kamen zumindest einige hochschuleigene Evaluationsverfahren von dem Zeitpunkt an, wo über die Personalkommission Kündigungen realisierbar waren, zum Abschluss. Vom März bis zum Oktober 1991 verließen weitere 346 Personen über Auflösungsverträge die Hochschule, weil sie von ihren PSK negativ evaluiert worden waren oder aus anderen Gründen keine Perspektive mehr für sich sahen. Das macht ca. ein Drittel des Gesamtpersonalrückgangs in diesem Zeitraum aus, der unmittelbar mit der Kommissionsarbeit in Verbindung zu bringen ist.[1009] Nach der Personalstatistik, die ebenfalls nur als vorsichtiger Anhaltspunkt für die Veränderungen betrachtet werden kann, ergibt sich bis Juni 1992 folgendes Bild:

1009 Rektoramt, Struktur- und Personalentwicklung, Papier vom 14. Oktober 1991, 6, in: Dokumente zum Hochschulumbau V, Ablage 20 (2. Registratur).

Tabelle 10: Personalentwicklung vom 28. Januar 1991 bis zum 1. Juni 1992 (ohne Charité)[1010]

	28.01.1991	01.06.1992	gekommen (intern)	gegangen (≥ 60)	Differenz (in v. H.)
Professoren	322	345	116 (61)	93 (38)	+ 23 (+ 7)
Dozenten	361	244	61 (47)	178 (33)	- 117 (- 32)
Oberassistenten	483				
Assistenten unbefristet	862	1267	209 (56)	764 (25)	- 555 (- 30)
Assistenten befristet	477				
wiss. Sekretäre	46	0	0 (0)	46 (2)	- 46 (- 100)
Lektoren	97	63	4 (2)	38 (11)	- 34 (- 35)
Lehrer im Hochschuldienst	297	212	3 (2)	88 (4)	- 85 (- 29)
Kustoden	33	25	1 (1)	9 (6)	- 8 (- 24)
Summe	2978	2156	394 (169)	1216 (119)	- 822 (- 28)

Grundsätzlich spiegeln diese Zahlen die Tendenz der beschriebenen Entwicklung wider: Innerhalb von 18 Monaten verließen bis Juni 1992 1216 Beschäftigte die HU (entspricht 40,8 %, ohne Charité und Verwaltung). Setzt man diese Zahl mit den ermittelten Ergebnissen der Evaluationen in Tabelle 5 ins Verhältnis, nach der 976 Wissenschaftler negativ oder nicht evaluiert worden sind (ohne Lektoren, Wissenschaftssekretäre, Kustoden und einen Teil der Lehrer im Hochschuldienst), dann erscheint das Ausmaß des Personalrückgangs

1010 Entnommen: Raiser, 1998, 62. Zu den methodischen Problemen bei der Erstellung der Tabelle, die nur Näherungswerte wiedergibt und aus einem aufwendigen Vergleich der Personallisten entstanden ist, s. auch a. a. O., 60. Dabei stimmt das Anfangsdatum in etwa mit dem Beginn der PSK-Arbeit überein, die negative Personalauswahl der SBK hingegen setzte erst in der 2. Hälfte des Jahres 1992 ein, so dass die aufgezeigte personelle Entwicklung mit den PSK durchaus in Verbindung gebracht werden kann. Raiser sieht die Tabelle sogar als »aussagefähigen Maßstab für die Effektivität der Personal- und Strukturkommissionen« (S. 61). Jedoch unterschätzt er die personellen Veränderungen durch die SBK, insbesondere in den Fachbereichen, die wegen der ursprünglichen Abwicklungsentscheidung schon seit Anfang des Jahres 1991 einsetzten. Tabelle 13 kann insoweit nicht ausnahmslos auf die inneruniversitäre Erneuerung und die PSK zurückgeführt werden.

beachtlich.[1011] So hatten mindestens 55 Professoren und mindestens 84 Dozenten (178-61-33) die HU nicht aus altersbedingten Gründen verlassen, wobei ihre Zahl tatsächlich noch höher gewesen sein dürfte.[1012] Dies bedeutete: 20,3 % aller am 28. Januar 1991 beschäftigten Hochschullehrer hatten im Juni 1992 die Universität aus nicht altersbedingten Gründen verlassen. Rechnet man die Altersabgänge hinzu, schieden 210 Hochschullehrer (30,7 %) aus.

Von den insgesamt 1822 wissenschaftlichen Mitarbeitern[1013] verließen im Vergleichszeitraum 764 (41,9 %) die Universität, wobei der altersbedingte Rückgang mit 25 Personen außerordentlich gering war. Rechnet man bei einem normalen Befristungsverhältnis von drei Jahren bei den befristeten Assistenten 50 % der 477 Personen heraus, weil ihr Arbeitsverhältnis regulär endete, könnten ca. 500 (764-477:2-25) der 1345 unbefristeten wissenschaftlichen Mitarbeiter und damit 37,1 % aller im Januar 1991 Beschäftigten bis zum Juni 1992 die Hochschule verlassen haben. Die prozentualen Veränderungen bei Hochschullehrern und unbefristeten Assistenten unterscheiden sich damit nur geringfügig. Ähnliches ließ sich bei Lektoren (38-11 von 97, entspricht 27,8 %) oder Lehrern im Hochschuldienst (88-4 von 297, entspricht 28,2 %) feststellen.

Womit sich der erhebliche, nicht altersbedingte Rückzug von unbefristeten Assistenten erklären lässt, ob er mit positiven Berufserwartungen außerhalb der HU zusammenhängt oder damit, dass man gerade gegenteilig für sich keine Perspektive mehr an der Hochschule sah, kann abschließend nicht geklärt werden. Ungeklärt bleibt ebenso, warum das altersbedingte Ausscheiden bei den Statusgruppen mit 38 von 93 Professoren (entspricht 40,8 %), 33 von 178 Dozenten (18,5 %), aber nur 25 von 764 unbefristeten Assistenten (3,2 %) so unterschiedlich ausfiel. Doch kann davon ausgegangen werden, dass das Ausscheiden der Personen in der einen oder anderen Weise zurückzuführen ist auf den seit 1989/90 einsetzenden politischen Wandel, sei es durch selbst gesuchte neue berufliche Ziele oder gerade im Gegenteil, weil man keine dauerhafte

1011 Allerdings können auch hier die Daten nur näherungsweise ermittelt werden, nicht nur, weil sie sich aus unterschiedlichen Personalgruppen zusammensetzten und unterschiedliche Zählweisen innerhalb der Gruppe der Hochschullehrer nicht auszuschließen sind (o./a.o. Professoren und Dozenten), sondern weil es für die in Tabelle 8 aufgeführten Daten keinen einheitlichen Stichtag gab und diese nicht übereinstimmen mit dem Zähldatum 28. Januar 1991 aus Tabelle 7. Insofern ist ein direkter Vergleich nicht möglich.

1012 Für manche, die die Vorruhestandsregelungen des EV in Anspruch nahmen, war der Wechsel in die Rente nur das kleinere Übel, weil sie sich Chancen auf einen Verbleib oder eine erneute Berufung nicht ausrechneten. Zudem waren sicher die 61 intern hinzugekommenen, also neu berufenen Professoren zuvor nicht allesamt ehemalige Dozenten, sondern in einigen Fällen auch Oberassistenten oder unbefristete Assistenten.

1013 In diesem Bereich können wegen der statistischen Erfassung der HU nur befristet und unbefristet Beschäftigte gemeinsam ausgewiesen werden. Die Aussagekraft der nachfolgenden Ergebnisse ist deshalb eingeschränkt.

Perspektive mehr sah und aufwühlenden Diskussionen oder einer Kündigung zuvorkommen wollte. Raiser sah in der skizzierten Entwicklung einen Beleg dafür, »dass die Personalstruktur bereits im zweiten Jahr nach der Wende deutlich dem Vorbild der westdeutschen Universitäten angenähert wurde«[1014]. Das belegt auch der in der folgenden Tabelle erkennbare Trend, auch wenn die Daten wegen des unterschiedlichen Erhebungszeitraums und der unterschiedlichen Zuordnung der Hochschulgruppen nicht ganz vergleichbar sind:

Tabelle 11: Personalentwicklung zwischen Dezember 1989 und Juli 1991[1015]

	Dezember 1989	Juli 1991
Professoren und Dozenten	786	667
Wiss. Mitarbeiter	2672	1907
befristet		376
unbefristet		1531
Gesamt	3458	2574

Danach verließen in der unmittelbaren Wirkungszeit der PSK 884 Personen die HU, davon 119 Hochschullehrer (15,1 %) und 765 wissenschaftliche Mitarbeiter (28,6 %). Vergleicht man diese Ergebnisse mit den Zahlen in Tabelle 3, so ergibt sich vor allem im Bereich der wissenschaftlichen Mitarbeiter für das Jahr 1991 eine erhebliche Dynamisierung der Abwanderung von 201 Personen zwischen dem 11. Dezember 1989 und dem 28. Januar 1991[1016] zu 388 zwischen dem 28. Januar 1991 und Juli 1991.[1017] Vergleicht man in gebotener Vorsicht gegenüber dem statistischen Material die Zahlen aus den Tabellen 9 und 10, dann lässt sich auch aus ihnen unschwer ein ähnlicher Trend erkennen: Der größere Teil des Personalrückgangs zwischen 1989 und 1992 findet bis zum Juli 1991 statt, danach tritt ein deutlicher Rückgang in der Fluktuation ein – auch das ein Beleg für die These, dass die PSK ihre Wirkung hatten. Denn bis Juli 1991

1014 Raiser, 1998, 61.

1015 Aggregiert aus Daten in: Dokumente zum Hochschulumbau V, Ablage 3. In die Gruppe der wissenschaftlichen Mitarbeiter sind die Lehrer im Hochschuldienst, Lektoren, Kustoden und wissenschaftlichen Sekretäre einbezogen.

1016 Diese Zahl ergibt sich aus der Differenz zwischen der Summe von Oberassistenten, unbefristeten und befristeten Assistenten, wissenschaftlichen Sekretären, Lektoren, Lehrern im Hochschuldienst und Kustoden beider Stichtage in Tabelle 7.

1017 Diese Zahl ergibt sich aus der Differenz zwischen der Summe von Oberassistenten, unbefristeten und befristeten Assistenten, wissenschaftlichen Sekretären, Lektoren, Lehrern im Hochschuldienst und Kustoden in Tabelle 7, Stichtag 28. Januar 1991, und der Angabe für wissenschaftliche Mitarbeiter im Juli 1991 in Tabelle 13.

verließen 119 Hochschullehrer die HU, in den darauf folgenden 11 Monaten nur noch 20 (139-119). Bei den wissenschaftlichen Mitarbeitern blieb die Zahl mit 765 bzw. 764 nahezu identisch, das heißt, dass es hier fast ausschließlich nur zu natürlichen Fluktuationen im Bereich der befristeten Mitarbeiter gekommen sein kann. An der Charité ergab sich folgende Entwicklung:

Tabelle 12: Personalfluktuation an der Charité 1991/1992[1018]

Stichtag	Wissenschaftler	sonst. Personal	Gesamt
31. 12. 1990	1434	4202	5636
1991 Zugänge	181	789 (4)	970 (4)
1991 Abgänge	302 (4)	970	1272 (4)
31. 12. 1991	1309	4025	5334
1992 Zugänge	126	325	451
1992 Abgänge	217	611	828
31. 12. 1992	1218	3739	4957

( ) innerbetriebliche Ab- und Zugänge

1018 Entnommen: Raiser, 1998, 63.

3. Personelle Neuordnung durch Struktur- und Berufungskommissionen von 1992 bis 1994

3.1 Probleme und Würdigung der Evaluationsverfahren

Ziele und Aufgaben der SBK sind im V. Teil vorgestellt worden. Zwar bereiteten die SBK alle Personalentscheidungen nur vor, gaben aber mit ihrer gesetzlichen Legitimation zur Neustrukturierung die entscheidenden Voten ab, an die sich die Verantwortlichen, d.h. der Senator für Wissenschaft und Forschung bei Berufungen und die Personalkommission bei Umsetzungen, Kündigungen oder Übernahmeverfahren, in den allermeisten Fällen hielten. Die SBK entschieden, wer eine C3- oder C4-Professur, eine befristete, unbefristete oder Überhangstelle bekam. Für die SBK war eine vertrauensvolle Zusammenarbeit mit den Hochschulgremien, noch mehr aber mit der Senatsverwaltung unerlässlich, was in der Regel auch funktionierte.

Anders als die PSK evaluierten die SBK in den meisten Fällen das vorhandene Personal nicht stellenunabhängig, sondern bezogen auf eine konkrete Stelle im Soll-Stellenplan – nach dem HPersÜG, soweit es die Mitarbeiter betraf[1019] – oder im Rahmen eines Berufungsverfahrens für eine C3- oder C4-Stelle, auf die sich jeder Hochschullehrer oder Mitarbeiter bewerben konnte. Bei allen Fragen hatten die SBK die fachliche und persönliche Eignung der HU-Kandidaten zu prüfen. Dabei beschäftigten sich einige Kommissionen mit deren politischer Vergangenheit kaum oder gaben – im Unterschied zu den PSK – nur wenige negative Empfehlungen wegen mangelnder persönlicher Eignung ab. Das hatte sicher vielschichtige Ursachen: Zum einen vermutet Raiser durchaus zu Recht, dass sich zumindest einige Stelleninhaber, die wegen fehlender politischer Integrität von den PSK negativ bewertet wurden, für Professuren erst gar nicht bewarben.[1020] Wie sich schon bei den PSK-Überprüfungen andeutete, ist aber auch hier denkbar, dass sich die Professoren aus den alten Bundesländern in den SBK für diese Fragen weniger interessierten oder sich nicht kompetent fühlten. Oder sie wollten eine Entscheidung über den Verbleib einer Person bevorzugt in dem ihnen vertrauten Feld der fachlichen Eignung treffen.

1019 S. dazu Kapitel 4.1.1 des III. Teils.
1020 S. Raiser, 1998, 98.

In einem Punkt unterschieden sich die Ergebnisse der Evaluationen zwischen PSK und SBK grundsätzlich voneinander: Die PSK evaluierten in ungleich größerer Zahl als die SBK Hochschullehrer oder Mitarbeiter aus *persönlichen* Gründen negativ. Das verwundert insofern, als die öffentliche Diskussion über die HU sehr stark von der politischen Belastung ihrer Angehörigen dominiert wird. Ein weiterer Grund für die geringe Zahl negativer Evaluationen wegen fehlender persönlicher Eignung könnte sein, dass vielen SBK eine Kündigungsempfehlung in diesem seltenen und auch durch richterrechtliche Entscheidungen erst näher auszulegendem Bereich des EV zu unsicher schien. Kündigungen wegen *mangelnder fachlicher* Eignung glaubte man dagegen besser begründen und vor Gericht vertreten zu können. Ob möglicherweise bei Entlassungen, die aus fachlichen Gründen oder wegen des Wegfalls der bisherigen Stelle ausgesprochen wurden, auch politische Belastungen eine Rolle spielten, kann jedoch heute nicht mehr ermittelt werden. Ebenso muss offen bleiben, wie viele Hochschulangehörige aus welchen Gründen negativ beurteilt wurden. Zu messen sind nur die Resultate – über öffentlich zugängliche Abschlussberichte der SBK und anhand der allgemeinen Personalentwicklung der HU. Es kann aber zumindest festgestellt werden, dass die jeweiligen Gruppenanteile in den Fachbereichen unterschiedlich ausfallen.

In mehreren Fächern entschlossen sich die SBK nur zu wenigen negativen Voten, beispielsweise in der Charité, wo nur 4 von 100 Professoren negativ evaluiert wurden. Im Institut für Geschichte dagegen evaluierte die SBK 50 % der Hochschullehrer negativ, in der Juristischen Fakultät 11 von 20 Professoren und 10 von 16 Dozenten.[1021] Wollten die SBK bei den Professoren offenbar Bedarfskündigungen in größerem Maße vermeiden, waren diese wegen des Wegfalls der Stellenkategorie bei den Dozenten unvermeidlich. Deshalb wurde den Betroffenen häufig die Zustimmung abgerungen, sich nun auf einen befristeten Vertrag einzulassen, sollte er nicht über eine Änderungskündigung erzwungen werden.[1022]

Alle Personen, die einen Antrag auf Übernahme stellten oder sich für eine Professorenstelle bewarben, wurden von den SBK angehört. Die *häufig gleiche Zusammensetzung* der PSK und SBK auf Seiten der HU ermöglichte es, Evaluationsergebnisse der PSK in die Arbeit der SBK einfließen zu lassen. Inwiefern das tatsächlich geschah, konnte wegen fehlender SBK-Abschlussberichte nur in wenigen Fällen systematisch festgestellt werden. So akzeptierte beispielsweise die SBK Rechtswissenschaften grundsätzlich die PSK-Evaluierungen,

1021 Vgl. Raiser, 1998, 99.
1022 So z. B. im FB Rechtswissenschaften. S. Raiser, 1998, 90.

weil die Verfahren im Fachbereich eine hohe Unterstützung fanden und weil sich die Kommission durch die Verlautbarungen des Gesetzgebers und der Senatsverwaltung bestärkt sah. Gleichwohl konnten sie nicht abschließend und endgültig über Verbleib oder Kündigung entscheiden, nicht zuletzt deshalb, weil der Rahmen verfügbarer Stellen während der PSK-Verfahren ein viel größerer war als bei den SBK.[1023]

Überall dort, wo die Qualität der PSK-Arbeit hoch war, so scheint es, nahmen die SBK bereitwillig deren Evaluationen zur Kenntnis, verschafften sich ein eigenes Bild vom vorhandenen Personal und trafen dann meist mit den PSK-Ergebnissen übereinstimmende Entscheidungen. Negative Urteile, insbesondere im Bereich der Fachlichkeit, machten sich die SBK oft zu eigen. Auch wenn sie Kündigungen aus persönlichen Gründen eher mieden, behielten dennoch die von den PSK in großer Zahl ausgesprochenen negativen Empfehlungen wegen mangelnder politischer Integrität ihre Bedeutung. Häufig versuchten die SBK mit einem Gemisch aus fachlichen und persönlichen Argumenten Kündigungen in diesem Personenkreis durchzusetzen, häufig auch über Bedarfskündigungen oder Aufhebungsverträge. Manches Mal ergaben auch die im Jahr 1993 verstärkt bei der Universität eintreffenden Ergebnisse der Überprüfungen bei der Gauck-Behörde einen neuen, gewichtigen Kündigungsgrund wegen einer inoffiziellen MfS-Mitarbeit.

Bei der Besetzung von Professorenstellen, so Raiser, wurden in verschiedenen Fällen Bewerber aus der HU nicht strikt nach den gleichen Maßstäben bewertet wie westdeutsche Bewerber, was jedoch schon wegen der schwierigen Publikationsbedingungen in der DDR nachvollziehbar erscheint. So suchten nicht wenige SBK trotz Ausschreibung aller Stellen für die Berufungsverfahren eine »mittlere Linie« oder eine »vernünftige Mischung«[1024] zwischen alten und neu berufenen Professoren, hielten sie zuweilen für Hausbewerber eine »passende Stelle frei« oder verzichteten mehrfach auf offene Ausschreibungen.[1025]

1023 S. den Abschlussbericht der SBK Rechtswissenschaften vom 1. Februar 1993, 15 f., in: Dokumente zum Hochschulumbau VI, Ablage 15.

1024 Raiser, 1998, 91.

1025 Ebenda. Für ihre Berufungslisten mit Hausbewerbern gab die SBK Rechtswissenschaften, die ebenso wie die Dekanin eine »gemischte Fakultät« aufbauen wollte, als Entscheidungsmaßstab an, ob angesichts einer »biographischen Vorgeschichte die Hochschullehrer-Qualität guten Gewissens bejaht werden kann und ob die betreffende Person eine plausible Prognose für einen sinnvollen zukünftigen Einsatz im Fachbereich in Forschung und Lehre erlaubt«. Zusätzlich holte die Kommission zwei Gutachten ein, anders als bei den Listen mit externen Bewerbern, wo sie in der SBK ausreichenden externen Sachverstand für die Auswahlentscheidung versammelt sah (Abschlussbericht der SBK Rechtswissenschaften, vom 1. Februar 1993, 22, in: Dokumente zum Hochschulumbau VI, Ablage 15).

Die Überprüfung des akademischen Mittelbaus im Rahmen von Personalübernahmeverfahren stellte für die SBK wegen der Masse an Evaluationen und des notwendigen Stellenabbaus eine besondere Herausforderung dar. Da relativ wenige Assistenten von den PSK aus persönlichen Gründen negativ evaluiert worden waren, diese teilweise schon die HU verlassen hatten und die SBK kaum eigene Anstrengungen zur umfassenden Überprüfung der Integrität unternahmen, kam es nur zu einer kleinen Zahl außerordentlicher Kündigungen bzw. verzichteten diese Betroffenen auf die Übernahme.[1026] Auf den Wechsel von unbefristeten auf befristete Stellen, obwohl für viele von Nachteil, ließen sich die meisten nicht negativ bewerteten Mitarbeiter hingegen ein und unterschrieben Änderungsverträge. Wer dies nicht tat, musste mit einer Änderungskündigung rechnen. In einer Reihe von Fällen war sie unvermeidlich, was eine hohe Zahl von Kündigungsschutzklagen nach sich zog.[1027]

Die SBK versuchten dennoch, soziale Belange zu berücksichtigen, teilweise durch Stellenteilung oder Weiterbeschäftigung auf geringer dotierten Stellen bzw. in der Verwaltung des Fachbereichs. Insgesamt unterschieden sich die Ergebnisse der Evaluationen in den einzelnen SBK deutlich voneinander: So gab es Kommissionen, die negative Bewertungen ganz vermieden, in anderen Fällen kam es zu bis zu 60 % negativer Voten.[1028] Die Fachbereichsräte und die Universitätsleitung akzeptierten in aller Regel die Vorschläge und brachten die Anträge auf Übernahme, Umsetzung oder Kündigung in die Personalkommission ein. Insgesamt lässt sich feststellen, dass bis Ende 1993 ca. 700 Assistenten die HU verließen, 366 Kündigungen vollzogen wurden, davon 75 mangels Eignung und 291 mangels Bedarfs. Letztere erfolgten hauptsächlich in den früheren Abwicklungs-Fachbereichen und in den Fremdsprachlichen Philologien beim Abbau nicht mehr vom Senat gebilligter Stellen für Lektoren oder Lehrer im Hochschuldienst. An der Charité kam es in dieser Zeit zu 39 Kündigungen, davon 36 wegen mangelnden Bedarfs.

Zugleich kamen bis Ende 1993 647 wissenschaftliche Mitarbeiter im Rahmen der Personalübernahme in neue Dienstverhältnisse (ohne Charité), drei Viertel der Verträge ehemals unbefristeter Mitarbeiter wurden in befristete umgewandelt.[1029] Insgesamt stellt sich die Personalentwicklung wie folgt dar:

1026 Raiser, 1998, 106.
1027 S. Kapitel 3.4 dieses Teils.
1028 Raiser, 1998, 107.
1029 Ebenda.

Tabelle 13: Personalentwicklung zwischen Juli 1991 und März 1993[1030]

	Juli 1991	Dezember 1992	März 1993
Professoren und Dozenten	667	461	463
Wiss. Mitarbeiter	1907	1292	1386
befristet	376	239	311
unbefristet	1531	1053	1075
Gesamt	2574	1753	1849

3.2 Berufungen und Ausscheiden aus dem Dienst in der Gruppe der Hochschullehrer

Kernstück der personellen Neuordnung waren die von den SBK vorbereiteten Berufungsvorschläge, zu denen nach dem Berliner Hochschulgesetz der Akademische Senat Stellung nahm, und die dann von der Senatsverwaltung geprüft wurden, bis der Senator schließlich einen Ruf erteilte und der zu Berufende in Verhandlungen mit der Hochschule Gehalt und Ausstattung vereinbarte. Bis auf wenige Ausnahmen folgte der Senator bei der Ruferteilung jeweils den Vorschlägen der Kommissionen, was sein hohes Vertrauen in die Qualität der Arbeit der SBK bezeugt. Bis Ende 1994 wurden auf diese Weise innerhalb von 2½ bis 3 Jahren 402 (entspricht 84,3%) der insgesamt 477 Soll-Professorenstellen besetzt – eine beachtliche Leistung, die von großer Konsensbereitschaft aller Beteiligten zeugt.

Das in vielen Kommissionen gewünschte und vom Senat durchaus akzeptierte Ziel, mit Personal aus Ost und West gemischte Fachbereiche aufzubauen, ist im Ergebnis der Berufungspolitik (nur) teilweise erreicht worden und hinterlässt von den ermittelten absoluten Zahlen, aber noch mehr von der Verlaufsentwicklung der Neuberufungen her ein differenziertes Bild.

Mit Stand Dezember 1994 kamen 173 der 402 neu berufenen Professoren (Soll: 477, Besetzungsstand: 81%) aus Ostdeutschland, d.h. vor allem von der HU selbst. Das entspricht einem Anteil von 43%. Vergleicht man die Rufannahmen von Ost- und Westdeutschen bei der Besetzung von schlechter oder gar nicht mit Mitarbeiterstellen ausgestatteten C3-Professuren, dann zeigt sich, dass der Anteil Ostdeutscher bei diesen Professuren deutlich über dem Mittel-

1030 Aggregiert aus Daten, in: Dokumente zum Hochschulumbau V, Ablage 3. In die Gruppe der wissenschaftlichen Mitarbeiter sind die Lehrer im Hochschuldienst, Lektoren, Kustoden und wissenschaftlichen Sekretäre einbezogen.

wert lag: So wurden im Dezember 1994 von 160 besetzten C3-Stellen 88 von Ostdeutschen eingenommen, was einen Anteil von 55 % ausmacht. Auf den 242 besetzten C4-Stellen waren dagegen nur 85 Ostdeutsche vertreten (35,1 %), etwa 2 von 3 neuen C4-Professoren kamen also aus den alten Ländern (oder in einigen Fällen aus dem Ausland).

Tabelle 14: Berufungsstatistik – Stand 23. Dezember 1994[1031]

Fachbereich/Institut	SOLL	IST +S*	Rufannahme					
			C 3			C 4		
			gesamt	alte BL	neue BL	gesamt	alte BL	neue BL
Rechtswissenschaften	31	27	7	3	4	20	20	
Wirtschaftswiss.	31	24 +1*	9	3	6	16	15	1
Theologie	22	24	4	2	2	20	10	10
Erziehungswiss.	22	20	6	5	1	14	13	1
Sozialwissenschaften	16	15 +1*	2		2	14	14	
Rehabilitationswiss.	15	10	6	5	1	4	1	3
Philosophie	8	5	1		1	4	3	1
Geschichte	23	20	5	4	1	15	12	3
Bibl.wissenschaften	3	1	1	1				
Kulturwissenschaften	22	20	13	4	9	7	6	1
Germanistik	27	26 +1*	12	5	7	15	8	7
Fremdspr. Philologien	38	24	13	8	5	11	6	5
Asien- u. Afrikawiss.	24	14	10	5	5	4	2	2
Mathematik	26	24 +2*	10	3	7	16	4	12
Physik	26	16 +6*	7	3	4	15	12	3
Informatik	16	13	3	1	2	10	4	6
Biologie	23	18 +2*	9	5	4	11	5	6
Chemie	20	18 +1*	11	3	8	8	4	4
Psychologie	13	11	7	2	5	4	2	2
Pharmazie	8	4				4	1	3
Geographie	10	9	4	3	1	5	2	3
Mus. f. Naturkunde	7	5	3	1	2	2	2	

1031 Entnommen: Raiser, 1998, 94.

Agrarwissenschaften	40	38	16	6	10	22	10	12
Sportwissenschaft	6	2	1		1	1	1	
Summe	477	388 + 14*	160	72	88	242	157	85

* Stiftungsprofessuren

Dabei ist die Anzahl der Professoren, die bereits vor 1990 Hochschullehrer an der HU waren, in den einzelnen Fachbereichen ganz unterschiedlich. Auch versuchte der Akademische Senat mit einigen Stellungnahmen an den Senator diese Quote partiell zu erhöhen, was ihm aber nicht gelang. In den FB Agrarwissenschaften gab es mit 22 von 38, Mathematik mit 19 von 26 oder Theologie mit 12 von 24 Professoren den höchsten Anteil von Ostberufungen. In den FB Wirtschaftswissenschaften, Erziehungswissenschaften, Kunst- und Kulturwissenschaften gelangte nur je 1 hauseigener Kandidat auf eine C4-, im Institut für Philosophie nur 1 hauseigener Kandidat auf eine C3-Professur (neben 3 Berufungen aus der ehemaligen AdW im Institut für Geschichte).[1032]

Diesen Ergebnissen ging in einigen Fachbereichen jedoch ein intensives Bemühen um einen höheren Anteil von Professoren aus den neuen Bundesländern voraus, was teilweise an besonderen Problemen scheiterte: So wollte die SBK Rechtswissenschaften immerhin 6 hauseigene Bewerber (entspricht 20 % aller Neubesetzungen) zur Berufung vorschlagen, angesichts der besonderen Relevanz des Faches und im Vergleich zu anderen Juristischen Fakultäten der neuen Bundesländer ein hoher Wert.[1033] In zwei der sechs Fälle jedoch mussten die Betroffenen wegen eines negativen Bescheides der Gauck-Behörde ihr Dienstverhältnis mit der Universität beenden. Zudem gab es gegen die übrigen vier Kandidaten im Oktober 1992 »Bedenken im politischen Raum«[1034], weswegen zunächst nur befristete Berufungen ausgesprochen wurden. In einigen anderen Fachbereichen kam es zu vergleichbaren Situationen.

Blickt man auf die Ost/West-Verteilung in den Fächergruppen, zeigt sich ein nicht ganz überraschendes Bild: In den Geisteswissenschaften hatten nur 44 Ostdeutsche von 89 Berufenen (entspricht 49,3 %) eine C3- und 34 von 110

1032 Vgl. a. a. O., 101.

1033 S. den Abschlussbericht der SBK Rechtswissenschaften vom 1. Februar 1993, 17 f., in: Dokumente zum Hochschulumbau VI, Ablage 15. Von den 11 positiv evaluierten Professoren schieden 5 bis 1994 aus Altersgründen aus bzw. erhielten Zeitverträge.

1034 A. a. O., 27. So ist im Bericht der SBK zu dieser politischen Auseinandersetzung nachzulesen, dass sich außer ihr alle bis 1992 Neuberufenen an den Senator wandten und für eine Lösung mit den Einheimischen einsetzten, die drei Erstberufenen bei ihm sogar persönlich vorsprachen und erklärten, dass eine ost-west-gemischte Fakultät die Geschäftsgrundlage für ihre eigene Rufannahme gewesen sei (ebenda).

(23,6%) eine C4-Professur erhalten und lagen damit in beiden Fällen unter der durchschnittlichen Ost-West-Quote von 55,5% bei C3-Stellen und 35,1% bei C4-Stellen. Entsprechend höher fiel der Anteil in den naturwissenschaftlichen Fächern aus. Hier gelangten von 55 Berufenen 34 Ostdeutsche (61,8%) auf eine C3- und sogar 39 von 76 auf eine C4-Professur, was einer Quote von 51,4% entspricht. Während also in den Naturwissenschaften zwei von drei C3-Professoren und jeder zweite C4-Professor aus dem Hause, der AdW oder einer ostdeutschen Hochschule kamen, traf dies in den Geisteswissenschaften nur auf jeden zweiten C3- und jeden vierten C4-Professor zu. Dies lag vor allem an dem außerordentlich niedrigen Anteil ostdeutscher Berufungen in den ehemals abzuwickelnden Fachbereichen, denn hier erreichten bei 77 C4-Berufungen nur sechs Ostdeutsche (7,8%) einen 1. Listenplatz. Interessanterweise war die schlechtere ostdeutsche Bilanz in den Geisteswissenschaften bei C3-Stellen aber nicht auf die ehemaligen Abwicklungsfächer zurückzuführen, denn sie stellten mit 15 von 30 Rufannahmen genau 50% und lagen damit genau im Trend aller geisteswissenschaftlichen Fächer.

Zu Rufabsagen kam es bis Ende 1994 in insgesamt 101 Fällen (25,1%), wobei dies weniger die C3-Berufungen mit 24 (23,8% der Absagen und 13% aller bis Ende 1994 verhandelten C3-Rufe) als die C4-Rufe mit 77 Ablehnungen betraf (76,2% der Absagen, d.h. 24,1% aller bis Ende 1994 verhandelten C4-Rufe). Besonders hoch lagen die Absagen bis 1994 in den FB Wirtschaftswissenschaften mit 15 von 24 und Erziehungswissenschaften mit 9 von 20.[1035]

Die Gründe dafür konnten sehr unterschiedlich sein: Teils hatten sich viele Bewerber – insbesondere in den Abwicklungsfächern, wo der Bedarf an Professoren in allen neuen Ländern besonders hoch war – auf mehrere Professuren beworben und verhandelten parallel, teils waren – wie in den Wirtschaftswissenschaften – adäquate Stellenbesetzungen angesichts der Gehälter in der freien Wirtschaft oder der Vielzahl frei werdender Stellen wegen hoher Pensionierungsraten ohnehin schwer. Andere wiederum nutzten einen Ruf an die HU für Bleibeverhandlungen an ihrer heimischen Universität, waren mit der Ausstattung, dem Gehalt oder den angebotenen Räumlichkeiten nicht zufrieden oder wagten den Schritt in den »unbekannten Osten« letztlich doch nicht. Die Universität traf in der Regel keine Schuld, und überhaupt erscheint die Anzahl der Rufabsagen vergleichsweise klein angesichts der Vielzahl der in den neuen Ländern zu besetzenden Stellen. Dazu trug sicher die mit dem Namen Humboldt verbundene Idee des Lehrens und Forschens oder die Hauptstadtadresse der Universität erheblich bei.

1035 S. Raiser, 1998, 95.

Im *prozentualen Vergleich der Statistik der Rufannahmen*[1036] seit November 1992 lässt sich, wie Tabelle 15 zeigt, feststellen, dass der Anteil Ostdeutscher an den Berufungen in der 1. Berufungswelle zunächst von 43,1 über 50,6 auf 51,4 % am 3. erfassten Stichtag (10. Mai 1993) anstieg, dann aber, in der 2. Berufungswelle, in der zwischen Mai und September 1993 ca. 120 Rufe angenommen wurden, kontinuierlich wieder zurückging und zum Ende des Erhebungszeitraums am 31. Dezember 1994 (Besetzungsstand 81 %) mit 43,1 % fast punktgleich wieder den Ausgangswert aus dem Herbst 1992 erreichte. Entsprechend gegenläufig war der Anteil der Berufungen aus den alten Bundesländern, der nach der 1. Berufungswelle zunächst zurückging, dann aber wieder den alten Ausgangswert von ca. 57 % erreichte.

Zur Einordnung und Relativierung der Zahlen muss aber gesagt werden, dass die SBK ein Interesse hatten, Bewerber für eine C3- oder C4-Stelle aus der HU möglichst frühzeitig zur Berufung vorzuschlagen, da sie schon vor Ort waren, zudem die Neustrukturierung der Fächer besser unterstützen und den Fachbereich stabilisieren konnten. Aus der Sicht der Hausbewerber war das günstig, denn sie mussten nicht unverhältnismäßig lange in einer ungeklärten beruflichen Situation ausharren. Der zeitliche Verlauf der Stellenbesetzungen bei den Professoren kann als sicheres Zeichen dafür gedeutet werden, dass es sich bei dem allergrößten Teil der ostdeutschen Berufungen um Hausberufungen handelte. Berufungen aus einer anderen Hochschule der neuen Länder waren eine Seltenheit, wirklich nennenswert waren lediglich die Berufungen einiger ehemaliger Mitarbeiter oder Professoren aus der Akademie der Wissenschaften, die insbesondere in den naturwissenschaftlichen Fächern auftraten.

Wie bereits diskutiert, werden bei der *Verteilung der C3- und C4-Rufe* Ost-West-Unterschiede deutlich: C3-Professuren gehen häufiger an Ostdeutsche, C4-Professuren zumeist an Westdeutsche, wobei der Anteil ostdeutscher C3-Professoren anfangs mit 67,9 % besonders hoch, der Anteil ostdeutscher C4-Professoren dagegen mit 33,8 % besonders niedrig war. Zum Ende der SBK-Arbeit fiel dieser nach einem Ansteigen auf 41 und 43,8 % wieder zurück auf 35,1 %, einen ähnlich geringen Wert wie bei der 1. Erhebung. Der hohe Anteil an C4-Westberufungen mit 66,2 % gerade am Beginn ist leicht erklärlich, denn

1036 Im Personalumbau kam es zu drei statistisch wahrnehmbaren Berufungswellen (zeitlich nicht identisch mit den Kündigungswellen): Von einer ersten lässt sich im Zusammenhang mit der Berufung neuer Professoren in den einst zur Abwicklung vorgesehenen geisteswissenschaftlichen Fachbereichen sprechen. Sie vollzog sich im Zeitraum Oktober 1991 bis Oktober 1992 (erfasst in der Berufungsstatistik vom 27. November 1992, s. Tabelle 18). Eine zweite Häufung gab es zwischen Mai und September 1993, als der Berufungsprozess in den meisten Abwicklungsfächern abgeschlossen war und ein großer Teil der Berufungen in den übrigen Fachbereichen erfolgte. Eine dritte Welle baute diese Fächer zwischen Dezember 1993 und Dezember 1994 weitgehend zu funktionsfähigen Bereichen aus.

es sollten gerade die, die auf Grundlagen- oder »Eckprofessuren« berufen wurden, ihre Fächer neu aufbauen und die Entwicklung in den Fachbereichen prägen. Bezogen auf die Fächergruppen glich zwar im Berufungsverlauf der hohe Ostanteil in den FB Mathematik oder Agrarwissenschaften die Gesamtquote zugunsten der Hausberufungen ein wenig aus, doch lagen sie in den Naturwissenschaften zumindest bei den C3-Professuren mit 61,8 % (d.h. 34 von 55 Personen) nicht erheblich über denen in den Geisteswissenschaften mit 49,3 % (44 von 89 Personen). Evident hingegen sind die Unterschiede bei den C4-Rufannahmen, denn in den geisteswissenschaftlichen Fächern kommen mit 23,6 % (34 von 144) prozentual weniger als halb so viele Ostdeutsche zum Zuge wie in den naturwissenschaftlichen Fächern mit 51,4 % (39 von 76).[1037] Ab der 2. Berufungswelle nahm sowohl bei den C3- als auch bei den C4-Berufungen der Anteil Ostdeutscher um 5 bis 7 % ab, der Westdeutscher entsprechend zu.

Auf der Grundlage von 477 zu besetzenden Soll-Professorenstellen (einschließlich Stiftungsprofessuren) ergibt sich folgender Berufungsverlauf:

Tabelle 15: Berufungsentwicklung West/Ost vom November 1992 bis zum Dezember 1994[1038]

	Professoren			C 3			C 4		
Stand/ Beruf.-welle	gesamt (%)	alte BL (%)	neue BL (%)	gesamt	alte BL (%)	neue BL (%)	gesamt	alte BL (%)	neue BL (%)
27.11.1992/ 1.	102 (21)	58 (56,9)	44 (43,1)	28	9 (32,1)	19 (67,9)	74	49 (66,2)	25 (33,8)
01.03.1993/ 1.	150 (31)	74 (49,4)	76 (50,6)	50	15 (30)	35 (70)	100	59 (59)	41 (41)
10.05.1993/ 1.	185 (39)	90 (48,6)	95 (51,4)	64	22 (34,4)	42 (65,6)	121	68 (56,2)	53 (43,8)
24.09.1993/ 2.	301 (63)	155 (51,5)	146 (48,5)	116	44 (38)	72 (62)	185	111 (60)	74 (40)
06.12.1993/ 3.	332 (70)	177 (53,6)	155 (46,4)	134	56 (41,8)	78 (58,2)	198	121 (61,1)	77 (38,9)
18.04.1994/ 3.	373 (78)	204 (55)	169 (45)	149	63 (42)	86 (58)	224	141 (62,9)	83 (37,1)
31.12.1994/ 3.	402 (81)	229 (57)	173 (43)	160	72 (45)	88 (55)	242	157 (64,9)	85 (35,1)

1037 Diese Zahlen wurden berechnet aus der Berufungsstatistik vom 31. Dezember 1994, Besetzungsstand 81 %.

1038 Aggregiert nach Daten der vorangegangenen Tabelle sowie Daten aus Berufungsstatistiken der genannten Stichtage, in: Dokumente zum Hochschulumbau V, Ablage 3.

An die Charité nahmen bis Ende 1994 88 Professoren Rufe an. Damit konnten 63 % aller Stellen besetzt werden. 59 % der Professoren kamen aus den alten und 41 % aus den neuen Ländern, wobei bei den C3-Stellen die Berufung Ostdeutscher mit 76,6 % : 23,4 % die Westdeutscher deutlich überwog. Bei den C4-Professuren dagegen verschiebt sich mit 63,8 % : 36,2 % der prozentuale Anteil deutlich zugunsten der Westbewerber. Im Einzelnen stellen sich die Ergebnisse so dar:

Tabelle 16: Berufungsstatistik der Charité zum 1. Januar 1995[1039]

Professorenstellen		Rufannahmen					
		C 3			C 4		
SOLL	IST	gesamt	alte BL	neue BL	gesamt	alte BL	neue BL
140	88	47	11	36	36	23	13

Professorenstellen		Rufabsagen					
		C 3			C 4		
SOLL	IST	gesamt	alte BL	neue BL	gesamt	alte BL	neue BL
140	88	4	3	1	9	9	0

Gleichfalls sank – entgegen der Annahme – der ohnehin äußerst niedrige *Frauenanteil* bei den Hochschullehrern deutlich von 16,7 % vor Beginn der Erneuerung (d.h. 119 von 710 Hochschullehrern) auf 12,9 % nach dem Umbau (48 von 373 Professoren).[1040] In den einzelnen Wellen[1041] ist bei den Berufungen von Frauen ein ähnlicher Verlauf wie bei den Ostberufungen zu erkennen, sie stiegen von der 1. zur 2. Etappe von 11,3 % auf 13,5 % an, fielen dann aber auf 12,6 % und 12,9 % zurück.

Ähnlich wie bei den Ost-Berufungen verhielt es sich – wenn auch auf geringerem Niveau – bei den C3- und C4-Besetzungen: Bis Mai 1993 gingen 23,4 % der angenommenen C3-Rufe an Frauen (15 von 64 Personen), aber nur 8,3 % (10 von 121 Personen) der C4-Rufe.[1042] Ein Jahr später konnte der prozentuale

1039 Entnommen: Raiser, 1998, 96.

1040 Der Eingangswert ist errechnet aus Tabelle 5, Abschnitt 2.3 dieses Teils, der Endwert bezieht sich auf den Stand der Rufannahmen vom 18. April 1994 (Besetzungsstand 78 %, hier letztmalig Frauenanteil ausgewiesen).

1041 S. dazu Tabelle 20.

1042 Berufungsstatistik (Rufannahmen), Stand: 10. Mai 1993, in: Dokumente zum Hochschulumbau V, Ablage 3.

Anteil bei den C3-Besetzungen mit 22,8 % gehalten werden (34 von 149 Rufannahmen). Bei den C4-Stellen ging er jedoch weiter auf 6,2 % zurück (14 von 224 Rufannahmen).[1043] Im Einzelnen wurden folgende Ergebnisse festgestellt:

Tabelle 17: Rufannahmen und Frauenanteil im Vergleich[1044]

	Professoren			C 3			C 4		
Stand	gesamt	Männer (%)	Frauen (%)	ges.	alte BL (%)	neue BL (%)	ges.	alte BL (%)	neue BL (%)
01.03.1993	150 (31)	133 (88,7)	17 (11,3)	10	2 (20)	8 (80)	7	5 (71,4)	2 (28,6)
10.05.1993	185 (39)	160 (86,5)	25 (13,5)	15	4 (26,7)	11 (73,3)	10	5 (50)	5 (50)
24.09.1993	301 (63)	263 (87,4)	38 (12,6)	26	9 (34,6)	17 (55,4)	12	5 (41,7)	7 (58,3)
18.04.1994	373 (78)	325 (87,1)	48 (12,9)	34	12 (25,3)	22 (64,7)	14	6 (22,9)	8 (57,1)

Wissenschaftssenator Erhardt bezeichnete die Erneuerung als »Riesenerfolg« und »beispiellos in der Wissenschaftsgeschichte«[1045], was bezogen auf die Schnelligkeit und Qualität vieler Berufungen ohne Zweifel auch zutraf, nicht jedoch auf die Berücksichtigung von Ostdeutschen und Frauen bei der Neubesetzung von Professuren.

Freilich muss bedacht werden, dass von der Herkunft kein Anspruch auf Berufung oder Weiterbeschäftigung abzuleiten war, sondern einzig die Leistungen der Kandidaten und ihre Eignung über einen Listenplatz entscheiden durften. Da die Bedingungen des wissenschaftlichen Arbeitens in der DDR sich nicht zuletzt auch wegen der mangelnden Publikationsmöglichkeiten von denen der Bundesrepublik unterschieden, kam es darauf an, dass die SBK – zumal in einigen geisteswissenschaftlichen Bereichen – bereit waren, nicht nur das vorhandene Œuvre zur Grundlage ihrer Entscheidung zu machen, sondern bei hauseigenen Listenkandidaten auch eine Prognose ihrer künftigen Entwicklung zu wagen und in sie einfließen zu lassen.[1046] Eine Reihe von SBK

1043 Nach einer Statistik zu Rufannahmen vom 18. April 1994, in: Dokumente zum Hochschulumbau V, Ablage 3.

1044 Aggregiert aus Daten der vorangegangenen Tabelle sowie Daten aus Berufungsstatistiken der genannten Stichtage, aus: Dokumente zum Hochschulumbau V, Ablage 3.

1045 S. »Zwischen Tristesse und Tatkraft«, Kölner Stadtanzeiger vom 29. Juni 1994, in: Presseberichte IV, Ablage 5.

1046 S. auch die rechtlichen Vorgaben zur Prüfung der persönlichen und fachlichen Eignung nach dem EV in Kapitel 2.2.2 des V. Teils.

ging in dieser Weise vor, andere hauseigene Kandidaten wiederum brauchten einen Vergleich mit ihren westdeutschen Kollegen nicht zu scheuen.

Will man die Berufungsergebnisse ausgewogen bewerten, muss berücksichtigt werden, dass den Kommissionen eine zunehmend kleinere Gruppe hauseigener Bewerber zur Auswahl stand, weil die Zahl derer, die in Rente oder Vorruhestand gingen oder wegen ihres Alters für eine Berufung aus beamtenrechtlichen Gründen nicht mehr in Frage kamen, ständig zunahm, wie die im IV. Teil, Abschnitt 2.2.2.3, vorgestellten Daten belegen. So spielen ganz unterschiedliche vereinigungs- und weniger vereinigungsbedingte Faktoren in die Gesamtentwicklung der stark rückläufigen Präsenz Ostdeutscher unter den Professoren hinein, die sich heute kaum noch erschöpfend erklären lassen. Nach den vorgestellten Untersuchungen hatten am Ende des Erneuerungsprozesses im Jahr 1996 nicht mehr als 130 ehemalige Dozenten oder Professoren eine unbefristete Professur erhalten, das sind ca. 16,5 % der 783 im Dezember 1989 an der HU beschäftigten Hochschullehrer.[1047]

Eine andere Statistik bestätigt diesen Wert und zeigt in aller Schärfe die Resultate des Umbaus: Danach standen den 300 Neuberufungen 186 Abgänge gegenüber, wobei nur 46 der neu berufenen Professoren aus der Humboldt-Universität selbst kamen. Das entspricht einem Anteil von 15,3 %. Insgesamt stieg zwar die Zahl der Professuren von 360 im Dezember 1989 auf 477 zum Ende des Jahres 1994 an, doch verdeckt dieser Anstieg die völlige Abschaffung der Gruppe der Dozenten. Sie umfasste 1989 423 Personen und hatte im Jahr 1994 lediglich zu einem kleineren Teil, Raiser geht von ca. 60 Personen aus[1048], eine C3- oder C4-Professur erhalten. Ansonsten besaß sie durch zahlreiche Änderungsverträge nur noch eine befristete Perspektive bis in das Jahr 1996 oder 1997, falls negative Evaluierungen nicht ein früheres Ausscheiden bewirkten.

Tabelle 18: Die Entwicklung der Hochschullehrerzahl vom 1. Juni 1992 bis Ende 1994[1049]

	11.12.1989	01.06.1992	Ende 1994	gekommen	intern	gegangen	Differenz
Prof.	360	345	459	300	46	186	+ 144
Doz.	423	244	69	12	4	187	- 175

1047 Schätzung auf Grund des Berufungsstandes vom 31. Dezember 1994 unter Berücksichtigung, dass 20 bis 25 der hier aufgeführten Ostberufungen aus dem Bereich des ehemaligen akademischen Mittelbaus und ca. weitere 20 bis 25 Personen von anderen ostdeutschen Hochschulen oder der ehemaligen AdW an die HU berufen worden waren.

1048 Raiser, 1998, 119.

1049 Aggregiert aus Daten, in: Dokumente zum Hochschulumbau V, Ablage 3 sowie Raiser, 1998, 103.

So waren neben den neu berufenen Hausbewerbern aus der HU bis Ende 1994 nur noch 69 Dozenten verblieben – 16 % der 1989 insgesamt beschäftigten Dozenten. Auch wenn die SBK sowie die Gremien und die Verwaltung der HU für die Betroffenen Übergänge zu organisieren versuchten, sei es mit Überhangstellen, abweichenden Besetzungen von Soll-Professuren oder sonstigen Änderungsverträgen, dürfte sich die Zahl der weiterbeschäftigten Dozenten bis Ende 1996 weiter erheblich verringert haben. Am Ende des Umbaus verblieben kaum mehr als die tatsächlich Neuberufenen an der HU. Von den im Dezember 1989 an der HU tätigen Professoren schieden bis Ende 1994 mehr als 280 und damit 77,8 % aus, ca. 110 davon aus Altersgründen.[1050] Der rasante Rückgang an ostdeutschen Hochschullehrern ging also neben der demografischen Entwicklung in hohem Maße auf die geringe Berücksichtigung von Dozenten bei Berufungen zurück.

3.3 Die personelle Entwicklung in der Gruppe der wissenschaftlichen Mitarbeiter

Wie bereits dargestellt, war die Überprüfung des wissenschaftlichen Personals bei den Mitarbeitern mit einem erheblichen Umbau von unbefristeten zu befristeten Stellen sowie einem Abbau der absoluten Stellenzahlen verbunden. Dieser Prozess vollzog sich vor allem im Rahmen der Übernahmeverfahren nach dem HPersÜG in den Jahren 1992 bis 1994 und setzte eine Evaluation dieses gesamten Personals durch die SBK voraus.[1051] Angesichts von mehr als 1900 wissenschaftlichen Mitarbeitern bei nur 1252 verfügbaren Sollstellen verwundert es nicht, dass die SBK in der Hauptsache das vorhandene Personal für diese Stellen berücksichtigen musste. Neu berufene Professoren aus den alten Bundesländern konnten die ihnen zugewiesenen Mitarbeiterstellen nur zu einem kleinen Teil mit eigenem Personal besetzen. Das sorgte teilweise für Spannungen, war aber angesichts der realen Lage ohne Alternative. In der Charité, in den meisten naturwissenschaftlichen Fachbereichen sowie in den FB Germanistik und Asien- und Afrikawissenschaften kamen deshalb mehr als zwei Drittel der neuen Stelleninhaber aus dem Hause, in den FB Kunst- und Kulturwissenschaften, Fremdsprachliche Philologien, Philosophie und der Fakultät für Landwirtschaft und Gartenbau mehr als 50 %. Eine niedrigere Quote erreichten zumeist die ursprünglich zur Abwicklung vorgesehenen Fachbereiche.[1052]

1050 Nach Raiser, 1998, 119.
1051 Vgl. dazu Kapitel 4.1.1 des III. und 2.2.1.2 des IV. Teils.
1052 Raiser, 1998, 108.

Der Druck auf die verbliebene Gruppe der wissenschaftlichen Mitarbeiter verstärkte sich zusätzlich, weil die HU zwischen Juni 1992 und Ende 1994 wegen allgemeiner Haushaltskürzungen bereits 231 der neu eingerichteten Mitarbeiterstellen wieder verlor (ca. 15 % des Gesamtvolumens), wobei allein 50 % der Stellenverluste auf Lehrer im Hochschuldienst entfielen. Bis Ende 1994 verließen über 1000 wissenschaftliche Mitarbeiter, Lektoren oder Lehrer im Hochschuldienst die HU. Insbesondere die außerordentlich starke Fluktuation bei den Assistenten (von denen insgesamt 812 gingen, davon ca. zwei Drittel unbefristete Assistenten oder Oberassistenten) und der massive Abbau von mehr als 60 % der Stellen bei den Lektoren und Lehrern im Hochschuldienst fallen hier ins Gewicht. Nur noch ein Drittel der vor 1992 beschäftigten Mitarbeiter hatten Ende 1994 noch eine Beschäftigung an der HU! Auf die einzelnen Stellengruppen bezogen ergibt sich folgendes Bild:

Tabelle 19: Die Personalentwicklung des wissenschaftlichen Mittelbaus vom 1. Juni 1992 bis Ende 1994 (ohne Charité)[1053]

	01.06.1992	Ende 1994	gekommen	intern	gegangen	Differenz
Oberass.						
Ass. unbefr.	1267	1181	726		812	- 86
Ass. befr.				58		
Lektoren	63	39	16	4	40	- 24
LHD	212	93	21	7	140	- 119
Kustoden	25	23	6	2	8	- 2
Summe	1567	1336	769	71	1000	- 231

Auch wenn die meisten Fachbereiche 50 % und mehr der vorhandenen wissenschaftlichen Mitarbeiter übernahmen, verdeutlichen diese Zahlen einen außerordentlichen Personalschwund. Rechnet man den Wechsel bei den Professoren und Dozenten mit hinzu, dann verloren bis Ende 1994 die ehemaligen Abwicklungsfachbereiche deutlich mehr als 50 % und ca. ein Drittel der übrigen Fachbereiche um die 50 % ihres wissenschaftlichen Personals. Auf die gesamte Universität bezogen, wanderten bis zu diesem Zeitpunkt etwa 40 % der 1989 wissenschaftlich Beschäftigten ab.[1054]

1053 Entnommen: Raiser, 1998, 109. Raiser verweist auch hier darauf, dass wegen der Unzuverlässigkeit der zur Verfügung stehenden Basisdaten, insbesondere der Personalverzeichnisse, die Ergebnisse dieser Tabelle vorsichtig beurteilt werden müssen und auf Plausibilitätskriterien beruhen, so dass sie nur näherungsweise den tatsächlichen Zustand wiedergeben.

1054 A. a. O., 119.

Auch in der Medizinischen Fakultät, wo in der gleichen Weise aufbereitetes statistisches Material nicht zur Verfügung stand, vollzieht sich zwischen 1989 und 1994 eine erhebliche Personalreduktion und -fluktuation:

Tabelle 20: Personalentwicklung der Charité von 1993 bis 1996[1055]

Stichtag Zugänge/Abgänge	Wissenschaftler	davon Nat.wiss.	sonst. Personal	Gesamt
31.12.1992	1218	331	3739	4957
1993 Zugänge	113	12	245 (35)	358 (35)
1993 Abgänge	212 (35)	22	461	673 (35)
31.12.1993	1084	290	3558	4642
1994 Zugänge	281	33 (1)	384 (3)	665 (3)
1994 Abgänge	234 (3)	50	442	676 (3)
31.12.1994	1128	274	3503	4631
1995 Zugänge	159	28	339 (36)	498 (36)
1995 Abgänge	246 (8)	58 (8)	293 (28)	539 (36)
31.12.1995	1033	236	3557	4590
1996 Zugänge*	182 (66)	19 (2)	233 (6)	415 (72)
1996 Abgänge*	320 (69)	69 (5)	432 (4)	752 (73)
31.12.1996	892	183	3360	4252
zum Virchow von Charité	54	3	139	193
vom Virchow zur Charité	15	0	2	17

( ) innerbetriebliche Ab- und Zugänge; * fusionsbedingte Versetzungen

Insbesondere im Bereich des wissenschaftlichen und des medizinischen Fachpersonals (3483 Sollstellen) verlor die Charité seit 1991 erheblich, obgleich sie noch bis 1996 bei Wissenschaftlerstellen deutlich über ihrem Sollstellenplan von 904 Stellen lag.[1056] Statistisch gesehen, so Raiser, hatten zwischen 1989 und 1996 mehr Wissenschaftler und sonstiges Personal die Fakultät verlassen,

1055 Entnommen: Raiser, 1998, 86.
1056 A.a.O., 86.

als sie 1989 insgesamt beschäftigt hatte.[1057] Ob sich aber der Austausch real tatsächlich so radikal vollzog, welchen normalen Wechsel es dabei gab und welche Entwicklungen auf die Personalerneuerung zurückzuführen waren, lässt sich anhand des verfügbaren Datenmaterials nicht mehr sagen.

Tabelle 21: Personalwechsel an der Charité zwischen dem 31. Dezember 1989 und dem 31. Dezember 1994 bzw. 1996[1058]

Stichtag Zugänge/Abgänge	Wissenschaftler	Sonstiges Personal	Gesamt
Stand 31.12.1989	1416	4097	5513
Zugänge 1990-1994	882	2965	3847
Abgänge 1990-1994	1170	3559	4729
Stand 31.12.1994	1128	3503	4631
Zugänge 1995-1996	341	614	1021
Abgänge 1995-1996	577	757	1400
Stand 31.12.1996	892	3360	4252
Zugänge 1990-1996	1223	3579	4868
Abgänge 1990-1996	1747	4316	6129

3.4 Kündigungen und Kündigungsschutzklagen

Leider sind durch die Verwaltung der HU kaum Daten über Kündigungen erhoben worden, so dass hier nur näherungsweise bestimmte Fallgruppen quantifiziert werden können. Sicher ist jedoch, dass zwischen 1991 und 1996 mindestens 1050 Kündigungen oder Änderungskündigungen ausgesprochen worden sind (ohne Charité). Offen muss gleichfalls bleiben, wie viele Personen sich durch einen Aufhebungsvertrag im Einvernehmen von der Universität trennten. Eine Aufschlüsselung der einzelnen Kündigungsgründe kann daher nicht geleistet werden.

Wohl aber hat Raiser ermittelt, dass von 1990 bis 1996 gegen die HU mindestens 942, vermutlich sogar ca. 1050 Kündigungsschutzklagen geführt worden sind, womit jeder zweite aller Gekündigten gegen die Hochschule prozes-

1057 Raiser, 1998, 121.
1058 Ebenda.

sierte. 231 der Klagen, d.h. ca. 25 %, gingen zu Gunsten der HU aus, 144 zu ihren Lasten (15 %), 527 Prozesse (56 %) endeten mit einem Vergleich.[1059] Ob es zwischen den verschiedenen Kündigungsgründen signifikante Unterschiede im Verhältnis zu den späteren Klagen gab, konnte nicht festgestellt werden. Im Einzelnen gliedern sich die Klagen wie folgt auf:

Tabelle 22: Klagen gegen die Beendigung des Dienstverhältnisses an der Humboldt-Universität von 1990 bis 1996 (ohne Charité)[1060]

Klage gegen	Ausgang des Verfahrens						
	Gesamtzahl	Rückn. der Klage	Rückn. der Künd.	Urteil zug. HU	Urteil gegen HU	Vergleiche	Offene Verf.
Beendigung wegen Abwicklung	190	128	-	17	12	33	0
Befristung	140	6	3	7	17	76	31
O. u. a. o. Kündigung mit Ausnahme Stasi-Künd.	453	25	28	18	57	319	6
Stasi-Künd.	113	4	5	10	14	78	2
Sonstige Beendigung d. Dienstverh.	46	10	1	6	7	21	1
Insgesamt	942	173	37	58	107	527	40

In Vergleiche, die auf eine deutlich längere Beschäftigungsdauer zielten, willigte die Universität offenbar nur in wenigen Ausnahmefällen ein, weil sie dafür wegen des hohen Drucks zur Stellenkürzung keinen Spielraum hatte. Ansonsten endeten Vergleiche häufig mit Abfindungen.[1061] Allerdings ist auffallend, dass die HU etwa drei Viertel aller Prozesse nicht für sich entscheiden konnte. Damit liege sie, so Raiser, jedoch nahe bei der allgemeinen Statistik, nach der etwa 60 % aller Arbeitsgerichtsverfahren mit einem Vergleich endeten, nur 14 % würden durch Urteil, 19 % durch Klagerücknahme entschieden. Raiser gelangt dennoch zu der Auffassung, dass die Arbeitsgerichte »stark in den Erneuerungsprozess der Universität hineinregiert und ihn spürbar behindert«[1062] hätten.

1059 Alles nach Raiser, 1998, 127.
1060 Entnommen aus: Raiser, 1998, 126.
1061 A.a.O., 127.
1062 A.a.O., 128.

Dem ist zu entgegnen, dass der vollständige Personalumbau durch Vergleiche allenfalls hinausgeschoben, nicht aber verändert worden war, zum überwiegenden Teil also die Gerichte die Ziele des Umbaus billigten. Zudem, so ist zu vermuten, bezog sich ein großer Teil der Vergleiche auf Bedarfskündigungen, die an einer Hochschule mit erheblich steigenden Studentenzahlen ohnehin auf schwankendem Boden standen. Desgleichen müssen einige nicht zu beeinflussende Faktoren berücksichtigt werden: Fast alle Kündigungsgründe, wie inoffizielle MfS-Tätigkeit, mangelnde fachliche Qualifikation und persönliche Eignung oder mangelnder Bedarf, nutzten Abwägungsklauseln oder unbestimmte Rechtsbegriffe, die die Rechtssprechung erst auslegen musste oder die unterschiedlich strenge Beurteilungsmaßstäbe zuließen. So sei es für die HU vor Gericht eben schwer nachzuweisen gewesen, weshalb eine bestimmte, in der DDR erworbene Qualifikation, mit der man vielleicht viele Jahre seiner Tätigkeit als Dozent oder Oberassistent nachgegangen war, nun für eine Weiterbeschäftigung nicht ausreichend sein sollte.[1063] Außerdem erwiesen sich die vor allem im akademischen Mittelbau breit angewendeten Bedarfskündigungen als sehr problematisch, da die Gerichte nicht akzeptierten, dass ein allgemeiner Personalabbau oder vom Gesetzgeber gewünschte strukturelle Veränderungen für sich genommen eine solche Kündigung rechtfertigten. Des Weiteren räumten die Gerichte dem Tatbestandsmerkmal der sozialen Rechtfertigung einer Kündigung aus dem Kündigungsschutzgesetz auch für Sonderkündigungen des EV eine hohe Priorität ein. Demnach sei der »soziale Schutz der Arbeitnehmer höher zu bewerten als die Bedürfnisse des Arbeitgebers nach struktureller Anpassung an veränderte Umstände«[1064].

Nicht zuletzt die Änderungskündigungen ehemals unbefristeter Mitarbeiter bereiteten vor Gericht große Probleme. Sie wurden für unzulässig erklärt, weil die HU nicht ausreichend darlegen konnte, ob sie alle Möglichkeiten ausgeschöpft hatte, diese Beschäftigten auf anderen unbefristeten oder auf Überhangstellen weiterzubeschäftigen, oder sie wurden als »abgefederte« Kündigungen gar grundsätzlich abgelehnt.[1065] Dennoch war der Erneuerungsprozess, gemessen am Ziel eines hohen personellen Austauschs, letztlich außerordentlich erfolgreich. Andererseits können die Vergleiche aber auch als Zeichen für die soziale Verantwortung der Universität gegenüber ihren oft langjährigen Mitarbeitern angesehen werden.

An der Charité wurde eine Kündigungsstatistik erst seit 1993 geführt, jedoch bezog man dort MfS-Kündigungen und verhaltensbedingte Kündigungen in sie nicht ein, so dass sie weder zeitlich noch quantitativ alle Fälle erfasst.

1063 Raiser, 1998, 129.
1064 A. a. O., 129 f.
1065 A. a. O., 130.

Tabelle 23: Klagen gegen die Beendigung des Dienstverhältnisses an der Charité von 1993 bis 1996[1066]

Klage gegen	Gesamt-zahl	Klagerück-nahme	Urteil zug. Charité	Urteil gegen Charité	Vergleich	offene Verfahren
Kündigung	155	42	2	43	65	3
Befristung	42	4	24	2	11	1
Insgesamt	197	46	26	45	76	4

Gegenüber dem übrigen Hochschulbereich konnte die Charité offenbar Arbeitsprozesse vor Gericht etwas erfolgreicher bestehen, denn 44 Verfahren (30 %) entschied sie für sich, 43 verlor sie (30 %) und 40 und damit weniger als an der HU endeten mit einem Vergleich. Änderungskündigungen wurden hier prozentual jedoch deutlich häufiger angefochten als in der übrigen Universität (42 in der Charité, 155 in der HU), aber etwa zwei Drittel aller Prozesse gewann die Charité jedoch.[1067]

1066 Entnommen: Raiser, 1998, 131.
1067 Alles nach: a. a. O., 132.

4. Zusammenfassung

Statistisch gesehen verloren an der HU zwischen 1989 und 1994 mehr Wissenschaftler (3367) ihre Stelle als überhaupt vorhanden waren (3279). Selbst wenn man, so Raisers Rechnung, alle intern auf eine andere Stelle gelangten Personen (429) vernachlässigt, waren 2938 Wissenschaftler aus der HU ausgeschieden – ein außerordentlich hoher Wert.[1068] Aus der folgenden Tabelle wird dieser hohe Personalwechsel ersichtlich:

Tabelle 24: Personalentwicklung zwischen dem 11. Dezember 1989 und Ende 1994 (ohne Charité)[1069]

	11.12.1989	Dez. 1994	gek.	intern	geg.	Diff.	v. H.
Professoren	360	459	440	124	341	+ 99	+ 27
Dozenten	423	69	105	71	439	- 354	- 84
Oberass., Ass.	1925	1181	1325	204	2069	- 744	- 39
wiss. Sekr.	49	0	12	5	61	- 49	- 100
Lektoren	116	39	27	9	104	- 77	- 66
LHD	373	93	36	13	316	- 280	- 75
Kustoden	33	23	7	3	17	- 10	- 30
Summe	3279	1864	1952	429	3367	- 1415	- 43
Summe ohne Prof.	2919	1405	1512	305	3026	- 1514	- 52

Die vorangegangenen Untersuchungen haben folgende Ergebnisse erbracht:

1. Es können *drei Etappen von Personalabwanderungen* identifiziert werden – die *erste dauerte von Ende 1989 bis Juli 1991* und war vor allem durch die PSK-Arbeit und die zuvor begonnene Auflösung des politischen Systems in der DDR bestimmt. 119 Hochschullehrer und 765 wissenschaftliche Mitar-

1068 A. a. O., 119.
1069 Entnommen: Raiser, 1998, 118.

beiter verließen deshalb in diesem Zeitraum die HU. Von *Juni 1992 bis Ende 1994 lässt sich von einer zweiten Etappe* des personellen Umbaus sprechen – gekennzeichnet vor allem durch die SBK, die 1992 und vor allem 1993 das wissenschaftliche Personal überprüften und Vorschläge für Berufungen und Kündigungen aussprachen, deren Vollzug wegen entsprechender Kündigungsfristen bis weit in das Jahr 1994 andauerte. Am Ende waren weitere 255 Hochschullehrer und 763 wissenschaftliche Mitarbeiter entlassen oder wegen der Evaluationen von der Universität gegangen. Und schließlich folgte die *dritte Etappe der Personalabwanderung im Jahr 1996/97*, in der die Dienstverhältnisse von etwa 530 ehemals unbefristeten Mitarbeitern endeten, die sich im Zuge der Personalübernahme auf einen Änderungsvertrag eingelassen hatten. Hinzu kamen mindestens 25 weitere Hochschullehrer und 125 wissenschaftliche Mitarbeiter, die eine Überhangstelle angenommen, sowie eine Reihe weiterer Dozenten, die einer befristeten Weiterbeschäftigung zugestimmt hatten.[1070]

2. In die Summen der beiden ersten Etappen eingeschlossen sind 100 Kündigungen bzw. Auflösungsverträge wegen erwiesener MfS-Zusammenarbeit[1071], wobei davon zu etwa zwei Dritteln wissenschaftliche Mitarbeiter, zu einem Drittel Hochschullehrer betroffen waren.

3. Von wenigen Ausnahmen abgesehen, waren alle 524 im Jahr 1989 befristet beschäftigten Assistenten bis Ende 1994 ausgeschieden.[1072]

4. Zusätzlich verließen bis Ende 1994 83 unbefristete wissenschaftliche Mitarbeiter (davon 75 in den Jahren 1992 bis 1994) aus Altersgründen die Universität, weitere 239 konnten die bis Ende 1992 geltende Vorruhestandsregelung in Anspruch nehmen[1073], wovon nach vorsichtiger Schätzung etwa 50 % (= 120 Personen) Gebrauch machten; etwa 80 vollzogen diesen Schritt jedoch erst gegen Fristende im Laufe des Jahres 1992. Damit schieden 203 wissenschaftliche Mitarbeiter aus Ruhestands- oder Vorruhestandsgründen bis Ende 1994 aus oder gingen in eine sonstige Frühverrentung, ca. 155 davon zwischen 1992 und 1994.

1070 Von Raiser (S. 107) wurde ermittelt, dass während der Personalübernahme ca. drei Viertel der 647 neu abgeschlossenen Dienstverhältnisse ehemals unbefristete Mitarbeiter betrafen, die nun einen befristeten Vertrag erhalten hatten (485 Personen). Geht man weiterhin davon aus, dass von den 101 Personen, die bis Ende 1993 einem befristeten Angebot noch nicht zugestimmt hatten (ebenda), ein Drittel Professoren oder Dozenten und zwei Drittel unbefristete Mitarbeiter (67 Personen) waren und von diesen noch zwei Drittel einem Vertrag zustimmten, weil andere Arbeitsplatzperspektiven nicht bestanden, so ist von ca. 45 Personen auszugehen, die nachträglich das Angebot noch annahmen. Demnach mussten mindestens 485, näherungsweise aber 530 ehemalige unbefristete Assistenten, Oberassistenten, Lektoren oder Lehrer im Hochschuldienst in einer 3. Abwanderungswelle die HU verlassen haben.

1071 Zahlen nach Abschnitt 3.1 des IV. Teils.

1072 Für alle weiteren Berechnungen wurde eine Zahl von 500 zugrunde gelegt.

1073 Zahlen nach Diagramm, Abschnitt 2.2.2.3 des IV. Teils.

5. Weiterhin wird von etwa 40 internen Umsetzungen aus dem Bereich der unbefristeten Mitarbeiter in die neu aufzubauenden Fachbereichsverwaltungen ausgegangen und von etwa 20 Berufungen.

6. Im Zuge der Personalübernahme wurden bis Ende 1993 366 Kündigungen (291 mangels Bedarf, 75 mangels Eignung) ausgesprochen, etwa 700 Angehörige der Gruppe der wissenschaftlichen Mitarbeiter hatten bis dahin aus unterschiedlichsten Gründen die HU verlassen.[1074]

Ein differenzierter Blick auf die von Kündigung am stärksten betroffenen Gruppen, die der unbefristeten wissenschaftlichen Mitarbeiter und die der Dozenten, verstärkt den Eindruck von der Dimension des Personalumbaus: Auf der Grundlage der Basisdaten der Tabelle 24 und der genannten Prämissen ergibt sich, dass in der ersten Welle – unter der Annahme, dass etwa die Hälfte der 524 befristeten wissenschaftlichen Mitarbeiter (d.h. 262) in dieser Zeit regulär ihre Arbeitsverhältnisse beendeten – 455 (765-262-8-40) *unbefristete wissenschaftliche Mitarbeiter* die HU aus fachlichen, politischen oder persönlichen Gründen oder mangels Bedarf verlassen haben mussten. 8 Personen dieser Gruppe gingen in Rente[1075] und 40 weitere in die Frühverrentung.[1076] In der zweiten Etappe der Personalabwanderung, in der die eigentliche Evaluationsphase der SBK lag, gingen aus den gleichen Gründen ca. 346 (763-262-75-80) unbefristete Mitarbeiter – und damit deutlich weniger – von der HU; 75 wechselten in Rente[1077], weitere 80 in Frührente[1078]. Damit ist nach absoluten Zahlen in der 2. Phase fast die gleiche Anzahl unbefristeter Mitarbeiter von der Universität gegangen wie in der 1. Phase. Etwa dreimal so viele wie bis zum Juli 1991 jedoch kamen in Rente oder nutzten Frühverrentungsmöglichkeiten. Bis Ende 1994 waren von den ursprünglich ca. 2600 wissenschaftlichen Mitarbeitern etwa 1000 unbefristete und 524 befristete ausgeschieden.[1079]

1074 Nach dem Bericht der Präsidentin der HU vom 25. Januar 1994, in: Raiser, 1998, 107.

1075 Nach dem Diagramm in Kapitel 2.2.2.3 des IV. Teils.

1076 Berechnet aus dem Diagramm in Kapitel 2.2.2.3 des IV. Teils und Tabelle 7 in Kapitel 2.5 dieses Teils.

1077 Nach dem Diagramm in Kapitel 2.2.2.3 des IV. Teils.

1078 Berechnet aus Diagramm, Kapitel 2.2.2.3 des IV. Teils und Tabelle 14 in Kapitel 2.6 dieses Teils. Diese Zahlen decken sich in etwa mit Aussagen des Präsidialamts vom 20. Dezember 1993, wonach bis zu diesem Zeitpunkt durch negativ abgeschlossene Personalübernahmeverfahren 271 Mitarbeiterkündigungen vollzogen wurden, davon 200 wegen mangelnden Bedarfs. Schwerpunkt der Bedarfskündigungen waren die fremdsprachlichen Fächer mit 89 Kündigungen und die Fachbereiche, die nach dem Willen der Landesregierung abgewickelt werden sollten, mit 76 Kündigungen (aus dem Papier »Personalentscheidungen im Zusammenhang mit dem HPersÜG«, 4f., in: Dokumente zum Hochschulumbau IV, Ablage 29).

1079 S. Tabelle 14 in Kapitel 2.6 dieses Teils.

Tabelle 25: Personalabgänge vom Dezember 1989 bis Juli 1991[1080] *(gesamt: 884)*

	Hochschullehrer	unbefristete wissenschaftliche Mitarbeiter	befristete wissenschaftliche Mitarbeiter
Ruhestand	22	8	
Frühverrentung	8	40	
Ende des befristeten Vertrags			262
Persönliche oder evaluationsbedingte Gründe	89	455	
Gesamt	119	503	262

Von den *Hochschullehrern* verließen in der ersten Etappe 119 die Hochschule, 22 davon, weil sie den Ruhestand[1081] erreicht hatten, ca. 8 nutzten die Frühverrentung.[1082] 89 Hochschullehrer – und damit mit Abstand die größte Teilmenge – kehrten der HU aus persönlichen Gründen den Rücken oder weil sie durch eine der hochschuleigenen Kommissionen negativ evaluiert worden waren. Bis Juni 1992 schieden 38 Professoren und 33 Dozenten aus Altersgründen aus oder nahmen die Vorruhestandsregelung in Anspruch[1083]; von Juni 1992 bis Ende 1994 gingen 93 in den Ruhestand[1084], weiteren 245 (253-8)[1085] stand die Vorruhestandsregelung oder eine Frühverrentung offen. Geht man auch hier von einer konservativen Rechnung aus, haben das ca. 50 % der Wissenschaftler und damit ca. 122 getan. Somit kann das altersbedingte Ausscheiden bei 245 Personen (130 wegen Frühverrentung, 115 wegen Altersruhestand) angenommen werden.[1086]

Nach der Berufungsstatistik in Tabelle 14 kam es zu insgesamt 173 Berufungen aus den neuen Bundesländern, zum allergrößten Teil aus der HU selbst

1080 Aggregiert aus Daten in: Dokumente zum Hochschulumbau V, Ablage 3 und Ergebnissen der Personalevaluationen, niedergelegt in den Abschluss- und Evaluationsberichten der PSK, in: »Die Arbeit der ZPSK 1990–1992«, Bände I-IV.

1081 Nach dem Diagramm in Kapitel 2.2.2.3 des IV. Teils.

1082 Berechnet nach dem Diagramm in Kapitel 2.2.2.3 des IV. Teils und Tabelle 14, Kapitel 2.6 dieses Teils.

1083 Nach Tabelle 13 in Kapitel 2.5 dieses Teils.

1084 Nach dem Diagramm in Kapitel 2.2.2.3 des IV. Teils und Tabelle 14, Kapitel 2.6 dieses Teils.

1085 Nach dem Diagramm in Kapitel 2.2.2.3 des IV. Teils. Von der Summe der Berechtigten ist die Zahl 8 subtrahiert, die Zahl derjenigen, die 1991 die Regelung bereits in Anspruch genommen hatten.

1086 Raiser kam auf Grund anderer Berechnungen zu 110 bis 120 Fällen altersbedingten Ausscheidens nur in der Gruppe der Professoren (Raiser, 1998, 119).

(Annahme: maximal 15 aus Ostdeutschland, 20 aus dem Bereich der Oberassistenten oder unbefristeten Assistenten der HU). Demnach sind 138 C3- oder C4-Professoren aus der ehemaligen Gruppe der Hochschullehrer der HU berufen worden und gelten als intern hinzugekommen. Das entspricht einem Anteil von 17,4 %. Des Weiteren wurde etwa ein Drittel der 100 Kündigungen wegen einer Mitarbeit beim MfS bei den Hochschullehrern einbezogen (ca. 33 Fälle, unterstellt davon 30 ausgesprochen zwischen 1992 und 1994). 25 bisherige Hochschullehrer erhielten eine befristete Überhangstelle, 10 weitere, so wird angenommen, wurden nach § 4 HPersÜG mit der Wahrnehmung einer Professur bis 1996/97 beauftragt und schieden in der dritten Abbauphase aus, ebenso ca. 20 Dozenten, die nach § 4 HPersÜG noch einen befristeten Vertrag erhalten hatten. Legt man diese Prämissen zugrunde, verließen zwischen 1992 und 1994 255 Hochschullehrer die HU unmittelbar aus persönlichen oder fachlichen Gründen, wegen fehlender Eignung oder aus Mangel an Bedarf, der größere Teil davon aus der Gruppe der Dozenten.[1087] In der dritten Phase kamen dann noch einmal 55 hinzu.

Tabelle 26: Personalabgänge vom August 1991 bis Dezember 1994[1088] (gesamt: 1233)

	Hochschullehrer	unbefristete wissenschaftliche Mitarbeiter	befristete wissenschaftliche Mitarbeiter
Ruhestand	93	75	
Frühverrentung	122	80	
Ende des befristeten Vertrags			262
Persönliche oder evaluationsbedingte Gründe	255	346	
Gesamt	470	501	262

1087 Errechnet nach oben genannten Annahmen auf der Basis von 783 Hochschullehrern an der HU im Dezember 1989 (aus Tabelle 7, Abschnitt 2.1 dieses Teils). Raiser (S. 119) ging von einem deutlich größeren Abbau aus, allein von 369 nicht aus Altersgründen ausscheidenden Dozenten und 161-171 Professoren (281-110/120), was aber angesichts von ca. 138 Hausberufungen aus der Gruppe der Professoren und Dozenten sowie der Zahl der befristet weiterbeschäftigten Hochschullehrer im Überhang oder beauftragt mit der Wahrnehmung einer Soll-Professorenstelle als zu hoch eingeschätzt wird. Zudem berücksichtigte Raiser nicht die Vorruhestandsberechtigten.

1088 Aggregiert aus Daten in: Dokumente zum Hochschulumbau V, Ablage 3 sowie dem verwendeten Datenmaterial von Raiser und eigenen Berechnungen.

Die Analyse der drei Etappen zeigt, dass in der unmittelbaren Wirkungszeit der SBK die Abwanderung mit 1233 Personen am größten war. Allerdings dauerte sie auch etwa 12 Monate länger als die erste Phase, in der 884 Angehörige die Universität verließen, so dass der Personalabbau nach dem PSK-Modell als durchaus vergleichbar dynamisch eingeschätzt werden kann.

Tabelle 27: Personalabgänge 1996 bis 1997[1089] (gesamt: 710)

	Hochschullehrer	unbefristete wissenschaftliche Mitarbeiter	befristete wissenschaftliche Mitarbeiter
Ruhestand			
Frühverrentung			
Endes des befristeten Vertrags	55	655	
Persönliche oder evaluationsbedingte Gründe			
Gesamt	55	655	

Gingen in den beiden ersten Phasen nahezu gleich viele unbefristete Mitarbeiter von der Universität ab, so setzte bei den Hochschullehrern in der zweiten Phase ein deutlich stärkerer Abbau ein. Die Vorruhestandsregelungen wurden intensiv genutzt, aber auch das evaluationsbedingte Ausscheiden gewann deutlich an Dynamik. Bei den wissenschaftlichen Mitarbeitern ist jedoch eine gegenläufige Tendenz festzustellen, denn aus persönlichen, politischen oder fachlichen Gründen verließen die Hochschule in der ersten Phase fast 100 unbefristete Mitarbeiter mehr als in der zweiten Phase. Doch muss berücksichtigt werden, dass der von den SBK hervorgerufene Personalabbau auf der Grundlage des Personalübernahmegesetzes in der zweiten *und* dritten Phase und damit über einen wesentlich längeren Zeitraum vonstatten ging – anders als bei den PSK, wo Wirkungen im unmittelbareren zeitlichen Zusammenhang zur Evaluation standen. Durch die größere Wahl der Instrumente, die das HPersÜG lieferte, kam es demnach in den von den SBK zu verantwortenden Phasen 2 und 3 zu einem insgesamt deutlich stärkeren und nachhaltigeren Austausch als in der 1. Etappe.

Insgesamt bauten die Personalreduktionen wie folgt aufeinander auf:

1089 Aggregiert aus Daten in: Dokumente zum Hochschulumbau V, Ablage 3 sowie dem verwendeten Datenmaterial von Raiser und eigenen Berechnungen.

Tabelle 28: Erneuerungsbedingte Personalabwanderung zwischen 1991 und 1996/97[1090]

	bis Juli 1991 (≥ 55/57)[1091]	bis Juni 1992 (≥ 60)[1092]	bis Dez. 1994 (≥ 60)	bis Ende 1996/97 (≥ 60)
Professoren und Dozenten	89 (+30)	139 (+71)	344 (+245)	399 (+245)
Wiss. Mitarbeiter	717 (+48)	813 (+73)	1325 (+203)	1980 (+203)
befristet	262	337	524	524
unbefristet	455 (+48)	500 (+73)	801 (+203)	1456 (+203)
Gesamt	884	952 (1096)	1664 (2108)	2379 (2827)

Danach stellt sich die personelle Erneuerung als umfassender Austausch des ehemaligen HU-Personals dar, denn in dem etwa sieben Jahre dauernden Prozess gingen zwischen Dezember 1989 (ohne befristete Assistenten 2755 Personen)[1093] und Ende 1997 etwa 2303 (2827-524) dauerhaft beschäftigte Wissenschaftler, d.h. 83,6 % von der Universität ab[1094]. 16,4 % der im Jahre 1989 beschäftigten HU-Mitglieder, d.h. 452 Personen, gehörten ihr auch noch im Jahr 1997 an. Vor allem in der Gruppe der ehemals unbefristeten Mitarbeiter fand ein nahezu vollständiger Personalwechsel statt. Viele mussten eine befristete Stelle annehmen, damit sie nicht durch Kündigung ihren Arbeitsplatz sofort verloren, und nutzten auf diese Weise die verbleibende Zeit zur Ausweitung der eigenen Qualifikation oder bereiteten sich auf ihre berufliche Umorientierung vor. Sie und die Gruppe der Dozenten waren vom Umbau der Universität am härtesten betroffen, denn sie mussten nicht wegen mangelnder Qualifikation oder Eignung ausscheiden, sondern wegen der Umstellung der Personalstruktur auf das bundesdeutsche System von C-Professorenstellen und einen zahlenmäßig schmalen unbefristeten akademischen Mittelbau. Der Verlust des Arbeitsplatzes traf sie unverschuldet.

1090 Zusammengestellt aus zuvor verwendeten Daten des VI. Teils.

1091 Grundlage Tabelle 15, Kapitel 2.6. Ein etwas geringerer Personalschwund würde sich aus dem Vergleich der Personalstatistik der Tabellen 14 und 15, Kapitel 2.6 ergeben. Das altersbedingte Ausscheiden konnte auf Grund fehlender Daten nicht herausgerechnet werden.

1092 Errechnet nach Tabelle 14, Kapitel 2.6.

1093 Nach Tabelle 7, Kapitel 2.1 dieses Teils.

1094 Wegen möglicher Mehrfachzählungen oder vorgenommenen Schätzungen muss diese Zahl mit großer Vorsicht betrachtet werden. Auch ist es möglich, dass die Verrechnung zwischen den real gegangenen Personen und den intern durch Berufung oder dauerhafte Sollstellen Hinzugekommenen fehlerhaft vorgenommen worden ist.

Aber auch auf die Gruppe aller Hochschullehrer bezogen verloren 644 von einst 782 Personen und damit 82,6 % ihre Position. Der größte Teil von ihnen ging aus evaluationsbedingten Gründen oder nutzte mehr oder weniger freiwillig den Weg in den Vorruhestand. Einen umfassenderen Personalwechsel hatte es in so kurzer Zeit in der Geschichte der HU zuvor nie gegeben.[1095]

Auf die Ausgangshypothesen des VI. Kapitels zurückkommend, bleibt festzuhalten:

1. Wie eingangs vermutet wurde, bestätigte die Untersuchung eine hohe Beteilung an den PSK-Evaluationen. Der angenommene deutliche quantitative Unterschied negativer Evaluierungen zwischen Fachbereichen, die abgewickelt und die nicht abgewickelt werden sollten, ließ sich allerdings nicht feststellen. Schon allein deshalb nicht, weil nur die Rechtswissenschaftliche Fakultät sowie das Institut für Philosophie und in Ansätzen das Institut für Geschichte zu verwertbaren repräsentativen Ergebnissen kamen. Wohl aber bestätigte sich, dass die Evaluationsbereitschaft in den Abwicklungsbereichen deutlich niedriger als im Rest der Hochschule war. Gleiches gilt für den Vergleich zwischen Geistes- und Naturwissenschaften, denn mehr als ein Drittel der geisteswissenschaftlichen Hochschullehrer (vor allem in den ursprünglich zur Abwicklung stehenden Fachbereichen), aber nur 4 % der naturwissenschaftlichen beteiligten sich nicht an den Verfahren.

2. Die zweite, auf die Ergebnisse der Evaluationen bezogene Hypothese bestätigte sich: Je stärker ein Fach das politische System gestützt hatte, desto größer wurde die Negativbilanz in den Evaluationen von PSK und SBK. Sie folgte jedoch nicht ohne weiteres dem ursprünglich vermuteten Schema »belasteter Geistes- und unbelasteter Naturwissenschaften«. Vielmehr ist sie vergleichbar bei ideologienahen geisteswissenschaftlichen und anwendungsorientierten naturwissenschaftlichen Disziplinen, die in besonderer Weise in die sozialistische Planwirtschaft eingebunden waren bzw. für die Erfüllung industriepolitisch wichtiger Staatsplanaufgaben verantwortlich gemacht und damit ganz wesentlich politischen Ordnungskriterien unterworfen wurden.

3. PSK und SBK kamen trotz der erheblich differenten rechtlichen Legitimation ihrer Evaluationsergebnisse – wie in der dritten Hypothese angenommen – zu ähnlichen Ergebnissen. In 74 von 261 Fällen[1096] (28,4 %) brachte

1095 Mayntz weist darauf hin, dass der akademische Mittelbau der ehemaligen DDR nach der Wende um die Hälfte verkleinert wurde und ostdeutsche Hochschulbewerber zu etwa zwei Dritteln zum Zuge kamen (Mayntz, 1995b, 451, auch: Meske, 1994, Burkhardt/Scherer 1994). Die HU lag damit deutlich unter diesen statistisch erfassten Werten.

1096 Grundlage sind die bereinigten Daten der Tabellen 29 und 30, d. h. die Personalabgänge der Fachbereiche, die sich an den Evaluationen der PSK beteiligten bzw. dauerhaft an der HU verblieben. Nicht berücksichtigt wurden demnach die FB Wirtschaftswissenschaften, Theologie, Erziehungswissenschaften, Lebensmitteltechnologie (Fusion mit TU) und

eine negative PSK-Bewertung Hochschullehrer oder Mitarbeiter dazu, die HU bis zum Jahr 1992 vorzeitig zu verlassen, sei es durch Inanspruchnahme des Vorruhestands, Kündigung oder Vertragsauflösung im gegenseitigen Einvernehmen. Weitere 125 von den PSK negativ evaluierte Wissenschaftler gingen bis Ende 1994 von der Hochschule (64 Hochschullehrer, 61 wissenschaftliche Mitarbeiter, d.h. 47,9%). Deshalb kann berechtigterweise davon gesprochen werden, dass die SBK – nach eigener Prüfung – in hohem Maße PSK-Überprüfungen zur Grundlage ihrer eigenen Evaluation machten bzw. negative PSK-Evaluationen in aller Regel – wie in der ursprünglichen 8. Hypothese angenommen – auch negative SBK-Evaluationen nach sich zogen. Die folgende Tabelle ist entstanden aus einem namentlichen Vergleich der von den PSK negativ evaluierten Hochschullehrer und wissenschaftlichen Mitarbeiter, soweit sie in den Abschluss- oder Evaluationsberichten aufgeführt sind, mit dem Universitätsverzeichnis der HU. Sie zeichnet die personelle Abwanderung dieser Personengruppen bis 1997 nach[1097]:

Veterinärmedizin (Fusion mit FU) sowie die wissenschaftlichen Mitarbeiter der FB Sozialwissenschaften, Rehabilitationswissenschaften, Kulturwissenschaften, Mathematik, Informatik und Landwirtschaft und Gartenbau sowie die befristeten wissenschaftlichen Mitarbeiter des FB Chemie und des Museums für Naturkunde, weil namentliche Ergebnisse nicht zu ermitteln oder die Mitarbeiter von den PSK nicht evaluiert worden waren.

1097 Wegen der Sperrfrist durch das Archivgesetz ist ein direkter Abgleich mit Evaluationsdokumenten der SBK oder den Materialien der Personalkommission nicht möglich. Deshalb kann nur über das Universitätsverzeichnis einigermaßen verlässlich festgestellt werden, wann eine bestimmte Person, dokumentiert durch das Verschwinden ihres Namens in ihm, die HU verließ. Wer nach 1991 aus der HU ausschied, so wird vermutet, tat dies in der Regel wegen einer negativen SBK-Evaluierung oder auf Grund der von den SBK vorbereiteten Entscheidungen der Personalkommission im Zuge der Personalübernahme.

Tabelle 29: Ausscheiden negativ und nichtevaluierter Wissenschaftler nach PSK-Evaluationen bis 1997

Fachbereich/Institut	Gruppe	negativ evaluiert (a)	nicht evaluiert (b)
Rechtswissenschaften	HSL	11	10
	WMA	13	12
Wirtschaftswissenschaften	HSL	0	61
	WMA	0	83
Theologie	HSL	0	16
	WMA	0	8
Erziehungswissenschaften	HSL	4	13
	WMA	2	77
Sozialwissenschaften	HSL	4	9
	WMA	11	14
Rehabilitationswissenschaften	HSL*	8	2
	WMA	12	0
Philosophie	HSL	4	8
	WMA	13	3
Geschichte	HSL	7	6
	WMA	15	5
Bibliotheks- u. Informationswiss.	HSL	6	0
	WMA	9	0
Kulturwissenschaften	HSL	4	7
	WMA	0	51
Germanistik	HSL	0	3
	WMA	0	17
Fremdsprachliche Philologien	HSL	5	0
	WMA	11	0
Asien- und Afrikawissenschaften	HSL	6	0
	WMA	10	0
Theor. und Angew. Sprachwissenschaft	HSL	1	1
	WMA	29	2
Mathematik	HSL	4	0
	WMA	0	99

* Ausscheiden nur bei negativ Evaluierten zu ermitteln, die bei der ZPSK Einspruch erhoben hatten, da keine vollständige Namensnennung im Abschlussbericht.

bis 01.06.1992		bis 01.12.1994		bis 30.09.1995		bis 30.09.1996		bis 30.09.1997		weiter beschäftigt	
a	b	a	b	a	b	a	b	a	b	a	b
10	8	0	0	0	0	0	0	0	0	1	0
7	10	3	2	0	0	0	0	0	0	3	0
von PSK nicht evaluiert											
von PSK nicht evaluiert											
von PSK nicht evaluiert											
von PSK nicht evaluiert											
4	10	0	0	0	0	0	0	0	0	0	3
2	nicht zu ermitteln										
3	4	3	2	0	0	1	1	0	0	0	2
nicht zu ermitteln											
4	1	3	0	0	0	0	0	0	0	1	1
nicht zu ermitteln											
0	5	3	2	0	0	1	0	0	0	0	1
6	3	5	0	0	0	0	0	0	0	2	0
1	2	5	3	1	0	0	0	0	0	0	1
1	1	8	3	1	0	3	0	0	0	2	1
2	0	3	0	0	0	0	0	0	0	1	0
1	0	4	0	1	0	0	0	1	0	2	0
0	4	3	3	2	0	0	0	0	0	1	1
von PSK nicht evaluiert											
0	3	0	0	0	0	0	0	0	0	0	0
0	15	0	1	0	0	0	0	0	0	0	1
2	0	1	0	0	0	1	0	0	0	1	0
1	0	7	0	0	0	0	0	0	0	3	0
2	0	1	0	0	0	1	0	0	0	1	0
0	0	10	0	0	0	0	0	0	0	0	0
1	1	0	0	0	0	0	0	0	0	0	0
10	1	10	1	1	0	1	0	0	0	7	0
1	0	3	0	0	0	0	0	0	0	0	0
von PSK nicht evaluiert											

Fachbereich/Institut	Gruppe	negativ evaluiert (a)	nicht evaluiert (b)
Physik	HSL	16	4
	WMA	1	44
Elektrotechnik	HSL	0	0
	WMA	3	0
Informatik	HSL	4	1
	WMA	3	1
Biologie	HSL	3	0
	WMA	7	0
Chemie	HSL	16	0
	WMA	3	62 (bMA)
Psychologie	HSL	1	0
	WMA	1	2
Pharmazie	HSL	0	0
	WMA	1	0
Geographie	HSL	4	1
	WMA	2	0
Lebensmitteltechn.	HSL	12	0
	WMA	3	14 (bMA)
Museum für Naturkunde	HSL	5	0
	WMA	5	2 (bMA)
Landwirtschaft/Gartenbau	HSL	28	3
	WMA	0	11
Veterinärmedizin	HSL	11	0
	WMA	5	0
Sportwissenschaft	HSL	1	1
	WMA	0	0
gesamt	HSL	165	146
	WMA	159	507
Summe		324	653
gesamt bereinigt**	HSL	138	57
	WMA	123	86
Summe bereinigt**		261	143

** Nur die Fachbereiche berücksichtigt, bei denen in den jeweiligen Beschäftigtenkategorien namentliche Auszählungen möglich waren. Ausgenommen Wirtschaftswissenschaften, Theologie, Erziehungswissenschaften, Sozialwissenschaften (wMA), Rehabilitationswissenschaften (wMA),

bis 01.06.1992		bis 01.12.1994		bis 30.09.1995		bis 30.09.1996		bis 30.09.1997		weiter beschäftigt	
a	b	a	b	a	b	a	b	a	b	a	b
1	2	10	1	1	0	2	0	0	0	2	1
0	0	1	28	0	4	0	4	0	0	0	8
0	0	0	0	0	0	0	0	0	0	0	0
0	0	3	0	0	0	0	0	0	0	0	0
2	1	2	0	0	0	0	0	0	0	0	0
nicht zu ermitteln											
0	0	2	0	0	0	0	0	0	0	1	0
2	0	5	0	0	0	0	0	0	0	0	0
2	0	11	0	0	0	0	0	0	0	3	0
2	0	0	0	0	0	0	0	0	0	1	0
0	0	1	0	0	0	0	0	0	0	0	0
0	1	1	1	0	0	0	0	0	0	0	0
0	0	0	0	0	0	0	0	0	0	0	0
1	0	0	0	0	0	0	0	0	0	0	0
3	0	1	0	0	0	0	1	0	0	0	0
1	0	1	0	0	0	0	0	0	0	0	0
1	0	FB ab 1.10.1992 nach Fusionsgesetz in TU angesiedelt									
1	0	FB ab 1.10.1992 nach Fusionsgesetz in TU angesiedelt									
0	0	3	0	1	0	0	0	0	0	1	0
0	0	3	0	0	0	0	0	0	0	2	0
8	2	8	0	0	0	0	0	0	0	12	1
8 (bMA)	0	0	0	0	0	0	0	0	0	0	0
2	0	FB ab 1.10.1992 nach Fusionsgesetz in TU angesiedelt									
2	0	FB ab 1.10.1992 nach Fusionsgesetz in TU angesiedelt									
0	1	1	0	0	0	0	0	0	0	0	0
0	0	0	0	0	0	0	0	0	0	0	0
49	34	64	12	3	0	6	1	0	0	24	11
37	31	61	36	3	4	4	4	1	0	22	10
86	65	125	48	6	4	10	5	1	0	46	21
42	34	64	12	3	0	6	1	0	0	24	10
32	31	61	36	3	4	4	4	1	0	22	11
74	65	125	48	6	4	10	5	1	0	46	21

Kulturwissenschaften (wMA), Mathematik (wMA), Informatik (wMA), Chemie (bMA), Lebensmitteltechnologie, Museum für Naturkunde (bMA), Landwirtschaft und Gartenbau (wMA) sowie Veterinärmedizin.

Auch bei denjenigen, die sich von den PSK nicht evaluieren ließen, liefern die Daten eine eindeutige Aussage: 65 von 143 Wissenschaftler und damit 45,4 % verließen bis Juni 1992 die HU, weil sie aus den unterschiedlichsten Gründen keine Perspektive mehr für sich sahen, weitere 48 (d. h. 33,6 %) schieden bis Ende 1994 aus. Fasst man die Zahl der negativ und der nicht Evaluierten zusammen, dann verließen bis Juni 1992 139 der 404 betroffenen Personen die HU (34,4 %), bis Ende 1994 noch einmal 173 Personen (42,8 %). *Insgesamt waren damit 312 von 404 durch die PSK negativ oder nicht evaluierten Wissenschaftlern, d. h. 77,2 %, bis Ende 1994 von der HU gegangen.* Lediglich 24 Hochschullehrer (17,4 %) und 22 wissenschaftliche Mitarbeiter (17,9 %) wurden trotz negativer Evaluation durch die PSK dauerhaft weiterbeschäftigt.

Damit zeigt sich letztlich, dass die Überprüfungen der PSK in hohem Maße evidente und für künftige Personalentscheidungen verwertbare Ergebnisse erbrachten oder den SBK doch zumindest bedeutsame Entscheidungsgrundlagen für die Evaluierung des Personals gaben. Zugleich wird deutlich, dass es im PSK-Modell durch einen Mix von Einflussinstrumenten aus Sanktionen (Kündigungen), Verfahrens- und Organisationsregeln, materiellen Anreizen (Vorruhestand), Informations- und Überzeugungsstrategien bereits zu einer deutlichen Reduzierung des Personals kam: Trotz aller Abstriche und der komplizierten politischen und rechtlichen Lage gelang es zu einem relevanten Teil, sich von vorhandenem überzähligen, fachlich nicht geeigneten oder politisch belasteten Personal selbst zu trennen. Hätten die zeitlichen und faktischen Abläufe die PSK-Evaluationen direkt in Kündigungen münden lassen, wäre es zu einem personellen Einschnitt gekommen, wie ihn später die SBK vergleichbar vollzogen. Allerdings hätte sich ein entscheidendes Defizit des hochschuleigenen Modells zu einem unüberbrückbaren Problem aufgebaut: Die Freiwilligkeit der Verfahren führte immerhin dazu, dass sich ca. 20 % der Hochschullehrer und 15 % der unbefristeten wissenschaftlichen Mitarbeiter den Überprüfungen entzogen. Spätestens bei Kündigungsvorbereitungen hätte sich die Frage der Gleichbehandlung gestellt, wenn diejenigen, die sich an den Verfahren beteiligt hatten und negativ evaluiert worden waren, entlassen worden, die aber, die sich ihnen entzogen hatten, zunächst unbehelligt geblieben wären. Die rechtlich defizitäre Absicherung des PSK-Modells hätte unter diesem Gesichtspunkt einer Überführung der Evaluationsergebnisse in Kündigungen enge Grenzen gesetzt.

4. PSK und SBK unterschieden sich aber, anders als in der vierten Hypothese vermutet wurde, hinsichtlich der Gewichtung der Frage nach der persönlichen und fachlichen Eignung.[1098] Die PSK evaluierten deutlich restriktiver in Fra-

1098 Vgl. dazu Interview-Aussagen in: Raiser, 1998, 64 ff. und 113 ff.

gen der persönlichen Eignung, die SBK restriktiver in denen der fachlichen Eignung. Das könnte zurückzuführen sein auf die verschiedene Zusammensetzung von SBK und PSK. Die SBK dominierten eindeutig die westdeutschen Mitglieder, die in Evaluierungen der fachlichen Eignung und Befähigung im Rahmen von Stellenbesetzungen oder Berufungsverfahren geübt, denen die Überprüfungen der persönlichen Eignung aber weitgehend unbekannt waren. Auch kannten sie sich, anders als die von heimischem Personal dominierten PSK, in den Strukturen des alten politischen Systems weit weniger aus. Die PSK konnten politische Verstrickungen weit besser einschätzen, wussten zu sagen, wann sich ein Kollege besonders intensiv mit dem alten System eingelassen hatte, waren kompetenter in der Bewertung der politischen Biografie der zu Evaluierenden. Zusätzlich konnten die SBK die Möglichkeit der befristeten Weiterbeschäftigung nutzen, wenn ihnen eine weiterreichende Entscheidung als nicht geboten oder zu risikoreich gegenüber den Arbeitsgerichten erschien, eine Option, die sich den PSK nicht bot.

5. Zu relativieren ist die These, dass es zwischen den Mitgliedergruppen große Unterschiede bei den PSK-Evaluationen gegeben hätte. Diese sind, anders als gemutmaßt, weit weniger evident. Deutliche quantitative Differenzen hingegen gab es *innerhalb der Mitgliedergruppen*, also zwischen den Professoren und Dozenten bzw. den unbefristeten und befristeten wissenschaftlichen Mitarbeitern, aber nicht zwischen der Gruppe der Hochschullehrer und der der Mitarbeiter. Auf die SBK-Evaluationen trifft das jedoch nicht zu, setzt man für die befristete Weiterbeschäftigung ehemals unbefristeter wissenschaftlicher Mitarbeiter eine positive Beurteilung ihrer persönlichen und fachlichen Eignung voraus. Betrachtet man die absoluten Zahlen, sind die wissenschaftlichen Mitarbeiter jedoch am stärksten von den Evaluationen der PSK sowie vor allem von denen der SBK betroffen.

6. Hinsichtlich der einsetzenden Personalfluktuation lassen sich zwischen den Geistes- und den Naturwissenschaften bzw. den einzelnen Fachbereichen keine erheblichen Unterschiede feststellen. Die sechste Hypothese lässt sich somit nicht bestätigen, die von einer hohen Abwanderungsquote in politiknahen und geringen Abwanderungen in politikferneren Fachbereichen ausging. Lediglich in den ursprünglich abzuwickelnden Fachbereichen, die an den PSK-Verfahren teilnahmen, verließen im Vergleich zu anderen Fachbereichen überproportional viele Wissenschaftler bereits bis 1992 die Hochschule, was angesichts der Diskussion um deren politische Belastung und der früher einsetzenden SBK-Arbeit aber nicht verwundert. Untypisch ist lediglich die hohe Personalfluktuation bei den nichtevaluierten wissenschaftlichen Mitarbeitern des FB Germanistik, die bereichsspezifische Ursachen haben muss. Insgesamt, so legen die Daten nahe, setzte die Abwanderung der negativ oder nicht Evaluierten in den geisteswissenschaftlichen Fächern etwas früher ein als in den

naturwissenschaftlichen, nicht zuletzt wohl auch deshalb, weil sie stärker im Mittelpunkt der öffentlichen Diskussion um politische Belastungen standen als letztere. Im Wesentlichen zeichnete sich aber überall ein vergleichbares Szenario ab.

Auch ohne unmittelbare Kündigungen war die Personalfluktuation in den Jahren bis 1992 außerordentlich hoch, besonders in den Abwicklungsbereichen. Ebenso fällt hier die Zahl der Evaluationsverweigerer in PSK-Verfahren auf, wohingegen in politikferneren Fächern Abwanderung und Verweigerung weit weniger anzutreffen sind. Anders als in der 6. Hypothese erwartet, besteht nicht in der Anzahl von Abwanderungen oder Negativevaluierungen zwischen politiknahen und politikferneren Fachbereichen ein markanter Unterschied, sondern im generellen Beteiligungsgrad an den PSK-Evaluationen.

7. Die siebte Hypothese ging davon aus, dass der Stellenrahmen mittelbar Einfluss auf die Gesamtzahl positiver und negativer Evaluierungen hat. Dabei wurde das Schema »weniger Negativevaluierungen durch die PSK, weil größere zur Verfügung stehende Stellenanzahl – mehr Negativevaluierungen durch die SBK, weil kleinere zur Verfügung stehende Stellenzahl« erwartet. Die Untersuchung ergab jedoch ein differenzierteres Bild: Die Gesamtzahl der zur Verfügung stehenden Stellen beeinflusste im PSK-Modell nur überall dort die Gesamtzahl positiver und negativer Evaluierungen, wo die Umstellung auf die bundesdeutsche Stellenstruktur den Kernbestand des Fachs betraf (insbesondere in den Fremdsprachlichen Philologien, Asien- und Afrikawissenschaften sowie in der Theoretischen und Angewandten Sprachwissenschaft).

8. In der Gesamtbilanz konnte ein deutlicher Unterschied zwischen der Anzahl negativer Evaluationen der PSK und der SBK nicht festgestellt werden. Insoweit scheint sich im Grundsatz die achte These zu bestätigen, wonach negative PSK-Evaluierungen in der Regel von den SBK übernommen wurden. Wegen fehlender SBK-Daten kann diese Frage aber nicht mit letzter Sicherheit beantwortet werden. Desgleichen muss offen bleiben, weshalb es bei 24 Hochschullehrern und 22 wissenschaftlichen Mitarbeitern, die die PSK negativ bewertet hatten, dennoch – zumindest bis 1996/97 – zu Weiterbeschäftigungen kam. Die SBK müssen diese Personen nicht zwangsläufig anders evaluiert haben als die PSK, denkbar wäre auch, dass sie Arbeitsgerichtsprozesse zu ihren Gunsten entscheiden konnten. Möglicherweise handelte es sich aber auch um minderschwere Negativevaluierungen der PSK oder kamen die SBK in diesen Fällen tatsächlich zu anderen Ergebnissen.

9. Ebenso wenig ist wegen fehlender SBK-Daten eine genaue Überprüfung der neunte Hypothese möglich, wonach positive PSK-Evaluierungen nicht durchweg zu positiven SBK-Evaluierungen geführt hätten. Eindeutig widerlegt jedoch ist die Vermutung, die Personalfluktuation habe erst nach 1992 im Ergebnis der SBK-Tätigkeit eingesetzt. Vielmehr zeigte sich, dass der Personal-

abbau bereits 1990 einsetzte und sich in verschiedenen Etappen vollzog, wobei eine vergleichbar große Zahl von Personen die HU infolge der Arbeit der PSK verließ, wie später der der SBK.

VII.
Schlussbemerkungen

Von 1989 bis 1996 erlebte die Humboldt-Universität einen tiefgreifenden personellen Wandel, der in seiner Intensität vermutlich nur mit den Entwicklungen nach 1945 vergleichbar ist. Mehr als 80 % des Personals verließ binnen sieben Jahren infolge der Transformation die Hochschule. Zugleich änderten sich fast alle Strukturen; neue wurden aufgebaut, Übergangsinstitutionen wie der Runde Tisch oder der Studentenrat entstanden und verschwanden nach kurzer Zeit wieder, die handelnden Akteure auf den unterschiedlichsten Ebenen innerhalb und außerhalb der HU wurden mehrfach ausgetauscht und durch neue ersetzt: Auf der Senatsseite kam es zu einem personellen und parteipolitischen Wechsel der Senatoren, der wegen der starken Ressorteigenständigkeit nach der Berliner Landesverfassung von erheblichem Belang war. Darüber hinaus fand ein fast völliger Wechsel innerhalb des für die HU zuständigen Mitarbeiterstabes der Senatsverwaltung und zwischen 1990 und 1994 ein dreifacher Leitungswechsel im HU-Referat statt. In der Universität verlief es ähnlich: Dort gab es in der gleichen Zeit zwei Rektoren und eine Präsidentin und es kam in der Demokratisierungsphase im Jahr 1990 zu einem gewollten vollständigen Personalaustausch in den zentralen Gremien und Kommissionen, bei den Sektionsdirektoren oder Fachbereichsgremien sowie 1992 nach den Universitätswahlen zu einer zweiten und 1993/94 bei der Integration der Neuberufenen zu einer dritten Austauschwelle. Diese Wechsel bewirkten ein ständiges Auf und Ab der Einflusschancen insbesondere der Hochschulakteure (ZPSK, PSK, Rektor, ordentliche Gremien) bzw. setzten der Nachhaltigkeit ihrer Gestaltungsmöglichkeiten häufig enge Grenzen. So notwendig diese personellen Veränderungen im Einzelnen waren, beeinträchtigten sie zumindest teilweise die Richtungskonstanz der Umgestaltung oder sorgten für Diskontinuität. Ähnliches galt für die gesellschaftlichen, politischen und universitären Rahmenbedingungen der Transformation, die immer begleitet waren von hohem Zeit- und Entscheidungsdruck.

Umso erstaunlicher ist es, dass sich in einer so turbulenten, von Brüchen und Disparitäten geprägten Umwelt überhaupt normative und institutionelle Vorstellungen innerhalb der HU entwickelten, wie sie zu reformieren sei, und dass ein die gesamte Universität erfassendes Erneuerungskonzept entstand, das erstaunliche Ergebnisse produzierte und um Durchsetzung überhaupt ringen konnte. Mit einem ausdifferenzierten System von Kommissionen auf der Ebene der akademischen Selbstverwaltung versuchte die HU, drohenden staatlichen Eingriffen durch ein endogenes Erneuerungskonzept zu begegnen, und es entstanden mit den PSK und der ZPSK neue Reformakteure. In fast allen Fachbereichen wurde seit Ende 1990 Personal evaluiert und die Reorganisation von Studium und Lehre vorangetrieben oder mit mehr oder minder großem Erfolg die vergangenheitspolitische Dimension der Transformation zum Gegenstand des Erneuerungshandelns gemacht.

Der Umbau der HU folgte dem von O'Donnell/Schmitter[1099] aufgestellten gesellschaftlichen Transformationsmuster der Liberalisierung, Demokratisierung und Konsolidierung. Allerdings konnte damit nicht klar bestimmt werden, welcher Richtung die Konsolidierung folgte, eine Frage, deren Beantwortung – wie generell für viele Sektoren der ostdeutschen Transformation zutreffend – in der Demokratisierungsphase zunächst offen blieb: Auf der einen Seite gab es einen politischen und gesellschaftlichen Umwälzungsprozess wie in den übrigen mittel- und osteuropäischen Staaten, auf der anderen Seite verlor die DDR als einziges dieser Länder in diesem Prozess ihre Staatlichkeit; die ostdeutsche Transformation ging infolge der Vereinigungsentscheidung in einen Prozess über, der stark von Transfer, Anpassung und Adaptation gekennzeichnet war. Er brachte Konflikte und Richtungsänderungen mit sich, die bezogen auf die HU in einer eigenständigen Transformationsphase *der Umorganisation* erfasst wurden, weil dort der eigentliche Übergang der Hochschule in die bundesrepublikanische Ankunftsgesellschaft organisiert und die Richtung ihrer Konsolidierung erst bestimmt wurde.

So bot es sich in der vorliegenden Untersuchung an, diese Phase der Umorganisation besonders zu markieren, in der zwar die eigenständige Demokratisierung der HU geschehen, sie aber noch nicht an die Institutionenordnung der Bundesrepublik stabil angebunden war und daher noch eine kompatible Richtungsänderung benötigte. Reguläre Akteure der Hochschule (Gremien, Fachbereiche) verloren in dieser entscheidenden Phase wesentliche Handlungsmöglichkeiten; neue Akteure wie die SBK, die LHSK, der Wissenschaftsrat und die Senatsverwaltung für Wissenschaft und Forschung kamen hinzu. Sie veränderten die Richtung der Transformation und bestimmten ihren Fortgang. Übergangsakteure, wie die ZPSK und die PSK, die das hochschuleigene Erneuerungskonzept umsetzen sollten, wurden ersetzt. Ihre Ablösung und der Eintritt neuer strategischer Akteure, die die Richtung der Transformation zugunsten eines Institutionentransfers veränderten, machten das Wesen der Umorganisationsphase aus. Diese Transformationsfolge von Liberalisierung und Demokratisierung über die Etappe der Umorganisation hin zur Konsolidierung ließe sich möglicherweise über den Wissenschaftsbereich hinaus auch auf andere gesellschaftliche Sektoren der ostdeutschen Transformation übertragen und Veränderungen von Transformationszielen, Richtungswechsel und ihre Ursachen so besser erfassen.

Mit dem Ansatz des akteurzentrierten Institutionalismus konnte das Beziehungsgeflecht von Institutionentransfer und Akteurentwicklung im Prozess der Transformation offengelegt werden. Er bildete den Bezugsrahmen, in dem

1099 Vgl. O'Donnell/Schmitter, 1986, 3.

das politische Handeln als Ergebnis von Interaktionen zwischen strategisch handelnden, aber begrenzt rationalen Akteuren erfasst werden konnte, deren Handlungsmöglichkeiten, Präferenzen und Wahrnehmungen weitgehend, aber nicht vollständig durch die Normen des institutionellen Kontextes einer auf Institutionentransfer orientierten gesellschaftlichen Konsolidierung bestimmt waren.[1100]

Der Definition Lepsius folgend ist die Transformation der HU in der Untersuchung erfasst worden als ein »plötzlicher, intentionaler, zeitlich dramatisierter Prozess mit angebbaren Akteuren«, in dem sich schlagartig die institutionellen Rahmenbedingungen änderten und die Relationen zwischen Eigendynamik und Steuerung verschoben[1101] hatten. Diese Relationsverschiebung von einem endogenen zu einem von außen gesteuerten Prozess ist die Ursache für Akteurwechsel und Richtungsänderung während der Umorganisation. In dieser Phase standen sich – anders als in nahezu allen anderen Hochschulen und sonstigen Institutionen der alten DDR – zwei widerstreitende Erneuerungskonzepte gegenüber, die den Weg der Konsolidierung bestimmen und die Anbindung an die bundesdeutsche Institutionenordnung organisieren wollten.

Exogene und endogene Transformation waren in ihren Zielperspektiven gekennzeichnet durch eine Reihe von Unterschieden, insbesondere beim Umgang mit dem vorhandenen und positiv bewerteten Personal. Neben der Steuerungsfrage lag die entscheidende Differenz der Konzepte in der Unterschiedlichkeit der Leitideen: einer unter ausschließlich funktionaler Perspektive ablaufenden Transformation auf der staatlichen Seite und einer auf die personale Perspektive abzielenden Strategie (»Erneuerung [auch] mit den vorhandenen Menschen«) auf der universitären. Dabei wurden im IV. und V. Teil der Untersuchung die Leitideen beider Konzepte, ihre inneren Sinnkonstruktionen, ihre Normativität und kognitive Struktur ebenso vorgestellt wie ihre »Sozialwirksamkeit« anhand der Erneuerungsergebnisse im VI. Teil.[1102] Die Auseinandersetzung um die beiden Konzepte und schließlich die Durchsetzung der exogenen Transformationsstrategie war (zunächst) begleitet von hohen Konsens- und Informationsdefiziten und einem perzipierten Handlungsdruck der Akteure, der eine gemeinsame Koordinierung erst spät und nur in solchen Fragen möglich machte, die den vorgegebenen Hauptpfad lediglich leicht variierten.

Jedoch haben sich unterhalb dieser Leitentwicklung auch wichtige Abweichungen von einem ausschließlich exogenen Wandel feststellen lassen: Zu den in diesem Ausmaß nicht intendierten Folgen gehörte, dass vom Interventions-

1100 Vgl. Scharpf, 2000, 319.
1101 Lepsius, 1990, 53.
1102 Vgl. auch Lepsius, 1990, 48.

modell Erträge des hochschuleigenen Modells übernommen wurden bzw. die SBK Ergebnisse produzierte, die mit denen der PSK vergleichbar waren. Auch entstanden Kompromisse, so bei zahlreichen Strukturentscheidungen, bei der Fakultätsgliederung oder beim Aufstellen des Stellenplans. Dominierten zunächst konkurrierende Elemente die Interaktion zwischen beiden Konzepten, folgten nach der grundsätzlichen Richtungsentscheidung während der Umorganisation Versuche der Integration von Teilaspekten des internen in das externe Modell. Gerade diese Beispiele, die auf der Ebene des praktischen Handelns der einzelnen Kommissionen fortgesetzt werden könnten, zeigten, dass sich die Erneuerung letztlich weder allein von außen noch allein von innen steuern ließ. Vielmehr schloss sie eigendynamische Entwicklungen genauso ein wie neokorporatistische Arrangements. Am deutlichsten zeigte sich das beim Vergleich der Ergebnisse der Personalevaluationen: Die Behauptung, die HU habe sich nicht selbst durchgreifend erneuern wollen, kann angesichts der vorgestellten PSK-Daten, über 70 Prozent identischer Evaluationsergebnisse bei PSK und SBK bzw. der ausgelösten Fluktuation negativ evaluierten Personals nicht aufrechterhalten werden. Auch die verschiedenen Wellen von Personalabwanderungen, die von den PSK und SBK induziert worden waren, stellten sich als vergleichbar groß heraus.[1103] Der von den SBK umgesetzte massive personelle Aderlass an der HU erfolgte aber zu einem erheblichen Teil nicht durch Kündigungen wegen mangelnder fachlicher oder persönlicher Eignung oder wegen inoffizieller Mitarbeit für das MfS, sondern durch begleitende Faktoren der Personalevaluation wie Bedarfskündigungen oder Befristungen ehemals unbefristet Beschäftigter sowie durch allgemeinen Stellenabbau und die Auflösung von Verträgen wegen drohender negativer Evaluation oder drohender Kündigung. Oder er geschah mehr oder minder freiwillig wegen einer veränderten persönlichen Berufsorientierung.

Zugleich zeigt dieser Befund: Nicht das Ergebnis, sondern die Steuerungsfrage, die Frage, wer diesen Prozess bestimmt und öffentlich vertritt, unterscheidet beide Erneuerungsansätze am stärksten voneinander und machte den Kern der Auseinandersetzung zwischen Hochschule und Senatsverwaltung für Wissenschaft und Forschung aus. Die Steuerungsfrage war nicht entscheidend für die Produktion nachvollziehbarer kritischer Ergebnisse, wohl aber für die (öffentliche, politische) Akzeptanz im bundesdeutschen Institutionensystem.

1103 Insoweit sei auch die Position von Mayntz relativiert, die von Protestaktionen an ostdeutschen Hochschulen lediglich zur Abwendung von Abwicklung und Entlassung, nicht aber zur Durchsetzung bestimmter Reformkonzepte spricht, für die Hochschulen aber richtigerweise überall Spielräume für eigenständiges Handeln feststellt. Die Selbstreformphase der Hochschulen datiert sie von der Wende bis zum Erlass der neuen Hochschulgesetze im Laufe des Jahres 1991 (Mayntz 1995b, 450).

In einer turbulenten Umwelt mit ständig sich wandelnden, konträren Erwartungen, wie sie für den Post-Vereinigungsprozess galt, war diese Akzeptanz für das PSK-Modell angesichts des institutionellen Kontexts nicht zu erwarten.

Dass dieser Prozess stark von politischen Institutionen und Vorgaben dominiert, aber nicht alternativlos war, zeigte das Konzept der selbstbestimmten Erneuerung durchaus. Es litt aber unter äußeren Legitimationsdefiziten, war rechtlich unterausgestattet und hatte auch mit internen Koordinationsproblemen und eigendynamischen Ausprägungen zu kämpfen, wenn man beispielsweise die unterschiedliche Evaluationspraxis in den PSK bedenkt oder die in der ZPSK oder den Universitätsgremien ungeklärte Frage, wie mit dem nichtevaluierten Personal umgegangen werden sollte. Des Weiteren hatte die Universität Schwierigkeiten, das Gewusste und objektiv Erreichbare auch zu tun, wie die zurückhaltende Kündigungspraxis nach den PSK-Evaluationen im Jahr 1991 durchaus belegen kann.

Neben kognitiven und motivationalen Aspekten war – anders als beim SBK-Konzept – der soziale Bezug handlungsleitend für den selbstbestimmten Umbau. Strategiefähig, und damit kennzeichnend für den feststellbaren Tiefgang, die Richtungstreue, Konsistenz und Geschwindigkeit des hochschuleigenen Umbaus waren die ZPSK, eine Reihe von PSK oder die Ehrenkommission, weniger die im Jahr 1990 noch alten, später neu zusammengesetzten Hochschulgremien. Auch hierin ist eine Gemeinsamkeit der Modelle zu erkennen: Beide setzten auf neue Akteure jenseits der vorhandenen Gremienstrukturen. Vor allem mit dem Evaluationsprozess der PSK begannen sich auch die kulturellen Einbindungen in den sozialen Zusammenhang eines Instituts oder Fachbereichs langsam zu verändern, begannen Konkurrenzmechanismen zu greifen, wurden Lebensleistungen hinterfragt oder verlangte die Umstellung auf neue Strukturen, neue Lehrinhalte, neue Vermittlungs- und Mitwirkungsformen, auf neue Kollegen und viel mehr Studenten neue Handlungsorientierungen. Ein Gegengewicht zu den Interventionsakteuren konnte die Universität mit ihren Akteuren durch dieses Ausmaß an Veränderung aber kaum bilden.

Zwar besaß das hochschuleigene Umbaukonzept eine große Akzeptanz bei den Beschäftigten und waren seine Orientierungs- und die Integrationsleistungen in die Hochschule hinein hoch, doch konnte das die ganz entscheidend durch den institutionellen Kontext bestimmten Defizite bei den Ordnungs- und Steuerungsleistungen und den davon abhängigen Handlungsorientierungen der Akteure, also die Konstellationen, in denen sie agieren mussten, nicht kompensieren. Gerade hier war das (desintegrative) interventionistische Konzept überlegen. Es passte zum institutionellen Kontext, war rechtlich abgesichert und gab seinen Akteuren eine dem Modell entsprechende kompetitive Handlungsorientierung. Seine wichtigste Ressource, institutionell abgesicherte Regeln, mit denen Kompetenzen, Partizipations- oder Vetorechte zugewiesen oder beschränkt wurden, sprachen für das externe Erneuerungskonzept und gegen das PSK-Modell, das Kompetenzen, Ressourcen oder Rechte lediglich inneruniversitär bereitstellen konnte, selbst aber nur über einen begrenzten Katalog durchsetzbarer Sanktionen, materieller Anreize sowie Verfahrens- und Organisationsregeln verfügte. Mischformen sanktionierten Handelns zwischen Hochschule und Senat, wie im Rahmen der Arbeit der Ehrenkommission möglich, bildeten sich während der hochschuleigenen Erneuerungsphase beim Zusammenwirken in der »Sechser-Kommission« bzw. der Personalkommission kaum heraus bzw. waren auf enge Handlungskontexte begrenzt. Dominanz- und Abhängigkeitsverhältnisse zwischen Hochschule und Senatsverwaltung für Wissenschaft und Forschung mussten die Folge sein. Auch sie erklären, warum eine eigenständige Erneuerungsstrategie nicht erfolgreich gelingen konnte. Anders ausgedrückt: Dem selbstbestimmten Modell war nur möglich, die Bedingungen für das vorhandene Personal zu verbessern, um sich in Evaluationen und einer Erneuerung unter externer Steuerung behaupten zu können. Für einen durchgreifenden Erfolg fehlten ihm der institutionelle Kontext und notwendige Ordnungs- und Steuerungsmöglichkeiten.

Wie Mayntz/Nedelmann feststellten[1104], können die hohe Komplexität einer Aufgabe sowie Zeit- und Entscheidungsdruck restringierende Einflussfaktoren sein, die das Handeln so ungünstig beeinflussen, dass letztendlich von den handelnden Akteuren auf tradierte institutionelle Lösungen zurückgegriffen wird, die dann eine nicht mehr zu stoppende Eigendynamik freisetzen, so dass endogene Entwicklungspotenziale durch exogene Strategien verdrängt werden. Diese Diagnose trifft zweifellos auf den Übergang vom selbstbestimmten zum interventionistischen Umbau der HU zu. Ersterer wäre nur zu durchbrechen gewesen, wenn es zu einer Entschleunigung des Entwicklungsprozesses gekommen wäre, der den endogenen Kräften die Chance zur Entfaltung gegeben hätte. Angesichts der turbulenten gesellschaftlichen Entwicklung ein illusionistisches Konzept, das deutlich macht, wie stark der institutionelle Kontext die Bedingungen für die Umgestaltung der HU diktierte und institutionelle Eigenlösungen, Alternativen zum Institutionentransfer unmöglich machte.

Verallgemeinert man diese Beobachtung, so wird man jedoch gleichermaßen aufmerksam auf die Grenzen der politischen Steuerungsfähigkeit des externen Hochschulumbaus. Auch hier waren Senatsverwaltung und SBK trotz aller Ausschließungs- und Interventionselemente des ErgG auf die Hochschule und ihre Akteure angewiesen, mussten sich auf Kompromisse und Eigendynamiken einstellen oder mit »muddling through«-Situationen – ob bei

1104 Mayntz/Nedelmann, 1987, 649 ff. Lehmbruch spricht in diesem Sinne von der (erhofften) Problemvereinfachung, die der Transfer bundesrepublikanischer Institutionen in Ostdeutschland bewirken sollte (vgl. Lehmbruch, 1996b, 65).

strukturellen Entscheidungen oder bei Personalfragen – arrangieren. In den Kommissionen *beider* Modelle war eine Bandbreite von Arbeitskatalogen und Verfahrenstechniken anzutreffen. Das zeigt, dass der stärker verrechtlichte Status des Interventionskonzepts vor Steuerungsproblemen nicht schützen musste, sondern dass der Tiefgang und der Umfang dieses Reformansatzes bzw. die Anwendung von gesetzlich unbestimmten Normen eine Ausdifferenzierung in der Umsetzung geradezu zwingend nach sich zogen.

Politische Entscheidungsmechanismen mussten ohnehin zurücktreten angesichts der Delegierung von Befugnissen an die SBK und damit an eine Vielzahl von eigensinnigen Kommissionsmitgliedern, die dem Leitgedanken der staatlich gesteuerten Erneuerung zustimmten, in der Gestaltung ihrer Kommissionsarbeit aber Freiräume beanspruchten und nutzen wollten. Auch das produzierte Eigendynamiken oder zog nicht beabsichtigte Folgen nach sich und verdeutlichte, dass überall dort, wo viele Menschen in komplexen Zusammenhängen interagieren, Prozesse nicht vollständig plan- oder steuerbar sind. Auch eine extern geplante Erneuerung konnte deshalb nur begrenzt gelingen und rief ungeplante Wirkungen hervor.

Schon das Entstehen der selbstbestimmten Erneuerung ist ganz wesentlich als Aktions-Reaktions-Schema sozialer Akteure und damit als eigendynamischer Prozess zu verstehen, denn mindestens mittelbar entstand sie infolge der Abwicklungspläne des Berliner Senats – einer konkreten Handlungssituation also, in der ein drohender Verlust zu nachdrücklichem Handeln motivierte. Die Erarbeitung des Ergänzungsgesetzes zog wiederum die Forcierung des hochschuleigenen Umbaus nach sich. Ähnliches wiederholte sich beim Personalubernahmegesetz, wo sich die jeweils handelnden Akteure beider Seiten durch ihre politischen Aussagen gegenseitig stimulierten und damit die Erwartungen an die Übernahme verstärkten. Insbesondere Senatsverwaltung und ZPSK als die eigentlichen Gegenspieler regten sich fortlaufend mit neuen Vorschlägen und Plänen an, sie beobachteten und antizipierten die Entwicklungen auf der jeweils anderen Seite, kommunizierten und verhandelten. Das Verhältnis von Senatsverwaltung und SBK hingegen hatte viel stärker Netzwerkcharakter. Aber auch zwischen ZPSK/EPK, den SBK-Vorsitzenden und der Senatsverwaltung bildeten sich Ansätze von Neokorporatismus heraus, insbesondere dort, wo die SBK von der Ausübung ihrer besonderen Rechte übergingen zur Integration von Ergebnissen der PSK in ihre eigene Arbeit. Das steigerte ihre Akzeptanz, konnte als Zeichen für einsetzende Konsolidierung verstanden werden und ermöglichte letztlich die Regierbarkeit des gesamten Prozesses. Einem echten Verhandlungssystem unter Gleichberechtigten freilich näherte man sich deshalb nicht an. Denn die Universität mit ihren Gremien war nicht in der Lage, harte Ergebnisse auszuhandeln, weil ihr eine tatsächliche Verhandlungsmacht fehlte, sie nichts anzubieten hatte und keine

»Paketlösungen« initiieren konnte. Kompromisse wurden für die Hochschule nur erreichbar, wenn die andere Seite sie wollte.

Doch wäre wohl noch mehr an Gemeinsamkeiten möglich gewesen, wenn nicht das SBK-Modell von Beginn an bestimmten Rationalitätsbarrieren unterworfen gewesen wäre, wie sie im ErgG mit seiner Einschränkung der Mitwirkung der Hochschulangehörigen oder generell in der Ausrichtung der Transformation auf Institutionentransfer zum Ausdruck kam. Dieser Weg war nicht zwingend vorgegeben, auch war vom Einigungsvertrag das hohe Maß personeller Diskontinuität nicht verlangt. Er entstand vielmehr aus einem interessenpolitischen Partikularismus vor allem westdeutscher Akteurnetzwerke. Lehmbruch konstatierte in anderem Zusammenhang zur Umgestaltung der Landwirtschaft, des Gesundheits- und des Hochschulwesens in Ostdeutschland: »Wo nun im Vereinigungsprozess die Interessengleichgewichte durch den Zutritt neuer korporativer Akteure oder gar durch die Einführung konkurrierender Regelungssysteme in Frage gestellt werden konnten, wurden naturgemäß die strategiefähigen westdeutschen Akteure in ihrem Interesse an (zunächst organisatorischer) Besitzstandswahrung erheblich berührt.« Besonders in den Bereichen, wo das Staatshandeln sich »stark an den Gleichgewichtslagen der sektoralen Netzwerke« orientierte oder korporative Akteure mit Eigeninteressen privilegierte Beziehungen zum zuständigen Ministerium dank eines ihnen verliehenen öffentlichen Status hatten, konnte das folgenreich für den Weg der Transformation sein.[1105]

Das traf in gewisser Weise auch auf die Entwicklung der HU zu, wenn man die Institutionalisierung eines umfassenden Erneuerungskonzepts und schließlich die Abwehr- bzw. Akzeptanzprobleme vieler Vorschläge der ZPSK oder anderer Hochschulgremien betrachtet. Die SBK mit ihrer gesetzlichen Verankerung, ihren institutionalisierten Verflechtungen mit dem Berliner Senat und als Element interventionsstaatlicher Steuerung entstanden in einem für sie günstigen institutionellen Kontext. Ihr in der Abwicklungsphase bereits geschaffenes »Repräsentationsmonopol«[1106] schien durch die Etablierung eines hochschuleigenen Kommissionsapparats mit PSK und ZPSK potenziell gefährdet. Mit dem ErgG aber wurde die einflusspolitische Symmetrie endgültig zu Lasten der hochschuleigenen Akteure verschoben. Das mit der Vereinigung potenziell unter Wandlungsdruck stehende Gleichgewicht zwischen den verschiedenen wissenschaftspolitischen Akteuren der Bundesrepublik konnte sich vor dem Hintergrund der Grundentscheidung zu Institutionentransfer vor allzu großen transformatorischen Rückwirkungen[1107] schützen, ja brauchte

1105 Lehmbruch, 1994, 29.
1106 A. a. O., 30.
1107 Vgl. Lehmbruch, 1994, 38 f.

geradezu diese Entwicklung, damit die Gleichgewichtslage erhalten bleiben konnte. Zwar wurde endogener Wandel von manchen der Akteure gewollt, sein (angebliches) Fehlen zuweilen geradezu beklagt, von vielen aber zugleich gefürchtet. Dagegen spricht auch nicht, dass sich manche SBK an strukturellen Reformen versuchten oder innovative Strukturen zu vergleichbaren Instituten an bundesdeutschen Hochschulen aufbauten. Die dominante Position der Professoren im bundesrepublikanischen Hochschulbetrieb gegenüber den anderen Mitgliedergruppen, der stark auf Hierarchisierung und »Schulen«-Bezug aufbauende Aufstieg innerhalb dieses Systems oder die in der alten Bundesrepublik ausreichend vorhandenen personellen Kapazitäten für die Bereitstellung hochwertiger Lehre und Forschung in Ostdeutschland bieten zusätzliche Erklärungsansätze, weshalb die Transformation soziale Exklusion nicht nur für politisch oder fachlich diskreditierte Hochschullehrer hervorbrachte, sondern auch für viele darüber hinaus, bis hin zum akademischen Nachwuchs.

Am Ende setzte sich keines der Erneuerungskonzepte vollständig durch. Ihre Erfolgsbedingungen lassen sich deshalb nur messen an den uneindeutigen Verhältnissen eines gesellschaftlichen Überganges, für den institutionelle Vorbilder fehlten. Unter diesen Bedingungen hatte das hochschuleigene Modell trotz oder gerade wegen der Illusionen um seine tatsächliche Durchsetzungsfähigkeit Erstaunliches, bezogen auf die Tiefe und Ernsthaftigkeit der Evaluation von Strukturen und Personal, geleistet und so die Voraussetzung geschaffen, dass das staatliche Modell schneller und letztlich auch erfolgreicher zu Ergebnissen kam, als wenn es in einer Erneuerung ablehnenden Umwelt implementiert worden wäre. Zugleich aber machte die Untersuchung deutlich, dass selbstbestimmtes hochschuleigenes Erneuern zwar potenziell möglich war, wegen des institutionellen Kontextes sowie vielfältigen Interaktions- und Akzeptanzproblemen, aber auch wegen der inner- wie außeruniversitären Akteurentwicklung nur begrenzt erfolgreich sein konnte.

Welche Mittel überhaupt realistisch sind, um solche Ausnahmeprozesse zu bewältigen, kann abschließend kaum geklärt werden. Wie im vorliegenden Fall müssen sich die von ihnen hervorgebrachten Veränderungen durch Verfahren legitimieren lassen und nicht durch eine beanspruchte Wahrheit. Stabile handlungsfähige Akteure sind notwendig, die konzeptionelles Denken leisten, Entscheidungen treffen und sich in stürmischer Umgebung behaupten, also kommunikativ handeln und sich mit anderen vernetzen können, zugleich aber Prägungen durch Sozialisation und Geschichte nicht leugnen und dennoch wandlungsbereit sind. Schließlich gelingt es nur so, Paradoxien und eigendynamische Wendungen, die eine solche Transformation, zumal im konzentrierten Elitezusammenhang einer Hochschule, mit sich bringt, zu bestehen und Möglichkeiten zu finden, diese zu beeinflussen.

VIII.
Anhang

Verzeichnis wichtiger Institutionen und inneruniversitärer Gremien

Akademischer Senat

Wichtigstes Beschlussgremium der Hochschule und zuständig für die Regelung aller universitätsweiten akademischen Belange, unter anderem für die Veränderung und Aufhebung von Organisationseinheiten oder Studiengängen oder die Stellungnahme zu Berufungsvorschlägen. Besteht aus 25 Mitgliedern (13 Professoren, 4 wissenschaftlichen und 4 nichtwissenschaftlichen Mitarbeitern, 4 Studenten).

Anhörungskommission

Kommission des Akademischen Senats, die auf freiwilliger Basis alle Mandatsträger bezüglich ihrer politischen Vergangenheit überprüft und Empfehlungen ausspricht, ob sie ihr Mandat behalten/dafür erneut kandidieren können oder es niederlegen sollten, weil ihre frühere politische Biografie die Erneuerungsbemühungen der HU belastet. Setzt sich aus 12 Mitgliedern (3 je Mitgliedergruppe) zusammen. Vorsitz: Dozent Dr. Klaus Lommatsch (FB Mathematik).

Ehrenausschuss (Ehrenkommission)

Im Herbst 1990 eingerichtete Kommission, zuständig für die Überprüfung aller Hochschulangehörigen hinsichtlich einer Mitarbeit beim Staatssicherheitsdienst der DDR sowie – auf Grund eines Antrags oder anderweitiger schriftlicher Hinweise – für Fragen von Amtsmissbrauch und Korruption, der Prüfung politisch begründeter Vorteilsnahmen oder Verwicklungen in politisch motivierte Exmatrikulationen in der DDR. Zusammensetzung variiert, Vorsitz: Dr. Bert Flemming (Medizinische Fakultät).

Entwicklungsplanungskommission (EPK)

Nach BerlHG vorgeschriebene Kommission des Akademischen Senats, die den Hochschulentwicklungsplan der Universität erarbeitet und für dessen Umsetzung zuständig ist. Die Kommission bereitet Entscheidungen zur Veränderung von Struktureinheiten vor und ist zuständig für die Freigabe von Professorenstellen. Zusammensetzung: 16 Mitglieder, Vorsitz: bis Mitte 1992 Professor Theodor Hiepe (FB Veterinärmedizin), danach Professor Beate Meffert (FB Informatik).

Fachbereichsrat

Nach dem Berliner Hochschulrecht zuständig für alle Aufgaben eines Fachbereichs der Universität, z. B. für die Koordination seiner Lehr- und Forschungsaufgaben, Berufungsvorschläge und Vorschläge zur Einstellung oder Kündigung von haupt- oder nebenberuflich beschäftigtem Personal.

Fakultät

Ursprünglich Gliederungseinheit mehrerer Fächer einer Hochschule, im Hochschulsystem der DDR fächerübergreifendes Gremium zur Koordinierung der Forschung, zur Durchführung von Promotionen, Habilitationen und Berufungen. Im Rahmen der Umstrukturierung führt die HU Fakultäten als größere allgemeine Gliederungseinheiten ein und schließt in ihnen ein oder mehrere ehemalige Fachbereiche zusammen.

Hochschulpolitischer Rat

Nachfolgegremium des Runden Tisches, das im 1. Universitätsstatut (§ 34) verankert ist, um wissenschaftspolitische Prozesse der Hochschule kritisch oder konsensfördernd zu begleiten. Besteht aus Vertretern von Organisationen, die Mitglieder an der HU haben. Da der Rat nicht mehr an die Bedeutung des Runden Tisches anknüpfen kann, löst er sich im Jahr 1992 auf.

Hochschulrektorenkonferenz

Wichtiges interuniversitäres Gremium zur Beratung und Koordinierung der wissenschaftspolitischen Ziele der Rektoren und Präsidenten der Universitäten; existiert sowohl auf Landesebene als Ansprechpartner der Landespolitik wie auf Bundesebene als Ansprechpartner der Bundespolitik bzw. der föderalen Koordination.

IG Stuve (Initiativgruppe Studentenvertretung)

Gruppe von Studenten verschiedener Fachrichtungen, die sich im Oktober 1989 für den Aufbau einer von der FDJ unabhängigen und aus freien und geheimen Wahlen hervorgehenden studentischen Interessenvertretung einsetzt. Soll nach basisdemokratischen Prinzipien arbeiten, Studenten aller Fachrichtungen vereinen und Interessen der Studenten gegenüber den verschiedenen inner- und außeruniversitären Entscheidungsträgern bündeln. Aus der IG Stuve geht am 9./10. November 1989 in einer Urwahl der Studentenrat hervor.

Konzil

Besteht nach dem BerlHG aus 61 Mitgliedern (31 Professoren sowie je 10 wissenschaftlichen Mitarbeitern, Studenten und nichtwissenschaftlichen Mitarbeitern) und ist verantwortlich für die Wahl der Universitätsleitung, die Beschlussfassung über die Universitätsverfassung und die

Beratung der Rechenschaftsberichte des Rektors/Präsidenten. Während der Demokratisierung wählt die HU im Frühjahr 1990 zunächst nach eigenen Grundsätzen ein (verfassungsgebendes) Konzil, das aus 500 Mitgliedern besteht und legitimiert ist, Grundsatzentscheidungen zu allen akademischen Angelegenheiten herbeizuführen, so u. a. auch den Beschluss zur hochschuleigenen Erneuerung oder über das Statut der Universität. Nach dessen Inkrafttreten wird das Konzil übergangsweise zunächst auf 200 Mitglieder verkleinert, mit den Universitätswahlen im Jahr 1992 auf die übliche Größe von 61 Mitgliedern. Vorsitz: Professor Ludwig Grauel (Medizinische Fakultät), ab 1992 Professor Hans-Dieter Burkhard (FB Informatik).

Kultusministerkonferenz (KMK)

Föderales Koordinationsgremium der Bildungs- und Wissenschaftsminister der Länder zur Absprache gemeinsamer Initiativen, zur Gewährleistung vergleichbarer Abschlüsse oder der wechselseitigen Durchlässigkeit der Bildungs-, Wissenschafts- und Forschungseinrichtungen zwischen den Ländern. Während der Transformation der ostdeutschen Hochschulen erfolgte in der KMK und ihren Arbeitsgruppen die Absprache über ein vergleichbares Vorgehen (so z. B. bei den Abwicklungsentscheidungen, bei Berufungsfragen, bei Übergangsregelungen für Studienabschlüsse und deren Anerkennung, bei der länderübergreifenden Koordinierung des Ausbaus oder der Schwerpunktbildung von Hochschulstandorten). Wissenschaftsrat und HRK sind für die KMK wichtige Ansprechpartner.

Kuratorium

Konstituiert sich erstmals an der HU im Jahr 1992 und ist u. a. verantwortlich für die Festlegung des Haushaltsplans, die Genehmigung der Hochschulentwicklungspläne oder die Gründung und Aufhebung von Organisationseinheiten. Das Gremium hat insgesamt 24 Mitglieder, die aus der Hochschule, dem Abgeordnetenhaus und dem Senat kommen, Arbeitgeberverbände oder Gewerkschaften repräsentieren. Vorsitz: Senator für Wissenschaft und Forschung.

Landeshochschulstrukturkommission (LHSK)

Zeitweiliges Beratungsgremium des Senators für Wissenschaft und Forschung, bestehend aus 18 Professoren, einem Arbeitgeber- und einem Arbeitnehmervertreter. Gab zahlreiche Empfehlungen zu Struktur, Personal und Entwicklung der Berliner Hochschullandschaft infolge der Vereinigung der Stadt ab, arbeitete vom Mai 1991 bis Ende 1992.

Ministerium für Bildung und Wissenschaft der DDR

Im November 1989 entstanden aus den Ministerien für Volksbildung sowie für Hoch- und Fachschulwesen und bis zur Vereinigung am 3. Oktober 1990 administrativ zuständig für alle DDR-Hochschulen.

Personalstrukturkommission(en) (PSK)

Wichtigster Akteur der hochschuleigenen Erneuerung. Entstanden nach einem Beschluss des verfassungsgebenden Konzils im Dezember 1990 an nahezu allen Fachbereichen und verantwortlich für die personelle und strukturelle Erneuerung und Evaluierung ihrer Fächer. Arbeiteten in der Regel von Januar 1991 bis zur Konstituierung der SBK im September/Oktober 1991. Zusammensetzung: 4 Hochschullehrer der HU, 4 auswärtige Hochschullehrer, 3 wissenschaftliche Mitarbeiter, 3 Studenten, 1 nichtwissenschaftlicher Mitarbeiter.

Personalkommission

Kommission des Kuratoriums der Universität, zuständig für Beschlüsse zu allen Personalangelegenheiten der Hochschule. Zusammensetzung: 6 Mitglieder (die Senatoren für Wissenschaft und Forschung [Vorsitzender], für Inneres und für Finanzen sowie der Rektor, der 1. Prorektor und der Prorektor für Medizin).

Rehabilitierungskommission

Im Dezember 1989 entstandene Kommission, die den Rektor in Rehabilitierungsfragen berät und auf Antrag politisch motivierte Rechtsbeugungen, Rechtsverletzungen oder Diskriminierungen sowie die Relegation von Studierenden, den Entzug wissenschaftlicher Graduierungen oder Abberufungen von Hochschullehrern untersuchen soll. Die Kommission ist unterschiedlich zusammengesetzt. Sie hat zuletzt 8 Mitglieder. Vorsitz: bis Juli 1991 Professor Hans-Joachim Krocker (FB Elektrotechnik), danach Professor Werner Linek (Landwirtschaftlich-Gärtnerische Fakultät).

Runder Tisch

Entstand im Januar 1990 und unterstützte den demokratischen Übergang zu freien Hochschulwahlen im April 1990, beteiligte sich aktiv an der Kompromissfindung in der Debatte um eine neue Universitätsverfassung, untersuchte erste Verflechtungen zwischen der HU und dem MfS. Zusammensetzung: Neben an der HU neu aktiven Gruppen (z. B. Neues Forum, SPD, CDU, Humboldt-Frauen) beteiligen sich an ihm die PDS und zahlreiche Gruppierungen aus ihrem politischen Milieu (SSB, Revolutionär-Autonomer Jugendverband). Vorsitz: bis April 1990 Professor Heinrich Fink (Theologische Fakultät), danach Dozentin Brigitte Kahl und Dr. Klaus Roeber (beide Theologische Fakultät).

Sechser-Kommission

Nimmt bis zur Konstituierung des Kuratoriums der HU und der Personalkommission bis Herbst 1991 deren Rechte wahr und ist verantwortlich für die administrative Umsetzung der Abwicklung von Teilbereichen der HU. Zusammensetzung und Vorsitz wie bei Personalkommission.

Senatsverwaltung für Wissenschaft und Forschung

Seit der Vereinigung von Ost- und Westberlin am 2. Dezember 1990 bzw. der Konstituierung einer gemeinsamen Berliner Landesregierung (26. Januar 1991) für die HU administrativ zuständiges Berliner Landesministerium. Senatoren: Professor Barbara Riedmüller (bis 26. Januar 1991), Professor Manfred Erhardt (ab 26. Januar 1991).

Statutenkommission

In der Demokratisierungsphase vom verfassungsgebenden Konzil eingesetzte Kommission zur Erarbeitung einer Universitätsverfassung. Vorsitz: Professor Rosemarie Will (FB Rechtswissenschaften).

Studentenrat

Im November 1989 entstandene, von der FDJ unabhängige studentische Interessenvertretung, hervorgegangen aus der »IG Stuve«. Hochschule und Studentenschaft 1989/90 politisierender Akteur der Umgestaltung. Mitglieder des Studentenrats waren gewählte Vertreter aus allen Fachbereichen, an seiner Spitze stand ein aus 5 bis 7 Personen bestehender Sprecherrat. Nachdem der Studentenrat nach mehreren Anläufen im Berliner Hochschulrecht nicht als Vertretungskörperschaft verankert wurde, brach er im Frühjahr 1992 endgültig auseinander. An seine Stelle traten Monate später das im BerlHG vorgesehene Studentenparlament sowie als geschäftsführendes Gremium der Referentenrat (»RefRat«).

Struktur- und Berufungskommission(en) (SBK)

Wichtigster Akteur der interventionistischen Erneuerung. Erste SBK entstanden nach der Abwicklungsentscheidung der Landesregierung im Januar 1991 in einigen geisteswissenschaftlichen Fachbereichen, nach Inkrafttreten des ErgG im Herbst 1991 auch in allen anderen. Zuständig für die personelle und strukturelle Erneuerung und Evaluierung aller Fächer sowie für die Personalübernahme und die Vorbereitung von Kündigungsentscheidungen der Personalkommission. Zusammensetzung: 3 Professoren von Hochschulen der alten Bundesländer, 3 Hochschullehrer der HU, je 1 wissenschaftlicher Mitarbeiter und Student der HU.

Wissenschaftsrat

Beratungsgremium des korporativen Föderalismus im Bereich der Wissenschafts- und Forschungspolitik, bestehend aus 64 Mitgliedern (32 Wissenschaftlern, 32 Vertretern der Politik). Unterzog die ostdeutsche Hochschullandschaft nach 1990 einer Evaluierung hinsichtlich ihres Bestandes und künftiger Entwicklungsperspektiven und gab mit seinen Empfehlungen entscheidende Impulse für die Art und Weise der Erneuerung der ostdeutschen Hochschulen. Entwirft das Instrument der SBK und spricht sich für eine grundlegende personelle und strukturelle Neuordnung großer Teile der ostdeutschen Wissenschaft bzw. die Abwicklung von Teilbereichen aus.

Zentrale Personalstrukturkommission (ZPSK)

In der Phase der Umorganisation gemeinsam mit den PSK der Fachbereiche wichtigster Akteur der hochschuleigenen Erneuerung. Steuerungs- und Koordinationsgremium für die Arbeit der PSK. Die ZPSK entwirft einen Katalog von Kriterien für die Evaluierung von Struktur und Personal, erarbeitet den Stellenplan, ist Einspruchsinstanz bei Evaluierungen der dezentralen PSK und Beratungsgremium für Konzil, Akademischen Senat und Rektor. Sie arbeitete vom Dezember 1990 bis zu ihrer Auflösung/Überführung in die EPK (Mitte 1992). Zusammensetzung: 15 Personen, Vorsitz: Professor Bernd Bank (FB Mathematik), Professor Michael Daxner (Präsident der Carl-von-Ossietzky-Universität Oldenburg).

Abkürzungsverzeichnis

AdW	Akademie der Wissenschaften der DDR
AfNS	Amt für Nationale Sicherheit der DDR
BAG	Bundesarbeitsgericht
BerlHG	Berliner Hochschulgesetz
BStU	Behörde der Bundesbeauftragten für die Unterlagen des ehemaligen Staatssicherheitsdienstes der DDR
CFK	Christliche Friedenskonferenz
DFF	Deutscher Fernsehfunk (bis 1990 Fernsehen der DDR)
ErgG (ErgGBerlHG)	Gesetz zur Ergänzung des Berliner Hochschulgesetzes
EKD	Evangelische Kirche in Deutschland
EKU	Evangelische Kirche der Union
EPK	Entwicklungsplanungskommission
EV	Einigungsvertrag
FB	Fachbereich
FU	Freie Universität Berlin
GG	Grundgesetz der Bundesrepublik Deutschland
HEP	Hochschulentwicklungsplan
HPersÜG	Hochschulpersonal-Übernahmegesetz des Landes Berlin
HRG	Hochschulrahmengesetz
HRK	Hochschulrektorenkonferenz
HSP	Hochschulstrukturplan
HU	Humboldt-Universität (zu) Berlin
IM	Inoffizieller Mitarbeiter des MfS der DDR
KapVO	Kapazitätsverordnung
KMK	Kultusministerkonferenz
KSPW	Kommission zur Erforschung des sozialen und politischen Wandels in Ostdeutschland
kw-Vermerk	Bezeichnung für künftig wegfallende Stellen innerhalb eines Haushalts- oder Stellenplanes

LHSK	Landeshochschulstrukturkommission
MfS	Ministerium für Staatssicherheit der DDR
MHF	Ministerium für Hoch- und Fachschulwesen der DDR
ÖD	Öffentlicher Dienst
PSK	Personalstrukturkommission(en)
RSR	Republiksprecherrat (Sprecherrat der Studentenräte der DDR)
SBK	Struktur- und Berufungskommission(en)
SSB	Sozialistischer Studentenbund
UKBF	Universitätsklinikum Benjamin Franklin
UKRV	Universitätsklinikum Rudolf Virchow
WIP	Wissenschaftler-Integrationsprogramm
ZE	Zentrale Einrichtungen (Gliederungseinheit der Universität)
ZPSK	Zentrale Personalstrukturkommission

Literaturverzeichnis

Albers, Marion / Heine, Michael / Seyfarth, Georg (2000): Beobachten – Entscheiden – Gestalten. Berlin

Ascheid, Reiner (1996): Die Kündigungsgründe nach dem Einigungsvertrag. In: Maydell, Bernd von / Wank, Rolf (1996): Transformation der Arbeitsrechtsordnung. Opladen, 87–112

Berger, Peter / Luckmann, Thomas (1987): Die gesellschaftliche Konstruktion der Wirklichkeit. Eine Theorie der Wissenssoziologie. Frankfurt a. M.

Beyme, Klaus von (1994): Der Zusammenbruch des Sozialismus und die Folgen für die sozialwissenschaftliche Theoriebildung. WZB-Mitteilung 63, 9–19

Beyme, Klaus von (1995): Verfehlte Vereinigung – verpasste Reformen? In: Holtmann, Everhard / Schner, Heinz (Hg.) (1995): Aufhebung der Bipolarität. Veränderungen im Osten. Rückwirkungen im Westen. Opladen, 41–68

Beyme, Klaus von / Offe, Claus (1996): Politische Theorien in der Ära der Transformation. Opladen

Bierwisch, Manfred (1998): Wissenschaften im Vereinigungsprozess – Versuch einer Bilanz. In: Kocka, Jürgen/Mayntz, Renate (Hg.) (1998): Wissenschaft und Wiedervereinigung. Disziplinen im Umbruch. Berlin, 485–508

Bos, Ellen (1996): Die Rolle von Eliten und kollektiven Akteuren in Transitionsprozessen. In: Merkel, Wolfgang/Sandschneider, Eberhard/Segert, Dieter (Hg.) (1996): Systemwechsel II. Opladen, 81–109

Braun, Matthias (1997): Vorbeugende Bearbeitung. Das MfS an den Hochschulen der DDR. In: Deutschland Archiv, 912–923

Brie, Michael / Klein, Dieter (Hg.) (1992): Zwischen den Zeiten. Ein Jahrhundert verabschiedet sich. Hamburg

Buck-Bechler, Gertraude / Jahn, Heidrun (Hg.) (1994): Hochschulerneuerung in den neuen Bundesländern. Bilanz nach vier Jahren. Weinheim

Buck-Bechler, Gertraude / Schaefer, Hans-Dieter / Wagemann, Carl-Hellmut (1997): Hochschulen in den neuen Ländern der Bundesrepublik Deutschland. Ein Handbuch zur Hochschulerneuerung. Weinheim

Bulmahn, Thomas (1996): Vereinigungsbilanzen. Die deutsche Einheit im Spiegel der Sozialwissenschaften. Wissenschaftszentrum Berlin für Sozialforschung. Arbeitspapiere, FS III 96–403

Bund Freiheit der Wissenschaft (1993): Die Hochschulen in den neuen Ländern. Bilanz der Erneuerung nach drei Jahren. 19. Bildungspolitisches Forum. Berlin

Burkhardt, Anke / Scherer, Doris (1994): Hochschulpersonal-Ost im Wandel. In: Das Hochschulwesen, Heft 6/1994, 276–281

Bürklin, Wilhelm (1995): Kontinuität und Wandel der deutschen Führungsschicht. Ergebnisse der Potsdamer Elitestudie 1995. Potsdam

Clausen, Lars (Hg.) (1996): Gesellschaften im Umbruch. Verhandlungen des 27. Kongresses der Deutschen Gesellschaft für Soziologie. Frankfurt a. M./New York

Daxner, Michael (1991): Entstaatlichung und Veröffentlichung. Die Hochschule als republikanischer Ort. In: Daxner, Michael / Lüthje, Jürgen / Schrimpf, Henning (1991): Entstaatlichung und Veröffentlichung. Die Hochschule als republikanischer Ort. Eine neue Hochschulpolitik: ökologisch, demokratisch und sozial. Köln, 17–167

Daxner, Michael (1993): Die Wiederherstellung der Hochschule. Plädoyer für eine Rückkehr der Hochschule in die Politik und die Gesellschaft. Köln

Daxner, Michael (1994): Alma Mater Restituta oder Eine Universität für die Hauptstadt Berlin. Festrede vom 27. Mai 1993, hrsg. von: Präsidentin der Humboldt-Universität, Berlin

Daxner, Michael / Lüthje, Jürgen / Schrimpf, Henning (1991): Entstaatlichung und Veröffentlichung. Die Hochschule als republikanischer Ort. Eine neue Hochschulpolitik: ökologisch, demokratisch und sozial. Köln

Denninger, Eberhard (1991): Zur Frage der Vereinbarkeit der §§ 8 und 9 Abs. 1, 4 und 5 ErgGBerlHG vom 18. Juli 1991 mit dem Grundgesetz. Rechtsgutachten erstattet im Auftrag der Humboldt-Universität zu Berlin, November 1991

Eckert, Rainer (1993): Die Berliner Humboldt-Universität und das Ministerium für Staatssicherheit. In: Deutschland Archiv, 7/1993, 770–781

Eckert, Rainer / Kowalczuk, Ilko-Sascha / Poppe, Ulrike (1995): Wer schreibt die DDR-Geschichte? Ein Historikerstreit um Stellen, Strukturen, Finanzen und Deutungskompetenz. Tagung vom 18.–20.03.1994. Berlin

Eisen, Andreas (1996): Institutionenbildung und institutioneller Wandel im Transformationsprozess. In: Eisen, Andreas / Wollmann, Hellmut (Hg.) (1996): Institutionenbildung in Ostdeutschland. Zwischen externer Steuerung und Eigendynamik. Opladen, 33–61

Eisen, Andreas / Wollmann, Hellmut (Hg.) (1996): Institutionenbildung in Ostdeutschland. Zwischen externer Steuerung und Eigendynamik. Opladen

Fischbeck, Hans-Jürgen (1993): Vergangenheit und Zukunft der Hochschule. Aufklärung und Erneuerung als Chance für die Humboldt-Universität. In: Schramm, Hilde (Hg.) (1993): Hochschule im Umbruch. Berlin

Fischer, Andreas (1992): Das Bildungssystem der DDR. Darmstadt

Flämig, Christian (Hg.) (1996): Handbuch des Wissenschaftsrechts. 2 Bände, Berlin

Frei, Norbert (1996): Vergangenheitspolitik. Die Anfänge der Bundesrepublik und die NS-Vergangenheit. München

Fuchs, Hans-Werner (1997): Bildung und Wissenschaft in der SBZ/DDR 1945 bis 1989. Hamburg

Füller, Christian (1991): Die Rolle der Studierenden beim Umbruch in den DDR-Universitäten 1989 bis 1990. Überarbeitete Fassung der Diplomarbeit, Otto-Suhr-Institut der FU. Berlin

Gläser, Jochen / Höppner, Marion / Puls, Klaus (1995): Die Widerspenstigkeit der Substanz. Grenzen der Transformation durch Institutionentransfer am Beispiel der ostdeutschen Wissenschaft. In: Rudolph, Hedwig (1995): Geplanter Wandel, ungeplante Wirkungen. Handlungslogiken und -ressourcen im Prozess der Transformation. Berlin, 198–215

Göhler, Gerhard (Hg.) (1987): Grundfragen der Theorie politischer Institutionen. Opladen

Göhler, Gerhard (1987): Institutionenlehre in der deutschen Politikwissenschaft nach 1945. In: Göhler, Gerhard (Hg.) (1987): Grundfragen der Theorie politischer Institutionen. Opladen, 15–47

Grawert, Rolf / Schlink, Bernhard / Wahl, Rainer / Wieland, Joachim (1995): Offene Staatlichkeit. Festschrift zum 65. Geburtstag von Professor Dr. Dr. Ernst-Wolfgang Böckenförde. Berlin

Hinrichs, Wilhelm / Priller, Eckard (Hg.) (2001): Handeln im Wandel. Akteurskonstellationen in der Transformation. Berlin

Hradil, Stefan (1996a): Die Transformation der Transformationsforschung. In: Berliner Journal für Soziologie, 3/1996, 299–303

Hradil, Stefan (1996b): Überholen ohne Einzuholen? Chancen subjektiver Modernisierung in Ostdeutschland. In: Kollmorgen, Raj / Reißig, Rolf / Weiß, Johannes (Hg.) (1996): Sozialer Wandel und Akteure in Ostdeutschland. Empirische Befunde und theoretische Ansätze. Opladen, 55–79

Jarausch, Konrad H. (Hg.) (1991): Zwischen Parteilichkeit und Professionalität. Bilanz der Geschichtswissenschaft der DDR. Berlin

Karau, Gisela (1992): Die »Affäre« Heinrich Fink. Berlin

Klein, Dieter (1994): Eine mehrdimensionale, kritische Deutung der ostdeutschen Transformation. In: BISS public, 13, 33–44

Klein, Dieter (1996): Zwischen ostdeutschen Umbrüchen und westdeutschem Wandlungsdruck. In: Kollmorgen, Raj / Reißig, Rolf / Weiß, Johannes (Hg.) (1996): Sozialer Wandel und Akteure in Ostdeutschland. Empirische Befunde und theoretische Ansätze. Opladen, 17–39

Kocka, Jürgen / Mayntz, Renate (Hg.) (1998): Wissenschaft und Wiedervereinigung. Disziplinen im Umbruch. Berlin

Kollmorgen, Raj (1994): Auf der Suche nach Theorien der Transformation. Überlegungen zu Begriff und Theoretisierung der postsozialistischen Transformation. In: Berliner Journal für Soziologie, 3, 381–396

Kollmorgen, Raj (1996): Schöne Aussichten? Eine Kritik integrativer Transformationstheorien. In: Kollmorgen, Raj / Reißig, Rolf / Weiß, Johannes (Hg.) (1996): Sozialer Wandel und Akteure in Ostdeutschland. Empirische Befunde und theoretische Ansätze. Opladen, 281–331

Kollmorgen, Raj / Reißig, Rolf / Weiß, Johannes (Hg.) (1996): Sozialer Wandel und Akteure in Ostdeutschland. Empirische Befunde und theoretische Ansätze. Opladen

Kreckel, Reinhard (Hg.) (1983): Soziale Ungleichheiten. Göttingen

Kreckel, Reinhard (1992): Politische Soziologie der sozialen Ungleichheit. Frankfurt a. M./New York

Krull, Wilhelm (1992): Neue Strukturen für Wissenschaft und Forschung. In: Aus Politik und Zeitgeschichte, 51, 15–28

Küpper, Mechthild (1993): Die Humboldt-Universität. Einheitsschmerzen zwischen Abwicklung und Selbstreform. Berlin

Labrenz-Weiß, Hanna (1994): Die Beziehungen zwischen Staatssicherheit, SED und den akademischen Leitungsgremien an der Humboldt-Universität zu Berlin. In: German Studies Review, Sonderheft 1994, 135–145

Landeshochschulstrukturkommission Berlin (1992): Stellungnahmen und Empfehlungen zur Struktur und Entwicklung der Berliner Hochschulen. Berlin

Landfried, Christine (1995): Architektur der Unterkomplexität: Politische Willensbildung und Entscheidungsstrukturen im Prozess der deutschen Einigung. In: Lehmbruch, Gerhard (Hg.) (1995): Einigung und Zerfall: Deutschland und Europa nach dem Ende des Ost-West-Konflikts. Opladen, 31–54

Lehmbruch, Gerhard (1992): Institutionentransfer im Prozess der Vereinigung: Zur politischen Logik der Verwaltungsintegration in Deutschland. In: Seibel, Wolfgang / Benz, Arthur / Mäding, Heinrich (Hg.) (1992): Verwaltungsintegration und Verwaltungspolitik im Prozess der deutschen Einigung. Baden-Baden, 41–46

Lehmbruch, Gerhard (1993): Der Staat des wiedervereinigten Deutschlands und die Transformationsdynamik der Schnittstellen von Staat und Wirtschaft in der ehemaligen DDR. In: BISS public, 10, 21–42

Lehmbruch, Gerhard (1994): Institutionen, Interessen und sektorale Variationen in der Transformationsdynamik der politischen Ökonomie Ostdeutschlands. In: Journal für Sozialforschung, 34. Jg., 1, 21–44

Lehmbruch, Gerhard (Hg.) (1995a): Einigung und Zerfall: Deutschland und Europa nach dem Ende des Ost-West-Konflikts. Opladen

Lehmbruch, Gerhard (1995b): Rationalitätsdefizite, Problemvereinfachung und unbeabsichtigte Folgewirkungen im ostdeutschen Transformationsprozess. In: Rudolph, Hedwig (1995): Geplanter Wandel, ungeplante Wirkungen. Handlungslogiken und -ressourcen im Prozess der Transformation. Berlin, 25–43

Lehmbruch, Gerhard (1996a): Die Rolle der Spitzenverbände im Transformationsprozess: eine neoinstitutionalistische Perspektive. In: Kollmorgen, Raj / Reißig, Rolf / Weiß, Johannes (Hg.) (1996): Sozialer Wandel und Akteure in Ostdeutschland. Empirische Befunde und theoretische Ansätze. Opladen, 117–145

Lehmbruch, Gerhard (1996b): Die ostdeutsche Transformation als Strategie des Institutionentransfers: Überprüfung und Antikritik. In: Eisen, Andreas / Wollmann, Hellmut (Hg.) (1996): Institutionenbildung in Ostdeutschland. Zwischen externer Steuerung und Eigendynamik. Opladen, 63–78

Leonhardt, Rainer / Schurich, Frank-Rainer (1994): Die Kriminalistik an der Berliner Universität. Aufstieg und Ende eines Lehrfaches. Heidelberg

Lepenies, Wolf (1992): Folgen einer unerhörten Begebenheit. Die Deutschen nach der Vereinigung. Berlin

Lepsius, Rainer M. (1990): Interessen, Ideen und Institutionen. Opladen

Lepsius, Rainer M. (1991): Ein unbekanntes Land. Plädoyer für soziologische Neugierde. In: Giesen, Bernd / Leggewie, Claus (1991): Experiment Vereinigung. Ein sozialer Großversuch. Berlin, 71–76

Lepsius, Rainer M. (1993): Zum Aufbau der Soziologie in Ostdeutschland. In: Kölner Zeitschrift für Soziologie und Sozialpsychologie, 45. Jg., 2, 305–337

Luthardt, Wolfgang / Waschkuhn, Arno (Hg.) (1988): Politik und Repräsentation. Beiträge zur Theorie und zum Wandel politischer und sozialer Institutionen. Marburg

Mac Cormick, Neil / Weinberger, Ota (1985): Grundlagen des Institutionalistischen Rechtspositivismus. Berlin

Matschenz, Ingrid / Pätzold, Kurt / Schwarz, Ellen / Striegnitz, Sonja (Hg.) (1996): Dokumente gegen Legenden. Chronik und Geschichte der Abwicklung der MitarbeiterInnen des Instituts für Geschichtswissenschaften an der Humboldt-Universität zu Berlin. Berlin

Maydell, Bernd von / Boecken, Winfried / Heinze, Wolfgang / Neumann, Dirk / Pawelzig, Jürgen / Schmähl, Winfried / Wank, Rolf (1996): Die Umwandlung der Arbeits- und Sozialordnung. Opladen

Maydell, Bernd von / Wank, Rolf (1996): Transformation der Arbeitsordnung in den neuen Bundesländern. Opladen

Mayntz, Renate (Hg.) (1994): Aufbruch und Reform von oben: Ostdeutsche Universitäten im Transformationsprozess. Frankfurt a. M. / New York

Mayntz, Renate (Hg.) (1994a): Die Erneuerung der ostdeutschen Universitäten zwischen Selbstreform und externer Intervention. In: Mayntz, Renate (Hg.) (1994): Aufbruch und Reform von oben: Ostdeutsche Universitäten im Transformationsprozess. Frankfurt a. M. / New York, 283–312

Mayntz, Renate (1994b): Die deutsche Vereinigung als Prüfstein für die Leistungsfähigkeit der Sozialwissenschaften. In: BISS public, 13, 21–24

Mayntz, Renate (Hg.) (1995a): Politische Steuerung: Aufstieg, Niedergang und Transformation einer Theorie. In: Nedelmann, Brigitte (Hg.) (1995): Politische Institutionen im Wandel. Opladen

Mayntz, Renate (1995b): Sektorale Unterschiede in der Transformation des Wissenschaftssystems der DDR. In: Berliner Journal für Soziologie, 4, 443–453

Mayntz, Renate (1998): Die Folgen der Politik für die Wissenschaft in der DDR. In: Kocka, Jürgen / Mayntz, Renate (Hg.) (1998): Wissenschaft und Wiedervereinigung. Disziplinen im Umbruch. Berlin, 461–484

Mayntz, Renate / Nedelmann, Brigitte (1987): Eigendynamische soziale Prozesse. Anmerkungen zu einem analytischen Paradigma. In: Kölner Zeitschrift für Soziologie, 39, 648–688

Mayntz, Renate / Scharpf, Fritz (1995): Gesellschaftliche Selbstregelung und politische Steuerung. Frankfurt a. M. / New York

Merkel, Wolfgang (Hg.) (1994): Systemwechsel I. Opladen

Merkel, Wolfgang (1994): Struktur oder Akteur, System oder Handlung: Gibt es einen Königsweg in der sozialwissenschaftlichen Transformationsforschung? In: Merkel, Wolfgang (Hg.) (1994): Systemwechsel I. Opladen, 303–331

Merkel, Wolfgang / Sandschneider, Eberhard / Segert, Dieter (Hg.) (1996): Systemwechsel II. Opladen

Meuschel, Sigrid (1992): Legitimation und Parteiherrschaft. Zum Paradox von Stabilität und Revolution in der DDR 1945–1989. Frankfurt a. M.

Meyer, Hansgünter (Hg.) (1990): Intelligenz, Wissenschaft und Forschung in der DDR. Berlin / New York

Middell, Matthias (1993): Ostdeutsche Hochschulen zwischen Abwicklung und Integration in die gesamtdeutsche Wissenschaftslandschaft – Einige Erfahrungen und Vermutungen eines Leipziger Historikers. In: Muszynski, Bernhard (Hg.) (1993): Wissenschaftstransfer in Deutschland. Opladen, 11–24

Mitter, Armin / Wolle, Stefan (Hg.) (1990): Ich liebe euch doch alle! Befehle und Lageberichte des MfS Januar bis November 1989. Berlin

Mühler, Kurt / Wippler, Reinhard (1993): Die Vorgeschichte der Wende in der DDR. Versuch einer Erklärung. In: Kölner Zeitschrift für Soziologie und Sozialpsychologie, 45. Jg., 4, 691–711

Müller-Enbergs, Helmut (1996): Inoffizielle Mitarbeiter des Ministeriums für Staatssicherheit. Richtlinien und Durchführungsbestimmungen. Berlin

Münkler, Herfried (1998): Antifaschismus und antifaschistischer Widerstand als politischer Gründungsmythos der DDR. In: Aus Politik und Zeitgeschichte, 45, 16–29

Muszynski, Bernhard (Hg.) (1993): Wissenschaftstransfer in Deutschland. Opladen

Neidhardt, Friedhelm (1994): Konflikte und Balancen. Die Umwandlung der Humboldt-Universität zu Berlin 1990–1993. In: Mayntz, Renate (Hg.) (1994a): Aufbruch und Reform von oben: Ostdeutsche Universitäten im Transformationsprozess. Frankfurt a. M. / New York, 33–60

Neie, Thomas (1995): Synopse hochschulrechtlicher Regelungen in Ostdeutschland. In: hochschule ost – spezial, 6/1995
Neuß, Sebastian (1990): Leichen im Keller. Auf den Spuren der Stasi in der Humboldt-Universität. In: Unaufgefordert, 5/6, 3–4
Nitsch, Wolfgang (1991): Runde Tische an Hochschulen. Neue Beteiligungsformen im Wissenschaftsbereich. Frankfurt a. M.

O'Donnell, Guillermo / Schmitter, Philippe C. (1986): Transitions from Authoritarian Rule. Tentative Conclusions about Uncertain-Democracies. Baltimore
Oetker, Hartmut (1996): Das Kündigungsrecht im Wandel der Arbeits- und Sozialordnung im Zuge der Wiedervereinigung. In: Maydell, Bernd von / Wank, Rolf (1996): Transformation der Arbeitsordnung in den neuen Bundesländern. Opladen, 67–86
Offe, Claus (1991): Die deutsche Vereinigung als natürliches Experiment. In: Giesen, Bernd / Leggewie, Claus (1991): Experiment Vereinigung. Ein sozialer Großversuch. Berlin, 77–86
Offe, Claus (1994): Der Tunnel am Ende des Lichts. Erkundungen der politischen Transformation im Neuen Osten. Frankfurt a. M./New York
Oppermann, Thomas (1996): Selbstverwaltung und staatliche Verwaltung. In: Flämig, Christian (Hg.) (1996): Handbuch des Wissenschaftsrechts. Band 1, Berlin, 1009–1038

Parkin, Frank (1983): Strategien sozialer Schließung und Klassenbildung. In: Kreckel, Reinhard (Hg.) (1983): Soziale Ungleichheiten. Göttingen, 121–135
Pasternack, Peer (Hg.) (1993): IV. Hochschulreform. Wissenschaft und Hochschulen in Ostdeutschland 1989/90. Eine Retrospektive. Leipzig
Pasternack, Peer (1993): Studentisches Bewegtsein in der DDR/in Ostdeutschland 1989/90. In: Pasternack, Peer (Hg.) (1993): IV. Hochschulreform. Wissenschaft und Hochschulen in Ostdeutschland 1989/90. Eine Retrospektive. Leipzig, 57–69
Pasternack, Peer (1999): Demokratische Erneuerung. Eine universitätsgeschichtliche Untersuchung des ostdeutschen Hochschulumbaus 1989–1995. Weinheim
Pieroth, Bodo (1992): Der Rechtsstaat und die Aufarbeitung der vor-rechtsstaatlichen Vergangenheit. In: Starck, Christian / Berg, Wilfried / Pieroth, Bodo (Hg.) (1992): Der Rechtsstaat und die Aufarbeitung der vor-rechtsstaatlichen Vergangenheit. Berlin/New York, 91–115
Preuß, Ulrich K. (1993): Die Rolle des Rechtsstaates in der Transformation. In: Zeitschrift für Rechtstheorie, 24, 181–204
Przeworski, Adam u. a. (1995): Sustainable Democracy. Cambridge

Raiser, Thomas (1998): Schicksalsjahre einer Universität. Die strukturelle und personelle Neuordnung der Humboldt-Universität zu Berlin. Berlin
Reich, Jens (1992): Abschied von den Lebenslügen. Die Intelligenz und die Macht. Berlin
Reißig, Rolf (1994): Transformation – Theoretisch-konzeptionelle Ansätze und Erklärungsversuche. In: Berliner Journal für Soziologie, 4. Jg., 3, 323–343
Reißig, Rolf (1995): Transformationsforschung zum (ost-)deutschen Sonderfall – Blockaden und Chancen, theoretische Innovationen. In: Soziologische Revue, 18, 147–153
Rollecke, Gerd (1997): Stabilisierung des Rechts in Zeiten des Umbruchs. In: NJW, 7, 432–438
Rudolph, Hedwig (1995): Geplanter Wandel, ungeplante Wirkungen. Handlungslogiken und -ressourcen im Prozess der Transformation. Berlin
Rüb, Friedbert W. (1996): Zur Funktion und Bedeutung politischer Institutionen in Systemwechselprozessen. Eine vergleichende Betrachtung. In: Merkel, Wolfgang / Sandschneider, Eberhard / Segert, Dieter (Hg.) (1996): Systemwechsel II. Opladen, 37–72

Sasse, Ada (1998): Die autonome Republik Humboldt-Universität. In: Unaufgefordert, 93 (Mai), 10–12
Sasse, Ada / Obstück, Markus (1993): Zwischenbilanz beim Aktenlesen. Zur Arbeit der »Unabhängigen Studentischen Arbeitsgruppe an der Humboldt-Universität«. In: hochschule ost, 3, 5–10
Scharpf, Fritz (1989): Politische Steuerung und Politische Institutionen. In: Politische Vierteljahresschrift, 30. Jg., 1, 10–21
Scharpf, Fritz (2000): Interaktionsformen. Akteurzentrierter Institutionalismus in der Politikforschung. Opladen
Schlink, Bernhard (1994): Rechtsstaat und revolutionäre Gerechtigkeit. In: Neue Justiz, 48. Jg., 10, 433–437
Schlink, Bernhard (1995): Vergangenheit als Zumutung. In: Grawert, Rolf / Schlink, Bernhard / Wahl, Rainer / Wieland, Joachim (1995): Offene Staatlichkeit. Festschrift zum 65. Geburtstag von Professor Dr. Dr. Ernst-Wolfgang Böckenförde. Berlin, 21–45. Auch in: Öffentliche Vorlesungen. Humboldt-Universität zu Berlin, Heft 61
Schluchter, Wolfgang (1996): Neubeginn durch Anpassung? Studien zum ostdeutschen Übergang. Frankfurt a. M.
Schmitter, Philippe C. (1985): The Consolidation of Political Democracy in Southern Europe and Latin America. Florenz
Schramm, Hilde (1993): Hochschulgesetzgebung in den neuen Bundesländern und Ost-Berlin – Vergleichender Überblick. In: Schramm, Hilde (Hg.) (1993): Hochschule im Umbruch. Berlin
Schramm, Hilde (Hg.) (1993): Hochschule im Umbruch. Berlin
Sieber, Malte / Freytag, Ronald (1993): Kinder des Systems. DDR-Studenten vor, im und nach dem Herbst '89. Berlin
Simon, Dieter (1992): Die Quintessenz. Der Wissenschaftsrat in den neuen Bundesländern. Eine vorwärtsgewandte Rückschau. In: Aus Politik und Zeitgeschichte, 51, 29–36
Stark, Christian / Berg, Wilfried / Pieroth, Bodo (1992): Der Rechtsstaat und die Aufarbeitung der vorrechtsstaatlichen Vergangenheit. Berlin/New York
Stein, Rosemarie (1992): Die Charité 1945–1992. Berlin

Vilmar, Fritz / Dümcke, Wolfgang (1996): Kritische Zwischenbilanz der Vereinigungspolitik – Eine unerledigte Aufgabe der Politikwissenschaft. In: Aus Politik und Zeitgeschichte, 40, 35–45

Wank, Rolf (1996): Transformationsprobleme im Arbeitsrecht bei der deutschen Wiedervereinigung. In: Maydell, Bernd von / Wank, Rolf (1996): Transformation der Arbeitsordnung in den neuen Bundesländern. Opladen, 11–22
Weidenfeld, Werner (Hg.) (1993): Deutschland: eine Nation – doppelte Geschichte. Materialien zum deutschen Selbstverständnis. Köln
Weidenfeld, Werner / Korte, Karl-Rudolf (Hg.) (1996): Handbuch zur deutschen Einheit. Frankfurt a. M.
Wiesenthal, Helmut (1992): Sturz in die Moderne. Der Sonderstatus der DDR in den Transformationsprozessen Osteuropas. In: Brie, Michael / Klein, Dieter (Hg.) (1992): Zwischen den Zeiten. Ein Jahrhundert verabschiedet sich. Hamburg, 162–188
Wiesenthal, Helmut (Hg.) (1995): Einheit als Interessenpolitik. Studien zur sektoralen Transformation Ostdeutschlands. Frankfurt a. M./New York
Wiesenthal, Helmut (1996a): Einheitsmythen. Zur kognitiven »Bewältigung« der Transformation

Ostdeutschlands. In: Clausen, Lars (Hg.) (1996): Gesellschaften im Umbruch. Verhandlungen des 27. Kongresses der Deutschen Gesellschaft für Soziologie. Frankfurt a. M./New York, 563–579

Wiesenthal, Helmut (1996b): Die neuen Bundsländer als Sonderfall der Transformation in den Ländern Ostmitteleuropas. In: Aus Politik und Zeitgeschichte, 40, 46–54

Wiesenthal, Helmut (1996c): Einheit als Privileg. Vergleichende Perspektiven auf die Transformation Ostdeutschlands. Frankfurt a. M./New York

Will, Rosemarie (1989): Rechtsstaatlichkeit als Moment demokratischer politischer Machtausübung. In: Deutsche Zeitschrift für Philosophie, 37. Jg., 9, 801–812

Will, Rosemarie (1992): Die Humboldt-Universität im vereinigten Berlin. In: Das Hochschulwesen, 40. Jg., 1/1992, 21–22

Will, Rosemarie (1995a): Die Revolution ist vorbei. In: Wochenpost, 23.02.1995, 8–9

Will, Rosemarie (Hg.) (1995b): Rechtswissenschaft in der DDR – Was wird von ihr bleiben? Sinzheim

Will, Rosemarie (1999): Der Osten und das Grundgesetz. In: Neue Justiz, 5/1999, 225–229

Will Rosemarie (2000): Bundesverfassungsgericht und Wiedervereinigung. In: Albers, Marion / Heine, Michael / Seyfarth, Georg (2000): Beobachten – Entscheiden – Gestalten. Berlin, 111–128

Wissenschaftsrat (1990): Perspektiven für Wissenschaft und Forschung. Zwölf Empfehlungen. Köln

Wissenschaftsrat (1992a): Bremer Erklärung der Wissenschaftlichen Kommission zur Umsetzung der Empfehlungen des Wissenschaftsrates an den Hochschulen der neuen Länder. In: Wissenschaft und Berufs-Erziehung. Zeitschrift für Berufsbildung, 348–350

Wissenschaftsrat (1992b): Empfehlungen zur künftigen Struktur der Hochschullandschaft in den neuen Ländern und im Ostteil von Berlin, Band I–IV. Köln

Wollmann, Hellmut (1996a): Institutionenbildung in Ostdeutschland: Neubau, Umbau und »schöpferische Zerstörung«. In: Kaase, Max (1996): Politisches System. Opladen, 47–153

Wollmann, Hellmut (1996b): Institutionenbildung in Ostdeutschland: Rezeption, Eigenentwicklung oder Innovation? In: Eisen, Andreas / Wollmann, Hellmut (Hg.) (1996): Institutionenbildung in Ostdeutschland. Zwischen externer Steuerung und Eigendynamik. Opladen, 79–114

Zapf, Wolfgang (1992): Die Transformation in der ehemaligen DDR und die soziologische Theorie der Modernisierung. WZB-Paper, P 92-104. Auch in: Berliner Journal für Soziologie, 4. Jg., 3/1994, 295–305

Zapf, Wolfgang (1996): Die Modernisierungstheorie und unterschiedliche Pfade der gesellschaftlichen Entwicklung. In: Leviathan, 24. Jg., 1, 63–77

Zeittafel

1989

12. Oktober 1989
Erste studentische Protestveranstaltung in der HU gegen die SED-Politik und die Übergriffe von MfS und Polizei auf die friedliche Demonstration vom 7./8. Oktober 1989 in Ost-Berlin

17. Oktober 1989
6000 Studenten demonstrieren an der HU für die Demokratisierung der DDR und der Hochschule

18. Oktober 1989
Entmachtung Honeckers als SED-Generalsekretär und DDR-Staatsratsvorsitzender, Nachfolger Egon Krenz

Oktober/November 1989
Bildung neuer politischer Gruppen und Initiativen an der HU

9./10. November 1989
Urabstimmung zur Gründung des Studentenrats an der HU (60 % Wahlbeteiligung, 86 % Zustimmung)

Dezember 1989
Gründung der Rehabilitierungskommission des Akademischen Senats der HU zur Rehabilitierung von aus politischen Gründen benachteiligten Beschäftigten oder vom Studium ausgeschlossener Studierenden in der Zeit der DDR

Ende 1989
1. Etappe der Personalabwanderung und -kündigung (bis Juli 1991)

1990

24. Januar 1990
Erste Sitzung des Runden Tischs der HU

1. März 1990
Gründung der DDR-Hochschulrektorenkonferenz, Vorsitz: Professor D. Haas (HU)

18. März 1990
Erste freie Wahlen zur DDR-Volkskammer, Ministerpräsident: Lothar de Maizère

April 1990
Wahl zum verfassungsgebenden Konzil; aus ihm heraus wird neuer Akademischer Senat gewählt; außerdem bis April Wahl neuer Fachbereichs- und Institutsräte sowie neuer Dekane und Institutsdirektoren

Mai 1990
Wahl des Rektors, Professor Heinrich Fink

Juni 1990
Demonstrationen und Sitzblockaden von Studierenden vor der DDR-Volkskammer wegen ihrer sozialen Lage und künftigen Studienfinanzierung

Juli 1990
Wissenschaftsrat setzt Strukturausschuss und Arbeitsgruppen zur Evaluierung der ostdeutschen Wissenschaftslandschaft ein

3. Oktober 1990
Wiedervereinigung

9. Oktober 1990
Neues Universitätsstatut tritt in Kraft

November 1990
Gründung der Ehrenkommission zur Überprüfung des Personals, u. a. wegen Zusammenarbeit mit dem MfS oder Amtsmissbrauch, sowie der Anhörungskommission, die die politische Integrität von Kandidaten oder Vertretern in akademischen Gremien prüft

2. Dezember 1990
Gesamtberliner Wahlen; 26. Januar 1991 Bildung des neuen Senats von Berlin, der von nun an für HU zuständig ist; zwischen 2. Dezember 1990 und 26. Januar 1991 geteilte Zuständigkeit der Ostberliner Stadtregierung und des Berliner Senats (»Magisenat«)

13. Dezember 1990
Verfassungsgebendes Konzil beschließt hochschuleigenes Erneuerungsprogramm und gründet dazu eine zentrale und in jedem Fachbereich dezentrale Personalstrukturkommissionen (PSK)

18./22. Dezember 1990
Entscheidung des Berliner Senats zur Abwicklung mehrerer geisteswissenschaftlicher Fachbereiche, Gründung von Struktur- und Berufungskommissionen (SBK) zum Neuaufbau der Fachbereiche (bis Ende 1993)

1991

Januar 1991
Überprüfung von Strukturen und Personal nach hochschuleigenem Erneuerungskonzept (bis September 1991)

Mai 1991
Gründung der Landeshochschulstrukturkommission (LHSK) (bis Ende 1992)

Juli 1991
Ergänzungsgesetz zum Berliner Hochschulgesetz tritt in Kraft; Einrichtung von Struktur- und Berufungskommissionen (SBK) in allen Fachbereichen (bis Ende 1993)

September 1991
Überprüfung von Strukturen und Personal auf Grundlage des Ergänzungsgesetzes (bis Ende 1993)

26. November 1991
Entlassung des Rektors wegen inoffizieller Tätigkeit für das MfS, danach zahlreiche Proteste gegen die Kündigung innerhalb und außerhalb der HU; Übernahme der Amtsgeschäfte durch 1. Prorektor

seit 1991
Berufung von Professoren und Professorinnen an die HU nach Berliner Hochschulrecht

1992

Februar 1992
Wahlen zu den akademischen Gremien (Konzil, Akademischer Senat, Fachbereichsräte, Institutsräte) nach dem Berliner Hochschulgesetz

1. April 1992
Fink gewinnt vor dem Berliner Arbeitsgericht und kann als Professor an HU zurückkehren, Wissenschaftssenator legt Berufung beim Landesarbeitsgericht ein und bestimmt, dass 1. Prorektor weiter als Rektor amtieren soll; in 2. Instanz verliert Fink im Herbst 1992 Arbeitsgerichtsprozess

14. April 1992
Hochschulverfassung wird verändert; künftig soll nicht mehr Rektor/Rektorin, sondern Präsident/Präsidentin die HU in vierjähriger Amtszeit führen

11. Juni 1992
Verabschiedung des Hochschulpersonalübernahmegesetzes, regelt Verfahren zur Prüfung der Weiterbeschäftigung oder Kündigung des wissenschaftlichen Personals an Ostberliner Hochschulen; durchzuführen von den SBK (bis Ende 1993)

Juni 1992
2. Etappe der Personalabwanderung und -kündigung (bis Ende 1994)

9. Juli 1992
Professor Marlis Dürkop wird Präsidentin, der ZPSK-Vorsitzende Professor Bernd Bank 1. Vizepräsident der HU

Juli 1992
Verabschiedung des Fusionsgesetzes zur Verlagerung verschiedener Fachbereiche zwischen den Universitäten Berlins (u. a. Agrarwissenschaften, Veterinärmedizin, Elektrotechnik)

1994

Februar 1994
Wahlen zu den akademischen Gremien

1996

1996
3. Etappe der Personalabwanderung und -kündigung (bis Ende 1997)

Angaben zum Autor

Sven Vollrath

Jahrgang 1970, 1988–1996 Magisterstudium an der Humboldt-Universität, Fachrichtung Geschichte, Germanistik und Politikwissenschaft; 1997 Dozent für Politische Bildung bei der Friedrich-Ebert-Stiftung, 1998 Referent im Arbeitsbereich »Wahlkampf Ost« der SPD-Wahlkampfzentrale, 1999–2005 Referent/Büroleiter des Bundestagspräsidenten, seit 2006 Referatsleiter Europa im Bundestag.